証《akashi》し

日本のキリスト者

最相葉月

Hazuki Saisho

角川書店

「証し」とは、
キリスト者が神からいただいた恵みを言葉や行動を通して人に伝えること。
証、証言ともいう。

この本について——まえがきに代えて

なぜ、あなたは神を信じるのか——。

本書は、日本に暮らすキリスト教の信者（以下、キリスト者）にそのような問いを重ねながら、神と共に生きる彼らの半生について聞き書きしたものである。

日本のキリスト教には、大きく分けて三つ[1]のルーツがある。

第一に、一五四九（天文《てんぶん》十八）年にイエズス会の宣教師フランシスコ・ザビエルによって伝えられた西方教会、カトリックの流れ。

第二に、一八五八（安政《あんせい》五）年の日米修好通商条約で認められた自国民への礼拝を目的として来日した、アメリカ監督教会のJ・リギンズとC・M・ウィリアムズや、アメリカ長老教会のJ・C・ヘボン、オランダ改革派教会のS・R・ブラウンら、欧米の宣教師をきっかけとするプロテスタントの流れ。

1　一八四六（弘化《こうか》三）年、イギリス海軍琉球伝道会の宣教師として、B・J・ベッテルハイムが琉球王国に八年間派遣された。伝道のほか聖書の琉球語訳も行っている。日本へのプロテスタント宣教はリギンズらの一八五九（安政六）年から起算されているが、ベッテルハイムからとする考え方もある。鈴木範久『日本キリスト教史』（二〇一七・教文館）など参照。

第三に、一八六一（文久《ぶんきゅう》元）年に箱館（函館）のロシア領事館付司祭として来日した宣教師ニコライ・カサートキンによって、北海道から伝道が始まった東方教会、正教の流れである。

いずれも三位《さんみ》一体の神、すなわち、「父なる神」と「子なる神イエス・キリスト」と「聖霊なる神」を一体とする神への信仰を告白する洗礼式を経て、信者となる。

日本にはこのほか、洗礼や聖餐《せいさん》などの儀式を行わず、教会の建物も持たず、教派主義もとらない、無教会主義キリスト教の流れがある。思想家の内村鑑三《うちむらかんぞう》とその弟子たちによって受け継がれたもので、こちらは本人が三位一体の神を信じた時点で信者とみなされる。一九〇一（明治三十四）年に創刊された雑誌「無教会」で、これまで内村が自宅で行っていた家庭集会を開放すると呼びかけたのを起点とし、全国で聖書集会が開かれるようになった。

令和三年版の『宗教年鑑』（文化庁）によれば、日本のキリスト者は、一九一万五二九四人（二〇二〇年十二月三十一日現在）。二〇二〇年十月一日現在の総人口は一億二六二二万七〇〇〇人であるため、単純に計算しても、人口の約一・五パーセント。多少の増減はあるものの、近年は減少傾向にあり、マイノリティといってよい存在である。

その一方で、日本には国内外の修道会や宣教団体、個人によって設立されたミッションスクールや医療・福祉施設が多く、洗礼は受けていないもののキリスト教の教えや文化にふれてきた人は数えきれないほど多い。信者でなくとも、結婚式を挙げるためだけに教会に通い、聖書講座を受けた人もいるだろう。

イエス・キリストの誕生を祝うクリスマスや、復活を祝うイースターといった、本来はキリスト教の祝日も、レジャーやイベントなどの消費文化として社会に根付いている。

二〇一八年には、「長崎と天草《あまくさ》地方の潜伏キリシタン関連遺産」がユネスコの世界文化遺産に登録され、キリスト教国ではない日本にも連綿と受け継がれてきたキリスト教信仰があることが世界的に再評価され、観光資源として整備されている。キリスト教は親しみのある宗教として、現代の日本社会に広く薄く受け入れられているといってよいだろう。

だが、キリスト教に親しむことと、キリスト教を信じることのあいだには大きな隔たりがある。人口比でわずか一パーセント強という、キリスト者の人数がそれを物語っている。

親しんではいるが、信仰はしていない人が大多数のこの国に生きる、一パーセント強のキリスト者がどのような人たちなのか。彼らの声に耳を傾けたいと思い、筆者が旅に出たのは二〇一六年の初めだった。

取材は福岡県北九州市のプロテスタント教会を出発点として九州を南下する旅から始まり、離島を含め、北海道から沖縄まで、教派を超えて全国の教会を訪ね歩き、承諾を得られた教会の聖職者と一般信徒から話を聞いた。

当初は新しい町に到着するたびに地図を広げ、キリスト教会と名のつく教会をいきなり訪ねて取材を申し込んでいたが、歩き始めてまもなく、それが無謀な試みであることに気づかされた。

教会とはいつでも誰でも祈ることができるよう、礼拝堂の扉が開かれているものと考えられてきた。ところが、近年は様子がすっかり変わっていた。

高齢化や人口減少に伴って多くの教会が吸収合併、あるいは閉鎖され、とくに地方の小さな町ではすでに役目を終えた無人の建物を見ることがよくあった。

活動している教会でも、信徒数の減少と聖職者の不足から、一名の聖職者が複数の教会を受け持つことが多くなり、いきなり訪ねても聖職者が不在で、礼拝堂の鍵も閉められていることが大半だった。

そのため、原則として取材は事前に文書で依頼を行い、同じ教派であれば次に向かうべき教会の紹介を受け、別の教派に進む場合はまた一から取材依頼を行うこととした。

東日本大震災と原発事故による被害が生々しい東北の教会や、都心から一〇〇〇キロ、船でなければ行けない小笠原諸島の父島《ちちじま》で欧米系住民によって守られてきた教会、戦時下の迫害の傷跡が語り継がれる奄美《あまみ》大島の教会、セクシュアルマイノリティの悩みや苦しみを受け止めてきた当事者の集い、また、在日コリアンや日系ブラジル人など、外国籍の人々によって設立された教会の信徒も、日本のキリスト者として取材対象とした。

二〇二〇年一月に行った熊本県にある国立療養所、菊池恵楓園《けいふうえん》内の教会での取材を終えたところで、新型コロナウイルスによるパンデミックに見舞われ、教会もさまざまな対応を迫られたことから取材は中断。一部はリモートに切り替えたが、画面越しでは限界があることから、緊急事態宣言のあいまを縫って取材を行った。


インタビューにあたって、キリスト者にたびたび回答を求めた質問があった。その一つは、自然災害や戦争、事件、事故、病のような不条理に直面してなお、信仰はゆるぎないものであったかということ。神を信じられないと思ったことはないか、それでもなお信じるのはなぜかということ。

二〇一七年七月、群馬県のある教会の日曜礼拝に出席したときである。牧師は礼拝中の説教で、阪神淡路大震災のときに神戸市内の教会で起きた出来事について話をした。

ある女性信者には二名の子どもがいたが、そのうちの一名が犠牲となった。悲嘆に暮れる母親に対し、ある信者が声をかけた。

「あなたにはもう一人お子さんがいてよかったね」

母親は衝撃を受け、以後、教会に来られなくなった。

キリスト者は等しく神の子であり、信者同士は兄弟姉妹と呼ばれる。神の国を目指し、「互いに愛し合いなさい」（ヨハネ13・34）と説いたイエス・キリストの教えを体現する、霊的な絆《きずな》によって結ばれた神の家族だと考えられている。

しかし、実際はどうだろうか。

もう一つ、こちらは子どもを亡くした信者に対して、ある聖職者がかけた言葉である。

「〇〇ちゃんは、神様が愛するあまり、そばに置いておきたかった。だから早く呼び寄せたんですよ」

この言葉に救われたと語る人もいれば、なぜうちの子なのかという母親の嘆きに対してはまるで慰めとはならないと語る人もいた。

これらのエピソードは特殊な事例ではなく、「クリスチャンならいかにもいいそう」な言葉と考える人が多く、子どもを亡くしてまもないある母親は、そんなふうにいわれるのが怖いので教会に行けないでいると語った。

教会で、傷つく。教会に、傷つけられる。なぜそのようなことが起こるのか。インタビューでは、こうした事態に直面したときにどうしたか、それでも信仰を捨てなかったのはなぜか訊《たず》ねている。

話を聞きながら、ある映画を話題にしたこともある。二〇〇七年に製作され、日本でも上映された韓国の巨匠イ・チャンドン監督の[2]「シークレット・サンシャイン」である。

主人公のシングルマザーには幼い息子がいるが、目を離したすきに何者かに誘拐され、殺された。犯人は逮捕されたものの、母親の怒りと悲しみが収まるわけではない。周囲の慰めの言葉も素通りしていく。

あるとき、隣人に誘われて教会に出向いたところ、この苦しみを受け取ってくれるのは神様しかいないと気

2 製作・監督・脚本　イ・チャンドン、原作　イ・チョンジュン、主演　チョン・ドヨン、ソン・ガンホ、字幕　根本理恵、二〇〇七年、CINEMA SERVICE CO.,LTD.。

づき、信仰にのめり込んでいく。

聖書の話を聞き、讃美歌をうたい、牧師に胸の内を打ち明け、兄弟姉妹との交わりに加わって、共に祈りを捧げる。イエスが弟子たちに教えたとされ、礼拝では必ず唱和される「主の祈り」である。

天にまします我らの父よ
御名《みな》の尊ばれんことを
御国《みくに》の来たらんことを
御心《みこころ》の天地に行われんことを
我らの日用《にちよう》の糧を与えたまえ
我らが人を赦《ゆる》すごとく
我らの罪を赦し
我らを試みに遭わせず
悪より救い出したまえ
国と力と栄えとは限りなく汝《なんじ》のものなればなり　アーメン

キリスト教では、すべての人間は罪深い存在であり、自らの罪を認め、悔い改めることによって神に赦され、神の国に入れると説く。回心、あるいは神との和解と呼ばれる。

神が創造した最初の人間であるアダムとイヴが楽園で犯した罪責が、すべての人に及ぶという意味での「原罪」については、教派によってとらえ方が違う。

カトリックでは強調されるが、正教では原罪という言葉は使わない。人間は「神の似姿」として創造されたが、自由意志によって罪を犯し、その罪責として死を受け入れることになった。正教ではそう考える。キリスト教はそもそも性善説であり、「自分のなかに備わっている神の像を手本として、神に相応しい自己を取り戻していくこと」[3]が、正教徒としての務めとされている。

このように、原罪についての考え方に違いはあるものの、悔い改めて神から赦しを受けることは、キリスト者として神に向けて歩む前進であることに変わりはない。神に赦されたことに感謝し、私も人を赦します、と祈るのである。

しかし、人を赦すほどむずかしいことはない。映画「シークレット・サンシャイン」では、主人公の母親も信仰を深めるうちに、神が汝の敵を赦し、愛せと教えたことを知り、自分も犯人を赦そう、犯人に神の赦しについて伝えようと思い、まわりの反対を押し切って刑務所に面会を申し込む。

犯人と向き合ったその日、母親があなたを赦すといおうとしたとき、思いがけないことが起きる。犯人は柔和な笑みを浮かべ、自分もまた刑務所で神と出会い、自分の罪を懺悔《ざんげ》したといい、至福の表情でこういった。

「神はこの罪人に手を差し伸べ、その懺悔をお聞きになり、罪を赦したのです」

「神が、罪を赦したですって？」

「涙を流して懺悔し、神の赦しを得ました。そして、心の平安が訪れました。起きると祈りを捧げ、毎日感謝して過ごしています。神に懺悔し赦されてから、心はやすらかです」

自分が赦すより前に、神は息子を殺した犯人を赦していた。私が赦していないのに、なぜ神は赦したのか。私が苦しんでいるとき、犯人は神に赦されて救われていたなんて……。

母親は茫然《ぼうぜん》とし、口から出かけていた赦しの言葉を飲み込み、失意の日々を送ることとなった——。

3　パウエル中西裕一『ギリシャ正教と聖山アトス』（二〇二一・幻冬舎新書）。

「それでも母親はその犯人を赦さなくてはいけなかったのです」

映画の結末を聞いてそう語ったのは、日系ブラジル人の教会で副牧師を務める、エルヴィトン・ミヤザケ[4]である。

ミヤザケはこのとき、両親が幼い自分をブラジルに置き去りにして日本にデカセギに行ってしまったことで、親に捨てられたと思ったこと、親を赦すまでにどれほど時間を要したかを語り、オランダ人のクリスチャン、コーリー・テン・ブームの『わたしの隠れ場』[5]という手記を紹介してくれた。

一家でユダヤ人を匿《かくま》った罪で、妹と父親がナチスの強制収容所に送られた彼女がなぜ後年、収容所でシャワー室を担当していた国家主義者を赦すことができたのか、その苦しみと葛藤を描いた作品だった。

若葉キリスト教会の牧師、松元ハンナ[6]と、その妹で新居浜《にいはま》グレース教会協力牧師の篠原めぐみ[7]に会ったときも、この映画を話題にした。二人は子どもの頃に父親を交通事故で奪われた。しかし、母親が加害者を赦したために、これまで加害者に対する怒りや恨みを抱いたことはなく、名前も覚えていないと語ったからだ。

それは本当なのか。なぜそんなことが可能だったのか。二人には、母親が残した手記と共に振り返ってもらっている。

自らの責任ではなく置かれた場所で、いわれなき差別や避けがたい暴力の被害に遭った人々もいる。逆に、自らが加害者になってしまった人もいる。

彼らもまた、どのように神と出会い、神を疑い、神と再び出会うことになったかを時間をかけて語ってくれた。これらの証言が、キリスト教においては「証し」「証」「証言」と呼ばれることを知ったのは、取材も後半に差し掛かる頃であった。

インタビューは一名あたりおよそ三時間、場合によってはそれ以上、時間をあけて複数回にわたって行うこともあった。それを、沈黙やため息、笑い、怒り、方言などもそのまま忠実に書き起こした上で、最終的に一人語りのように編集したのは筆者であり、文責はすべて筆者にある。

筆者の旅の順番やそれぞれの所属する教会とは関係なく、語られた内容によって大きく一四の章に分類し、配置した。

第一章「私は罪を犯しました」では、死をも考えるほどの自身の罪と向き合う中で神と出会い、信仰に生きることを決意した人々の半生を聞いた。キリスト教でいう「回心」を遂げた人々であり、彼らの語りの端々に、神に倣《なら》って生きるとはどういうことかをうかがうことができるだろう。

第二章「人間ではよりどころになりません」では一転、信仰の始まりについての証言を集めた。どのようにキリスト教と出会い、神を信じるようになったのか。主に、「洗礼」に至るまでのあゆみと教会生活の実際が語られる。多くの人がキリスト教に親しんではいるが信じるまでにはいかない日本で、彼らが境界を越えたのはなぜなのかが浮きぼりになっていく。

第三章「神様より親が怖かった」にはクリスチャンファミリー、すなわち「家族」代々、あるいは一家全員がキリスト者の家に生まれ育った人々が登場する。生まれながらにして神がいる、神がいて当然という家ではどのような暮らしが営まれているのか、教会の外に出たときにどのような葛藤があったのか、などが語られる。

4 八七一ページ。
5 コーリー・テン・ブーム『わたしの隠れ場』湖浜 馨訳(一九七五・いのちのことば社)。
6 八八一ページ。
7 四八三ページ。

第四章「お望みなら杯を飲みましょう」は、神父や牧師、修道会のシスターや社会福祉施設の職員など、神の使徒として働くことを決意した人々、キリスト教でいう「献身」の語りである。神に仕えるとはどういうことか、一信徒として、また神と信徒のあいだに立つ者になるとはどういうことか、答えはもちろん一つではない。

第五章「神を伝える」では、「開拓」伝道の道のりについて、信徒として、聖職者としての証言を集めた。北海道内陸部の雪深い地域で伝教者として生きた人々がいたことや、清貧の暮らしを覚悟の上であえて存続の危ぶまれる教会に出向く牧師夫妻のあゆみ、外国人宣教師の働きや聖書を無料で配る国際ギデオン協会の活動についても語られる。

第六章「自分の意志より神の計画」には、「奉仕」の現場で働く人々に登場してもらった。奉仕といってもさまざまで、教会の活動としての奉仕もあれば、キリスト者であることを表に出さずに活動する人もいる。必ずしも美談にはならない現場の生々しい状況にどう向き合っているのか、伝道の功罪についても語られる。

第七章「教会という社会に生きる」では、教会で育ち、教会で傷つき、教会に救われた人々の経験を語ってもらった。教会もまた人間の集まる一つの共同体であり、「社会」である。さまざまな悩み苦しみを抱える人が多いだけに、乗り越えなければならない課題を多く抱えている。

第八章「神はなぜ私を造ったのか」は、「差別」をめぐる当事者たちの語りである。神はすべての人を等しく愛しているはずなのに、現実は平等ではない。教会の外だけでなく、教会の中でも、長年にわたり差別は温存され、多くの人を傷つけてきた。前章から続く、教会という社会のもう一つの姿が明らかになる。

第九章「政治と信仰」では、「政治」や思想によって信仰の道を左右された人々の証言を集めた。一九八〇年代後半のペレストロイカのあと、欧米から一気に流入したキリスト教の洗礼を浴びた在日ロシア人の体験や、学園紛争の波がキリスト教に押し寄せた一九七〇年代初頭の神学生の受け止め、米軍基地に隣接する沖縄の教会と保育園の人々の心をたどる。

第十章「そこに神はいたか」では、「戦争」の体験者と、戦後に占領下を生きた人々の神と信仰についての証言を集めた。無謀な作戦といわれたインパール作戦を戦った人、原子爆弾で家族を失った人、占領を経験した小笠原諸島や奄美大島の人々が、その後、どう生きたか、信仰の日々と共に振り返ってもらっている。

第十一章「神はなぜ奪うのか」には、事故や災害で愛する人との別れを経験した人や、理不尽な死に直面した人々の声を集めた。自らの行動がきっかけでわが子を失った夫妻、東日本大震災で被災し、家族を失った人々、障害をもつ子を育てる母親、人工妊娠中絶手術や動物の殺処分に携わる医師たちなど、キリスト者としてこの不条理、「運命」にどう向き合ってきたかが語られる。

第十二章「それでも赦さなければならないのか」は、人に傷つけられ、裏切られ、尊厳を奪われる経験をした人々の証言である。聖書には、「もし人の過ちを赦すなら、あなたがたの天の父もあなたがたの過ちをお赦しになる」(マタイ6・14)をはじめ、互いに赦し合いなさいというみ言葉があちこちに登場する。怒り、悲しみ、葛藤のさきに、「赦し」はあるのだろうか。

第十三章「真理を求めて」には、その人の人生がそのまま神に向かう道であったという人々の語りがある。ある伝道者は、「信仰には積み上げはない。ただ、右往左往はあります」といった。信仰をもつとは「真理」を求めて果てなき旅を続けることである。

第十四章「これが天の援軍か」は、ある日突然、目の前の景色が変わり、神に倣って生きることを決意した人々の語りである。彼らの言葉を借りれば、神に変えられた人々である。「復活」とは何か、一つの手がかりが示される。

以上の章のあいまに、「十字架の風景」と題する短い記事を五つ、配置した。いずれも日本の教会の現場報告となっている。

歴史的事実や、記録に残された文書、証言などはできるだけ裏付けをとるようにしたが、人々の記憶に残るエピソードは発言された内容を尊重し、事実確認は行っていない。

ドストエフスキー作品の批評で知られ、近年は精神療法として注目されている「オープンダイアローグ」に影響を与えたロシアの思想家[8]ミハイル・バフチンによれば、人間の真実は特定の誰かの視点のみで表現することはできず、どれほど多くの視点を集めて分析したとしても、両者には大きな隔たりがあるという。

本書にあるのも特定の証言者の記憶であり、証言者一人の視点のみで語られた心の軌跡である。その意味では、内面のノンフィクションといったほうがよいだろう。

それぞれの語りの重なりに、あるいは乖離《かいり》に、現代日本のキリスト者のありのままの姿が浮かび上がることを願っている。

この間《かん》、ほぼ毎週、日曜日にはどこかの教会の礼拝に出向いていた。筆者はとくに信仰はもたないが、ミッション系の幼稚園や大学に通い、友人に誘われて日曜学校に通ったこともあるため、教会を知らないわけではない。だが、信徒の高齢化や信徒数の減少は統計が示す通りであり、その衰退ぶりに驚くことが多かった。

一方、救いや奇跡など、スピリチュアルな盛り上がりを前面に押し出す一部の教会では、信者たちが何語かわからない呪文のような言葉で祈ったり、牧師に手をかざされただけで次々と失神して倒れたりする様子を目の当たりにした。

信頼するある牧師に、「ここを押すと倒れるというポイントがおでこにあるから、そこを押せばいいだけ」と演出上のテクニックがあることを教えられ、教会がカルト化しているかどうか、聖職者のメッセージや信者とのやりとりをよく聞いた上で判断することとした。

二〇二〇年初頭から始まった新型コロナウイルスの感染拡大によって、ほとんどの教会の礼拝が中止となった。再開されても教会員以外の参加を閉ざすところが多かったが、動画配信に乗り出す教会が増えたことから、直接行くことの叶《かな》わない国内外の教会のメッセージを聞くことができたのは幸いであった。

コロナの第六波とされるオミクロン株による感染が拡大、三一都道府県にまん延防止等重点措置が実施されていた二〇二二年二月二十四日には、ロシアによるウクライナへの軍事侵攻が勃発した。

どちらも正教を信仰する国であり、キリスト教でいうきょうだい同士の戦争は、世界中のキリスト者に大きなショックを与えた。ロシアを経て、正教の教えを受け継いだ日本正教会には追加取材を行い、これを終章「コロナ下の教会、そして戦争」とした。

筆者が会ったキリスト者の人数は、取材が叶わなかった方も含めれば、数千人に上るだろう。本書に収録したのは、日本全国からみればごく一部の教会の信徒にすぎないが、ここにはまぎれもなく、二十一世紀初頭の日本のキリスト者の実相があり、一人ひとりの語る信仰生活は、現代社会が抱える問題と相似形にあると実感している。

人間はなぜ神と出会い、信じるようになったのか。有史以来続く、信仰の謎についても想いを馳《は》せるきっかけとなれば幸いである。

8　ロシアの文芸学者、美学者。ドストエフスキー作品がもつポリフォニー（多声楽）的性格を読み解いた『ドストエフスキーの詩学』望月哲男・鈴木淳一訳（一九九五・ちくま学芸文庫）などで知られる。没後再評価され、哲学や心理学、言語学など多方面に影響を与えた。一八九五—一九七五。

＊おことわり

・登場人物のプロフィールは、「名前、生年、所属教会、居住都道府県」の順に記載しました。なお、所属、肩書、居住地は証言の末尾に記載した取材時のもので、現在とは異なる場合もあります。また、原則として本名で証言していただきましたが、刊行後に二次被害が生じる可能性がゼロとはいえないと判断した場合に限り、本人と相談の上で仮名としました。

・引用・参考文献は証言内、各ページの末尾、あるいは巻末の参考文献欄にまとめて記載しています。聖書については、原則として証言者の記憶、あるいは長年使用した聖書の聖句を尊重していますが、正確を期すため、現在流通している版を参照したところもあります。

・なお、証言の中で現代では差別的ととられかねない言葉が使われていることがありますが、証言者が生きた時代に一般的に使用された表現であること、また、差別を意図した発言ではないことを考慮して、そのままにしているところがあります。

目次

装幀◉クラフト・エヴィング商會［吉田浩美・吉田篤弘］

回心

第一章
私は罪を犯しました

十字架を背負うつもりの私に、
おまえのせいじゃないと
母はいいました。
でも、それは無理でした。

加茂こそめ
一九三五年生
救世軍引退士官
東京都

私には、罪がありました。

十歳のときです。三人の弟を連れて海辺に遊びに行きました。生後四か月の弟をおんぶして、左と右に六歳と三歳の弟がいて、手をつないでいました。

両親は船で島を移動しながら脱穀の仕事をしていて、海辺まで行くと二人が働いている姿が見えるんです。農繁期には学校が一週間ほど休みになったものですから、それを見たかったんですね、子ども心に。

しばらくそこにいて、十二時のサイレンが鳴ったので、そろそろ帰ろうと弟たちの手を握りました。そうしたら上の弟が、どうしても嫌だって振り切っちゃう。「お母ちゃん、あそこにいるからもうちょっとここにいる」っていうんです。

六歳だから一人でも家に帰れるだろう、まあいいやと思って、そのまま放ってさきに帰りました。それが大きなミスでした。

まもなくしてたまたま通りかかった人がいて、弟がうつぶせに倒れているのを見つけました。海は溺れるような深さじゃないから、滑って転んで頭かどこかを打ったようでした。

弟が死んだらしいと聞こえてきて、もう、怖くなって、下の弟をおぶったまま、山に逃げました。

手はちゃんと握ってたんだから、それでも嫌だって振り切られちゃったんだから、三歳なら置いてかないけど、六歳だから体格も大きいし、一人で帰れるって思ったんだから、でも、怒られるもんね、叱られるもんね、どうしよう、どうしよう……。」

そのうち山にいるのを発見されて、家に連れ戻されました。お母さんは私の顔を見るなり、いいました。

「おまえのせいじゃない、神様が命とったんだから、気にするな」

枕元に連れていかれて弟の顔を見たら、眠っているだけでした。すごいショックでした。

おまえの責任じゃない、とお母さんはしきりにいってくれましたけど、現場を知ってるし、亡くなった姿を見てますから。それからもずっと、ずーっと心に引っかかったままでした。

生まれ育った直島《なおしま》は、瀬戸内海に浮かぶ香川県の小さな島です。自然が豊かで景色もすばらしい。お花を採りによく山に登りました。これほどの自然は、神様以外に造れる人はおられないなあと感じてきました。

宗教色の濃い家で、神様は身近でした。お母さんは弘法大師の真言宗、おばあちゃんは天理教、おじいちゃんは不動尊で、一つの家に三つの宗教がありました。三度の食事のたびに、三つの祭壇にごはんを供えて祈るんです。それが終わらないとごはんが食べられませんでした。

ある日、大掃除のときに祭壇の扉をそっと開けてみたら、何もない。お札だけじゃないですか。なあにこれ、神様がいないよ、なんでみんなこれに頭下げてんのっていったら、お母さんに思いっきり怒られた。そんなもんじゃないよ、神様はって。

キリスト教の神様を知ったのは、ラジオがきっかけです。「ルーテル・アワー」というキリスト教の番組です。内容はむずかしくてよくわからないけど、ある日、「罪」っていう言葉が出てきたの。飛びついたね、ああ、罪なんだって。弟のこと、ずーっと引っかかっていましたから、ああ、これは私の罪なんだと。

「凡《すべ》て労《ろう》する者・重荷を負ふ者、われに来《きた》れ、われ汝らを休ません」（マタイ11・28）っていう言葉も聴きました。三回ぐらい、聴きました。

そのうち「世の光」という番組も始まって、ラジオのキリスト教番組に夢中になりました。

十六歳になった頃だったと思いますけど、兄の机の上に、金井為一郎《ためいちろう》という牧師のエッセイを見つけました。兄は八つも年上で、もう大人でした。

エッセイを読むと、「それ神はその獨子《ひとりご》を賜ふほどに世を愛し給へり」（ヨハネ3・16）と書いてある。あれ、神様って独り子がおられるの、どういうことだろう。そのとき初めて、聖書を読んでみたいと思いました。

そんな矢先、兄の友だちが聖書を貸してくださいました。文語体なので、むずかしくてよくわかりません。でも、イエス様が神の子だというのはわかりました。

ラジオで聴いたことのあった、「労する者・重荷を負ふ者」も出てきました。聖書の言葉が心にしみ込んできました。私も教会へ行ってみたい、と思いました。

それから二年ほどして、聖書を貸してくださった兄の友だちが、私との結婚を父に申し込まれました。とても素敵な青年で、尊敬していました。

ところが、絶対に許さんと反対されました。その方にハンセン病の家族がおられることを知ったからです。

当時は今とは違います。父は丁重に断って、このまま島にいたらいろんなことがあるかもしれないから、家を出ろ、島を出よと私にいいました。

結局、大阪にいる叔母の家に預けられることになりました。その男性には本当に申し訳なく思いました。大阪行きの鞄《かばん》には、借りたままの聖書と金井牧師のエッセイをそっと入れました。

中学生の頃からずっと、世の中のために働きたいと思っていました。それは私の場合、婦人警官になることでした。

どうしても婦人警官になりたいと思って、大阪に着くなり、天満《てんま》警察署の署長をしているいとこを訪ねました。直島からは兄が付き添ってくれていたので、二人でいきなり行きました。前もって電話ぐらいすればいいのに、いきなりです。

そうしたら、向こう三年は募集ないよ、って。もう、がっかりでしたね。だって、婦人警官になるために、兄に柔道も習ってたんですから。

天満駅の近くにある叔母の家に居候して洋裁の仕事を手伝っていた頃、教会に行きたいという気持ちが募っていました。

日にちをはっきり覚えています。一九五六年一月八日の日曜日です。近くに日本基督《キリスト》教団の天満教会があると聞いて、住所を書いたメモを握りしめて教会を探しました。

ところがこれがなかなか見つからない。迷ってしまって、大きな道から一本入ったところをうろうろと歩いていると、救世軍[1]天満小隊という建物にたどり着きました。救世軍ってなんだろう、と思ってそーっと扉を開けたら、詰襟の制服を着た方が出てきました。

あれ、なんか変なところに来ちゃったみたいと思って、「あ、すいません、失礼しました」と帰ろうとしたら、「ここは教会ですよ、どうぞお入りください」とおっしゃった。

1　救世軍は災害救援や慈善活動を行う際に効率よく活動できるよう軍隊形式を採用。信徒を兵士、伝道者を士官、牧師を小隊長、各国の責任者を司令官、最高指導者を大将、教会を小隊と呼ぶ。

そこから、私の人生が始まりました。次の週の一月十五日、救霊会という礼拝に出席して、回心者になりました。イエス・キリストを信じることを誓って、信者になりました。

それからまもなく、西成《にしなり》にある救世軍の朝光《ちょうこう》寮という女性の更生保護施設で働くことになりました。売春防止法が施行される前の年で、近くにある飛《とび》田《た》遊廓《ゆうかく》[2]で働く女性たちが保護されていました。

ある日、担当していた二人の女の子を病院に連れていって寮に戻ったら、一人が荷物を置いたまま逃げちゃった。性病があったんですが、お医者さんが、これで治療は終わりました、明日から来なくていいよっていったのがよくなかった。それを聞いていなくなっちゃったんです。

ああ、大変だと思って、一人で飛田に乗り込みました。黒い靴下に黒い靴を履いて、男の人みたいに断髪で、ダンダンダンって靴音たてて歩いてね。そう、自分を鼓舞するようにです。怖かったんだね。

そうしたら男の人たちが、なんだなんだって感じで飛び出してきて、あっというまに五〜六人に囲まれてしまいました。「すいません、そばの救世軍から来ました」といったら、「見たらわかるよ」って。救世軍は制服制帽がありますから、すぐわかるのね。

こういう女の子がここに帰っているはずで、今病院から帰ってきたばかりでまだ寮長先生に報告していないし、私の責任になりますから帰してほしいと頼んだんです。

人の輪がだんだん迫ってきて、ああ、もうだめだーって思ってたら、大親分みたいな人が、「おまえたち何してんだ、救世軍の人囲んで」っていいながら現れた。事情をもう一度説明して頭を下げて女の子を帰してほしいとお願いしたら、「おお、○○ちゃん、いるか、帰ってるか?」ってまわりに聞いてくれた。そうしたらもう、隠せないよね。その子が連れてこられました。

なんとか彼女と一緒に寮に帰りましたけど、足がガタガタ震えましたよ。ひょっとすると、死んでたかもしれないって。

帰ってから、「一人でそんなところに行くなんて」と寮長先生に怒られました。直島から父と村長をやっていた伯父がわざわざ来て、「娘をよろしくお願いします」って頭下げたばかりだったんです。何かあったら申し訳ないだろうと、真っ赤な顔で怒られました。家に帰ってから怖くなりましたね。

ドスで脅されたこともありました。朝光寮の職員をしながら、士官になるための学校に通っていたときのことです。歯医者に行った帰り道にちょっと時間が余ったので、寮の近くにあるクリスチャンのお墓のそばに座って聖書を読んでいたんです。

そうしたらどこからか知らないおじさんが近づいてきて、いきなり「金くれ」と。ドスをちらつかせて、「殺すぞ」っていうんです。

歯医者さんのお金と健康保険証しか持っていなかったんですけど、とっさに、「ああ、そう、どうぞ」っていいながら、おじさんの腕を持ってひっくり返しちゃいました。島にいたときに婦人警官になるために柔道を習ってましたからね。

おじさんと一緒に私も倒れちゃったんですけど、思い切り蹴って、ひるんだ隙に逃げようと思ったら、小さい人だったからコロコロコロって転がっていっちゃった。よろよろと立ち上がってこちらに向かってくるのかと思って身構えたら、そそくさと逃げていきました。

思わず、おじさんの背中に叫びました。

「このすぐ下に、救世軍の西成小隊があるから、とにかく行って悔い改めてくださーい」

最初はでっかい声だったのに、だんだん小さくなって、最後は声が出なくなった。やっぱり怖かったんだね。

2　大正時代に作られた日本最大級の遊廓。旧・赤線。飛田新地《とびたしんち》は自由恋愛の名目で現在も営業が続く。

でもそんな経験が重なって、これからは神様のために働こうと、献身への気持ちがいっそう固まりました。

士官学校に入学したのは一九五七年、同期生は一四人いました。今から考えるとすごい人数で、「勇者の学年」と呼ばれました。

キリスト教に献身することについて、親は反対しませんでした。娘が十字架を背負って生きようとしていることをよくわかっていました。きょうだいで娘は私一人でしたから、お母さんはそばに置いときたかったみたいですけど、おまえの行く道だからといって私を信頼してくれました。

お父さんは[3]山室軍平《やまむろぐんぺい》の話を直接聞いたことがあったそうです。日本人で初めて救世軍の士官になった人です。十代の頃、簿記とそろばんの勉強で直島から岡山に通っていて、たまたま山室軍平の講演があったので二回、話を聞いたんだと。大正の終わりか、昭和の初めでしょうか。あとで聞いた話ですが、ああ、あの山室さんの宗教団体ならオッケーだと思ったそうです。

士官学校で勉強したのは半年ぐらいで、あとは社会鍋ばかりでした。見たことありませんか。町に出て鍋を置いてラッパを吹きながら募金活動をするんです。

士官になって初めて赴任したのは東京の江東《こうとう》小隊で、同期生のお兄さんで士官の夫と出会って結婚してからは夫婦で全国をまわりました。

夫婦で最初に赴任したのは札幌小隊です。札幌には北海道連隊本部があって、そこの連隊長の家族もいましたから、全部で何所帯いたでしょうか。保育園もあって、朝五時にストーブをつけるのが私の仕事でした。あれはしんどかった。朝五時ですよ。その前に火をつけるんですからね。寒くて、厳しかったね。

札幌には五年間いましたけど、この間に大きな病気をしました。救世軍は禁酒禁煙ですから、お酒は飲みません。それなのに肝臓が悪くなったんです。

これはもう、がんに違いないってお医者さんにちらっといわれて薬飲んで、生後八か月の長女を連れて直島に戻りました。今考えると、疲労だったんでしょうね。三か月お休みしました。

救世軍は結婚すると夫のほうが小隊長になるのが普通でしたが、大阪の鶴橋《つるはし》小隊では自分から志願して既婚女性としては珍しい小隊長に任命されました。

「怠らず励み、霊に燃えて、主に仕えなさい。希望をもって喜び、苦難を耐え忍び、たゆまず祈りなさい」（ローマ12・11－12）という御言葉に導かれて、五十七年間の奉仕をまっとうして、二〇一四年に七十九歳で完全に引退しました。娘が献身して、今は高知と高松で二つの小隊長を兼務して大忙しなので、お手伝いのため四国にときどき通っていますけどね。

このあと入院されている兵士の方のお見舞いに行きます。一緒にいかがですか。車の中でもお話ししましょう。記憶がちょっとあいまいなところもあるので心配ですけど。


回心者になってからちょうど五十年後の一月十五日、日曜日のことです。天満小隊の聖別会[4]に出席して祈りを捧げて、その足で直島に帰りました。五十年来、兄の友人に借りたままの聖書を、回心したのと同じ一月十五日にお返しして感謝の気持ちを伝えるためでした。お借りした聖書は使いすぎてボロボロになっていたので、当時もっとも高価な旧新約聖書を入手していました。

おうちを訪ねると、ご夫人が出てこられたのでご挨拶して事情を説明すると、こうおっしゃいました。

3　日本における救世軍の創設と発展に尽くした宗教家。一八七二―一九四〇。
4　礼拝のこと。

「主人は三年前に亡くなりました。私どもには子どももなく、年老いているため、その聖書はあなたに差し上げます。あなたが牧師になっていることは、主人から聞いておりました。あなたが持っていてくれたほうが主人も喜ぶでしょう」

涙が溢《あふ》れ出てきました。お渡しするはずだった聖書を片手に、これまでの生涯がみ言葉に導かれていたことの感謝を証ししました。

2019/8/25

機動隊員の訓練は厳しく、
体調を崩しました。
うつだったのでしょう、
事故に見せかけて
死のうとしました。

永渕一隆
一九六〇年生
日本バプテスト連盟人吉《ひとよし》キリスト教会牧師
熊本県

熊本県人吉市は昔から洪水が多い町です。球磨《くま》川はこれまでもたびたび氾濫して、自然の脅威はずっとありました。

人吉教会が始まったのは、戦後まもなくのことです。アメリカから南バプテスト教会の宣教師のW・R・メドリングという先生がやって来て、ここで耳鼻科を営んでいる方のおじいさんが家庭教会を開いたのがきっかけです。

会堂が完成したのは、一九五八年です。ずいぶん古くなりましたから、新しい会堂を作るための建築献金をしているんです。壁にグラフを貼ってありますけど、目標が六〇〇〇万円で、ようやく、二〇〇〇万円ほどになりました。

会社の営業目標みたい？　ああ、そうですね。

毎週礼拝に来ているのは、二〇人ぐらいでしょうか。男性が四～五人です。年齢は三十代後半から九十歳近く。信者が減ることはあまり心配していません。毎週、熊本市内から通っているご夫婦もおられますよ。

生まれは、佐賀県神埼《かんざき》郡脊振《せふり》村というところです。

子どもの頃からずっと剣道をやっていたので、高校を卒業しても剣道が続けられる仕事をしたいと思って、佐賀県警に就職しました。

初めは派出所の警察官をやって、そのあと機動隊に二年ほどいて、沖縄の全国植樹祭で両陛下の警護をしたことがあります。

玄海《げんかい》原発の警備に出動したときは、反原発運動の人たちと揉《も》み合ってるうちにヘルメットが吹っ飛んでしまいました。

正義感が強かったんです。閉鎖的な組織ですから、警察が正しくてほかは歪《ゆが》んでいると思い込んでしまう。今だからそう思えますが、当時はそんな疑問を抱くことなどありませんでした。

刑事に若干、憧れがあったんです。刑事になるには警察学校の専科で三年間勉強しなければならなかったのですが、これがどうも合わなかった。

体調を崩しました。訓練は厳しいですし、ストレスもあったのでしょう。これといって決定的な原因というものははっきりしませんが、アレルギー体質だったものですから、何を食べても反応が出て眠れない状況が続いていました。

今考えると、うつだったんでしょうね。自殺願望が高まって、ある日、いろんなことが嫌になって、車にぶつかって事故に見せかけて死のうとしました。

でも、死ねませんでした。痛い想いをしただけです。股関節脱臼で入院しました。足を吊《つ》って天井をじっと見ているだけの毎日です。気分は真っ暗で、眠れずにふさぎ込んでいました。周囲の人たちが幸せそうに見えました。

それでも自然治癒力というのか、四か月ほどしてようやく立ち直りました。すると、まわりのことがだんだん見えるようになった。

同室に子どもがいたのですが、ダンプに轢《ひ》かれて全身がマヒしてしゃべれない。そんな厳しい状態でも生きている子がいるんだ、と思いました。爆発物処理で不発弾を扱ったときに足を切断して義足になった人もいました。

一年間療養して職場に戻りましたが、体に無理がききません。そんなとき警察では警備課か交通課に行くしかないのですが、結局、本部の通信指令室に配属されました。車のナンバーを照合したりする部署です。

生きる希望がなくなって、すべてがむなしくて、何をしても一時の喜びしかない。お寺のお坊さんに会いに行ったり、神社に行ったり、易者に話を聞きに行ったりもしました。

警察官の友人にクリスチャンがいて、彼に誘われてバプテスト教会に行くようになりました。そのとき初めて聖書を知りました。三浦綾子[1]の本も読むようになりました。

聖書を読んでいるうちに、自分の罪が示されました。自分の心の醜さが見え始めたんです。イエス様が十字架に掛かってくださったから自分の罪が赦されたのだと知りました。

バプテスマ（洗礼）を受けたのは一九八五年、二十五歳のときでした。

「あなたがたがわたしを選んだのではない。わたしがあなたがたを選んだ」（ヨハネ15・16）という聖書のみ言葉に招かれたのです。自分から教会に行ったと思っていましたが、そうじゃない。そのことがわかったのは、ずっとあとのことです。

1　北海道旭川《あさひかわ》市生まれの作家。小学校教師を務めていたが、太平洋戦争後に罪悪感と絶望を抱いて退職。肺結核と脊椎《せきつい》カリエスで療養生活を送る中でキリスト教に出会う。『氷点』『塩狩峠』『道ありき』など著書多数。一九二二―一九九九。

クリスチャンになってからは、聖書のみ言葉を書いた冊子を町や学校の前で配っていたんですが、二年目のある日、礼拝で聞いた「わたしについて来なさい。人間をとる漁師にしよう」（マタイ4・19、マルコ1・17）というみ言葉が、頭から離れなくなりました。

警察官になって八年、このまま警察官を続けるのか、それとも伝道の道に進むのか迷っていたのですが、心が決まりました。人間をとる漁師になろう、伝道者になろうと思いました。

通信指令室に辞表を出すと、周囲に大反対されました。県警本部から刑事本部長と刑事課長が来られて、考え直せといわれました。親も呼ばれて親戚まで集まってきました。高校の恩師も止めに来ました。誰にも相談せずに決めたので、頭がおかしくなったと思われたのです。

周囲が反対すればするほど、意志は強くなります。このさき、どうやって食べていくのかはわからないけど、「神の国と神の義を求めなさい。そうすれば、これらのものはみな加えて与えられる」（マタイ6・33）と聖書にあります。必要なものはきっと与えられる、きっと神様が導いてくださる。そう思ったんです。

警察をやめてからは、教会のことを学びながら付属の幼稚園の仕事を手伝い、奉仕を続けました。伝道に燃えていました。これほどの決心をしたことはありませんでした。

日本バプテスト連盟の佐賀教会に行ったとき、事務をしていた妻を紹介されて結婚しました。牧師になるには学校に行かなければなりませんが、バプテスト派の場合は西南《せいなん》学院大学の神学部です。家族寮に住んで、三年間アルバイトでお金を貯めながら大学に通いました。

牧師は招聘《しょうへい》制です。大学に依頼状が届くので、それをもとに信徒の前でお見合い説教をするんです。面接のようなものですね。果たしてうちの牧師にふさわしいか、説教を聞いて、信徒同士で話し合って決める。

私には、高知伊勢崎《いせざき》教会から依頼がありました。前任の牧師がいなくなったので来てほしいということでした。私は恥ずかしがりで話はうまくありません。ただ聖書の物語を語るだけ、祈りを伝えるだけでした。

高知での務めを終えたあと、親が高齢になったので、面倒をみるために佐賀に戻りました。実家は浄土真宗の檀家ですが、親はもう私が家を継ぐことはあきらめていました。

父親とは十年もわだかまりが解けずにいましたが、晩年のある日、私が祈ると、「ありがとう」といって、それから態度が変わりました。

父の葬儀は弟に全部任せました。私は祈るだけでした。

私たちは旅人です。地上ではつらいことがいっぱいあります。教会員は高齢の方が多くて、九十歳近くになってがんになった方もいるし、天涯孤独の方もいます。

この世に希望はないけれど、牧師がどれだけ励ましても変わるものではないけれど、不思議なことに神様が取り扱ってくださったことで人は変わる。国籍は天にあるから、希望をもって歩んでいけるのです。私自身、そういう経験をしていなかったら、わからなかったことでした。

2016/3/30,2020/7/9

神と駆け引きをしました。信じますから責任をとってくれと。

神山茂紀
一九八四年生
日本アッセンブリーズ・オブ・ゴッド教団嘉手納《かでな》アッセンブリー教会副牧師
沖縄県

神様と真剣に向き合った体験は、これまでに三度あります。

一度目は、小学二～三年のときでした。父に膵臓《すいぞう》がんが見つかったんです。手術でお腹を開けてみたら完全に末期で、そのまま閉じるしかない状態でした。

母がつきっきりで看病することになったので、ぼくが叔母の家、三つ下の妹も母の実家に預けられて家族はバラバラに暮らすことになりました。

うちの家族はもともと誰もクリスチャンじゃなかったのですが、親の方針でぼくも妹も教会付属の幼稚園に通っていました。

クリスチャンは誰かが病気になると治るようにお祈りをするんですけど、妹が当時通っていた嘉手納アッセンブリー教会の幼稚園の先生がクリスチャンで、病室まで来て祈ってくださった。

父は人に祈ってもらうなんてことはこれまで経験したことがなかったので、すごく嬉しかったみたいです。

そのあと、主任牧師[1]ご夫妻もお見舞いに来てくださって、父のために涙を流して祈ってくださった。父はそのとき、自分も人のために祈れる人になりたい、イエス・キリストを信じると決心したんです。

一時退院したとき、初めて家族で教会に行きました。父と母は一緒に洗礼を受けて、そこから父はすごく回復して、闘病生活を送りながら、牧師を目指して通信科の神学教育も受けるようになりました。毎週水曜日の放課後には牧師先生が家に来てくださって、子どもたちを集めて水曜学校という家庭集会も始めました。父は余命三か月と告知されていたんですが、十か月も闘いました。父の誕生日は忘れちゃいましたが、亡くなった日はよく覚えてます。一九九二年六月十九日、三十六歳でした。

ぼくはめちゃくちゃお父さん子でした。お父さんはイエス様を信じて勉強もして、天国に行った。ぼくも同じところに行きたい、お父さんに会いたいと思っていました。

だって教会でさんざん聞かされるじゃないですか。イエス様を信じたら天国行けるよ、信じなければ地獄だよって。父が死んで、それをものすごく意識したんです。

イエス様を信じます、だから、洗礼受けさせてくださいと牧師先生に直談判しました。小学三年に洗礼を授けるという前例がなかったので、先生はたぶん教団にいろいろ話をしてくださったんだと思います。

父が亡くなって半年後、教会から一番近い、読谷村《よみたんそん》の渡具知《とぐち》の浜で洗礼を受けました。十二月で寒かったのですが、すごい安心感があって、ああ、これで天国に行ける、お父さんに会えると思ったら涙が止まらなかった。号泣しました。

クリスチャンのセオリーからいえば、これっていいとはいえないと思います。やっぱり神様に出会って罪を悔い改めて信仰を告白するというのがセオリーです。

お父さんに会いたいというのは、動機が違いますよね。だけど、あの安心感だけは今も忘れられません。

父が信仰を残してくれたことは、家族にとって大きかった。母も水曜学校を父の遺言のように受け止めてい

1　日本アッセンブリーズ・オブ・ゴッド教団嘉手納アッセンブリー教会牧師、池原信徳、三九八ページ、池原厚子、六七五ページ。

て、ふだんは看護師をしていましたが、水曜は半ドン[2]にして家を子どもたちに開放していました。今でいう学童保育みたいな感じでしょうか。多いときは三〇人ぐらい同級生が集まりました。

カトリックの幼稚園に通っていたので、神様の存在とか、イエス様が十字架に掛かってくれたとか、そういうことは漠然と感じながら育ってきました。

先祖代々のクリスチャンホームとか、小さい頃から教会に来ている子たちに「あるある」な話なんですけど、どこで神様と出会って、どこで信じて救われたかがわからないっていう人はいっぱいいるんです。日曜日に教会に行くのは当たり前、信じて当たり前なので。

そういう子たちにとって、夏のキャンプはすごく重要です。二～三日、同じ環境で礼拝を捧げて、遊びを通してかかわっていく中で祈る時間も長くなりますからね。

ぼくの場合も、自分の中で「神観」というか、明確に神様と出会ったのは高校二年の夏のキャンプでのことでした。神様が自分に語ってくれたという経験をしたんです。絵でいうと、イエス・キリストの十字架がどんどん自分の前に迫ってくるような感覚です。

自分がこれまで起こした問題、犯した罪、イエス様を信じないと思っていたこととか、いろんなことが心の中に溢れてきて、わんわん泣きました。自分でも怖いぐらい。

キャンプファイヤーのときだったので、場の盛り上がりがそうさせたというところもあるかもしれませんが、自分の罪が走馬灯のように次から次へと迫ってきました。

ものすごく反抗的な子どもだったんです。今でもはっきり覚えていますけど、小学六年のとき、ヤンキー漫画の真似をして頭に剃《そ》り込みを入れました。そうしたら母親にトイレに連れていかれて思いっきりビンタされた。「あんた、こんなことするんだったら眉毛もみんな剃りなさい」って泣きながら怒られました。

遊ぶメンバーがやんちゃな子ばかりだったので、中二の頃は殴り合いの喧嘩《けんか》もしたし、警察沙汰寸前までいった。たばこも吸いました。教会に行ってなかったら確実にグレてました。

そう、教会には行くんですよ。日曜日のクリスチャンとしての顔はある。礼拝は守る、神様は第一にする。両親に叩《たた》き込まれていたので、絶対休めない。でも、家での顔は違ったんですね。

音楽が得意でした。これは親に感謝しているんですが、四歳からピアノを習っていた。高校時代は音楽の道に進みたいと思っていました。

バンドのスタイルで演奏する、教会のワーシップソングです。オーストラリアにヒルソング・チャーチという教会があって、日本のアッセンブリーズ・オブ・ゴッド教団の教会はそこが作る讃美歌を日本語に訳してうたうことがあるんです。ぼくがやりたかったのは、そちらです。教会でベースを弾いたりうたったり、ずっと音楽の奉仕をしてましたから。

牧師先生に相談したら、無理無理、ピアノはそんな簡単な世界じゃないって。でもいい声してるから声楽はどうかといわれて、先生を紹介されて勉強を始めました。

でも、高校生で勉強を始めるなんて遅いんです。楽典もソルフェージュも、あんた、四歳のレベルだよって先生にコテンパンにいわれた。裕福な家ではなかったので私立は無理、一年浪人してようやく沖縄県立芸術大学の声楽科に入りました。

ぼくの動機は低すぎました。みんなプロを目指している人ばかりです。なめていたんですね、音楽を。教授とそりが合わなくなって、二年後半からは大学にほとんど行かなくなった。

2 午前中に終えて午後は休みにすることを意味する俗語。

アルバイト、やってたんですよ。ＫＤＤＩのコールセンターの仕事です。これが性に合ったんです。契約一本とるごとにいくらもらえるという歩合制で、チームの売り上げがよかったら歩合のほかに報酬も入る。多いときは日に一九万円とか稼いでいました。

しゃべるのは嫌いじゃないし、クレームが来てもそれほど痛くないというか、もしかして向いてるのかもしれないなあって。社員さんにも、社員になったらどうかって誘われました。

沖縄は所得水準が低いですし、大学なんかもう行かんでいいやと思って、朝から夕方までバイトばっかり。三年に上がるタイミングでとうとう大学をやめてしまいました。

母は悲しみました。バイトをしてることも全然知らなかったんで。だって、日曜日だけはクリスチャンのいい顔をしてましたから。

当時、お付き合いしている人がいました。教会の幼稚園に勤めている人で、献身したいという思いが強くて、その影響でぼくも献身を考えるようになっていました。

結婚して一緒に神学校に行こうとも話し合っていた。彼女のことはものすごく大切にしていたんです。

でも二十代前半のぼくは、さっきいったようにめちゃめちゃな生活をしていたわけです。大学行ってないとか、バイトに没頭してるとか、彼女にすら黙ってた。

母親にばれて教会に連れていかれて、牧師先生夫妻と彼女とみんなが入った上で話し合いが行われて、お付き合いは破棄になりました。

どうしようもないやつだったんです。クリスチャンホームの生ぬるい家庭で育ってきたのが、崖っぷちに立たされた。みんなの前で恥をさらして、クリスチャンをやめようと思いました。高校生のときに神様の前で罪を悔い改めたはずなのに、フラフラしてこんなことになってしまった。

土曜日の夜、明日礼拝に行くかどうか葛藤していたときのことです。自分の部屋で電気を消してベッドにバタンって倒れ込んで泣いていた。たぶん、うつ状態だったと思いますが、「あなたはそれでも私についてくるか。私を信じるか」という声を聞いたんです。

二つのことを考えました。一つは、いや、ついていきません。ついていかないということは、クリスチャンをやめること。神様を捨てますということです。

それをイメージしたとき、自分の人生のさきが全然見えなかった。絵でいえば、道がない絵が見えた。つまり、ぼくは神様を選ばない道は選べないとわかった。

じゃあ、神様を選ぶから、あなたがぼくの人生を保証してくださいと訴えました。ごめんなさいじゃなくて、わかりました、じゃあ、あなたについていくから責任とってくださいみたいな感覚です。

するとこ神様の答えは、「私についてきなさい。私があなたの人生を保証する」だった。ぼくは、ぼくに対して語られる神様の声を確かに聞いたんです。これは霊の世界のことなので、否定できない。明確なんです、ぼくにとっては。

今思うと、夢の中の話だったのかなあ。わからないけど、その声を聞いて、献身に向けて歩き出せたことは確かです。

牧師先生には、「あなたがやってしまったのは大きなことだった。自分で蒔《ま》いた種は自分で刈り取りなさい」といわれました。刈り取りが終わる瞬間がいつになるかわからないけど、ぼくはとにかく神様に仕えて生きていきますと誓いました。

それからしばらく幼稚園に勤めながら学童保育の仕事をして、三年後に東京の駒込《こまごめ》にある中央聖書神学校に行きました。

在学中、東日本大震災が起きました。学校が救援本部になったので、全国の教会から届いた物資を仕分けして東北に運びました。初めて行ったのが震災三日後で、それから一〇回ほど通ったでしょうか。一度行くと、一～二週間いて泥かきや炊き出しを手伝います。

宮城県の東松島《ひがしまつしま》に信徒さんのつながりがあったので、セブン-イレブンの跡地にボランティアセンターを作って、そこを拠点に手伝いに行ったりお茶飲み会をしたりしました。

中心になって活動していたのは、仙台にある泉《いずみ》福音チャペルの伊藤博先生で、車で一時間半かけて毎日通っておられました。

こういうときって宗教の勧誘がたくさん来るようですけど、伝道はしないようにという意識がみんなの中にあって、み言葉を書いたカードや小冊子を配ることもありませんでした。教会はまったくない地域だったんですけどね。

ただ、土地のみなさんはぼくたちを、キリストさん、キリストさんと呼んでくれて、ある方に、「いろんなボランティアが来るけど、キリストさんだけはずっと一緒にいてくれた」といわれました。

イエス様を信じましょうというのも大事かもしれませんが、それ以上に、行動をもって愛を示していくことはすごく重要なんだなと思いました。

センターはその後、地域の教会になりました。東松島アメイジング・グレイスセンターといいます。

2018/7/24

人を傷つけ、本当の罪人になりました。中学生のときに受けた洗礼が時限装置のように動き始めました。

中田 真一（仮名）
一九八三年生
プロテスタント教会牧師
長崎県

洗礼を受けたのは中学二年のときです。本当の動機は、自分がいつか道を踏み外すだろうなっていう感覚があったからです。

うちは父方のひいおばあちゃんの代からクリスチャンなので、イエス様が自分の罪のために死んでくれて、そのために自分は救われたということは小さい頃から聞かされてわかってはいました。でも、本音はそうじゃなかった。なんとなく、自分はこのまま守られて進んではいかないだろうな、人を傷つけちゃうだろうなっていう気がしていたんです。

だから、そのときに戻れるところを作っておこうと、保険をかけるようなつもりで洗礼を受けたんです。クリスチャンって自分の中に罪があるという教えられ方をするじゃないですか。だから自分の中の制御できない何かが悪さをするかもしれないという感覚は常にあった。

芝居でよく、「おれのこの右腕が！」ってセリフがありますよね。コントロールできない自分の中の何か、あの恐怖感です。

神戸児童連続殺傷事件を起こしたサカキバラと同世代なんです。秋葉原《あきはばら》通り魔事件の加藤智大《ともひろ》もそうです。キレる世代というか、誰でもいいから傷つけたいという暴力性がなんとなくわかる。だから、洗礼はセーフティーネットみたいな感じ。そんな理由だから、ほどなく教会に行かなくなりました。

すごく恥ずかしいんですけど、スターになるためにはどうしたらいいんだろうとか、若くして死ぬとスターになれるんじゃないかとかって考えていたんですね。すべての人に愛される、世界中の人から愛されるスターです。

父親の仕事の関係でアメリカ帰りの帰国子女だったこともあると思いますが、無意識のうちに人に気に入られるように行動するんです。悪意にも気づくし、イラッとされるとか、あいつなんだろうって目にもすぐ気づく。異常に敏感なんです。

東京の大学に通いながら、演劇サークルに入って役者を目指しました。小劇場はひと通り見たかな。どこかの劇団に入りたいというんじゃなくて、自分が組織して、これまでにないものを作りたいと思って大学を中退して五年ぐらい、フリーターやりながら演劇やってたんです。でもそんなことでは食べられないし、オリジナリティといってもお金にはならない。そのうち、事件を起こしてしまいました。

どこまで話していいのか……、しゃべったことは活字になるんですよね。

うーん、痴情のもつれというか、付き合っていた人の浮気相手を傷つけてしまったんです。復讐《ふくしゅう》です。命にかかわるようなことにはならなかったですが、物を使ったので、当たりどころが悪かったらやばかった。全治二か月でした。

ぼくが自分で救急車と警察を呼んだので逃亡の可能性はないと判断されたのか、起訴はされましたけど、懲役一年六か月、執行猶予三年でした。

大変なことをしてしまいました。反省しました。でも、まだ消えていないんですよ、その恨みは。何かにぶつけたい、どうしようもない気持ちが消えないんです。

ああ、ほんとに自分は罪人だ。教会でずっと教わってきたけど、ほんとに罪人になっちゃったんだって。

そんな想いを抱えていたある日、教会に戻るきっかけとなる出来事がありました。

演劇のつながりで、あるゲームに参加したんです。演劇フェスティバルの出し物の一つで、体験型のゲームですね。心理テストを解いて、あなたにおすすめの場所はこの地点です、と指示されるので行ってみたら、御《お》徒町《かちまち》の雑居ビルの中にある教会でした。

牧師は韓国人の先生でした。説教を聞いたらごはんを提供するというホームレス支援の伝道活動をやっているところで、いつまで人のことを気にしてるんだ、いい加減、神様を見なさい、という説教をホームレスの人たちにしていました。

ああ、そうだったと気づいた。ぼくが気づいてないだけで、全部神様のうちにあったんだと悟ったというか、これまで知識として教わっていたことが全部、自分のこととして意味をもち始めた。中学生のときに受けた洗礼が時限装置のように動き始めたんです。

自分が信じるとか、信じないとかじゃなくて、自分はその中にいる。事件を起こしたときも、まじめに生きていたときもずーっとだったんだって。だから、ここに戻ろうと。

両親の代から家族で通っていた教会に戻って、大学にも復学しました。

じつは、事件でお世話になった弁護士がクリスチャンでした。弁護士会の子どもの人権と少年法に関する特別委員会が市民にアピールする方法に演劇を使っていて、高校の演劇部にいた頃に一緒にお芝居を作っていたことがあるんです。

その関係で弁護をしていただいて、事件のことが一段落した頃に、いくつかシェルターが出来上がったので職員として手伝ってもらえないかといわれたんです。社会福祉法人なので宗教はとくに関係ありません。男子シェルターを担当していました。

子どもって、当たり前のことですけど、いろんな性格の子がいる。暴力団から足を抜こうとして事件になっちゃった子とか、虐待を受けて自分で子ども110番の家に電話して逃げてきた子もいる。

事情はバラバラですが、しいて共通点を挙げるとすれば、愛着関係の形成がどこかで満たされてなくて、基本的に人との信頼関係を築くのが不器用な子が多かったかなあ。

信頼関係を築くのは大変でした。昨日まで親友のように仲良くしていても、翌日ちょっとしたことで裏切られたみたいな感じになる。ほんと忍耐がいる。匙《さじ》を投げようと思えばいつでも投げられるけど、それを決して投げ出さないことが一番大変だったですね。

でも、すごく楽しかった。それだけぶつかって裏切られても、最終的にはつながるという希望があったからでしょうか。

職員もクリスチャン以上にクリスチャンというか、チームワークがすごくよくて、風通しもよくて、誰かが失敗しても、誰かが疲弊していても、必ず誰かがフォローする。

ストレスはあるけど、やめたいと思ったことは一度もなかったですね。ぶつかって喧嘩になった子どもたちとは今も連絡とり合う関係なんですよ。こっちが励まされるぐらい背筋が伸びて立派に成長している。

そういう姿を見るとやめられないし、あ、つながったという感覚が味わえただけで、それまでの苦労が全部吹っ飛んじゃう。今度はどんなむずかしい子が来るんだろうって、変なワクワク感もありました。

大学時代のアルバイトを含めて三年間、そこで働いて感じたことがありました。子どもたちと接して仲良くなっていくと、おれが生まれてきたこと自体が失敗だとか、おれは望まれて生まれてきたんじゃないとか、自分の存在に肯定感がもてない子どもたちの言葉を聞くことになるんですね。

そんなことないよとか、一緒にいて楽しいじゃんっていうことはできるけれど、もっと根源的に、人間の愛情よりもっと深く、あなたの存在は神に肯定されてるんだと語るのは教会しかできないことだって。

彼らはシェルターを出ると、本当に帰る場所がないんですよ。住み込みで働きながら生活するしかないので、そこがだめになると行くところがない。行政のサポートがないわけではないんですが、無条件に受け入れてくれるところってないんですね。そういう場所を作りたい、彼らが帰ってこられる場所を作りたい、それって教会にほかならないだろうという確信でしょうか。


牧師になろうと思ったのは、まだ執行猶予中の春でした。

その教会の牧師がカトリックの晴佐久《はれさく》昌英《まさひで》[1]神父をよく知っていて、おもしろい人だと聞いたので土曜ミサに行ってみたんです。

その帰り道、川沿いを歩いているときでした。聖書のみ言葉に、「わたしの小羊を養いなさい」（ヨハネ21・15－19）といって、イエスが三度、弟子のペテロに問いかける場面があるんですけど、ミサで聞いたばかりだったこともあるのでしょうが、ああ、これって今、自分にいわれてるんだなあって思ったんです。

牧師や神父であることって、ものすごくきつくて不自然に見えるじゃないですか。演劇やってたんで、ステレオタイプからいかに逃れるかという闘いがあるんですよ。牧師にもそういう違和感がずっとあった。

でも、晴佐久神父は違った。みんなに「ハレレ」って呼ばれていて、神父然としてなくて、すごく自然体なんです。なんの衒《てら》いもなくて、日常の言葉でキリストのことや聖書のことを語るので、福音ってこんな自然に

1　五五六ページ。

語っていいんだ、自分はそういうものを求めていたんだと気づいたんです。

ああ、これだったらぼくにもできそう、じゃないですけど、実際にやるのはすごくむずかしいことなんですけど、そんなふうに思わせてくれた。自分にもできるんだって。

事件を起こした自分が牧師になっていいのかと思わなかったかって？

いや、まったく逆ですね。そのために罪を犯したんだ、ぐらいに思いました。こんな自分でも赦されているんだから、だいたいの人は救われるでしょ、みたいな。

キリスト教会の中では不思議じゃないんですよ。聖書にも悪い人がいっぱい出てきます。旧約聖書なんか、人殺しも出てきますよ。ぼくが教会に戻ったとき、牧師がそういう話をたくさんしてくれた。悪い人ほど用いられるんだよって。

親には反対されました。本当におまえに示されたことなのか、[2]召命《しょうめい》はそんな簡単なものじゃないぞというのが一つ。

もう一つは、経済的な理由です。牧師で食べていけるのかって。うちの大学を出ていればそれなりの企業には行けるので、安定してほしかったんだと思います。でも、やりたいことはやりたい。

カトリックに行くかどうかは迷いました。神学校に入ってからも迷いました。でも、そういうのは自分で選ぶものじゃない。ぼくは小さいときからこの教会で育って、いいところも、ちょっとどうかなと思うことも知っている。嫌なところも全部とはいえないけど知っている。だけど神様はぼくをそこに置いた。

自分が好きで選んだことって変わる可能性がありますよね。だから自分の決断を信じていない。

それよりも事実として、この教会にいて、いろんな人に愛された。いろんな先生にお世話になって、事件のとき助けてくれた人もいる。本当のきょうだいのように仲良くしてきた兄弟姉妹がいる。生まれた家は選べないじゃないですか。これはもう神様の意志だって。

神学校に通っていた頃、ちょうどハレレが浅草《あさくさ》教会に異動したので、司祭館に入り浸って、執行猶予明けの日は一緒に祝ってもらいました。

長崎に派遣されたときは、やった、と思いました。だって、カトリックの本山みたいな土地にぼくを送り込むなんて、よほど教団に信頼してもらってるからじゃないですか。

ぼくがカトリックの人たちと交流があって、カトリックに行こうか迷っていたことは教団も知っていましたから、すごく嬉しかった。

長崎に来て半年が過ぎましたけど、東京にはなくなったものが残っていると感じます。バスは一万円札だと両替してくれないんですけど、困っていると誰かが必ず助けてくれる。道を聞いたら丁寧に説明してくれて、一緒についてきてくれたこともあります。

牧師はぼくで六代目。毎週礼拝に出席してるのは一五〜六人かな。八対二で女性が多い。ゼロ歳から九十代のおばあさんまでいます。原爆を経験された方もいらっしゃる。話をお聞きになってみてはどうですか。

2017/11/22

2　神の恵みによって特別な使命を与えられること。呼び出し。

神父様が私をみんなに紹介したとき、
こんなことといわれたなあ。
「この人はね、キリストを盗んで、
キリストに逮捕された人
なんですよ」って。

大川　昇
一九三六年生
カトリック聖アルフォンソ初台《はつだい》教会
神奈川県

小さい頃からマリア像みたいな物を彫っていたんです。角材を見るだけで立体が見えてくる。木という材料ではなく、木がなりたがっている立体が見えてくる。クリスチャンになるずっと前のことだけどね。彫刻刀は持っていないので、包丁や短刀で彫り始めました。木がそうなりたいというからやってるだけ。それが学校よりずっと楽しいことでした。

イエズス会のシスターに出会って、四十年になるかな。これまでに聖器具を納めた教会は全国で四五〇〜四六〇ぐらい。川が流れるように仕事が続いています。

生まれは青森県の平川《ひらかわ》です。五人きょうだいの真ん中で、兄も姉も勉強できるのに、なぜおまえだけできないんだと、親によく叩かれました。

小学二年のときに空襲があって、目の前で三人の鉄道員が倒れました。パイロットの顔が見えるぐらい低空飛行で撃ってくる戦闘機に向けて石を投げて落とそうとしたら、あちらも撃ってきた。こんな子がいたら家は全滅するといって、浪岡《なみおか》にいる母方の祖父母にぼくだけ預けられました。

終戦で平川に呼び戻されたら、進駐軍が牧場に兵舎を建てて住んでいました。

ある日、彼らが柱を立てて幕を張って活動写真をやっていた。友だちに観に行こうと誘われたけど、これまでの敵だし、いや、行かんと断りました。でもどうしてもというから、兵士のうしろから顔を出して恐るおそる観てみました。

なんの映画かはさっぱりわかりませんよ。でも、今思えば、マリア様みたいだったな。あのとき、つばをつけられたのかなあ。この人だったら笑顔で赦してくれるだろうという気がして、心に残りました。

頭頂部に傷があるんです。杉の木の電柱を見ていたら、完成した船のかたちが見えてきた。船になりたがってると思って、電柱を切っちゃった。それを知った父親に、こんなバカなやつは殺すといって、鉄の棒で殴られたんです。

骨が割れて血が流れた。殺されると思いました。あまりの痛さでフラフラと線路のほうに歩いていってからはあまり記憶がない。

翌日、新聞紙を頭に巻いて頬っかむりして船を作りました。長さ一・五メートルぐらいですね。出来上がったのを近所の人が見て、展覧会に出せといわれました。

とにかく我慢できないんです。彫りたくてしかたがない。彫刻刀を買ってもらえないので、五寸釘《くぎ》を線路に並べてぺったんこにしました。電車が通ったら釘がつぶれて草むらに飛んでいくので、通り過ぎたら探しに行く。彫刻刀を作ろうとしたんです。犯罪ですけどね。

でも、釘では切れなかった。ある大人に、バカだな、刀は鋼じゃないとだめだといわれて、初めて鋼を知りました。

なんで船だったのかなあ。船に乗ってどこかに行こうとしたんですよ。学校行っちゃ先生に叩かれて、家に帰ればおやじにげんこつで殴られるのが挨拶でしたからね。

父親は日中戦争で足を撃たれて傷痍《しょうい》軍人になった人です。気性が荒くて、「おれなんかシナ[1]で何十人も殺してきたんだ、おまえなんか殺すのわけない」って、いつもいわれとったですから。明治の人ですからね。きょうだいでは、おれだけに厳しかった。それで、自分はこの家の子じゃないと思ったんだよね。

中学を出たら時間が無駄だからすぐ仕事をしようと思ってたけど、母親に、われわれが残せる財産は高校までの教育しかないといわれて、嫌々、青森工業高校に入りました。

教室で喧嘩したら退学させられるだろうと思って相手を探して、ガンつけてきたやつがいたので殴ったら、向こうも殴り返してきて、取っ組み合いの大喧嘩になったなあ。

誰も止めないし、退学しろともいわれない。同じ先生に三年間睨《にら》まれながら過ごして、結局、おまえは本来落第だけど追い出してやるといわれて、卒業証書をもらいました。

一週間後の昭和三十年三月十八日、青森は吹雪でした。親には何もいわず、東京行きの夜行列車に乗りました。もう二度とこの景色を見ることはないと思っていました。

上野に着いたら、東京はまるで夏でした。雲一つない晴天です。

赤坂の檜町《ひのきちょう》一八番地にある魁《さきがけ》育児家具研究所を探して行きました。日本で初めてベビーベッドを作った会社で、二年先輩がそこにいて、帰省したときに話を聞いて、おもしろいなあと思っていたんです。

ここに入りたいんです、といったら、すでに一〇人決まっているから採用はしませんと断られた。学年で五番以内の成績で、校長先生の推薦がないとまず採用されないというんです。

そうですかと一度は引いて、明治神宮外苑あたりで野宿して、次の日も行って働かせてくれと頼みました。また断られました。

結局、それを五回繰り返して、六回目、どうしても入りたいというと、関連会社を紹介するといわれたので、いや、ここだから入りたいんだと訴えたら、社長と専務がしょうがないなといって、とりあえず寮に入れてくれました。

三日目に入社試験があって受けたら、一〇〇点満点の〇点でした。だって、問題がわからないんです。このとき初めて、恥ずかしいと思いました。恥を知りました。

赤坂あたりで小学生を見つけて、お兄ちゃんが勉強教えてやるといって帳面を持ってこさせて、算数の問題を解かせました。合ってるかどうかわからないから、どうしてそうなるか、本人に説明させた。それを見て、なるほどそうかと理解していった。とくに分数はそうやって子どもに教わりました。

半年間ほど、寝る間も惜しんで猛勉強しました。すると、中間試験で七六点とりました。おれ、バカじゃないかもと思いました。

さらに半年間勉強して、次の試験のあとで社長と専務に呼ばれて、「大川君、きみ、なんかやってるだろ」といわれました。「きみと奥村君がトップだ」というんです。

勉強したくないかといわれて、したいと答えたら、千葉大学工学部の成田壽一郎《なりたじゆいちろう》先生のところにタダで行かせてくれることになりました。

変でしょ、人生って。正式な学生より勉強したんじゃないかな。刃物の研究をして、『切削理論』という本にまとめました。成田先生と練習生大川昇の共著ですよ。青森工業高校に送ったら、それから卒業生が魁育児家具研究所に採用されるようになりましたね。

1　中国に対し、かつて用いられた呼称。江戸時代中期から第二次世界大戦末まで用いられた。日本の大陸侵攻と結びつけて使用されることが多かったため戦後は避けられるようになったが、今も議論はある。

でもね、ぼくは逃げたんです。成田先生から助手にならないかといわれて、それでは自分の人生とは違う方向になると思ったんです。会社には世話になってたし、赤坂の料亭に連れていってもらったりしたし、わー、このままだったら絶対そっちに行っちゃうと思って、赤坂の寮を抜け出して川崎に逃げたんです。

魁育児家具研究所の下請けだった杉本産業という会社に潜り込ませてもらいました。そこのおやじはぼくが刃物に詳しいことは知ってたから、機械のメンテナンスをやらせてもらったんです。

魁では三年間、ぼくは行方不明ということになった。工場長は青森まで探しに行ったらしいです。とうとう見つかって赤坂まであやまりに行きましたけど、大川君ならしかたないといわれましたね。これからも自由に出入りして遊びに来いとまでいわれました。

昔の仲間とは海に潜ったり山登ったり、青春みたいな遊びをしたな。でも信用はなかったと思う。あいつはいつ裏切るかわからんって。

杉本産業は日立工機の子会社で、当時はこたつを作っていました。石油ストーブが登場してこたつが売れなくなって系列企業と合併したんですが、結局、日立工機に倒産させられた。

一五〇人ほど働いていたのに、突然ですよ。在庫が倉庫に山積みになってどうしようもない。労働組合について勉強して副委員長になって、日立工機相手に一年間、闘争しました。その頃、経理をやっていたのがのちの妻です。

結局、裁判に勝訴して、こたつの残りの材料でテレビ用の引き出し付きの箪笥《たんす》を作ったら、これが大ヒットしました。

会社にはナショナルとソニーのラインがあって、ぼくはナショナルの仕事を請け負っていたんです。一つでも不良品があると、ロットアウトといって全部返品になっちゃうので、絶対に不良品を出さないようにいい物を作りました。

ナショナルから、大川君のラインは無検査でいいといわれるまでになって、五年間ずっと無検査で納品して、売り上げは大いに上がりました。

ソニーのラインの人たちにはずいぶん恨まれたと思います。結局、大川とは仕事したくないと決議したと労組の委員長にいわれて、まわりを見ると書記長も下を向いて黙ってた。ああ、欠席裁判やられたんだなとわかりました。それがきっかけで自分から会社をやめました。

人生で他人を憎んだのは、そのときだけです。二十三歳から十年間を無にしてしまいました。でもそれは自分のせいです。

次に入ったのは、スピーカーボックスの輸出会社です。命がけで働いて、一か月で一〇〇〇万円売り上げました。会社はぼくに国産高級車のデボネアを買ってくれましたよ。

製造部だけ独立して会社を作って、仲間と一緒に横浜の新羽町《にっぱちょう》に工場を建てました。近所の人たちを雇って、刃物でケガしないようなラインを作って働いてもらいました。がんばった人にはボーナスを出して、それでもますます儲かりました。

ところが三年目、また事件が起こりました。本牧《ほんもく》にいたアメリカ人のバイヤーに船一隻ぶんの荷物を持ち逃げされたんです。八〇〇〇万円の損害です。

社員を即日解雇して、現金八万円とトラックだけが残りました。向こうが弁護士をつけてきたので、こっちも受けて立った。裁判は十年間、続きましたね。

しばらくして、たまたま、また杉本産業のおやじと会ったんです。何やってんだと聞かれて、遊んでると答えたら、またうちに来ないかと。これが運命の出会いにつながりました。

杉本産業に戻って一年目だったかな、営業から戻ってきたら、社長の机に青い図面がありました。なんの図面なのかわからないのに、見た瞬間、これは自分がちっちゃい頃から作ることになってた物だとわかったんだよね。

「キリスト教で使う祭壇っちゅうやつらしいけど、こんな彫刻だらけの物は作れないから、返そうと思ってたとこだ」と社長がいうから、「おれに作らせてー」って頼みました。

イタリアで設計された図面でした。長さ二メートル、高さ九・五メートル、奥行きは九メートルぐらいの大きな祭壇で、正面にヨーロッパの教会の柱とアーチの模様があって、真ん中に[2]ＰＸと書かれている。上のほうには、どう見ても、三日月とまんじゅうが五つ、右に魚が二四、というデザインなんだよね。

なんだかわからないけど、これはぼくが作る物だとわかった。そんなもんできるわけないといわれたけど、あまりしつこくいうもんだから、社長も、じゃあ、やってみろと。

取りかかったら、どういうわけか、作ったことないのに手順がわかってる。不思議でしょ。キリスト教とまんじゅうと魚ってなんだと思いながらも、全部彫っちゃった。本当はもっともっと彫りたかったけど、図面にないことはできないからやめたけどね。

うちは下請けだったので、元請けの会社の名前で納品に行きました。四谷《よつや》の「ピエタ」っていう、イエズス会が経営している聖器具の店です。

そうしたら、マリア様が出てきたんだよね。真っ白いベールかぶったマリア様が。あの人たちが人間なら、おれは人間じゃない、妖怪人間ベムだと思ったよ。おれみたいな汚い人間がああいう人たちのそばには近寄れないから、普通の配達員みたいな顔をして荷物だけ運んで、柵を乗り越えて新宿通りの向こうで受取書をもらうまで待ってたんです。

このあとの命なんかいらないと思うほど嬉しい仕事だったよ。こんなことはもう二度とないんだろうなあと思いながら会社に帰ったら、それから一週間ぐらいして、今度はあの祭壇に合わせて書見台も作ってほしいと元請けを通して頼まれた。

嬉しかったね。本屋に飛んでいって、ちっちゃな聖書を買いました。だから不純なんだ、私は。書見台作りたさに聖書にふれたのが最初だからね。

ところが読んでもわからないの。聖書のどこにも書見台が出てないの。何作ったらいいかわからない。祭壇の脇に立って聖書を読む台だといってたから、想像して図面を描いて提出したら、その通りに作ってくださいと返事があった。

それからも次々と依頼があって、三年目についに、聖イグナチオ教会にあるイエズス会の男子修道院の聖堂を作り替えてほしいという依頼が来たんだよね。

それからは直接、私がマリア様たちと話すようになって、あるとき、畏《おそ》れながら、じつは、これまでほとんど私が作っていましたって告白したんです。

そのときに知り合ったのが、イタリアで建築の勉強をして帰ってきた一級建築士のシスター北爪悦子《きたづめえつこ》さんです。シスター北爪と会って初めて、一緒に聖堂を作ることになった。基本的なことはシスターに教わりました。シスターが設計して、私が作る。ほとんどコンビでやってきました。私の師匠です。

2　新約聖書ではヘブライ語の「メシア」をギリシャ語で「ΧΡΙΣΤΟΣ（クリストス）」と表現し、原始キリスト教会の時代から最初の二文字をキリストの象徴とした。葡萄《ぶどう》と魚も同様。迫害を逃れるためといわれる。聖パウロ女子修道会公式HP「ラウダーテ」参照。

聖書の勉強をするようになったのは、初台にあるレデンプトール修道会の男子修道院の聖堂の仕事がきっかけです。私を入れて四人で働いていたんだけど、若い大工さんたちが、こんなむずかしい仕事は自信がないからといって途中で手を引いちゃったんだよね。しょうがなしにそれからは一人で壊しからやりました。時間はかかりますよ。

当時は神学生やブラザー[3]がたくさんいて、作業をしていると、彼らが耳元でささやいていくんだよね。「勉強しませんか」って。忙しいからだめって断ると、また別の人が誘いに来る。三か月間、毎日六人ぐらいから声をかけられたなあ。

出来上がって、今日が見納めだなあと思って、目に焼き付けておこうと照明をつけて座っていたら、管区長のルメイ神父がやって来て、「大川さん、あなたすごいの作ってくれましたね」っていうんだよ。さんざん褒められたあと、半紙を渡されました。なんだろうと思ったら、家までの地図を描きなさいというんだよね。「あなたはいつも忙しい、私がここで一番暇だから、私があなたの家まで行きます、日時を決めなさい」っていうんですよ。夜中でもかまいませんって。

家に来てもらうのは申し訳ないでしょ。だったら自分が行きますっていったんです。一回きり顔出せばいいと思ったんですよ。聖書の勉強なんて続くわけないと思ったからね。

十数人いたかな。若い人も年配の人もいて、これから洗礼を受ける人、洗礼をもう受けた人も勉強していました。

最初の日は、キリストの愛、アガペーの話でした。アガペーっていうのはどういうわけか知ってたんですよ。おごったいい方だけど、教会の仕事を始めてから聖書は毎晩読んでいたので、全部暗記してるよって思ってたの。だから今さら勉強しなくてもいいと思ってた。

でも神父様の話を聞いていたら、どうも違う。自分が考えていた愛となんだか違うんだよね。私の考える愛は男女の愛とか、母子の愛とかだけど、神父様の説明する愛はもっと大きくて深いの。全然違うの。え、おれ、そんな意味も知らなかったと気づいて、今までさんざん聖書を読んできたけど、なんて時間を過ごしちゃったんだと思ったんですよ。それから一年半、毎週水曜日の午後七時から九時、無遅刻無欠席で通いました。一言でも理解してから死にたいと思って通いました。四十四〜五歳だったかな。

下地があったから、神父様が話すことがビンビン入ってきました。そうだそうだ、あそこだと思って燃えてたんですよ。ところが、一年ぐらいして、理解できなくなった。おれ、やっぱりだめと思ってしまった。神様はおれには勉強はさせるけど、洗礼は受けさせないんだと思った。だって、勉強会に来ている人たちがどんどん洗礼受けていくんだもの。

聖堂を作っていながら、礼拝には行けなかった。私みたいな不純な男が入るところじゃないって思ってたからね。畏れがあったんだ。今でもそうだよ。おれぐらい不純なやつはいないと思ってるよ。

一年半ぐらい経って、心が沈んでいきました。絶対おれは信者にはしてもらえないんだって。ちっちゃい頃から、聖書にあるような悪いことはたいていやってたからね。聖書を読んで自分がどうしようもない人間だと思わされたんだよ。

挙句の果てに、ローマ法王まで騙《だま》しちゃった。一九八一年、[4]ローマ法王が来日して、昔の後楽園球場でミサをやったんだよね。ピエタのシスターに入場券をもらったので、行ってみたんですよ。今でも覚えてるけど、

3　修道士。

4　一九八一（昭和五十六）年二月二十四日、ローマ教皇ヨハネ・パウロ二世が後楽園球場でミサを行った。雨の中、全国から三万六〇〇〇名が集まった。

オレンジのDって書いてあったな。

当日はすごい大雨で、緑色の作業用みたいなコートを着て行ったんです。そうしたら会場に同じようなジャンパーを着てる報道陣の一角があったので、そこに紛れ込んで、家から持ってきた双眼鏡でミサを見てました。

倍率が一二五倍もあるから、ローマ法王は私にしゃべってるんだよ、わーすごいな、会いたくても会えない信者がどれほどいただろう、シスターたちだって法王に会えない人がいっぱいいる。なのに、私がなんでここにいるんだって、すごい感激したの。

最後に聖体拝領というパンを配るときになって、ムクムクってきたんですよ。これからどんなにまじめぶってもあのキリストの体はおれは絶対にもらえないんだ、だったら、ローマ法王を騙して、あれを盗んで食べちゃおうって思ったんだよね。

でもそんなことしたら、罰が下って、おれは即死だと思ったの。だって神様を盗んで食べようっていうんだから。これまで犯した罪の中でも最大級の罪でしょ。でもここで罰を受けて殺されたら、これから生きて罪を犯さなくて済む。

そんなふうに思いながら、信者の列に並んでたの。信者は大勢いるから、神父も何人かいて分かれて立ってたんだよね。こっちはどうやってもらったらいいかわからないから、まわりをキョロキョロ見てたんだ。

そうしたらね、なんか声が聞こえるんだ。神父が一人ずつ何かいって、信徒が何か答えてる。しまった、あの合言葉を知らない。このままじゃ絶対ばれるぞって焦ったね。

三人ぐらい前になって、男の人が大きな声で、「アーメーン」って叫んだの。ああ、そうか、アーメンっていえばいいんだって。

ってのはね、私、勝手に聖書読んでたでしょ。最後が「アァメン」って言葉で終わってるところが何か所かあるんだよ。それは知ってたけど、私みたいな汚れた人間がアーメンって文字を読んじゃだめだと思って、そこに来るといつも読み飛ばしてたんですよ。

そうか、今日はアーメンって叫んで死ねばいいんだと思ったの。そうしたら私の順番になっちゃった。今だと手の重ね方もわかるし、神父が「キリストの御体《おんからだ》」といってホスチアっていうご聖体を配るというのは知ってるけど、当時はもらい方も、何をくれるのかもわからないよ。ばれたらいけないと思って、ちょうだいと手を出して、載せてくれたとたん、「アーメン」って叫びながら、パクッと口に入れちゃったの。

そうしたらその瞬間、ご聖体の中にイエス・キリストがはっきりと目に見えたの。十字架のように両手を広げたイエス・キリストが私を睨みつけてたのがはっきりわかったの。

あとから人に聞いたら、そんなご聖体は誰も知らない、見たことないっていわれたんだけど、あのときのぼくにははっきり見えたの。

食べたら死ぬと思ってたから、次の人に押されて脇にずれて、報道陣のところに来て、ああ、これで目的を果たした、あとは死ぬだけだと思って、会場を出て水道橋駅に向かう道でも、いつ殺すんだと思いながら歩いて、電車に乗ったら乗ったで、ここで殺されるのかと思って、バスに乗ってるうちに、結局、家に着いちゃったんです。

家内に、「今日はおれの命日だけど、誰も悲しむ必要はないぞ、嘆く価値はないぞ」っていったんです。風呂で清めて、最後の晩餐だと思って夕飯を食べて、寝るときも、いつもはうつ伏せなんだけど、死んだときにかっこつけようと思って、仰向けになって寝たんです。

そうしたらぐっすり寝て、朝起きたらね、すーっとまぶしい光が顔に当たって、それで目が覚めたの。仰向けだから天井が目に入るでしょ。あれ、うちの天井だと。手を出したら動くし、足も動く。自分の意志で動く。生きてる……と思ったとたん、すごい後悔したの。せっかくシスターがチケットをくれて私をよこしてくれたのに、シスターを裏切ってしまったって。なんておれは悪い人間なんだって。

これからどれだけ生きられるかわからないけど、生きている限りはシスターを悲しませないように、このことは黙っておこうと、誰にもいわずに死のうと決心したんです。

その年のクリスマス、一緒に勉強してる人たちが洗礼を受けたので、見に行ったんですよ。自分には座る資格もないと思っていたから、聖堂のうしろの壁に寄っかかって立ったままでした。神様に認められる人はちっちゃい頃から悪いことはしない人たち、おれとは違うんだろうなあって思って見ていました。

終わってから信者さんに誘われてパーティーに行ったけど、飲まないし、食べないでいたら、聖歌隊の人から、これから抜け出して信者さんの家に行きますからっていわれたんです。「あなたの洗礼のお祝いの席が設けられてます」って。

驚いて、「おれ、洗礼受けてないよ」といったら、「ええ、わかってます、わかってますけどあなたのためにせっかく用意したから行かなきゃだめなんです」といわれたんです。

連れていかれた場所に、信者さんが二〇人ぐらいいたかな。あなたが主賓だといわれて座らされた。洗礼も受けてないのに、お祝いのパーティーが始まっちゃったの。

わー、おれ、何やってんだ。おれはこの人たちを騙してると思ったね。大川さんっていい人だから、今度絶対洗礼受けると勘違いしたんだね。

でも考えてみると、聖書には罪人が回心した話がいっぱい出てるでしょ。パーティーが終わってから、翌日の朝に暗い気持ちでまた初台の教会に行ったんですよ。勉強を教えてくれていたパレイ神父に聞いてみようと思ったんです。

駐車場に車を停めて階段を駆け上がって、「神父様、私みたいなもんでも洗礼受ける方法はあるんでしょうか」って聞きました。そうしたら、神父様がにこにこ笑って、「ずーっとその言葉を待ってましたよ」っていわれたんですよ。

「人のことじゃないですよ、私のことですよ、ほんとにほんとですか」と念を押しました。そうしたら、「もちろんそうです」って。

ああ、洗礼受けられるんだと思ったけど、おれ、罪の中でも最高の罪を犯してるじゃない。それで過去に犯した罪をぜーんぶ神父にしゃべったの。これもやりました、あれもやりました、親の金も盗みましたとか、もう全部ですよ。これだけ罪を犯したんだ、どうだといわんばかりですよ。

そうしたら神父様は、「洗礼によって過去の罪は一切清められます」といったんです。

いやいやまだあった、と思い出しました。おれはローマ法王を騙したんだって。これをいわなきゃ洗礼を受けてもあとで苦しむ、でもいったら洗礼を受けられないって、心の中でバトルがあったの。

でも神父様にいったよ。「さきほどお話しした罪のほかに、もっとすごい罪を犯してます」って。そうしたら神父様、顔色を変えて、「どうしたんですか」と聞いたよね。たぶん、人殺しかなんかをしたと思ったんだろうね。

それで、「じつはローマ法王を騙して、ご聖体ってのを盗んで食べました」と告白したの。そうしたら、「すごいことしましたね」っていわれた挙句に、「それもすべて赦されます」っていうの。「ほんとですか」「ほんとです」。何度も確認したよ。

次の年の一九八二年四月の復活祭で、洗礼を受けました。ある神父様が私をみんなに紹介したとき、こんなこといわれたなあ。「この人はね、キリストを盗んで、キリストに逮捕された人なんですよ」って。そういえばそうだなあって思ったよ。とんでもないことばかりやって現在に至ってるからね。

青森の家を出たとき、母親は私がヤクザになるんだと思っていたみたい。でも亡くなるときにこういわれました。「おまえが一番幸せだよ」って。「おまえの目の光がすっかり変わった」って。母親を安心させて死なせたのは、最後の親孝行だったかなって思いますね。

女房はクリスチャンじゃないけど、絶対強制しないの。自分が気がついたときにすごい強烈な力が来るんだ。自分が体験したから、嫌がることは絶対に強制しない。

娘は、「私は悪魔の子だから教会に行くと息苦しくなる」といってたよ。結婚式は教会でやったんだけどね。はっきりいって、毎日すごく幸せだ。だって嫌なことないんだもの、ねえ。

2016/10/23,11/20

洗礼

第二章
人間ではよりどころになりません

神様の家族の一員になれるし、やっぱ天国に行けるっていう約束をもらえたのが嬉しかったです。

波多野紗綾香《さやか》
一九九九年生
西日本福音ルーテル教会米子福音ルーテル教会
鳥取県

教会に初めて来た日のことはよく覚えています。毎週日曜日になると、兄がいつもすごく楽しそうに出かけていくので、なんだろう、どこに行ってるんだろう、私も一緒に行きたいなあって思ってついていったのが教会でした。

ドッジボールみたいなことをして、みんなすごく激しく遊んでる。えーっ、楽しそうだなあって。遊んだあとは、礼拝始めるよーって先生の声でみんな集まってメッセージを聞いたり、歌をうたったり。まだ小学三年だったから何をやってるのかはよくわかりませんでした。お祈りも、みんなしとるからしよかなあってぐらい。メッセージもあまり聞いてなかったし、遊びに来とったみたいな感覚ですね。イエス様のことも、耳で名前は聞いとったけど、心ではちゃんと理解してなかったかなと思います。

母はシングルマザーです。二度結婚して、二度離婚した。兄と私が最初の父の子どもで、私が二歳か三歳のときに離婚しました。弟は二人目の父の子どもですが、その父とも私が小学一年か二年のときに離婚しました。母は介護士で忙しくて教会にはあまり来てなかったんですけど、私が不登校になってからちょくちょく、あ、あんまり来てないかな。でも、クリスマスとか、ミュージカルをやるときは見に来てくれます。

六年になって、学校の同じクラスの子たちにいじめられるようになったんです。気持ち悪いっていわれたり、理不尽にキレられることがあったりして、ぽつんと孤独になっていました。

理由はわからないです。みんな、私の性格があんまり好きじゃなかったのかな。根暗だったし、しつこいところがあったのかもしれない。だんだん学校が嫌になって、行かなくなってしまいました。

教会には私のほかにもちょこちょこ学校に行けない子がいました。そんな子はチャーチスクールに通っていました。自分で勉強する「自学」なんですけど、よしこ先生という教会の先生がそばにいてくださって、わからないところはすぐ聞けるんです。

学校の先生に事情を説明したらちゃんと理解してくれたので、それからは学校に籍を置いたまま、結局、中学卒業までの四年間はチャーチスクールに通いました。

朝は八時四十五分に行って、よしこ先生とデボーションしてから勉強を始めます。デボーションというのは、聖書のみ言葉を読んで神様の教えを分かち合うことです。カレンダーがあって、毎日読む箇所が決まっているんです。イエス様からもらったみ言葉で示されたことはなんなのかとか、今日の目標は何かとか、神様とどう生きていくのかを話し合って、お祈りして、それから勉強を始めます。

イエス様のことは最初はよくわからなかったんですけど、夏のキャンプをきっかけに身近に感じるようになりました。

日中は遊んで、夜の集会で牧師先生がメッセージを語られるんですね。そのあと先生と一対一でカウンセリングみたいに話をする時間があって、さっきのメッセージをどう思ったかとか、イエス様はどういう方だと思ったかとか、そういう話をする中で、ああ、ほんとにイエス様って、十字架に掛かるほど私を愛してくださってるんだなってわかってきたんです。

初めてイエス様を感じたのは、「あなたの信仰があなたを救ったのです。安心して行きなさい」(ルカ7・50)

という言葉でした。私、挙動不審だったり、不安なこととかあったりして自信がなくて、こんな自分だめだって思っとったんですけど、このみ言葉を聞いて、ああ、イエス様がいるから大丈夫なんだ、安心してがんばろうって前向きになりました。

ある日、チャーチスクールに来たときに、牧師先生から、紗綾香、洗礼受けないかといわれました。最初はどうしようかなと思っとったけど、せっかくのチャンスだし、受けようと決心しました。

それからはバイブルクラスで先生と一緒にテキストを読んで、洗礼のための準備をしました。イエス様のことや、お祈りをなぜするかとか、献金にはどんな意味があるのかとか、いろんなことを勉強するんです。

洗礼式は、小六のクリスマスの日曜日でした。

「あなたはイエス・キリストを信じますか」「はい、信じます」と誓いの言葉をいって、なぜ洗礼を受ける決意をしたのか、いじめのことや不登校のこと、チャーチスクールに来るようになって感じたことなんかをみんなの前で証ししました。

そのあと、水を二～三回頭に注がれてお祈りするんですけど、洗礼を受けたという実感はなくて、あとになってから、すごいことだったんだなあと思うようになりました。

だって神様の家族の一員になれるし、やっぱ天国に行けるっていう約束をもらえたのが嬉しかったです。

神様に愛されてるってことが、洗礼を受ける前以上に感じられるようになったし、悪いことをしてしまっても、悔い改めて神様のところに立ち返ろうと思えるようになった、みたいな。

今は私立の高校に通っているんですけど、学校では自分がクリスチャンだってことはみんなに話していません。クリスチャンだといっちゃうと、自分の勝手な解釈ですけど、なんか変な人だと思われたり、しまいには、いじめられるんじゃないかって不安がある。実際に変な人だといわれたことはないんですけど、友だちを一度連れてきたことがあって、「私あまり好きじゃない、無理かな」っていわれてしまったので。

本当はいいたい。本当はみんなに、私はクリスチャンですといいたいんです。けど、うーん、なんだろ、自分がためらってしまってる。神様のことを伝えるために高校にも遣わされているのに、自分がクリスチャンだと伝えないのは、やっぱ神様に対して失礼だなって……。すいません……、だから、すごい罪悪感っていうか、自分の罪というか、悪い部分だと思うんです。クリスチャンとして職場に行っている人とかの話を聞くと、やっぱ、ちゃんといわんといけんていうか、義務じゃないですけど、やっぱいうべきかなって。

いえてないのはだめっていうか、神様に失礼っていうか、毎日、思ってます。毎日、そう思っていながらも学校に行くとびびってしまって、結局伝えられず、です。

将来は、保育士になりたいです。母は大学に行っていいよといってくれてるんですけど、家を見とったら、入学金とか、授業料とか、むずかしいんじゃないかなって。だから高校を卒業したら就職して、自分でお金を稼いで、働きながら資格をとって保育士になろうかなと思っています。

これからは、神様に喜ばれることをしていきたいし、神様に応答していきたい。これまで以上にクリスチャンとして成長していきたいと思ってます。神様のことって、ときどき忘れてしまうんで。

2017/7/1

自分は嘘つきだから地獄行きだと思っていました。天国に行けるという確信が欲しかったんです。

横川明子
一九六六年生
若葉キリスト教会
北海道

父方の祖父は山形の農家の次男でした。長男以外は家を継げない時代でしたから、大正の終わりか昭和の初めの頃に北海道に渡って、札幌の中島《なかじま》公園で指圧師として生計を立てていたそうです。

物心ついたときにはもう、祖父は二階のお部屋でずっと横になって寝ていたんですが、私が六歳のある日、部屋に呼ばれたら、お医者さんと看護師さんと親戚の人がお布団を囲んでいて、おじいちゃんの舌に脱脂綿でお水を一人ずつあげる風習というのか、そういうことをやっていたんです。

私もやらせてもらったんですけど、意味がわからなくて、何があるんだろうって思ったら数分後、おじいちゃんが亡くなって、みんなが一斉に泣き始めた。

なんだろうなんだろうってわからなくて、焼き場に向かう車の中でいつも明るい姉も泣いていたので、「お姉ちゃん、なんで泣いてるの」って聞いたら、「おじいちゃんが死んだんだよ、これから焼くんだよ」っていわれて、もう会えないのって。ああ死ぬんだ、人間って死ぬんだって、そのときびっくりしたんですね。すごいショックで。

じゃあなんで生きるんだろう、なんで生まれたんだろうって、そこから私は能天気に生きることができなくなっちゃったんです。

死ぬのが怖い。自分が死ぬのが怖いんじゃなくて、親が死ぬって思っちゃった。父と母が亡くなったらどうしようって、夜寝る前はいつも布団の中で泣いていました。

小学校に入ったときにお友だちが教会の日曜学校に誘ってくれたんですけど、うちはサラリーマン家庭で日曜日だけは両親が寝坊する日だったので、一人で起きて出かけるというのはちょっと勇気がいることでした。

結局そのときは行けずじまいだったんですが、ある日、校門の前で、どこかの宗教の人たちが小さな冊子を配っていたんですね。神様を信じる人は天国に行けるけど、信じない人は地獄に行きます、とある。天国と地獄のちょっと怖い絵がついていました。

ご存じありませんか。イエス・キリストがもうすぐ来るから悔い改めなさいと、テープを流しながらよく車でまわっている団体です。

私は自分が嘘つきだということが自分でよくわかっていたので、このままだと天国に行けない、絶対に地獄行きだと思ってしまった。でも、地獄には行きたくない。

父は仏教徒でしたので、ある日、「お父さんは今、天国に行けるかどうかの確信あるの」って質問したんですね。そうしたら父は、「おまえたち次第だ。おまえたちがちゃんと供養してくれたらお父さんは天国に行く、そうじゃなかったらわかんないな」といったんです。

私は自分が生きているうちに天国に行くという確信が欲しかった。死んださきが天国じゃないと生きるのが怖かったんです。

小学三年のときに、石狩《いしかり》市の花川《はなかわ》団地に引っ越しました。鮭《さけ》にかかわる仕事をしている人が多いのは海に近い地域で、内陸は札幌のベッドタウンということもあって、子育て中のサラリーマンや自営業の人たちが多いんです。

初めの頃はなかなか友だちができなくて、それがすごく悲しくて、こういうときはお祈りするんだと日曜学校に誘ってくれた札幌のお友だちがいっていたことを思い出して、どこか教会でお祈りしようと思って電話帳で調べてみました。

教会はあるけど校区外で、小学三年にとっての校区外って一人で行ってはいけないところなんですね。遠いからだめだなあ、でも寝る前に、教会に行けますようにとお祈りしてから寝るようになりました。

その後、うちの向かいに南アフリカから白人の一家が引っ越してきました。イギリスのＯＭＦ[1]という海外宣教団体から派遣された、トミー・シュミットとパトリシア・シュミットという宣教師ご夫妻で、一九八一年にこの若葉教会を設立した人です。

そこは普通のおうちですが、シュミット先生の子どもたちは地元の小学校に通っていたので、家にお友だちが集まっていました。当時は外国人が珍しかったですからね。

日曜日の朝は居間と台所を開放して英会話教室をやっていて、その中で五分間だけ、聖書の時間がありました。顔を出してみたら、小学校に上がる前のちっちゃな子どもたちがいて、支離滅裂に話していました。

そのクラスを受け持っていたのはスイスからやって来たハウリさんという方で、通訳というわけではないんだけど、ちっちゃな子どものかわいい言葉を大人の普通の日本語に直して教えてほしいと頼まれたんです。今思えば、そういうお手伝いを通じて聖書を学べるようにしてくださったのかなと思うんですけど。

中学生の頃、悔しいことがあって悩んでいました。姉と二人で市のテニスコートを予約したら、前にやっていた男の人たちが時間になってもなかなか終えようとしない。「次、私たちなんですけど」といったら「一緒にやろう」っていうんです。

私たちは下手だから私たちだけでやりたいし、私たちの時間なんですけどといったら、「ぼくたち、知り合いに警察も石狩市の役人もいるんだけど」といったんです。「きみたち親切じゃないね。心が狭いね」ともいわれました。

え、それってどういうことって思って、悔しくて泣きながら帰って父に訴えたら、一緒に行ってやるというので戻ったんですが、もういませんでした。

私は心が狭いんだろうか、どっちが正しいんだろうか、本当の正しさはどこにあるんだろうか。そんなことをきっかけにいろいろ考えるようになりました。

三浦綾子さんの本を読んだのもその頃で、戦前に正しかったことが戦後は正しくなっていったこともわかっていく。変わらない価値ってなんだろうとか、国によって違うんだろうかなどと考えるうちに、ある日、宣教師の先生の話を聞いていて、イエス・キリストがいっていることは本当だ、これは本物だと気づいたというか、気づかされた。探していたものを見つけたという嬉しさがあった。衝撃と共に、そのときの場面は覚えています。

洗礼を受けたのは、高校二年のときです。もう、信じたんです。

高校生会で日本福音キリスト教会連合（ＪＥＣＡ）の先生を招いて特別なお話をしていただいたとき、二人きりになる機会があって、いろいろ質問されたあとに、信仰告白に導かれたんです。

私はこれから神様を信じますので、今までの罪を悔い改めます、私の心の中にどうぞ入ってきてください、

1　Overseas Missionary Fellowship、国際福音宣教会。キリスト教超教派の国際的な宣教団体で、東アジアへの宣教を使命とする。一八六五年、イギリスのハドソン・テーラーによって創設された中国奥地宣教団を起源とする。現在の名称はＯＭＦインターナショナル。公式ＨＰ参照。

みたいなお祈りです。

罪といっても子どもですから、ちゃんとわかってなかったかもしれない。罪を赦してもらったというよりは、この方以外に真実はないと思った、本当に私のことを見ていてくれる神様だと信じた、としかいえないです。今まで神様を自分の神としてこなかったこと自体が罪だと聖書にあるので、その通りだと。友だちが与えられたことや目の前に教会ができたことを奇跡のように思ったんですね。圧倒されたというか、疑う余地がなかった。

シュミット先生たちのように生きたいという想いもありました。それまで会ったことのない人たちだったんです。正直でやさしくて、取り繕っていないというか……。

人間だから欠点はあるはずですが、シュミット先生たちといると、神様に頼って生きることのすばらしさが伝わってくる。聖書のみ言葉一つひとつを大切にして、完璧ではないけど、それを生活の中で実行しようとしている姿が魅力的でした。


ＯＭＦは、中国の奥地伝道をミッションとしていたハドソン・テーラーという宣教師の遺志を継ぐ団体で、宣教師の派遣先は東アジア、日本では北海道と東北地方だったようです。

二～三年に一度は母国に帰って同じところには戻らないというルールがあるので、洗礼はシュミット先生たちが帰られたあとに来られたドイツ人の先生に受けることになりました。

父には反対されるんじゃないか、悲しむんじゃないかと思いましたが、「この国には信教の自由があるから、おまえが選ぶんだったらかまわない」といってくれました。

もう嬉しくて嬉しくて、それまでそんなに興味がなかったお花や動物や虫の、色や匂いやかたちの一つひとつに気がつくようになりました。神様が造ったものはすばらしいと思って、日々が喜びでいっぱいになりました。

そうしたら、誰かを教会に誘いたくなる。この清々《すがすが》しさというか、生きている意味を伝えたい、知ってもらいたいと思って人を誘うんです。宣教師の先生と勧誘のチラシを配りました。創価学会を知ったのはその頃で、創価学会にはこんな有名な人もいるんだよってキリスト教と対立するようにいわれたりして、ああ、世の中にはそういう宗教の人もいるんだということがわかりました。

結婚の話をしましょうか。台湾から来られた宣教師の先生が高校生会を担当されていて、洗礼を受けた直後から、もう今日から結婚のために祈ってくださいっていわれたんです。神様を信じている人と結婚できるように、どんな人かはわからないけど、お互いのために祈るのが必要ですって。

高校を卒業してから一年間、イギリスにあるバプテスト系の英語学校に留学して、帰国してからは農業機械を海外から輸入する会社で働いていたのですが、ある日、実家に電話がかかってきました。会社の横川さんっていう人から電話だよって呼ばれて、なんだろうって思って出てみたら、「結婚を前提にお付き合いしてください」っていうんです。いきなりです。

いつもはすごくまじめで無口なのに、すごくおおらかな感じでしゃべっていたので、「あなた、もしかしてお酒飲んでないでしょうね」といったら、「すいません、少し飲んでます」って。「ほんとに失礼ですね、私はクリスチャンじゃない人とは結婚しません」といって電話を切りました。

おかしいでしょ。でもそのあとふと、私がそんなことをいったために、嫌な思い出になってしまって、この人が神様を信じる道から遠ざかったらどうしようと思ったんです。

野球が好きなのを知っていたので、三つの教会が合同で野球大会をやる日に牧師先生にいきさつを話して、「私は一切話したくないんですけど、彼を誘ったらどうですか」といったんですね。というのも、好きだという気持ちがさきにあって、その人に合わせて神様を信じたつもりになるというのが一番嫌だったからです。

そうしたら向こうも、私が信じている神様がどういうものか知りたいといって教会に通い始めたんですよ。週に一回、聖書の勉強もするようになりました。でも、自分から求めていない人が聖書を読んでもピンとこないですよね。

ところがある日、彼のお友だちがバイクの事故で亡くなった。人は思うように生きられないんだと気づいたのでしょう、そこから本当に神様を信じるようになっていくんです。

私は、「あなたが信じてからじゃないとお付き合いするかどうかを決めたくない」と伝えていました。人は、神様を信じると変わると思っているからです。人は人を変えることはできないけれど、神様が聖霊を送って人の心を動かしてくれる。

今、見ている彼と、信じてからの彼とでは違う人になるから、洗礼を受けてからも、本当に変わったかどうかを慎重に慎重に確認して、いろいろ話をして、教会で一緒に奉仕もして、いっぱい迷ったんですけど、うん、この人なのかなと思ってから結婚しました。

信仰をもつと、人は変わります。教会に来られているあるご夫妻は、奥さんのほうがさきに洗礼を受けたのですが、ご主人に話をうかがったら、やっぱりなんかとってもさみしかったとおっしゃっていました。価値観も世界観も全然違う世界に妻をとられたような気がして、本当にさみしかったと。でも自分の納得できないことは信じることができませんから、大きな葛藤があったと思います。そのあと二年ぐらいして洗礼を受けられて、今は教会に欠かせない役員でいらっしゃいます。

キリスト教を信じると日常生活は喜びに溢れます。日々喜びでいっぱいになる。さきほどそう話しましたね。苦しみはあとで来るのです。

ＯＭＦは教会を設立してから徐々にその国の団体に引き継ぐのですが、ＪＥＣＡに協力を求めて、日本人の牧師をお迎えするようになってからのことです。借家を教会としていたので、そろそろ自分たちの教会堂を建てたいねという話になって、みんなで貯金を始めたんですね。

三年目ぐらいだったでしょうか、私たちの結婚の司式もしてくださった牧師の先生が、ここを独立して新しい団体でやっていくといい始めた。私たちはＯＭＦの先生によって導かれたことは神様からの導きだったし、聖書的に間違ってもいなかったので今のままでなんの不服もなかったのですが、その牧師についていく人と残る人で信徒が分裂してしまったんです。

五〇人ほどいたのが、二〇人以下になってしまった。信徒が増えることを見越して借金の返済計画も立てていたので、私たちは半分以下の人数で大きな借金を背負うことになってしまいました。神様を信じる人たちの集まりで、こんなことが起きるんだとびっくりしました。教会って神様を信じるみんなで協力して、一緒に成長していくものだと思っていたんです。

でも、やっぱり人間は人間です。一時的に考えが違ったり間違ったりするんです。

宣教師の先生は英会話教室の収益を全部返済にまわしてくださいましたし、イギリスからも多額の献金をしていただきましたが、教会はしばらく牧師がいない無牧になってしまって、ＪＥＣＡのほかの先生たちに助けてもらいながら礼拝だけは守るという状態でした。

一般的に、キリスト教を信じる人って、いい人だというイメージがありますよね。でも実際にはギャップがある。私自身がそうです。みんなが思っているような人格者じゃない。それが一番つらいというか、恥ずかしいところでもあります。

2019/6/18

主語が変わった気がします。

西村草輝《しげき》
一九八四年生
カトリック上野教会
京都府

人の顔色を見る癖があって、中学のとき大変だったんです。それまでは同じ小学校やマンションに友だちがたくさんいて、人と自分の境目がなんもなかったんですよ。

十四歳のときに転校したんですが、そのとき初めて、人と人のあいだには壁があるんだって気づいた。距離感がわからないというか、今の言葉でいうと、空気が読めない。

社会人になってから苦労しました。布団の販売会社で営業をやってたんですけど、三か月でやめました。会社って、たくさんの情報を正確に大量に処理する人が優秀じゃないですか。めっちゃ苦手なんですよ。すぐに、パーンパーンってテンパっちゃう。すごく疲れるし成果が出ない。訪問販売は魂を売らないとできません。

そのあと工業用の換気扇を作る会社に転職して、そこでも営業でした。営業は苦手なんですけど、なんか得意そうに見えるらしく、きみ、絶対に営業だよっていわれてしまったんです。

ブラックなところがある会社で、朝八時半から夜十二時まで働いていたらメンタルやられました。だって、さきに帰ろうとすると先輩社員にいわれるんですよ。「帰んのか、おまえ、ええなあ」って。

一応、週休二日ですけど、結構、出勤していました。ちょっと何かあると責任をなすりつけてくる人がいっぱいいるんです。味方がどこにもおらへん、マジやってらんないっすわ、頭おかしいっす。

パンク寸前になって知り合いのカウンセラーのところに行ったら、「きみは安心するっていうのを知らないから、それを知ったほうがいいんじゃないか」といわれたんです。「たとえば、北海道に行ったらどうや」と。

じつは、学生時代に夜勤のアルバイトをしながら演劇部の練習をしていて体を壊したことがあったんです。自律神経失調症ですね。そのときカイロプラクティックで楽になったことがあって、ああ、世の中にこんな仕事があるんだって、本を読んで少し自分で勉強していたんです。

じゃあ札幌に住んで、柔道整復師の国家資格をとるため専門学校に通おうと思って、換気扇の会社は二年半でやめました。

札幌では学校の近くにある接骨院で修業していたんですけど、そこはオステオパシーといって、その人の四肢を使って調整しながら体がもっている生命力を思い出させるような施術をしているところでした。そこで初めて自分が担当した人のぎっくり腰とヘルニアが治ったときに、ああ、これで飯は食えるなって思ったんです。日本ではまだ民間資格ですが、アメリカでは医療資格です。

国家資格をとってからオステオパシーの講習会も修了して、これで生きていこうと思いました。開業したのは、三十二歳のときです。北海道のホテルで働いて結構稼がせてもらったので、親の援助は受けずに自力でこの場所を借りています。やりたい治療を存分にできるので楽しいですね。

九九パーセントの人が口コミで来られて、治った人もいれば、見切りをつけて来なくなった人もいる。ただ、雇われの頃と比べると、現金が足りる、足りないってことに直面して、なんか、ぶれやすくなりました。治療以外のことに揺さぶられるようになったんです。

わかんないんですよ。「あんたすごいよ、神の手だよ」と喜んで帰ったお客さんからしばらくして電話がかかってきて、「あのあと二日ぐらいして元に戻ってしまった」っていわれる。

「痛いっちゃあ痛い」っていいながら帰った人が、「あれから二〜三日して普通に腰が曲がるようになったんです」といってピンピンしている。

もうほんとにわかんない。ベストは尽くすんだけど、全部わかっているかというとそうじゃない。あれ、なんだろこれ、ってなることが必ず出てくるんです。

基本は物理学ですけど、同じことをしても自分の内面がすっとするときと、今月大丈夫かなあ、この人また来てくれるかなあって、わやくちゃになってるときとでは深さが違います。

一回ドカンとよくなった人は、期待が大きくなる。あるときを境に、すごく怖くなったんです。応えられなくなったらどうしよう、誰も来なくなったらどうしようって。そういう感覚でやっていると、なんかまずいなあってなる。

ある日、母から、教会で神父さんの講演会があるんだけど、弁当を運ぶ人が足りないから手伝ってくれって頼まれました。

そう、両親はクリスチャンなんです。札幌には二十五歳から四年間いたんですけど、大阪の実家に帰ったら、いつのまにか二人ともクリスチャンになっていた。

マジでー、ってびっくりして理由を聞いたら、なんかのはずみやって。夕食のおかずの話に飲み込まれてそのままさらりと流されたなあ。母は看護師で父は芸能関係の会社でサラリーマンをやっていたんですけど、父が体調を崩したこともあったんでしょうね。

うちはものすごく結果主義、合理主義の塊みたいな家だったので、金か神かを選ぶ何かがあったんじゃないかと思います。びっくりはしたけど、驚きはさほどではなかった。

札幌の家の大家さんがクリスチャンだったこともあって、住んでいる人も結構クリスチャンでしたし、子どもの頃からわりとまわりにクリスチャンがいましたから。

神父さんの講演会の日は暇だったんで、いいよって弁当を運んで教会に行きました。ついでだからって講演を聞いたんですが、これがすごかった。漫談みたいで、綾小路《あやのこうじ》きみまろよりおもしれーやって思ったんです。神父がこんなに人を笑わせるんや、古舘伊知郎《ふるたちいちろう》みたいにばーってしゃべって、みんながオーッと楽しそうに聞いてる。そこにキリスト教は絡んでるんだけど、説教は一切ない。

こんなおもしろい話をロハ（香具師《やし》言葉で無料の意味）で聞いたんで、一言、お礼だけいって帰ろうと思って、帰りに神父さんに「とてもおもしろかったです」と挨拶したんですね。

そうしたら、「あれ、きみクリスチャンじゃないの、何してるの」って。

「整体師です、東京にも出張で来ますんでまた話聞かせてください」

「うちに来たらいいじゃない、教会にタダで泊まれるよ、その代わりぼくにもやってよ」

一本釣り、キターッ、みたいな。それが晴佐久昌英神父との出会いです。ホテル代が浮くのはすごく助かるんで、じゃあ行こうと思って教会を訪ねたのが、二〇一七年一月でした。

上野の小料理屋みたいな店で夕食を食べながら、身の上話みたいになりました。「なんでこういう仕事したの、クリスチャンになる気ないの」って。

「自分はどっちでもいいというか、別にクリスチャンになってもいいんだけど、神父さんの人脈とか考えて自分の商売に利用することしか考えないから、そういう気持ちじゃだめなんじゃないの」って答えたんです。

そうしたら爆笑されて、「そこ、一番隠すところだから、それを最初にいうきみにある意味、素質感じるよ」って。

クリスチャンって、別になってもいいみたいなテンションでなることじゃないよなあって思ったんですけど、「あと三か月ぐらいしたら、きみのほうから勉強させてくださいっていってくる姿が目に浮かぶよ」ともいわれて、その通りになっちゃいました。だから、嫌なんです、ちくしょーって。

これは神父さんにもいったことなんですけど、祈るのは嫌じゃないんですけど、一神教が好きじゃないんです。大学では世界史を専攻していたんですけど、やたら戦争してるじゃないですか、一神教同士が。平和のためにはキリスト教って邪魔じゃねーって。

それよりも仏教とか八百万《やおよろず》の神とか、「もののけ姫」や「千と千尋の神隠し」みたいなのがいい。そっちの神様も、こっちの神様も、どうもどうもって頭を下げる世界観のほうが好きなんだよなあって。

そうしたら神父様は、「キリスト教は今の完全じゃない人間の理解の枠では一神教だけど、イエス・キリストっていうのは本当はもっと広いもの。いってみればゼロ神教のようなものだ」って。なるほどなあ、それならいいかなあって。

仕事をしていく上で、自分のもってるパワーじゃないところに頼らないと、技術だけでは限界があると思っていたので、しんどーい、楽になりたーいっていうのが根っこにありますね。

あと、クリスチャンって日本ではマイノリティのはずなのに、たまたま自分はかなりの人数のクリスチャンにこれまで会ったことがあったので、流れからいっても仏教じゃなくてキリスト教だろうなあって思ったんですね。どっかでパチンときた瞬間があったら、洗礼を受けようと思いました。

パチンときた日は、覚えてます。四月五日でした。施術をしていたときに、神父さんにいわれたことをやってみようと思ったんです。

施術するときにどうしてもその人からもらっちゃうという話をしたとき、神父さんは、「ぼくは自分を媒体として扱っていて、責任は全部神様にあげるから溜《た》まらないんだよ、きみもぼくぐらいになるといいね、ははは」っていわれたんです。

なるほどなあ、そのほうが楽だなあって。それをやってみた。

自分はその人とのあいだの媒体というか、通路になる。女性だったので、聖母マリアが二人羽織をしているイメージでやってみたんです。

そうしたら、ぽわんとなって、あれ、今、チョー緩んだんでね？　あれ？　って思って、反対側も同じように、聖母マリアの二人羽織でやってもらって、お願いしますって祈ってみたら、あれ、すっげえ緩むんですけどって。その瞬間、こりゃいいなって。

男の人のときは、イエス・キリストの二人羽織でやってみた。そのときは前がイエス・キリストでぼくがうしろでしたね。そうか、こういうイメージでやればうまくいくのかってわかって、ああ、なるほど、こりゃいいな、便利だなって感じですかね。

それからは月に一度、晴佐久神父が主宰する「ここヤシ」という若者のミサに顔を出してたんですけど、その流れで、夏の加計呂麻島《かけろまじま》キャンプで洗礼を受けることになりました。

正式には入門講座で聖書の勉強をしてからじゃないといけないんだけど、洗礼は本来、仲間が認めて、コミュニティが授けるもの。うちは両親がカトリックだし、幼児洗礼のつもりでまず洗礼を受けて、講座はあとで通えばいいということになりました。

洗礼式は二〇一七年八月八日、加計呂麻島の海で行われることになりました。前の晩のミサで、なぜ洗礼を受けようと思ったのか、みんなの前で話さなくてはいけなかったんです。

そうしたら本当に思っていることとは違う答えが口から出てしまった。仕事をやっていく上で、信仰があればいい治療ができるからと答えてしまったんです。

代父《だいふ》[1]という介添人をやってくれる「ここヤシ」の仲間のゆうちゃんから、洗礼を受けたら、自分の中心がだんだん神様になっていくと聞いていて、自分ではない何かに預けたいという気持ちからでした。なんとか全員一致で洗礼を認めてもらったんですけど、あぶねーって思いましたね。

あとでメンバーの人に「さっきのは誤解を招くよね。自分の力じゃなくて、媒体になりたいってことでしょ」っていわれました。そうそう、そうです、って思いましたね。

「ただの仕事じゃなくて、すごい大事だと思いました」といってくれた人もいた。自分より自分を知ってくれる人たちがいる。自分以上にみんながぼくの気持ちを言葉にして理解してくれる。本当に嬉しかったです。

洗礼を受けてからは、主語が変わった気がします。自分がなりたい、なりたいと思ってクリスチャンになったんじゃない。この十数年来ずっと計画されていて、呼ばれたんだという気がしています。

2017/6/16,8/7~9

1　代父母はカトリックで洗礼や堅信に立ち会う霊的な保証人。洗礼後の信仰生活を導く。

佐藤睦子

一九四七年生

日本バプテスト連盟釧路《くしろ》キリスト教会

北海道

夫は愛してくれないけれど、神様は愛してくださる。それだけでした。

中学二年のときに父が働いていた美唄《びばい》炭鉱が閉山して、父の故郷の釧路に来ました。それからはずっと釧路です。

これまでいろんな仕事をしてきて、今は小さな歯医者の清掃員です。フルタイムですが、最近は患者さんが少なくて暇ですね。

あと、母が九十一歳なので老々介護をやっています。

家族にクリスチャンはいなくて、私だけ。きっかけは、壁紙でした。

うちの子どもがまだ小さいとき、家の壁紙を買おうと思っていろいろ調べているうちに、「婦人之友」[1]という雑誌の読者の会に入ったら安く手に入るという話を聞いたんです。

それは結局、誤解でしたが、じゃあその会に入って壁紙を買おうと思って出かけたら、そこがキリスト教精神に基づいた家庭集会でした。

1 キリスト者である教育者の羽仁《はに》もと子と吉一《よしかず》夫妻によって、婦人之友社が創業された一九〇三（明治三十六）年、「婦人之友」の前身「家庭之友」として刊行開始。衣食住から家計、教育、国際問題まで幅広い内容を扱う。

会の初めに必ず讃美歌をうたって、家計簿のつけ方を教わったり、子育てについて話を聞いたりしました。そこにいらっしゃった方のご主人が釧路教会の教会員だったので、蛭川《ひるかわ》明《あき》男《お》先生という牧師の先生がよく来られていました。

ある日、特別伝道集会があるから来ないかと誘われて出かけてみたら、東京から来られた宣教師の先生が、お祈りのときに、イエス様を受け入れてクリスチャンになりたい方は手を挙げてくださいといわれたんです。招き、と呼ばれる呼びかけです。

そこで思わず、手を挙げました。

まわりはみなさん目をつぶっていますから、誰が手を挙げたかは牧師さんと役員さんしか知りません。それまで蛭川先生が熱心に聖書の話をしてくださっていましたが、私がなかなか決心しなかったものだから、私が手を挙げたのを知って奥様の順子さんがすごく喜んでくださいました。

なぜ手を挙げたんでしょうね。個人的なことですが、夫とうまくいってなかったんです。夫は愛してくれないけれど、神様は愛してくださる。それだけでした。

あとは何もわかりません。ふっと、挙げてしまったような気がします。

バプテスマを受けたのは、三十四歳のときでした。なんか、嬉しかった。嬉しい、嬉しいという感じでした。主人は邪魔はしません。全然関心ありませんでした。日曜日の礼拝も、ちゃんと食事の支度をしてから出かけて、礼拝が終わったらすぐ家に帰るようにしていました。

子どもは息子が二人です。洗礼は受けていないですけど、私がクリスチャンだからほかで礼拝できないのがわかっていたので、長男はキリスト教で結婚式を挙げてくれましたね。

神様への祈りは、すぐに叶えられる祈りと、待ての祈りと、だめという祈りと、三つあるといわれます。祈っているうちに祈りの言葉が変わっていく。神様の望むように自分が変えられていく。自分の望まないように変わることもある。それは苦しいことですけど、それでも祈り続けることはあります。

息子ががんになったんです。子どもって、順調に大きくなると思っていたし、人はみんな年の順番に死ぬものだと思っていました。

それなのにプツンと切られた。助けてくださいと祈りました。

子どもがまだ小さいから、生かしてやってください、がんを取り除いてくださいと祈りました。呪文のように祈りました。最初はそれしかありませんでした。

旧約聖書のヨブ記に、「わたしは裸で母の胎《たい》を出た。裸でそこに帰ろう。主は与え、主は奪う。主の御名はほめたたえられよ」（1・21）というみ言葉があります。家族が死んだり、病気になったりと、ヨブは次々と不幸に襲われますが、神を非難することなくそう祈ります。

簡単には納得できませんでした。

でも、祈っているうちに、だんだん変わっていきました。

自分のための祈り、ただ自分の欲求だった祈りが、次第に神様の思う通りになさってくださいという祈りに変わっていった。

これでもし息子が死んでも……、いいのかもしれないといったら変ですけど、それが神様から息子に与えられた時間だというなら、そして、私にこれから与えられる時間なのだったら、受け入れるよりしかたないんだなと思えてきたんです。

みんな死ぬのです。息子はさきに、少し早めに行くように、それが神様から与えられたものなんだなって。

「主は与え、主は奪う」というみ言葉がぽこっと浮かんできて、そうか、それならしかたないな、自分がいろいろやってもだめだというなら、もうお任せするしかない。そうすると、すごく落ち着いてきたんです。

祈るうちに変えられる祈りがあるということを、この年になって知りました。

2017/7/23

「おまえの奥さんはどうなんだ、子どもはどうなんだ」と聞かれて、「いや、まだだ」というと、「おまえが死んじゃったら奥さんが洗礼を受けてないと別の世界に行っちゃう」と心配されるんです。

中西裕一
一九五〇年生
日本正教会東京復活大聖堂司祭
東京都

若くして亡くなったので会ったことはないんですけど、父方の祖父は東京大神宮の神主で、明治三十三年の日本で初めての神前結婚式[1]にかかわったそうです。国粋主義と結びつく前のことで、いい時代だったと祖母がいっていました。

家には小さな社《やしろ》があって、祖母はしきたりを守って神道の祭祀《さいし》をきちんとやっていました。今の家には鳥居もあって、それは私が丸太で作ったものです。

神道は一年間やることがいろいろ決まっていて、正月一日は井戸から水をとるお水取り、七日に七草粥《ななくさがゆ》、十五日の小正月にあずき粥を食べたりしてね。それぞれの部屋とトイレ、外は井戸と竈《かまど》とお社、全部で一〇か所ぐらいに小さなお供え餅を供えて、それを全部やってからじゃないと朝ごはんが食べられませんでした。

1　当時の皇太子（大正天皇）と九条節子《さだこ》（貞明皇后《ていめい》）の結婚式。東京大神宮公式ＨＰ参照。

多神教だから、神様はいろんなところにいるわけです。竈の神様は荒神様《こうじんさま》といって、祖母はよく、竈の神様は怖いわよ、火は怖いわよっていっていましたね。

子どもの頃はお盆というのがよくわからなくて、小学校で友だちがお盆休みっていうから、何それって思ったこともありました。

父は古河《ふるかわ》電気工業の営業マンでした。私が中学生のときに札幌に転勤になって、二年ほど住みました。近くに優秀な高校があって、みんなそこを目指して一生懸命勉強してましたね。東京にいたときよりみんなすごく努力していました。

先生もよかった。社会の先生ですが、ソクラテスの生き方とか哲学の話をよくしてくれて、とても影響を受けましたね。

世の中にはいろんな情報が溢れているけれど、上手に世渡りするのではなくて、真実が何かは自分で判断して進めと。そのためには知識を探求していかなければならない、哲学を学ばなければならないとかね。教養としての古典、孔子や孟子、聖書も大切だと教えられました。

なんか、とっても惹《ひ》かれたんだ。それからはニーチェを読んだし、新約聖書も高校生のときに自分で買って読みました。学ぶことが中心で、読んで感動したとか神について考えたというわけではなく、ただ、哲学をやりたいと思った。そこからはまったくぶれなかったです。

哲学の道に進んで先生になるといったら、教師は給料が安いからやめろと父親はいうし、母方の祖父には、哲学なんかやったら自殺するぞっていわれた。みんなに反対されましたよ。ほら、あそこの線路で何人も死んでるって。

大学では哲学を専攻して、夜はダブルスクールで電子計算機の専門学校にも通いました。小学生の頃からアマチュア無線をやっていたので、まったく苦ではないですよ。勉強が好きだったんですね。

大学院を出てしばらくは高校で倫理・社会を教えて、三十七歳で日本大学に就職して専任講師になりました。初めてギリシャに留学したのが、一九八八年です。一年間でしたが、このときはギリシャ正教にはほとんどふれず、古代の神殿とか、遺跡ばっかり見ていましたね。

遺跡の真ん中に教会があったりするので、邪魔だなあと思ったりもしました。遺跡の柱を使って教会ができている場合もあるから、なんてことするんだってね。教会に行くようになったのも、ギリシャ人の生き方を学びたいと思ったからです。

神道もそうですが、神様って何かというと、生活なんです。キリスト教とくに正教は、ギリシャ人にとって生活習慣そのもの。ギリシャ人であることと正教徒であることはイコールに近い。彼らの生活に根付いているキリスト教がどういうものなのか、どうしてこういう生き方ができるのかなあと思ったんですね。

キリスト教というと敬虔《けいけん》な雰囲気があるじゃないですか。クリスチャンでもプロテスタントの人たちは倫理的、道徳的ですよね。

でも正教は、ギリシャ人は全然違うんです。ギリシャ人っていい加減だし、税金を騙したりするのに、なんで九九パーセントがキリスト教徒なんですかと聞かれたことがあるんだけど、言葉に詰まった。

自由なんです。細かい規範に自分を閉じ込めずに、自由意志で神様に向かっていける。神様が見ているからそんなことしちゃいけない、とはいわない。まずは神様の恵みがあることを喜びなさいというのがさきです。エンジョイするのがいい、喜ばなかったら神様にふさわしくないと思う。

不思議なキリスト教徒だなあと思ったんですね。今まで学んできたキリスト教とはずいぶん違う。

日本人はキリスト教をかなり限定的にしかとらえてないんじゃないか。今のギリシャ人を知るには正教を知らなければならない。古代の英雄アキレウスとか、神話のイメージでギリシャを考えると全然違うと思ったんです。日本の正教の本山は東京のお茶の水にあるニコライ堂（東京復活大聖堂）なので、帰国してから毎週三回、伝道会に通うようになりました。

洗礼を受けたのは一九九九年七月、五十歳になる直前です。ギリシャに行くたびに、洗礼を受けたいという気持ちがだんだん強くなっていたんですよ。

アテネでは、ルームレントみたいに、普通の家族が住んでいるところを借りてしばらく滞在していたんですが、そこのおばあちゃんが、「あんた教会に行きなさい」と誘ってくれたんです。洗礼式や祈りを見ているうちに、だんだん自分も受けたいなあとね。

八百万の神から一神教に変わるわけですが、祈りの中で神と近づく、それを感じ取れたことがきっかけかもしれません。

直感的なものです。神道の神々とは違って、私たちを造った創造主としての神です。

北関東の教会に神父さんの手伝いで奉仕に行ったときに、洗礼を決めました。妻は高校の同級生ですが、やっぱりね、みたいな反応でしたね。

神主になるなら別ですが、そうじゃないと神道って学ぼうと思っても手掛かりが非常にあいまいなんです。でも正教って体験がさき。教会に来る人って、神様を信じたい信じたいという人が多いけど、そうじゃない。頭じゃない。体験です。これはぼくたちに欠けていた感覚だと思うんですね。

それまで哲学だったのに、信仰にどうやって転換したか、ですよね。

やっぱり、哲学は解釈なんです。この世界はどういう構造になっているのかを考える学問です。ぼくの先生は向坂《さきさか》寛《ゆたか》先生で、向坂先生の先生が田中美知太郎《みちたろう》です。田中先生のこんな言葉があります。

「人間の思想の世界のひろさと深さ、そのいろいろな屈折を、きびしい論理と、思いがけない愛情と、時にはひとを驚かすパラドクスや、絶望を誘う不安の思いなどをもって、どこまでも辿って行く面白さというものは、また格別のことだと言わなければならない」[2]

哲学ってこんな範囲でしかない。それで学問になるんだからそれでいいんだろうけど、信仰とは全然違う。信仰は誰かの救いになります。ギリシャ人を理解するには、救いがわからないといけない。哲学ではわからないんです。

教会というと荘厳なイメージがあると思いますが、島に五〇〇ぐらいあったりするんです。小さな祠《ほこら》に、地元の人が集って祈っている。

大きな教会だと一方向を向いて祈っている人もいるし、帰ろうかという人もいるし、話している人もいるという散漫な感じだけど、小さな教会だとかなり集中して祈っている。一〇人ぐらいの人が一糸乱れず祈り続けている。そんな祈りに惹かれました。

お香の匂いがする空間に人が集まって、抱き合って、イコン[3]に接吻《せっぷん》して、そういう現実感をみんなで共有している。頭の中で、キリストがどうとかマリア様がどうとかは全然考えてない。

それよりも祈ること、奉神礼（リトルギア、礼拝）に参加するという共同体意識のほうがさきにあると思いました。

2　田中美知太郎「疑問に答えて―ひとつの序章」『田中美知太郎全集　第8巻』所収（一九六九・筑摩書房）。
3　東方教会で描かれ、受け継がれ、発展した聖画像。テンペラ技法による板絵が主流。

どんなチャラチャラしたお兄ちゃんやお姉ちゃんも、教会への階段を上るにつれて顔色が変わるんですよ。教会がどういうところか、小さい頃から知っているんでしょうね。知識じゃない。日本人が神社で手を合わせることと同じで、身についている。

パンを裂いて一緒に食事をしてワインを飲むことが、ミサ、リトルギアの起源で、そもそも一緒に共同で食事をすることがクリスチャンの活動です。

でも残念ながら、いろんな理由でその食事に入らない人がいる。そういう人たちが一緒に食事に入れるように祈る。その人の名前を呼んで、パンのひとかけらを葡萄酒に入れる。

今、一緒にいる人たちはいいんです。そこにいるんだから。そうじゃない、ここにいない人のために共同で食事することが、記憶という言葉の意味です。一緒に食卓に加わることを実現させることが祈りなんです。

聖書に、「絶えず祈りなさい」（テサロニケ一5・17）と書いてありますが、そんなことしたら眠れないですよね。でも、私が寝ているときはほかの人が祈ってくれていて絶えず祈ることが実現できる。

あなたも誰かのために祈りなさい、と。だから、久しぶりに修道士に会って挨拶すると、あなたのために祈っていましたよ、と答える人がいるわけです。

長いあいだギリシャに通って、住んで、普通にみなさんと付き合ってきましたけれど、洗礼を受けたといったらすごく態度が違うというか、周囲の反応が、よかったなあみたいな感じで付き合い方がまったく変化しました。家族、という感覚でしょうか。

「おまえの奥さんはどうなんだ、子どもはどうなんだ」と聞かれて、「いや、まだだ」というと、「おまえが死んじゃったら奥さんが洗礼を受けてないと別の世界に行っちゃう」と心配されるんです。みんな同じことをいうんです。天国であなたは永遠の命を得るだろう、そういうビジョンで洗礼を受けたのだから、天国で一緒に住めないのは大変だ、早く奥さんに洗礼受けさせろ、子どもも受けさせろって。そうしたら、おじいちゃんおばあちゃんもだって、みんなニコライ堂で洗礼を受けましたよ。女房は怒るんじゃないかと思いましたが、なんの問題もなかったですね。

クリスチャンにとって、死は終わりじゃない。永眠といいますが、眠っているだけ。起きるのは天国です。輝かしい肉体と共に復活する。

天国で永遠の命をいただいて、家族との永遠の生活を待ち望むというのが私たちのビジョンです。魂だけが天国に行くという考え方はない。天国では肉体がある。

この復活のビジョンは現代では主張しづらくなっていて、復活自体を捨てたのがプロテスタント。カトリックも復活祭より降誕祭のほうが大きいですよね。

われわれは復活のビジョンがかなり強い。それが正教徒です。

だから、「おまえ一人だけだったら家族と会えなくて大変だぞ」といわれる。そういう心のあり方が正教徒の共通項なんです。

ニコライ堂を参観に来られた方で浄土宗の方だったかが、「私は女房と一緒に天国にいたいと思いません」とまじめな顔でいわれて、うーん、そうかって焦りましたけどね。

洗礼を受けてからは副輔祭《ふくほさい》として教会の奉仕を続けていましたが、研究のために聖地アトスに半年ほど行こうとしたら、その直前に、アトスに行くなら輔祭になってからのほうがいいと主教にいわれて決意しました。

副輔祭は一般信徒ですが、輔祭からは聖職者です。神道でいえば、宮司《ぐうじ》の手前の禰宜《ねぎ》にあたります。

普通は神学校に行かなければ聖職者にはなれませんが、正教会では、ロシア正教だと長年、神学や哲学を修めた教員には聖職者の道が開かれるという規定があるそうです。

日本正教会では主教が決めることですが、奉仕を続ける中でこちらも命じていただければ準備はあります、と意思表示してきましたからね。

神に向かうこと、それを目指している人たちと共にいて、その人たちと歩んでいく特別な職務をいただいたと思っています。

教会というと癒しの場だと思われるかもしれませんが、そういうことを期待して入ってくると、いつか反発することになるんじゃないでしょうか。

ある正教の神父さんがプロテスタントの大学で一年間講義をしたのですが、「自己責任のキリスト教ですね」と学生にいわれて、「うん」と答えざるをえなかったそうです。

神様に向かってどう自立していけばいいかということを求めるのが本質かもしれません。強い者になれという意味ではなくて、私と神様しかいないわけですから、すべてを預けて救ってもらうというより、救いの道を自分で見つけ出せる場所のように考えないといけないかもしれません。

うちは、写真家をやっている次男だけ最後まで洗礼を受けなかったのですが、アトスを撮影するために最近洗礼を受けました。まあ、ぼくの動機と似ていますよね。

最初からキリストを求めて頭から入って信仰をもったといわれると、ちょっと困るんだな、これが。

2017/12/28

アメリカで
洗礼を受けて帰国したら、
「なんでおまえは親の許しもなく
洗礼を受けたんだ」
と父親に怒られました。

鈴木正和
一九五六年生
水場コミュニティチャーチ牧師
東京都

千葉の房総半島の富津《ふっつ》出身です。大貫町小久保《おおぬきまちおくぼ》というところで、戦前は、横浜にある聖書学校の、婦人伝道師のための訓練地でした。

そこから婦人伝道師が送り出されて、各地で教会を立ち上げていた。大正から昭和初期はかなり大規模に日曜学校の伝道をしていたそうです。

そういう話はぼくの結婚披露宴のときにわかったことで、それまではまったく知りませんでしたけどね。

家業は曾祖父が始めた酒屋兼新聞屋というか、よろず屋で、曾祖父は村が町になったときの初代町長でした。ちょうどその頃に房総半島に初めて「萬朝報《よろずちょうほう》」[1]という新聞が入ってきて、家の前の役場に新聞を卸すようになったと聞いています。

坂を下ると漁師町、内陸に入るとお百姓さん、ぼくら十数軒があるのが文教地区。みんなうちを知っていて、

1　一八九二（明治二十五）年、黒岩涙香《るいこう》によって創刊された新聞で、社会記事や翻案小説を掲載、上流階級の内幕を暴露するなどセンセーショナルな記事も掲載された。内村鑑三や幸徳秋水《こうとくしゅうすい》、堺利彦《さかいとしひこ》らが加わって社会批判を展開。日露戦争開戦のときは非戦論を主張した。

鈴木さんの新聞屋さん、鈴木さんの酒屋さんっていう感じですね。

両親は教育熱心でした。祖母の代から「婦人之友」の読者で、いとこたちも姉も東京の自由学園に通っていました。父は冒険心があるのに、やりたいことをできなかった人でしたから、子どもには自由にやらせたいという思いがあったようです。

上の姉はのちに文部省で女性問題の専門家になるんですが、家中に男女平等のチラシを貼っていました。そういう家で育ちました。

中学から、ぼくも自由学園に入りました。役場で働くか、新日本製鐵《せいてつ》で働くかしかない土地で家を飛び出す必要はあると思っていましたから、ぼくにとってはよかったと思います。

寮生活では、考えられないような経験をしました。男ばっかりの八〜九人部屋で、朝五時半に起きて、一分半で布団をたたんで支度して、服の洗濯はすべて手洗いです。

当時のことですから体罰もありましたし、厳しかったですね。

聖書も初めて読みました。新約聖書に、「右の頬を打つなら、左の頬をも向けなさい」（マタイ5・39）ってあるじゃないですか。ハイモラルだなあ、すごく道徳的だなあというのが第一印象でしたね。

自由学園の礼拝は先生方が順番で担当しますが、先生方はクリスチャンとは限りません。それぞれの想いがありますから、信じるかどうかは自由です。

チャプレン（聖職者）がいるわけではないですし、聖書の勉強もない。十字架もどこにもない。宗教の押し付けはありません。

ただ、「先生はただ一人、イエス・キリストです」という標語があって、羽仁もと子先生も吉一先生も、生徒にはミセス羽仁、ミスター羽仁と呼ばせていました。

当時はサッカーに夢中でそれしか頭になくて、教会には行ったけど根付くことはなかったですね。

高校生になって自分の醜い部分に気づくようになって、罪の問題や自我の問題を考えるようになりました。内なる葛藤はあって、その頃、少し通っていたのが、学校がある東久留米《ひがしくるめ》の、クルメバイブルフェローシップ（ＫＢＦ）です。カナダ人の家族がぼくを食事に招待してくれたりして、英語の勉強もしたかったのでしばらく通いました。

そのうち自由学園の外に出たくなって、三年のときに一年間、ＹＦＵという国際団体の交換留学プログラムでアメリカに留学しました。

父親は進取《しんしゅ》の気性に富んでいたので、チャレンジすればいいという姿勢でしたが、学校のほうが前代未聞だといって最後の最後まで私を行かせないように説得しました。

最後は担任の先生が、「おまえはここまで努力してきたんだから行きなさい」と背中を押してくれたんです。

自分でプログラムを作って、ホストファミリーが決まればその土地の学校に行くという制度で、ぼくを選んでくれた家族は「クライスト・センターズ・ファミリー」、キリストを中心とする家族、と手紙にありました。

旅費だけを持って、生まれて初めて飛行機に乗りました。一九七三年の夏でした。

アイダホ州のボイシーという町は、州都なんですけど、二階建ての建物が最高というぐらい何もないところで、日本人にはほとんど会わないまま一年間過ごしました。

ホストファミリーは三十代の夫婦で、お父さんは銀行員です。十二歳の息子と、十歳の男女の双子がいました。

留学した高校は、ボイシー・ハイスクールという公立校です。英検二級はとっていましたが、スラングはわからないし、授業についていくのは大変でした。

スポーツだけは自信があって、夏はアメリカンフットボールのチームでラインバッカーをやりましたね。体はちっちゃいんですが、瞬発力とタフさはある。冬はレスリングや陸上競技で、あいまにサッカーの試合にも出ました。生まれて初めてスキーをしたのもその頃です。一年中、スポーツです。

英語がわからないので、みんなに笑われるんですが、何を笑われてるのかがわからない。発音も悪かったので、よくからかわれましたよ。


ホストファミリーが通っていたのは、ペンテコステ派のセントラル・アッセンブリーという教団のクリスチャン・ライフセンターです。

一九六〇年代から七〇年代は、アメリカの宗教史でいうと、ヒッピームーブメント、ジーザスムーブメントといわれる時代です。

長髪で髭《ひげ》をぼうぼうに伸ばして、マリファナを吸ってコミューンで生活していた何百人ものヒッピーたちが、海辺で洗礼を受けて、麻薬やセックスから解放されてそのままの格好で教会に帰っていく、あるいは入っていった。五〇〇～六〇〇人の教会が倍の一〇〇〇人に増えるような、リバイバル[2]が起きていました。

メソジストやバプテストや聖公会[3]のような、メインラインといわれる主流派の教会でも、カトリックでも、聖霊の働きによって自由になるというすごい体験をした人たちが出たカリスマ刷新運動と呼ばれる時期で、ペンテコステ派に限らず、礼拝中も手を挙げたい人は挙げるし、目をつぶりたい人はつぶるし、みんな自由に祈って讃美していましたね。

驚いたことはいっぱいありました。麻薬依存だった人たちが悔い改めたり、肉体的にも精神的にも苦しんでいた人たちが癒されたりと、目の前で悔い改める人や癒される人の姿を見たんです。

よくわからなかったのが異言《いげん》です。何語でもないうめくような言葉で祈り始めるんです。ホストファミリーのお母さんに、あれは聖書の使徒《しと》行伝《ぎょうでん》[4]に出てくる初代教会の異言の祈りだと説明されました。悪い感情はもたなかったですね。

聖書も真剣に読みました。読みながら、ありえないとか、わからないと思ったものに〇や×をつけていくんです。学校の授業はわからないけど、不思議なことに、牧師のメッセージは九〇パーセント以上理解できました。

その頃に気づかされたことがありました。もしも神様がいて、ぼくより大きな存在だったとしたら、いくらぼくが頭で追いかけても理解はできないだろうって。理屈ではありえないと思っても、ぼくの頭ではわからないものなんだって。神様は頭で追うんじゃなくて、心で追うしかないんだと、そう思えた瞬間があったんです。

実際、まわりの人たちが神様を信じて変えられて、喜んで生きていく姿を見ると、彼らのような喜びが欲しいし、彼らのような満足感を味わいたいと思ったんですね。

彼らは伝道することはないですし、受け入れろとか信じろと強要することはまったくない。教会だって、ホストファミリーだって、学校だって、教会に行けというわけではない。

ぼくが行きたかったんです。求めましょうと呼びかけられて、自分も自然に求めていった。願わくば信じさせてください、赦してくださいというステップがあって決心した。自分の心に変化が起きたのは確かでした。

2　急速な教会成長を伴う信仰復興運動。
3　七三七ページ参照。
4　使徒行伝2章など。

日本で教会に通っていたときは、まだまだ頭で追っていたんです。頭で追うことをあきらめたことが大きかったと思います。

隣がユタ州で、高校の半分ぐらいの生徒がモルモン教というキリスト教系の新興宗教の信者でした。だからメインラインのクリスチャンの中で信仰をもったわけではないんです。

洗礼を受けたのは、十八歳の春です。聖歌隊に入っていろんな伝道集会をまわって、教会の高校生たちと牧師と一緒にメキシコにも行きました。

メキシコシティの刑務所で集会をもったり、ジャングルに入ってインディオの部落で一軒だけのクリスチャンの家族と一緒に祈ったり、いろんなことを体験しましたね。

宣教師が操縦するセスナで行った部落があって、そこは盗賊の町として有名だったのが、宣教師がやって来てからクリスチャン部落になったそうです。酒場までなくなったもんだから「つまんない町になっちゃったな」って、通りすがりの旅人がいってましたけど。

一年のあいだにはさまざまな出会いがあって、ぼくにとってはありえないというようなことを見たり、聞かされたりして魅せられたというか、そんな状態で留学を終えて帰国したら、「なんでおまえは親の許しもなく洗礼を受けたんだ」と父親にいわれました。

跡取り息子なのに、勝手にクリスチャンになったことが許せなかったんでしょうね。すっかり変えられてしまって、言葉の使い方もなんだかおかしくなってしまった。大学はそのまま自由学園最高学部に進みましたが、一年間は日本語がうまくしゃべれませんでした。

大学二年のときに、アメリカから帰国した日本人が狭山《さやま》で教会を始めるというので手伝うようになりました。昆虫学者から牧師になった人で、右も左もわからないぼくを訓練してくれました。

超教派の仲間たちと喫茶店伝道もやりました。毎週火曜か水曜日の晩に歌舞伎町に行って、喫茶店をワンフロア借り切って集会をやるんです。教会には行けないけど、喫茶店だったら行けるという人たちが集まっていました。そのうちチラシを配るのがだめになって、喫茶店もなくなっちゃうんですが、いい体験をさせてもらいました。

ぼくはまじめな話をするときはお酒を飲みませんが、父親はお酒を飲むとよく議論をふっかけてきました。宗教戦争の話が多かったですね。

するとある日、母がこういったんです。「お父さんはああいうけど、日曜学校の先生になりたかったのよ」って。日曜学校の先生になりたかったということは、大貫町に日曜学校があったということじゃないですか。さっそく神田の古本屋街でキリスト教史の本を調べたら、どうやら大貫町に日本で二番目か三番目ぐらいの古い教会があったとわかった。そのことがきっかけで、のちに日本のキリスト教史を研究するようになるんです。

父親は普通に就職させたかったんだと思います。でもぼくはもっと勉強したくて、大学の途中から、今度は、マサチューセッツ州のアマースト大学に留学しました。大学が主宰する内村鑑三奨学金をもらえたんです。アマースト大学は、内村や新島襄《じょう》や札幌農学校で有名なクラーク博士が学んだ大学ですが、キリスト教色はまったくありません。そこで宗教学を勉強しながら学士をとって、大学院はコロンビア大学で教育学を専攻しながら、道を隔てたところにあるユニオン神学校でキリスト教の勉強をしました。

そのとき出会ったのが、妻のバーバラです。彼女はコロンビア大学で聾唖《ろうあ》教育を専攻していました。アメリカで結婚式をして、東京で披露宴をして、大貫町でも近所のおばさんたちを招いて披露宴をしたのですが、そのときに驚いたことがありました。

「私はクリスチャンです」といったら、「ああ、私、日曜学校に行ったことがある、みんな知ってるでしょ」といって、突然、「主われを愛す」という讃美歌をみなさんが口をそろえてうたい始めたんです。父親より年上で、七〜八十代ぐらいの人たちです。その子ども時代というと、大正期から昭和の初めでしょう。どうやら地元の子どもたちは、ほとんど教会に通っていたようなんです。

その頃は自由学園で教師をしていたのですが、二〇〇〇年に一年間のサバティカル（研究休暇）をいただいて、資料を集めたり当時を知る人たちの聞き取りをしたりして、婦人伝道師についての論文を書き上げました。

妻といろんな教会をまわって行きついたのは、日曜日の朝、自分たちの居間で聖書の学び会をすることでした。聖書にもありますが、二〜三人集まればそこにイエス様はいる。キリストの体は教会の建物ではなくて、人と人との交わりです。

羽仁先生がおっしゃっていたのも、礼拝は建物じゃない、体育館でも食堂でも祈れるということでした。人に勧められたわけでもなく、よくいえば押し出された、悪くいえば勝手に始めたということですが、外国人の宣教師の友人たちと数人のグループだったのが、だんだん人が増えたので、今は大きな家を借りています。最初は日本語だけでしたが、だんだんバイリンガルになってきて、子どもたちを入れて五〜六〇人という時期もありました。国も、日本、韓国、マレーシア、フィリピン、カナダ、アメリカ、イギリス、中国……、みんな文化は違うし、悩みもある。自分の力のなさを感じることはいっぱいあります。

水場コミュニティチャーチという名前にしたのは、神様の豊かな生きる水が集まる場所、人々がルルド[5]の水を受けとって休息しているイメージからでしょうか。

祈りの会が終わってもソファでくつろいだり、そこらへんで寝転がったりしてるみんなの姿を見ていて、不思議だなあ、おもしろいなあと思ったんですね。

このさきどうなるか、それはわかりません。ハウスチャーチにこだわっているわけではありませんし、かといってメガチャーチを目指しているわけでもありません。

御心ならそうなるでしょうが、わからないところですね。大きくなっていくと悪魔とかサタンではないですが、そういう力も入り込んできますし、神に委ねるしかありません。自分たちの弱さを感じていますよ。

2016/10/19

5　一八五八年、フランスのピレネー山脈に位置する村ルルドに暮らす少女ベルナデッタ・スビルーの前に聖母マリアが現れ、そのお告げの通り、洞窟から水が湧き出して多くの病を癒したことから、奇跡の水として知られるようになった。

神父さんに「洗礼を受けますか」といわれました。「ただその前に、お父さんお母さんと和解しなきゃだめだよ」ともいわれました。

内田圭一
一九七三年生
日本正教会釧路ハリストス正教会司祭
北海道

実家の宗教は、創価学会です。戦後すぐ、祖父が若くして膵臓がんで亡くなって、三人の息子を抱えた祖母が人に勧められたのがきっかけだったと聞いています。

祖母は近所の奥さんたちに積極的に布教するような熱心な信者で、ぼくが物心ついたときには、一日に三〜四時間、南無妙法蓮華経ってずーっと唱えていて、友だちがうちに来ると、「おまえんち、線香くせえな」ってよくいわれました。

近所にブロック長をやっている人の家があって、大きな広間に集まって勤行《ごんぎょう》をやっていました。お経を唱えて、話を聞いて、おやつを食べる。毎晩です。土日もあるんですけど、遊びたかったですね。

創価学会は信者の人数が多いので、学校に行くと友だちに会ったりはするんですけど、お互いなんとなく知らんぷりしていました。

創価学会から気持ちが離れたのには、いくつか理由があります。一つは、ぼくが小学三年のときに同居していた叔父が自殺したことです。父の弟です。

それまでも何度か未遂があって、病院に出たり入ったりしていました。家にあるビニールとか紐《ひも》とか、死ぬのに使えるような物は全部片付けていました。紐を出すのも絶対だめ、ビニールは見つけたらかぶっちゃいますからね。

祖母が老人会の旅行に行っている隙を狙って首を吊りました。ぼくの弟が第一発見者でしたが、まだ幼稚園だったので意味はわからなかったと思います。それについてあとで話したこともありません。

父は段ボールを作る機械を扱う職人ですごく忙しかったので、叔父はぼくにとっては父より長く一緒にいる人でした。

本棚にあった本を見ていたら、「池田大作万歳」という書き込みがありました。こんなに祈っていたのに、こんなに万歳ってやっていたのに、なんで死んじゃったのかなあって。

会社をやめさせられたのがきっかけで精神的な病気になったみたいですけど、当時のぼくにはわかりませんでした。

亡くなって一週間ぐらい経って、叔父が夢に出てきました。死んだことはわかっているから、なぜここにいるんだろうと思っていたら、「ああ、ちょっと忘れ物したんだ」って。

目が覚めてから、親に聞きました。「叔父さん、忘れ物をしたっていうんだけどなんだろう」って。何を忘れたんだろう。もしかして、ぼくのところについてきてくれているのかな、守ってくれているのかなと思いました。

もう一つ、ぼくにとって大きな事件だったのは、少林寺拳法を習おうとしたら祖母に行っちゃだめだと反対されたことです。

少林寺拳法はもともと宗教法人です。父親は、好きならやらせてやれという人だったので、祖母と父が大喧嘩になった。それを見て、「じゃあもうやらない」といったんです。ああこりゃだめだって、たぶんそこで完全に創価学会から気持ちが離れたんです。小学六年でした。

中学生になってから哲学書を読むようになりました。新潮文庫や岩波文庫に入っているものを次々と読んでいきました。キリスト教はドストエフスキーの小説から入りました。高校生のときに『カラマーゾフの兄弟』を読みました。

長老ゾシマが死んでみんなが打ちのめされたとき、アリョーシャ・カラマーゾフが長老ゾシマの夢を見るんですね。長老は、ガリラヤのカナの婚礼に招かれて祝宴に出ていて、「そう、やはり招かれたのだ。よばれたのだよ、招かれたのだ」といって、アリョーシャもあっちへ行こうと誘う。

「[1]こわがることはない。われわれにくらべれば、あのお方はその偉大さゆえに恐ろしく、その高さゆえに不気味に思えもするが、しかし限りなく慈悲深いお方なのだ」、そして、「新しい客を待っておられるのだ」とね。

それでアリョーシャは目が覚めて、大地に接吻して、これでぼくは大丈夫だ、みんなのために祈って生きていくんだ、誰かがぼくのために祈ってくれるから大丈夫だっていう、あの場面が好きですね。

授業は全然聞かないで、本ばかり読んでいました。国語だけできて、英語も数学も学年の最下位に近かったと思います。

高校を卒業するとき、希望がありました。祖母には創価学会をやめるなんていえないんですが、家を出たら離れられるじゃないですか。だからまず家を出ようと思って、浪人期間中も含めて五年間、住み込みで新聞配達しながら大学に通う、新聞奨学生をやっていました。

自分としては創価学会とは縁を切ったつもりで、もう連絡はしないでくださいよと親には伝えていました。大学は国語だけで受験できる二《に》松学舎《しょうがくしゃ》大学です。じつは小説家を目指していたんです。

新聞販売店の二階には部屋が一〇室ほどあって、同い年ぐらいの人が詰め込まれていますから仲良くなりました。

そのうちの一人が与論島《よろんじま》出身で、クリスチャンでした。部屋にいっぱい本があったので、キリスト教はいいと思うんだよねって話をしたら、よし、おれの教会行くべって連れていかれました。荻窪《おぎくぼ》にあるペンテコステ派の教会でした。

イメージとは全然違いました。あ、だめだ、こりゃあ学会だって思いました。創価学会は三十分ぐらい、南無妙法蓮華経、南無妙法蓮華経ってずーっと繰り返すんですが、ペンテコステ派の礼拝も、学会ほどではないですけど似ているんです。

友だちにはその話はしないで、まあ、またねって感じで、そこには二度と行くことはありませんでした。

大学でぼくが師事していた先生は遠藤周作の研究者だったのですが、それとは別にドストエフスキー研究会も主宰されていて、そこに通うようになりました。

卒業生がいっぱい参加していて、すごく楽しかったですね。ドストエフスキーをやるなら正教会を知らなきゃねっていわれたりして、お茶の水のニコライ堂の伝道会に通うようになりました。

信者になる人のための会なのですが、勉強のために通う人もいたんです。ぼくは小説家になりたかったので、文学研究の一環みたいな気持ちでした。

小説家になる勉強のつもりが、宗教そのものに関心をもつようになったのは、当時付き合っていた女性との

1　ドストエフスキー『カラマーゾフの兄弟 中』原 卓也訳（一九七八・新潮文庫）。カナの婚礼はイエス・キリストが公衆の面前で行った初めての奇跡。水を葡萄酒に変えた。

破局が関係していると思います。

彼女は、家族みんなが顕正会《けんしょうかい》という新興宗教の信者でした。そこにぼくも入っちゃったんです。本部に連れていかれて、名前を書けといわれて書いたら、それで入会したことになっちゃった。せっかく創価学会から逃げてきたのに、なんでこんなところに入らなきゃいけないんだ、こんなのは正式な入会じゃないですよ。自分の意思で退会すると、内容証明で送りましたけどね。

じつはそのことをニコライ堂の伝道会の神父さんに相談していたんです。そうしたら親身になって話を聞いてくれた。そのあたりからでしょうか、信仰者になるための勉強をしていこうと思うようになりました。無理やり信者になるように誘われることもなかったですし、神父さんの人柄にも惹かれた。ここなら大丈夫だろうと思ったんです。

新聞配達は毎朝起きるのがつらくてやめちゃいました。工場でも働きましたが、それもつらくなってやめた。大学も留年してしまいました。そんな時期でも、教会だけは行けました。

一年経った頃、神父さんに「洗礼を受けますか」といわれました。「ただその前に、内田君、お父さんお母さんと和解しなきゃだめだよ」ともいわれました。

音信不通というわけではなかったけど、あの家には帰らないと思っていましたからね。でもそれじゃだめだといわれた。

ぼくも親に認めてもらった上で洗礼を受けようと思って、久しぶりに実家に帰りました。両親には、「洗礼はいいけど、ばあさんにはいうなよ」といわれました。

日蓮宗というのはある意味、一神教みたいなもので、信仰心は子どもの頃からあったんです。霊魂の存在も信じていた。叔父はぼくについてくれていると思っていましたから、絶対ある、あるに決まってると思っていました。目に見えない世界は感覚的に信じていたんです。

ただ、そのことと神を信じるというのは違いますよね。一神教の信者の行動を見ると、自分がそこまで神様の目を意識して行動しているかというと、そうでもないと思います。

ぼくの場合は、神がそういっているからぼくもそう思う、だから守る。

正教会の神学を整理していると、ああ、やはりこうなると神はいるということになるなと。父と子と聖神（聖霊）の三位一体も、理屈としてある程度納得できたから信じている。理屈なんです。

司祭になったのは、当時の司教さんに勧められたからです。大学在学中からある財団法人に勤めていたのですが、リストラされてしまった。そんな話を青年会の催しで話したら、ある神父さんに「ステファン[2]、ここで働きなよ」って勧められたのが正教会の事務職でした。

事務のつもりで働いていたら、ある日、神父さんに、教会にかかってくる電話に応対するようにいわれて、だんだん相手の相談にのるようになっていった。

向こうはぼくを聖職者と思っているみたいなので、事務職でも教会で働くならもっと宗教のことを勉強しなきゃいけないと思ってはいたんです。

そんなときに当時の司教さんに勧められて、ニコライ堂にある東京正教神学院という全寮制の神学校に行くことになりました。ちゃんとした事務職になろうと思ったんです。

学校に入ったら給料は出ません。食費と授業料は教団で働くなら返さなくていい奨学金みたいになっていました。

2　内田神父の洗礼名、聖名。

教会は嫌いではないし、信徒としては何をいわれても奉仕するつもりでした。三年間勉強して卒業するときに、司祭にするからといわれたんですが、その頃になると、確かに司祭が必要だよなと思うようになっていました。

司祭が足りないのは確かでしたから、どんな人でもいたほうがいい。悩んでいたときに自分が教会に助けられたように、自分も誰かを助けることができるなら、ぼくは受けます、と考えて今に至ります。どんな人でもいたほうがいいなんていったら、ほかの神父さんに怒られますけどね。

このあいだ、全国の司祭が集まる司祭会議がありました。二十数名集まったところで、「みなさん、召命ってなんですか」って聞いたんですよ。なぜ司祭になったのかって。

みんなあまり語りたがらないように見えました。天から声がするのか、いや、そういうんじゃないよ、召命は召命としかいいようがないよって。なんだよそれ、と思ったんですけど。

そう答えた方はぼくより十歳ぐらい年上で、大手生命保険会社にいたのに、四十歳ぐらいで一念発起して神学校に入った人です。奥さんがカトリックで、結婚するときに自分も洗礼を受けたけど、勉強するうちに正教会のほうがいいんじゃないかと思ってこちらの門を叩いたそうです。

ぼくの前に釧路教会にいた神父さんはもう亡くなられましたが、その人もＮＥＣを四十五〜六歳でやめて神父になった人でした。

一方で司祭をやめる人も多くて、そうなると一般信徒に戻るわけですが、あまり円満にやめることはないので、実際には教会から離れてしまいます。

うちは司祭になると結婚できませんが、司祭になる前に妻帯していれば支障なく司祭になれます。司祭になってから離婚すると、明らかに相手に一方的な過失がある場合を除いて司祭権を剝奪されます。これは古代からの規則で、理屈としては、自分の家族も司牧できない人が、信徒を司牧できないでしょうということです。

もしかすると、ほかの人たちって、一般信徒と司祭の祈りが質的に違うと思っていませんか。司祭にもそう思っている人はいます。司祭には司祭の特権がある、司祭に按手《あんしゅ》[3]されることによって特別な恩寵がある。そういうふうにしか読めない書物もあります。

洗礼のときに聖霊がくだって、そこで信徒が聖なる者になるわけですね。正教会では、聖霊を聖神と呼んでいて、洗礼を受けると聖神がくだります。司祭に按手されるときも、聖神がくだります。

ただその聖神は、圧倒的に量が違う。そこは、ぼくが感覚的に納得できないことです。

儀礼をご覧になるとわかりますが、ほかの教会と違って、正教会では司祭が信徒に背中を見せて祈ります。司祭はあくまでも人々の側にいるということです。

神と人のあいだを取り持つわけじゃない。何か特権があるわけじゃない。

先頭に立って率いてはいるし、お手本にならなきゃいけないけど特別な人じゃない。これは以前ニコライ堂にいて、米国正教会に行かれた高橋保行《やすゆき》神父に教わった司祭像です。

正教会も一枚岩の組織じゃなくて、ギリシャ正教会、ロシア正教会、アメリカ正教会、と地域によって神学の違いがあるんですね。

日本正教会が教科書にしてきた明治時代の文献は、帝政ロシア時代のロシア正教会のものなので、ヒエラルキーがちがち、かなり司祭特権主義的なところがあるんです。ロシア正教会には、ドストエフスキーが描いた修道院のように、序列じゃなくて、精神的な指導者による緩やかな共同体の伝統もありますが、日本に入ってきたのはそちらではなかった。

3 聖霊の働きがあるように、頭に手を置いて祈ること。聖職者を任命するとき、志願者の頭に司教が手を置き祈る。

第二次世界大戦中、プロテスタントは新教、カトリックは旧教でまとまることを強制されましたが、正教会は正教会のままでした。敵国の宗教だといわれて迫害を受けたという話はありますけど、ほかの教会ほどの被害はなかった。

というのも、正教会は国家宗教みたいなもので、色分けすると保守なんです。戦争には反対だけど、軍隊には反対しない。

祈禱《きとう》書には、軍隊のための祈りもある。戦勝祈願の祈禱をして兵士を戦場に送る教会でした。ロシアの教会だと思われていたので、日露戦争のときも、ニコライ堂ではあえて日本の戦争勝利の祈願をしていました。「わが国の天皇および国を司《つかさど》る者のために主に祈らん」と全国の正教会が祈りますし、帝国議会のための祈りもある。決して体制側になったんじゃなくて、そもそも迫害されていた時代から、ローマ皇帝のために祈っていたと、ぼくらははっきり教えられています。

国家元首は神が認めているからそこにあるのであって、自分たちはその人のために祈らなくてはいけないということです。

道を誤らないように、間違った方向に行かないようにと祈る。ロシア正教会がかつて、スターリンや共産党のために祈ったのもそういうことです。共産党万歳ではない。

釧路教会の信徒は名簿では二〇〇人、上武佐《かみむさ》教会は八〇人ぐらいですが、日曜日に来るのは多いときで二〇人ぐらいでしょうか。前任地は岩手で、盛岡を中心に複数の教会をまわりました。

明治の頃は教えを広める伝教者たちがいて、士族中心に布教していました。東北はとくに正教の信徒が多いんです。戊辰《ぼしん》戦争の前に仙台藩士や盛岡藩士が箱館に警備に行って、明治になってキリスト教が解禁されてから領事館付司祭だったニコライやその後継者から洗礼を受け、文字の読み書きができる彼らが全国に散って布教していったからなんですね。

布教する相手は土地の有力者ですから、もとは氏子《うじこ》総代とか、寺の信徒総代だった人が多いんです。それはそれで彼らにとって大事な物だから、神棚や仏壇をそのままにして正教の信徒になった。本家が変わると分家も変わって、村中が信者になる。それで信者が増えたんです。

江戸時代に東北にも隠れキリシタンがいたので、それも下地にあったかもしれません。

ただ戦後に戸主制度がなくなって、冷戦時代になってから村の長《おさ》が亡くなったのをきっかけに教会をやめていく人は増えました。墓地に行くと、ここは昔、正教会の墓ばかりだったけど、今は全部お寺になっちゃったといわれたことがあります。

信者さんの家をまわると、家にキリスト教の祭壇と神棚と仏壇があるという家は結構多いです。ぼくが行くと、神棚と仏壇は隠しますけどね。いや、最近は隠しもしませんけど。

2017/6/9~11

干からびていた気持ちが潤っていくようでした。

江縁久子
一九六二年生
日本バプテスト連盟釧路キリスト教会
北海道

もともと、いろんなことを信じやすいところがあるんです。どこの神様かはわからないけど、神様はいると思っていて、手を合わせることはしていました。

高校生のときにクリスチャンのクラスメイトがいて、その友だちの友だちに誘われて釧路教会に来るようになりました。

誘われて来ましたけど、来ようと思った本当の理由はやっぱりありました。

中学二年のときに両親が離婚したんです。小学六年の頃から予兆はあって、夫婦喧嘩がひどくて、今でいうＤＶ（ドメスティック・バイオレンス）もあって、傷つけられて、心がカラッカラに渇いていました。

最終的には、この苦しみが終わるなら、両親が離婚してもいいと思うところまでいきました。

中学生のときは毎日毎日泣いて、目を腫《は》らして学校に行っていました。自分さえしっかりしていればなんとか乗り越えられるからと思って、机にしがみついて勉強だけはしていたんです。

母一人、子一人になったので、母は私が教会に行っていることで安心していたと思います。横道に逸《そ》れないで育ってくれたのは教会のおかげだと感謝していたこともありました。

バプテスマを受けたのは、十九歳のときです。干からびていた気持ちが潤っていくようでした。教会に来ると、支えてくれるものがたくさんある。同じ年頃の子どもたちもいるし、一緒に祈って礼拝を守ることもできる。究極の魂の父親は神様だと思っていたし、牧師先生ご夫妻は教会のお父さんお母さんという感覚でした。

大人同士の争いを見てきたけれど、自分のそばに尊敬できる大人がいるということはすごく大きな支えになって、いろんなことを相談しましたね。

両親が離れていますから、父と母ではいうことが違うときがあったのですが、そこで牧師先生に相談すると、今一緒に住んでいるのはお母さんだから、お母さんのほうを大事にしたほうがいいんじゃないかなってアドバイスをもらったりしました。

父は、友だちを作るなら、頭がよくていい人を選びなさいというような人でしたから。

私が高校生だった一九七〇年代後半から八〇年代は、友だちが友だちを呼んで、教会に若い人たちがいっぱいいました。高校生だけで一四～五人かなあ。

週に四日ぐらいは教会に入り浸っていたので、そこから牧師になったり、教会の役員になったりした人たちがたくさんいます。

神様って練られる方なんです。人間に試練を与えることによって、もっといい器を造ろうとされる。聖書にそういう箇所がいくつもあります。

私自身、苦しんだり悲しんだりする歩みの中で強くされたところがあると思います。それがなかったら、ぼよよんとした性格のままでした。

人に支えられているありがたさとか、温かさを知らないまま大人になっていたかもしれません。自分の価値基準だけで判断してしまう大人になっていたかもしれません。
死んだときに、やあ、よくやったね、がんばったねといってもらえるか、どれだけ褒めてもらえるか、神様に期待しています。

2017/7/23

洗礼によって
人格は変わりませんが、
生きる基盤が与えられたと
思いました。

小森山悠三子《ゆみこ》
一九五〇年生
カトリック須賀川《すかがわ》教会
福島県

富士山の裾野にある不二聖心《ふじせいしん》女子学院で、中高六年間は寄宿舎暮らしでした。一学年四〇人のうち半分ほどが寄宿生で、全国から女の子が集まっていました。両親は海外にいるという人もいました。

とんでもないお嬢さん学校に入ってしまった、という気持ちでしたね。

マザーが先生、シスターが食事や清掃を担当しています。シスターはベールを深くかぶって顔がほとんど見えません。四人部屋があって、そこではおしゃべりしてかまわないのですが、ドミトリーという寝室に入ったら絶対沈黙しなければなりませんでした。

起床は六時で、朝の祈りとベッドメイキングをして、整列してミサに行って祈ります。食前にもお祈りをして、学校へ行きます。夜は夜で祈って、午後八時には就寝でした。

シスターの作る食事は質素でおいしくありません。妹が三年後に入学しますが、その頃にはコックさんが入っておいしくなったといってました。

肌を人に見せてはいけないといわれていて、一人ずつ個室の風呂に入ります。入浴できるのは一人十五分以内、それを何日間かに分けて入るという決まりでした。これも妹の頃には大きな風呂ができたそうです。

お遊びできる時間はたった三十分。遠足のとき、シスターは山のふもとで見送るだけでした。

黙想会もありました。神父様がいらしてお祈りをして、聖書のお勉強をします。お話をしたり聖歌をうたったり、あとはお部屋に戻って沈黙します。

お祈りが多すぎて、お腹がすいて気持ち悪くなるほどでした。トイレに行けなくて祭壇でおしっこを漏らしてしまった人もいました。

ミサはラテン語ですから、何をいっているのか意味がわかりません。聖書と偉人伝だけは持ち込んでいいことになっていて、だいたい聖書を読んでいましたね。

中学生のときに[1]第二バチカン公会議といって、カトリック教会の大きな改革があったのですが、それ以降、ミサは日本語に変わって、シスターのスカートの丈が短くなって、ベールから顔が見えるようになりました。

在学中に洗礼を受けなかったのは、受けられないと思っていたからです。クリスチャンの家庭の方や行儀のいい方しか受けられないと思っていたんですね。

その考え方が変わったのは、高校二年の課題図書で遠藤周作の『沈黙』を読んだときです。キチジローみたいな弱い人でも、踏み絵を踏んでも、神様は赦してくださると思ったんです。当時は禁書といわれて批判的な声も多かったんですけれど、この本がきっかけで神父になった方もおられますよ。

不二聖心に入ったのは、父が人に紹介されたからです。父はもともと山形県酒田《さかた》市の山で材木会社を経営していて、私も山で生まれました。妹が二人、その下に弟一人の四人きょうだいです。

よく珍しい名前だといわれます。もともと「由美」だったのが、父親が占い師に見てもらったところ、早死にするといわれて変えたそうです。

小学一年のとき、目の前ですぐ下の妹が従業員の運転するトラックに轢かれて亡くなったんです。妹は母親を追いかけていて、そこにトラックがたまたまバックしてきた。それがきっかけで私はしばらく車恐怖症になって、横断歩道も渡れませんでした。

失意の父がまず一人で上京して、一年後に家族も東京に移り住みました。父は東京で建築会社を経営していたのですが、零細企業でしたから母も一緒に出かけていきました。たまたま鳥取の山持ちの方のお嬢さんが不二聖心にいて、とてもいい学校だと勧められて私と妹を入れたようです。

シスターに反発することはありましたけど、神様はおられると思ってミサに与《あずか》っていました。理科の授業で目の成り立ちを勉強したとき、全知全能の方がいらっしゃってこういうものを造られるんだと思って作文に書いた記憶があります。

空を見ても、きれいな景色を見ても、神様ってすごいなあ、こういうものを造られるんだと、そういう思いはずーっとありました。

聖心女子大学に進学しましたが、本当は行きたくなかったんです。もともと人間関係が不器用だったこともありますが、まわりはお嬢様だらけで、キラキラして都会的な美しい方ばかり。優秀な方がたくさんいらして、ついていけませんでした。

私がおかしかったんだと思います。自意識過剰でプライドばかり高くて、自分をうまくコントロールできない。英文科ですが、ディクテーションが苦手で、会話もどもっちゃうというか、それがきっかけでだんだん嫌

1　一九六二〜六五年に、教皇ヨハネ二十三世と、続く教皇パウロ六世のもと、カトリック教会の刷新と世界との対話をテーマに全世界の司教二〇〇〇名以上が参集して行われた会議。旧態依然とした教会を現代化（アジョルナメント）して時代に適応したものにすることが目指され、多くの改革が実施された。教会論の確立や、ラテン語のミサが各国語になるといった典礼の変更のほか、カトリックが超教派の対話へと歩を進めるきっかけにもなった。

になっちゃったんです。

途中で国文科に変わって、同級生より三年ぐらい遅れて卒業しました。卒論は遠藤周作です。周作クラブという愛読者の集いにも参加していました。

実家は横浜市の日吉《ひよし》にあって、そこから大学に通っていたのですが、東急東横線《とうきゅうとうよこ》に乗っていると窓から田《でん》園調布《えんちょうふ》教会が見えるんです。あそこに行きたいなあって思って、大学には行かないのに教会には行ってお祈りするようになりました。

何か絶対的なるものを求める気持ちがあって、洗礼を受けることを前提に聖書の勉強をしたいと高校時代の同級生に相談したんです。そうしたら、[2]戸田三千雄《みちお》神父様がいいわよって教えてもらって、週に一回の講座に通うようになりました。

具体的な内容は覚えていないのですが、休むのももったいないほどすばらしいお話で、ここから洗礼に至るんだと思うと嬉しくて、通い続けました。

今では考えられませんが、当時は洗礼までに三年かかったんです。洗礼によって人格は変わりませんが、生きる基盤が与えられたと思いました。

二十六歳のとき、お見合いで結婚しました。福島県の須賀川にある開業医の長男で、産婦人科医です。義母は厳しい義父に仕えた人で、嫁に来たときに「何ものを考えなくていい」「はい、はい、といえばいい」といわれたそうです。

次女を出産してまもなく主人についてドイツに行ったのですが、福島の日本赤十字病院で人を探しているといわれて一年半ほどで帰国しました。

東日本大震災のときは、東京にいる娘に用事を頼まれて、新宿の伊勢丹《いせたん》にいたんです。買い物を終えて七階のレストランで食事をしていたら揺れ始めた。

もうびっくりしました。伊勢丹を出てから偶然停まってくれたタクシーに乗っていったんは娘の家に行きましたが、三〜四日後に羽田から福島行きの飛行機が出たのでそれで帰りました。福島空港からの道路は普通で、せいぜい瓦が落ちているぐらいでした。家の中も多少倒れたり傷ついたりはしていましたけど、大きな被害はありません。

電気はつかなかったけど、水はすぐに使えるようになりました。原発事故のニュースは見ていましたけど、私たちの意識の中に、さあ、避難しようという意識はまったくなかった。主人だって、そんなことは関係なく病院で赤ちゃんは生まれてくるわけですからね。

そうしたら娘たちから、こちらがノイローゼになるんじゃないかと思うほど電話がかかってくるんです。「ママたちは知らないでしょうけど、政府は隠してるけど、福島なんてもう住める状態じゃないのよ」「アメリカ政府が原発の半径八〇キロ以内にいるアメリカ人に避難勧告を出したわよ」って。

インターネットで情報を見たんでしょうけど、イギリスにいる三女なんか毎日電話をよこして泣くんです。涙が出て授業に出られなくて保健室で寝てたんだって。東京にいる長女は、夫が首に線量計をぶらさげてしょっちゅう放射線量を測っているから、「私たち、被曝覚悟で迎えに行きます」というんです。

病院の職員もガソリンがなくて通えなくなっていたし、やむなく、主人も二週間だけクローズにしようと決めて、二人で東京に行きました。

車に荷物を運び込んでいたとき、「きみはほんとに嬉しそうだなあ」って主人にいわれました。それ、本当なんです。やっとこれで福島を出る理由ができた、いろんなことから解放されると思ったんですよ。こんな避難

2　フランシスコ会神父。一九三四—二〇二〇。

民がいるのかしらと思いますけど。だから、うしろめたさがあったんです。自分だけ福島から逃げ出したみたいじゃないかって。

東京では教会に行って、カルメル修道会の中川博道《ひろみち》神父様に相談しました。私は逃げてきました、何もできません、何もいえませんって。

そうしたら中川神父様はこうおっしゃったんです。「いつかまた、あなたができるときが来ます」って。

結局、一週間で福島に帰りました。もう何がなんでもここから出ない、ここで生きていこうという気持ちが固まっていました。

ひどいときの放射線量は、お庭で毎時〇・八マイクロシーベルトでした。事故前の平常時で毎時〇・〇四〜〇・〇六マイクロシーベルトでしたから、十数倍から二〇倍です。

洗濯物は外に干せませんし、窓も開けられません。花が咲いても、きれいなお庭だなあっていえないんだなあと思いました。近所のみなさんも、外出するときはカッパみたいな物を着ていました。

カトリック教会で唯一全壊した須賀川教会の再建にかかわることができたのは、人生で最高のお恵みだったと思っています。

この場所にいたことで、どんなに幸せかと思うほどのチャンスをいただきました。寄付してくださった方へお礼状を出したり、新しいお御堂をお披露目する献堂式の招待状を作成したりしました。

傲慢に聞こえるかもしれませんが、信者のみなさんはご高齢でパソコンを使える人がほかにいなかったので、おのずと私がいろんなことに携わることになったのです。須賀川に来たのは、このためだったかと思いました。

教会には日本人が六人と、日本人と結婚したフィリピンの方しかいなかったので、当時の神父様は、もう再建はしないと決めていたんです。高齢の信者の方は、自分たちはもうあきらめますとおっしゃっていた。

ところがフィリピンの信者さんたちが、「私たちは祈る場所が欲しいのです。私たちの教会を建ててください」と仙台教区の司教に直訴して、再建が決まったんです。

フィリピンの方たちがいなければ再建はありませんでした。ただ、これから存続できるかどうかが問題になっています。

信仰をもってよかったと思うことは、毎日あります。何か起こったとしても、そこには意味があるに違いないと思って物事を見るようになりました。

そんなふうにいえるのは、自分が受け入れられる範囲の不幸にしか出会ってないからかもしれませんけれど。

2017/11/7

神様、話が違うじゃないか。心の中で思わずそう叫びました。

千秋史明（仮名）
一九七三年生
水場コミュニティチャーチ
千葉県

もともと横須賀《よこすか》にいて、隣に住む米軍の軍属の人に誘われてエブリ・ネイション・チャーチ・ヨコスカという教会に夫婦で行くようになりました。

友人は軍のサイバーセキュリティの専門家で、そこは外国人が多い教会でした。

ある日、夫婦関係が悪くなって、教会に一人で行ったことがありました。そうしたら、アメリカ人のパスター[1]が、「何か悩んでいることがあるのか、みんなで祈ってあげよう」といってくれたんです。

日本で祈りというと、病気が治りますようにとか、お金が貯まりますようにとか、現世利益《げんぜりやく》的なことを想像するじゃないですか。でも彼らの祈りはまったく違って、神の祝福がありますようにという内容でした。

何かに包まれるような感じがして涙が込み上げて、駐車場に停めていた車に乗り込んでからも、ただただ涙を流しました。これが聖霊の働きというものなのかと思いました。

千葉に引っ越してから、会社を起業しました。自動車部品を海外に輸出する社員七人の小さな会社です。

日曜日は、近所のバイブル・バプテスト教会に一人で通い始めました。すぐにでも洗礼を受けてクリスチャンになりたかったんです。教会にはそう伝えたのですが、いやいや、まだだめだといわれて、聖書の勉強を一年間やりました。

洗礼を受けたのは、二〇一四年の春です。四十歳でした。

夫婦関係は相変わらずでしたが、自分はクリスチャンだし、離婚はできないと思っていました。ところがある日、妊娠したといって、妻にお腹を見せられたんです。ほかの男の子どもでした。神様、話が違うじゃないか。心の中で思わずそう叫びました。神様なんかいないんだ。そう思って、あとはふて寝するしかありませんでした。

その夜、不思議なことがありました。二〇一五年三月二十三日、深夜一時四十三分のことです。横須賀の教会で一緒だった友人からメールが届きました。彼はアメリカに帰国してワシントンD.C.に住んでいました。今もスマホに保存しているので、翻訳しますね。

「最後に会ってからずいぶん経ったが、元気でやってるか。うまくいってることを願う。おれは今、目覚めたところ。おまえのことが夢に出てきて目が覚めたんだ。神様っていうのはときどき、その人のために祈るようにといっておれの精神に現れる。おまえのために何か祈ることがあるのか？　祈りが必要なのか？　おまえとユカリ（妻。仮名）はどうなんだ？　それとも会社のことか？　もっと大事なことだけど、神様とのあいだに何かあったのか？」

半年以上、彼とは連絡をとっていなかったので驚きました。彼にそんな力があるのかわかりませんが、ああ、ぼくは神様に忘れられていなかったのかと思って、彼に感謝の気持ちを伝えました。このメールは、自分にとって決定的な聖霊体験だったと思っています。

1　牧師。

妻とは離婚しました。姦淫《かんいん》は聖書に書かれている罪ですから、しかたがないと解釈しました。

じつは、教会でこのメールの話をしたんです。でも、まともに解釈してもらえませんでした。

第一コリント十三章八節に「預言はすたれ、異言はやみ、知識はすたれるであろう。なぜなら、わたしたちの知るところは一部分であり、預言するところも一部分にすぎない。全きものが来る時には、部分的なものはすたれる」とあります。

牧師はこの一節をあげて、原始キリスト教会の時代には聖書はなかったけれど、今は聖書があるから聖霊の働きはもう消えた、と説明したのです。

ぼくは「全きもの」というのは神のことで、「全きものが来る時」というのは「最後の審判」だと思っていました。でも、牧師の説明では聖書のことだった。

あとでわかったことですが、ここは教団によって解釈が分かれているようですね。ただ、このメールのことを否定されると、クリスチャンとしての原点を否定されたような気がして、結局、それが原因でその教会を離れることになりました。

こういう経験をしている人って意外に多いんですよ。奇跡を強調しすぎるとカルト化してしまいますが、あまりにもタイミングがすごかったものだから、たんなる偶然とは思えなかったのです。

今日、水場コミュニティチャーチの礼拝で、バーバラ先生が使徒行伝二十一章十節について説教をされましたね。

使徒[2]パウロが最後の地エルサレムに行こうとする場面です。アガボという預言者がパウロの帯で自分の手足を縛って、「聖霊がこうお告げになっている、『この帯の持ち主を、ユダヤ人たちがエルサレムでこのように縛って、異邦人の手に渡すであろう』」といったのを聞いて、みんながパウロのエルサレム行きを止めようとするんです。

でも、パウロは主イエスのためなら縛られるばかりか、死ぬことも覚悟しているといって旅立つ。

箴言《しんげん》三章五－六節に「心をつくして主に信頼せよ、自分の知識にたよってはならない。すべての道で主を認めよ、そうすれば、主はあなたの道をまっすぐにされる」とあるように、私たちにはみんな、一つひとつ道があるんだと。ぼくも、その道を行こうと思いました。

クリスチャンになったことは、生きていくすべてにおいて影響があります。クリスチャンじゃなかった頃は、完全に利益優先の仕事をしていました。今は、相手が軍の関係だったら断ります。毎月オファーはありますが、ぼくはクリスチャンだからといってお断りするのです。

軍から連絡があるたび、サタンの誘惑だなあと思います。テロ支援国家とか、危ない国との取引もやりません。仕事は午後六時に終わって、残業はさせません。社員を働かせて自分だけ儲けるなんて考えられませんよ。今日の説教で、「仕える者になりなさい」ってあったじゃないですか。自分が自然にそうやっているのか、イエス様がやれというからやっているのか、どちらなのかはわかりませんが、奉仕は喜びだという感覚はありません。それは聖霊の働きだと思います。

聖書には「御霊の実は、愛、喜び、平和、寛容、慈愛、善意、忠実、柔和、自制であって、これらを否定する律法はない」（ガラテア5・22－23）とあります。クリスチャンだから自分にはこれらがあると思うときもある

2　原始キリスト教の伝道者。律法に熱心なユダヤ人として律法を重視しないキリスト教徒を迫害したが、あるとき突然回心し、キリスト教の伝道に生涯を捧げた。新約聖書には「ローマの信徒への手紙」「コリントの信徒への手紙」などパウロの書簡が収録される。

けど、プリプリ怒っているときもある。なかなかむずかしい。

すべてにおいて寛容でありたいとは思うけど、たとえば、最近よく話題になるＬＧＢＴ[3]の人たちの結婚はどうしても受け入れられません。

背景に生物学的な理由があることはわかりますので、だから彼らについて祈るときは、生物学的に変えてくれますようにと祈ります。ぼくたちが基準にするのは聖書しかありませんから、どうしても同性同士の結婚は喜べないのです。

すべての人は罪人です。ゲイもレズビアンも罪人です。ぼくも罪人です。

もちろん葛藤はありますよ。自己嫌悪に陥ることもあります。だからクリスチャンはみんな、自問自答しています。ブレインウォッシュ（洗脳）されたら楽ですが、そうではないのでいつも悩んでいるんです。

2019/5/12

3　性的少数者を意味する単語の頭文字をとった言葉。Ｌはレズビアン、Ｇはゲイ、Ｂはバイセクシュアル、Ｔはトランスジェンダー。当事者の証しは第八章を参照。

自分は正しい、自分は正義だと思っていたけれど、学ぶうちに自分の弱さ、汚さ、罪深さに気づいていく。自分の欠点をいわれているようでした。

金城《きんじょう》 文子
一九二九年生
沖縄バプテスト連盟普天間《ふてんま》バプテスト教会
沖縄県

生まれは、沖縄県具志川村《ぐしかわそん》です。昭和十一年か十二年かはっきり覚えていないのですが、私が六歳か七歳のときに北マリアナ諸島のテニアン島に一家で移民しました。

当時、サイパンやテニアンには、沖縄からたくさんの人が農業耕作人として移民したんです。母は妊娠中でしたので、まず父と兄がさきに行って、遅れて残りの家族が向かいました。

父が所属していたのは、南洋で手広く事業をやっている南洋興発株式会社という会社で、サトウキビを栽培していました。島には製糖工場もありました。

家は内陸のマルポにあって、マルポ尋常高等小学校、のちの国民学校に通いました。

母は早くに亡くなったので、看護師になるつもりで高等科を目指して勉強していたんですが、申込書を出さないで迷っているうちに太平洋戦争が始まって、勉強どころではなくなりました。

テニアンに米軍が上陸したのは、昭和十九年七月二十四日です。一家と親戚、いとこたちの二〇人ほどで新《しん》山《ざん》に登って洞窟に避難しました。

米軍がやって来る前に死ぬ覚悟で、あらかじめ準備していたダイナマイトを持って待機していたんです。火をつけたら爆発するという一歩手前で、米兵の「出てこい、出てこい」という声が聞こえてきて、全員、洞窟から出て投降しました。

連れていかれたのはハゴイの捕虜収容所で、テントと食糧の配給をいただいて生活しました。炊事係をしたり、トラックに乗せられて農作物を収穫しに行ったりしたこともあります。

じつは山に逃げる前、父が自分たちの最期を見届けさせたいからといって、次男だけ逃がしていたんです。その弟もあとで捕虜になりました。

母方の叔父の家族といとこは、海に飛び込んで死にました。一人だけ死にきれずに生き残った親戚もいましたが、戦後まもなく亡くなっています。

捕虜になるのは恥だと聞かされていました。でも、私たちはどうしても死にきれなかった。ダイナマイトに火をつける勇気がなかったのです。

早めに捕虜になったので、激しい戦闘も見ていません。沖縄戦とはずいぶん違います。沖縄に残った人たちは、本当に大変な目に遭われたと思います。

沖縄に引き揚げてからは、具志川のキャンプに収容されて、ライカムでタイピストとして働いていました。ライカムというのは琉球米軍司令部（Ryukyu Command Headquarters）の略称です。

私がいたのは、整備補給などを担当するG3セクションですが、下っ端だったので何をやっているところかはわかりませんでした。

教会に通うようになったのは、初めはキリスト教に対する意識というより、お付き合いでした。普天間に来てから子どもができて、教会学校に行くようになっていたんです。そこで子どもたちが、ある病院のお子さんたちと友だちになって、ある日、奥さんから婦人会に来ないかと誘われたんです。行ってみたら、牧師の先生がいらっしゃる。あら、これは教会の集会だわ、帰ろうかなと思ったんです。うちは普通の祖先信仰の家で、大人がやるから自分も手を合わせる程度でしたけど。でも上がっていってというので、そのままお話を聞きました。それがきっかけで、牧師の国吉守《くによしまもる》先生の家庭集会に通うようになったのです。

学んでいるうちに、ああ、いい言葉だなあとか、これは私のことをいってるんだなあと思うようになって、だんだん国吉先生のお話が響いてきました。

自分は正しい、自分は正義だと思っていたけれど、学ぶうちに自分の弱さ、汚さ、罪深さに気づいていく。自分の欠点をいわれているようでした。

バプテスマがなんのことだかもわからないままでしたが、自分がもっと磨かれるために神様を信じようと思って洗礼を受けました。

わからないことはたくさんありました。「貧しい人々は、幸いである」（ルカ6・20）というみ言葉がありますが、どうして貧しいのが幸いなの、って。

でもこの年になってようやく、み言葉の一つひとつが真理だと思えるようになりました。貧しいことがあって初めて貧しい人のことがわかる。苦労して初めて苦労した人の気持ちがわかる。

「金持ちが神の国に入るよりも、らくだが針の穴を通る方がまだ易しい」（マルコ10・25）ともありますが、喜びも悲しみも自分が出会ってようやくわかってくるのです。

神様を恨んだことは何度もあります。なんでこうなるの、もう教会には行かないでおこうと思うときもありました。

苦しいこともあったけれど、気づいたら神様は共にいて生かしてくださった。

家族を教会に導けなかったことは後悔しています。主人はやさしい人で、私が教会に行くことには協力的でしたが、四十三歳で亡くなりました。今、教会に来ているのは孫だけです。

生きていれば誰だって苦労はあります。でも、なんの罪もないのに私たちの罪を背負って磔《はりつけ》になったイエス様のことを思うと、どれも苦労のうちに入りません。

なぜイエス様が死ななければならなかったのか、なぜ十字架の苦しみを味わわないといけなかったのか。それを考えると、どんなことも苦しみにはあたらない。

神から離れることなく、今まで生きてこられたことに感謝しています。

2018/7/29

人間では自分のよりどころにならないと思いました。

橋森沢子
一九三二年生
日本基督教団神奈川教会
神奈川県

父が台湾総督府で働いていましたので、終戦後に一家で引き揚げるまでは台北で暮らしていました。南門尋常小学校三年のときに戦争が始まって、台北州立第一高等女学校に通う頃には突き槍《やり》の稽古もしました。一人一殺の教育が行われていました。

空襲が始まって、敵の台湾上陸が近いといわれてからは集団疎開も経験しています。

ずっとあとの話になりますけど、夫の両親の介護で広島県呉《くれ》市に通っていた頃、海に軍艦が停泊しているのを見てぞっとしました。あれは自衛隊だったのでしょうか。

キリスト教に出会ったのは、結婚して親の介護が始まってからのことです。私は夫の実の両親と、夫の養父母と、自分の夫と、自分の両親の、合計七人の介護をしてきました。

夫は三人きょうだいの次男で、父親の弟夫婦に男の子がなかったので、生まれてすぐに養子に出されたんですね。

ところが、長男が硫黄島《いおうとう》で玉砕して、妹は肺結核で亡くなってしまった。慶應義塾大学工学部電気工学科の学生だった夫だけが、理系学生の徴兵免除のために生き残って、広島にいる四人の親の面倒をみることになったのです。

夫は日揮《にっき》[1]という会社で、営業畑一筋の人でした。実の両親は瀬戸内海側の呉市、養父母は内陸の西条《さいじょう》市にいて、夫が福岡支社にいた頃から介護には通っていましたが、横浜に転勤になってからは通うのがだんだん重荷になっていきました。

福岡にいるときは距離がまだ近いですし、自分も若かったのでさほどではなかったんですが、横浜からだといったん行くとしばらく戻ってこられません。家に帰ると息子が二人、同じ町には高齢の実の両親がいます。日中はひどくくたびれて、起きられなくなることが増えていきました。


ある日、庭で木を剪定《せんてい》していたときのことです。「きれいなお花ですね」と声をかけてきた二人の女性がいました。しばらく立ち話していると、「聖書を読んだことはありますか」と聞いてきました。

福岡にいた頃、次男が教会付属の幼稚園に通っていたので、母親の会で聖句を聞いたことはありましたが、その程度です。

そのうちの一人の女性が、それから半年ほど、うちに通ってこられるようになりました。茶飲み話をしながら聖書を読んでいくんです。

そのうちに、ぜひいらしてくださいと誘われたのが、エホバの証人の集会場所の王国会館でした。行ってみたら、どうも自分には合わない。話をよく聞いていると、エホバの証人では、イエス・キリストを神ではなく、人ととらえていました。

人間では自分のよりどころにはならないと思いました。申し訳ないですけどといって、お断りしました。

キリスト教の教会に通うようになったきっかけは、長男が横須賀学院というミッションスクールに入学したことでした。日曜日は教会に行くようにといわれてチラシを持って帰ってきたんです。そこにいくつか教会の名前が並んでいたんですね。

うちの一番近くにあったのが、日本基督教団横浜大岡《おおおか》教会でした。出かけてみると、表の掲示板に聖書のみ言葉が掲げてありました。

「疲れた者、重荷を負う者は、だれでもわたしのもとに来なさい。休ませてあげよう」（マタイ11・28）

胸をぎゅっとつかまれた気がして、教会の門を叩きました。

洗礼を勧められたとき、牧師先生に、こう申し上げました。「信じたいけど信じられない、信じられるようになりたいんです」と。

すると牧師先生は、「信じたいというだけで十分です。信仰は一生求めていくものです」と説明されました。「信じられないと思っていても、神様が手を離してくださらないこともあります」ともいわれました。「迷いながら信じていきましょう、それが人間ですよ」と。

洗礼を受けたのは、一九七四年十二月二十二日です。四十二歳でした。

夫は何もいいませんでしたが、日曜日になると朝早くから洗車をして、「奥様、どうぞお乗りください」と冗談半分でいって教会まで送ってくれました。近所でも有名でしたね。

近所に住んでいる父は退職後、地域の方々に習字を教える先生をやっていました。教室まで車で送ったとき

1　一九二八（昭和三）年創業のエンジニアリング最大手企業。石油精製プラントや石油化学プラント、LNG（液化天然ガス）プラント、天然ガスプラントなどを設計・建設。

に洗礼の話をすると、「人間は信じるものがあるのは幸せだ、よかったね」といってくれました。

呉の音戸《おんど》にいる義母には、入院しているときに報告しました。すると、「阿弥陀様もイエス様も同じだから、信じて生きていきなさい」といわれました。

考えてみると、父は幼い頃に母親を亡くしています。まもなく再婚した父親は、父とそのきょうだいを父の祖母に預けて家を出てしまいました。

義母も自分の息子を硫黄島で、娘を病で亡くしています。毎朝、数珠を持ってお経を唱えている父や義母の姿を思い出しました。


洗礼を受けてから半世紀近くになりますが、夫や息子たちを教会に誘ったことはありません。お世話になっているということで夫が挨拶に来てくれたことはありますが、その一度だけです。

息子たちにも一切、話はしません。私の背中を見て、こんなもんだろうと思っているんじゃないでしょうか。私の一生を見てきたと思います。

クリスチャンは、「罪深い私たちを赦してください。悪い想いから助けてください。乗り越えるための力を貸してください」と祈ります。

人間はそんな立派じゃないですから、善もあれば悪もある。でも、それを自覚して、善を目指しているのがクリスチャンです。

生き方で伝道しているのです。最後は神様がいいようにしてくださるから。

ロマ書（ローマ人への手紙）にこんな一節があります。ロマ書は、パウロが晩年、コリントの教会の信徒にあてた手紙で、そこに召し出しについての大事な言葉があります。

「神は前もって知っておられた者たちを、御子の姿に似たものにしようとあらかじめ定められました。それは、御子が多くの兄弟の中で長子となられるためです。神はあらかじめ定められた者たちを召し出し、召し出した者たちを義とし、義とされた者たちに栄光をお与えになったのです」（ローマ8・29－30）

御子イエスの似姿を目指して生きていく。それが私たちの信仰です。

2021/11/4

キリスト者ってね、最初からキリスト者なんだとぼくは思います。だけどそれに気づかない。

松田伸剛
一九六三年生
日本聖公会渋谷聖ミカエル教会
東京都

ぼくがキリスト教に出会うきっかけをくれたのは、応援団の連中です。四十歳過ぎて女房と調停離婚して、蒲田《かまた》のアパートで一人暮らししていた頃のことです。子どもの面会は許されていて、息子が少年野球をやっていたもので、一緒に神宮球場に六大学野球を見に行って、立教大学の応援席に座ったんですね。

楽団のおにいちゃんたちが目の前にいて、チアリーダーが踊って、学ラン着た学生が大声をあげて一生懸命応援している。

自分たちが野球をやってるわけじゃないのに、なんでこんな必死に応援してるんだろう。学校が同じというだけで、そこまで応援できるのはなぜなんだろうって、まずそこに引っかかったんです。今まで自分が拒絶していたものが全部取り払われた気がして、また来たいって思いました。

それから毎週応援に行くようになって、会社を休んでまで行くようになった。まあ、応援団のサポーターですね。興味もないのに立教大学の池袋キャンパスで市民講座を受けて、帰りに部室に寄って菓子折を差し入れしたこともありました。

じつは合宿にもついていって、応援していたんです。それぐらい学生たちに惹かれていた。ぼくが学生時代にあれを経験していたら、ずいぶん違った人生になっていただろうなと思いました。かけがえのない経験です。

そんなある日、立教大学のキャンパスをぶらぶら歩いていたら、教会からパイプオルガンの音が聴こえてきました。

はっと立ち止まって、なんだ、この心を癒してくれる音楽はと思って教会に入ったら、オルガニストが演奏している。離れたところでしばらく聴かせてもらっているうちに、ああ、癒されている自分がいると発見したんです。薬を飲んで癒されるのでもない、山に登ったり花を見たりして癒されるのでもない、それらとは違う何かが降ってくるみたいでした。

オルガンを聴くためには、礼拝に出なければならないのですが、前奏と後奏が聴きたかっただけなので、チャプレンの話なんか聞いちゃいなかった。とにかくオルガンだけが目当てだった。

ところが一人だけ、心に留まる話をされたチャプレンがいた。上田亜樹子《あじゅこ》先生という女性司祭でした。聖書のみ言葉を通じて、現代社会のハラスメントや人権、ジェンダーやLGBTの問題について話をされていた。私たちは自分のことばかり思いわずらっている場合ではなく、小さくされた者に対して想いをかけなくてはいけないと。今でも自分はそういうことに心を動かされるところがあって、そんなわけで教会に通うようになりました。

教会に通い始めた頃、東日本大震災が起こりました。父の実家が福島県飯舘《いいたて》村です。農業をやっていましたから、何もできないままみんなすぐに福島市に避難しました。

半年ぐらい経ってようやくレンタカーを借りて行きましたけど、人も動物も生きられる土地ではなくなっていました。

父親は四人きょうだいです。長男とうちの父親が生き残っているぐらいで、ほかは震災関連死とは認定されていないけど亡くなってしまいました。見えない心労だったと思います。

何か自分にやれることがあるんじゃないかと思って通っていますが、飯舘村にはもう帰れない。人間が引き起こした事故で故郷を追われることになったわけですよ。この震災と原発事故は、自分にとってとても大きな出来事でした。

洗礼を受けたのは震災の翌年、二〇一二年の春です。

前年の秋に日本聖公会東京教区の教会員が集まって礼拝するフェスティバルがあって、その片付けをしていたときのことです。

教会の前庭に、日本聖公会の初代主教で立教の創設者のチャニング・ウィリアムズ主教の銅像があるんですが、そのあたりで物を運んでいる途中にチャペル会館のほうを見上げたら、二階から上田司祭がわれわれの仕事を眺めていて、ふと目が合って手を振ってくださったんです。

それがまさに、天使ガブリエルがマリアにお告げをくださる、受胎告知のようなものを自分は連想してしまった。ピーンときて、あ、洗礼受けなきゃって。これを話すと人に笑われちゃうんですがね。

洗礼式では、洗礼盤から頭に水をかけてもらったあと、ろうそくを渡されます。それに火を灯してもらったとき、そうか、自分は自分の想いだけでまっとうするのではなくて、まわりを明るくする灯火のように生きていきたい、ろうそくのように自分の身を削って生きていくんだなあと思いました。

キリスト者ってね、最初からキリスト者なんだとぼくは思います。だけどそれに気づかない。人間はどうしても、自分という鎧《よろい》を着る。それは自分が望む自分であって、神様が望む自分じゃない。

だから神様が願うような私に近づきたい。世俗にまみれてついてしまった汚れとか垢《あか》を剝がして、清めていくというか、造られたままの自分になっていければいいなあと思っています。

ぼくはある日突然、離婚をいい渡されたんです。青天の霹靂《へきれき》でした。女房のほうは計画通りだったと思います。冷却期間をおきましたけれど、まったく進展はなかった。

暴力を振るったことはないですが、言葉の暴力はあったかもしれない。モラルハラスメントですね。カチンときたらすぐ口に出ちゃう。最近はやっと抑えられるようになってきましたが、それでもまだまだ。当時はもっと、自分を客観的に見る自分はいませんでした。

ある司祭にいわれたことがあります。「あなた、別れてよかったのよ、別れることで一人の女性を救ったんだから」って。

なるほどなあと思いました。

ぼくと別れたことで彼女は新しい階段を上り始めたんですね。

娘がちょうど中学入学で、野球を一緒に見に行った息子が小学三年になったときでした。

息子は、ぼくと女房が不仲になり始めた頃に幼児期を過ごしているので、三歳のときに円形脱毛症になったんです。なんか、すごく傷つけちゃったなあ。

繊細な子でね、あの繊細さは母親からもらったものですね。ぼくにはない血です。

あ、息子からメールが来ていますね。「返信ください」って。大晦日《おおみそか》はどうするかって話だな、きっと。でも今年も福島にボランティアに行くから、子どもたちとは会えないなあ。

2016/12/23

親子の愛をはるかに超えた神様の愛に、おいおい泣いてしまいました。

金子初美
一九六〇年生
日本聖公会小笠原聖ジョージ教会
東京都父島

会社役員をしています。父島には営業所を出すために移り住みました。ところがここには不動産屋もないし、宅地建物取引士をもってる人もいない。土地を買うのがものすごく大変で、まわりまわってようやく、人にやっかまれるぐらいいい土地を買うことができたんです。蛇がいなくて天国みたいな島で、まさしく乳と蜜の流れる土地を神様が与えてくださったと思っています。

ただ新参者ですからいろいろありまして、コンクリートを売ってもらえないとか、嫌がらせも受けました。建設業者も競争がないので談合でガチガチなんです。お酒を持って挨拶に行ったら何事もなかったように許してやるといわれましたが、それをお断りしたんですね。そうしたらひどく嫌われてしまって、家の建築も進まなくなったりして、悩みに悩んで、不本意でしたが代表から退きました。

会社を支えてくれていた方を代表にしたところ、それが功を奏して今までなかったような力を発揮して会社の経営もよくなっていきました。小笠原に来なかったら私が代表のままだったのですが、それはもう絶妙なタイミングで、いい転機でした。

キリスト教との出会いは、ゴスペルです。ノンクリスチャンのゴスペルコーラスグループがあって、横田基地や横須賀基地のワークショップに参加して本場のゴスペルをうたっていたんです。あるワークショップの最終日に調布南《ちょうふみなみ》キリスト教会の前田重雄牧師のメッセージを聞いて、雷に打たれたような衝撃を受けました。どんなメッセージだったかは、ほとんど覚えてないんです。ただ恋人の心変わりに傷ついて精神的につらかった時期でした。苦しくて眠ることもできなくて、床でのたうちまわっていました。そんなときに、アガペーという神様の愛を知ったのです。親子の愛をはるかに超えた神様の愛に、おいおい泣いてしまいました。

ゴスペルは神様を讃美する歌なので、そういうことを知ってはいたんですけど、そのとき初めて、ああ、私が探していたのはこれなんだ、人間に求めてはいけないことだったんだと理解できました。

翌日の日曜日に初めて調布南キリスト教会に行きました。一歩、足を踏み入れた瞬間、みなさんの表情が違うことに気づきました。高齢の方が多かったのですが、六十代、七十代のお年寄りがみんなキラキラ輝いていて、その美しさに驚きました。

私を案内してくださったのは、私よりもう少し若い、クリスチャンホームで育った女性でした。「もう自分でハンドルを握るのはやめて、神様にすべてお任せしませんか、信じませんか」といわれて、ためらいもなく、すがりたい、この苦しみから逃れたいと思い、すぐに受け入れました。

「神のひとり子イエスが、私たちの罪のために十字架に掛かってくださって、三日目によみがえったことを信じます」と信仰告白をしたら、みなさんに、おめでとう、おめでとう、今日があなたの二番目の誕生日だからと祝福されて、その日から生きることがとても楽になりました。

それから前田牧師から洗礼に向けた学びを受けていたのですが、礼拝でお会いするにもかかわらず、毎週一回、ハガキを送ってくださる。びっくりしました。なんでだろう、逃さないためなのかわからないけど、ものすごく愛情を感じました。

聖書の学びが終わった頃、前田牧師が「クリスマスの礼拝で洗礼を受けましょう」といってくださいました。バプテストですから、教会の水槽に全身を浸かる洗礼です。ところがそこで自我が出てしまって、「洗礼槽で受けるのは嫌です」といってしまいました。

憧れていたんですよ。湖や川にバシャンって飛び込んで受洗する様子を映像で見たことがあって、イエス様も川で洗礼を受けられたし、自分もあんなふうに洗礼を受けたいって強い憧れがあったんです。

そうしたら前田牧師が、今の時期に川に入るのは、あなたたちはいいけど私には無理だから、暖かくなったらにしましょうとおっしゃった。

それで心待ちにしていたのですが、いざ川に入れる季節になった頃に教会を離れてしまったのです。信仰を告白して救われた気持ちにはなっていたんですけど、救われて楽になって、そのまま背中に羽が生えて教会に行かなくなっちゃったんですよ。

神様を信じている気持ちに変わりはありませんでした。二十八歳で神様を受け入れてからずっと貞操を守っていますし、アルコールも飲んでいません。そういうベースは揺らいでいないのですが、仕事ですごく疲れていたんです。父親が五十代で病気で働けなくなって跡を継いだんですけど、いつのまにか神に依り頼まずに自分の力だけでがんばろうとして疲れ切ってしまったんです。

ゴスペルは続けていて、自分はクリスチャンだ、クリスチャンだってまわりにいっていましたけど、洗礼を受けていないのにクリスチャンだといえるのか、心のどこかでずっと引っかかっていました。

教会の姉妹からもメールをいただいていたし、過去の反省をふまえて教会に戻って、結局、イースターのときに洗礼槽で受洗しました。三十三歳だったと思います。でも、その後再び、教会を離れてしまいました。私はクリスチャンとしては劣等生なんです。

子どもの頃から、父親に理不尽な暴力を振るわれていました。悪いことをして叩かれるなら納得いくと思いますが、些細《ささい》なことで殴られたり、蹴られたりして、外に出されて家に入れてもらえないことがよくありました。星や月を見ながら、助けてほしい、助けてほしい、といつしか神様に助けを求めることを覚えていました。そんな父親の会社を引き継いだので、とにかくこの仕事から離れたかった。父親から離れて遠くに行きたかったのです。

メインの仕事をしながらも、副業を始めてしまいました。おにぎり屋さんとかたこ焼き屋さんですけど、これがことごとくうまくいかなかった。この世のことにすごく執着して、お金を稼ぎたいという欲が強くなっていました。教会を離れてしまったことで、自分の中の古い性質が強く現れてしまったんだと思います。教会で知り合った方からはずっと、手紙やメールをいただいていて、私が教会に戻れるように祈ってくださっていたんですけど、ないがしろにしてろくに返事もしませんでした。うしろめたさもあるし、見たくない、という感じでした。

私のために祈ってくださっていた一人の姉妹がそのあと新宿シャローム教会[1]に転会されて、一度来てみないかと連絡をくださって、それがきっかけでその教会に行くようになりました。

調布南教会にいるときは大人の中に保育園児がいるような扱いを受けていて、みんなに大事にされて居心地

1　一九七〇（昭和四十五）年にハワイから来日した宣教師、稲福《いなふく》エルマ創設。早い時期からバンドを用いた讃美礼拝を採り入れる。ニューホープ・ジャパン・アジアの中心的教会。海外宣教を活発に行う。

がよかったんですけど、新宿シャローム教会は日に四回ぐらい礼拝がある大きな教会で、毎回一〇〇人以上集まるところなので名前も覚えられないし、どんどん新しい人が来るしで、ちょっとさみしさは感じました。あまりに大きな組織なので家庭的な雰囲気はなかったんです。

最初に礼拝に行ったとき、「新来者は手を挙げてください」といわれて自己紹介をするのですが、私は恥ずかしくてそれができなかったんですね。にもかかわらず、礼拝が終わったときに、稲福エルマ牧師が、「あなたは初めて来ましたね」と声をかけてくださった。びっくりしました。

今まで教会を離れていた自分を振り返ると、離れれば離れるほど気持ちは荒《すさ》んでいきました。父親との関係が悪化して、毎日、あの父親がいなければいい、死んでしまえばいいと思って、心がささくれていました。

そういう時代のことを振り返って、神様の御手の中にいたい、いつも御翼の中に隠れていたいという気持ちが強くなって、とにかく二度と教会から離れたくないと思いました。

仕事で小笠原に行くことになったとき、島には日本聖公会の聖ジョージ教会しかないので、どうしたらいいかと新宿シャローム教会の富田慎悟牧師に相談しました。そうしたら、「聖公会はとてもいい教会ですよ、教会にはつながっていなさい」といわれて、それでこちらに通い始めたんです。

新宿シャロームとここでは一八〇度違います。聖公会の礼拝は儀式的だし、小笠原愛作《あいさく》先生はご高齢で毎週同じような話ばかりだし、出席者も三人ぐらいしかいないことがほとんどです。すごく退屈でなじめませんでした。

新宿シャロームの礼拝はインターネットで見られるので、もう教会に行かなくてもいいんじゃないかなと思って、一～二か月離れていたんですよ。そうしたら新宿シャロームでお世話になっている姉妹から、教会とつながっているかと心配されて、礼拝を守ることがクリスチャンとしては絶対守らないといけないことだと説得されて、それでまた聖ジョージ教会に通い出しました。

島では個人的なつながりもなくてなんの楽しみもなかったんですけど、だんだんみなさんと話をするようになって、植物のことなども教えてもらえるようになって、島の生活が楽しくなってきました。新宿シャロームでは、私一人ぐらい欠席しても誰も気づかない、誰も何もいわない、だから甘えて奉仕もしなかったんですけど、聖ジョージ教会では一番の若手になってしまった。お年寄りが動いているのに、自分が何もしないわけにはいきません。

ああ、そうか。私は群れの中では何もしない人間だから、神様は私をここに遣わしたのかな、私が小笠原に来たのは仕事のためじゃなくて、神様に仕えるためなのかなと思うようになりました。

献金についての考え方もずいぶん変わりました。聖書に什一《じゅういち》献金とあるように、クリスチャンは収入の一〇分の一を献金しなきゃいけないのですが、最初はためらいがあったんです。一〇分の一も献金していたら、毎月の貯金ができなくなっちゃう。

でも、そうじゃないんです。豊かに蒔く者は豊かに刈り入れできるということを実感しました。惜しんで捧げるぐらいなら、捧げないほうがましだということもわかりました。

今では喜んで献金しています。献金ができるようになると、それが何倍にも豊かになって返ってくることがわかったからです。積極的に献金するようになってから、会社もぐんぐん成長して収入も上がっていきました。

父親との関係については、幼少期から苦しみ悩みましたが、もし父が模範的な人物であったら、私は神様に出会うことはできなかったと思います。すべてに感謝しています。

2017/2/12

あの不思議な夢は お導きだったんだと思います。

横田光子
一九四九年生
日本正教会山田ハリストス正教会
岩手県

二回、不思議な夢を見ました。一回目は中学生のときです。神様なのか、信者なのか、そのへんはわかりませんけど、銀髪の男の子が二人、見えました。

二回目は、二十七歳のときでした。金髪の女の人が二人、見えました。

男の子も女の人も、何を訴えているのかわからないんですけど、光にすーっと吸い込まれていくような、ちょっと異常な感じを受けたんです。厳しいけれど、やさしいものがあるというか、平和というか、やすらぎがあるというか。これはキリストのほうかな、と思いました。そのときの状況は今でも浮かんできます。

結婚するちょっと前、三十歳ぐらいのとき、目が覚める瞬間に冠が見えました。誰もいません。冠だけです。気持ちを落ち着けて、といわれているような感じを受けました。

茨の冠？　それは、わかりません。ただ、ああ、私はなんか、訴えられてるのかな、何かを私に気づかせようとしているのかなって思ったんです。

生まれ育ちは、岩手県の宮古《みやこ》です。お父さんと結婚したら、お父さんの実家がキリストだったんです。あ、お父さんというのは夫のことです。

お父さんは洗礼は受けていませんが、子どもの頃におばあさんに連れられて教会に来てだったといってました。キリストの勉強は好きで、アメリカの人たちが来るとよく交流していました。

宮古では畑の仕事をやってたんですけど、だんだん肥やしの値段が上がって、震災の三か月ぐらい前には昔の七倍ぐらいになってました。お父さんはなんか体の具合がよくないっていうし、もう肥やしが高くてやってられないといって、畑をやめて下閉伊《しもへい》郡山田町《やまだまち》に引っ越してきたんです。お父さんと、お父さんのお母さんと三人で境田《さかいだ》という町に住んでいました。

東日本大震災の日はうちにいました。地震が収まってしばらくして、「津波だーっ」て声がしたのね。おばあさんは、「ここまで来ねえけ大丈夫だー」っていったの。

チリ地震津波のとき、このあたりはたいしたことなかったし、大きな堤防もあったからね。でも私はおばあさんの手を引っ張ってね、中学校さ行く道を上がってしたけね。そのときはまだ気がつかなかったけども、高いとこ上がったら、うちが流されてるのが見えたんです。

津波が落ち着いて、お父さんが家を見に行ったら、「二階は大丈夫だ、二階さ住むさ、大丈夫だ」といってたんです。水はちょうど自転車のサドルぐらいの高さだったんです。

でもお父さんが戻ってすぐに、「火事だー、火事だー」って声がして、私たちはもっと高台にある山田高校まで逃げました。

火事がなければ家は残っとったんです。火事でだめになってしまったんです。

しばらくは体育館にいたんですけど、雫石町《しずくいしちょう》にある長栄《ちょうえい》館という旅館が避難所をやるからって募集があったんです。うちは年寄りがいたので申し込んだら、一部屋、家族に与えられてね。六月一日まで避難させてもらいました。山田の仮設住宅に入ったのはその翌日からです。

お父さんは自分の病気のこと、前からわかってだったみたいでね、仮設住宅に入ったとき、人には話してたみたいでね。「おれはなあ、もう何日も生けねえごったよ」って。苦しかったと思います。うちではいわなかったんですけどね。

亡くなる前の日は山田病院に行って、先生には、「痛い」っていってやったみたいでね。貼り薬とか座薬とか三種類、一週間分の薬が出たので、次の日に、私に取りに来てほしいと病院から連絡があったんです。

でもお父さん、朝から具合が悪そうなので、薬はあとにして病院行かないかといったら、お父さんが、「行って来」っていうんですよ。

薬をもらって帰ってきたら、お父さんが寝てたところから飛び出したような感じでうつ伏せになってやったんです。「お父さん、お父さん」といっても返事がないし、この薬飲んだときは水分とんねばーっていわれてたんで、水を飲ませようとしたけど、答えが返ってこないんです。

ああ、これはおかしいと思ったけど、自分では動かしきらんので救急車さ連絡したら、担架で運ばれていきました。

病院に行ったら、看護師さんに、「あのね、入院にならないと思いますよ」っていわれました。なんでかなあって思ったんです。三十分ぐらい経って、「もう旦那さんは無理なようです」っていわれました。中に入って声かけたけど反応がなくてね。

ああ、なんかねえ、病気のことをいってはいたっだけどね、まさかこんな急に亡くなるとは思ってなかったからね。五年くらい前から症状はあって、盛岡の病院行ったらいいとか、宮古の病院行ったらいいとかいったんだけど、本人は「行かない」ってね。亡くなったのは、震災の次の年の九月十二日、悪性リンパ腫でした。

お父さんは山田の教会には何度か行ってだったんです。亡くなる前に、「おれを一人にすんのか」といわれていたんです。

亡くなってからもそのことがずっと頭にあって、ああ、この教会さ入って洗礼を受けるのが答えなのかなあと思って、次の年に神父さんに話をしたのが洗礼を受けたきっかけです。

キリストのほうに来て、よかったと思います。あの不思議な夢はお導きだったんだと思います。なんか気持ちが落ち着くっていうかね。やすらぎがあるというか。

勉強不足でわからないことばかりなんですけど、先輩のみなさんの助けをもらいながら教会に貢献できることがあればと思ってます。

2018/3/10~11

マリア様のカードに出会ってなかったら、私、オウム真理教に入っていたかもしれません。

マリア百合（仮名）
一九八七年生
カトリック上野教会
東京都

洗礼は電撃婚でした。

自分が受けてもいいのかなあって不安だったんですけど、私の気持ちなんて全然関係ない。聖霊の働きは問答無用でした。

え、え、え、えー、ズルズルーっていう感じ。

教会の人には、顔が変わったねー、すっきりしたねー、といわれました。


高校を卒業してから印刷会社で五年間、ＯＬをやっていました。朝九時から二十一時と、十三時から二十二時を一週間おきに繰り返す勤務体制で、毎月三十五時間残業して初めて給料がもらえました。

夜がメインで、原稿が入るとインデザインというソフトに文字を流し込む。

五年でうつ病になりました。

ドクターストップがかかって、え、私、やめるのって。会社をやめるなんてことは、それまで考えたことがありませんでしたから。

動悸《どうき》と震えがあって、体の症状が落ち着くのに二年かかりました。今もドキドキします。甲状腺かも、ホルモンバランスかも、ってなんだかしっちゃかめっちゃかでしたね。

会社をやめても、二年間は薬の副作用で苦しみました。呂律《ろれつ》がまわらなくなったり、歩けなくなったり、一日中寝ていられるほどです。薬を抜くのにさらに一年かかりました。

東洋医学に出会って、食事を自然食に変えたり、体を動かしたりしました。ある断食健康法の講座を受けたら、そこに魂のことを語る人がいて、そのあたりがスピリチュアルに目覚めるきっかけですね。

そういえば中学生の頃、タロット占いが好きだったなあと思い出して、かわいいカードを買おうと思ってインターネットで探したら、マリア様のカードがあったんです。

すぐ買わずに二日ほどそのままにしていたら、売り切れてしまった。どうしても欲しかったので買おうと思ったのですが、そこから販売店に電話をかけるのにすごい努力がいりました。やっとのことで電話したら、製造元にありますよと教えられて、家から一時間ほどのところへ買いに行きました。

家を出ることさえ大変な時期でしたけど、カードに描かれたマリア様があまりにも神々しくて、気軽には使えないなあと思って、二〜三か月そのままにしておきました。

そんなある日、そうだ、これを持って教会に行こうと突然思い立って、カード販売のサイトでスピリチュアルのイベントに行ったら、それからだんだん外に出かけられるようになってのめり込んでいったんです。

初めて行ったのは、四谷にあるカトリックの聖イグナチオ教会でした。

教会って、それまで映画でしか見たことがなかったんです。日曜日は人がいっぱいで勧誘されるのが怖かったので、平日に行きました。

じつは当時、キリスト教っておかしな宗教だと思っていたんです。だって、汝の敵を愛しなさいって、どうけていきました。

それから目白《めじろ》にあるカトリック関口《せきぐち》教会やいろんな教会に出かけて人とふれあううちに、だんだん誤解が解けていきました。


二〇一六年五月には、荒川区にある三河島《みかわしま》教会のマリア祭に行きました。ミサのあとでマリア様あての手紙を書いて焼くんです。

手紙には、「マリア様、私のお母さんになってください」と書きました。神父様が「手紙を受け取りそこなわないでください」といったので、え、お返事が来るんだと思ってびっくりしました。

そうしたら、六月十五日か十六日に夢を見ました。裾が長いきれいな白いドレスを着た人がいて、あれ、マリア様かなと思った瞬間、胎児のように丸まった私がそのドレスの裾にくるまれたんです。

マリア様が宙に浮かんで、ふわっと浮かび上がるたびに自分も浮かぶ。上がりそこなったときに、マリア様がクルッて振り返って、なぜ一緒に浮かび上がってこないのって。

次の日には、天使が夢に現れて、「自分を信じること。他人に頼ること。楽しんで生きること」といいました。

踏切で自殺する夢も見ました。自殺の夢は新しく生まれ変わるときに見るといいますね。マリア様と天使は、私をどこかに連れていきたいのかなあと思いました。


京成《けいせい》線一本で行けるところを四つピックアップして、一番気に入った聖堂が上野教会でした。

静かで、ドキドキしない。宮下良平《みやしたりょうへい》神父様の声がよくて、歌が上手でした。

ミサのあとで結婚式があると聞いて、そのときは洗礼を受けるつもりはなかったので、そんなものはもう一生見られないかもしれない、のぞいていこうと思ったんです。

結婚式まで一時間ほどあったので、「うぐいす」という会報を読んでいたら、そこに洗礼を受けた人の話と神父様の写真が載っていました。

「洗礼」という文字を見て、ビリビリって何かが走りました。これって、洗礼のお告げか？　まさか、洗礼受けるのか、私？

それまでは、一つの宗教に属すると、視野を狭めて柔軟さを失うと思っていました。でも洗礼のお告げがあってから、二〜三週間ほど悩みに悩んだのちに、たぶん洗礼受けるなあと思ってミサに行ったら、神父様の説教がわかりやすくて、それから日曜日の入門講座に通うことになりました。聖書も欲しくなって、南青山のバイブルハウスに買いに行きました。そこでプロテスタントはマリア様を重視していないと知って、カトリックに決めたんです。

洗礼を受けたのは、二〇一七年四月十五日です。私のほかにあと三人と、プロテスタントから転会した人が一人いました。

洗礼を受ける前は、自分は死ぬんじゃないかと思っていましたが、洗礼を受けたあとは、スポンって抜けて、抜けたらそこに光と天国への入り口が見えて、ああ、死なかったなー、と思いました。すぐに働けるようになると思っていましたが、まだまだそうはいかなくて、ゆっくり、これからかなあ。

自分は死ぬかもしれないと思っていたのは、悩みがあったからです。それに向き合って生きる力もありませんでした。もういいや、死んじゃおうかなあって。

両親は、私が中学二年のときに離婚しました。母は、長姉だけ連れて家を出ました。母の名前は知っているけど、どんな人かはまったく知りません。記憶がすっぽり抜けてるんです。長姉のこともわかりません。

姉は二人いて、私は末っ子なんです。次姉は負けん気が強くて、癇癪《かんしゃく》を起こすと殴る蹴るがひどい。べったり依存されて、奴隷のようになりました。幼い私はそれがつらかった。うつになったときも、体がきつい上に次姉の問題と向き合わないといけなかった。私は生涯、次姉に従わないといけないのかと思いました。

三階建ての家の三階が子ども部屋になっていて、次姉と二人でそこにいました。父は三階で何が起きていたのかは知らなかったと思います。父は人を助けられない人でした。

次姉のことは、赦しました。罪を憎んで、人を憎まず、です。

イエス様が姉の弱さを赦すなら、私も赦します。もう神様に委ねようと思いました。人生において一番重要なメッセージを届けてくれた相手が、次姉です。


タロットカードやスピリチュアル本は、霊性が抽出されているので聖書を読むのに適していたと思います。霊性というのは、魂のことです。

でも天使やマリア様のことばかりでは、夢の中にかっ飛びすぎで地に足がついていないですよね。霊性を整えて天とつながるためには土台が必要で、その根っこがあって初めて使命を果たせます。

つまり、社会での人間関係や活動を通して人とふれあうこと、目の前の人に意識を向けることです。教会に通うことは社会で生きることです。一般社会に出るまでのリハビリになるかもしれないと思っています。

日曜日に目が覚めるたび、よく目が覚めたなあって思います。

教会に行って、マリア像の前に到着すると、なんで到着できたんだろう、マリア様に手を引かれて連れてきてもらってるんだなあと思います。

ある日、神父様と一対一で話すことになったとき、マリア様と出会って洗礼受けることになったんだと思ったら、涙がポロポロ出てきました。マリア様のカードに出会ってなかったら、私、オウム真理教に入っていたかもしれません。

2017/8/8

家族

第三章
神様より親が怖かった

早く島を出ないと殺されちゃうと思いました。

星村義一
一九四七年生
カトリック高輪《たかなわ》教会
東京都

想像してみてください。敵国のものを信じていたわけだから、想像を絶するいじめだったわけですよ。父親が小学生のときだから大正八年頃の話ですけど、当時四歳の弟が亡くなったんです。そうしたら先生に呼び出されて、「弟が死んだっていうけど、天国に行ったのか、地獄に行ったのか」って吊るし上げられたと。冗談でいったのかもわかんないですよ。でも、そんなことがあったからか、父は、先生っていう先生はみんな大嫌いでしたね。

ランプを持って一軒一軒家庭をまわって伝道すると、敵国のやつが来たといって、石や棒を投げられたこともあったようですし、奄美には大正十三年に大島《おおしま》高等女学校というミッションスクールができて、伯母はその一期生ですが、戦時中にカトリック排撃運動が激しくなって、開校してわずか十年で廃校になりました。

ぼく自身も、払いのけるのが困難なことはいくらでもありました。アーメンソーメンぐらいはいいですよ。先輩後輩に待ち伏せされて水をかけられたり、父親の悪口をいわれたり、妹なんか、あざを作って帰ってきたこともあった。ぼくたちは悪いことを思うだけでも地獄行きと教えられていたから、じっと黙ってほとんどの人と口をききませんでした。

高校時代だから昭和三十八年頃のことですけど、トンネル（旧・屋入《やにゅう》トンネル）を掘る工事に行ったことがあります。日当は子どもが三八〇円、大人は七〇〇円で駆り出されました。奄美は峠を越えなければ村々を行き来できなかったから、トンネルが必要でした。

そこに都会からえらそうな大人たちが来ていたんです。現場ではトロッコ押したり、発破《はっぱ》かけたりするので、何かあったら終わりでしょ。トンネルの中に砂をかき入れる作業があるんだけど、その一番危ないところにぼくを一人だけ入れて作業させたんです。吸い込まれりゃ終わりですよ。あれは厳しかった。

風呂はその人たちが泊まっている宿にしかなくて、母親に、風呂くださいっていえばいいっていわれていたので、風呂くださいって頼んだら、風呂あげられませんって断られた。

これには傷つきましたね。家に帰って母親に話したら、そうか、と。それで終わりです。どんないじめよりも許されないですよ。

そんな社会でしたから、ぼくの親やおじたちはとにかく信仰だけは守って貧しい生活をしていました。ぼくの妹たちの世代になると、時代が急速に変化してそのへんはもうわからなくなっていますね。

奄美にはキリスト教が解禁されてすぐにパリ外国宣教会のベルナルド・フェリエ神父が入って、そのあと五島出身の中村長八《ちょうはち》神父が明治三十年から二十六年間おられたんです。

そのあいだに何千人という、ものすごい数の人が洗礼を受けました。伯母たちによると、曾祖父の禱當庸《いのりとうよう》も祖父の文一《ぶんいち》も、中村神父の教えを聞いて本当にすばらしいと思って洗礼を受けたようです。中村神父はその後、ブラジルに渡って日本人移民のために働かれた方で、日本人で一番厳しいといわれた神父でした。

禱家のことは『嬉姓喜志統《うれしせいきしとう》親方氏族系譜』という系図にあって、もともと琉球王朝にルーツがあるゆかりんちゅ（由縁人、門閥家）です。

初代が笠利大屋子《かさりうふうやし》、私で十八代になります。薩摩藩は砂糖増産の方針に従ったゆかりんちゅに郷士《ごうし》格を与えて島民を働かせたのですが、天保《てんぽう》十四年に十三代の當磨《とうま》が砂糖を献上して、禱姓を許可されて郷士格をもった。三〇万坪一〇〇丁歩の土地に、二五〇人ほどのヤンチュ（家人）と呼ばれる債務奴隷の人たちが働いていたそうです。

星村という苗字は、祖父が亡くなった昭和七年に、長男の伯父が改姓した名前です。星窪《ほしくぼ》という場所にいるから星村です。一文字姓だと朝鮮系と間違われるからということでした。長男絶対の時代ですからね。

星窪は文字通り窪んだ土地で、昔から隕石孔《いんせきこう》じゃないかといわれているんです。大昔に白い馬が駆け下りてきて、蹄《ひづめ》であちこち穴を開けたという伝承も残っている。

これまでにも論文が出たり、テレビで特集されたりして、ぼくも地質調査をしているんです。窪地だからまわりの養分が集まっていて、ミネラルが豊富。畑としては一等地です。つまり、土地としては一番いいところを禱家が全部せしめて、ヤンチュの人たちがサトウキビを栽培していた。

こういうことをお話しするのはなかなかむずかしいのですが、星窪で禱家は一番なんだよ、ほかの人たちと一緒に遊んじゃいけないよ、という言い伝えがあったほどでした。

そんな広い土地を治めるゆかりんちゅの禱家に、中村神父が伝道に来られたわけです。

祖父の文一は、一年間、中村神父について勉強して、奄美では名のとどろく伝道師になりました。祖父とは物心ついた頃から亡くなる五歳まで一緒に住んでいましたが、いつも、聖書を読んでいて、たとえば、ヨハネの三章二十六節はどう解釈すればいいのかと聞かれたら、それは一〇ぐらい解釈があって、と即座に答えられた。聖書の生き字引みたいな人でした。

いとこたちとちょっと騒いでいると、竹の火吹き棒をぱーっと投げる。当たれば終わりですから、ものすごく怖かった。戦時中にいろいろあったからストレス発散もあったんだと思いますよ。日曜日にミサに行かないのもありえない。ぼくが五歳のとき、聖書を読みながら死にました。

父親も怖かったです。小学校に入る前から馬や牛の手綱を引いて畑仕事をやって、蹄鉄《ていてつ》で足を踏まれたこともあるんだけど、痛いのに、親に痛いといえない。

ぼくは体が弱かったんですが、名瀬のお医者さんから虫下しの薬もらってきたとき、口を無理に開けて飲まされて思わず父親の手を噛《か》んじゃったことがあるんですよ。そうしたら牛の角の上に縛って吊り下げられた。早く島を出ないと殺されちゃうと思いました。大げさかもしれないけど、それぐらい厳しかったということです。クリスチャンだってことと、やさしいってことは全然関係ないですよ。こんな話をしたら、相当おかしい人間が住んでいる家だと思われるでしょうけどね。

ただね、感謝しているんです。大学の夜学に通って大学院まで残って四十五年、いろんな問題を乗り越えて今こうして生きているのはやっぱり、十字架のおかげかなと思うんです。

神父になれという話はあったけど、ぼくはなる気はなかった。電気工学をやりたかったんです。理由があります。奄美大島はよく電気が止まったんです。台風が来ると一週間ぐらい止まる。

七面鳥とか鶏を電球つけて温かくした箱で飼っていたんですが、電気が止まるとみんな死んじゃうんです。あちこち電源が切れて、馬も感電してよく死んだ。父親は電気の勉強なんかしてないから、バシッて怒られてね。これをなんとかしたかった。

父親は、「自分の十字架を背負えるか」とぼくに聞いた。その一言だけです。はい、であれば東京に行ってよろしい。嫌なら奄美にいて農作業しなさいと。選択肢は二つしかなかった。

十字架を背負うというのはね、ものすごく大きな意味があるんです。あんなにあがめられたキリストがなぜ十字架に掛かって死ななければならなかったのか。

あなたが何かをやるときは常にその重さを考えて、十字架を思い出して、自分を無にしなさいということに尽きる。キリストが十字架に掛けられたことによって、あんたがたは今生きて生活ができるんだよということなんです。

日本大学工学部の夜学に入ったんだけど、東京に行くといっぱい誘惑があるわけ。大学紛争の時代で、新宿に行って石投げてないと学生じゃないみたいな感じですよ。

みんな酒飲んで遊んでも卒業できるけど、ぼくは仕送りゼロなので、寮費はタダにしてもらって、その代わり窓のない部屋に住んで、ボイラーの管理と掃除洗濯をしました。

それ以外のアルバイトも掛け持ちして、月に一万二〇〇〇円。半分は授業料で、半分で生活する。一七キロぐらい体重が減ったこともありました。つらくて、つらくてね。

ぼくが大学教授になれたのは、母方の祖父のおかげです。祖父は中原繁太郎といって日露戦争の日本海海戦でバルチック艦隊と戦った人なの。二言《にごん》はないの。

学校で試験があると、結果を祖父に持っていかなきゃいけなかったんです。一番は当たり前、二番だったら大変なことですよ。

その祖父がね、何か困ったことがあったらこの人のところへ行けと紹介してくれたのが、指宿清秀《いぶすききよひで》という、のちの参議院事務総長だった。指宿家というのは奄美ではかなりの名家で、柔道四天王といわれた徳三宝《とくさんぽう》の妹の子どもたちなんです。

大学院には助手として残ったけど教授と折り合いが悪くて、早朝と夜は大学で仕事して、昼間は図書館まわりをして、指宿さんが館長をやっている国会図書館にも行っていました。

いよいよ明日から、あんたの籍はないと教授にいわれたときに、指宿さんに呼ばれた。ある大学で助教授として迎える話が進んでいるというんです。でもこういわれました。「きみのお母さんの苦労を思えば、この大学に行けとは推薦できない。どんなことがあってもがんばれ」とね。

まさに十字架ですよ。指宿さんも法政大学の夜学から参議院事務総長になった人です。きみのお母さんの苦労を思えば、きみがそんなコネで就職を決めるようではだめだという意味ですね。

「承知しました」と答えて、七年間、自分で本を買って勉強して、地下室に閉じこもって泣いて泣いて論文を仕上げました。

教授も教授で、「明日からきみの居場所はない、六十五歳まで助手のままだ、どうするんだ」って、そういわなきゃいけない地位と権力とプライドがあったんでしょう。

結局、学科を変わって、助手時代の成果が学会誌にも出たから、五十五歳になってようやく教授になりました。相当遅いです。根性はかなりついたね。

二〇一八年一月二十七日、妻の実家がある奄美の笠利町で一九棟が全焼する火災があり、星村が保管していた研究素材やUSBメモリー、二〜三〇枚の絵が全焼した。絵は子どもの頃から描き続けてきたもので、このときは奄美で開催する展覧会の準備で滞在中だった。展覧会に出品する作品は会場に搬送して無事だったが、翌日予定されていた奄美テレビの取材のため東京から送っていた作品、生涯一つ残すとしたらどの絵かと聞かれて選んだ十五歳のときの「傑作」や、東京都美術館に展示した一〇〇号の絵など大事な絵が焼けた。

一月二十七日の午前三時過ぎでした。ぼくが火事を発見したんです。とにかくみんなに知らせなきゃと思って、火事だー、火事だーって叫びました。必死でした。

二メートル隣の家にお年寄りが住んでいるんですけど、ストーブの火が羽毛布団に引火したのが原因だったようです。死者はいませんでした。

絵は四十二年間やってきました。ドミニコ会のアルベルト・カルペンティール神父という宗教画を描かれる方について勉強してきました。日本美術展覧会の審査員に見てもらいなさいといわれて、大自然を求めてシベリアに行って一日二枚、油絵を描いたこともある。退職金で奄美に美術館を作るつもりでした。

妻がいいました。「あなたは四十二年間、絵を描いてきたかもしれないけど、私は四十二年間ずっと油絵の臭いを我慢してきたのよ」って。

初めて知りました。そんなことを思ってるなんて知らなかった。奄美にも帰るつもりはないらしい。女は強いです。筋金入りです。ずいぶん考え方が変わりました。そんなもんなんだと思いました。

臨床美術の資格をとるため、勉強しています。老人ホームや子どもたちに自由に描いてもらうプログラムです。脳が喜び、心が笑う。そんな絵画です。グループで描くときもある。これまで人を評価する仕事をしてきたけど、臨床美術は評価しちゃいけない。サインしたらぼくの絵になるけど、みんなで描く絵はそうじゃない。

奄美から上京したとき、十字架を背負えるかと父にいわれたことはお話ししましたよね。それから死に物狂いでやってきました。

でも、火事で変わりました。妻は四十二年間も我慢してきたっていうんだからね。これからは自分のためじゃなく、人が喜ぶために生きよう、持っているものはそのために使おうと思っています。

2017/7/7,2018/8/3

牧師の子どもはいびつに育つ子が多いんです。

吉新《よしあら》ばら
一九五九年生
日本基督教団御影《みかげ》教会
兵庫県

親子関係には長いあいだ、苦しんできました。パスターズ・キッズという言葉があって、牧師の子どもはいびつに育つ子が多いんです。

何かやると、牧師の子のくせにといわれるんじゃないかと不安で、教会でも学校でもいい子のように振る舞う。信徒の手前、親の顔に泥を塗ってはいけないと思ってしまうんです。

自分の考えで生きていない。父のコントロール下で生きてきた。父親が絶対でした。

家では、子どもにテレビのチャンネル権はありませんでした。高校三年までは門限が五時。映画もプールもだめで、友だちと遊ぶことを制限されていました。赤い服を着ちゃいけないともいわれました。なぜなら牛が来るから。この町のどこに牛がおるんやって。

好きな人がいるなんてこと、親にいったこともありません。牧師とは絶対に結婚したくない、と思っていました。

牧師の働きは大事だと思っていますよ。家族で教会員を支えていました。でも、家族が信者を支えるって、とてもむずかしいんです。どうしても身びいきになってしまいますから。

牧師の給料は謝儀といって、献金から光熱費などの経費を除いたものをいただきます。もう少し謝儀を増やしてほしいと思っても、こちらからはいえません。牧師にお休みがないのはおかしい、と思ってもいえません。三百六十五日、二十四時間、信者が亡くなることもあるし、これから自殺するという電話がかかってくることもあります。

悩み相談は多かったです。守秘義務がありますから、父が私たちに話すことはありませんが、二つだけ、記憶していることがあります。

一つは六十代ぐらいの女性で、精神的に具合が悪くなった方でした。妄想を見たり幻聴を聞いたり、今思えば統合失調症だったのかもしれません。

もう一つは、借金まみれで生活が苦しいという方です。そういう人たちを父は精神面で支えていました。

私ですか。私は父には相談しませんよ。父と私は、牧師と信徒の関係ではありません。父、吉新和夫《よしあらかずお》牧師に洗礼を受けましたが、父は父です。

父方の祖父は小学校の教員から牧師になった人で、祖母は聖和《せいわ》[1]大学の前身のランバス記念伝道女学校の卒業生です。婦人伝道師として、賀川豊彦《かがわとよひこ》[2]について大分県を伝道したこともあります。

祖父母は占領下の朝鮮で開拓伝道をして、終戦前に引き揚げてからは佐世保《させぼ》教会と北九州の八幡荒生田《やはたあろうだ》教会で牧師をしていました。二人が亡くなったのは私が中二のときで、二十日違いでした。仲良しだったんです。

父がなぜ牧師になったかはわかりません。聞いておけばよかったと後悔しています。私の推測では、やはり祖母の影響でしょうね。教会では父より祖母のほうが人気があって、よく信者の相談を受けていました。

母は聖和を出て伝道生活をしたあと、教員から幼稚園の先生になった人です。聖和は関西《かんせい》学院を創立したウォルター・ランバスの母親のメアリー・イザベラ・ランバスが創立したミッションスクールです。

祖母も母も聖和ですから、私の中では聖和が一番有名な学校だった。ところがいざ神戸に行ってみたら、タクシーの運転手さんに、なんの学校なのって聞かれてしまいました。

日本基督教団では、教会から招聘されて赴任します。父が牧師として初めて招聘されたのは、鹿児島県の串《くし》木野《きの》教会でした。実習生として行ったことがあったからだと思います。

一九五九年に私が生まれて、その翌年には直方《のおがた》教会に行きました。遠賀《おんが》川で石炭を洗ったといわれた筑豊《ちくほう》の町です。信者は学校の先生や医者など貧乏ではない人たちがほとんどで、教会は大きくて信者がたくさんいました。みなさんにかわいがってもらいましたね。

そのあと八幡荒生田教会に招かれました。ここは八幡製鉄所で働く人たちの町で、学校では子ども同士の関係に会社での父親の上下関係が反映していました。

あの子が威張ってたのは、課長さんの子だったからか、なんて、あとで気づきましたね。

教会員は、自営業者と医師と看護師さん以外は製鉄所の人たちでした。部長さんもいれば、工場労働者もいる。子連れの夫婦もいて、年齢層も幅広かった。青年会で聖書を読んだり遊びに行ったり、婦人会ではごはんを作ったり座布団の修理をしたりしましたね。

ここもたくさん人がいて、最盛期は日曜日に二回、礼拝をしていました。働く人のための夜の礼拝や、主婦のための午前の礼拝、水曜には祈禱会もありました。しょっちゅう信者が相談に来ますし、電話はかかってくるわ、今から来てくれと呼ばれるわで、父は本当に忙しそうでした。

1 二〇〇九年に学校法人関西学院と合併。現・関西学院大学西宮聖和キャンパス。

2 大正～昭和の牧師、社会運動家。神戸の貧困街に住み、貧困に苦しむ人々の救済活動を行った。労働運動、農民運動、消費組合・協同組合などを創始。自伝的小説『死線を越えて』は今なお読み継がれている。一八八八―一九六〇。

母親は妻であり、母であり、幼稚園の先生であり、牧師夫人として父をサポートしなければなりません。夜中に電話をとるのは母でした。母に相談する信者も多いんです。やさしさを求められる。信者は見ていますからね。

信者一人ひとりに違った牧師夫人像があって、批判する人もいます。病んでいる人もいます。子どもに対しても理想の牧師の子ども像を押し付けられます。ティーチャーズ・キッズと同じです。

小学校のときの絵日記を見て気づいたんですが、家族以外が出てこないんです。親と姉と教会学校の話しかない。友だちと遊びました、なんて記述はない。驚きました。

毎日一～二時間、家庭礼拝がありましたし、夏休みなんか、ギリシャ語の勉強をさせられていたんですよ。もう、ものすごく嫌でした。ギリシャ語を勉強させられたのは、神学部に行かせたかったからでしょう。聖和を勧めたのも父ですから。

聖和大学に入ったとき、寮生活をして驚きました。牧師の子どもなのにジーパンを履いている人がいる、牧師の子なのに化粧している人がいる、牧師の子なのにミニスカートを履いている、牧師の子なのに遊びに行ってる、牧師の子なのに彼氏がいる、牧師の子なのに日曜日に教会に行かない子もいる。

あるとき、気づいたんです。おかしいって。私は、自分はこう思う、と父にいったことがなかったんです。これが欲しい、こうしたい、もなかった。家から出してくれたことには感謝していますよ。でも、父の呪縛から抜けるのには五十年ぐらいかかりました。

初めての反抗は、四十歳でピアスを開けたことでしょうか。十八歳で家を出ているのに、ですよ。

なぜピアスを開けたのか。これで私の人生終わるのかなと思っていた頃だったんです。それまで夫と子どもの世話ばかりして、子どもが中学生になって母親から離れていったとき、ふと取り残された気がしたんです。

社会とのつながりが全然なかった。服も買えなかったんです。親が見たら嫌だろうと思ってしまう。平気でそうできる人が不思議でした。

四十五歳のとき、これからは自分の人生を生きると宣言したら、何を今さら、あんたいくつよってまわりにいわれました。そういう傷をもっているんです。

聖和大学のキリスト教学科では、日本基督教団のキリスト教育主事という資格をとって、卒業後は京都の教会で三年間、教会教育に携わりました。夫と知り合ったのはこの頃です。学校の教員でした。

結婚してからは十五年間、専業主婦でした。じつはその間、教会にほとんど行けなかったんです。当番の日は行くけど、礼拝には行かない。教会に行くと、嫌なことを思い出すんです。演技しちゃうんですよ。動こうとする。働いちゃう。職業病みたいなものですね。

神戸の教会に通うようになったのは、子どもがきっかけです。子どもが小学六年のとき、当番だったので教会に子どもを連れていったら、若い伝道師が遊んでくれたんです。それから少しずつ子どもを連れていくようになって、だんだん礼拝にも出るようになりました。

自分を育ててくれたのは、ノンクリスチャンの学生とのかかわりでした。教育主事として聖和大学で正式に働くようになって、クリスチャンがどう見られているのかを誤解も含めて知ったことで、私って変だよねと気づいたんです。

神の愛って何かと聞かれても答えられない。キリスト教以外の言葉で説明できない。礼拝の時間に学生に話すことがあったのですが、キリスト教を知らない人に聖書の話をすることができない。あなたも愛されているということを、どう伝えればいいのかわからない。伝道の場ではないところでは話ができないんです。キリスト教以外の世界を知らなかった。それは、私がどう生きるかに通じるものです。

ものすごく狭い人間だったんです。ものすごく人を裁いたんです。姉を心の中で裁いたこともありました。姉は親に反抗してお見合いで旧家に嫁いでから、教会に行かなくなったんです。教会に来られない事情があるということがわかりませんでした。

私自身、十五年間行けなくなってようやく、わかるようになりました。父にいわれていたんです。「神様が見てるよ」って。閑散とした道路なのに、赤信号が渡れないんです。だって怖いじゃないですか。誰も見ていないのに、神様は知ってるよっていわれるんですから。罪悪感を覚える、体が反応してしまう。親に気に入られようとして、演技していました。

そうじゃないんです。子どもをベッドで寝かせるとき、一人でも大丈夫なように、神様が見ているから大丈夫だよ、あなたのことを守ってくれているから一人でも大丈夫だよ。そういう意味で使う言葉なんです。神様はそういう存在なんです。それなのに、恐怖を与えるのはおかしいんです。そんな教義はないんです。

ここ数年、いろんなことがあって精神科にも通っていたんですけど、今は教会に通うことがリハビリだなあって思います。年齢層は幅広くて、いろんな人と話ができる。十八歳から通っている教会なので、ばらちゃんって呼んでくれるおばあさんもいる。牧師も話を聞いてくれる。なんでも相談します。礼拝に行くだけですけど、将来も孤独にはならないでしょうね。

行くのが苦しい教会ではなくて、しんどい人が行ける教会のほうがいい。だって、行くのが苦しい教会っておかしいでしょう。

神様はずっと怖い存在だったけど、今は、はい、あとはお任せしますね、っていう感じですね。

夫は大人になってから信者になった人なので、きみはおめでたいとよくいいます。初めから神様を信じてるから、苦しんで信仰告白した人と比べて、いい加減だということでしょうね。

父にはもう一つ、大事なライフワークがありました。私が小学生の頃、「お父さんは明日から刑務所に行く」って、突然いわれたんです。

前任者に推薦されて、一九七一年から宗教教誨師《きょうかいし》になったんですね。矯正施設への篤志面接活動は二〇一三年八月に引退するまで、三十五年間に及びました。

守秘義務を貫いたので、具体的にどんな受刑者に接したかは話してくれませんでしたが、悩みを聞いたり、精神的なケアをしたりしていたようです。刑務所への送迎をしてくれていた刑務官の人が、うちで洗礼を受けておられたことを覚えています。

父は厳しすぎましたが、自分にも厳しかった。服一つ買おうともしなかった。そして、弱い者の味方でした。引退したとき、お世話になりましたって、いろんな人から手紙をいただきました。ああ、この人は本当に働いてきたんだね、と思いました。父と母は二人して、神と人に仕えました。

2016/5/30

ある日、牧師先生に「きみはいい子だね」って声をかけられたんです。

堀　澄子
一九三七年生
日本基督教団杵築《きつき》教会
大分県

私が住んでいる煙硝倉《えんしょうぐら》は昔、火薬庫があった場所です。ここで家庭教会が始まったのは一八八九年、明治二十二年のことでした。

最初に伝道したのは、杵築藩家老の孫にあたる中根中《なかねなか》[1]という人です。大分中学で英語を教えながら自宅で伝道していた南部メソジスト派の宣教師のウェンライト先生が洗礼を授けた、最初の五人のうちの一人だそうです。

二十代で渡米して、戦時中は黒人暴動の黒幕になったという理由でＦＢＩ（米連邦捜査局）に逮捕されたこともあるそうです。

うちは祖父が初代のクリスチャンで、伝え聞くところによると、近所の人たちや親戚が集まって話を聞くんだけど、むずかしくてわからなくて、ちょっと用事を忘れちょったって途中で帰りよったとか笑い話があるぐらいだから、そんな熱心じゃなかったんでしょうね。

もとは士族の家系で、海軍大将・山本五十六《いそろく》の心の友といわれた堀悌吉《ていきち》[2]は父方の親戚です。悌吉は養子なので血はつながってないんですけどね。

お寺との関係も深くて、いろんな役もさせられてたんだけど、父が亡くなったときにお寺とは縁を切りました。田舎はね、そういうことがよくあるんじゃないのかな。

父は戦前、岡山県の鐘淵紡績《かねがふちぼうせき》に勤めていて、そこで母と出会いました。海老名弾正《えびなだんじょう》をご存じですか。熊本洋学校時代にリロイ・ランシング・ジェーンズというアメリカ人宣教師のもとで勉強して、新島襄の同志社英学校に進んだ熊本バンド[3]の一人ですね。同志社大学の総長も務めた人で、母はこの海老名弾正の世話で、岡山教会で洗礼を受けたそうです。私が三歳の頃までは、広島市の南段原《みなみだんばら》というところに住んでいました。原爆が落ちる前に大分に戻ってきたから無事だったのです。

大分もかなり空襲はあって、杵築にもB-29が飛んできました。「敵機襲来、伏せー」って号令がかかるとテーブルの下や溝の中に隠れましたね。煙硝倉の近くに爆弾が落ちて、牛が死にました。

私は三代目のクリスチャンです。小さい頃から教会には行きよったけど、戦争中は宣教師も牧師もいなくなって、みんな食べるのに一生懸命だったから教会に行った覚えはないですね。

教会に戻ったのは戦争が終わってからで、小学三年の頃です。みなさんもぽつぽつと帰ってきて、宣教師も戻ってきました。

アメリカのメソジスト教会から派遣されたメニー・C・タウソン先生にはお世話になりました。ご両親が日

1　中根中の生涯については、出井康博『日本から救世主《メシア》が来た』（二〇〇一・新潮社）に詳しい。
2　明治・大正・昭和の海軍軍人。戦艦三笠で日露戦争の日本海海戦従軍、一八八三—一九五九。
3　ジェーンズに感化されてキリスト教徒になり、同志社英学校で学んだ人々。海老名のほかに小崎弘道《こざきひろみち》、徳富蘇峰《とくとみそほう》、下村孝太郎ほか。

本に伝道に来られるときに乗った船の中で生まれた人で、親子二代の宣教師です。戦前は中津《なかつ》で伝道していたけど、スパイ呼ばわりされて大変だったそうです。

タウソン先生のバイブルクラスや料理教室は本当に楽しかった。大きな冷蔵庫をアメリカから運んでこられてたんですけど、珍しかったのでみんなを呼んでトウモロコシや芋でパンケーキを作ったり、脱脂粉乳を飲んだりしましたね。

とても質素で、破れた靴下を履いて歩きまわるような方でした。「お金いりませーん」って受けとらなかったですし、冷蔵庫はいつも空っぽで、豆腐と油揚げだけでした。教会に売りに来るおばちゃんがいたんです。

タウソン先生が定年で帰国されたあと、[4]吉新治夫《よしあらはるお》先生が赴任されました。東京神学大学を出て北九州の八幡の教会に一年ほどおられてから来られたので、まだ二十代の半ばぐらいで若かったですね。

じつはその頃、国立大学の受験に失敗して浪人中で、進路についていろいろと悩んでいたんです。それでも教会にだけは通って、教会学校のお手伝いをしていました。

そうしたらある日、吉新先生から「きみはいい子だね」って声をかけられたんです。家は貧しいし、成績もよくなくて学校の先生には無視されるし、嫌というほどいじめにも遭ってきたので、吉新先生のこの言葉はそれからもずっと心の支えになりました。

教会学校の先生もとてもやさしかったですし、教会にいると大切にしてもらえました。タウソン先生が創設された白百合《しらゆり》幼稚園の先生になりたいなと思って、大学は兵庫県西宮《にしのみや》市にある聖和女子短期大学というミッションスクールの保育科に進みました。

洗礼を受けたのは、短大を卒業して杵築に戻った一九五九年のクリスマスです。二十二歳でした。大人は私一人で、六人の子どもたちが一緒でした。それからはずっと幼稚園で働きながら、教会のオルガニストと教会学校の先生を続けてきました。

大変だったのは、会堂を新築したときです。この教会の信者だったのに、途中でほかの教会に行ってしまった人がいたんです。

牧師先生の右腕となって働いていた人だったので本当に残念で、あれはこたえたなあ。みんな仲良くして、食事もしたし、子どもたちも行き来していたのに、ある日突然、コロッとね。結局、お金を払いたくなかったんだろうなあと思ったけど。建築するとき寄付はいただくけど、自分たちだけでやれることはせんとならんからな。

教会で五十年生きてきて、ああ、人間って悲しいなあって思ったな。イエス様も大変じゃったろうなって。まわりに裏切られてきたからね。

結局、献堂までに二十年かかったな。途中でほら吹きじゃいわれたりしてな、どれだけ犠牲払ったかわからないです。吉新先生は、「教会員自身の出エジプト[5]だった」と書き残してますけどね。試練の時でした。

それでもクリスチャンでよかったと思うのは、世界中どこへ行っても、クリスチャンというだけで受け入れてもらえたことです。

アメリカでホームステイしたことがあるんですけど、日曜日には必ず教会に行きました。クリスチャンだと自己紹介すると、すごく歓迎されて、やっぱり違うなあって思ったね。

戦前に伝道に来られていた宣教師のウィリアム・J・キャラハン先生のお墓をアトランタの空港近くのセメ

4　吉新ばらの父の弟にあたる。一七一ページ参照。
5　エジプトの圧政に苦しむイスラエル人がモーセに率いられてパレスチナに脱出したこと。

タリーで見つけたら、「ミッショナリー・トゥー・ジャパン」って書いてあって、感激しました。あまり感情を表に出さない吉新先生が涙を流しておられましたね。

宣教師の先生方には本当にお世話になりました。タウソン先生が帰られてから、慰問にうかがったことがあります。アトランタ郊外の、バスが一日に一本か二本しかない町でした。タウソン先生は、私の姉の学費を出してくださったんです。アメリカの伝道局からいただいたお金だったと思います。

姉の夫は吉新先生のきょうだいで、牧師になりたかった人なんです。姉は病気で夫が亡くなったあと、夫が健康なら牧師になりたかったであろうといって、七十四歳になって東京神学大学に入学しました。

今、この教会におるんですけどね。月一回は杵築、月二回は豊後高田《ぶんごたかだ》で説教を受け持って、私がオルガンを弾いています。車で四十分、山越えて行くんですよ。

信者さんは四〜五人しかいないんだけどね。みなさん八十代で、一人だけ若い女性がいて将来楽しみだなと思ってたんだけど、うつ病になってしまって、ここんとこ来てないです。まだ結婚していないので、誰か紹介しようと思ったけど断られました。惜しいなあと思ってるんですけど。多いときは、杵築教会にも五〇人ぐらい信者がいたんですけど、今は二〇人ぐらい。園児の家族が洗礼を受けることはたまにありましたけど、なかなかむずかしいね。教会がいい場所だとわかっていても、いざとなると踏み切れないんですね。もったいないなあって思うこともある。それが、伝道のむずかしさじゃないでしょうか。

やっぱり、オウム真理教事件のあと、どこの教会も人数が減ってしまいました。カトリックのほうもね。杵築はもともと仏教の町だから、数が伸びにくいのは確かなんですけど。
なんぼいうても訪ねてくるのが、ものみの塔[6]。教会にも勧誘に来るんやからね。つい一週間ぐらい前、家にも来ましたな。間違ってるよっていいたいんやけどね。

2016/10/15

6　エホバの証人の聖書や冊子など出版物を発行する非営利法人ペンシルベニア州ものみの塔聖書冊子協会が発行する機関誌。エホバの証人公式ＨＰ参照。

お父さんは血を吐くほどお酒を飲んで、アルコール依存症になりました。

イボネ・シルバーサントス・奥田
一九六四年生
J.Mead Minokamo
岐阜県

きょうだいは、一〇人です。上から、ジョゼ（ヨセフ）、イザキ（イサク）、ジョシュア（ヨシュア）、エステル、サラ、ダニエル、ハケル（ラケル）、イボネ、ナタナエル、ダビデ。イボネ以外はみんな聖書の登場人物ですね。私がお母さんのお腹にいるときに一番世話になった人の名前をつけてほしいといって、その人がイボネだった。だから私だけ、聖書じゃないの。

お父さんの仕事は行商です。ブラジルのいろんなところをまわって、たとえば玉ねぎを売りました。ブラジルはカトリックが多いけど、私がちっちゃい頃はバプテスト、サンパウロに来てからは、セブンスデー・アドベンティストでした。

女の人はベールをかぶって、化粧もマニキュアもだめ。男の人はみんな髭を伸ばしました。土曜日は何もやっちゃいけない、豚肉を食べちゃいけない、結構厳しかった。アドベンティストは、預言という意味です。

私が七つになったとき、お父さん、教会通うのやめました。お酒飲みすぎて、アルコール依存になりました。仕事のストレスと、子どもがたくさんでしょ、生活が苦しかった。家の隣にバーがあって、友だちが次々来て、まあ一杯やれって誘われるから飲みました。

血を吐くほど飲んで、三回入院しました。お父さんの口から出た血の塊をシャワーで洗いました。牧師さんがお米とか油とかお豆とか、貧しい家に配るセットを持ってきてくれました。お父さんは知らないけど、そのあいだに私たちは家のそばのカトリック教会に行って、洗礼を受けました。神父さんも食べ物を持ってきてくれました。十年ぐらい、大変でした。

私が十六歳のとき、お父さんがひどくなって、きょうだいみんなで、「もうお父さんの手助けはしません」といいました。「これからはお母さんだけ面倒みる。お父さんのことはもう知りません」といいました。お父さん、びっくりしたもんね。そのとき、お父さんの心に、神のみ言葉が届きました。

「わたしはあなたの神、主であって、あなたをエジプトの地、奴隷の家から導き出した者である。あなたはわたしのほかに、なにものをも神としてはならない」（出エジプト記20・2－3）です。私はあなたを救う神である、という意味です。

お父さんは、ジョゼとイザキに、「おれを教会に連れてってくれ」と頼みました。土曜日、お兄ちゃんたちが教会に連れていきました。

一週間でお酒をやめました。たばこも、一～二か月でやめました。お母さんはお父さんに聖書を読んであげました。

お父さんは必死でみ言葉を覚えて、仕事に行くようになりました。すごく痩せてたけど、だんだん肉もつきました。病院にも行かずに、治ることができました。

私の人生も変わりました。自分の目で、お父さんが変わったのを見たから。神様に感謝しました。

日本に来たのは、一九九一年十二月です。[1] 夫がさきに日本にデカセギで来ていました。夫はお父さんもお母さんも日本人の、日系ブラジル人です。夫が私と子どもたちを呼んでくれました。

日本に来て、私も働きました。派遣会社に登録して、初めはカヤバという会社で製品検査の仕事をして、そのあともいろいろ、ずっと派遣です。

ある日、盲腸になりました。怖くなって神様に助けてと祈りました。病院で検査したら、豆みたいなものがお腹にできていて、動くとすごく痛かった。「明日また検査して手術するかを決めましょう」と先生がいいました。

四つん這《ば》いでしか歩けなかったけど、教会に行きました。可児《かに》市にあるブラジル人の教会です。今日は神様に癒してもらいますからって、祈りました。

次の日、また病院に行きました。長男に通訳してもらいました。検査したら、豆みたいなものがなくなっていました。お医者さんは、なんでないの、みたいな顔をしました。痛みも消えていました。

もう、私は神の手を離さない、と思いました。神様の教えが必要なので、神様は私の人生に何を求めているのか教えてください、と祈りました。祈って祈って祈りました。そうしたら、ほかの魂の面倒をみなさい、という神様のみ言葉で自分が一杯になりました。


会社では、一緒に働いている人に、「どうしていつもそんなニコニコしてるの」っていわれます。「私、神様がいつもいるから、だからいろいろできるよ」って答えます。

一緒に働いている人たちの話を聞きます。班長さん、いつも、私のほうに来ます。「もう四十歳なのに恋人いない、心が苦しい、自殺したい」っていう。いつもスナック行って、いつも暗かった。

日本語むずかしい、でも、班長さんにいいました。「今から三か月、あなたのぶん、私、お祈りします。神様もあなたを探して誘ってる。だから、できるよって。あなた信じないでも、私、祈る」って。

三か月で、班長さん、変わった。恋人できた。結婚した。すごく嬉しい。班長さん、日本人の教会に行ってます。

私は、刑務所にも行きます。ドラッグとかでブラジル人が捕まると、面会に行きます。神様はいるから、心を変えないといけませんと祈ります。心の闇といいますね、心の闇から解放してくださいと祈ります。

私は、病院も行きます。こんな人が入院してる、と聞くとすぐ行きます。行ってお祈りします。

二〇〇一年一月、お父さんが亡くなりました。日本は午後二時半で、私は工場ではんだ付けをしていました。ふと、お父さんを引き取りますって、神様の声を聞いた気がしました。お父さんはずっと具合が悪かったので、家に帰ってから子どもたちを集めてお祈りしました。

ブラジルに電話したら、「お父さん、本当に死んじゃった」っていわれました。工場にいたのと同じ時間でした。心はすごい、平和でした。お父さん、神様と一緒にいると思いました。

ブラジルのみんなは大変だったけど、私は、お父さん、神様のところに戻ったって感じたので、家族みんな安心しました。

日本の人、みんな、心痛い、苦しい、といいます。私、お祈りします。お祈りすれば、神様が助けてくれます。神様がその人の中に入って、その人が変わるのが見えます。だから私は、神様の愛を信じます。神様がいると、私たちは平和です。戦争があっても、悩みがあっても、力をくれます。どうやって道を進めばいいか、教えてくれます。

1　奥田勇次、八一八ページ。

いろいろ教会に行きました。でも、本当の教会は自分の中にあります。自分の体を教会だと思ってください。自分の体の中に聖霊様が住んでいます。「父と子と聖霊の御名によって、アーメン」とお祈りする、三位一体の神様の一つの姿です。

生まれる前から、あなたの中に聖霊様はいます。危ない道を渡るとき、聖霊様がはっと気づかせてくれます。神様の力です。だから自分の体はちゃんと管理してください。みんな、自分を大事にしてください。

通訳協力・奥田勇次

2019/9/22

父が亡くなって修道院を逃げ出しました。脱走兵なんです、私。

赤尾スエミ
一九四三年生
カトリック浦頭《うらがしら》教会
長崎県下五島《しもごとう》

父方も母方も、代々カトリックです。父方の祖父は会ったことがなくてわからないのですが、母方のひいじいちゃんは『五島キリシタン史』[1]に名前が出ています。明治初めに起きた最後のキリシタン迫害のときに、算木《さんぎ》責めといって、三角に削った木を並べた上に正座させられて膝に重い石を置く拷問《ごうもん》を受けたので、足がボロボロになって歩いていたそうです。

主人のほうは祖父母が結婚したときに教会に提出した「三代調べ」から、祖先は外海《そとめ》の神浦《こうのうら》から五島に渡ってきたことがわかっています。昔は近親結婚を避けるために三代前までさかのぼって家系図を出していたようです。

私たちの時代は今みたいに栄養状態がよくありませんし、生まれても亡くなる子どもが多かったので、生まれた翌日とか翌々日には幼児洗礼を授けていたんですよ。

洗礼を受けるときの立会人を代父母といいますが、私も生まれてすぐ代母に連れられて堂崎《どうざき》天主堂で洗礼を受けています。洗礼名はマリア・マグダネラ。女性は代母、男性は代父から同じ洗礼名をいただくことになっていました。

1　浦川和三郎《うらかわわさぶろう》『五島キリシタン史・新装版』(二〇一九・国書刊行会)。

洗礼は神様の子どもになるというカトリックの秘蹟《ひせき》の一つで、親の義務のようなものでした。洗礼を授けられなかったら地獄行きといわれた時代でしたからね。

宣教師が来たばかりの頃は五島でも間引きが多くて、パリ外国宣教会のジョゼフ・フェルディナン・マルマン神父様は不幸な子どもたちを引き取って女性信徒に育てさせました。それが奥浦《おくうら》慈恵《じけい》院という児童養護施設になって、結婚前の若い女性たちが教えを聞く集まりは今も続いています。

小中学校までは全体の半分ぐらいがカトリックだったんじゃないかな。結構多かったと思います。カトリックとそうじゃない集落ははっきり分かれていて、カトリックじゃない集落を通ると、「このゼンチョがー」とか、「やそどんがー」っていわれましたね。ゼンチョはラテン語で異教徒という意味だそうです。ちょっと悲しいなっていう想いはありましたけど、私たちは神様の子どもだよっていう気持ちがあったので、洗礼を受けてない人たちは地獄に行くのにねと思っていましたね。父からそういうふうに教えられていましたから。

父は堂崎天主堂に一九一四年に作られた伝道学校の第一期生です。そこは子どもたちを指導する「教え方」を養成する学校で、昔は子どもたちを集めて神様の話をする教会学校がありませんでしたから、一般信者が代表してその役割を担っていたんですね。

私が子どもの頃は長崎教区の松下佐吉《まつしたさきち》神父様が地区の教会を巡回していらしたんですが、神父様はお一人ですから、毎週堂崎ではなくて、信者のほうが神父様がいらっしゃるところに動きました。

私の家があった半泊《はんどまり》からだと、まず櫓船《ろぶね》を漕いで郷船《ごうぶね》に乗り換えて、代わりばんこに櫓を漕いで教会に向かいました。郷船というのは集落が作った少し大きな船で、数十人は乗れたでしょうか。郷船に乗り遅れたら自分の家の小さな船を漕いでいくか、お休みするしかありませんでした。

一九五〇年頃は、堂崎天主堂だけで一〇〇人以上集まっていたでしょうか。教会の中に入れない人もたくさんいました。

父はとても厳格な人で、日曜日は神様の日だから絶対に仕事をしてはいけないといって、土曜日のうちに牛の草を刈って準備しました。とくに厳しく教えられたのが十戒《2じっかい》で、泥棒したらいけないとか、嘘をついちゃいけないとか、とにかく十戒に基づいて行動しないと罪人という感じでした。

カトリックには「ゆるしの秘蹟」といって、罪を告白して赦しを乞う告解があるのですが、告解室に入るのは恥ずかしかったです。神父様に罪を告白するとき、顔は見えなくても声でわかるから神様の代理とは思えなかったんです。

どこまで正直にいえるかは人それぞれでしょうけど、私自身は、告解できないような罪を犯さないぞというストッパーにはなっていたと思います。

きょうだいは五人で、私は四番目、すぐ上の兄は神父をしています。じつは、姉も妹も私も中学からお告げのマリア修道会の奥浦修道院に入ったんです。

聖職者になるのはカトリックの家にとっては誇りだったのでしょう。父がいるあいだは絶対にやめられないと思っていました。でも父が亡くなって、この世界は大変だ、もう抜け出さないと、と思ってやめました。

そう、脱走兵なんです、私。

修道会は、すべて上長に絶対服従の世界です。わかってはいたんです。

2 旧約聖書の出エジプト記二十章に記されたモーセの十戒。古代イスラエルの指導者で預言者のモーセがイスラエル人を率いてエジプトを脱出する際、神から授かった一〇の戒め。

でもどうしても、はい、といえないこともある。シスターといっても人間ですから、嫌な面もだんだん見えてくるんですね。無視もあるし、えこひいきもある。私自身、同級生にほとんど話をしてもらえないことがあって、もう嫌、とても我慢できないと思ったんです。何も何もいわないで逃げ出しました。

保育士の資格をとるため長崎の純心《じゅんしん》女子短大に修道院から通っていたとき、母にも何もいわないで逃げ出しました。短大の担任の先生は泣かれたそうです。

ずいぶんあとになって、その先生と電話でお話ししたことがあります。「あのときは申し訳ありませんでした」とあやまったら、「でも、あなたがやめていなかったら赤尾満治《みつはる》神父は誕生してなかったでしょ」っていわれました。私がシスターになっていたら結婚はできないし、赤尾神父も誕生しなかったと。そんなふうに考えなさいといわれて嬉しかったですねえ。

そう、長男は神父です。だから子どもを聖職者にする誇りや喜びは理解できるんです。人間は神様に造られて生かされているんだから、神様が一番喜ぶことをしないといけないんだよって、小さい頃からいい聞かせていたんです。

親バカですけど、自分の息子ながら、長男には特別なオーラがありました。愛くるしい顔で、聖歌隊できれいな声でうたって、みんなから本当に愛されていました。

小学五年の終わり頃だったかな、長崎にある聖母の騎士学園から神父様がみえて、うちの息子を連れてあちこちの教会を一緒にまわられたことがあったんです。

息子が何を感じたかはわからないんですけど、私は神父になってほしかった。主人のほうは「息子を医者にす」といっていたので、お父さんが許さないなら教会の神父様に相談に行こうねって、息子には話していたんです。

そうしたら黙想会の指導に来られた小島《こじま》栄《さかえ》神父様が、神学生時代の話をしてくださった。たぶんそれで主人の考えも変わってきたんだと思います。教会の人たちがうちに集まったとき、主人が息子に、「おまえ、神学校に行きたいと思っとっとか」って、主任神父様がいらっしゃる前で聞いたんです。

そうしたら、息子は「行きたい」って。だからみんなが証人なんですね。ああ、よかったと思いました。安堵しました。一九七〇年代後半のことです。

主任司祭は野下千年《のしたちとし》神父様という方で、カリスマ性があって、当時はものすごい数の子どもが神学生になったんですよ。キリスト教だけじゃなくて超教派の集まりの責任者もなさっていて、お坊さんたちと一緒にハワイの真珠湾攻撃の慰霊にも行かれていた。この人のようになりたいと思わせるものがあったのでしょうね。

聖母の騎士学園は、ローマに本部があるコンベンツァル聖フランシスコ修道会が作った学校で、長男は高校までは聖母の騎士学園の小神学校に、卒業してからは修道会から上智大学神学部に通いました。アッシジの聖フランシスコが作った「小さな兄弟会」から始まった修道会なので、長男も二年間は、アッシジの教会でオルガニストをやりながら勉強していたようです。

長男が長崎の浦上《うらかみ》天主堂で司祭叙階[3]のお恵みをいただいたのは一九九三年三月十七日、司式は当時の島本要《かなめ》大司教様でした。喜びのほうが大きかったですが、本当によかったのかな、やめてもいいんだよ、と一言かけてあげなくてよかったのかなという想いもありました。親が望んでいるから、無理をして神父になったんじゃないかという後悔もいくらかあったんです。

一時期、息子がストレスで苦しんでいるのを知っていたので、私がここまで追い詰めたのかなって。絶対に

3　キリストの代理として、またキリストと教会の名によって、教会共同体に奉仕する司祭を派遣するための恵みを表す秘蹟。聖パウロ女子修道会HP参照。

神父様になってほしいという想いは私のほうが強かったですから。

母がいつもいっていました。「神父の親はいつまで経っても心配が絶えない」って。女性問題が起きることもありますので、神父としてちゃんとやっていけるのか、いつまでも心がやすまらないと聞いていたんです。母も息子が神父ですからね。

だから毎朝、必ず祈ります。子どもたちすべてのことを祈りますが、やっぱり一番祈るのは長男のことなんです。信者さんたちから、あの神父はどうかという言葉が出てきたら大変ですから、そういうことがないように、神様、マリア様、助けてください、お願いしますって。そう祈るしかありません。

この夏に長男がここに来て、みんなの前で、一時期はほんとに神父をやめようかと思ったこともあったという話をしたんです。それを聞いて、ああ、吹っ切れたのかなって、吹っ切れなかったらああいうことはいえないよなと思って、いくらか安心したんですけどね。

長男と同じ時期に神父になってやめられた方がいるんですけど、先輩神父様たちの何気ない言葉に傷ついたと聞かされて、かわいそうだなと思いましたね。お父さんお母さんはどんな想いでおられるかと考えますよ。軽蔑はしません。ただただ、かわいそう。

じつはうちも、六人の子どものうち、五人が神父とシスターを志願したんです。でも、長男以外はみんなやめてしまいました。

私が修道院をやめた頃は、地元に帰ってきても白い目で見られるので教会になかなか戻れなかったんですが、うちの子どもたちは平気で行けるみたい。一番下の息子なんか、やめたのに神学校に歌の練習に行くんだといって出かけていきますからね。時代は変わりましたね。

2018/8/24

キリスト教は愛と赦しの信仰なのに、後ろ指さすなんて。イエス様がいたら絶対怒られますよ。

赤尾弘樹
一九七一年生
カトリック浦頭教会
長崎県下五島

初めて告解した日のことはよく覚えています。小学一年のときです。週に一回、学校が終わってから教会に行ってシスターに稽古してもらっていたんですけど、ある日、「今日は初めて告解するよ」っていわれたんです。一人で告解部屋に入って、お祈りしなさいって。祈りの言葉は書いてあるのでそれを見ながら祈ってかまわないのですが、それがうまくいえない。どういうふうに祈るかもわからない。最初は恥ずかしさだけがありました。

祈禱書にいろんな項目があって、その中の「究明」という項目に、こういうことをしませんでしたか、ああいうことをしませんでしたかと書いてある。

え、そんなことも罪なんだと一番驚いたのは、占いを信じませんでしたか、でした。毎朝テレビで占いコーナーをやってるじゃないですか。あれは宗教的にはよくないことなんだと、ずいぶんあとになってからですけど気づきました。

自分がよく告解した罪は、「両親に嘘をつきました」でした。どんな嘘なのか、内容はいわないですよ。ただ、両親を傷つけることをいいました、と告白します。

神父様は黙ってお聞きになっていて、こちらが「今まで自分が犯した罪を告白しました。赦しをお願いします」と祈ったら、神父様は「わかりました」といって、「罪の赦しとして悔い改めの祈りを三回唱えなさい」とか「一〇回唱えなさい」とおっしゃいますので、それをいわれた回数唱えると、「あなたの罪は赦されました、安心して行きなさい」といわれてそれで終わりです。

思い起こすと、嘘をついたり、いいわけしたりすることって、正直いってあるんですよ。人の心を傷つけることもある。生活する中で、そういうことは罪なんだと知らずしらずのうちに意識していることはありました。

高校を卒業してから五島を出て、愛知県にあるトヨタ自動車の関連会社に就職しました。日曜日は教会に行きなさいといわれていて、地元の教会から現地の教会に転出届を出していました。

実家に電話すると必ず親に、「教会には行きよっと、ミサに行きよっと」と聞かれます。まずそこで、「うんうん、行きよるよ」って嘘つきます。絶対に毎週は行ってない。

あー、嘘ついたっていうことは、ずーっと引っかかる。ずっと意識はするんです。

でも日曜日になると、ああーって教会に行けなくなる。だから行った回数は少ないです。ゼロではないですけどね。

二年で五島に戻ったんですけど、あのときに嘘をついたという気持ちはずっと残ってるんです。

ちょうど同じ頃、東京にいた二番目の兄が戻ってきたんですが、教会は一回も行かんじゃったって。高校まで神学校に通ってた人なんですけどね。その兄も今は結婚して子どももいて、ちゃんと教会にみんなを連れてきていますから、それはそれは感心するぐらいですけど。

両親はとても厳しかったです。週に何回か、平日も朝六時から教会でミサがあって、朝五時半くらいにきょうだいみんな次々と叩き起こされる。部屋は二階にあったんですが、[1]母が階段を上がってくる音がしたら、さささってた布団をあげて、はい、もう準備してますよって顔をする。

でもやっぱり毎回って大変じゃないですか。どうしても行きたくない日があって、よく隣のばあちゃんの部屋に隠れました。ばあちゃんはもうさきに教会に行っていますからね。

部屋の窓から教会がよく見えるんです。灯りがついていると、ああ今朝はミサがあるんだ、ああ起きなきゃって思う。そんな子ども時代でした。

きょうだいは六人で、みんな幼児洗礼です。両親が子どもの頃は、子どもに洗礼を授けないと地獄行きだと洗脳されていたみたいですけど、自分たちの世代はもう、そんなふうには考えないです。

それよりも、人にやさしくしなさいとか、困っている人がいたら助けてあげなさいとか、そういうことのほうが大事だと思います。

自分にとっての神様は、天のお父様です。ほかの宗教のことをあまり深く考えたことはありませんが、宗教は違えど神様という存在は同じものなのかと思います。

ただ、科学が進歩した今の時代に、本当に神様の存在を信じるのかといわれたら、はっきり「はい」といえないところはあります。人が宇宙に行くようになって、そこから見た地球の存在を知って、こんな広い宇宙のいったいどこに神様がいるのかとは思います。

あ、今ちょっと変なことといいましたね。うーん、存在を信じていないわけではないんですけど、やっぱり証明はできない。そのことに関しては、今も悩んでいます。

中学生のときに友だちにいわれたんです。「神様ってなんでもでくっとか」って。全能なのかという意味です。

1 赤尾スエミ、一八九ページ。

全能なのにできないことがいっぱいあるじゃないかといわれましたね。屁理屈《へりくつ》だったんでしょうけど、自分は口下手なのでいい負かされてしまいました。

完全に神様を信じているのかといわれるとなかなか答えは出ないんですけど、カトリックの教えは愛と赦しです。人として正しいというか、習うべきものです。自分はいい宗教に生まれたなとは思っています。

日本には、極刑にしないと犯人を赦せないと考える人が多いですね。それだといつまで経っても人は仲良くならない。恨みの連鎖を断ち切れない。そこさえ赦せないのに、世界平和だなんていえないよなって、いつも思います。

堅信[2]は中学二年のときです。カトリックの家に生まれたら、強制的というわけではないけど、日程もあらかじめ決まっていて、本人の意志とは関係なく受けます。

中学一年になると堅信組と呼ばれて、勉強会に通います。カテキズム、日本語で公教要理というカトリックの教えに沿った勉強で、いろいろ覚えなくちゃいけないんですが、これが全然覚えられない。

昔の人たちは丸暗記して、「人とは何でありますか。人とは肉体と霊魂を合わせたものであります」というように、今でもちょっと聞くとスラスラいえるぐらいですけど、自分の頃はもう少し甘くなっていましたね。

神父様が試験をしてくださって、それに通らないとだめなんですが、追試もあってみんな最終的には通りました。成人式みたいなものですけど、本当に中身も成人なのか、模範的なカトリック信徒なのかは疑問ですけど。

自分は男四人、女二人のきょうだいの三男で、一番上の兄は神父です。神父になるだろうなあとは思っていました。

歌をうたえばきれいな声で、聖歌隊でメインをはる。病院に行くと、じいちゃんばあちゃんのために歌をうたって、部屋を渡り歩いていたと聞きました。

学年は六つ上で、兄が聖母の騎士学園の神学校に入ってからも、夏休みに帰ってきたときは一緒に遊びたいと思っていました。かっこいいし、やさしいし、憧れの存在でしたね。人を惹きつけるものをもっていて、この人こそ神父になってもらわなければと思っていました。

神学校に行くと、初誓願から有期誓願、無期誓願、終生誓願と段階を踏んで進んでいくのですが、その過程で悩んでやめていく人が多い中で、それでもやめないというのはそれだけ強い意志なんだろうと思います。途中でやめていくのを悪いことだと自分は思いません。きついですよ。誓いを守るといっても、やっぱり異性を前にしてどうにもならない感情が出てくることもある。

自分の一つ上の先輩は神学生になって大学の途中でやめてしまったんですけど、地元に帰ってからこの教会に行くのがすごく怖かったといっていました。信者さんたちみんなに期待されて神学校に送り出されたから、人の目があるでしょう。今はずいぶん変わりましたけど、昔は後ろ指をさされることもあったそうです。でも、それっておかしいですよね。キリスト教は愛と赦しの信仰なのに、後ろ指さすなんて。イエス様がいたら絶対怒られますよ。

姦淫した罪で石打ちの刑にされた女性に石を投げようとしている人たちに、イエス様は、「あなたたちの中で罪を犯したことのない者が、まず、この女に石を投げなさい」(ヨハネ8・7)って怒りましたよね。イエス様の言葉を思い起こせば、基本には赦しがあるはずなんです。

じつは私以外のきょうだいは、みんな神学生だったんです。神父になった一番上の兄以外はみんな途中でや

2　一部の教派において、幼児洗礼も含め洗礼を受けた者がキリスト者として生きる決断をしたとき堅信を受ける。堅信式は聖霊の恩恵を十全に付与されるための儀式。ルター派、聖公会などでも行われる。

めました。もし自分以外がみんな神父やシスターになっていたら肩身が狭かった。今頃、大変なことになっていたと思います。

なぜ自分が神学生にならなかったかというと、なんとなく親や親戚が跡取りの話をしているのを昔から近くで聞いてきて、意識せざるをえなかったからでしょうね。うちは昔、酒の小売店だったんです。

あとは、自分の性格です。内面的に弱いところがあって、すごく、びびりなんです。目立つのも嫌。

神父になると説教しなければならないじゃないですか。自分の子どもの頃は野下千年神父様という方だったんですが、すごく長い説教をする人で、ぼくは毎週毎週あんな長い説教考えきらんって思いました。

作文だって原稿用紙半分ぐらいしか書けなくて、あと何を書くんだって思っていたぐらいですから。人前で話ができない。それが一番の理由です。


さっき、神様の存在を証明できないといいましたけれど、神様がいないと思ったことはないんです。ただ、神様、なんで自分がこんな目に遭うのかと思ったことはあります。

高校を卒業する手前くらいから、髪の毛がなくなってきたんです。二十代前半にはもう人前に出るのも嫌だった。なんでおれが、教会に通って、人にも悪いことはしないおれが、なんでって、死を考えるところまで苦しみました。

青春時代なんて味わうこともできない、そんなことまったく考えられなかった。内にこもって、髪のことばかり気にして生きてきたんです。

母方のじいちゃんが薄かったし、いとこにも何人かいるので、遺伝的なものなんでしょう。今となってはあきらめざるをえないですけど、若いとそうはいかなくて、二十代の頃はそのことに一番悩んで苦しみました。

結婚したのは、四年前です。結婚はあきらめとったんです。でも、その一年前に妹が結婚して意識が変わった。兄の神学校時代の友人に今の奥さんを紹介されて、青年会で一緒に活動するうちに仲良くなりました。五島のルルドの泉がある井持浦《いもちうら》教会の出身で、自分がもっていないものをもっているしっかりした人だなあと思って。

子どもはまだです。次男と長女のところに三人ずつ子どもがいるんですけど、洗礼を受けてそのまま、大学生になったり就職したりすると教会にはあまり行かなくなりますね。

カトリック教会はどんどん信者が減っています。宣教もあまりしていないように思います。浦頭教会も登録会員が二〇〇八年に四九四人だったのが、二〇一八年には三七三人になっています。ミサは二〇〇人来たらいいほうでしょうか。

ときどき思うんです。五島の信者は隠れて信仰を受け継いできた、守ってきた。それって性格的にも遺伝していくんじゃないかって。自分の勝手なイメージにすぎませんけどね。

本当はエホバの証人みたいに、家を一軒ずつ訪ねて話をするのが宣教だと思うんですけど、自分にできるかといわれるとたぶんできないし、しないなって思います。

長崎と天草地方の教会群がユネスコの世界文化遺産になって、何かしなきゃいけないとは思うんですけど、自分たちはただ信者として生活しているところなので、変える必要があるのか。ただ、五島の人口は減っているし、若者も少ないし、仕事のことを考えると観光で雇用が増えるのはいいのかなとかいろいろ考えます。

二〇一七年に店を改修してコンタツ堂という無料休憩所をオープンして、ミサのある日は開けています。コンタツはロザリオのことです。

今の会社に就職したときに民芸の部署にいて、二番目の兄から何か作れるようになってくれといわれて、聖母の騎士の修道士さんにロザリオの編み方を習いに行ったんです。手先は器用なほうかもしれません。

一年下の後輩が仕事の関係で三年ぐらい五島を離れるというので、お別れのしるしにロザリオを作って渡そうとしたんです。おれにはこんなことしかできないけどいるかって。そうしたら、「ぼくは欲しかです、でも宗教がカトリックじゃないんで、もらっていいんですか、すごく心配です」っていわれた。

彼は仏教徒なんです。神父様に聞いたら、全然大丈夫だよっていわれたので、差し上げました。だから信者じゃない人がかけても全然かまわないんですよ。出会った記念に作りますので、よかったらこちらから十字架を選んでください。

2018/8/24

親が熱心すぎると、かえって毛嫌いしちゃうんだよね。

菊池隆一
一九四六年生
日本正教会上武佐ハリストス正教会
北海道

うちのおじいさんは北標津《きたしべつ》で伝教者やってたからね。歯舞島《はぼまいとう》とか、国後島《くなしりとう》の古釜布《ふるかまっぷ》（露ユジノ・クリリスク）とか、あっちこっち漁船でまわって活動してたんですよ。

家は農家なんだけど、家庭をほとんど顧みなかったから、ぼくの父親は教会に対して全然熱心じゃなかった。親が熱心すぎると、かえって毛嫌いしちゃうんだよね。そうはいっても自分も親だから、一応、ぼくら子どもに洗礼だけは受けさせたんです。

菊池家はもともと岩手県奥州《おうしゅう》市の米里《よねさと》の出身で、ずーっと正教会の信者だったの。明治二十三年に結構おっきな教会[1]が建ったみたい。教会は火事で燃えちゃって、今はもうないんだけどね。

1　日本における正教会は、箱館のロシア総領事館付属礼拝堂の司祭ニコライ・カサートキンに始まる。禁教下の一八六八（慶応四）年、のちに日本人初の正教会司祭となる土佐藩士沢辺琢磨《さわべたくま》、箱館の医師の酒井篤礼《とくれい》、能登出身の浦野大蔵に洗礼を授けたのを機に、北方警備のため箱館に集まっていた仙台藩や盛岡藩の藩士に次々と洗礼を授けた。彼らの多くは正教の教えを伝える伝教者となって全国に赴いた。米里は仙台藩と盛岡藩の国境にあたる交通の要衝、東北への宣教活動の拠点だった。米里に人首《ひとかべ》ハリストス正教会ができたのは一八八一（明治十四）年、聖堂が建った頃は三〇〇名ほどの信者がいたという。一九三三（昭和八）年の大火で焼失した。日本正教会公式HP、及川宏幸「岩手県江刺人首のキリスト教㈡」「東北宗教学15」（二〇一九）など参照。

おじいさんは北海道には伝教者として来たんだけど、学校に先生がいないっていうんで頼まれて校長先生もやってたから家のことはできなかったんだね。

戦後、北標津には進駐軍の飛行場があってね。米ソ冷戦時代だから、ロシア正教会の信者だっていうんで、父親はあとをつけられたりしたこともあったみたい。ちょくちょくそういう話をしてたなあ。ソ連のスパイじゃないかっていわれたって。ぼくは子どもだったからよくわからないけどね。

自分の聖名が「スターヒー」だとわかったのは、ぼくが中学生ぐらいのときかな。物心ついた頃にはもうおじいさんはいなかったし、父親もそんな感じだったし、教会に行く手はずもなかったからね。

北標津って山のほうなので、上武佐の教会に行くといっても一日仕事なの。子どもが六人も七人もいるから馬車で行くわけだけど、片道だいたい三時間かかったよ。だから年に二〜三回ぐらいしか教会には行けなかった。生活に追われてたからね。

十六歳で働き始めたの。最初は水産加工場で冷凍機関士やってた。朝まで機械まわすし、日曜日も忙しくて、ほとんどうちに帰れなくてね。教会行ってどうのこうのって生活じゃなかった。

でも二十歳過ぎてからだけど、聖書は読んだの。夜中も仕事しているから、あいまに読む本がなくてね。漫画は昔っから嫌いだし、文庫ばっかり買ったらお金もないもんだから。一番安いのが新約聖書だったんだよ。教会の人間だからちゅうことで読んでみたんだね。誰にも教わってないから聖書の話は知らなかったよ。父親にも教わらなかった。

信仰心はあったんですよ、うちの父親だって間違いなくね。

よくいってましたよ、箪笥に白いさらしをかけてマリアの写真一枚置けば、どこへ行っても教会として通用するんだって。仏教みたいに家に仏壇置いたら教会に行かなくなるから祭壇作っちゃだめだといって、お祈りしたいなら教会へ行けと。それが体のいい勧めの言葉でしたね。

それくらい、生きていくのにゆるくなかった[2]っていうわけ。信仰心はあったけど、できなかった。余裕がなかったの。それをぼくら子どもにはいえないから、祭壇を手作りしたんだね。教会をなくしちゃいけないっていうのも、ずっといってたからね。

今、ぼくが会計やったりしているのも、教会を自分の代でなくしちゃいけないって気持ちからだね。だって、一人でもそこに信者がいればかわいそうだから。自分のためじゃないのよ。納骨堂も一人でも骨があるあいだはつぶしたくない。おれの代でどうにでもなれっていう気にはなれないのよ。

2017/6/10

うちは男ばっかし息子が三人いるんだけど、みんな都会に出ちゃってるから教会に関心はないね。子どものときに洗礼は受けてるけど、何もわからねえで受けてるから、それがなんなのよっていうのが子どもらの話。うちの妻も結婚してから洗礼受けたけど、子どもらの嫁さんは受けてない。

ぼくの亡くなった双子の弟は、輔祭にまでなって教会のことをやってたんだけど、やっぱり息子と嫁さんは無視してるんだよな。やっぱり親が熱心だと子どもはどうしてもだめだねえ。

そんなふうに波があって、教会は進んできたってことだと思いますね。ぼくは六人きょうだいなんだけど、うちだって教会に顔出してるのはおれだけだよ。

2　北海道弁で容易ではない、きつい、楽ではないという意味。

ぼくは神の存在はわからない。こんなこといったら怒られちゃうけど。

貫洞《かんどう》廣明
一九四八年生
日本正教会山田ハリストス正教会
岩手県

定年になって東京から岩手県下閉伊郡山田に引っ越して、山田ハリストス教会でお世話になっています。貫洞も母親も山田の出身で、小さい頃からよく母親に連れられてきました。そんな思い出の町で新しく家を建てて住み始めたとたん、震災で波かぶって大規模半損壊です。

揺れたときは、近所の方と津波は大丈夫だろうかと話していたんですが、「いやあ、JR陸中山田《りくちゅうやまだ》駅の線路のとこまでしか津波は来ないよ」っていわれて、防潮堤のほうを見たらぱーっと砂煙がたってて、そのあたりの屋根が動いてたもんだから、これはもう、と直感して山田中学校に逃げました。一緒に話をしていた方は自宅に戻って流されてしまいました。

父親は若死にしたので、母親からぽつぽつ話を聞いただけなんだけど、うちの初代の信者は父方の祖父のシメオン貫洞助治で、山田出身の大工だったそうです。

東京のニコライ堂の設計はジョサイア・コンドル[1]だけど、鐘楼の建設にかかわったのは祖父だったそうです。ニコライ堂の資料の中に、シメオン貫洞って名前がいっぱい出てくるんです。木造ビザンチン建築として日本で一番古い秋田の北鹿《ほくろく》教会は、設計から手伝っています。

父親は東京生まれだけど、結婚するときに山田の娘をもらうということで、母親が東京の貫洞に嫁いだんです。母方の祖父はもともと貫洞から養子に行った人なので、どうやらいとこ同士の結婚だったらしいです。ぼくは四人きょうだいの三男で末っ子。長女は五歳で死んでるんですね。長女が死んだために、母親はすぐ上の兄とぼくを産んだのかな。女の子を欲しがっていた。

幼児洗礼は受けてなくて、次兄はニコライ堂で結婚したときに奥さんと洗礼を受けています。ぼくも二〇一四年にニコライ堂で受けたんです。祖父の代からやってるから、入っておこうかなってぐらいでね。

うちが仏教徒だったり神道だったりしたら仏教や神道になってたと思います。代々つながってるっていう、それだけ。みんなそうだと思います。

人間いつか死んでいくわけですよね。ぼく自身、母親が入院したとき、病院で寝泊まりしてそばにいたんだけど、神様助けてとか思わなかった。母親も信じてなかったと思います。ただ、祭事日にはろうそくを灯していましたね。父親の命日にもろうそくあげてましたけど、うちの聖書も古くなりましたから、ぼくが信者になってから新しい聖書を買ったぐらいです。

山田の教会が新しく建つというんで、自分の声が反映されるかどうかは別にしても、教会の中にぼくの考え方がちょっとでも入っていればありがたいというか、参加したいっていう意識ですね。貢献したいという気持ちもあるし、チョイスされなくても醸し出されていればいいかなと思って。だから意見はいう。

ここはね、本州のファーイーストの教会なんです。極東、ライジング・イン・ザ・サン。そこをアピールで

1　一八七七（明治十）年来日。工部大学校、現在の東京大学で建築学を教えた。鹿鳴館やニコライ堂などを設計。東京駅で知られる辰《たつ》野金吾《のきんご》ら多くの建築家を育てた。一八五二―一九二〇。

きるんじゃないかなって考えています。

西洋に巡礼の道ってありますよね。四国にはお遍路さんがある。東北にはなんにもない。だから巡礼の道を作ってみたらどうかなと。キリスト教会だけじゃなくて、神社仏閣も入れてね。

震災後、山田に移住されたある大学の先生にそんな話をしたら、「貫洞さん、信仰してるんじゃないの」っていわれました。

ぼくは神の存在はわからない。こんなことといったら怒られちゃうけど。

2018/3/11,12/2

メソジストの洗礼はカトリックでは有効とみなされない。このままでは天国に行くのはむずかしいよって、おやじといい合いをしました。

栗栖二郎
一九三五年生
カトリック古田町《ふるたまち》教会
鹿児島県奄美大島

ぼくのおやじは和歌山県出身で、十七歳のときにアメリカにのぼってるんですよ。明治の後半のことだと思いますが、当時の和歌山はアメリカにのぼる人が多かったらしいです。アメリカに渡るじゃなくて、「のぼる」っていっとったですね。

アメリカでは、あちこちでコックしながら二十年ぐらい生活して、教会の名前はわかりませんけど、ロサンゼルスでメソジストの洗礼を受けました。

流れが好きな人でね、日本に帰ってからも和歌山には帰らず奄美に流れてきたんです。枕木商売といって、内地に送る鉄道用の枕木を伐採して送り出す仕事なんだけど、その監督もしとるんですよ。

戦時中、カトリックは旧教、プロテスタントは新教と二つのグループに分かれなきゃいけなかったんだけど、新教の人ってふだん家族にあまり宗教の話をしないんです。マリア崇拝もないし、十字架も切らない。ぼくは昭和十年生まれで、おやじから見ると孫といってもいいぐらい年が離れた子どもだったので、あまり話を聞いてないんです。

でも、ぼくがカトリックになったのは、おやじがきっかけです。戦後、カプチン・フランシスコ修道会の神父様が来られたときに、英語が話せてコックもできるのがいるからと紹介してもらって、おやじが教会で働くことになったんです。

教会といっても家庭教会で、池田嘉次郎《かじろう》という人のおうちでした。ちょうどぼくが名瀬中学に行く途中にあったもんで、よく通いました。

奄美が一番貧しい、米も十分にない時代ですから、里芋とかグリーンピースとか、神父さんたちが食べた残り物をもらうために必ず寄りよったんです。

戦後すぐ奄美に入ったカプチン・フランシスコ修道会のフェリックス・レイ管区長やオーバン・バルトルドス神父とも、子どもの頃からお付き合いがありました。そのあと来られたコンベンツァル聖フランシスコ修道会のルカ・ディジヤク神父とは、三年間、一緒に寝泊まりして、朝の鐘打ちをしたり、パンを焼いたりしましたよ。

洗礼を受けるずっと前からそういう暮らしをしていたもんで、カトリックにはなんの抵抗もなかった。この世の中が神によって造られたという教えを、まったく疑いもなく受け入れられました。

洗礼を受けたのは、二十一歳です。キリスト教は頭に染み込んでいますから、公教要理を勉強したときもなんの疑問もありません。ただ最初は落第してしまって、二年間勉強させられましたけどね。

作家の島尾敏雄さんが昭和三十一年十二月に聖心《みこころ》教会で洗礼を受けておられますけど、ぼくはそのちょうど半年前でした。

ぼくのあと、おふくろも洗礼を受けました。おふくろは笠利の出身で、子どもの頃から貧乏で、小学校も出ていないほどの生活をしていたんです。それでカリタス会のシスターに公教要理を教わって洗礼を受けた。ぼくよりおふくろのほうが信仰は強かったですね。厳しい時代でしたよ。教会には椅子もなくて、みんな畳の上にひざまずいて祈っていました。

女房とは見合い結婚です。大笠利出身です。大笠利には、大阪の釜ヶ崎《かまさき》で貧困生活している人たちの支援活動をしておられる、フランシスコ会の本田哲郎《てつろう》神父様のご両親の実家があって、本田神父[1]のお父様が埼玉県の浦和《うらわ》教会で伝道師をなさっていたとき、女房はその家に住みながら働かせてもらって、洗礼はフランシスコ会の田園調布教会で受けているんです。もう、恵みがいっぱいです。

おやじとは、天国と地獄や、霊魂の行き場のことで衝突したことがありました。あなたはカトリックじゃないから罪の状態にある、このままでは天国に行くのはむずかしいよっておやじにいったんです。カトリックでは、人間は原罪をもって生まれてきて、洗礼を受けなければその罪は赦されないと教えられますから。メソジストの洗礼はカトリックでは有効とみなされません。メソジストからカトリックに移る場合は、カトリックの洗礼を受け直さないといけない。洗礼は一度受ければ有効だとプロテスタントではいいますけど、カトリックは今でもカトリックの洗礼がないとだめなんです。

おやじは結局、最後の最後にカトリックに改宗しました。たぶん心に不安があったんでしょうね。もうこれで終わりだという死の間際に、「神父さん呼んでこい」といわれて、カトリックの洗礼を受けました。

1　大笠利教会は戦時中、奄美でもっとも激しい迫害を受けた教会で、一九三六（昭和十一）年に放火によって焼失。戦後まもなく再建されたもののそれも放火された。教会にあったアンゼラスの鐘は戦時物資として供出されたと考えられていたが、その後、本田神父の父らが運び出して宮崎県に一時疎開、終戦後は奄美が占領下にあったことから埼玉県の浦和教会に送られていた。一九八四（昭和五十九）年、浦和教会から大笠利教会へ返還された。『カトリック奄美100年　奄美福音宣教100周年記念誌』（一九九二）、カトリックさいたま教区・高崎教会公式HP参照。

ぼくの生活は聖霊によって守られてきました。子どもは男一人、女三人、孫は一三人。全員洗礼を受けて教会に通っています。すべて聖霊のおかげです。

こないだ孫が上智大学の先生を代父に堅信礼を受けました。先生にいわれたらしいです。「教会を離れたらいかんぞ」って。「神様があなたを捨てるんじゃない、あなたが神様を捨てるんだ」と。なかなかいい言葉だと思いましたね。恵みがいっぱいです。

2017/10/29

ああ、この人は信仰をもつ人だと思ったの。自分の罪を最後に告白できた。私にとってはおっきな奇跡でした。

木田昭代
一九四一年生
カトリック古田町教会
鹿児島県奄美大島

主人とは小中学校時代の同級生で、大人になってから再会して結婚の話をいただいたんです。あちらは仏教の家でしたから、私はカトリックだけどいいかと確認して結婚したつもりでした。お母様が長患いして、最後は洗礼を受けて亡くなったと聞いていたので、カトリックには理解がある家だと思っていたんです。

ところがその後、お父様が再婚して地元で商売を立ち上げておられた。その新しいお義母さんには私がカトリックだということが伝わっていなくて、家の目の前に教会があるのに十年間、教会に行けなかったんです。カトリックは嫌いだといわれて、いろんなことでぶつかるようになりました。ユタ[1]にすごく熱心で私のことも占ってもらったらしくて、この家はどうだこうだ、この嫁とは合わないとかってお義父さんに告げ口された。すごく気を遣って生活していました。

私は二人、子どもを亡くしているんです。いろんなことを義母にいわれるもんだから、病院に行くお金をく

1　沖縄や奄美の伝統的な民間霊媒師。

ださいともいえなくてね。

「お義父さん、今日は産婆さんに行くから五〇〇円ください」といってお金をもらって検診に通っていたんです。でも産婆さんだと、へその緒が絡まっているのもわかりませんよね。

ある日、破水がさきに来てしまって、主人と二人で産婆さんに走ったんです。でも私の前にお産を控えた人が三人いて、私は初産だから長く時間がかかるだろうからと置きっぱなしにされてしまいました。結局、救急車で病院に運ばれて、私自身が助かるかどうかという状態にまでなりました。

そのあと鹿児島にいる兄が帰ってきて、「妹はもう、うちに戻してください」と義父母にいったんですけど、逆に私のことをさんざん非難されたそうです。

二人目の子どものときは病院でお産をして、すぐに生まれてよかったねえといわれて安心していたんです。ところが喉に奇形があってミルクがうまく飲めない。飲んでもむせるんです。

急いで洗礼を受けさせたいと思って、小学校の頃から教会で一緒に遊んでいた同い年の押川壽夫《おしかわとしお》神父様（那覇教区前司教）に主人から頼んでもらったんです。でも神父様がいらしたときはもう命がなかった。

神父様は私の手を握って、「昭代、残念なことばっかりだったね。だけど、神様からの戒めだと思って受け止めれ。これがあんたに与えられた十字架だって、乗り越えていく信仰をもとうよ」って慰めてくれてね。

それから子どもが五人生まれて、大きい病気もなく順調に育ちましたけど、お父さんとお母さんがそういうことを乗り越えて今があるんだよという話をよく聞かせています。

奄美は戦後の焼け野原状態のときに、カプチン・フランシスコ修道会からフィリピン人のパトリック・フィン神父様が赴任されて、占領中はものすごく信者が増えたんです。宗教を求める人たちが多かったんだろうと思います。

みんな本当に貧しくて、農業やったり漁業やったりして自給自足の暮らしです。私が生まれ育った大熊《だいくま》はカツオ漁がとても盛んな町で、みんな海に出て収入を得ていました。森を伐採して線路用の枕木を作る仕事もありましたね。

教会に行くようになったのは小学生のときです。同級生に信者が三人いて、教会に遊びに行くうちに洗礼を受けることになったんです。貧しくて遊ぶ場所もなかったので、子どもたちはよく教会で遊びよったんです。神父様の話を聞いたり、伝道師さんに教えてもらったりして、自然に入っていった感じですね。神様がどうだこうだじゃなくて、流れのまま受けたという状態です。きょうだいは八人、カトリックは私だけでした。

小さいときから聞かされていたのは、人を愛しなさいという言葉です。どんな意味なんだろうっていつも考えていました。親のことも、友だちのことも大事にして、自分からも積極的に友だちになろうとしたりしてね。学校から帰ったら水を汲《く》んだり、山に薪を採りに行ったりして、そういうときは友だちを誘っていきました。

小学六年の十二月に、母が亡くなりました。とても寒い日の朝でした。家の人にわからないようにそっと部屋を出て、教会で扉が開くのを待っていました。

そうしたら、パトリック神父様が私の前にやって来られて、自分のジャンパーや毛糸の洋服を着せてくれました。

母は父の二番目の奥さんでした。最初の奥さんは三人子どもを残して早くに亡くなって、そのあと父が母と再婚して私たち五人が生まれました。うちは普通に仏壇のある家で、生前はわからなかったんですけど、母の実家はもともとカトリックだったらしいです。迫害を経験した人たちですから、仏教の家にお嫁に来たからには、信仰のことを絶対に漏らさなかったんだろうなあと今は思います。

でも母が亡くなったあと、父は急に洗礼を受けるといって勉強を始めてカトリックになりました。それからは、父と一緒によく教会に行きよったです。

母が亡くなって姉もお嫁に行ったもんだから、父と私はしばらく兄の家に引き取られて鹿児島に住みました。兄は紬《つむぎ》業だったんです。

いつどうなるかわからないから、女も手に職をもたなければならないといって、在宅している公務員の奥さんたちを集めて養成して、工場で機織りとして働いてもらっていたんですよ。私も兄にいわれる前にちゃんとその準備をしてお手伝いしていました。

鹿児島では、谷山《たにやま》教会でレジオ・マリエという奉仕グループに入って、保護観察所にいる少年たちと交流する会で活動しました。その全国大会が東京で開催されるというときに、あることが起こりました。会長さんの奥様がちょうどお産が重なってしまったので、私に行ってほしいと頼まれて一人で行くことになったんです。

一九六三年、東京オリンピックの前の年でした。大都会だから怖いという気持ちはまったくありません。地図だけ持って東京行きの汽車に乗って、ロザリオの祈りをずっと唱えよったんです。一日かけて東京に行く時代でしたけど、車内は満員でした。

名古屋駅に停まったとき、ちょうど私の隣の人が降りたんです。するとホームで窓をトントンって叩く人がいる。席をとってくれっていう合図ですね。

その方のために席を確保して、それから道中いろいろお話しすることになりました。靴の問屋さんで、名古屋に注文を取りに行った帰りだったそうです。

東京には夜に着いたんですけど、私は旅館も何もわかりません。そうしたら、家が近くだからということで、上野動物園の近くの旅館まで届けてくださいました。

聖霊の恵みだとつくづく感じました。人を愛しなさいというのは、こういうところから生まれるんだと。相手を待つのではなくて、自分からも声をかけて、その中で見つけていくんだって私は悟りましたね。

じつはその頃、レデンプトール宣教修道女会に入る手前でした。ドイツ系の神父様が多い修道会で、一九五七年に女子修道院を創立されたんです。谷山教会ではレデンプトール会のヨハン・レヒナ神父様とレジオ・マリエの活動をしてたもんだから、私を引き寄せたい引き寄せたいと思っていらっしゃったんですね。レジオ・マリエには純心女子学園や鹿児島大学の学生たちがいて、ある日、二人のお友だちと一緒に奄美に旅行したんです。姉の子どもたちがカツオ船に乗ってたもんだから、漁協の方が船を出して瀬戸内《せとうち》の湾を見物させてくださったんですね。友だちはとても喜んでくれました。そのときに、「おう、久しぶり」って声をかけてきたのが主人だったんです。

結婚の話をしたら、レヒナ神父様はもうがっかりしてね。管区長の神父様と一緒に、さあどうしようって。レヒナ神父様は、もう絶対私を修道会に入れるっていってましたからね。私も迷って迷って、でも同級生たちは、断るんだったらもう絶対結婚するなというし。それで結局、結婚を選びました。

どちらに進んでも、谷ありですね。結婚してからは、野菜から何から食生活全般の販売をする商売だったので忙しくてね。教会に行けないだけじゃなくて、聖書を読む時間もありませんでした。

だけど祈りだけは、絶対忘れませんでしたよ。義父母が病気になったときは、病気を治してくださいではなくて、この人たちの罪を赦してくださいと祈り続けました。

じいちゃん（義父）は、私が知らないうちに洗礼を受けて亡くなりました。じいちゃんは私がお義母さんにいじめられていたことを知っていたんです。私が洗礼を勧めたとお義母さんに思われないように、あえて私にはいうなといって、義姉が神父様につないでくださっていたんです。

義姉が看病していたとき、こんなことがあったそうです。土曜日の夕方六時頃、お義父さんのベッドのまわりを白い物をかぶった男女の子どもたちが囲んでる、あんたに見えないねっていうんですって。「いやあ、私には何も見えないよ、お父さん」と答えてその日はそれで終わった。でもその一週間後、同じ土曜日の晩にまた同じ話をするんですって。

義姉も母親が洗礼を受けて亡くなったのを知っているから、「お父さん、洗礼受けたいの」って聞いたら、「洗礼受けたいっち」って。「神父様を呼べ」っていうもんだから、義姉が電話をして神父様が来られて、それで洗礼を受けたっていうんです。

私は何も知らないですよ。義姉が帰ってきてね、「昭ちゃん、昭ちゃん、今日病院で大変なことがあったのよ、当ててごらん」って。なんでそんなこと私にわかるねっていったら、「お父さんが洗礼受けたよ」って。

それ聞いたときはね、今までのいろんなことがスーッと真っ白になりましたよ。

ばあちゃん（義母）は糖尿病を患っていて、二年間、入院生活を送りました。店は娘に任せて、ばあちゃんの実の娘と交代で病院に泊まり込んだこともありました。

「もし、ばあちゃんの手足が立たなくなっても、私が手となり足となって奉公してあげようと思ってたんだよ」っていったんです。そうしたら、だまーってね。夜泊まるときは、ロザリオの祈りを唱えながら、この人の罪をお赦しくださいって祈り続けたんです。

そうしたらある晩、眠る前に手を合わせて、ばあちゃんがいったんです。

「神様、私はこの娘をいじめて、いじめて、いじめ抜いてきた、この娘を病気にさせないでください」って。三回いったんです。

ああ、この人は信仰をもつ人だと思ったの。自分の罪を最後に告白できた。これまでのことが全部流れ落ちました。私にとってはおっきな奇跡でした。

お寺でばあちゃんの葬儀を終えるとすぐに教会に駆け込んで、「神父様ーっ、告解お願いします」といいました。時代は平成になっていました。

私は手帳にその日あったことを書き留める性格で、この日はお義父さんにいくらもらって何に使ったとか、日記みたいに記録してるんですよ。それを持って、教会には結婚して一年ぐらいしか行けなかった、教会に来れないあいだ、私はこんな罪を犯しました、あんな罪を犯しましたと告解しました。

神父様、泣いとってね。教会には来れなかったけど、祈りだけは忘れんかった、教会のことには協力しとったって、泣いとってね。その日から教会に通えるようになりました。

いろんな困難を乗り越えて生きてきたから、信仰の恵み、信仰の力が私を助けてくださった。子どもの頃から、伝道師の先生や神父様と一緒に勉強してきた信仰の教えが私を助けに来てくれたんだと思います。

2017/10/29

神様より親が怖かった。

生田三徳
一九四八年生
カトリック大曾《おおそ》教会
長崎県新上五島《しんかみごとう》

五島のキリシタンは山を切り開いて宅地と畑を作って住みついたので、「開《ひら》のもん」とちょっと蔑《さげす》んだいい方をされた時代がありました。

ぼくらが小学校の頃は、学級委員長のような立場にもなれなかった。ぼくらよりちょっと下の世代になって、だんだん溶け合ってきたのかな。学校の委員もするようになった。

諸先輩にいわせたら、いやいや、ぼくらのときもそうだったよっていわれるかもしれないけど。「開のもん」っていう言葉は普通に耳にしていて、特別だったわけではなかったと思いますね。今のようないじめとはずいぶん違いました。

なにせカトリックの家は子だくさんですから、青方《あおかた》小学校の同級生四〇人のうち一五〜六人はカトリックです。学校には大曾と樽見《たるみ》というカトリックの集落から登校していて、三人に一人ぐらいはカトリックでしたね。人数が多かったんです。

大曾の先祖は、長崎県の三重《みえ》という場所の出身だったと聞いています。江戸時代に外海一帯から五島に渡りましたが、その中の一つの地区です。

もともとカトリック集落で、今も九割は信者です。ぼくは八人きょうだいの四番目で三男ですが、生まれたら洗礼を授けるのは当たり前でしたから、みんな幼児洗礼を受けています。

自分の意志で信仰を告白する堅信式も、表現は悪いですけど、中学二年になったら半強制的に受けさせられました。大人になる過程の一つ、といえばわかるでしょうか。

それが普通だったので、神様に祈るのもマリア様に祈るのも、特別なことではなかったんです。子どもってそういうものでしょ。

神様より親が怖かった。厳しく怒る親でしたからね。何かいたずらすると、こっぴどく怒られていました。

日曜日になると神父様が告解部屋に座られるので、罪を告白するんですけど、高校生ぐらいになるといろんな考え方が芽生えてくるでしょう。友だちのことなんかも、あのやろうこのやろうって憎むこともある。おれは悪い人間だ、いい人間じゃないんだって思うようになる。

告解せんばいかんなと思いながらも、一週間先延ばしするとか、行こうか行くまいか悩んで時間が経って、ああ、すいません、よくなりましたって。子どもの頃は自分からすすんで告解してたんですけどね。

たとえば、人の物を盗《と》ったとします。本人に返しました、では終わらないんです。その人には赦されたけど、神様にも赦しを乞わんばいかんじゃなかろうかと思って、それで告解に行くわけです。

盗りましたけど、返しました、罪の赦しをお願いしますと告白して、ようやく肩の荷が下りる。もし相手に返さないまま告解に来て赦しを乞うても、神父様は赦しを与えきれない。たぶん返してからもう一回来なさいといわれると思いますね。神父様が赦すわけではないですから。神父様を通して、神様が赦すんです。

大曾教会も、多いときは三〜四〇〇人も信者がいたんですけど、今は一六〇人ぐらいです。少子化もありますが、仕事がだんだん減ってしまってね。上五島にいても就職するところがないから都会にどんどん出ていくんです。

ちょっと何かやろうと思っても、船で長崎に出ていかんといかん。ここは映画館もないですからね。あとは高齢化が大きいです。

昔は、信者は信者同士で結婚していたんですけど、最近は宗教が違うこともありますから、そうなると、子どもが生まれても洗礼を授けない場合もある。

うちの次男が神父になれんかなあ、宣教師になれんかなあと思って、宣教《のぶたか》という名前をつけたんですけど、本人は全然その気がなかった。

自分の子どもを神父やシスターにするのはすごいことで、神様に捧げる最高の贈り物という想いがあるんですが、今は一人っ子も多いですから、そういう考えもなくなってきましたね。

たぶん私自身が、親にそう思われていたかもしれません。中高は長崎の海星《かいせい》学園というミッションスクールに行って、六年間寮生活をしました。ここは長崎県内のあちこちからカトリックの子たちが集まる学校です。自分の意志ではなくて、親が神父様と話をして、中学から海星に行けといわれて行きました。こちらはわからんので、ただ、はいと。あっというまに行ってしまった。

海星学園はマリア会という世界的な組織が経営していて、そこから奨学金が出ますし、長崎公教《こうきょう》神学校（現・長崎カトリック神学院）も、長崎教区の人たちが少しずつお金を出し合って学校に行かせてくれてるんです。

卒業したあとは、名古屋の南山《なんざん》大学に行きました。南山大学には当時バチカンの養成講座がありましたが、神父を目指したわけではない、ということにしておきます。

でも、私は勉強が嫌になった。大学二年の終わり頃だったかな、ああ、嫌だと。

文学部哲学科だったんですけど、もう、途中でついていけなくなったんです。自分は聖職者になりたかったわけでもなかったので、葛藤があったわけではない。ただもう、これ以上勉強したくないという、そのほうが大きかった。親はちょっとがっかりしたと思いますけどね。

親には仕送りしてもらっていましたけど、そういう流れでみんなのお金で学校に通っていたので、お返しせんばいかんという気持ちにはなりますよね。

島に戻ってからは役場に勤めて、その頃から教会の役員に選ばれて、ずっと奉仕はしてきました。それが当たり前だったんですけど、最近は私の跡継ぎを作らんばいかんとなって、それが一番のネックになってますね。いつ死んでもおかしくない年になりましたから。


小さい頃から神様がいるのは当たり前だったので、どんなときに神様の存在を感じるかを具体的に表現するのはむずかしいんですけど、ときどき、自分ではできないことが、ぱっとできることってあるんですよ。それってなんだろうと。

神様が手伝ってくださったんだ、神様に力をいただいた、神様に感謝しようって、そういうことはよくあるんです。

若い頃の話ですが、大曾から青方に車を走らせていたときに、老人が一生懸命歩いてたんです。普通ならそのまま走って通り過ぎていきますけど、そのときはふと車を停めて乗せてあげた。

そうしたら、降りるときに存外にお礼をいわれたんです。ありがとうって。乗せようと思って乗せたんじゃないのに、とても感謝された。お礼の言葉に感謝の気持ちが溢れていました。

なんだ、自分はいいことしたんだって思ったんです。ああ、よかったって。神様ありがとうございます、またがんばりますっていう気持ちになりました。

感謝の気持ちがもてると、次のときもやりやすくなる。人の悪口もいわなくなります。何かできなかったとしても、神様の責任にはならない。それは自分が足りないから、と考えるようになるんです。ただ祈って、神様、今度は助けてくださいと前向きになります。

もう七十歳になりましたから、寝るとき、起きるとき、今日一日ありがとうございましたという想いは当然ですけど、朝起きたとき、今日も目覚めさせてくれてありがとうございますと祈る毎日です。

こんなこと、若い頃は思いませんでした。七十歳になってね、目覚めさせてくれてありがとうございますって。毎日、毎朝ですよ。

2018/8/22

あんたの神様はどこにあるの。それが祖母の最期の言葉でした。

巽 幸子
一九四四年生
日本基督教団主恩《しゅおん》教会
兵庫県

うちは女系家族なんです。母方の祖母が初代クリスチャンで、昭和二年にこの教会の三代目牧師だった青木澄十郎《ちょうじゅうろう》先生に洗礼を受けました。当時は神戸イエス・キリスト教会という教団教派に属さない単立教会で、中山手通《なかやまてどおり》にありました。

祖母はよくいっていました。神様以外のものに自分を置いていても、神様は大切なものを取り上げてしまわれる、何かに執着していても、いつ取り上げられるかわからないよって。

祖母は、夫と子どもを次々と上海で亡くしているんです。母は次女で、下に男の子が三人いたんですが、三人とも小学校に行く前に死んでしまった。母が小学生の頃には、祖父も中国の風土病みたいな病気でコロッと亡くなってしまった。祖母がこの夫についていけば安泰だと思っていた矢先でした。羽仁もと子の婦人之友の会（全国友の会）に顔を出していたこともあって、この教会につながったそうです。

祖父は鐘紡に勤めていたのですが、繊維産業が景気のいい時代でしたから遺族年金みたいなかたちで毎月いただいて、母の姉が大学を出るまで会社が生活を助けてくださいました。

ところがその姉も、戦時中に栄養失調で亡くなってしまった。結局、一番できが悪くて頼りない私の母が一人残ったのです。

銀行員の父とは、見合い結婚でした。私は昭和十九年に疎開先の明石《あかし》で生まれたのですが、父の顔は全然覚えていないんです。

昭和二十年一月十九日の明石空襲で、徴用されていた軍事工場が爆撃を受けましてね。焼夷弾でやられて戦死しました。兵器を作っていたので狙われたんでしょう。そんなこともあって、母も洗礼を受けることになったようです。

祖母、母、私の女だけの家でしたから、牧師の長谷川壽一先生は心配してよく訪ねてくださいました。

戦後は、米軍払い下げのポータブルハウスの仮会堂で教会が再開されて、幼稚園も再開するから手伝ってほしいと母が頼まれましてね、かまぼこ兵舎に住まわせていただいたのです。

牧師先生夫妻と、もらってこられたお子さんが二人、祖母は明石に残っていたので、母と私の計六人が一緒に教会に住んでいました。洋間があったのを覚えています。昭和二十三年十二月が戦後最初のクリスマスでした。

私が神様を意識するようになったのは、やっぱり祖母の影響です。「人が見ていなくても神様は見ている、神様はなんでも見ているからね」とよくいわれて、物心ついた頃には神様を信じていました。

守ってくださるというのではなく、怖いというわけでもない。ごまかしがきかないというか、全部わかってしまうお方だと。やっぱりちょっと怖い方かな。悪いことはできないなっていうのはずっとあったかもしれません。

教会は結構楽しかったんです。礼拝にはいつも一五〇人近く人がいて、同じ年代の子どももたくさんいました。私はおとなしい子でしたから、あまり反発もせずに、大学に入る年に洗礼を受けました。だいたいみんな高校を卒業する頃には受けていましたから。

大学は理系で、卒業後は製薬会社で研究職をしていました。甘味剤の官能検査とかやりましたね。

結婚してからしばらくは宝塚に住んでいたので、教会に行かない時期もありました。主人はクリスチャンではありませんでしたし、子どもが二人いて子育ても大変でしたから。

だから、そんな立派なクリスチャンじゃないんですよ、私。ただ母は教会にずっと通っていましたから、私は自分が教会を離れたという意識はないまま、娘が幼稚園に入る頃には神戸に戻りました。

平成六年の夏に主人が脳梗塞になりましてね。左半身にマヒが残って会社を長く休んでいたんです。幸いにして大事にはならなかったので、年が明けてようやく職場に戻れると思っていた矢先に阪神淡路大震災が起こりました。

ここは祖母が買った家なんですけど、主人がリビングが欲しいといって柱を抜いて、代わりに鉄骨を入れましてね。家はまわるように揺れたんですけど、頭のあたりに家具がなかったので、死ぬことはないと思いました。でも揺れが収まらなくて、ああ、せっかく元の生活に戻れると思っていたところだったのにと、あきらめの気持ちが襲ってきました。

「おばあちゃんが助けてっていってる」って娘の声がしたんですが、階段に本棚から飛び出した本が散らばって一階に下りられない。結局ベランダを伝って外に出て、近所の人たちにも来てもらって祖母を助けました。幸いにしてケガはあまりなくて打ち身だけで済みました。

ただ電気は消えるし、水も止まる。テレビが見られませんから情報がない。翌日、近所で火事になって、火の粉が飛んできました。

延焼したら大変です。お隣の建設会社の方が、貴重品以外は運んであげると声をかけてくださって、軽トラックに預けさせてもらいました。

避難所に行くという知識もなくて、余震が何十回と起こる中、靴を履いて家の中で過ごしました。気がついたら近所の人はみんな避難されていて、どうしようかと思って小学校の体育館に行ったら、もう、人がいっぱいです。

しかたなく教会まで歩いていったら、牧師夫人が教会にいらしてといってくださったので、一家五人と犬一匹で避難させてもらいました。牧師先生が、「食物はありませんが泊まるところのない方はどなたでもどうぞ」と書いた貼り紙をされていたので、教会の方以外にご近所の方々も二〇人ぐらい、教会に避難されていたでしょうか。

新築したばかりの会堂だったので、床暖房があって、温かい床に手足を伸ばして休めたことは本当に感謝しています。もし建て直していなかったら、床がギシギシいっていましたので全壊していたと思います。

教会員の方が一人と、教会員の方のご主人が亡くなりました。神様はいるんだろうかと思いました。どうしてこういうことになるの、守ってくださるのが神様じゃないのと思いました。

うちは家が半壊したぐらいで済みましたので、自分たちの安泰を感謝しているだけでいいのかとうしろめたさも感じました。

わずか数秒のあいだに、人間が長い時間をかけて築き上げてきたものが崩れ去ったのを目の当たりにして、人の力の無力さと、それに基《もとい》を置くことの無意味さ、その背後に、神様の人間に対する怒りも感じました。

結論は出ないです。でも、やっぱり人間というのは陰りの中で生きていますものね。人生はいつどういうかたちで終わるかもわかりませんが、与えられた命をそのときが来るまで生きていくだけです。

お気の毒な話はいっぱい聞きましたけれど、それでも何かを与えられて立ち直られる方はいらっしゃる。私らは祈ることしかできないです。やすらかに生きていけるようにとね。

主人はそのあとも脳梗塞を繰り返して、視野が欠如して一部しか見えなくなって会社をやめました。脳梗塞は何回もやると食べられなくなって、動けなくなります。最後は寝たきりでした。

じつはその四年前に、母も脳梗塞を起こして車椅子生活になっていました。介護保険制度が始まった年でデイケアを利用できたのは助かりましたけど、二人を介護した十年間は本当に大変でした。きっと自分が後悔したくなかったから、一生懸命だったんだと思います。

聖書には、神様は「耐えられないような試練に遭わせることはなさらず」（コリント一10・13）と書いてありますけれど、そんな試練はないほうがいいです。重荷なんか、背負わせないでくださいってお祈りしますものね、私なんか。

でも重荷を負う立場にあったなら、もう、神様のご計画なのかなと思うしかない。たぶんどこかで神様は助けてくださると信じていますから。

教会に行っていることは、やっぱり力になりました。自分一人で聖書を読んでも自己流になりますけど、教会でお説教を聞いてお祈りして、人のお祈りを聞いても、神様と対話できるのが教会ですから、それは幸せでした。教会の近くに家があるということ、それは財産やったなと思います。

主人の葬儀は教会でやって、納骨もさせていただきました。それは私の意志です。牧師先生も病院にたびたび見舞いに来てくださって、主人も教会の葬儀はいいなあといっていましたのでお願いしました。だって、お坊さん、呼ぶ気にはなれませんでしたから。

主人は結局、クリスチャンにはなりませんでした。結婚する前、「教会にだけは行かせてください」といって、それはいいよということだったので結婚してからも通っていたんです。でもだんだん、生活しているうちに、「また行くんか」とよくいわれました。こっちも強くなっていきますから、行きたいものは行くという感じで行っていましたけど。
主人は家の宗教はありましたけど、次男でしたから何もこだわりはない。無宗教で、何も信じていませんでした。私から聖書の話をしたこともない。クリスチャンになってくれたら楽だろうなとは思いましたよ。いちいちおうかがいをたてなくても、一緒に教会に行ける。教会の役員になったりすると忙しくなるから、ご機嫌が悪くなるしね。

脳梗塞になったときも、だからといって洗礼を受けようとはなりませんでしたね。私たちの信じている信仰がどういう信仰なんだろうという興味をもつこともなかった。自分には関係ない、という感じでした。私らみたいな罪の意識もなかったと思います。

やっぱり、祖母と母と私という三人のクリスチャンをそばで見ていますからね。生身の人間の姿を見て、自分もこうなりたいとは思わなかったんでしょう。信仰はもっと奥のほうの話ですから、人間を見てもしかたがないんですけど。

さみしくはなかった、のかなあ、どうなんだろう。夫が信仰を理解してくれないことが苦しいという方もおられると思いますけど、私は葛藤するより平穏な生活を望んだというか、無理に誘うことはなかった。

いい人なんですよ、たぶんね。私、友だちもみんなクリスチャンじゃないんです。でも、みんないい人だからね。

まわりに信仰を広めようとするクリスチャンはおられるけど、たぶん私はそうじゃない。うまいこと分けて生きているのかしらね。だから人に勧めることはしない。教会に来てみないってお友だちを誘うこともない。子どもたちも、昔は教会学校に来ていましたけど、今は全然。主人の[1]昇天者祈念礼拝だけは集まろうといってますけどね。

守られてきたという想いはあるんです。人生やっぱり、いろいろありますやん。いろんなことが起こりますやん。

信仰がなくても時は過ぎますから解決するんでしょうけど、やっぱり守られてきたなあと、それは感謝ですけどね。

でも、それを子どもたちに全然伝えてこなかったからね。伝えられていたら、今頃は教会に若い方たちも来てるんでしょうけど、ご覧になったように、この教会も若い方はほとんどいませんからね。

そういうことをやったのが、祖母なんですよ。ご近所も学校のお友だちも、ぜーんぶクリスチャンになっていますから。

じつは祖母は、私が高校生の頃にはこの教会を離れて、違う教会に変わったんです。信仰を捨てたわけじゃないです。うちみたいに静かに礼拝するところじゃなくて、もっと、わーっと一途に、神様、神様って祈る教会に行った。私らの信仰は生ぬるいといって、必死に探してそっちに行って、会堂も一緒に作りました。

亡くなるちょっと前、家で介護していたんですけど、「あんたの神様はどこにあるの」っていわれました。それが最期の言葉だったから、ずっと覚えてますわ。いい加減な信仰だといいたかったんでしょうね。

2021/4/18

1 さきに天国に召された人々を偲《しの》び、遺族に神の慰めがあるようにと祈る式典。

朝帰りした日、母が「こんな人はもうオルガンを弾く資格はない」といって弾かせてくれませんでした。

仲松かおり
一九六〇年生
沖縄バプテスト連盟普天間バプテスト教会
沖縄県

父は牧師でした。とにかく愛の人で、怒ったところを見たことがありません。聖人というか、イエス様みたいな人でした。私が教会に行くのが嫌だと思っていた頃、それでも教会から離れられなかったのは、やっぱり父が好きだったからなんだと思います。

母はとても厳しい人で、いつも、「神様はあなたを見てるのよ」といわれて育ちました。だから神様が怖かった。母から感じる神様は怖い存在だったんです。

ある日、頼まれごとを忘れてやらなかったとき、母にはガミガミ怒られたけど、父は黙って怒りもしなかった。ただ黙々と、私の代わりにやってくれました。

そんな父の背中を見て育ったことはとても大きくて、これがクリスチャン、牧師なんだなあって。私は父、城間《しろま》祥介《しょうすけ》を通して神様を見ていたんだと思います。

父がクリスチャンになったのは戦後で、疎開先の熊本バプテスト教会でバプテスマを受けたそうです。子どもの頃から日曜学校に通って、商業学校に入ってからは那覇《なは》メソジスト教会に通っていましたが、戦時中は皇民化教育の影響で天皇が神だと信じて、神社参拝に熱中していたと自分史に書き残しています。

沖縄が米軍の攻撃目標になって学童の集団疎開が始まったとき、子どもたちが船で内地に疎開したのはご存じですよね。父には三人の妹がいたのですが、当時十三歳だった二番目の妹を米軍に撃沈された対馬《つしま》丸で亡くしました。

熊本に疎開したのは、父親を亡くして兄も出征《しゅっせい》していたので、家族を支えるのは自分しかいないと思ったからだそうです。戦後は沖縄に戻って銀行員をしていましたが、このままじゃいけないと思って牧師になる決心をして西南学院大学に入りました。

その頃、奉仕で出かけた久留米《くるめ》伝道所にいたのが母です。母方の祖父は神社の神主で、太宰府《だざいふ》天満宮にもいたそうですけど、福岡県をあちこち異動して、最終的にクリスチャンになりました。

私が三人姉妹の長女として生まれたのは、両親がコザ市の室川《むろかわ》で伝道していた頃です。生後三か月で父が宮古《みやこ》バプテスト教会、当時の宮古島キリスト教会に赴任して、五歳で首里《しゅり》バプテスト教会に異動したので、そこから高校まではずっと首里に住んでいました。

沖縄は戦後にアメリカから宣教師がたくさん来て教会が増えていましたから、クリスチャンは珍しくなかったのですが、それでも小学校の頃は、アーメンソーメンってからかわれましたね。教会の神様がほんとの神様なのよって、むきになって怒ったことがあります。

十一歳のとき、父からバプテスマを受けました。首里教会の講壇の奥にあるカーテンを開けるとバプテストリーという洗礼槽があって、みんなに見守られながらそこに浸かるんです。神様を信じます、と告白文に書いて誓いました。当たり前のことだと思って素直に受けたので、とくに感動も何もなかったですね。

クリスチャンホームじゃない人は劇的な決心をしてクリスチャンになるので、泣きながら告白する人もいたのですが、そういう姿を見るとうらやましくて、もっとちゃんと自分で考えてから受けたかったとあとで思いました。

小学六年の頃から、沖縄の本土復帰が話題になっていました。子どもだったのであまり意味がわからなくて、もうすぐ復帰するってどういうことなんだろう、島がだんだん近づいてくっつくのかなあって、幼稚ですけどそんなことを思ったりしましたね。

復帰は中学一年のときですが、子どもだったので生活がそれほど変わったわけではなく、ドルが円になって、母が里帰りするときにパスポートがいらなくなったぐらいでしょうか。

それよりも中学生になって、クリスチャンだということに悩むようになりました。礼拝が第一という親でしたから、日曜日に遊ぶ約束や部活があってもすべて断らなくちゃいけなかった。こんなんじゃ、友だちがいなくなるんじゃないかと思いました。

高校生になると、みんな大人になっていくので、まわりが理解してくれるようになってほっとしました。クラスに同じ首里教会の教会員がいて、一緒に中高生の伝道集会のお誘いをしたりしました。ゴスペルフォークソングがすごく流行《はや》った時期で、いっぱい友だちが来てくれたんです。そこからクリスチャンになった友人もいるんですよ。

小さい頃から父が伝道するところで母がオルガンを弾いて、私と二人の妹もピアノを習っていましたし、教会でずっと音楽に親しんでいたからでしょうか。高校を卒業してからは横浜のフェリス女学院大学で声楽を勉強して、もっとキリスト教音楽を専門的に学びたいと思って、東京基督教短期大学の共立《きょうりつ》基督教研究所に入りました。

じつはその頃、結婚して牧師夫人になるつもりだったんです。それは両親の願いでもあり、キリスト教音楽を勉強したのも、少しは役に立つかもしれないと思ってのことでした。

両親に教会の助け手が欲しいといわれて、研究所を卒業してから宮古に戻ったために、東京の神学校で学んでいた彼とは遠距離恋愛となりました。

でも、お互いお金がなくて、三年ほど会えなかったからなのでしょう。意思の疎通がうまくいかなくなって、結局、別れることになりました。二十四〜五歳の頃です。

人生が変わってしまいました。それまでまじめに生きてきたのに、夜遊びも始めて、自分が壊れてもいいと思うほどでした。

自分の人生は牧師夫人で、それが神の御心だ、神に導かれたんだと信じていたので、神様って本当にいるのかな、もう神様に背こうと思いました。自暴自棄になって、神様、どうか私を見捨ててくださいと思いました。

それでも、教会だけは行きました。教会でオルガンを弾くことになっていた日に朝帰りしたことがあって、そのときは母が、「こんな人はもうオルガンを弾く資格はない」といって弾かせてくれませんでした。週報に奏楽担当者として私の名前が書いてあるのに、です。

教会のみなさんがどう思ったかわかりませんが、礼拝には出席したんです。休む勇気がなかったんです。そのあと両親のもとを飛び出して那覇に行きましたが、教会の近くに部屋を借りて、教会には通っていました。

しばらくして主人と知り合うのですが、やっぱりお付き合いしている人と一緒に教会に行かないという選択肢はなくて、誘って行きました。結婚も、両親がクリスチャンじゃないとだめだというので、午前中に主人のバプテスマ式をして、同じ日に結婚式を挙げました。

今でこそ教会に一緒に通っていますが、結婚当初は信仰について根本的に違うところがあって、日曜日になるたび教会に行くなと反対されて、しょっちゅう泣きながら目を真っ赤にして教会に行きました。娘を連れて両親のいる宮古に家出したこともあります。もう戻りません、と置き手紙を書いてね。

でも教会に通ううちに、主人もだんだん変わっていきました。教会の人間関係に支えられて、人と人のつながりの中で変わっていったのです。

里親になろうと思ったのは、主人が子どもが大好きだからです。長女が生まれてしばらく経っても二人目ができなくて、初めは父が会員だった[1]「小さないのちを守る会」にお世話になろうとしていました。

牧師の辻岡健象《つじおかけんぞう》先生が会長を務める全国的な会で、産婦人科と連携して、生まれる前から育てられないことがわかっている親から赤ちゃんを引き取って養子縁組します。堕胎を希望している人が、堕胎しないようにするためです。

ところがいざ、対象になる赤ちゃんがいるのでどうですかといわれたとき、娘がまだ小さかったこともあって、主人がちょっと待って、やっぱりまだ自信がないと。子どもを受け入れる方法が養子縁組しかなかったので、躊躇《ちゅうちょ》してしまったんですね。

そのまま時が過ぎて、娘が高校生になった頃、私が参加している超教派の聖歌隊でたまたま沖縄県里親会の記念イベントに呼ばれてうたうことがあったんです。それがきっかけで里親に登録することになって、十数年前から子どもを受け入れるようになりました。

児童相談所は子どもたちが置かれている事情を詳しく説明しないのでわからないのですが、育児放棄もありますし、親に障害があるとか、親が急に病気になったというケースもあります。

夏休みや年末年始の長期休暇に、家に帰れない児童養護施設の子どもを一週間ほど預かる季節里親から始めて、今いる子どもは十八歳になるまで私たちが預かることになっています。たぶん一生お付き合いすることになるでしょうね。大学にも行かせたいと思ってるので。

自分が里親になるまで、親と暮らせない子どもたちがこんなにたくさんいるとは知りませんでした。児童相談所がどこにあるのかもわからないぐらい無知でした。

もちろん責任は重大です。自分が教会に行ってなかったらできなかっただろうと思います。教会には里親仲間もいますし、教会のみなさんにも一緒に育てていただける。

教会って、そういう子どもたちを受け入れるところなんです。私の母はとても厳しい人だと話しましたけど、教会につなげてくれたことだけは感謝しています。

里親会にはクリスチャンじゃない方もいっぱいいます。むしろその方たちのほうがすごいと思うんです。私は教会があるからできるけど、そういうのがなくてできるなんてほんとえらいなあって。

今は、信仰をもっていてよかったと、心から思っています。両親から受け継いだように、娘には、何はなくとも信仰の継承だけはしようと強く思って育てました。十二歳のときにバプテスマを受けて、それからはずっと教会に通っています。

進学して東京で生活しているあいだも、教会を離れることはありませんでした。将来、クリスチャンホームを築いてくれることが、今の一番の望みです。

2018/7/30

1　人工妊娠中絶によって失われる命を守ることを目的とし、一九八四（昭和五十九）年に発足したプロ・ライフ団体。養子縁組の相談、中絶経験者へのフォロー、啓蒙活動などを行う。小さないのちを守る会公式ＨＰ参照。

志願院に入った日、
布団に入ったとたん、
声を殺して泣きました。
やっぱりたまらなかったんです。

畑中弘子
一九六八年生
お告げのマリア修道会
長崎県

いつだったか、NHK長崎に母が出たという連絡があったんです。何かと思ったら、過疎化や少子高齢化が進む限界集落の特集で、そこの住人として採り上げられたというから、きょうだいと笑いながらも、少しさみしい想いがしました。

五島の岐宿町《きしくちょう》川原《かわら》、惣津《そうづ》という潜伏キリシタンの祖先をもつカトリック集落です。私が生まれた頃は一二軒ぐらいあったでしょうか、それなりに人は住んでいましたが、今では四軒になってしまいました。

上のきょうだいには同級生がいましたが、卒業するとみんな集落を出ていきますので、末っ子の私には同級生がいませんでした。すぐ上の姉が中学校に上がってからは、いつも一人で学校に通いました。

家は山の中腹にあって、峠を越えて行きます。行きは結構な下りで、帰りは上り。ちびっ子の足で四十五分かかりました。赤土で滑りやすいところや、小さな岩が砕けたようなじゃりじゃりの道があって、大雨のときは山道が川のようになって、道の脇に生えている木につかまって歩きました。

集落のみなさんが、「今年のひろちゃんが最後たいねえ」といって、たった一人の子どものために萱《かや》で覆われた山道を鎌や鍬《くわ》で草刈りして通学路を作ってくれました。

虫や動物はいっぱいいました。山水が湧いているところがあって、黒い蛇やヒラクチというマムシの仲間が出てくるし、キジやイタチ、山犬も。山犬は群れをなして移動することもあったので、母は私の帰りを心配してくれていたんだなあって、今になって身にしみます。

父は、私が子どもの頃には大洋漁業という会社の遠洋漁業の船に乗って東シナ海で働いていました。覚えているお土産は、ゴムで縛った茹《ゆ》で蟹《がに》ですね。一斗缶にたくさん詰めて持って帰ってきてくれたんですよ。父が船で作った魚の南蛮漬けもおいしかった。

父が家にいないことがほとんどでしたから、母が畑仕事をしながら家を守っていました。季節によっては、山や海の仕事もしていましたね。

生活の中に、祈りがありました。朝五時半に起きて洗面を済ませて、身なりを整えたら朝の祈り。朝食をいただく前と後にも祈って、保育園は聖婢《せいひ》姉妹会のシスターたちが保育士をしていたので、そこでもお祈りをしました。

「水戸黄門」が放送される日は、いつもいいところで風呂に入らなくちゃいけなくて、烏《からす》の行水でも印籠を出すシーンに間に合いません。番組が終わると、「はい、今から祈りば始むっぞー」といわれて祈っているうちに九時になって、朝が早いので「寝なさい」ですよ。

祈りは文語体です。「憐れみたまえ」と意味がわからないまま唱えていましたね。

ある夜、母が私たちのうしろで、「あーれんたん、あーれんたん、あーれんたん」って半分寝ながら祈っているのを見たこともありました。仕事で疲れていたのでしょうね。

でも私たちがうつらうつらすると、「悪魔が来よるぞー」ってうしろから母に脅かされて、あわてて姿勢を正して、家庭祭壇に向かってひざまずいて祈りました。

夕の祈りが終わって、私たち子どもが眠りにつくと、母は決まって敷布団に正座をして祈っていました。どうにか無事に一日を過ごせた感謝と、父の無事と、亡くなった方々のため、私たち子どものために神様のご加護を祈っていたということを、自分がシスターになってから知りました。

保育園の舞台の下に置いてあったピアノのそばでお祈りをしていたらひやかされたことはありましたけど、遠足で水《みず》ノ浦《うら》教会に行ったとき、教会のドアを開けたとたん、光が差してステンドグラスが輝いてるのを見て、みんながわーっと驚いたときはすごく嬉しかった。いつも行っている教会でしたから、ちょっと得意でしたね。

小学生のときだったでしょうか、「アーメンソーメンヒヤソーメン」という声がどこからか聞こえてきました。ラップみたいなリズムなので、子ども心におもしろいと思ったんでしょうね。家に帰ってから母の前で、「アーメンソーメンヒヤソーメン」っていってしまったんです。そうしたら、「そがんことはいうもんじゃなか」とたしなめられました。

教会には船で通いました。船外機がついている船で、エンジンをかけるときに、タランポンポンポンポンって音がしてね。一番前を子どもが陣取って、おばちゃんたちが真ん中あたり、うしろに中高生のお兄ちゃんたちがいて、運転するおじちゃんを囲んで乗りました。

船で通っていると、自然の厳しさが身にしみます。波をかぶるし、雲の切れ間から光が差し込むところを見たりする。波のないべた凪《なぎ》の日は、海面が鏡のようになって船がすーっと進んでいく。雪の日は空から降ってきた雪が風にあおられて海の上を滑っていきました。

女性はみんな小ぎれいなワンピースを着て出かけます。お祝いの日には着物を着ることもありました。降誕祭やお祝いの日が近づくと、お母さんたちの髪がパーマでピシッと大仏様みたいなヘアになるんですよ。おっと、これはお祝い日が近いなって、子ども心にもわかりましたね。

ミサが終わるとすぐに家に帰って、普段着に着替えてから教え方さんの家に集まりました。集落のお母さんたちが持ちまわりで、堅信を受ける子どもたちを指導する教え方をされていたんです。台風の日でも母に連れていかれるんですよ。海沿いに歩くしかないときは風で飛ばされそうになるんですが、母とすぐ上の姉と三人でスクラムを組んで歩きました。

教え方さんにはお祈りや公教要理を習いました。暗記したら、「じゃあこの何番をいってみなさい」とテストをされます。みんな一生懸命覚えました。母が子どもの頃は、みんなあちこちの木に登って覚えていたそうで、セミみたいだなあと思いましたね。

修道会に入ってからの話ですが、初めて神父様のお話を聞いたとき、「神様はね」って話し始められたのでカルチャーショックを受けました。

わかりますか、この感覚。「公教要理何ページ、第何課、何番、はい、今から一緒に読みましょう」という感じで、よく意味がわからないまま教え方さんとやりとりをしていたので、「神様はね」って、やさしく語りかけられたことにびっくりしたんです。

なぜ修道院に行こうと思ったのか、きっかけは二つあります。小学五年のとき、ある修道会を紹介しに訪ねてきてくださったシスターがいて、志願者募集の話を知ったんです。

まず志願院に入るのですが、どんなところかと訊ねたら、「二段ベッドがある」と。家では川の字で寝ていましたから、二段ベッドに憧れたんです。

「家庭教師もいてピアノも習える」とも聞いて、なんだかピッときましてね。家の前の畑で仕事していた母に、「お母さん、シスターになるけん！」って大きな声で叫びました。

もう一つのきっかけは、父に連れられて観た映画でした。父は五十五歳で定年になって家に帰ってきたんです。ある日、「日曜の教会が終わったら、福江《ふくえ》に映画観に行くぞ」と父がいって、両親とすぐ上の姉と四人で文化会館に行きました。「マザー・テレサとその世界」というカラーの映画でした。

愁いを帯びた弦楽器の物悲しいメロディが流れて、道端に寝転がっている人とか、牛が普通に路上を歩いていく映像や、ガンジス川で大勢の人が沐浴《もくよく》しているところ、内戦の様子も映し出されて、とてもショックを受けました。
[1]「死を待つ人々の家」では、シスターたちが瀕死の人たちのお世話をしている。その笑顔がすごく印象的で、みんな最後は「サンキュー」といって亡くなっていく。宗教をあらかじめ聞いておいて、その流儀に従って葬儀をするのですが、ああ、人はこんなに大切にされるんだと思いました。
マザー・テレサが記者に囲まれて、世界中で飢え渇きに苦しむ人がいる中で、あなたのやっていることは本当に小さいことだといわれるシーンがあったんですが、マザー・テレサはこう答えました。「私たちがすることは大海のたった一滴の水にすぎないかもしれません。でも、その一滴の水が集まって大海となるのです」。そうか、こんな生き方もあるんだと思いました。


五島を離れるとき、父は神経痛で腰を傷めていたので、母が福江港で見送りしてくれました。就職や転勤や進学の季節ですから、岸壁にはいっぱい見送りの人がいまして、最初は母もニコニコしていたんです。

それが、だんだん顔が崩れて、泣き出してしまった。あれ、お母さん、私のために泣いてるよと思って、私もうるっときたんですけど、まわりの人たちが、手拍子しながら、「泣ーけ、泣ーけ」って囃《はや》すもんだから、ここで泣いちゃいけないって、とうとう泣けなくて、なんだか変な感じのまま、長崎市の志願院に到着しました。

時間割を教えてもらってから部屋で休むのですが、布団に入ったとたん、声を殺して泣きました。やっぱりたまらなかったんです。

そんなことを手紙に書いて、最近ようやく、九十歳を超えた母に送ったんですよ。そうしたら、母から返事が届いて、自分が小さいとき、どれだけ厳しく父親に育てられてきたかが書いてありました。

母は昭和三年生まれで、兄姉はもう家を離れていたので、小さいながらに家業のイワシやキビナ（キビナゴ）の製造を手伝っていました。季節によっては、父親を呼びに夜道を急いだこともありました。街灯のない真っ暗な道を、ロザリオを持って祈りながら走ったそうです。

手紙の最後には、よそのお母さんのようにやさしくできなかったことへのお詫《わ》びが書かれていました。

お母さん、家を守るために大変だったんだねって。今考えると、結婚してからも父がいないあいだ、六人の子どもを抱えて苦労したんだねって。私たちに厳しかったのは、更年期障害もあったんだろうねって、そんなことが今になってわかるようになりました。


どうしても避けては通れない話をしなければなりません。中学には志願院から通っていたのですが、ある誤解がきっかけで、クラスで一人にされたことがありました。

友だちに声をかけても返事をしてくれない。知らないあいだに鞄に傷をつけられたり、机にゴミを入れられたりしました。志願院に帰っても誰にも相談できません。

修道院に入るとき、父には、「二度と家の敷居を跨《また》ぐなぞ」といわれて出てきましたし、大人に話して解決できることでもないと思ったんです。

あ、この子は私を嫌ってるって思いながら一日を過ごすので、胃は痛くなるし、保健室で過ごす時間が増えて、毎日のように帰りの階段を這いつくばるようにして上っていました。

あるときから、ノートを書くようになりました。毎朝の福音朗読のとき、聖堂の自分の席にノートを置いて、

1　一九五二年、マザー・テレサによってインドのカルカッタ（コルカタ）に設立された看取りの家。

一日のことを神様とやりとりするようになったんです。神様と私のノートです。その時々の自分の痛みをずいぶん書きました。「神様、私はですね」って神様に向かって一生懸命話していました。あれは、祈りだったんだろうと思います。

高校の入学式の日のことです。中学のときに最初に私を無視しようとした子が一人ポツンといまして、気心の知れた友だちがいないので戸惑っている様子でした。

オリエンテーションのクラスで、その子と一瞬、目が合ったんです。思わず、私はニーッと笑いました。そうしたら、その子も困った顔で笑った。その瞬間、私の中でさーっと終わりました。なぜ自分が笑ったのかわからないです。でも、それで終わったんです。


今もこうしてクッションを工夫して座るのがやっとなんですが、子どもの頃から山道を歩くときによく足を挫《くじ》いていました。決定的だったのが、体育の授業中に平均台でバランスを崩してねじったことです。それがきっかけで大人になってからも何度も捻挫を繰り返しました。

修道院から短大に行かせてもらい、栄養士と保育士の資格をとって保育園や養護施設で働いたのですが、ケガでたびたび具合が悪くなりましてね。気を失って倒れて歯を砕いて救急車で運ばれたこともありました。憧れをもって修道会に入ったのに、すでに傷んだ自分が入会してしまって、結局は体を傷めてしまった。あちこちで迷惑をかけてばかりです。

あるとき、屋上をぐるぐる歩いているうちに、ここから飛び下りて私の存在が消えたら問題が解決するんじゃないかと考えたことがありました。でもそうしたら修道会や家族に迷惑をかけるよね、遺体を片付ける人はうぇっとか思うよね、こりゃたまらんって思うよね、家族は悲しむよねって、ぐるぐるぐる……。そうみ言葉に自分でメロディをつけた歌を、声は出さないんですけど頭の中でうたいながらぐるぐる……。そうしているうちに、いつのまにか飛び下りることは思いとどまりましたが、ある日、調理場でたくさんの食器を前にして涙が止まらなくなってしまって、体だけじゃなくて、心も動かせなくなっている自分に気づきました。そのときはもう、祈ることもできなくなっていました。

長上に相談したら、ちょっと環境を変えたらいいんじゃないかということで、会の配慮で別の修道院にお世話になることになりました。私が完全にうつだということを姉妹方はみんな理解してくださって、負担になることは一切おっしゃらなかった。

「おはよう、今から食事だよ」ぐらい。あとは新聞のチラシでゴミ入れを作るぐらいの簡単な作業だけです。ほんとに自然に、そっとしておいてくださいました。

そんな時間を過ごしていた、あるイースターの日のミサでの出来事です。みなさんでアレルヤをうたって、神父様が福音を読まれるところになって、信者さんたちが起立しました。

私の目の前には、みなさんの後頭部がずらーっと並んでいます。神父様が朗読台の前に立たれたときは、黒いビニールといっていいのか、黒い幕のようなものが私の目の前を覆っているような状態でした。

ところが、み言葉を読まれた瞬間、変化が起きました。目の前を覆っていた黒いビニールか幕のようなものに火がついて一瞬にして穴が開くように、パパパパーッと水玉のような無数の穴が開いて、向こうから光が差し込んできたのです。

そうしたら、神父様が突然、小田和正《おだかずまさ》さんの「言葉にできない」をうたい始めました。

「あなたに会えて、本当によかった。うれしくて、うれしくて、言葉にできない。ラララ、ラララーラ、ララララ、ラララーラ」って。

朦朧《もうろう》としていたので、神父様の福音は覚えていません。あとで考えると、イエス様が復活して、[2]マグダラのマリアに再会した場面だったのかもしれません。

そのときの自分はそこまで考えられなかったですし、なんのメロディも頭に入らなかったのですが、その歌はすーっと入ってきました。


歌が大好きなんです。小学校に通う山道でもずっと歌をうたっていました。

学生時代には、友だちが「バンド組もうや」と誘ってくれたこともありました。志願者なのでごめんといって断りましたけど。

黙想会で指導してくださった神父様から、み言葉にメロディをつけてうたっている方がいるとうかがって、そうか、歌って自分でも作れるんだ、作っていいんだ、じゃあ、やってみようと思って、少しずつ短いみ言葉ソングを作りました。

あるとき、みなさんの前で「私のすべてを」という歌をうたって差し上げたことがありました。そのとき、たまたま外国の船が長崎港に停泊していて、カトリックの方がみえていたんですね。うたい終わったら拍手しながら近寄ってこられて、「Your voice is a gift」っていわれまして、ん、ギフトって神様からもらったものっていうことかなと気づいて、「サンキューサンキュー」って乏しい英語でお礼をいってお別れしたことがありましたね。それは、とても嬉しい出来事でした。

うつから回復したあとも、夜に階段から落ちて全身打撲になって、これがとどめかと思うこともあったんです。健康な状態で奉仕することはできないのですが、司祭館の奉仕をしながら教会に訪ねてこられる方のお話をうかがって、一緒にお祈りして、よろしければみ言葉ソングをうたって差し上げる。自分ができる捧げ物って、それなのかなと思っています。

数年前には、ある神父様の勧めで「信徒発見百五十周年」記念の歌を作りました。

「信徒発見」というのは、幕末にフランスからやって来たベルナール・タデー・プティジャン神父が大浦天主堂で潜伏キリシタンと出会った記念すべき出来事です。

神父様が、「歌を作らないか」とおっしゃられたときは、ええっ、できるもんですかーと思ったんですが、先祖が長崎から海を渡って五島にたどり着いて、苦労して切り開いた道を歩いてきたから今があるんだという想いを込めて作ったところ、かたちになったのです。

先祖から「生きろ!!」といわれている気がしました。どんな状況になっても、「生きろ!!」と。

じつは、私のひいひいおじいさんの畑中猿蔵《さるぞう》(申蔵とも)は、迫害を受けた経験があるんです。一九五一年に当時の浦川和三郎司教様が古老に聞き取りしてまとめた『五島キリシタン史』[3]という本があって、そこに猿蔵のことも書かれています。

長崎の外海から五島に移住して、冷水《ひやみず》地区の茂久里《もぐり》に住んでいたのですが、一八六八年になって迫害がひどくなって、家の床下の芋がま[4]に閉じ込められて、もよおして大変だったという記述もありました。「教えを捨てます」といえば、命は保証されて楽な生活ができたのでしょうが、拷問を受けても信仰を守り続けたから今がある。

シスターになって三十年余りになりますけれど、先祖が伝えてくれた信仰を大事に生きてきたかといわれると、いやあ、申し訳ないですという言葉しかありません。自分が生まれる百年前にそんなことがあったということ、その重さを自分は大切にして生きてきただろうかと思います。

2　新約聖書に登場するイエスに従った女性。イエスの旅、処刑、埋葬、復活に立ち会った。
3　『五島キリシタン史・新装版』、畑中猿蔵については一八九ページ参照。
4　サツマイモの保管庫。

自分にとって神様ってなんなのか。今日はきっと聞かれるだろうと思っていろいろ考えたのですが、やはり最初は大人たちに与えられたものでした。

「悪魔が来よるぞー」っていわれたときは悪魔と反対の存在でしたし、児童向けの聖書物語の最初のページに描かれていた白い髭のおじいさんでした。両手を広げて、山や町や人を見守っている姿が描かれていたんです。

まだ暗い朝に教会に行くとき、懐中電灯を照らしながら大人たちと山道を下りていきました。そうすると、目の前の大人がぶわーっと大きな影法師になって山肌に映ります。

挿絵にあった白い髭のおじいさんと、大人たちの大きな影法師は違和感なく自分の中に共存していて、大きいもの、大きな手の中で見守られているという感覚がありました。神様といえば、子どもの頃からそんなイメージがあったように思います。

私たちが最初に知るのは、天地創造の神です。神様はこの世を造られて、人間を罪から救い出そうとして、ご自分が愛してやまない御子イエスを救い主としてこの世界に送った。

イエス様は十字架に掛けられて三日後に復活され、昇天されたあとに聖霊が働いて私たちを支え導いてくださっている。そのことを私たちは日々、体験しているわけです。

私たちが知る順番は、天地創造の神と御子イエス様、そして聖霊なのですが、神様には始まりも終わりもなく、天地創造の神と御子イエス様と聖霊は絶対に分かつことはできないと教えられてきました。これが三位一体です。

おばあちゃんシスターが三つ葉のクローバーで教えてくれました。「三位一体の神様は、絶対の愛の交わりの神様、分かつことのできない愛の神様なんだよ」って。

シスターになって終生誓願で指輪[6]をいただく前に、母に聞いたことがあります。「お母さんは、神様はいないって思ったことってある」って。私の頭の中では、「ないよ」が前提の質問でした。ところが、「あるよ」と。びっくりして、何かと聞いたら、「姉ちゃんが足を切断するときたい」って。「そんとき、神様はおるとじゃろかって思ったよ」って。

じつは私の二番目の姉が中一の夏に大病を患って、一年十か月のあいだ、入院と手術を繰り返したあと、病気の進行が止められなくて、左足大腿部《だいたい》からさきを切断したんです。

骨を削りながら治療を受けている姉を見て、母もたまらなかったんだと。お見舞いに来てくださったシスターが、「神様はその人が耐えられないような試練は与えないよ、試練を乗り越えることができる力を神様はくださる」と母親にいいました。聖書にあるパウロの言葉ですが、母はその言葉で救われたそうです。

ただ、これは果たしてすべての人に共通する癒しの言葉なのかといえば、「はい」とはいえないと思います。「母のケースです」としかいえない。本当は母も、「それでも耐えられないぐらい苦しんだんだ」といいたかったのかもしれません。たぶんそのときの母じゃないとわかりません。そのときの姉の想いも……。

2019/5/27~28, 2022/3/17

5 『少年聖書 旧約新約聖書』ライニルケンス訳（一九六四・エンデルレ書店）。

6 誓願はキリストとの結婚といわれ、その約束のしるしとして指輪が授与される。

十字架の風景①　兄弟姉妹

北九州市小倉《こくら》北区の魚町《うおまち》停留所から若松行きのバスに乗り、戸畑《とばた》区の市街地を抜けてまもなく洞海《どうかい》湾を渡る巨大な若戸《わかと》大橋に差し掛かる。橋を渡ったさきにある若松港はかつて日本一の石炭積出港としてにぎわった港で、一九六二（昭和三十七）年に橋の通行が始まるまでは戸畑と若松を結ぶのは渡し舟しかなく、橋の建設は地域の人々にとって長年の悲願だった。

これを完成させたのは、一九六三年に北九州市が成立するまで若松市長を三期務めた吉田敬太郎で、吉田が牧師でもあったことを筆者が知るのはのちの話である。

国の重要文化財にも指定されている吊り橋の美しいフォルムに見とれながら海を渡り、ＪＲ若松駅にほど近い大橋通り停留所でバスを降りると、日本基督教団若松浜ノ町教会の田中[1]知《さとし》牧師が迎えに来てくれていた。田中はこの取材で筆者が初めて会ったキリスト者であり、牧師だった。

この前日、二〇一六年三月二十七日はイエス・キリストの復活を祝うイースターだった。キリスト者にとって特別な祭日であり、準備も後片付けも忙しく取材の時間をとれないことから、とりあえず挨拶がてら礼拝にだけ参加し、翌日に田中と数人の信徒へのインタビューをすることになっていた。

田中牧師を訪ねるきっかけとなったのは、筆者がたまたまある教会のブログ[2]を読んだことである。そこにあった「門安《もんあん》」という見慣れない言葉と、ブログ主である牧師が訪れた教会のエピソードに引き込まれた。

門安とはキリスト教の世界で使われる教会用語で、簡単にいえば、学校の教師が生徒の家をまわる家庭訪問のようなものだろうか。たとえば日本基督教団九州教区の場合は、地区の委員長三名が教区にあるすべての教会を二年かけて訪問し、建物は古びていないか、この教会は牧師がいない状態だがその後どうなったかなど、それぞれの教会の困りごとなど状況を把握する。

ブログには、地区の委員長だった牧師が北九州の八幡荒生田教会を門安し、主任の吉新和夫牧師に会ったときの様子が記されていた。

八幡荒生田教会はかつて、信徒のほとんどが八幡製鐵所の関係者とその家族だった。幹部クラスから工場労働者までおり、会社の幹部が教会でも役員を務めるなど、会社のヒエラルキーがそのまま教会のヒエラルキーを形成していた。そのため信徒のあいだで頻繁にトラブルが発生する。約半世紀にわたる牧師生活でもっとも苦労したのが、信徒間の争いだったと。

なんと俗っぽい話か。神の前ではみな平等であるはずで、世のしがらみから解放される場所が教会だと思い込んでいた筆者は驚き、あきれた。のっけから教会のイメージを覆されたことから、八幡荒生田教会を取材の出発点にしようと思い、吉新牧師に詳しい話をうかがうべく手紙を送ったところ、いくら待っても返信がない。電話をかけても応答がない。

やむなく教区事務所に確認したところ、吉新牧師は介護施設に入っており、取材には応じられないだろうとのこと。代わりに紹介されたのが、現在の牧師であるM牧師だった。

1　五二五ページ。

2　その後、ブログ全体が閉鎖されたため、八幡荒生田教会については田中牧師と吉新和夫牧師の次女、ばら氏の証言をもとに記述した。

ところが、こちらもなかなか連絡がとれない。もはや教会は機能していないのだろうか、しかしそれなら教区事務所が教えてくれるはずと思っていたところ、田中知牧師が連絡をくれたのだった。

曰く、M牧師は自分の元妻で、離婚後は自分が八幡荒生田教会の管理牧師をしている。ただ現在は礼拝に参加する人が少なく、教会には一週間に一日か二日ぐらいしか来ないので返信が遅くなった、もし自分でよければ取材を受けましょう、ふだんは若松浜ノ町教会のほうにいるのでそちらに来てくださいとのことだった。

回答があったことに安堵したものの、筆者は戸惑った。離婚とはどういうことか。キリスト教徒の結婚とは神の前で永遠の愛を誓うのではなかったか。しかも、牧師同士の離婚ではないか。

またもやキリスト者に対するイメージを揺さぶられた筆者は、こうなったらできるだけ先入観は捨て、これから見聞きすることをそのまま受け取ることから始めてみよう、と心に決めて取材の旅に出ることにしたのだった。

大橋通りバス停から若松浜ノ町教会に向かう途中、田中牧師は古い商店街のはずれにある惣菜屋に立ち寄った。地方に出かけるとよく目にするシャッター商店街がここにも例外なく広がっており、その店の一角だけが細々と営業していた。弁当を予約し、昼食前に教会に届けてもらうのだという。ただここもまもなく閉店する。少子高齢化が迫る地方都市の現実を思い知らされるようだった。

教会は商店街を抜けたところにある公園の隣にあった。会堂の扉も牧師館の門も鍵がかかっていない。いつでも誰でも訪ねてこられるようにするためで、いつのまにか子どもたちが入り込んで遊んでいることがよくあるという。出入り自由であることがのちに田中の命を助けることになるのだが、それもまださきの話である。

信徒へのインタビューまで小一時間あるので、田中の車に乗り込んで若松の町に出た。教会が大切にしてきたものを見てほしいといって田中が向かったのは、北九州の町一帯を見渡せる高塔山《たかとうやま》公園に近い小田山《おだやま》霊園という広大な市営墓地だった。

その坂を上った一角に、「1945・9・17　若松沖遭難者」と刻まれた朝鮮人遭難者慰霊碑があった。終戦からまもない一九四五（昭和二十）年九月十七日、九州から広島まで西日本一帯を襲った枕崎《まくらざき》台風で亡くなった朝鮮人を悼むために建立されたものだった。

そばには碑の由来が書かれた北九州市による石碑とボードがあった。一九一〇（明治四十三）年に発効した韓国併合に関する条約によって日本に移住した朝鮮人、その多くが戦時中に炭鉱や工場で働くために強制的に連行された人々で、戦後すぐに祖国に帰るため玄界灘《げんかいなだ》を渡ろうとしたが、枕崎台風に襲われて船は転覆し、若松の海岸におびただしい数の遺体が打ち上げられた。この悲劇を忘れぬよう、彼らの霊のやすらかならんことを願い、また平和友好を祈念してこの碑を建立した、とあった。

「聞くところによると、遺体が朝鮮人だとわかると、日本人は金目の物を盗もうと服をはぎ取り、口を開けて金歯銀歯を抜いて、証拠隠滅のため海岸に穴を掘って遺体を埋めたそうです。これを痛ましく思った人たちが遺体を掘り起こして火葬して、小田山霊園に埋めた。一九八〇年代に韓国から強制連行調査団が来日したとき、若松在住の在日コリアンの証言を集めたのですが、そのときはうちの教会も協力したそうです」

一九九〇年九月に追悼集会を開き、それ以降、毎年集会が行われている。北九州市と交渉の結果、本国から弔問客を招くこともできるようになった。若松浜ノ町教会はじめ若松区の教会がその連絡先となっていることから、東京神学大学の大学院を修了したばかりの一九九九年四月に着任した田中も、石炭と鉄の町だった北九州が在日コリアンの人々を抜きには語れない土地であることを認識し、地元の在日大韓基督教会と定期的に勉強会を開くなど、交流を続けている。

枕崎台風については、原爆投下によって疲弊した広島にさらなる甚大な被害をもたらしたことが知られているが、[3]同じ台風が朝鮮の人々にもたらした悲劇については、筆者もこの地に来るまで不勉強にして知らなかった。

一角には二〜三メートルほどの竿《さお》に木製の鳥などを飾った、伝統的な守護神ソッデが建てられていた。鳥は神のいる天と地を結ぶ使者を意味し、ソッデは人々の祈りの場の印でもある。犠牲になった人々が帰りたかったであろう朝鮮半島の方角に向けて建立されたソッデを見上げながら、これを牧師になったばかりの若い田中に真っさきに教えようとした北九州のキリスト者たちの胸の内を想像した。

韓国は人口の約三分の一がキリスト教徒である。[4] 北朝鮮の平壌《ピョンヤン》もかつては東洋のエルサレムと呼ばれるほど教会やミッションスクールの多い都市だった。

大日本帝国に占領されていた時代、神社崇拝を強制されたキリスト教徒が抗日運動の急先鋒であったことを取材したことがあるが、今はそれぞれの教会が窓口となって橋渡し役を務めている。祈ったりうたったりする場所というだけではない、教会の働きについて気づかされた。

教会に戻る途中、田中は自身の離婚について口を開いた。元妻はたまたま筆者の出身大学の神学部の卒業生で、結婚式もそのチャペルで挙げたことから話が通じやすいと考えたのか、こちらの質問を待つことなく打ち明けた。

同じ職をもつ者同士の結婚のむずかしさというのか。牧師は教会と信徒第一の生活を送らねばならないため、互いのコミュニケーションのすれ違いが徐々に蓄積したようだ。

牧師の暮らしの過酷さについて筆者が詳しく知るのは取材を重ねてからのことで、このときは、なるほど、よくある話だと思うだけだった。過酷とみなすのも筆者がノンクリスチャンだからであって、クリスチャンにはそうはとられない可能性もある。神に仕え、教会に奉仕する者となることを神に誓ったのだから、神の小羊を導く羊飼いとして、教会と信徒のために働くのは当然である。過酷どころか、楽しくてしかたがないという聖職者もいる。

田中が信徒を集めて離婚を報告したところ、「プライベートなことだから、われわれにいうことはありません」という反応だった。教派による違いはあるものの、近年はクリスチャンでも離婚は珍しくない。離婚発表の様子を聞いたノンクリスチャンの知人からは、「芸能人でもないのに大変ですなあ」と労《ねぎら》われたという。

教会に戻ると、予約した弁当が届いていた。役員を務める四名の女性信徒が私たちの帰りを待ってくれており、食事をしながらグループインタビューを行うこととなった。

教会の歴史をよく知るのが、一九三九年生まれの川本恒子である。

アメリカでバプテスト派の洗礼を受けて帰国してから石炭商を営んでいた梶原熊太郎が、メソジスト教会の小倉・若松伝道に協力して自宅を提供したのが一八九六年のこと。

町の発展と共に信徒も増え、一九二〇年代には川本の母親と叔母が洗礼を受け、川本も幼い頃から母親に連れられて家のある戸畑から渡し舟に乗って教会に通っていた。

戦時中はプロテスタント諸教派が一つにまとめられ、合同教会としての日本基督教団が成立する。礼拝の前に宮城遥拝《きゅうじょうようはい》が行われ、牧師らが出征したという記録が残っているが、幼い川本の記憶が鮮明となるのは、終戦後である。

疎開していた信徒や引き揚げ者、復員者たちが教会に戻り、空襲で傷んだ教会と牧師館の修理を行った。新しく礼拝に参加する求道者たちも増えていった。

3　柳田邦男『空白の天気図』(一九八一・新潮文庫)。
4　浅見雅一・安廷苑『韓国とキリスト教　いかにして〝国家的宗教〟になりえたか』(二〇一二・中公新書)、最相葉月『ナグネ　中国朝鮮族の友と日本』(二〇一五・岩波新書)。

川本は、アメリカから大量の支援物資が届いた日のことをよく覚えている。食べ物や古着が会堂にずらりと並べてあり、色鮮やかなコートに目を奪われた。クリスチャンかどうかに関係なく、近隣の人たちがみんな教会に集まった。

「干し葡萄を封筒に小分けしていただいたのですが、これがおいしくてね。本当に嬉しくて、『アメリカのおじさん、干し葡萄をありがとうございます』と手紙を書いて送ったら、見たこともないほど美しい花の絵が添えられたクリスマスカードが届いたんです。紫やピンクなど色を使った印刷技術の高さにほれぼれしましたね。宛名にTsunekoとあるのを見て、へえ、『つ』ってこんなふうに書くんだと初めて知りました」

ほかに遊ぶ場所もなかった時代、クリスマスにはサンタクロースからのプレゼントをもらえるとあって、会堂は五～六〇名の子どもたちでいっぱいになった。教会は物をくれる豊かな場所というイメージだった。

信仰は親に与えられたものなので、意味はよくわからなかった。日曜日は友だちと遊べない。みんなのように登山にも行けない。自由に出かけられる人がうらやましかった。

クリスチャンであることは、ときに周囲との確執を生んだ。この土地に戦前から続く隣組という地域のグループがある。一区あたり一〇～二〇軒あり、定期的に組にお金を納める必要があった。そこにはあらかじめ神社費が組み込まれており、組長が神社の札を売って歩くこともあった。

「うちはクリスチャンだからと断ったら、すごく怒られました。創価学会の人も払ってるぞ、ここはみんな神社の氏子やけ、支払うのは当たり前やないけって。それはおかしいと意見して、神社費の一〇〇円だけは払いませんでした。信仰をもつと生きづらいと感じました」

一九四七年生まれの伊津見七生子《いつみなおこ》は、小学一年のときに同級生に誘われて初めて教会に来た。

「日本のキリスト教はもともと武士や地主から始まったのはご存じですよね。筑豊の教会もそうですが、うちの教会も昔は会社のえらいさんが多くて、炭住（炭鉱住宅）の人はほとんどいなかった。教会に通うことがエリートという意識でした。教会で牧師を呼ぼうとして『先生』というと、ふだん医師や会社の幹部をしている教会の役員がみんな振り返る。役員にも、社会の身分が持ち込まれた。女性信者もそのほうが何かと都合がよく楽だったからです」

ブログにあった話は、八幡荒生田教会に限ることではなかったのだ。

伊津見のように戦後まもなく生まれた団塊の世代にとって、キリスト教はブームだった。洗礼を受ける人が多く、世代ごとの集まりもにぎわった。とくに高校生会は地域のつながりを尊重してさまざまな活動を行った。その重要な活動の一つが、在日コリアンとの交流だった。川本恒子の夫である小倉日明《ひあがり》教会の川本良明牧師が在日大韓折尾《おりお》教会の牧師と親しかったことから、まずは子どもの教会学校の交流から始めようと、手探りで勉強会をやることにした。

「身近にいるのにこれまで何も接触がなかったんです。信仰をもって礼拝をしていながら、在日の人たちのこと、労働者のこともわからない。日本社会のことしか見ていなかったことに気づかされました。その一つが小田山霊園の慰霊碑に刻まれた悲しい歴史でした。日本には水に流すとか、清めるという言葉がありますね。でも、彼らにはそんな言葉はない。赦すけれど忘れない。誤解やすれ違いがあったからこそ交流することが大事だったんです」

招聘されたばかりの田中牧師が、枕崎台風がもたらしたもう一つの悲劇について教えられたのも、そのような経緯があったためである。

伊津見の二歳下の大庭美登里《おおばみどり》は、成人してからの信者である。定時制高校で実習助手をしていたとき、職場の同僚に誘われて初めてクリスマスのキャンドルサービスを見た。

「おばあさんが涙ながらにお祈りしてる。みんな声をそろえてアーメンっていってる。びっくりしましたね。献金の時間になって、え、お金いるのって。せんでもええよっていわれたので、最初は献金しませんでした。でも牧師の佐藤千郎《せんろう》先生のお話がとても深かった。[5]カネミ油症の被害を受けた紙野《かみの》柳蔵《りゅうぞう》さんという方のお話でした。家族全員が被害を受けて、牧師の[6]犬養光博《いぬかいみつひろ》先生と座り込みをされた。被害者の代表として闘い抜いた方です。

当時は、イエスの復活なんてバカバカしい。死んだら全部なくなるじゃない。恵みとか救いなんて言葉は虫《むし》酸《ず》が走るほど嫌いでした。でも佐藤先生のお話はそんな安っぽい恵みではない。聖書のみ言葉が心に響きました。もっと話を聞いてみたい。そう思って、日曜日に教会に通うようになりました」

ある日、実習を終えてバスで帰宅していたときのことだ。夜の十時頃、車窓を過ぎるぼんやりとした町の景色が突然、視界が広がるようにみずみずしく輝いて見えた。目から鱗《うろこ》が落ちるとはこのことだと思った。洗礼を受けたい。洗礼がどういうものなのかはまったくわからない、聖書もよくわからない。だが、とにかく洗礼を受けたかった。

「両親に伝えたら、父は、おうそうか、だったけど、母は、まぁーとんでもない、うちは浄土真宗よ。嫁のもらい手がなくなるわって。それでも気持ちはもう決まっていました」

役員では一番年下、一九五二年生まれの小林明美は折尾女子高というミッションスクールの看護科出身で、高校時代に友人に誘われて教会に通うようになった。三世代浄土真宗の家なので両親には反対されたものの、専攻科に進んで病院で働き始めてまもなく、親を説得して洗礼を受けた。

ただ三交代制の勤務は忙しく、しばらく教会を離れることもあったが、ポストにはいつも牧師からメッセージの書かれた週報が投函されていた。

「週報がだんだん重荷になって、正直、嫌だなあと思うこともあったのですが、みなさんが私のことを祈ってくださっているのはよくわかりました。牧師の給料は献金から支払われることは知っていたので、せめてそれだけはお渡ししようと、いつも大庭さんに預けていましたね」

教会のことを顧みる余裕もない日を過ごしていたある日、両親がたて続けにがんを患った。介護のためやむなく退職したところ、今度は自分に腎臓がんの疑いがあると医師に告げられた。八方ふさがりだった。

病理検査の結果が判明したのは、二週間後。良性と聞いた瞬間、暗闇が一気に光となり、神に生かされていることを実感した。役員を務めるようになったのは、教会の人たちが祈ってくれたことへの感謝と恩返しのつもりだ。

「あなた、若いんだからやりなさいといわれたんです。若いといっても、五十八歳だったんですけどね」

若松浜ノ町教会に登録された信徒は二〇一六年一月末現在で三〇名、ふだんの礼拝に参加するのは二六名ほどである。子どもたちの出入りはあるが、高校を卒業すればほとんどが町を出ていく。平均年齢は六十九・一歳、信徒の高齢化は進み、減少する一方である。

若松浜ノ町教会に限ったことではない。近年は若松区の教会が合同で礼拝を行う日を設け、教派を超えて交流することが当たり前になっていた。この翌年、筆者が若松バプテスト教会で行われた合同礼拝に参加したと

5　一九六八（昭和四十三）年、北九州のカネミ倉庫が製造した米ぬか油で調理した食品を食べた人に皮膚や身体被害が生じ、その胎児にまで影響が及んだ日本最大の食中毒事件。製造過程で混入したポリ塩化ビフェニルを加熱してできた毒性の高いダイオキシン類が原因と判明。

6　一九六五（昭和四十）年、福岡県田川郡金田町《かなだまち》（現・福智町《ふくちまち》）福吉《ふくよし》に日本基督教団福吉伝道所を開設。カネミ油症事件や指紋押捺拒否闘争などにかかわる。一九三九―。

きは、カトリックの信徒たちの姿もあった。

カトリック教会も神父の志願者が減少し、一名の神父が複数の教会を兼務していることが珍しくない。ミサが毎週日曜日にあるわけではないことから、合同礼拝に集うようになった。逆にプロテスタントの牧師と信徒たちがカトリック教会に出向くこともある。

これは驚くべきことだ。同じ神を信仰するとはいえ、プロテスタントとカトリックでは大きな違いがある。聖餐や典礼の違いはもちろんのこと、マリア信仰のようにカトリックにあってプロテスタントにはないものもある。

エキュメニズム、超教派の交わりは平和を願うムーブメントとして世界的にも広がっているが、日本の教会にエキュメニズムを促しているのは、少子高齢化という社会現象であった。


グループインタビューの日は仕事で不在だった木村裕一に、合同礼拝のあとで話を聞く機会があった。

木村は小学六年のときに両親が離婚し、母一人、子一人の母子家庭に育った。母親には小児マヒの障害があり、股関節が悪くて左足が不自由だったことから、木村が物心つく頃には補装具をつけて松葉杖で歩いていた。手に職をつけるため洋裁を習いに行ったところ、その先生がクリスチャンだったことから教会に誘われて行くようになったという。

「普通、洗礼を受ける人は自分から勇気をもって求道するところから始まりますが、ぼくは母についてきただけだったから真剣でもなく、深く考えたこともありませんでした。未熟だし、洗礼なんてまだまださきだと思っていた。ところが高校二年になって、牧師の先生にそろそろいいんじゃないかといわれた。驚きましたけど、信仰は培っていくものだと思っていたので受けました。洗礼を受けたからといって、神様に向かう気持ちは変わらないですね」

母親は朗らかでよくしゃべる、太陽のような人だった。車の運転はできたため、お年寄りの送迎をしたり、役員も引き受けたりして、自分にできることを率先して行っていた。

その後、手術を繰り返すうちに右足も動かなくなり、運転免許証の更新のときに検査をしたところ肺腺がんが見つかり、それが原因で亡くなった。三年前のことだ。

「神を信じられないというか、心に空きができると悪いものが入り込んできて、神に対して疑いをもつことはあります。今でもそれはあります。神様、というときと、いや、神様じゃないというときと。礼拝に出ていても、それはあります」

後日、ある信徒が筆者に自殺をほのめかすメールを送ってきたことがあった。こちらは東京にいてすぐに駆けつけられるわけではないため、真っ先に連絡をとったのが木村の携帯電話だった。

電話口の木村はあわてる様子もなく、「こちらからも連絡してみましょう、あなたにまでご迷惑をおかけして申し訳ありません」といった。これまでにもあったことらしく、このときは信徒たちが駆けつけて事なきを得たようだった。

教会には生きづらさを抱える人が多くいる。その胸の内を聞くことは、ときとしてその人の抱える傷を深くえぐることがある。キリスト者の言葉でいえば、神に預けていたはずの重荷を再び人間の手に戻す作業といえようか。

この一件に限らず、その後もたびたび筆者の行為がもたらす副作用について突き付けられる出来事があった。やむなく録音やメモを削除したこともある。

むやみに踏み込むべきではない領域に踏み込もうとしていると自覚しつつ、それでも断念することを考えなかったのは、一方でこの作業の必要性を理解し、別れ際、神のご加護があるようにと祈り、背中を押してくれたキリスト者たちがいたためである。

若松浜ノ町教会の田中牧師はじめ信徒たちは、このあと、どこに行くかもわからず歩き始めた筆者の母港となり、遠くから見守ってくれていた。

筆者がこの旅の始まりで知った教会用語は、「門安」ともう一つ、「兄弟姉妹」だった。クリスチャンになった者はすべて神の子であり、きょうだいであるという考え方から来ており、○○姉妹、○○兄弟と互いに呼び合う場面もある。

血縁を超えた神の家族として支え合う。筆者は若松浜ノ町教会で、信仰を同じくする者にしか知りえないその堅い絆を見た。

ただ、兄弟姉妹は生きる力となることもあれば、争いの種となることもある。それは修復不可能なほどに、個人の精神を傷つけ合う危険性を孕《はら》むものであることを、この頃の筆者はまだ知らなかった。

献身

第四章
お望みなら杯を飲みましょう

#「わたしが示す地に行きなさい」というみ言葉を聞いたとき、ああ、今、私に語られたと思いました。

平本祐子
一九七八年生
救世軍神田小隊小隊長
東京都

高校生のとき、詩を読んで感想文を書くという国語の現代文の授業があって、先生が私と別の生徒の感想を発表されたことがあったんです。神様が生まれた朝を祝ってみんなが喜んでいる、みたいな詩だったので、私は、神聖で厳かな雰囲気を感じたと書きました。ところが、もう一人の感想は、みんなが楽しくお祝いをしている詩だというものでした。

一つのものを見てもいろんなとらえ方があるのはおもしろいねって先生がおっしゃった。はっとしました。ほんと、些細なことなんですけど、小学生でもわかることなんですけど、なんかすごく心に引っかかった。今も残っているぐらいです。

結局、人は違うということです。同じ文章を読んでも真逆の感じ方がある。違う人がいるし、違うことが普通なんだなって。それはいい記憶として残っています。

父方も母方も、祖父母の代から救世軍の士官でしたし、私自身、あまり深く考えもせず十四歳で兵士になりましたから、キリスト教しか知らない。世の中の多くの人とは違うんだ、これはちょっとおかしいんじゃないか、もっと世の中のことを知らないといけないんじゃないか、と思うようになりました。

そこからつながったかどうかはわからないんですけど、日本だから仏教だなと思って、学習院大学の哲学科で東洋思想を勉強しました。仏教の経典を読むゼミに入って、法然《ほうねん》の『選択《せんちゃく》本願念仏集』を読みました。仏教の世界も広くて深くて、学びつくせません。豊かなものだと思いました。キリスト教じゃなくてもいいんだ、キリスト教じゃなくても教えに忠実に生きる人生ならきっとよい人生だろうと思いました。

浄土系の教えを学んでいると、あ、これはキリスト教とほぼ同じじゃないかと思うこともありました。阿弥陀様におすがりすると、阿弥陀様の願いによって、罪人がまず救われる。あれ、不思議だな、仏教にもこういうものがあるんだと。キリスト教の一つの流れと受け止めることもできるなと思ったこともありました。

子どもの頃から疑問があったんです。イエス様を信じて救われて天国に行く、それを受け入れられない人は罪の中に滅んでしまう。それがキリスト教の基本です。聖書にはイエス様を信じれば天国が約束されていると同時に、信じない者への裁きがはっきり書かれている。だからこそ、私たちは愛する人や友人たちと共に天国に行けるように、そのことを伝えていくのだと考えます。

でも、イエス様を知らないで死んじゃった人はどうなるのか。「イエス様は知らないけどまじめに生きて、ちゃんといいことをした人たちはどうなるの」って、士官の父に質問したこともあります。

「そうだね、そういう人もいるよ、でもそのことは神様が取り扱いになられることだから、きみは心配しないでいいよ」と、父はそんなふうに答えたと思います。聖書には、イエス様は死んだ者のところまで行って宣教されたという言葉もありますから。[1]

仏教の思想的な深さ、文化的な豊かさを学ばせていただいたことで、キリスト教との共通点も知って、それは本当に大切な尊い時間でした。

1 「そして、霊においてキリストは、捕らわれていた霊たちのところへ行って宣教されました」ペトロの手紙一3・19。

そこからキリスト教にすんなり戻ったかというとそうではなく、迷いは続きました。どうしようもなくはっきりとしない人でした。

日曜日は聖別会だけ出てぱっと帰る。青年の集いなどもあまり参加しなくなっていました。しばらく神様離れますのでよろしく、みたいな。学生時代とフリーター時代は、自分が生まれ育って普通だと思っていたところから離れよう、自分の想いでやってみようという感じでした。

就職氷河期だったんです。公務員になろうと思って勉強したり面接を受けたりしたんですが、スタートが遅いといわれて、どうしようもなくなって、食堂でアルバイトをしたり、司書の資格はとっていたので、企業の資料室で司書業務を三年ほどやったりしました。

バイト先の人たちと夜に遊びに行って、食事することもありました。それはそれで楽しいんです。でも、いっときで消えるというか、むなしい。楽しいんだけどむなしい。そんな想いがだんだん強くなっていきました。

ある日、イギリスにいる救世軍の大将（万国総督）というリーダーが来日して大会が開かれるという案内をもらいました。行きたい、と思いました。それは自分の意志でした。

大きな集まりなので、新大久保にある淀橋《よどばし》教会の大きな会堂をお借りして行われました。讃美歌をうたって、大将のメッセージを聞いて、とプログラムが進んでいきます。

メッセージのあとはいつもお祈りの時が設けられて、メッセンジャーの導きで希望者は前に出て、講壇の下にある恵みの座という台にひざまずいて祈ります。その日も、「祈りましょう」と導いてくださった。今、祈らなきゃいけない、前に出て祈らなきゃいけないとずっと思っていましたが、なかなか体が動きません。

とうとう恵みの座が閉じられて、閉会のアナウンスが流れてしまった。片付けも始まりました。すると一人の士官の方がすっと近づいてきました。私がずっと座っているのを見ていてくださったんでしょうね。「よく来たね、久しぶりだね、お祈りしたいことがありますか」と声をかけてくださった。「じつはさっき、招きがあったときに前に出たかったんですけど、できなかったんです」と答えました。そうしたら、「じゃあ今から一緒に祈りましょう」と促してくださった。

恵みの座は椅子を並べて作ったものでしたからすでに片付けが始まっていたんですが、その中の一つの椅子の前にひざまずいて、一緒にお祈りしてくださったんです。

しばらくのあいだ、自分の想いで神様から離れて生きてみようと思ったけれども、やっぱりむなしいです、本当にあなたのもとに帰りたいとお祈りしました。イエス様と、あなたと、一緒に生きたいですと、自分から求めてそう祈ったんです。

ほっとしました。受け入れられたというか、安心しました。それからは自分から進んで聖別会を守るようになっていきました。

図書館のアルバイトのあと、救世軍本営に雇っていただきました。「ときのこえ」という広報誌の編集の仕事です。そこから私が士官に献身するまで六年かかっているんですが、この編集部で働いたことは一番大きな導きだったと思います。

全国におられる兵士から、毎号毎号、証しが寄せられるんです。自分はどうやって救われたのかという体験談です。新しく兵士になられた方など、こちらからお願いして書いていただくこともあります。

みなさんの証しに触れる中で、ああ、本当に神様が生きているなあと感じるんです。教えられます。私自身、イエス様にもう一度出会って祈ったように、イエス様と再会している方もいる。神様は今も生きて働いておられると思いました。

救世軍もだんだん人数が減って、小隊を閉じなければならないところがあるとか、一人の士官が複数の小隊を兼任しているとか、士官を目指す人が減っているとか、そういう現実もわかるようになりました。神様のために働く、働き手が増えればいいんだということにも気づかされました。

聖書を読む中で、何度も何度も同じみ言葉が与えられて、これってどういうことなのだろうと思うようになりました。「わたしの軛《くびき》を負い、わたしに学びなさい。〈中略〉わたしの軛は負いやすく、わたしの荷は軽いからである」（マタイ11・29－30）という一節です。

私の軛ってなんだろう、私は何をしたらよいのですか。祈るうちにだんだんと、士官として献身することじゃないかと思うようになりました。

二十代でしたので、結婚のことなど、いろいろ悩みはありました。当時、結婚を考えている人がいたんです。救世軍は献身して士官になると、士官同士でしか結婚できません。兵士は自由に結婚できますが、士官になったらそうではない。普通の教会でいえば、牧師は牧師としか結婚できない、一般信徒とは結婚できないということです。

お付き合いしていた方は、士官になるつもりはなかった。当時の私に、結婚しといたほうがいいよって伝えに行きたいと思うこともときにはあるんですが、そのときはそれでもいいと思ってお別れしたんです。本当に、召された、呼ばれた、という感じでした。

夏の青年キャンプで北海道の足寄《あしよろ》に行ったときのことです。全国から五～六〇人は集まったでしょうか。聖書を読み、交わりや観光もあるキャンプで、そのときのテーマは信仰の父、アブラハムの生涯でした。アブラハムの召命、アブラハムが神様から呼ばれた言葉を学びました。創世記の十二章一節の「あなたは生まれ故郷父の家を離れて　わたしが示す地に行きなさい」です。「わたしが示す地に行きなさい」というみ言葉を聞いたとき、ああ、今、私に語られたと思いました。

キャンプのあと、北海道の遠軽《えんがる》で奉仕をされている士官のところで数日過ごしたのですが、空港まで送っていただいたときにふと空を見たら、虹がかかっていました。しかも、二重の虹、それはそれはきれいな虹でした。「すごいねえ」といったきり、みんな黙っていました。

心は決まりました。神様は、「わたしが立てる契約のしるし」として虹を置くとおっしゃったのです（創世記9・13）。箱舟で知られるノアに、神様が救いを約束されたときの言葉です。み言葉が与えられて、目で見て、確信した。決定的でした。

東京に帰ってすぐに、杉並の小隊長夫妻のところに行きました。「士官志願書を出します、決心がつきました」といったら、「今、入ってきたときにわかったよ」といわれました。

士官学校は二年間で、神学も学びますが、実戦といって外に出ていくことが多いんです。「ときのこえ」を持って一軒一軒、戸別訪問をして献金をしていただく文書伝道をします。十二月には街頭で募金を集める社会鍋をしますし、年が明けるといただいた募金を使って街頭給食をします。

伝道といっても、最近はオートロックのマンションが多いのでなかなか中に入れません。居留守なさることも多いし、そもそも玄関先に出てきてくださらない。毎年募金してくださる支援者のところは続けて行くのですが、開拓といって、飛び込み営業的なこともするんです。これがなかなか……。

ある商店街をまわったとき、呉服屋さんにうかがったことがありました。間口が広くて入りやすかったということもありますが、店先で、「救世軍です、キリスト教の教会で、今こういうことで募金にうかがっているんですが、趣旨をご理解いただけたら協力していただけませんか」とお願いしたんですね。ひと通り話は聞いてくださった。初老の男性でした。そうしたら、その方が、「いやきみねえ、ここの入り口のところ見たか」とおっしゃったんです。そういえば何か像が置いてありました。

「だいたいここをなんの店だと思ってるの。呉服屋だよ、日本の和服の商いをしているところにキリスト教がそんな話をしに来て協力してもらえると思ってるの。入ってくる勇気は認めるけど、だいたい人間なんてものはキリスト信じて救われて、それで何も問題ないなんて、そういうもんじゃないだろ。人間は悩んで悩んでわからないことだらけで、迷いながら生きるものじゃないか、それでいいんじゃないか。

ぼくも長いこと、宗教には興味があって、インドに行ったり、いろんな本を読んだりしてきた。ここに置いてある像はインドで買った神様だ。世界中にいろんな信仰がある中で、なんでキリストこそ真理だといえるんだ」

ああ、まずいところに入ってしまったと思ったんですが、私自身、大学で仏教を学びましたので、そんな話をして、もう一度イエス様に出会ったので個人的な確信があり、こうやってお訪ねしています、ということをお伝えしました。

それでも自分は信じないし、迷いながら生きていくとおっしゃられて、結局、献金はいただけなかったのですが、あとで考えたら得がたい経験をさせていただいたと思います。

東京の神田小隊にはこの春に来たばかりです。士官になってみなければわからなかったことはたくさんあって、小隊に来られる方に寄り添っていくむずかしさも感じています。社会の中にあって、イエス・キリストを見失わずに歩み続けることの大変さというのでしょうか。

教会にはご病気の方、精神的なハンディをもっておられる方は多いですが、薬や医療という治療は受けつつも苦しいというか、そういうことでは解決できない痛みがあるのかなと思います。心のやすらぎが欲しいという言葉は何度も聞きました。

水曜日の昼休みには、「心のオアシス」という時間を設けて一般の方にも自由に入っていただいています。

年間の自殺者数が三万人を超えたときに、当時の信徒と士官の方々が道行く人たちに福音を、イエス・キリストの救いを伝えたいと考えてこのプログラムを始められたのです。このあたりにはオフィスもたくさんありますので、たぶん近くにお勤めの方でしょう、ふらっと来られる方がおられます。

「おかえりなさい」とお迎えして、讃美歌をうたって、聖書から短いメッセージをしてお祈りする。終わったら、「それではまた行ってらっしゃい」とお送りします。求められれば、一緒にお祈りすることもあります。これがきっかけになって、日曜日の聖別会にいらっしゃる方もいます。

もう十年続けられていますが、開始当初からの経緯をご存じの方にお聞きすると、ここから救世軍の兵士になった方もあり、他の教会へ導かれて教会員になった方もおられるそうです。心の中にあるものを話すことができ、聖書の言葉から慰めを受ける場として用いられているのだと思います。

社会全体が傷んでいる、お互いに閉じているということはすごく感じています。救いが欲しいと思っても、スマートフォンの世界で知り合った人に心の支えになってもらっている、なんて話を聞くと、そこじゃなくて、教会があるんですよ、と伝えたいのにと思います。

2018/11/9

会社では、
同期の中でいかに出世するか、
もう殺し合いみたいな世界です。
でも、ぼくは殺す側ではなく、
殺されていく側に立ちたい。

太田信三
一九八〇年生
日本聖公会渋谷聖ミカエル教会執事
東京都

これはお話ししなければいけないことだと思いますが、高校二年のとき、死のうとしました。夜中の二時頃、家族はもう寝ています。ぼくはリビングにいて、もういいな、人生終わろう、と思いながら手首を切ろうとしたんです。

するとその瞬間、電話が鳴った。携帯電話は普及してない時代ですから、家の電話です。思わず、出ました。友だちでした。そうしたら、「あんた、声おかしいよ」って。それからは普通に話して終わったんですけど、あとで考えると、あのとき電話に出たということは、生きたいんだなと思ったんです。それで、そこから生きてます。

友だちにいわれて気づいたことで、今もそれが自分の危ういところだと自覚しているんですが、この世とあの世の境目の感覚が非常にあいまいなんです。あの日の行為も突然ではなくて、それまでもずっと、自分はこの世ではない世界に行くという感覚があった。

今が苦しくて死にたいというのではなく、ちょっとそっちに行きたいみたいな感覚に近かったかもしれません。この世界の確かさがなかった。生きていることを確認したくてリストカットする子がいますが、それとは違います。

ぼくはずっと、イエス・キリストはいる、という感覚を自分の中にもち続けていたので、それで生と死の境目がなかったのかもしれません。あっちに行ってもイエス様がいるという安心感があった。だから自殺しようとしたときも、神様はいました。

今、ぼくは、死にたいという人と毎日のようにかかわっているわけですが、だから、死に対してはものすごく冷静に話ができるんです。キリスト教は自殺を否定しますが、ぼく自身は否定しない。ぼくらがこの世で何をしてしまっても、必ずそこに救いに来られるのがイエス・キリストですから。

だからといって自殺を肯定するわけではありませんし、どうぞどうぞということではありませんよ。キリスト教関係者で即座に死を否定する人がいますが、ぼくはそういうことはないということです。自殺も一つの選択肢かもしれないけど、そこに向いている気持ちはなんなのかを一緒に考えます。

自殺とキリスト教については、神学として進んできました。カトリックさえ自殺したことに対して、それを罪だとはいわなくなりました。それよりは遺族のケアに力を入れるようになった。死んでしまった人が天国に行けないとは、今はいいません。

なぜ自殺してはいけないのか、と聞かれることがあります。そういうときは、どうして、その人がそう問いかけるのかを問い返します。

本当に死にたい、それしか道がないと思って質問しているのか、それとも、ただ自殺という言葉を概念化して語りたいだけなのかで、全然扱いが違うんです。

ぼくがかかわることが多いのは三十歳前後から四十歳ぐらいの人たちですが、昔と違うのは、情報が氾濫しているせいで、あらかじめ自分をなんらかの精神疾患や発達障害にカテゴライズしてから相談する人が増えていることです。

つまり、自分のことを冷静に見つめた上で死ぬことをあなたに相談しているんですよ、というアピールです。これは自分のことをわかっていることとはまったく違います。

むしろ非常に恐ろしいと思うのは、カテゴライズするということです。キリスト教は、キリストの体があって、その部分部分を一人ひとりが担っていると考えます。この命も、この命も、キリストの体の一部でありながら違う命です。いらない命は一つもない。

でもカテゴライズするというのは、あれもこれも同じ命で同じ傾向だとみなすことです。固有の命が見えなくなってしまう。カテゴライズする人というのは、じつは自分の存在を見えないようにしてがんばっている人だと思うんです。私はこの類の人間ですといって終わらせてしまっている。

ぼくはそこをなんとか開いて入っていくわけですが、それは悩むところもあって、ここからさきは医師に任せたほうがいいのか、自分が宗教の人間としてかかわるべきなのかを見極める。ただ、ぼくが必死に伝えようとしているのは、あなたがいなければこの世界は成り立たないということです。そこは一生懸命伝えます。

そういう中で変わっていく人もいますが、それは一〇人に一人いればいいほうで、ずっと同じ質問を繰り返している人もいるし、薬漬けになってしまう人もいる。病院を渡り歩くドクター・シッピングみたいに、教会や教派を渡り歩く人も結構います。

ぼくらは生と死の二元論で生きています。でもイエス様が復活されたことで示してくださったことは何かというと、神の支配する世界はこの境目を越えるんだよということです。

生ですべてが終わりだという価値観から解き放たれる。そのさきは神と共にある世界に生き続ける。肉体をもつ制約のある命から、より自由な命に変えられると考えるんです。

かつて日本に来た宣教師が、人々に洗礼を勧めたとき、私の先祖は洗礼を受けていないから救われないんですかと聞かれて、救われないと答えたという話があります。今はそんな考え方はまったくしません。先祖の方々も神が必ず共にいてくださることには変わりありませんと答えます。

ぼくはいつも、イエス様はその方のところにも行ってくださいますといいます。違う宗教の方なら、それを否定するのは好きではないので、その人が信じていた神様が必ずその方と共にいてくださるといいますね。

わが家は熱心なクリスチャンファミリーでした。父は立教大学の学生だった頃に洗礼を受けたんじゃないかな。板橋の東京聖マルチン教会に出入りしていて、そこで音楽学校に通っていた母と出会った。ぼくが生まれたときは、教会で陣痛が来たと聞いています。

生後一か月ぐらいで幼児洗礼を受けて、堅信式は小学一年のときでした。これは日本聖公会では最年少記録だそうです。堅信式というのは、自分で信仰告白をして神様から与えられた役割を果たすために特別に祈っていただく式ですが、自分で理解できる小学四〜五年ぐらいから受けるのが基本なので、すごく早かった。パンと葡萄酒をいただく陪餐《ばいさん》は早くから受けることを大事にしたほうがいいという、当時の牧師さんの考えからでした。

ところが、中学から大学までは、ほとんど教会に行きませんでした。むしろこの時期に熱心に通っているほうが危ないんじゃないかな。中学でバスケットボール部の部長だったんです。そうすると日曜日は試合がありますからね。

高校は聖学院《せいがくいん》という男子校に進みました。ミッションスクールで、生徒の個性を尊重してくれるいい学校でした。ところがここで、ぼくは意識的にキリスト教から離れていくんです。

毎日山手線《やまのて》をぐるぐるまわって、今日は海、今日は山、とふらっと行ってしまう。一人のときもあれば、偶然会った同級生と一緒のときもあった。遅刻ばかりしましたけど、先生に教室を掃除しろといわれて、ちゃんと掃除したら、遅刻をチャラにしてくれた。まあ、勉強はできたからかもしれないですけどね。母方の家系には医者が多くて、いとこがみんな医者で、その頃は自分も医者になると思っていたんです。

髪は腰ぐらいまであって、いつもヘッドフォンをして爆音で音楽を聴いていました。洋楽もクラシックも好きで、あの頃は音楽がなかったら生きていけなかったと思います。

哲学書もたくさん読むようになりました。哲学書って答えを求めて読もうとすると、自分の実存とかかわってくるから苦しみが伴います。そういう読み方はしなかったから、じつはちゃんと読んでなかったんじゃないかな、と今は思いますけどね。

やっぱり、家の環境が特殊だったと思います。両親もきょうだいもみんなクリスチャンで、自分としてはいたって普通だと思っていましたが、自分の中に理想の世界があって、そこと現実とのギャップにいつも苦しんでいたような気がします。

そのギャップがあったところで、あるとき、これははっきり覚えているんですけど、自分の手を見て、気持ち悪いと思った。なんでまわりの人たちは当たり前のように歩いて、学校行ったり、働いたりしてるのかなあってね。手首を切ろうとしたのは、その頃でした。

神ですべてを肯定するのはおかしい。そう思うようになって、医者ではなく、哲学の道を目指すようになりました。ある先生のところで西洋哲学を勉強したいと思って、その先生のいる中央大学に入ったんです。そうしたらぼくが入学したとたん、先生が退官してしまった。[1]木田元《きだげん》先生です。

ところがこの大学時代に、ぼくは人間的に変わっていくんです。大学一年のときに教会に戻されるような出来事があったんです。ぼくを小さい頃から知っている教会の人からすごく久しぶりに電話がかかってきて、中高生キャンプのスタッフをやってくれないかと頼まれましてね。こともあろうに、思わず、やりますと答えてしまった。

指定された下北沢の教会に行ってみたら、同じ年代のやつらがいる。ぼくと同じように、子どもの頃から教会で育ったけど、ほとんど教会に行ってないやつらが集められていたんです。

礼拝には行かないけど、みんなで教会に集まるようになりました。爆音で音楽をかけながらみんなで食事を一緒に作ったりもしました。立教大学のチャプレンになった宮﨑光《ひかり》司祭が朝まで付き合ってくれました。

それまでは、なんで自分は生きてるんだって感覚だったのが、人がつながれていく感覚、命がつながれていく感覚が強くなっていきました。死のうとしていた人間が、なんで今ここで生きる喜びを感じてるんだと思うようになっていきました。

そんな中で出会ったのが、ネイティブアメリカンの死生観でした。ぼくには生と死の境目がなかったといいましたが、ネイティブアメリカンも、肉体の死はあるけど、魂はもっと大きい命の中で生き続ける、グレートマザーに還《かえ》っていくと考えます。

神道のようにあらゆるものに神が宿るというのが汎神論、あらゆるものは神の中にあると考えるのが汎在神論で、キリスト教は汎在神論といわれることがありますが、ネイティブアメリカンもこの汎在神論で、大きな魂、大きな意志があって、それがすべてのものに宿っていると考える。西洋哲学が追い求めていたものを、まさに生全体を通してつかみとっていたのがネイティブアメリカンでした。

大学では詩友会《しゆうかい》という文芸サークルの部長をやっていたのですが、友だちと部室でそんなことを議論しまし

1　哲学者。マルティン・ハイデッガー研究の第一人者。現象学の研究でも知られ、モーリス・メルロ＝ポンティのほとんどの著書を翻訳。一九九九（平成十一）年に中央大学を退職して名誉教授。一九二八―二〇一四。

た。天国みたいな場所でした。大学院にも進むつもりでした。

ところが、大学四年になる頃、父親がやっている半導体関係の会社が民事再生法を申請したんです。働け、社会に出ろ、とおやじにいわれました。

もう大学四年の四月になっていましたから、募集はほとんど終わっています。しかたなく求人サイトに登録したら最初に案内が届いたのが、株式会社ファーストリテイリング。そう、ユニクロでした。


今はずいぶんよくなったようですが、当時はパワハラは当たり前だし、休みがないのも当たり前、すぐに管理職になっちゃうのでサービス残業当たり前、血反吐《ちへど》を吐くぐらい働きました。

ここは、入ってすぐに自立することを求められるんです。だから東京の人は東京ではないところに行かされる。そこでぼくは気づくんです。あ、東京にいられないんだって。ほとんど準備しないで就職したので、辞令を渡されて初めて気づいたぐらいでした。

最初に行ったのは愛知県の豊橋で、次が岐阜、ここで妻に出会って、富山、それぞれ一年ずついて、それから東京本部です。

東京はまだ本部の目が届くし、対外的なアピールもありますからさほどではありませんが、地方は本当にブラックでした。社員は二人ぐらいしかいなくて、あとはアルバイトです。バイトがいないところは社員が補うので、サービス残業することになります。

ぼくが店長になった頃から残業を減らせといわれるようになりましたが、そうするとまわるわけがない。自分が働くしかない。朝七時から夜の十二時までいるのが基本でした。


じつは豊橋にいる頃に一度、聖職を志願したことがあるんです。学生のときに「自殺対策白書」を読んで日本の自殺者数を追いながら、なぜ人は自殺するんだろうということばかり考えていました。大きかったのは、その頃に出会った親友の女の子です。本当にいい子なんですけど、何度も自殺未遂を繰り返す。その子の場合は完全に否定的な死です。でも彼女は何も悪くない。なぜこんないい子が生きられないんだと思ったんです。

本当に実行してしまった人もいました。学生時代からしょっちゅう連絡をくれていた子です。ぼくが地方にいる頃に死んじゃった。大好きだった牧師さんも一人、ぼくが東京にいないあいだに自殺してしまいました。牧師さんはみんなギリギリのところで働いていますから。

ユニクロで働きながらも、自分はここにいる人間じゃない、今この瞬間に死のうとしている人がいるんだから、自分はむしろそこにいることができるんじゃないか。聖職者になろう、と思ったんです。

聖公会の場合は、所属教会の牧師に話をして、教会委員会で推薦を得られると、東京教区では推薦が主教に渡って、主教が了解したら聖職候補生志願者になる。そこから一年を過ごしてまた推薦をもらって主教がＯＫしたら、三年間の聖職候補生になります。ぼくの場合は、教会委員会で推薦をもらうところまではいきました。ところが、会社に退職を申し出たら、「おまえ何いってんだ、異動が決まってるぞ」と。それが岐阜でした。

岐阜で店長になって、妻とも出会って、東京本社に戻ってと、端から見たら順風満帆です。ところがその頃、父親ががんで死にました。家が貧しくなってしまい、酒の卸をやっている父の実家に助けてもらっていました。父には生前、その会社に入れといわれていたので、迷いが生じました。ユニクロのほうは、商品開発のセクションに異動する話がありました。そこで一気に人生を考えるチャンスが来たんです。

始発で会社に行って、夜中にタクシーで帰るという毎日でした。朝出社したらまずトイレで吐く。精神的に結構追い詰められていました。

父親が死んだのは二〇一〇年の二月で、三月のある朝、会社に行こうと思ったら起きられない。体が動かない。

うつ病でした。これまでも店長時代に部下がうつになるのを見て慣れっこだったのですが、とうとう自分もうつになってしまった。医者からも休むしかないといわれました。

半年ぐらい休職して、そのあいだ、自分が本当にやりたいことはなんだと考えたときに、聖職だと思いました。おやじがいるときは、自分と神様のあいだにおやじがいた。でも、おやじが死んで初めて、自分と神様の関係になったんです。

自分のこれまでの歩みに筋が通った気がしました。高校生のときに死のうとしたことも、大学で哲学を学んで友だちと出会ったことも、一度聖職を志願したけどまた働いたことも、岐阜で妻と出会ったことも、自分がうつで倒れたことも全部、神様がここまで用意してくれていたことなんだと思ったんです。それじゃあ、神様が用意してくれている道を歩もうと。

会社では、どんどん出世していかないといけなかった。同期の中でいかに出世するか、もう殺し合いみたいな世界です。でも、ぼくは殺す側ではなく、殺されていく側に立ちたい。そう思いました。

聖職候補生のときにも、司祭志願したときの志願書にも書いたことですが、自分がこうして道を通されてきたのは、あなたの命も祝福された命だということを伝えるためなんだと、そのためにこの道を行きなさいといわれているような気がしたんです。

ここはちゃんと整理してお話ししないといけないのですが、躊躇はありました。自分にそんな能力が本当にあるのかって。一方で、会社では出世してある種の全能感を与えられていく。

そんなときに自分が病気で倒れて、打ち砕かれて、神に頼っていくしかないことを教えられた。神に頼って、神の名によって、あなたの命は祝福されているということを伝えていきなさいと、その道を示されたんだと気づいたのです。

教会にも、司教にも、そのことを伝えたら、「それは聖職の召命だと思う」といわれて、そこからこの道に進むことになりました。

非常にラッキーだったのは、聖公会神学院時代に成成鐘《ソンソンジョン》先生に教われたことです。成先生はスピリチュアルなことをとても大切にしていて、霊性[2]を学ぶためにアメリカにも留学された方です。

成先生が神学生におっしゃっていたのは、あなた方は現場に行くと霊的に渇くことを経験するだろうということです。カラカラに干上がった中で、絞り出さなければならないような環境に置かれることになる。そのことを自覚して、常に霊的に自分の状態を見られるようにならなければこの仕事は続けられないよと。そのことをずっといわれて、そのための手段をじっくり教えてくださった。

これは日本聖公会の課題であり、東京教区の課題でもあり、うちの教会の課題でもあるんですが、祈るベースがないんです。

感覚的なことなので伝えづらいのですが、クリスチャンというのはいろんなことをしますね。炊き出しとか、ボランティアがそうですが、そういう活動は非営利活動法人のプロフェッショナルの人たちがやったほうがずっといいわけです。

じゃあ、教会がなぜあるのかというと、神様との関係で自分が愛されているのであり、愛されているから人

2　それぞれの人の信仰の実践や、一人ひとりにおける神の働き、それぞれの国や文化における神の存在を指す。キリスト教に限らない。聖マリア修道女会公式HPほか参照。

を愛することができるということ、神との関係があるから渇かずに生き続けることができるんです。

それができるのは、カトリックや正教会には修道院があるからです。教派としてどっしりとしたベースがあるから、教会はある程度自由にできる。聖公会にも修道会はありますが、高齢化していてベースにはなっていない。じゃあ修道院を作ればいいかというとそうではなくて、教会に祈りのベースができないかと考えているんです。

テゼ共同体[3]はご存じですか。第二次世界大戦中、フランスの田舎の村で教派を超えた修道士たちが祈りの共同生活をしていたら、いつのまにかそこに人が増えていった。修道院というのは、もともとそういう場所なんです。ホスピタリティの語源になったのもそんな共同生活でした。互いに祈り合うことを通して、私たちは変えられていきます。

ただ、これは日本のキリスト教の課題でもあるんですが、教会を自分のものだと考えている人がすごく多くて、こういう提案をしてもなかなか理解されない。理解者を少しずつ増やして、教会全体で理解してもらうプロセスを踏んでいるところです。本当につらい人が来たときに、あなたのために祈っていると伝えられればいいなと思うんですよ。

ですから、ぼくは自分のスピリチュアルな状態がどうであるかということに敏感になっています。成先生が神学校時代に作ってくれたメンター制度のようなものがあって、何かあればその人とコミュニケーションをとります。カウンセリングの講座を受講したことも今、とても役に立っています。そこがなければ、この務めはなされないし、信徒さんにかかわれません。

成先生はいつもおっしゃっていました。「今は知りたいことがあればスマホで調べればわかる時代です、だったらあなた方はなんのプロになるんですか」と。「精神科医にはなれないし、カウンセラーだっている。じゃあ、あなたはなんなの、なんのプロなの、霊的なプロになるんでしょ」って。

神様とその人との関係をちゃんと見つめて、その人がどういう状況にあるのかを見なきゃいけない。ぼくはいつもそれをベースにしています。

司祭になれた段階で、これを自己実現としてやるのなら、よっしゃ、資格をとれたぞという感じだと思うんですが、そんな感慨はありませんでした。司祭になるというのはあくまでもそのさきに向かうための通過点にすぎないのです。

霊性の話には注意が必要で、ちゃんと学ばないとあやしいものになってしまう。あやしいものだから見つめないようにしてきたのが、これまでの聖公会も含め、日本のキリスト教界の問題だったかもしれません。クリスチャンでも、スピリチュアルというと、あやしいものだと思っている人もいます。異言を唱えるのがスピリチュアルだと思っている人もいる。

旧約聖書に恍惚《こうこつ》預言者というのが出てきます（サムエル上10・10）。完全にトリップしている状態です。それはいいけれど、決して尊いものではないとパウロはいっています（コリント一14）。あなたはそれで気持ちよくなるかもしれないけど、それによって神の言葉が伝えられるかというとそうではない。共同体形成にはつながらない。異言を語る人がいるなら、その異言をまわりの人はちゃんと解釈しなさい、とパウロはいいます。個人的な異言に留まるなら、それはたんにその人が気持ちよくなっているだけなんです。

パウロがすごいのは、ただ、そういう人たちも決して排除しないことです。そういう人たちもいるけど、一

3　ロジェ・ルイ・シュッツ＝マルソーシュが一九四〇年に創始した超教派の修道共同体。キリスト教徒間の和解と、人類の対立の克服を目指した。

番大事なのはキリストによって造り上げられることだから、そこに寄与しないものであれば正しいものではないといっている。これは非常に重要なところです。

精神的に高揚すると、あなたは聖霊に満たされているといわれるので、逆にそうではない状態になると病気になる人がすごく多くなります。単立教会や歴史があまりない教会はそういうところに陥りやすくて、うちにもそういう教会で病気になって来る方が多い。

哲学でエポケーといいますが、思考停止させる。すごく乱暴な表現になってしまいますが、思考停止がカルトの特徴です。

こうなると大変です。キリスト教として正しいものだと刷り込まれているから、理性的に解釈することに対してすごく嫌悪感を覚えてしまう。聖書にこう書いてあるじゃないかといって、そこで思考停止してしまう。抜け出せなくて苦しむんです。聖職になってからも苦しむ人がいます。

カトリックや聖公会では、聖職は栄光の道ではないということがはっきりしています。でも教派によっては聖職になるのがカリスマ的なことで、とくに単立教会で教会が大きくなっていくと、聖職がスターになってしまう。聖職になるのが自己実現になってしまうんですね。

逆に、神学校まで行ったのに聖職になれなかったら大変です。聖職の召命じゃなかったのに、そこを見極めないままなってしまったから、ちゃんと勉強したというプライドがさきに走って教会全体が見えなくなる。いいことは何もありません。

ぼくはそういう人とも接しますが、なかなか言葉が入っていかない。ひたすら一緒にいるしかありません。一緒にいさせてくれるだけまだいいと思っていますけれど。

クリスチャンは、成人してから洗礼を受けた人のほうが教会をやめないといいますね。それは、やはり理性的にとらえていることが大事だからじゃないかと思います。ぼく自身はボーンクリスチャンで、あまりにも無自覚にイエス・キリストはいると思っていましたから、自分の中の存在としては肯定し続けていました。

でも神は存在しないと思ったことはないかと聞かれたら、あります、と答えます。自殺を考えることと似ていて、概念化することと実存的に問うことはちょっと違う。高校や大学の頃に、概念化する中で神を否定したことはあります。教会に行っても、概念としての神はいないとずっと思っていました。

でも、小さい頃からずーっとイエス・キリストはいてくれるという感覚はあった。概念では否定しても、自分の中の存在としては否定できない。肯定し続けていました。もう、当たり前だったんです。

そして、ぼくの場合、神に反発しながらも聖書は大事だった。父は教派を超えて聖書の勉強会をする人で、教会では牧師より有名人でした。そんなおやじと喧嘩しながら聖書を読んできたんです。

ボーンクリスチャンでありながらも、理性的にとらえていく。その過程を踏んできたからこそ、おやじがいなくなって安心感はなくなったけれども、これまでとはまったく違う、神と自分という関係に向き合うことができるようになったんだと思います。

2017/6/15

兄に、「細いピアノ線の上を克子に歩かせるようでかわいそう。つらい想いをさせたくない」といわれました。それでも、あきらめます、とはいえなかった。

安藤克子
一九三八年生
レデンプトール宣教修道女会
鹿児島県

生まれは、鹿児島県日置《ひおき》郡吹上町《ふきあげちょう》という海岸の町です。父は警視庁に勤めていたのですが、病気になって、どうせ死ぬなら田舎に帰りたいと鹿児島に戻ったんです。子どもは七人、私は五番目の次女でした。

私が病気になったのは生後一年目、まだ伝い歩きをしていたときです。ピョンピョン膝で跳ねていたその日の晩に突然高熱が出て、あくる朝、母親が抱き上げようとしたら足が立たなかった。あわてて病院に連れていくと、お医者さんに「やっかいな病気をしましたね」といわれたそうです。

ポリオでした。その頃、地域にウイルスが蔓延《まんえん》していたんです。まだワクチンもない時代で、日本では一九四〇年代から六〇年代にかけて全国的に大流行しました。

母はあわてて私をおぶって、病によく効くといわれた伊作《いざく》温泉という、四〜五キロ離れた温泉に連れていって、足をマッサージして、一生懸命に介抱してくれました。不自由はあるけれど、自分で歩いて小学校に行けるようにしてくれたんです。

親戚の年上の女の子は脊髄と脳に感染して亡くなりましたから、「克子ちゃんはよかったね、足だけで」と親戚にいわれました。それでも両親は苦労したと思います。

学校でも運動はできず、見学組でした。中学の頃がつらかったです。修学旅行にも行けませんでした。でも、そんな毎日を過ごしていたから、「ルーテル・アワー」というラジオ番組で紹介された聖書のみ言葉が胸に響いてきたのでしょう。

「疲れた者、重荷を負う者は、だれでもわたしのもとに来なさい。休ませてあげよう」（マタイ11・28）でした。カトリックの「心のともしび」という番組も聴くようになりました。

手に職をつけるため、鹿児島市内の和裁の専修学校に通い始めました。市内の点訳グループに入ったときにカトリック信者のお友だちができて、彼女がザビエル教会のミサに連れていってくれました。初めての教会でした。

吹上の実家に戻ってからは、毎週日曜日、加世田《かせだ》カトリック教会にバスで通うようになりました。ミサを終えてから、公教要理の勉強も始めました。

それから一年ほど経った頃でしょうか、レデンプトール修道会のウァルデマール・キッペス神父様に、「洗礼いかがですか」と聞かれたんです。まだ勉強が足りないし躊躇していると、「信仰の勉強は一生涯です。神様は今、あなたを呼んでいます」とおっしゃった。思わず、「はい」と返事をしていました。

一九六四年のクリスマスの夜、加世田教会で受洗しました。洗礼名はマリア・ローザです。ペルーの首都リマの聖人で、修道女ではなく社会の中で奉仕した方で、そういう名前をつけるのはまだ珍しかった時代でした。

不思議ですね。イエス様を信じてからは、なぜこんな体に、という苦しみがまったくなくなったんです。これは私、そのままの私でいいんだと、自分の言葉でそういえるようになりました。洗礼は解放される手立て、自分を乗り越えるしるしだったのです。

それから四年間、加世田教会の信者が個人で経営していた養護施設の保母として働くようになりました。園長さんに保母にならないかといわれたときは本当に驚きました。足が悪くなければなりたいと思っていた職業で、でもそのことは神様しか知らないことだったものですから。一生ここで奉仕できたらいいなと思いました。

レデンプトール宣教修道女会を紹介されたのはその頃でした。お友だちが入会するというので見学に連れていってもらったのです。

創始者は聖アルフォンソ・デ・リゴリというイタリア人です。昔の貴族にはお抱え神父がいて、アルフォンソもそんな神父の一人でした。ところが病気になって静養のために山岳の村に滞在していたところ、洗礼は受けたもののそのまま宗教教育も受けられず、礼拝することもなく、羊の放牧で暮らしている人々がいました。町では貴族が神父をお抱えしているのに、遠隔地ではなんら恩恵がない。ここで霊的にも物質的にも見捨てられた人々のために働こうと決めて修道会を作ったのです。

海外から日本にやって来る場合、普通は関東か関西に入るのですが、レデンプトール修道会はドイツのミュンヘン管区から直接、鹿児島に入りました。そこから川内《せんだい》、出水《いずみ》、北鹿児島から南鹿児島、徳之島《とくのしま》へと広がっていきました。

修道会には人々とかかわらずに祈りの日々を送る観想修道会と、一般の方々とかかわりをもちながら活動する活動修道会があります。ドイツから鹿児島にやって来たレデンプトール修道会は活動修道会でした。

ただ、奉仕するには体が動く必要があります。障害をもつ人を受け入れる修道会は別府《べっぷ》にあるのですが、そちらに行ってしまうと社会の中で働きながら奉仕することができません。

ドイツ人のシスターに相談したところ、本部から、すでに養護施設で仕事をされている方なら大丈夫でしょうと志願することを認められました。

私は両親に従う素直な娘だったのですが、このときばかりは心が決まっていました。卒業証書や神父様の推薦状を準備しているのを見て、母は、「もう一回聞くけど、行きたいのですか」と聞いてきました。「はい」と答えると、母はポロポロ涙を流して、「いいよ、行きなさい」といいました。

田舎ですから、みんな寺の信徒です。たとえクリスチャンでも、そういう地域性では抜けるのも大変です。両親にとって、修道会なんて未知の世界です。結婚しても信仰は続けられるでしょうと反対する親の気持ちはよくわかりました。兄の一人には、「細いピアノ線の上を克子に歩かせるようでかわいそう。つらい想いをさせたくない」といわれました。

それでも、あきらめます、とはいえなかった。ただ一人、理解してくれたのが、のちにプロテスタントの牧師になる一番下の弟でした。[1]

修道会に入ることが一般のクリスチャンと違うのは、私有財産を持たないことです。身軽な心と体で神様と人々すべてに奉仕するのです。

心細くなかったかというご質問ですが、不思議に祈りの中に深くかかわれるというのでしょうか。私自身は弱く小さく貧しい者ですのに、神様の祝福と恵み、修道家族や多くの方に支えられて、喜びと感謝のうちに歩かせていただいているように思います。

母は私が名古屋の南山大学で神学の勉強をしているあいだに亡くなったので死に目に会えず、そのことはさみしく思いましたが、霊的な存在になった今は私の想いをわかってくれただろうと思うのです。

父もその後、十三年余り一人暮らしをして、娘は幸せだろうか、長崎で殉教した人たちみたいにつらい目に

1　日本基督教団横浜岡村教会牧師、安藤 脩、五三〇ページ。

遭っているんじゃないかと心配していたようですが、父親のほうがだんだん変わっていったように思います。
「鹿児島きぼうの電話」ができたのは、一九八七年です。鹿児島教区の郡山健次郎《こおりやまけんじろう》司教様が神父だったとき、ある日曜日の朝に高校生から死にたいと電話がかかってきた。礼拝の準備で忙しかったので、「またかけてください、教会に来てください」と返事をして電話を切ったらそれきり。

これを深く後悔して始まったのがきぼうの電話で、鹿児島では「いのちの電話」より早い試みでした。当初は信徒が対応していたのですが、今は信徒に限ることなく、一定期間の講座を受講して相談員になります。

講習のときに使用するケーススタディがあります。ある年配の女性が電話をかけてきて、「はい、きぼうの電話です」とお答えすると、「こんばんは、私は今、人間のあなたの声を聞いたので今日はゆっくり休めます。ありがとうございます」とおっしゃったと。人間が人間の声を聞くということが大事なんですね。

電話は男性からも女性からもかかってきますし、無言電話もあります。「もしもし、きぼうの電話です」といったその向こうにいる人を想像します。

講習会でお世話になっている心理学の大坪治彦《おおつぼはるひこ》先生がおっしゃっていました。いのちの電話と違ってきぼうの電話は無料ではありませんから、あ、かかっちゃった、というのはない。有料でもわざわざかけてくるということは、大事な電話です。常連さんもいますし、「よい天気ですね」という何気ない会話でも「そうですね」とお答えするのが大事です、と。

私は週に二回、相談員をしているのですが、今は経済的にはなんとか生活できる時代ですから、心のよりどころを求めての電話がほとんどです。満たされないものがあって、話を聞いてほしい。大半が家庭問題、対人関係の苦しみです。日本全体がそうじゃないですか。

聖書の勉強をしたいという方も、自分自身に課題を抱えている。回を重ねるうちに、礼拝に行っていいですか、聖書の話を聞きたいんですが、となります。信徒になることなく社会に戻っていく人もいます。強制的にお誘いすることはしません。宗教は自由意志ですからね。

人とのかかわりでいえば、鹿児島純心女子大学の聖母寮という唐湊《とそ》にある学生寮を任されていたときに感じたこともあります。

昔はピンク電話があって、電話がかかると「〇〇さん、電話です」と呼び出していました。そのときの学生の様子や表情を見ながら、心配事があるんじゃないかと察することができました。気になるときはあとで部屋に行って声をかけると、シスター、じつはね、と打ち明けてくれました。食事のときは一緒にお祈りする。家族的なものがあったんです。

それが変わったのは、携帯電話が登場してからです。ピンク電話はお払い箱、学生の動向がつかめなくなりました。監視されたくないといって、寮を出る学生が増えていきました。

事務所は静かになって業務は楽になりましたけど、人間の声が聞こえなくなった。何を考えているのか、どう対応したらいいのかがわからなくなりました。そのうち大学が川内市に移転して、学生がいなくなってしまいました。

児童養護施設の愛の聖母園にかかわるようになったのは、一九九八年です。大阪に本部がある、善き牧者愛徳の聖母修道会が運営していたのですが、さまざまな事情があって引き揚げて、鹿児島教区に残された。それが、たった六人しかシスターがいない私たちレデンプトール宣教修道女会に託されたのです。

戦後しばらくは戦災孤児が多かったのですが、ある時期からは、両親はいるけれど養育ができないために預けられる子どもたちが増えていきました。

以前は中学を卒業すると園を出なくてはいけなかったのですが、うちのシスター・モニカが施設長になってからは、心が落ち着かないと高校受験にも身が入らないからといって十八歳までいられることになりました。今は三歳から十八歳、四七人の子どもたちがいます。これだけ少子化といわれながら、入所者数は減りません。ほとんどの子どもたちに親がいます。親とのつながりを保つために、帰省の手続きをするのですが、これがうまくいかない。

親が養育できない。一週間帰省して戻ってきたら、一度も風呂に入っていないということもあるんです。自分のことを自分の言葉で伝えられない。日本語の表現力が乏しくなっています。精神的にも少し弱い人たちが目立ってきていると感じます。

社会の縮図なのかもしれません。被害を受けるのは、子どもたちです。理事長をされていた竹山昭《たけやまあきら》神父様が、「ここの子は苗床を荒らされた子どもたちだからね」とおっしゃった。胸に刺さる言葉でした。

私自身が今、非常に危惧しているのは、社会福祉法人で宗教教育ができなくなっていることです。子どもたちが卒園するとき、どうにもならないときは教会の門を叩けばいい、イエス様を訪ねればいいと、それだけでもできればいいと思って親心で伝えていたんですが、今はそれができなくなっている。食前食後の祈りだけは伝統的に続いているのですが……。

家庭の後ろ盾がない上に、心の核となるものが教育できない。卒園した一人ひとりがどこに自分の核を置いて生きればいいかわからなくなっている。根無し草のような教育しかできない時代です。

2016/3/31,9/4,2017/11/17~19

母はマリア様に、もし助かるなら
あなたにこの子を捧げます、
自分はどうなってもいいので
この子を助けてください、
と祈ったそうです。

小圷《こあくつ》玉美
一九六四年生
フォコラーレ
長崎県

フォコラーレ[1]は、カトリック教会の中で生まれた共同体です。第二次世界大戦中、北イタリアのトレントという町で、カトリック信徒のキアラ・ルービックと数人の若い女性たちによって始まりました。神様への愛と隣人愛を実践する彼女たちの生き方が多くの人々に影響を与えて、世界中に広がっていきました。

フォコラーレが目指すのは、「すべての人を一つにしてください」（ヨハネ17・21）というイエスが御父に願われた一致を実現することです。さまざまなキリスト教会や、さまざまな宗教の方々、特定の宗教をもっていない善意あるすべての人との対話を通して、世界の平和、一致した世界を目指しています。

フォコラーレの大会にはクリスチャンだけではなくて、たとえば二〇一八年七月にフィリピンのマニラで行われた若者たちの大会では、日本から約一〇〇人が参加して、そのうち七〇人は仏教の方でした。

1　公式名称「マリアのみ業《わざ》」。参加者に「暖かさと光」が感じられたことからイタリア語で暖炉を意味する「フォコラーレ」と呼ばれるようになる。メンバーは世界に一四万人。日本では一九七六（昭和五十一）年に女子フォコラーレ、一九七七（昭和五十二）年に男子フォコラーレが東京に開設された。フォコラーレ公式HP参照。

とくに私たちと交流があるのは、立正《りっしょう》佼成会です。開祖の庭野《にわの》日敬《にっきょう》さんが宗教界のノーベル賞といわれるテンプルトン賞を受賞されて、キアラもその二年前に受賞していましたので、それがきっかけで交流が始まったと聞いています。

フォコラーレへの参加の仕方はさまざまです。私のように「一致の精神」のために生涯を捧げる「フォコラリーノ」と呼ばれる人たちもいれば、職場や家庭、教会など、それぞれの置かれた場所でこの精神を生きる人たちもいます。青年や子どもたちも参加しています。

日本にいるフォコラリーノは、長崎に私たち女性が四人、東京に男女合わせて一二人、そのほか既婚者のフォコラリーノもいますので、みなを合わせると二二人ほどでしょうか。

初めてフォコラーレに出会ったのは、二十三歳のときでした。日雇い労働者が集まることで知られる東京の山谷《さんや》に、ケベック外国宣教会の神父様が始めた[2]山友《さんゆう》会というボランティアグループがあって、そこにフォコラーレの若者たちが来ていたのです。

山友会ではもともと母方の伯母がホームレスの方々に食事を出したりお話をしたりするボランティアをしていて、それを私の母が引き継いでいました。

私は高校を卒業して、当時はエレベーターの会社で事務の仕事をしていました。母に誘われて山友会に行き始めた頃、彼らに出会ったのです。フォコラーレのことは全然知らなかったのですが、一緒に食事の準備をしながらお話をするうちに、何かほかの人たちと雰囲気が違うなと感じました。

ボランティアが終わってから、「明日、フォコラーレのセンターで集まりがあるので来ませんか」と誘われて、初めてフォコラーレに行ってみました。「いのちの言葉の集い」という集まりでした。女性ばかり数人で、二十代の方々だったでしょうか。聖書のみ言葉を読んで、一人ひとり、それぞれの生きた経験を話していきます。

私にとって聖書は特別なもの、大きなものというイメージがあったのですが、そこで話されたのはとても些細なことでした。特別な霊的体験でもなく、神学的な話でもない。具体的なことはよく覚えていませんが、みなさんが語るのは生活の中で起こるありふれた光景ばかり。なぜこんな話をするのだろうと、不思議な印象をもったのを覚えています。

うちは母方の祖父母の代からクリスチャンです。母は中学までしか出ていないので文章もうまく書けないような人でしたが、聖書の教えを生きていて、尊敬していました。父は母と結婚する前に信者になりました。印刷屋をしていて、家計が苦しかったのか、四人きょうだいの長女の私だけ、三歳まで祖父母に預けられていました。祖父母は目白にあるカトリック関口教会の敷地内のアパートに部屋を借りて小神学校[3]のまかないなどをしていたので、私も神父様にはかわいがっていただきました。

幼稚園はカトリックで、そのあと公立の学校に進みました。ほかの子どもたちとちょっと違うなと意識したのは、小学二〜三年の頃でしょうか。クリスチャンはまず学校にはいないので、あ、違うんだ、ほかの人は日曜日に教会に行かないんだ、と思いましたね。だから自分がクリスチャンだとは、ちょっといえませんでした。

中学一年のときには、嫌がらせを受けたこともありました。一人のクラスメイトから始まってみんなに疎外されたのです。その人はよく目立つ強い生徒だったものですから、みんなそれに従ったのでしょう。暴力的なことはなかったのですが、グループを作るときに仲間はずれにされました。

2　メリノール女子修道会のシスターで看護師のリタ・ボルジーと、ケベック外国宣教会のジャン・ルボ神父を発起人として一九八四（昭和五十九）年に発足したボランティアグループ。現在は特定非営利活動法人。

3　東京カトリック神学院の中学、高校。

クラス替えがあってからいじめはなくなりましたが、信仰があったから乗り切れたのだと思います。毎日祈って過ごしていたので、神様は遠いところにはいないのです。マリア様もとても近い存在で、いじめられた日にはいつも語りかけていました。

本当に苦しいときは、あの子がいなくなってください、ではないですけど、やはりそういう気持ちになってしまうことはありました。どうしてこんなことになるのかと、神様に訴えたりもしました。

でも、自分から命を絶とうという気持ちにはなりませんでした。神様からいただいた命だと教えられてきましたから、どんなことがあっても自分からは絶てません。

その頃はそこまで深く聖書を読んでいませんでしたから、み言葉に支えられたというよりも、神様の存在、マリア様の存在に支えられたのです。とくにマリア様でした。

マリア様は人間です。神様ではない。プロテスタントでは、信仰の対象でもありませんよね。でも、私にとってはお母さんのような存在で、いつも守ってくださるというか、目には見えないのですけど、自分がずれていきそうだな、誘惑されそうだな、というときにはマリア様が助けてくれたと感じることはありました。なぜ神様ではなく、マリア様なのかはよくわかりません。自分でもとくに意識したことはないです。

ただ、こんな話はあります。あとで知ったことなのですが、じつは私が生まれるとき、逆子だったために、肩が引っかかって出てこなくなったんだそうです。

母を助けるのか、子どもを助けるのかを迫られる中で、母はマリア様に、「もし助かるならあなたにこの子を捧げます、自分はどうなってもいいのでこの子を助けてください」と祈ったそうです。そうしたら無事、私が生まれた。母も助かりました。

初めてフォコラーレ・センターに行ってからは、ミサのあとにお昼に誘われて行くようになりました。フォコラーレにはいろいろな人が通っていて、中には家庭を持っている人がいることも、その頃に知りました。

フォコラーレの精神で生きる若者たちを、私たちはジェン[4]と呼んでいます。その頃はジェンの若者が二人、共同生活をしていましたので、フォコラーレ・センターに行かないときはそちらに行ったりして、彼女らと交わりが深まっていくうちに、私自身、自分の将来をいろいろ考えるようになっていきました。これから家庭を持つのか、共同生活をしながら人のために尽くす生き方をしていくのか、自分は何に呼ばれてるのかなって。

そうしたらある日、ジェンたちに、一九九〇年にジェンフェストがあるから行かないかと誘われました。約六年おきに開催されるジェンたちの大会で、ローマのパラエウル競技場で開催されることになっていました。大会のあとには、スコラ・ジェン[5]もあるから、よかったら参加したらいいともいわれました。

それはすばらしい体験でした。とても大きな競技場で、正確にはわかりませんが、数万人は集まっていたのではないでしょうか。ベルリンの壁が崩壊した直後の大会だったので、それまで参加できなかった旧東ドイツやポーランドからの参加者もいました。

それぞれの国から選ばれたメンバーが歌や踊りを披露することになっていて、日本の参加者は箏曲《そうきょく》の「春の海」を踊りました。昔、商店街でよく見かけた桜の花の飾りがありますね。あれを持って、タン、タラララランって踊るのです。

そのときの私は、半分はジェンで、半分は外から彼らを見ているようだったのですが、日本で準備をしているときから、ジェンフェストに行けない人たちも、まるで自分たちが行くかのように一緒に準備してくれているのを見て、とても心を打たれました。ジェンフェストにいても、その人たちが一緒にそこにいるようでした。

4 New Generationから。
5 ジェン学校。

互いに愛し合い、みなが一つになるよう願うことで、イエス様の存在をはっきりと感じることができたのです。それはすごく強い体験でした。

ジェンフェストのあと、カステル・ガンドルフォ市の大ホールのある建物で行われたスコラ・ジェンに参加しました。そこにキアラ・ルービックの初期の仲間と呼ばれている方たちがやって来て、フォコラーレを創立した頃の体験をいろいろと話してくれました。

その中の一人が、こんなアドバイスをしてくれました。

あなたたちの中には、将来何になりたいのか、何が自分の道なのかを探している人がいるかもしれないけれど、これからは毎日、自分の中ではっきりわかるように、私の召し出しが何かを示してください、と神様に祈ってください。もし、フォコラーレに行って、居心地がいいなと感じたら、それは呼ばれているということです――と。

その言葉を聞いてから、ごミサのときに、私は真剣に、はっきりと、私の召命を示してくださいと、神様に祈るようになったのです。

当時は通訳の人に助けていただいたのですが、フォコラーレの小さな村として知られるロッピアーノに立ち寄る機会があって、そこにもう一度来たいと思ったので、帰国してからはフォコラーレでジェンの仲間とイタリア語のレッスンを受けるようになりました。

一年ぐらい経ったときだったでしょうか、イタリア語のレッスンが始まる前に、「あなた、ロッピアーノに行ってみない?」と先生のフォコラリーノにいわれました。

ロッピアーノにはいろいろな召し出しの方の家があります。ジェンにはジェンの生活を深めるための家があるので、そこに一年間、行ってみないかという提案でした。毎年秋にローマで責任者の集いがあって、出発まで八日間あるから、それまでに考えておいてともいわれました。

あまり時間はありません。家に帰ってから、いろいろと想いを巡らせました。その頃、私にとってのこだわりというか、執着がありました。書道です。

勉強はあまりできませんでしたが、書道にはすごく力を入れていて、毎週土曜日には書道教室に通っていました。最初にいただいた大きな賞は日本テレビ賞で、次が文部大臣賞。文部大臣賞というのは、内閣総理大臣賞の次に大きな賞でした。これをいただいたのが高校生のときで、かなり気合いを入れてやっていたのです。

でも、フォコラリーノに誘われたとき、その人を通して、神様は私がロッピアーノに行くことを望んでいるということがはっきりわかったので、いいえ、とはいえないと思いました。書道だって、もし手をケガしたら一年ぐらいできないこともある、みたいに考えて断ち切ったのです。

おかしかったのが、母です。ロッピアーノの若者の家に行こうと思うと告げたら、母はもう私がフォコラーレに入ると思い込んでいるというか、「私はあなたをマリア様に捧げたから、どこにお嫁に行っても私には同じだから」といったのです。

そうです、出産のときのあの言葉です。母のほうがさきに、私がフォコラーレに入ることを予想していた。「いや、そうじゃなくて、ジェンとしてフォコラーレの生き方を経験しに行くだけだよ」といったんですけどね。

当時、フォコラーレの日本の責任者はイタリア人で、ロッピアーノに行くことを決めたと伝えたら、こういわれました。「私はね、あなたの上にいつも一つの聖書の言葉を思い描いていたのよ」って。

お金持ちの青年の話（マタイ19・16－22）はご存じですか。有り余る富を持つ青年が、イエス様に永遠の命を得るには私はどんなよいことをすればいいでしょうかと訊ねたら、イエス様は、持っている物すべてを売り払って貧しい人に施し、私についてきなさいといわれた。ところが、その青年は財産を差し出す勇気がなく、悲しみながら去っていったという話です。

その言葉を、責任者はいつも私の上に思っていたといわれて、ああ、私はその青年と同じにならなくてよかった、彼ができなかったことを私はすることができた、と安堵したのを覚えています。

ロッピアーノのスコラ・ジェンに行ったのは、一九九二年の春です。それから一年間の学びがありました。フォコラリーナになりたい人の集いがあって、キアラの初期の仲間の一人で芸術家でもあるフォコラリーナが話をしてくれたことがありました。その人はこうおっしゃいました。

「この世に偉大な芸術家はたくさんいる。だけど本当に必要とされているのは聖人です」

私の中の何かが崩れ去るような、ああ、私はここに呼ばれているのだと、すごくはっきりわかりました。

正式にフォコラリーナになることを申し出てからは、養成機関のあるロッピアーノに一年、スイスのモンテに一年いて、教会の歴史や社会倫理、パパ様（ローマ教皇）が出している「エンチクリカ（回勅）」など、いろいろな授業を受けました。

一九九六年は人数が多かったので、二年目は二つに分かれて養成されました。

その後、クネオに二年間いて、ジェン4と呼ばれる小さな子どもたちを担当しました。仕事はなかなか見つからなかったのですが、ベビーシッターをして、あとはパソコンの無料講座に通って、ＩＳＯ（国際標準化機構）やセキュリティ対策の勉強もしました。今考えると、よく通っていたと思います。

キアラはよくいっていました。「私たちはいつでも祈ることができる。何かをする前に、いつも神様に、これはあなたのためですと捧げてそれをすれば祈りになる」と。

忘れてしまうこともありますが、いつも神様に委ねているという気持ちはあります。神様は私たち一人ひとり、一番いいようにしてくださっているという確信がありますので不安はありません。

クネオのフォコラーレ共同体から長崎に異動したのは、二〇〇〇年です。パートの仕事を準備してくださっていて、三菱長崎病院でメッセンジャーとして働きました。カルテや検体を台車に載せて運んだり、ベッドメイクをしたり、器具の消毒をしたりといった仕事でした。

二年後に東京に異動したときはハローワークに何度も通って、履歴書をいろいろなところに送って面接も受けたのですが、なかなか仕事が見つからなくて困りました。そういうことは、みなさんと同じように普通にするんですよ。

結局、雇ってくれたのは清掃会社でした。マンションなどの貯水槽や配水管を掃除したり、空調の整備をしたりする会社の事務です。社長さんはとてもいい方でした。

残念ながらそこは倒産してしまったのですが、取引のある会社の社長さんもとてもいい方で、従業員を全員引き取って、パートもみんな正社員にしてくださいました。待遇もよくなってボーナスまでいただきました。私が退社したあとも、ほかのフォコラリーナが引き継いで働いています。本当に恵まれていました。

東京に十年いて、長崎に二度目の異動で行きました。仕事が見つからなくて、ようやく長崎カトリックセンターに住んでいる神父様のまかないとして雇ってもらうことが決まったとたん、病気になってしまいました。がんと診断されました。手術をして抗がん剤治療もしますから、免疫力が下がって感染症の心配があります。主治医の先生に、「調理の仕事はやめてください」といわれてしまい、まかないの仕事はお断りしないといけないとあきらめました。

ただ、私はやはり恵まれていたと思います。治療中、まわりの方たちはみなさん副作用がきつくて、食事もとれない方がほとんどだったのですが、私は髪の毛が全部抜けただけで、あとは軽くて済みました。薬はよく効くし、食欲も全然落ちませんでした。

食べられる物はなんでも食べていいということだったので、リンゴとヨーグルトを持ってきてもらって、夕ごはんのあとに食べたりしていましたので、「ちょっとあなた、普通の人ではないわね」といわれました。神様が守ってくださっているという想いはありました。キアラのおかげです。

キアラが話してくれた話がよみがえりました。ある聖人に、これがあなたの最期だとしたらどうしますかと聞いたとき、その聖人はこう答えたそうです。

私は遊び続けると――。

何も変わらない、今まで生きて、してきたことをそのまま続けるということです。そうか、がんだからといって何も変わらない。今まで続けてきたことを続ければいいのだと思えるようになりました。

いろいろな方の話を聞くと、落ち込んでなかなか立ち直れない方もいらっしゃるようです。でも、私はそういうことがありませんでした。キアラが助けてくれた。みなさんも祈ってくださった。イタリアからも祈っているというメールが届いて、本当に心強く思いました。

退院後、まかないの仕事はむずかしいのでお断りしようと思っていたら、コンピュータはできないかと聞かれました。ちょうど長崎カトリックセンターの事務の方が一人やめることになったので、どうですかというお話でした。それがきっかけで、今こうして働いています。

これまでもいろいろな場面でいろいろな経験をして、ときには人間的に考えると悲惨だったり、あってほしくないこともありましたが、それらをも通して、神様がちゃんと道を準備してくださっているということを体験したように思います。

2018/8/19,2021/11/9

神様が自分に似せて
一人ひとりの人間を
お造りになった。
私たち一人ひとりに、
神様に似せた心があるわけですね。

碩《せき》 丈代
一九四六年生
カトリック安木屋場《あんきやば》教会
鹿児島県奄美大島

私がフォコラーレに出会ったのは、二十数年前になります。初めて参加させていただいた長崎でのマリアポリ[1]は、赤ちゃんからお年寄りまで幅広い年代の方、信仰をもっていない方も集って、笑顔と温かさに包まれていて、一つの家族のようで、天国ってこういうところかと思いました。

私はフォコラーレに出会ってみ言葉を生きることを学び、見捨てられたイエス様を抱きしめて、十字架のイエス様に捧げて生きることも教えていただきました。

相手の中におられるイエス様を愛すること、愛するために自分の考えは脇に置くことも知りました。やり直しながら少しずつでも実践したいと考えています。

家族は全員で三二人になりました。子どもは七人です。奄美に二家族、鹿児島に二家族、福岡に一家族、大

1　マリアポリは「マリアの町」という意味。国や年齢、宗教に関係なく誰もが参加し、「互いに愛し合いなさい」という聖書の教えを実践する数日間の集いで、世界中で毎年開催される。日本で初めて開催されたのは一九七三（昭和四十八）年、京都のカルメル会修道院に九〇名余りが参加した。フォコラーレ公式ＨＰ参照。

阪に二家族が住んでいます。

まだ洗礼を受けていないお婿さんやお嫁さんや孫たちもいます。これから洗礼を受ける未来の信者さんになるように祈りを捧げています。

祈りの大切さは、子どもたちもわかっています。何かあるたびに、「かあちゃん、祈ってね」といってくれます。子どもたちみんなにも連絡して、「祈ってね」と必ずお願いして、みんなで一致のうちに祈ることにしています。

一人の子どもは子宝が欲しくて教会のご聖櫃《せいひつ》[2]の前で祈っていたそうです。そうしたら産婦人科のお医者さんに、高齢出産になるので旦那を連れてくるようにと叱られたそうです。

その子は看護師なので、自分で検査をしてみたら、旦那さんと一緒に病院へ行く予定の日よりも前におめでたになりました。「かあちゃん、すごいでしょ」って。喜びの連絡でした。

子どもたち全員に伝えて、共に喜び、感謝の祈りを捧げることができました。何事も家族で共有できるお恵みに感謝しています。


うちは祖母と母がカトリックでした。祖母は龍郷《たつごう》の龍《りゅう》家にお嫁に行って、その長女が母です。

両親は戦時中に結婚したので、式も挙げていません。父は信者ではなかったので、母は教会に行けませんでした。私たち子どもにも、教会に行きなさいといったことはありませんでした。

私は隣の家の信者さんに誘われて初めて教会に行って、神様に出会いました。教理の勉強をして、お祈りも掟《おきて》も覚えて、クリスマスに洗礼を受けるための最終審査となったときに、神父様がどういう目で私を見たかというと、あなたの母親は洗礼を受けているけど結婚式をしていないし信仰教育も受けていないということで、二回パスされてしまったんですね。

ですから母がなんとか教会に来るようにしようと、子ども心に考えました。

父は、伝道師の先生が家に来て神様の話をするときは聞いていましたけど、洗礼は受けなかったですね。左肩の傷が原因で破傷風《はしょうふう》になって、ペニシリンを打たれたのですが、アレルギー体質だったようで、それが原因で時間をおかずに亡くなってしまいました。

私は中三で、その日は修学旅行で鹿児島に行っていたのですが、当時は船ですからね。家に帰ったらもう、父は墓に入っていました。

あとで母から聞いたことですが、父はその前から、丈代を修学旅行に行かせるなといっていたんだそうです。隣村から大きめの魚を娘のために二匹買って帰ったら、私が修学旅行に行ったと知って、その魚を一匹ずつ投げて怒ったんだそうです。命のことは神様にしかわからないのに、なぜ父がそんなことをいっていたのか、いまだに不思議です。

洗礼を受けたのは、その年の十二月二十一日でした。主任司祭が休暇でアメリカに帰って、代わりに来られた日本人の神父様が洗礼を受けましょうといってくださったんですね。

ただ洗礼式は平日なので、担任の先生の許可が必要でした。同じ日に洗礼を受ける同級生と三人で職員室に行って、今日は洗礼式なのでお昼から休ませてくださいと頼んだら、「宗教のために時間を与えられない」と認められませんでした。隣におられた数学の先生は、「こんな寒いときに水に入るのか」といいました。一緒にいた二人は、「丈代ちゃん、今日はだめだね」とあきらめかけたんですが、私は「先生に叩かれても行く！」といって、午前中の授業が終わるとすぐ教会に向かうバスに乗りました。うしろを見たら、その二人

2　主にカトリック教会で聖別されたパンを入れる箱状の容器。

もバスに乗ってきました。

なぜそんなに洗礼を受けたかったのと子どもに聞かれますが、神様が私たちを大切にしてくださるお方だとわかったからです。神様は嘘をつかない、間違わない。

当時のミサはラテン語でしたから、意味はよくわかりません。でも聖書を学んで、神父様の説教を聞いて、少しずつですが、神様に従って生きたいと思うようになっていったのです。担任の先生に許可されなくても、怖くありませんでした。


一九六六年七月にクリスト・ロア宣教修道女会が経営する希望の星学園が開園したとき、保母として採用されました。ここには知的障害のある十八歳までの子どもたちがいるんですけど、子どもって純粋でおもしろいですね。

ある日、事務室に農業クラスの子どもがやって来て、「先生、太陽が暑すぎるから、隠れるように電話かけて」って。

急に雨が降ったときには、洗濯物を干してあるのを見て、「ぞうきんが風邪ひかないようにしてあげて」といわれたこともありますし、遠足で本茶峠《ほんちゃ》を通ったときは、バスの中から岩肌を伝って流れる滝を見て、「山がおしっこしてるよ、先生」って。

司教様に職員がそんな話をしたら、「チョー詩人だねー」って感動されたそうです。子どもたちのことは今も忘れられません。


私たちの世代は信仰の迫害を直接は経験していませんけど、いろんなことがありました。集落の山の上に神社があって、新しく建設するために寄付を集めたときのことです。

私たちも集落の人と同じように寄付はしたのですが、建設のお手伝いにはどうしても行けなかった。もう一家族、他の宗教の方がやはり行かれませんでした。

そうしたら集落の区長さんに、神社の建設の手伝いをしないなら、あなたたち二家族は一日中、集落の草取りをしなさいといわれたんです。一日中、草取りしましたよ。心の中で祈りながら、堂々と草をむしりました。でも、今は違います。今だったら、私は神社の建設の手伝いをします。どんな宗教の中にも神様の言葉があると教えられていますから。

神様は自分に似せて一人ひとりの人間をお造りになりました。私たち一人ひとりに、相手の中におられるイエス様を愛するように望んでおられます。

どの宗教の中にも、表現は違うけれど、たとえば、自分にしてほしくないことは他人にしてはいけません、といった教えはある。一人ひとりが信仰を大切にして過ごしていけるなら、私は喜んで協力しますと、今ならいえます。若い頃は視野が狭くて、それができなかったんですね。

でも、私たちだけが草取りしているのに気づいた集落の人たちがいたみたいで、「あんなことさせらんばよかったのに」といってくれたそうです。

だからお互いに反省するし、やっぱりやり直して歩む生き方はすばらしいですね。みなさんもう、おじいちゃん、おばあちゃんになりましたけどね。

2017/8/9~10

決まってたんですよ、ぼくの将来は。
長男ですから、卒業したら実家に
帰って父親の会社を経営するって。
でも、いや、ちょっと待てと。
ぼくの人生はなんなんだ。

本田勝宏
一九五六年生
日本アッセンブリーズ・オブ・ゴッド教団中央
聖書教会牧師
東京都

プロテスタントはガウンを脱いだ宗教といわれています。ヒエラルキーもないし、リタージカル、つまり儀礼的なものに否定的で、自由な礼拝をしていたという流れがあります。

アメリカの奴隷制度があった頃、黒人社会に入っていった教会はバプテスト派が多かったと聞きますが、多くの黒人は字を読めませんし、ましてや聖書を読めないので、説教や歌を通して福音を伝えていたんですね。それも説教壇みたいな高いところからではなくて、民衆と同じ高さで。

夢も希望もない暮らしだったけど、やがて自分たちの置かれている状況がイスラエルの奴隷解放と重なって、自分たちも信じれば救われるんだ、やがて神の国に入れるんだと信じるようになっていった。私たちペンテコステ派も同様に、民衆の中に入って広がっていった教派なんです。

そういう背景があるからか、私が神学校を卒業して牧師になった一九八〇年代の頃は、ペンテコステはヘンテコステだと、ほかのキリスト教会から揶揄《やゆ》されたこともあります。学問的に低いとか、伝道ばかりして信徒の訓練をしないから教会形成ができていないとか、いろいろ批判されました。伝道伝道でいっぱい救うけど、全部漏らしてるといわれたこともあります。

決してそんなことはないのですが、そういうイメージがありましたから、ペンテコステ派はキリスト教界からはあまりよく思われていなかった。

日本には、リタージカルなものがキリスト教だと思い込んでいる方が多いですからね。ペンテコステ派の教会に来た人は、教会じゃないみたいといいますよ。聖像や聖画もない、ただの箱。箱があれば十分なのです。

出身は福島県石川郡《いしかわぐん》玉川村《たまかわむら》、福島空港があるところです。仏教も神道も信じていた家で、おやじは小さな有限会社を経営していました。ガソリンスタンドをやったり、鶏の飼料を販売したり、プロパンガスを売ったり、三百六十五日休みなく、盆も正月もなく働いていました。

初めて聖書の話を聞いたのは、小学六年の担任の佐藤順子先生からでした。四年からずっと担任だったんですが、うちのおばあちゃんが、勉強を教えてくれるところがあるといって連れていってくれたのが、その先生の下宿先でした。

放課後になると、そこで習字やピアノや勉強も教えてもらっていたんです。ほかに五〜六人の子どもがいて、勉強が終わると、先生が紅茶とクッキーを出してくれて、聖書物語を読んでくれました。月曜から金曜の毎日です。

小学六年ですから、物語はある程度わかります。毎日のように聖書の話を聞いて、私自身も読みますから、気がついたら信じていたということでしょうか。

佐藤先生は土曜日の夕方になると福島市に戻って、月曜日にまた玉川村に戻るという生活を送っておられて、その年のクリスマスに教会に誘われました。親に許可をもらって一泊二日で今の福島中央キリスト教会に行きました。初めての教会でした。

そりゃ家族は心配しましたよ。あるときから、神棚や仏壇に手を合わせなくなったんです。キリスト教では、

1 私以外のものを神としてはならないと教えられますからね。朝起きたら仏壇にお茶をあげて、神棚にごはんを盛るのが私の仕事だったんですけど、それをやらないといい出した。初詣も行かなくなったし、地元の豆まきにも参加しなくなったものですから、祖母は、これはかぶれたら大変だ大変だって大騒ぎしました。

長男なので、家族の期待が大きかったんです。田舎では長男が家を継ぐのは当たり前。商売をやっていましたから、世間様に嫌われちゃいけないというところもありました。

そういうところを子どもの頃から刷り込まれてきたので、ものすごいいい子ちゃんで、優等生だった。リーダーシップもあって、いじめがあると、いじめっ子に、「おまえら、そういうことはやめろ」と注意するほうでした。

ところが、そういうところがあったからでしょう、小学三年のときに円形脱毛症になってしまいました。あまり覚えていませんが、転校したいといったみたいです。小さな村なので、そこにいるのが嫌になったんでしょう。子どもなりに疲れていたんだと思います。

お医者さんに行ったら、うーん、どこも悪くないんだけどなあ、気持ちかなあって。葛根湯《かっこんとう》でも飲んでいれば治るみたいにいわれましたね。なんなら、注射でもしとくか、軟膏《なんこう》でも塗っとくかって。軍医上がりの先生でしたね。

そんな優等生の自分でしたが、佐藤先生の話を聞いてすごくショックを受けたことがあったんです。イエス・キリストがなぜ十字架につけられたのかを聞いたときです。不思議だったんです。なんでこの人が十字架につけられないといけなかったのかって。

そうしたら先生がいったんです。あなたの罪の身代わりだとね。ショックは大きかった。

だって、学級委員長もやって、クラスでも信頼されていると思っていた自分が罪人だなんて、佐藤先生はそんなふうにぼくのことを思っていたんだって。担任の先生ですし、先生からも認められていると思っていたので、本当に衝撃的でした。

子どもですから、罪といってもたいした罪だと思わないですよ。妹をいじめたり、いじわるしたりとか、何かをくすねたとか、喧嘩したとか、その程度ですよ。そりゃ、思春期になれば罪の意識は深くなりますが、子どもの罪意識なんてそんな単純なものです。

でも先生は、イエス・キリストを信じて悔い改めれば赦されるし、天国に行けるんだよと。この方以外に救いはないといった。そういわれて、信じたというのはあるでしょうね。

子どもが考える天国なんて、花咲くきれいなところぐらいにしか思ってないですから理解は浅いにしても、死んでみんな天国に行くとは限らない。なら、自分は天国に行きたいと。

すごく単純な話で、聖書にも誰もが行くところじゃないとは書いていないんですけどね。イエス・キリストを信じて罪を赦されたい。基本にあるのはやっぱり、赦されていい人になりたい、なんですよ。自分を飾る必要はないし、無理しなくていいんだと思ったんですね。

佐藤先生が賢かったと思うのは、子どもに洗礼を受けさせようとはしなかったことです。あの集まりで、もし子どもたちに洗礼を授けていたら大騒ぎになっていたと思います。うちの集落に入ることを許されなかったでしょうね。一緒にいた子どもたちも神様を信じていたんですけど、そのあと教会につながった人はそんなに多くないんです。

先生は途中で転勤されましたが、それからも毎週土曜日は必ずうちの集落に寄って、日曜学校ならぬ土曜学校をやってくれていました。聖書の話を聞いて、讃美歌をうたって、お祈りして献金をする。途中から下宿し

1「あなたには、わたしをおいてほかに神があってはならない」出エジプト記20・3。

ていた場所が借りられなくなって、別の場所を探して、結局、私が高校を卒業してからもしばらく続いていました。

小さい頃からかわいがってくれていた叔母が彦根《ひこね》にいたものですから、大学はそこに居候させてもらって亀《かめ》岡《おか》市にある京都学園大学の経済学部に通いました。洗礼を受けたのは、当時通っていた七條《しちじょう》基督教会、今のアッセンブリー京都教会です。

洗礼を受けたからといって、気持ちの変化はあまりありませんでした。神様を信じてから洗礼までが長かったので。それまでも、自分はクリスチャンだと思って生きていましたからね。

大学一年の五月に全国聖会という天幕集会に参加したとき、初めて牧師になりたいと思いました。テントを張ってゴザを敷いて、一〇〇〇人以上の人が集まった。飛行機も新幹線もない時代に、みんな全国から汽車を乗り継いでここにやって来たんですよ。

佐藤先生から話には聞いていましたけど、すごかった。熱気にあおられて興奮しました。すごいパワーなんです。

私は高校時代に行った福島の教会ですでに異言で祈る経験をしていましたし、イエス・キリストを信じていれば、聖霊のバプテスマを受けられるということは子どもの頃から教えられていたので、それ自体はなんの違和感もありませんでした。

ましてや、まだ十八~九歳ですからね。興奮のるつぼに入ると、自分もその波に乗ることになりました。牧師になりたい人は手を挙げてといわれて、思わず手を挙げて前に出て、名前も書きました。

異言で祈るのが異端みたいだといわれるなんてことは、ずっとあとに知ったことです。大人になるうちに、ああ、私たちはほかの教派からそういうふうに思われているんだとわかった。でも、誰が否定しても、自分の経験は否定できません。私も自分たちを批判している人たちを否定するつもりはありません。ただ異言は聖書[2]にも書かれていることだし、自分がその同じ経験をしているわけですからね、私の中では両立できていました。ただそのときは自分の名前を書いて、それで終わりました。今考えると、あまり深くは考えていなかったと思います。

七條基督教会の内村公義《うちむらきみよし》牧師の影響は大きかったと思います。内村先生の説教を聞くようになって、いろいろ考えるようになりました。イエス・キリストを信じるのは大いに結構だけど、じゃあ、きみはどう生きるんだ、どのようにして生きていくんだと聞かれるわけです。ああ、おれはこのまま親の敷いたレールの上で生きていくのかと考えるんですね。

決まっていたんですよ、ぼくの将来は。長男ですから、卒業したら実家に帰って父親の会社を経営するって。疑いもしないで、そう思っていた。でも、いや、ちょっと待てと。ぼくの人生はなんなんだ。いろいろ考え始めました。祈って、考えて、祈って、考えて。そのときに、自分は牧師になりたいという想いをもったことがあると思い出すんですね。

内村先生は哲学的に考える方でとても惹かれていましたし、私も思考が形成されていく年齢でしたから、祈って祈って、牧師になろうと思うようになりました。

当然、親とは摩擦が起こります。「出ていけ、バカ野郎」と、おやじに勘当されました。「大学は卒業までは仕送りしてやる、だけど二度と帰ってくるな、おまえの顔はもう見たくない」といわれました。家を出た日、おふくろが追いかけてきて、いつでも帰ってこいとお金を渡してくれましたけど。

2　コリント一12・1〜など。

大学を卒業してからは二年間、京都で働きました。神学校の先輩が、社会で働くのも一つだよといってくれたんですね。

生命保険のセールスマンです。支社で保険外交員の募集があって、応募しました。所長預かりで、所長さんは目をかけてくれていろんなことを教えてくださいました。

やめるときはさすがにお叱りを受けました。「なんだそれは、きみのためにいったいいくら投資したと思ってるんだ、送別会もやってあげない」ともいわれました。「ご迷惑をおかけしてすみませんでした」とあやまりました。

でも直属の上司がいい人でした。「がんばってこい」と餞別《せんべつ》までくれました。同じ営業所に同志社女子大学を卒業したおばあちゃんがいて、その人も、「そうかあ、牧師になるんか、讃美歌で送ったげるわ、讃美歌集買っといでー、安もんはあかんで」って。

その直属の上司は神学生になってからも京都に行ったらごはんをおごってくれましたし、熊本に赴任したときは、彼が宮崎の所長になっていたので、わざわざ訪ねてきてくれました。年賀状はずっとやりとりしていましたよ。とてもいい上司でした。恵まれていました。

父親と和解したのは、神学校を卒業したときです。なぜ赦されたのか理由はわかりません。

母方の祖父が亡くなったときはまだ学生でしたけど、母親が、「うちの息子はキリストなんだわー、だから線香あげないんだあ、わりいねえ」ってあやまっていました。みんなわかっていたので、もう誰も何もいわなかったですね。お坊さんも若い頃から知り合いで、昔不良だったことをよく知っているので、お互い、えらそうなこといってんじゃないよってところがあるんですね。

ちゃんとお手伝いはしましたし、礼儀として失礼はないようにはしていましたから、もう誰も何もいわなくなっていきました。

神学校で知り合った一期下の妻と[3]、彼女の卒業を待って結婚しました。最初の赴任地は北海道の紋別《もんべつ》、次が熊本です。明治初期に熊本洋学校の生徒が結成した熊本バンドの流れもありますので、熊本にはクリスチャンが多い。日本基督教団の教会はインテリの方々が多かったですね。

うちの教会は野っぱらにあったのですが、土地が安かったからなのか、まわりにどんどん家が建って、十年もしないうちに家だらけになりました。

行った頃はとくに熊本ＹＭＣＡ[4]（キリスト教青年会）の影響力が大きくて、ここにかかわることで、アッセンブリー教団も変なやつらだと思われなくなっていきました。熊本には二十一年間いました。

東京に来て思ったのは、スピードが速いということです。ゆっくり考えようということがあまりできない。いつもせかされているような感じです。

信者さんも一〇〇人以上いますからね。紋別や熊本にも会社勤めの人はいましたけど、東京は圧倒的に数が多い。プレッシャーがきつくて働きバチのように働いている人もいれば、失業中の人もいる。主婦もいればお年寄りもいる。

いろんな相談を受けますが、ストレスは人それぞれです。うつ傾向の方だと牧師では手に負えないところもあります。そういう場合は、神学校の同期生に臨床心理士の資格をもつ人がいますので、彼を通してカウンセ

3　日本アッセンブリーズ・オブ・ゴッド教団中央聖書教会牧師、本田敬子、三一九ページ。
4　六九五ページ参照。

ラーを紹介してもらうことはあります。

やはり深い悩みになると、素人では無理なんです。そこは牧師であっても、踏み込まないように心がけています。

やっぱり人とかかわるのは半端なくしんどいことです。テレビを見ていて、職人さんがだんだんベテランになっていく姿を見ていると、もちろん苦労はあるでしょうけど、人とあまりかかわっていないのでいいなあと思うこともあるんですよね。

私も妻も、本当は人見知りです。人に会わなくてもいいなら喜んで会いたくない。でも牧師は、人とかかわらざるをえない。私の言葉一つで人生を決める人がいっぱいいるんです。そうするとやっぱり、重いなあ、しんどいなあというのはあります。

ぼくがよく神学生にいうのは、自分を客観視することが大事だということです。教会にいると、病気が治ったとか、奇跡を行ったといった話はたくさんあります。見えなかった目が見えるようになったという話もある。理由はわかりません。ただ神の働きだと考えます。

ぼくの医者の友人は、いろいろな病を食事で治せるものは治そうという栄養学の研究をやっているんですが、医者なのに昔から本当に奇跡を信じています。

ただ、誰かが祈って病気が治ったとしたら、その人が神によって変えられて、医者の指導に従ったことで栄養がよくなったからかもしれないと考える。それも神が与えてくださった知恵ですし、バランスのいい考え方だと思いますね。

牧師が自分を客観視できないとどうなるか。まるで自分が治してあげたと錯覚するんです。アメリカで信者が集団自殺した事件[5]があって、牧師はペンテコステ系だったのですが、奇跡を起こしたのが自分の力だと勘違いして、全員引き連れて自殺してしまった。

たとえば私が説教して、人が変わっていくのは事実です。でもそれは私が変えてるんじゃない。聖書の言葉が変えていくのです。そう考える目をもたないと、どこかで道を間違えてしまうでしょうね。

聖書のデジタル化計画がスタートしたのは、ウィンドウズ3・1が発表された一九九〇年代の初めです。構想をたてたのは、中央聖書神学校の同期生の能城一郎《のしろいちろう》。能城は大学院でコンピュータを研究していて、MS－DOSの勉強もしていたんですね。

ぼくらはビル・ゲイツと同世代なので、さきにやられたと怒ってましたけどね。彼がまず同期の堀川寛《ほりかわひろし》に相談して、熊本の私にも連絡があって、なんかやりたいねって三人で話し合うようになりました。

アメリカにはすでに聖書のソフトがあって、検索すると聖句が電子データで出てくるらしいと。それを能城が取り寄せて、アメリカに留学していた堀川がIBMのソフトを持って帰って、ウィンドウズで走らせたりしました。

ギリシャ語とヘブライ語の電子データも出て、そのうち日本語聖書の電子データも出始めたので、能城を中心に勉強会をしました。私はヨハネの福音書のデータを渡されて、言語によって訳がどう違うのかを分析しました。おもしろかったですよ。ものすごく楽しかった。

能城の出身教会にシステムエンジニアの人がいたので、途中からその人に渡して最初のソフトができまし

5　一九七八年に起きた人民寺院事件。教祖ジム・ジョーンズと子どもを含む九〇〇名以上の信者が服毒死した。ペンテコステ派の集会に参加してその手法を自らの信者獲得に利用、差別や貧困の救済をうたい奇跡を起こして人気を集めるが、次第に教団への攻撃という自作自演の恐怖を演出、最後は核戦争の恐怖まで利用して信者を追い込んだ。ティム・レイターマン、ジョン・ジェーコブズ著『人民寺院　ジム・ジョーンズとガイアナの大虐殺』越智道雄監訳（一九九一・ジャプラン出版）参照。

た。いのちのことば社の会長だった多胡元喜《たごもとよし》さんのところに持っていって説明したら、これはおもしろい、うちで扱おうという話になりました。

初代「J‐ばいぶる」がリリースされたのは、一九九五年十二月です。ウィンドウズ95で使える実用的な国産聖書研究ソフトです。このとき、堀川が編集長になって「教会とコンピューター」という冊子を出したのですが、これには結構読者がいました。

なんとかマッキントッシュでも使えるようにできないかなあと思っていたら、読者にマックユーザーの牧師がいて、できますよと連絡があった。データを送ったら、マック用のソフトを作ってくれました。しばらくはそれを配布して、サポートもしていました。そのうち本業が忙しくなって、途中から私は離れてしまいましたけどね。

パソコン通信といわれた時代のことですが、ニフティサーブのフォーラムではずいぶん叩かれました。おまえらだけで聖書を使って商売して儲けやがって、とね。とくに能城が叩かれました。でも、ほとんどがいのちのことば社に入るものですし、そこに投資してきた労力を考えるとね。そんなものは放っておけ、といいましたけど。

日本聖書協会から出ている新共同訳聖書はすぐに版権をおろしてくれましたが、当時、新改訳聖書を出していた日本聖書刊行会はなかなかおろしてくれなかった。

そのあたりの複数ある聖書の版権処理の手続きは、いのちのことば社がやってくれましたが、最初に「J‐ばいぶる」にだけ版権がおりたものだから、なんでおまえらだけがといわれたりしてね。

クリスチャンでもやっかみはあるんですよ。あっちゃいけないんですけどね。

2017/9/12,2018/5/11

私は耳を閉ざし、心を閉ざし、聞きたくなーいってずっと思っていたんです。

本田敬子
一九五三年生
日本アッセンブリーズ・オブ・ゴッド教団中央聖書教会牧師
東京都

生まれは沖縄県の嘉手納です。基地の真ん前で育ちました。八人きょうだいの五女です。

子どもの頃はまだまだ沖縄は貧しくて、基地の問題や事件が頻繁に起きていました。学校の運動場で遊んでいたら、軍用機がゆらゆら飛んでいて、あれっと思ってみんなで見ていたら、墜落して爆発しました。クラスの男の子が、「あれ、おれんちだ」って、走っていったのを覚えています。ベトナム戦争が始まっていましたから、B－52だったと思います。

伯母は爆風で耳が聞こえなくなりましたし、嘉手納飛行場のさきに弾薬庫があったので、それも恐怖でした。あそこに墜落したら嘉手納どころじゃない、沖縄全体がなくなっちゃうと思いました。夜中に地震のような爆音がしたこともあります。戦争はまだまだ終わってないと、子どもながらに感じていました。

母はよく私たちを連れてデモや集会に行きましたよ。戦争はだめだ、絶対だめだ、B－52も撤去しないとだめだ、基地も返還されないとだめだと、それはそれは強い想いがありましたから。

戦時中、米軍が上陸したときは逃げ場がなくて、祖母と父が捕虜になって、母たちは北に逃げたのでなんとか一家で生き延びることはできましたけど、南に逃げていたらたぶん命はなかったですからね。疎開中も大変な想いをしましたし、とにかく戦争はだめだと子どもたちにいい聞かせていました。

家にはもともと仏壇があって、送り火を焚いて霊を送るというのは行事のたびにやっていました。沖縄にユタという民間霊媒師がいるのはご存じでしょうか。何か起こると、母や伯母はユタに通って相談していました。一番上の兄[1]は高校を卒業して横浜の大学に入ってからクリスチャンになったのですが、母は息子が信じている神様を理解したいと思ったんでしょうね。近所のクリスチャンの方が通っていた日本基督教団美里《みさと》教会に一緒に行くようになりました。

どっちの神様が本当の神様というわけじゃありませんが、ある日、ユタにいわれたんだそうです。「あなたには大きな神様がいらっしゃるので、今日はお話しできません」って。「教会に通っていることは何もいってなかったのに、そんなことといわれたよー」って、帰ってから話していたのをよく覚えてますね。そうなんだ、私が信じようとしているのは大きな神様なんだと知って、母はユタではなく、聖書の神様を信じるようになったそうです。

私も小学生のときは嘉手納バプテスト教会の日曜学校に通っていたのですが、中学の三年間はパタッと行かなくなりました。今考えるとたいしたことではなかったかもしれませんが、自分の置かれている立場が複雑というか、なんでこんなことが起こるんだろうという三年間だったんです。

一学年九クラスあるマンモス校で、一クラス四〇人ぐらいでしたが、人数が一人でも減ると九組の人が他の八つのクラスに分散して入れられちゃうんですね。新しいクラスに入るのでそこでの人間関係のストレスがあって、今でいえばいじめなのかもしれませんが、物を盗られたり壊されたり、変な立場に置かれてしまうようになったんです。

一年間そんな状態で過ごして、学年が上がって人数が増えたら、また九組ができてそこに移される。今の時代ほどの深刻さはありませんでしたが、学校行きたくないなあ、死にたいなあ、死んだほうが楽だなと思う日もあって、つらいことばかりでした。

そういう時間を過ごしていたからでしょうか。まだ占領されていた頃ですが、兄が宣教師になって戻ってきて家庭集会で聖書の学びをするようになって、小学生のときに聞いていた聖書のみ言葉がわかったというか、ああ、イエス・キリストは私のために死んでくださったんだ、だからそこに救いがあるんだとはっきりわかった瞬間があったんです。

「神はそのひとり子を賜わったほどに、この世を愛して下さった。それは御子を信じる者がひとりも滅びないで、永遠の命を得るためである」というヨハネによる福音書の三章十六節、聖書の神髄といわれるみ言葉です。イエス・キリストが十字架に掛けられたのは、この私のためなんだと。言葉ではうまく表現できないのですが、わかった瞬間があって、ボロボロ涙を流しながら、今までの自分の罪を悔い改めることができたんです。それまでも兄からはよく手紙が届いて、励ましてくれましたし、兄が信じている神様がどんなお方であるかというのも、手紙を通して教えられてきました。イエス様はみんなのことを愛しているんだよと、福音を伝えようとしてくれていました。

でも改めて、兄は、イエス様の愛を信じるなら私たちは永遠の命をもつということを話してくれた。私は自分のことで精一杯でしたからほかはどうだったのかはわかりませんが、あのとき、涙を流して信じる決心をしたのは私だけだったと思います。信仰がその人に現れるときというのは人それぞれで、みんな違うんじゃないでしょうか。

きょうだい一緒に兄から洗礼を受けました。一九七〇年十月二十五日です。アメリカから宣教師がたくさん

1　日本アッセンブリーズ・オブ・ゴッド教団嘉手納アッセンブリー教会牧師、池原信徳、三九八ページ。

来て、あちこちで英会話を教えていて私も交わりはありましたが、そこからクリスチャンになったというわけではないんです。

兄はそれからうちの土地に教会を建てました。嘉手納アッセンブリー教会の創立は一九七〇年六月、献堂は七一年二月です。兄は長男ですし、父は兄が牧師になることに猛反対していましたけど、ゆくゆくは教会を建てたらいいとは思っていたんだと思います。


どんな仕事についたらいいか。何が一番、神様がよいこととされるのか祈っているときに、み言葉が与えられて、幼稚園教諭の免許をとる学校に行きました。教会付属の幼稚園の先生になるためです。

み言葉が与えられるというのはクリスチャンの表現ですから、わかりにくいですよね。実際は、み言葉が思い浮かぶということだと思います。私の隣で牧師夫人が祈っていたので、私がそれをとても強く心に受け止めたということかもしれません。「わたしは主のはしためです。お言葉どおりこの身に成りますように」（ルカ1・38）というマリアの言葉でした。

私たちはデボーションといって、毎日み言葉を読んでお祈りをする時間をもちます。み言葉が降りてくるというのではなく、思い起こさせてくれるというのでしょうか。それも聖霊の働きがあってのことだと思います。

神のみ言葉を与えられたとき、それをどう受け止めるのか。それにどう応答するのか。それを問われるのがクリスチャンです。

幼稚園教諭を七年間やってきて、自分がこれからどう生きていくかは常に問われてきました。いろんな先生が集会で話をされるたびに語られるみ言葉があって、それは「ここにわたしがおります。わたしをおつかわしください」（イザヤ6・8）だったのですが、私は耳を閉ざし、心を閉ざし、聞きたくなーいってずっと思っていたんです。行きたくない、行くべきじゃない、私にはできない、はい、行きますとはいえない。口下手だし、向いてない。

「そうやって反抗していると、神様はもっともっと、敬子さん、敬子さんっていうのよ、もう全部、握ってる手を放しなさい」といわれたこともありました。握っているものなんて何もないんですけど、手放すというのは神様に委ねるということで、これからの人生を、すべて神様に委ねますという想いを与えられていったんですね。

献身を決意したのは、一九七八年でした。その頃には父もクリスチャンになっていましたが、やはり反対されました。兄の姿から、牧師の貧しい生活や伝道のつらさを見ていますから、そんな苦しい仕事をしなくてもいいといわれました。母が父を説得してくれたんです。

牧師になるという決意に、嘉手納という土地に暮らしてきたことが影響しているかというご質問ですが、それは関係ありません。理不尽さは感じてきましたけれど、ずっとそれを抱えて生きることはとても苦しいことなので、そこに置かれていることもまた神のご計画の中にあると思っていたんです。かっこよくいえば、赦しです。完全に赦しきれているかというとそうではありませんが、でも、赦しに立ちたいと思っていました。

もちろん私が赦したとてすべて赦されたわけではないのですが、「彼らをおゆるしください。彼らは何をしているのか、わからずにいるのです」（ルカ23・34）というみ言葉を聞くならば、私もやはり私たちに多くの犠牲を強いてきたものを赦してあげなくちゃいけない。赦すという側に立つことをみ言葉に教えられるのです。

現状を容認するということではありません。正すべきところは正していかなくちゃいけない。ここではいろんな事件が起きます。兵隊がいたずらで銃口をこちらに向けたり、少女の暴行事件が起きたりすると、これはもう、ここに基地があること自体が間違いだと思います。だから沖縄のものは沖縄に返してほしいと、そのことは声に出していいます。

だからといって彼らを、アメリカ人を憎むわけではない。人間はなぜこんなことをするんだという想いです。でも、神は人間の弱さゆえに赦したもうたのだから、私たちも赦しをもって対応していかないといけない。赦すというと上からものをいっているようですが、そういうことではないんです。怒りではなく赦しから声を上げなければ、恨みつらみになってしまいますから。

2018/5/11

怖くなって相談しましたよ。
ぼくはいてもいいんでしょうかって。
神父様は、あなたはいなさいって。
カトリックの大船の中で生きれば
いいとね。

盛《もり》 克志《かつし》
一九五八年生
カトリック聖アルフォンソ初台教会司祭
東京都

神父には異動が結構あります。私もこれまで六〜七年ごとに異動していて、昨年の復活祭までは鹿児島準管区長でした。

昔は修道院長や管区長に権限があったので、どこどこへ行きなさいといわれたら、はいと答えて異動しましたが、一九六二年から六五年に行われた第二バチカン公会議以降大きく変わって、今は本人の希望も聞きます。行きたくないなら行かないでいいというわけではありませんが、交渉みたいなものはあるということですね。

修道院に入るときは、従順、貞潔、清貧という三つの誓願を立てるわけですが、昔は壁に、あなたは来月からアフリカに行ってくださいと書いてあったら、はい、といって行く、そういう時代もあったと先輩から聞きました。

ミサはラテン語でしたし、シスターもベールをかぶらないといけなかった。今はそういうわけではない。ベールをかぶらないシスターもいます。カトリックも大きく変わりました。

私は信者の家庭の出身ではありません。徳之島には昔は病院もなくて、母親が盲腸になって奄美大島まで行って入院したことがあって、そのとき、信者のおばに連れられて名瀬の聖心教会に行ったのが最初です。まだ幼稚園児なのでよくわかりませんでしたが、おばに、「神様が見てるよ」といわれて、不思議なことに、神様はいると思ったんですね。子どもですからね。

ちわ子ちゃんという同級生が教会に通っていると聞いたので、一度連れていってほしいと頼んで行ったのが、徳之島のカトリック亀津《かめつ》教会でした。中学二年のときです。

そこでレデンプトール修道会から来たドイツ人のマックス・アッシャーという宣教師に会って目覚めた感じです。ああ、神様って本当にいるんだと。

子ども心に不思議だったんです。どうしてこの人は家を離れてこんな遠い国の田舎の島にいるんだろうって。当時、三十代ぐらいだったんじゃないでしょうか。

ぼくも神父になりたいといったら、何バカなことをいってるんだと親にいわれました。教会には英語を勉強しに行っていると思っていたので、宗教のことなんか考えるなと。徳之島には神父になった人がいないものですから、神父は外国人がなるものだとか、もうめちゃくちゃなことをいわれました。

だから島では洗礼も受けていません。受けたいといったら、神父様に「待ったほうがいいですよ」といわれました。まわりが反対していますからね。

でも惹かれるものがあって、日曜日に巡回教会があると必ず教会に行きました。このときの想いがのちにつながるのですから、出会いというのは大事ですね。

兄が鹿児島市の中学に行っていたので、自分も中学から鹿児島に行きたかったのですが、私が島を出るとクラスが減るからという理由でずっと待たされて、中学三年になってようやく鹿児島の中学に転校できました。

でもそれから受験勉強をしても受かるわけはなくて、高校受験は失敗でした。兄はこれが原因で弟が宗教に入ったと思ったみたいですね。信仰をもつのは人生に挫折したからだと思われたんです。
そうじゃない。神父様に出会って不思議なものを感じたのがきっかけですからね。

高校は神戸の私立神港《しんこう》高校に行きました。アパートで一人暮らしをして、なんとなく行ったのが、近所にあったプロテスタントのオープンバイブル教団大橋聖書教会という教会でした。とても家庭的でした。

とにかく洗礼を受けたくて、受けました。須磨《すま》海岸にざぶーんと浸かる全身礼です。なぜそんなに洗礼を受けたかったかというと、公に自分のことを表明することになると思ったんです。教会という組織のメンバーになるということかな。

洗礼を受けたからといって気持ちは何も変わりません。特別、喜びが沸き上がったわけでもありません。ああ、クリスチャンになったんだという自覚が生まれたということですね。

中学の頃、さみしかったんですよ。礼拝のときにみんなはご聖体のパンをいただけるのに、あなたはまだ洗礼を受けてないからだめよ、ここに座ってなさいとシスターにいわれたんですね。みんなもらってるのに、ぼくはない。さみしかった。ぼくも欲しいと思いました。

差別されたとは思わないけど、そこになんらかのけじめがあるのはわかりました。でも、遮断されてるとは感じてたんだろうなあ。

家族はもちろん洗礼に反対しましたよ。田舎の人たちには、宗教って特別な悩みがあるからとか、何か間違ったから入ると思われていますからね。

神戸にいるときはいちいち説明しなかったですけどね。島に帰ると、亀津教会に行ってマックス・アッシャー神父に会いました。「プロテスタントで洗礼を受けました」といったら、「ああ、そうだったの、がんばってね」といわれました。

勉強で挫折したので、やる気がなくてね。神戸にいるときはアマチュア劇団に入りました。いろんな役を演じられるのが楽しかったんです。家に友だちが遊びに来るし、教会ではみんなにかわいがられるし、牧師夫人にも大事にしてもらって居心地がいい。さみしさはなかった。

俳優の養成所に受かったのでお金を出してほしいと親に頼んだら、そんな金ないっていわれました。養成所って誰でも通るようになっているとあとで知りました。

当時、実家は財政的に傾いていました。薬局だったのですが、水害で品物が泥まみれになってすべて台無しになったんです。別の場所に移転したら、そこでもまた水害に遭ってしまった。あとで聞いたことですが、親は人に借金して仕送りしてくれていたみたいです。

田舎に帰っても仕事はないので、大学に行けとはいわれていました。受験したんですけど、落ちるんですよ。最後に受かったのが東京の私立大学で、英文科に行くことになったんですけど、全然勉強しませんでしたね。アルバイトもしない。まったく何をしよったのか……。

就職はしなけりゃいけないので、いくつか受けるんだけどなかなか受からない。旅行が好きだったので、旅行会社を受けるんだけどどれも通らない。

最後の最後に、四谷にある持田《もちだ》製薬海外旅行部の「メジカルビュー」という雑誌を出しているところに受かりましてね。医者の学会のツアーコンダクターみたいなことを二年間やりました。あれは楽しかった。みんなで飲みに行って会社の悪口いい合うのも嫌じゃなかった。給料をもらってようやく自立して、親も喜んでくれました。

でもね、やっぱり、ふと神父のことを思い出すんです。中学時代の原点をね。ある日、マックス・アッシャー神父に電話しました。「神父様、私はやっぱり神父になりたいです」と。

そうしたら、聞かれました。「あなたは人生とか、今の生活とか、会社が嫌になったのか」って。逃げだと思われたんですね。「いや、そうじゃないです。楽しいです」と。

そうしたら、「わかった、じゃあ、神学校へ行きなさい」と。あとで聞いたことですけど、都会が嫌になって、つまずいて、逃げたいからなら反対したけど、あなた楽しそうだったね、それだったらいいよって思ったそうです。

ただ、神父になるにはカトリックじゃなきゃいけません。島の同級生でカトリックの信者がいて、今、カルメル修道会にいる福田正範《ふくだまさのり》神父ですが、彼に黙想会に誘われて行ってみたんです。金土日と日野《ひの》にあるシスターの施設で祈ったり面接したりする集まりです。

そのときに、「朽ちる食べ物のためではなく、いつまでもなくならないで、永遠の命に至る食べ物のために働きなさい」（ヨハネ6・27）というみ言葉が頭に引っかかった。なんのことだろ、嫌だなあ、うるさいなあって、思いながらも引っかかったんです。

最終面接で、「盛さん、黙想してみてどうですか」とシスターに聞かれたとき、なぜか涙が出てきた、なぜかね。

それから福田さんが四谷の聖イグナチオ教会のルイス・カンガス神父様に連絡をとってくれて、そこで改宗式に臨みました。洗礼はプロテスタントで受けたので有効なのですが、カトリックになるには必要な儀式です。一〇人ほど友だちが来てくれました。

神父には教区司祭と修道会司祭がいて、教区司祭は一匹狼的なところがあるので、私はメンバーになる修道会に入りたいと思っていました。それからは福田さんがいろんな修道会を紹介してくれたので、週末ごとに訪ねては一泊して働いてみましたけど、なんか違う。

マックス・アッシャー神父様に相談したら、自分はレデンプトール会だけど、あなたはイエズス会に行きなさいというんです。組織が大きいし宣教の場が広い。チャンスが広がるよって。でも行ってみたら、なんか違和感がある。自分の場じゃないと感じた。

そうしたら、鹿児島準管区にも神学校があって、それが神言会《しんげん》という修道会が経営している南山大学だと知った。行ってみたらカチッとくるものがあって、ああ、ここに入りたいと思ったんです。

編入試験を受けてまず南山大学に入って、ローマ教皇庁が決めたカリキュラムを神学科で六年間かけて勉強する。教皇庁認可の神学部が併設されているようなものでしょうか。ただ、南山大学での養成は私の代が最後で、それからは上智大学に一本化されました。

会社をやめるわけですから、先輩たちはびっくりしましたよ。「おまえ何があったの、やめないでくれ」って。「女にふられたんじゃないか、盛君、女なんていっぱいいるんだから、一人にふられたぐらいで暗くなるな」って。上司からは、「おまえ、借金いくらあるんだ」と心配されました。貧乏は貧乏だけどね。不治の病じゃないかとも心配されましたね。

日本では宗教に入るというと、何かあったと思うじゃない。昔から神父になりたかったんだと説明してもピンとこない。そもそもキリスト教を知らないですからね。

「おまえ、修道院ってのは刑務所みたいなところだぞ。二度と出られないぞ。ワイン飲めないんだぞ、肉も食えないんだぞ」って。勝手な想像ですよ。神父になってもワインは飲める、肉も食べる、旅行もしますしね。

親は、それはそれは怒りました。島から飛んできましたよ。でも、私を説得はできなかった。父も母も泣いて帰っていきました。

徳之島というのは、先祖崇拝の島です。ご先祖様が神様です。キリスト教は外国の宗教というイメージがあるから、わざわざ外国の神様を拝むことはないという考え方が大半です。

そもそも宗教のイメージもよくありません。新興宗教がやって来て仏壇を壊されたとか、先祖を拝むなといわれたとか、必ずトラブルが起きている。

宗教は違う世界、自分たちと訣別《けつべつ》するもの、という意識があります。親は、うちの子だけど、うちの子じゃないような。ふれあいができなくなるイメージがあったんでしょうね。そんなことはまったくないんですけどね。

南山大学に在学中のときは、修道会の志願者として認められるかどうかを見られていました。二年で修練期に入って、一年間学校を離れて修道会の歴史や独自の精神を学びます。私は京都の西舞鶴《にしまいづる》教会の修練院で修行しました。鹿児島準管区からは私ともう一人、東京管区の上智大学から三人、合計五人でした。

朝がつらくてね、祈りのときなんか寝てしまうんです。夜まで勉強してますから、朝はぼーっとして、ミサでもあまりにぼーっとしているから、神父様に呼ばれましたよ。「あなた、病気ですか」って。いや、病気じゃなくて眠たいんです。でもみんなきちっとしていて、本当によく勉強していました。

一年間の修行で初誓願といって、この修道会でがんばることを誓います。このとき、一緒に南山大学から行っていた一人がやめたので、私は一人で戻りました。途中でやめる人はいるんです。みんな優秀な人でした。それなのにやめてしまったから、ショックでしたね。

怖くなって相談しましたよ。「ぼくはいてもいいんでしょうか」って。神父様は、「あなたはいなさい」って。「カトリックの大船の中で生きればいい」とね。

そうか、じゃあ、神様に任せようと思いました。自分の弱さを知っているから、克服しようとは思わないし、上には上がいるし、立派な人はいくらでもいるから。人と比べるのはつらいですよね。背伸びしたってばれるしね。等身大で生きるのが大事だと思うんですね。

それからまた神言会の学生センターに預けられて勉強して、大学院で論文も書いて、司祭に叙階されたのは、一九九一年五月四日です。レデンプトール修道会の神父になりました。徳之島で初めての神父でした。

叙階式は鹿児島の谷山教会であったのですが、父は来ましたけど賛成はしなかった。母は来ませんでした。母は今でも賛成してくれていないのかもしれません。私のやっていることを認めてくれている感じはありますけど。

修道会に入ると、私有財産を持ちません。神学生のときは、学費も食費も交通費もすべて修道会が面倒をみてくれましたし、神父になったら修道会本部からいただく。幼稚園の園長をやっていたら、その給料は本部からいただくかたちです。

お金がなくてどうしようという心配はなくて、困ったことはありません。修道会はその地域の中流の生活はできるように決まっていて、ほかの修道会は知りませんが、清貧の生き方をしていく。老後も、倒れて仕事ができなくなっても、きっと面倒はみてくれると思います。

修道会から外国で勉強してきなさいといわれて、シカゴのロヨラ大学で五年間勉強しました。好きなことを勉強すればいいといわれたけど、好きなことなんてない。

ただ教会にいると、人間の苦しみに向き合うことがありますね。たとえば離婚に苦しむ人もいる。信仰がないからだと悩むんだけど、そうじゃないですね。それは信仰じゃなくて関係性の問題です。でも、心理的なことと霊的なことがごちゃごちゃになっている人が多いんです。そのあたりをちゃんと理解したいと思って、信仰に基づいて行う「パストラル・カウンセリング」という心理療法を勉強することにしました。

長崎で神学校の校長をやっていたことがあるのですが、長崎というのは独特なところで、なんでも信仰のせいにする傾向があるんです。信仰がないから病気になる、信仰がないから失敗する、何かあるとミサに来なかったからだ、となる。

そうじゃない。それは心理的なこと、関係性の問題でしょ、というんだけど、なんでも信仰をベースに育てられてきたから、そこからなかなか離れられない。教育の問題なんです。告解しないとバチがあたるぞといわれてきたから、「今すぐ告解したい、緊急です、今すぐやらないと地獄に行きます」と連絡がある。「いやあ、すぐに地獄には行かないから明日でもいいでしょ」って答えるんだけど、強迫観念がすごくて、喜びよりは恐ろしさがある。怖いのね。なんかさみしかった。私たちの信仰はもっと解放されるものなのにね。

世間もそんなふうに思っているんですよ。島の同窓会に行くと、会場で、「こんにちは」って挨拶しても、じーっと見て、神父になってどう変わったのか、見てるのね。お酒を飲んで話をしていたら、「一つ聞いていいですか」というので、「いいですよ」って答えたら、「聖書売っていくら儲かるの」って。「献血もできないんだろう」とかね。エホバの証人と勘違いしてるのね。田舎だからいろんな噂《うわさ》があって、あれは母もつらいよね。あそこの息子は聖書売って歩いてると思われてるんだからね。

徳之島で最初の神父だから、最初は変な目で見られましたよ。でもしばらくすると、おまえ、昔と全然変わってないなあってなるんですけどね。

パストラル・カウンセリングというのは、信仰をもつ人に対するカウンセリングのことで、日本にはこれまでありませんでした。私たちもスタート段階では普通のカウンセリングを学びますが、それとは違って、何か超越的なものを信じているという前提のもとでのカウンセリングです。

信者かどうか、洗礼で分けるのは簡単ですが、そうではなく、人間としてのカウンセリングですから、信仰じゃなくても何かを信じているということはありますので、それも私は含むと思っています。人間全体といえるでしょうか。

必ずしも神様は出てきません。自分を超えたもの、超越者、万物の根源というか、その人の価値観がどこから来ているのか。それはカトリックとか、キリスト教とか、そういうこととは違うと私は思っているんです。何を土台にして生きているのかということです。たとえば、死後の世界があると思っているのかとか、その人の根源的な生き方にふれるものです。

ただ、信者の悩みというのは、信仰の悩みと関係性の悩みが複雑に絡み合っています。それが重なったり離れたりする中で動いている。

教会ではよく、自分の十字架を背負って生きなさいといいます。生涯かかわっていく悩み苦しみが、その人の十字架です。それはその人だけのもので、その人の十字架を私が代わりに背負うことはできない。解決はできません。

私たちにできるのは共感ではなく、共存、共にいることです。ただその人の傍らにいて悩みを分かち合うことはできる。十字架そのものを生きていく。それでも生きていく。その悩みがあっても、人生の意味を感じて生きていける、と伝えることはできます。

多くの人は即物的に解決策を求めます。痛みを取ってほしい。神父に話をしたら治ると思っています。そうじゃないですよ。がっかりするかもしれませんが、解決はしません。痛みがあるとはどういうことなのかと気づいてもらうのが、スピリチュアルケアです。そこで生きていく力があるとわかったら、生きていける。

アメリカのメガチャーチに行ったことがあるのですが、彼らはよく、教会に来たら癒されますとか、金持ちになります、とかいいますでしょ。魅力ありますよ。わかりやすいし、だから流行ります。

でも、それってイージーな生き方でしょ。そんなもんじゃない、と私は思う。悩みを抱えて生きていくことを教えないというのはどうかと思います。

子どもの頃、朝なかなか起きられなかったのですが、一年に二回ぐらいは早起きできた日がありましてね。なぜかというと、体育祭だったから。走るのが速かったんですよ。運動はできて、賞状ももらえる。だから、体育だと力が湧いてきた。

人間ってそういうところがあるでしょ。ちょっと押せば生きられる。あ、そうかと気づいた人は生きられる。だから悩みを抱えながらも、喜びを見出すことを考えましょうと。そうすれば人は生きていけるんですよ。日本で臨床パストラル・カウンセリング研究会を立ち上げたウァルデマール・キッペス神父も、レデンプトール会のメンバーです。偶然、彼もロヨラ大学で学びました。田舎で宣教師をやっていて、彼なりに考えて、教会ではなく、パストラル・カウンセリングを使命として展開しているんですよ。

自由で平和な世の中でも個々はいろんな問題を抱えていますね。とくに今はコミュニケーションがうまくいかない人が多い。仕事はできても、人との関係がうまくいかない。生身の人間との関係が下手ですね。勝手につけちゃいけないけど、私は「関係病」と呼んでいるんです。

「神父さん、この教会にはあの人がいて嫌だから、信仰は捨てませんけど家で祈ってそれでいいでしょ」とかね。いいたいことはわかるけどね。

説教でもいうんです。イエス様だって、みんなを好きになれといってるんじゃないよって。バナナ好きの人もいれば、メロン好きの人もいる。愛というのは、尊敬すること。いつもくっついてなさいということじゃない。

でもね、まじめな信者は苦しむんです。あの女性は嫌いだ。でも愛さないといけないって。いや、嫌いは嫌いでいいんです。いつも教会に来なくてもいいんです。教会は戻ってくる場所ですよ。ミサのときにいつも、「行きましょう、主の平和」っていうでしょ。あれは派遣するんです。ある人は会社へ、ある人はお母さんとして、ある人は学校へね。

でも、みんな苦しいでしょ。だから疲れて戻ってくるところが教会なんです。あなた方の魂のふるさとですよって。聖書のみ言葉を味わって、カトリックならご聖体をいただいて元気になって、また一週間がんばりましょうと。それが教会です。

でも教会といっても人間界ですから、いろいろありますよ。いじわるもある。神の前では平等という甘えがあるから、厳しくぶつかることもあります。

「神父様、来週別荘行ってきます」という人がいると、なんなの、あの人ってひがむ人がいるんですよ。それは、神の前での平等の意味を勘違いしているんです。神の前での平等というのは、人間としての平等です。生活や教育は、それは違いますよ。平等じゃない。金持ちもいれば貧乏人もいる。生活レベルも価値観も人によって全然違います。

ひがむ人がいるんです。教会って平等じゃないんですかって。いや、それは教会のせいじゃないでしょ。ときどきごっちゃになる人がいるからややこしいんですよ。


司祭になって二十五年経って思います。神様の働きというのは三つの方法があって、人を通して働く、出来事を通して働く、み言葉を通して働く。

子どもの頃は、人を通して働く、だったと思います。キリスト教がなんであるか、洗礼がなんであるかなどわからない。でも人を媒介にして、何かに出会っているんだと思います。うちの信者にも上智大学で神父様に惹かれてクリスチャンになったという人がいますからね。

高校生のとき、マックス・アッシャー神父は私にこういいました。「私を見ないでください」って。やっぱり神父様って、神様のように思っていたんですよ。

でも、神父様だって人間です。彼が神学校の院長だったときがあって、いろんなところを見たんですね。トイレだって行くし、人間くさいところ、嫌なところもある。あんな尊敬していた人なのに、こんな人だったのかって。だから彼が、「私を見ないでイエス様を見てください」といったのはよかったと思いますね。

彼が私にいったことが、あと三つあるんです。一つは、「あなたは一〇〇パーセント日本人であってください」。キリスト教はどうしてもヨーロッパの文化を背負ってきましたからね。カルメル会の井上洋治《いのうえようじ》神父様がヨーロッパの修道院に行かれたとき、自分は日本人だと思ったというんですね。ヨーロッパには独特な雰囲気がありますからね。でも自分は味噌汁だと。日本人は日本人であれ、ということです。

もう一つは、「一〇〇パーセント現代人であってください」。古めかしい霊性ではなく、ということですね。第二バチカン公会議前の人と、過渡期の人と、そのあとに神父になった人がいて、古いカトリックの人は、カトリックじゃないと救われないとか、カトリック至上主義みたいな考え方がありましたからね。

三つ目は、「一〇〇パーセント、カトリックであってください」。すごいと思ったんですよ。一〇〇パーセント、カトリックというのは、もうすべてにおいて純粋にやってくださいということですからね。

プロテスタントには友人の牧師もいるし、嫌いじゃないです。でも、やっぱり私の原点はカトリックの神父様でした。人間の出会いというのはすごいです。自然な出会いは大事です。私はたまたま小学生のときに神父様に出会って、すぐには神父にならなかったけど、心にはずっと残っていたんですからね。

二十五年やってきて、神父をやめたいと思ったことはないですよ。反省することはありますけどね。

2016/6/7

教会は人間の集団ですから、
分裂を起こしたり裁き合ったりする。
この世と同じです。
なんとか私たちは、
聖書に立ち返りたいと思っていた。

松元　潤
一九五三年生
若葉キリスト教会牧師
北海道

五人きょうだいの末っ子です。戦時中、父の松元茂は満鉄で働いていて、満洲の、今でいう国体で二位になったスケート選手でもありました。

そのときの一位が朴さんという朝鮮人で、のちに牧師になった方です。父は朴さんをとても尊敬していて、おそらくそれで教会に行くようになったんだと思いますね。[1]ホーリネス系の教会でしたから弾圧がひどくて、投獄された牧師先生もおられたそうです。

父はその教会で母に出会って結婚して、一番上の姉は満洲で生まれています。終戦で地元の鹿児島に引き揚げてから、父は牧師になって神奈川で開拓伝道を始めますが、行くさきざきで子どもが生まれて、私自身は大《おお》井《い》松田《まつだ》インターチェンジ近くの松田生まれです。

宣教師とその家族が一つの教会を支えるというスタイルの走りでしたが、私が十歳のときに父が台湾に宣教に行ってしまいましてね。訪問団で台湾に行ったときに、現地の人から私たちのためにまた来てくださいといわれたことが心に残っていて、祈る中で台湾行きを決めたようです。

私たちは教会の牧師館に住んでいたので、父がいなくなったら出ないといけません。本当に貧しい生活でした。末っ子でしたので、味噌や醬油が足りなくなったら、あなたが行ってきてと母にいわれてお隣に借りに行く。給食費も払えませんでした。

早く就職したいと思って工業高校に入りましたが、入学したとたん、もう手のかからない年齢になったと思ったのか、母も台湾で働くといって父のところに行ってしまいました。

子どもだけが日本に残されました。極貧生活ですよ。そこらへんに落ちている一円玉や五円玉を集めて、貯まったところでチキンラーメンを一袋買って、きょうだいで分けました。おかずは、ホウレンソウ一把だけという日もありました。

日本は高度成長期で、暮らしも豊かになっていった時期です。同世代と話をすると、生活が全然違いました。話は合いません。

もう貧しいのは嫌だと思って、高校を出てから働きました。計測器で有名なミツトヨというキヤノンの代理店です。コピー機のメンテナンスの仕事をしていたので、技術を買われて日本IBMに中途採用されました。

生活は一変しました。毎月の給料もよかったですが、ボーナスが年間八か月出たんです。自分の技術一つで生活を立ち上げてきたという自負もあって、自分の人生は自分で切り開けると思った。だんだん天狗《てんぐ》になっていきました。

そうしたら、そういうことが伝わったのかどうかわからないけど、お付き合いしていた女性にふられたんで

1　十九世紀、キリスト教の世俗化に抗してアメリカのメソジスト派で始まった運動。日本のホーリネスはアメリカから帰国した中田《なかだ》重治《じゅうじ》によって設立された日本ホーリネス教会を起源とする。戦時中は弾圧と迫害を受けて多くの牧師や信徒が投獄された。

す。失恋です。会社にいる限り生活は安定していたわけですが、そのときに自己中心的な自分、という問題に気づかされました。

教会にはまったく行ってなかったのですが、兄に誘われて日本基督教団西川口《にしかわぐち》教会に行くようになりました。洗礼を受けたのは、二十五歳です。父は母が台湾に行った翌年に亡くなったので、私が信仰をもったことを知りません。

自分の無力さは認識してきましたが、失恋したからといって自分自身の信仰に確信をもつまではなかなかいきません。礼拝に出たり、同世代の集まりに参加したりしてもそれは変わらなかった。

転機はその翌年だったと思います。母は台湾にいたままなので、父の墓参りに行こうと思って台湾に出かけました。台東県の下賓朗《シャアピンラン》という田舎の町で、教会の長老さんの家の裏庭に父の墓が今もあるんです。墓石には、「忠実なる僕　松元茂の墓」と刻んでありました。

父は首元に瘤《こぶ》ができる病気になって、最後まで吐きながら伝道していたみたいです。家族をおいて、自分の健康を害してもなお、父が従ってきたイエス・キリストというのはどういう方なんだろうと、自分の中に迫ってくるものがありましてね。そのとき、父の信仰に倣おうと思いました。

帰国してからは、聖書のことが本当によくわかるようになっていきました。同世代の仲間が私を含めて四人いて、そのうちの三人がお互いに祈り合う中で聖職者を目指すようになりました。会社もやめて、それから一年間、教会に泊まり込んで奉仕をしながら気持ちを固めていきました。

祈る中で示された聖書の箇所がありました。使徒[2]の働きの十六章で、マケドニア人がパウロの夢に現れて、私たちのために渡ってきてくださいと頼むところです。この言葉が心から離れなくて、さきのことはわからないけど、牧師になろうと思ったのです。

母に連絡を入れたら驚かれました。お父さんも同じ聖書のみ言葉を示されて台湾に渡ったというんです。父と子が聖書の同じ箇所で導かれたことに母は大変感激して、喜んでいました。母は父が亡くなったあともずっと台湾に残って、結局、八十歳ぐらいまで教会で働いていたんですよ。

東京の神学校、聖書神学舎に入学したのは二十七歳のときです。もとは福音派ですが超教派の神学校です。そこに同級生でいたのが、妻[3]でした。

あとでわかったことですが、私たち夫婦は同じ悩みをもっていて、属しているグループがありながら、自分の信仰に対してすごく悩んでいたんです。

バークレー・バックストンという英国国教会から派遣された宣教師のもとで学んだ人たちから始まったきよめ派と呼ばれる流れで、バックストンはすばらしい人でしたが、清められることを狭くしすぎて、ストイックになればなるほど互いを裁き合うようになるんですね。

聖書に、「わたしは聖なる者であるから、あなたたちも聖なる者となりなさい」（レビ記11・45）というみ言葉があります。神様を信じて、神様との交わりが深くなっていくときに、自分の内面が強い光に照らされると自分の中の闇とか罪の染みのようなものが浮き上がってくるわけです。そんな自分の姿を見ていると、稲穂が実を結んで首を垂れるように謙虚にさせられていく。

イエス様の似姿になっていくという意味で、教派によってはこれを「聖化」と呼びます。人間はアガペーの愛をもちえないけど、アガペーの愛に近づく、仕える、へりくだる、弱い人を愛する、差別されている人に寄

2　使徒行伝、使徒言行録。
3　若葉キリスト教会牧師、松元ハンナ、八八一ページ。

り添う。自分の汚れや愚かさを消して、心を磨く。自分自身ではあまり意識しない。神様の基準で理解を深めていくので、表面的な事柄ではあれやこれやと裁いたりしません。ただ中途半端な清さだと、お互いを裁き合うような現象が起きてしまうんですね。

何事もそうだと思うのですが、最初の人がすばらしくても、次の人へと伝えられるときに変質していく。聖書もそうですが、律法そのものは、最初はよいものだったのに、律法学者たちが手を入れていくことで垣根が生まれて、律法を破らないようにするためのルールができたりして、律法でがんじがらめになっていく。

教会は人間の集団ですから、分裂を起こしたり裁き合ったりする。この世と同じです。神様とつながっていることに信仰の意味があると思うのですが、クリスチャンはこう振る舞わなければいけないとか、こうすればクリスチャンらしいとか、そういう定義はあとから微妙にくっついてきたものなんですね。

そういうものに支配されたくなかった。なんとか私たちは、聖書に立ち返りたいと思っていた。超教派の神学校を選んだのもそのためでした。

教団教派の縛りがないフリーな立場だったので、恩師がマッチングしてくださった教会に行きました。北海道も初めてで、最初に行ったのが札幌市の北栄《ほくえい》キリスト教会でした。OMFインターナショナルという海外宣教団体が一九五五年に開拓伝道して生まれた教会です。

OMFはハドソン・テーラーというイギリスの宣教師が辺境や奥地に福音を伝えるために結成した海外宣教団体で、開拓したらいずれは日本人の牧師に渡すという方針があって、そこはぶれません。もともと弁護士や医者から宣教師になった人たちが来るので、伝道力がとても高いんですね。

北海道には日本福音キリスト教会連合（JECA）の教会が多いのですが、それはOMFがよい伝道をしたからだと思います。来日して何年間か伝道して、信徒が十数人になったらJECAから日本人牧師を招いて、自分たちはよそへ行く。日本人牧師と宣教師が協力して伝道を進めていくという方法です。

今の教会にはこの春に来たのですが、ここは二年間無牧だったんです。これまでにも三回、無牧だった時期があって、そのたびにアドバイザー牧師としてかかわっていたので、みなさんのことは知っているし、知られてもいる。

三〇人ほどで、平均年齢は六十歳ぐらいでしょうか。家族みんなクリスチャンという、クリスチャンホームの子どもたちが五~六人です。

クリスチャンになるのは、人それぞれの理由があります。中にはクリスチャンになったことで自分自身の価値観が変わって、そのために見える世界も変わったという人がいます。

自分中心に世界がまわっているとなると、自分ががんばらなきゃ事は何も動かない。でも、神様中心で考えると、神様は私たちを愛してくださって、最善をしてくださるという聖書の約束があるから、いい意味で委ねて生きることができる。神様が中心になるから、自分はがんばらなくてもいい、ある面で楽観主義になっていく。そうすると、ものの見方が変わるので、心理的な働きによって、まわりを見る目を変えていくんだと思います。

クリスチャンホームに育ったボーンクリスチャンたちは、神様ありきの世界で生きてきたので、そう大きな変化はないと思います。キリスト者学生会、KGKの学生たちのほぼ七割は、クリスチャンホームの出身です。家族間での信仰継承はできているけど、自分が信じていることを伝達できるかというとそうではない。日本に生まれれば日本語をしゃべるようにはなりますが、文法はあとから学校で習ってわかるようになりますよね。ボーンクリスチャンの場合は、キリスト教信仰をもっても文法は習っていないわけですから、相手に論理的に伝えられないんです。信じればわかるよ、というだけになっちゃう。これまで劇的な変化があったわけでもないから。

ただ、自分が神様に愛されているかどうかを問い始める時期が来る。愛されているのが当たり前になっているからこそ、愛されていることを実感として確かめたい。そういう人は結構いるんじゃないかと思いますね。

だからボーンクリスチャンの人たちは、劇的に変わる人たちにとても憧れます。自分はこのとき、こうやって神様を信じた、といえる人たちがうらやましいんですね。

2019/6/16

できれば遠ざけてほしいけど、
これが天のお父様の望みなら
杯を飲みましょうと。
それが私たちの
信仰の鍵かもしらん。

田下哲朗
一九五五年生
社会福祉法人セント・ジョセフ会希望の星学園
施設長
鹿児島県奄美大島

奄美大島が返還される一年前の一九五二年に、コンベンツアル聖フランシスコ修道会からゼローム神父たち[1]が来られましてね。ハンセン病の方が入所する国立療養所奄美和光園《わこう》に携わるようになっていきました。本土では優生保護法の名のもとに、ハンセン病の人は子どもを産んではいけないという政策が進められていましたが、それはカトリックの教えに反するといって、ゼローム神父は、産んでいいですよ、あとは教会が面倒をみます、といったんですね。

そんな未感染の乳幼児のためにできた乳児院が「こどもの家」、のちの名瀬天使園で、その子どもたちが三歳になって引き受けたのが児童養護施設の白百合の寮。知的障害の子どもを持つ親御さんに頼まれて作った施設が、この希望の星学園です。

1　ゼローム・ルカゼフスキー神父。一九五二（昭和二十七）年十一月、三十二歳のときに米軍政下の奄美大島に来島、初代奄美諸島宣教地区総代理に就任。五十年四か月の長きにわたり奄美の宣教と社会福祉事業に取り組み、奄美福祉の父といわれる。一九二一―二〇〇三。

当時の奄美はＧＨＱ（連合国軍最高司令官総司令部）に占領されていましたから神父さんたちのステイタスも高くて、市長ぐらいの力がありました。それだけの施策を進めても、厚生省からは文句が出ないぐらいの権威があったんです。

今年一月に沖縄の司教さんが奄美にいらしておっしゃっていたのですが、コンベンツァル会の管区長同士が契約するとき、ゼローム神父さんたちは、本当は座間味島に派遣されるはずだったんですって。ところがミスプリントで「ＺＡＭＡＭＩ ＩＳＬＡＮＤＳ」のＺが抜けて「ＡＭＡＭＩ」になっていた。それで奄美大島に来たんだと最近になってわかったそうです。

ぼくこれ、事実だと思うんです。一歩間違ったら希望の星学園はないし、ぼくもここに住んでいなかった。だからすごい出来事だったんだなと思います。

奄美は一九九二年に宣教百年ですから、もう百二十六年になります。江戸時代から黒糖をめぐる薩摩藩の圧政に苦しんでいましたから、島民が精神的な支えを求めていたんでしょう。土地の有力者や裁判所の検事や判事さんのような知識人もみんな協力して、カトリックを島に呼ぼうと決めたんですね。県の仕事をしていた大工の臼井《うすい》熊八《くまはち》という人が鹿児島市のザビエル教会で洗礼を受けて、橋渡しをされたと聞いています。最初に奄美に来られたのがパリ外国宣教会のベルナルド・フェリエ神父さんで、一八九一年十二月三十一日のことです。このときに、五〇〇人、一〇〇〇人と一気に洗礼を受けて、クリスチャンが爆発的に増えました。貧しい人たちが大事にされるというメッセージがあったのでしょう。キリスト教は一番弱い人たちが大事にされる社会を目指しているわけですから、自分たちを大事にしてくれる神様だと。やっぱり庶民は支えを欲していたということだと思います。

奄美にも、ノロとかユタとか神様はいましたよ。でも、ある信者さんがユタ神様に相談に行ったら、「あんたは名乗らんでもカトリックの信者さんでしょ、神様の位が高いから私では対応できません」と断られたと聞きました。真実かどうかはわかりませんが、霊を介して人を見る人は判断できるんだなってびっくりしました。

うちは母方の祖父からカトリックで、ぼくのきょうだい七人もみんな幼児洗礼です。父は漁師で、ぼくと同じときに名瀬の聖心教会で一緒に洗礼を受けたと聞いてます。たぶんゼローム神父さんだったと思います。堅信式は小学六年で、これは自動的に島の子どもはみんなそうだったみたいですね。

戦時中、迫害がひどかったことは聞いていますよ。神父さんがスパイだといって追放されたり、焼夷弾が落ちたという想定で消火訓練をしたときにホースで家に水をかけられたりとかね。当時はカトリックが嫌いな人たちがたくさんいました。ただそれは、軍部が扇動したと教会の年史に記録が残っています。

鹿児島の郡山健次郎司教さんのお父さんが中心になって軍部と交渉して、神父さんの追放には協力せざるをえなかったと。その代わり、大日本帝国憲法に信教の自由は保障されているといって抵抗した。そこは絶対に譲らなかった。軍部に立ち向かったのです。

郡山司教のお父さんは、本土復帰のときの通訳や、軍部に没収されていた教会の返還手続きをされていました。そういうことも年史に記録されているので、私たちもこうしてお話しできるんです。

ぼくが知的障害のある子どもたちの施設にかかわっているのは、ゼローム神父さんに呼ばれたということでしょうね。

中学の頃から胃潰瘍みたいな症状に悩まされていて、高校二年のときに十二指腸穿孔《せんこう》になったんです。地元の病院では手に負えんからといって救急車で総合病院に運ばれて、鼻から管を入れたら、もう外に漏れとるってすぐ手術したんですね。

十日ほどでおかゆが出て食べたら、今度は下血して、医者もわからんちゅうことで鹿児島大学医学部附属病院に行くことになった。YS－11[2]に乗って行きました。

そうしたら、何月何日に何々教授が手術します、と宣告されてね。ああ、また手術せないかんって。高校生の育ちざかりですよ。もうコーラも飲めんかもしれんと落ち込むわけです。いつになったら食べられるんだ、もう食べることで頭一杯。

なんで神様は自分だけこんな大変な目に遭わせるんだろうと、神様と喧嘩してね。死を迎えるときの神様とのやりとりをシミュレーションしてみました。

痛みはあるけど、時間はあるから、そのうちだんだん気持ちの整理がついて、神様と取引したんです。イエス様、もし助けてくださるんだったら、あなたの弟子になりますとね。杯を飲まんといかん。それぐらいの気持ちで交渉したんです。交渉成立、それで助けられたわけですからね。ぼくにとってイエス様は、やっぱり救い主でした。

杯を飲むというのは、飲む、受け入れる、契約するということです。イエス様も十字架につけられる前、悩んで、一度は杯を断るんですよ。

オリーブ山[3]で弟子たちとお祈りするんです。弟子たちは忍耐が悪いから、眠らんで祈りなさいというけど眠っちゃう。だけどイエス様だけ一人で、天のお父様、できればこの杯は取り除いてほしいんだけど、これがあなたのお望みなら受け入れます、といって十字架のほうへ行くんですね。

そういう聖書のエピソードを読むと、私たちも同じような体験をするわけです。できれば遠ざけてほしいけど、これが天のお父様の望みなら杯を飲みましょうと。それが私たちの信仰の鍵かもしらん。

マリア様が受胎告知[4]のとき、はい、仰せの通りになるようにと答えるんですが、母親が子どもを育てるときはそれが根っこにあると思うんです。その通りになりますようにって。み言葉というのはたくさんの言葉じゃない。一つか二つのみ言葉が信仰を支える原点になっているんじゃないでしょうか。

病気が回復して、鹿児島大学の教育学部に進みました。中学校の理科を専攻していたんです。ところがぼくの時代は採用が少なくて、就職できたのは仲間のうち一人だけ。みんな一年待つか、小学校の教師になったんですね。

神学校に行こうと思って、郡山神父さんに話したらすごく喜んでくれました。だけど本当にそれがいいのか自分を試したい、一年間だけブラブラしたいんだけどいいですかとシスターに相談して、希望の星学園に就職しました。

そうしたら、こっちのほうが自分の召命だった。神父になるよりここで働くことのほうがイエス様の弟子としてもっと高いと、勝手に自分で解釈したんだね。本当なら就職するときはなぜここで働きたいのか、ちゃんと作文を書かんといかん。でもぼくだけ書いてない。作文書かんで四十年、神様のご計画だね。

2017/8/9

2　戦後初の国産旅客機。日本航空機製造が製作。一九六二（昭和三十七）年に初飛行。
3　マルコ14・32－42、マタイ26・36－46、ルカ22・39－46。ゲッセマネの祈り。
4　ルカ1・26－38。

じゃあ、神様に懸けてみます。それが、信仰です。

ゼラダ・トビアス・ルイス・アルベルト
一九七三年生
新求道期間の道司祭
東京都

日本に来たのは一九九二年十月三十一日、十九歳のときです。スペインのバレンシアにある神学校に入って二年目の年に、イタリアのポルト・サン・ジョルジョにある「新求道期間の道」(ネオ・カテクメナート。以下、「道」)のセンターに、ヨーロッパ中の神学生が集まったことがありました。

そこで私ともう一人、同じ神学校から参加したボリビア人が受付で名前を聞かれたので書いたら、それがじつは、世界中の神学校に派遣する神学生を選ぶクジだったんです。私たちはもうすでに神学生でしたから、何かの手違いだからはずしてほしいと「道」の責任者の[1]キコ・アルグエヨさんに伝えたら、わかりましたといってくれた。

ところが名前を書いた紙はもう大きな袋に入れてしまったので、とても探せません。選ばれたところではずせばいいということになったのですが、クジが始まってみたら、私が日本の神学校のために送られる神学生に選ばれてしまった。

いや、彼はもうバレンシアの神学生だからと一度は取り消してもらったのですが、日本とあと二つの国が、最後まで神学生が指名されずに残っていたんですね。そこでどんな話し合いがあったのか私は知らないのですが、キコさんはそこで、一番若い人をバレンシアから送りましょう、と決めた。それが私だったというわけです。行き先は香川県高松市の高松教区立国際宣教神学院、レデンプトリス・マーテル神学院でした。

ボリビアには日本人がたくさん移民していて、私のお母さんのお母さんは、日本人に対してとてもいいイメージがありました。働き者だから、結婚するなら日本人の娘さんをもらいなさいともいわれていました。

レデンプトリス・マーテル神学院は、卒業すると高松教区の司祭になることになっていて、当時、三〇人近い神学生がいました。日本人もいましたが、イタリア、スペイン、ポルトガル、マレーシア、フィリピン、アメリカ、メキシコ、コロンビア、エクアドル、アルゼンチン、ブラジル、そして、ボリビアですね。世界中から集まっていました。

「道」が最初に日本に来たのは、一九七二年でした。山口県の岩国《いわくに》で助任司祭だったイエズス会のミゲル・スアレス神父様がたまたまマドリッドに戻ったとき、「道」を知ったのがきっかけでした。岩国に戻って主任司祭のアルベルト・ラミレス神父様にも伝えたら、とても興味をもたれた。そこで、キコさんに連絡をして日本にも共同体を作るチームを送ってほしいと頼んだところ、三人のカテキスタ[2]が派遣されてきたのです。最初の共同体が岩国でできて、その次が高松でした。

「道」は土曜日の夜に共同体のミサをして、日曜日にはみなさんと一緒に教会のミサにも参加します。なぜ土曜日にもミサをするかというと、共同体としての感謝の祭儀を通してお互いが知り合うためです。

ところがこれが誤解されて、あなたたちは教会を分裂させる、と批判されてしまいました。私たちはもちろ

1 スペイン生まれ。美術家として成功を収めるが、実存的な危機から回心を経て自らをイエス・キリストと教会に捧げる。新求道期間の道の創設者の一人。一九三九―。キコ・アルグエヨ『ケリグマ　福音の告知』（二〇一三・フリープレス）参照。
2 宣教地での教師。たとえば、子どもにキリスト教の教理を教える人。

ん日曜日のミサにも行きますが、土曜日のミサに出たらもう日曜日のミサには出ないという人たちが出てきたのです。日曜は部活があるとか、勉強があるとか、用事があるといって、教会のとくに若い人たちが来なくなってしまいました。

そうでなくても日本は信者さんが減っていますから、「道」は残念ながら、警戒されてしまったのです。こんな小さな集まりなのに、私たちが日本の教会をつぶすと思われたのです。

結局、高松のレデンプトリス・マーテル神学院は二〇〇九年に閉鎖されて、ローマに移転してしまいました。インターネットで検索していただくとわかりますが、とくに日本語では私たちに対してあまりいいことは書かれていません。私たちにも間違いはあるでしょうが、とても悲しいことです。

ただ、カトリックにはヒエラルキーがあります。ヒエラルキーがあることによって信仰の一致、信仰の純粋さを保つことができます。それがないと本当に分裂が起きてしまうでしょう。パパ様がいて、各地に司教様がいる。パパ様はペトロの役割を担っていて、きょうだいたちの信仰を確認します。

「道」は五大陸一三四か国で展開していて、神学院は一二五院もあります。パパ様は公式に「道」を認めていますし、カテキズム（教理）も教理省で認可されていますから、私たちは今も「道」専従の神父としてここにいることができるのです。

日本の司教様たちにも支持されたいのですが、その交わりができないことはとても残念です。私たちの苦しみでもあります。

そもそもなぜ私が「道」のメンバーなのかというと、母がメンバーだったからです。ボリビアは幼児洗礼が当たり前のカトリック国なので、幼い頃から母に連れられて教会には行っていたんですね。祭儀があれば必ず行きました。教会は町にたくさんありますから、日本のように所属教会はなくて、いつでもどこの教会に行ってもいいんです。

ただボリビアにも世俗化の嵐が吹いて、洗礼は受けたけど教会には行かない人が増えていきました。世俗化というのは、この世のことを優先するという考え方です。神様よりも、お金や立場や仕事、遊びを優先する。世俗化の波が一番押し寄せているのがヨーロッパで、ポストクリスティアニズムという言葉まであります。キリスト教のあと、キリスト教は過ぎ去った、終わった、という意味です。

両親は子どもに洗礼は授けるかもしれませんが、そのあと信仰を伝えようとしない。教会に一緒に連れていかない。これでは信仰が成長しません。子どもが成長してから自分で決めればいいといいます。この考え方はとってもおかしいです。信仰はどこから来るのでしょうか。両親から来ないとどこから来るのでしょう。

申命記《しんめいき》六章四節に、「シェマー・イスラエル」で始まるとても有名な祈りがあります。「聞け、イスラエルよ。我らの神、主は唯一の主である」。主なる神は唯一の神で、ほかの神を拝んではならないという祈りです。

これらのことを自分の子どもに教え込むのは、親です。起きるときも、寝るときも、家を出るときも、家に入るときも、これを子どもたちに語り聞かせなさい、というユダヤ教の頃からある祈りです。

信仰は勉強じゃありません。知識じゃありません。学校では教えられないものです。だから両親が教えるしかないのです。それなのに、両親もこの世のことを優先するようになった。将来困らないように勉強させましょう、いい大学に行きましょうとね。神様のことが大切じゃないからです。

ボリビアも、カトリック信者のうち一割も教会に通っていないのではないでしょうか。神を信じて生活を送っている人は一握りで、信仰は薄い。神様も聖母マリアも、望みを叶えてくれる人というイメージしかない。伝統のようなもので、日本人の仏教や神道に対するものと似ているかもしれません。

そんなとき、「新求道期間の道」の人たちが首都ラパスにやって来たんです。母はその人たちの話を聞いて、自分も参加しようと思いました。私が七歳のときでした。

「新求道期間の道」は、スペインのキコ・アルグエヨさんと[3]カルメン・エルナンデスさんを中心に一九六四年に始まりました。キコさんは有名な画家で、とくに熱心な信者ではなく、どちらかといえば無神論者に近い人でした。幼児洗礼は受けていましたけど、信仰が何かわからない。自分の生き方、自分のやりたいことだけを優先して生きていました。

実存的な危機に陥ったとき、神様にふれられて回心したんです。キコさんはギターと聖書だけを持って、マドリッド郊外のスラム街の貧しい人々の中に住み始めました。そこには最下層の「キンキ」と呼ばれるロマの人たちや、泥棒や売春婦や麻薬常習者やアルコール依存の人たちがいました。生活がめちゃくちゃになって、社会から取り残された人たちでした。

そんな彼らがキコさんに、聖書の話をしてくださいと頼んだのです。キコさんは歌をうたって、聖書について語りました。でも聖書を教えたわけじゃない。一つの聖書の箇所を読んで、「この言葉はあなたにとってどういう意味がありますか」「あなたに何をいっていますか」と問いかけました。聖書は死んだ言葉ではありません。生きている言葉です。みんなに適用できる言葉なんです。

神様はまもなく、キコさんをカルメンさんに会わせました。カルメンさんはドミニコ会の神学校で勉強した人です。キコさんとカルメンさんのまわりに、小さな共同体ができました。

神様は不思議です。神様はキコさんとカルメンさんを出会わせただけじゃなくて、ほぼ同時にもう一つ、大きなイベントを用意していました。それは、第二バチカン公会議です。

第二バチカン公会議というのは、教会の起源に戻ろうという、カトリック全体の運動です。初代教会に戻りましょう、ということです。

カトリックではそれまであまり聖書を読まなかったのですが、聖書を大切にするようになりました。ミサはどこでもラテン語で行っていたのですが、誰でもわかるようにその国の言葉で祈るようになりました。典礼は大きく変わりました。パパ様と司教様を通して教会が刷新されたのです。

そのときの話し合いは典礼学者のペドロ・ファルネス神父様を通してカルメンさんに伝えられて、キコさんにまで届きました。キコさんはいつもいうんですよ。「私は何も企画していない。意図したことはない。ただ、導きがあったんだ」って。

そのうちキコさんとカルメンさんは、神父様に来ていただいて、スラムの団地でミサをするようになりました。パンと葡萄酒の聖体拝領も行われるようになりました。

あるとき、マドリッド市と政府がスラム団地を壊そうとしたことがありました。キコさんはマドリッドのカシミロ・モルシーリョ大司教様に電話をして助けを求めました。

スペインではまだカトリックが強かったので、大司教様の言葉にはパワーがあります。ブルドーザーが町を壊そうという直前に、工事は差し止められました。

このことをきっかけに、大司教様はキコさんの共同体に出会いました。キコさんは自分たちがやっていることを紹介しました。大司教様は、これだ、と思ったそうです。

信仰を育てる必要があるのは、スラム団地だけの話ではない。小教区でも、求道期間を設けて信仰を育てましょうとなりました。こうして「新求道期間の道」の運動が全国に広がっていきました。「道」はスペイン語

3　スペイン生まれ。聖フランシスコ・ザビエルの精神から影響を受け、幼い頃から召命を感じていた。バレンシアで神学を学び、キコとの出会いと新求道期間の道の創設をきっかけに世界に福音を告げ知らせることに生涯を捧げた。一九三〇—二〇一六。新求道期間の道公式HP参照。

の「カミーノ」、英語では「ウェイ」です。

信仰は一日で成長するものではありません。一年でも足りません。信仰を育てるのはプロセスです。長く時間のかかること、生涯を懸けるものです。そのため、「道」といいます。

ただすべての教区に広がったわけではなくて、興味があると思った主任司祭に呼ばれるとそこで道が開かれるというやり方です。キコさんとカルメンさんはカテキスタ、つまり信仰を述べ伝える伝道師です。ある小教区がカテキスタを呼ぶと、カテキスタによって道ができる。一九七一～二年、同じことがボリビアにも起きて、母が出会ったということです。

「道」は週に一回、み言葉の祭儀を行います。「約束の地」とか「天使」「悪魔」「荒野」といったテーマを選んで、グループに分かれてテーマに沿った言葉を聖書で調べて、四つのみ言葉を発表します。たとえば、一つは創世記、一つは預言書、一つはパウロの手紙、一つは福音書、といったように、四つから選んで紹介します。土曜日にはミサをして、月に二回、朝の祈りをして半日ぐらいみんなで一緒に過ごします。

「道」によって関係を立て直された夫婦はたくさんいるんですよ。喧嘩ばかりして離婚しそうになっていたのに、仲直りします。子どもがたくさんいる夫婦が多い。神様から与えられたのだから、いただくのです。一つの信仰の現れとして、避妊はしない。一人でいいとか、二人にしましょう、と人間が制限するのは信仰と矛盾することです。

すべてを神の導きだと考えるのは、自分の意志をなくすことではないかと思われますか。それではなんだか洗脳されているみたいですね。でも、そんなことはない。そんなことはない。何を一番にして生きるのかということです。

神が最初の預言者となるアブラハムに、今いるところを離れて「わたしが示す地に行きなさい」(創世記12・1)

と呼びかけたとき、彼がちょっと待ってください、計算します、これをやっておかないと年金もらえません、と答えたらどうなりますか。これから何があるかわからないのはリスクがありますね。ただそれは自分の視点から見れば、の話です。

私の給料では、三人はとても無理です、それは正当な理由です。子育ては大変だから子どもは作りたくない、それも一つの理由です。でも、それは本当の信仰に矛盾しませんか。本当に自分は神に委ねて生きているといえますか。自分の判断力だけに頼っていませんか。

今の若い人はなぜ結婚しませんか。生活のコストが高いからですか。自分にやることがあるからですか。世俗化は日本にもありますね。それはいつの時代にもあります。

問題はそのメンタリティが教会にも入ってくることです。みなさん自分の子どもたちに信仰の大切さを伝えていない。今日は部活だから教会に行かなくてもいいといいますが、そうしたら子どもたちの信仰は一～二年で消えてしまいますよ。

私は八歳のときから神父様になりたかった。それは自然なことでした。共同体にいて神父様たちを見ていたから、神父様のようになりたかったのです。

でも、私の心にも世俗の考え方がありました。いい大学に行って、いい仕事をして、人生の成功を求めました。お金が必要だと思いましたし、お金があれば美人の奥さんをもらえると思いました。でも、「道」を歩みながら、それが神様に背を向けることだと気づきました。回心しなければならないと思いました。

召し出しを感じたのは、世界青年大会が開かれたときです。パパ様の集いの翌日にキコさんの集まりがあって、そこで福音のメッセージがあったあと、若者たちに、司祭になりたい人はどうぞ立ってくださいと呼びかけがありました。

私は十二歳のとき、立ちました。お金を優先する自分と、神様の呼びかけに応じる自分と、どちらも自分の中に感じていました。でも自分は誰の声を聞こうとしているのと考えて、それから少し待って、十八歳のときにスペインのバレンシアの神学校に行ったのです。そこからなぜ日本に来ることになったかは最初にお話ししましたね。

「道」は教会に奉仕するもの、とキコさんはいいました。神学校を作ったのは、共同体を助ける司祭が必要だからです。小教区の信者さんたちの信仰を助けるためです。新しい修道会を作ろうとしたわけでも、「道」のための神父を作ろうとしたわけでもありません。すべては教会のためです。

だから私は日本に来ました。宣教師ですから、派遣されたらどこへでも行きます。クジで決まったわけですが、神様の導きでもありました。

世界中がそうですが、日本でも信者さんは減っていて、小教区の数が減っています。神父様も減っています。外国人を含めると、日本には一〇〇万人ぐらいのカトリックの信者がいますが、彼らは信仰を成長させるために何をしていますか。アブラハムがとったようなリスクをみんなとっていないのではありませんか。

リスクをとるというのは、物理的な保証はないということです。ただ、神様は私を愛してくださっている、神様は決して私の手を離さない、守ってくださるという信頼だけです。神様が私をお造りになったのは、私が滅びるためではなく、私が永遠に神と交わりをもって生きるためです。じゃあ、神様に懸けてみます。それが、信仰です。

神様の愛はどこにありますか、と訴える人がいます。災害でお父さんとお母さんが死んでしまった、事故でスポーツ選手になれなかった、そんなときだけ神様に訴えます。元気なとき、うまくいっているときは神様を忘れているのに。苦しいときだけ神様の愛を疑います。

苦しみを免れる人はいません。神様の愛というのは、あなたの望んでいることをすべて叶えることではないのです。誰にでも十字架はあります。それは苦しみを伴うものです。でも、それは呪いではありません。十字架によって、あなたは神様と出会うチャンスを与えられるのです。

そこで、神様を知らない人生は終わります。失敗や事故や死によって、あなたは滅びの道に進むことを免れたのです。思い通りに人生が送られているなら、あなたは一生、神様のことを考えなかった。でも、あなたに与えられた十字架のおかげで、あなたは自分が弱い人間であることを知って、神様と初めて出会うことができるのです。

災害に遭うことも、孤児になることも、大きな十字架です。それは呪いではなく、神様に会うチャンスなのです。あなたに大きな苦しみがあるなら、そういうあなたほど神様の愛について知らなくてはなりません。

どうして自分が苦しんでいるのかを知るべきです。その苦しみには意味があると知るべきなんです。価値観を作り直す可能性を与えられたのです。

2019/2/25

母は牧師になんといったか。イエス様を乗せるロバとして娘を捧げます、といったんです。エルサレム入城のとき、イエス様が乗っていた子ロバのことです。

安藤善枝
一九四七年生
日本基督教団横浜岡村教会
神奈川県

母は、ホーリネス信仰をもつ筋金入りのクリスチャンでした。母方の伯母が緒形乙枝《おがたおとえ》という牧師で、京都復興教会の創立者でした。その妹の茂枝が私の祖母です。

ホーリネスは戦時中に激しい弾圧を受けた教派で、戦後はプロテスタントの寄せ集めだった日本基督教団を出るか残るかで分かれました。京都復興教会はそういう激しい時代をくぐり抜けてきた、日本基督教団ホーリネスの群《むれ》の教会でした。

戦時中、母は鳥取の志津《しつ》に疎開していて、そこで知り合ったのが父でした。動物の病気の研究者として農林省に勤めていました。結婚したらクリスチャンになると約束して母と結婚したのですが、逃げまわってなかなか教会には行かなかった。母が教会に行くことにもあまりいい顔をしませんでした。

父が東京の小平《こだいら》にある家畜衛生試験場に転勤になって、私が覚えているのもそのあたりからですね。子どもは兄と私、弟と妹の四人で、家族六人で官舎に暮らしていました。母は小平から中野にある日本基督教団ホーリネスの群の更生《こうせい》教会に通っていました。

私以外はみんな、中高時代に洗礼を受けています。すごく嫌だったんです。母や妹が一生懸命に教会のことをやっているので、余計に嫌になっちゃう。

死んだらどこに行くんだろうって、ずっと不安だったんですよ。小学四年のときだったか、風呂の薪《まき》をくべながら、「私は死んだらどこに行くんだろう」って母に質問したんです。そうしたら母は、「あなたが死んでも世の中変わらないよ」というんです。ちゃんとイエス様のことを説明したらいいのに、いいチャンスなのに、私一人ぐらい死んだって何も変わらないってね。素朴な質問が、ますます大きく膨らんでしまいました。

小学校の校庭で観た映画の影響も大きかったと思います。広島の原爆を描いた映画で、これが強烈でした。戦闘機がぐわーっと飛んできて人がバタバタバターって死んでいく。怖かったです。音もすごく大きくて、自分の記憶に刻まれてしまった。どんなに楽しいことがあっても、死んだら終わりだと知りました。

聖書をちゃんと読もうと思ったのは、二十歳の頃です。家族や知り合いがたくさんいる教会は嫌なので、別の教会に行きました。

初日のことは覚えていますよ。お祈りしますといっても、周囲を見渡してしまって、目がつぶれなかった。クリスマスの前でしたが、翌週行ったら、生誕劇をやるから羊飼いの役をやってほしいと頼まれていきなりやった。今考えると、初めて来た人だからと、青年たちがフォローしてくださったんでしょうね。

それから求道生活が始まって、二年後に洗礼を受けました。自分がずっと引きずっていた死に対する恐怖や自分の罪深さは、キリストの十字架で全部解決されました。なぜイエス様が十字架に掛けられたのか、それが自分の罪のためだったという意味がわかったんです。

でも復活されたということは、それで終わりではないということ。死んで終わりではない。イエス様が罪を取り除いてくださって、永遠の命が与えられる、それが十字架の意味だとわかったんです。

わかりにくい話でしょうか。なぜ十字架の意味がわかったのかを言葉で説明するのはむずかしいです。これは本能的なもので、求めないとわからないんだと思います。

私は死の恐怖を取り除く平安を求めていた。恐れじゃなく、安心できるものが欲しかった。罪深さも小学生の頃からずっと感じていました。たとえば妹が翌日履いていくはずの靴下を私がとって履いていくとか、授業中に指されないように前の人に隠れるとか、人にはいわないけど、罪深い自分は幼い頃から感じていたんです。洗礼を受けても、実際にはもちろん罪はあります。信仰をもっても、牧師になっても、罪はあって人に痛みを与えます。でもイエス様が取り除いてくださる。

人間には時間がありますけど、神様の前では時間はありません。二千年前の十字架は今も私たちと共に働いている。イエス様がよみがえったのは、私たちの罪を取り除いて永遠の命を与えるためだと理解したんです。これは人と人ではなく、神様との関係なんです。

目に見えるものはなくなっていきますよ。体はなくなります。でも、目に見えないもの、霊魂は残る。私が絵を描くようになったのも、目に見えないものを描きたかったからです。神様につながっていく、永遠に続くものです。


武蔵野美術大学でデザインの勉強をしました。入ってすぐに、自分には合わない、自分がやりたいのはデザインじゃなくて絵を描くことだと思いました。それからは反物《たんもの》に絵を描く仕事や中学校の講師をやりました。これからどう生きていくのか、いろいろ迷いながらの毎日でした。

ある日、牧師になりたいと母に話したら、びっくりして、そこまでしなくていいと止めました。喜んでくれると思ったんですが、そうじゃなかった。ホーリネスの牧師の生活の厳しさを見てきたからだと思います。

ところが教会までついてきて、母は牧師になんといったか。「イエス様を乗せるロバとして娘を捧げます」といったんです。[1]エルサレム入城のとき、イエス様が乗っていた子ロバのことです。

神学は、当時国立《くにたち》にあったTCC、東京基督教短期大学で勉強しました。のちの東京基督教大学です。二十四歳で入学して、卒業は二十八歳。伝道師として二年間活動して、そのあと日本同盟キリスト教団恋《こい》ヶ窪《くぼ》キリスト教会が私の母教会になりました。

それまでの教会を離れたのは、複雑な事情があって、牧師とぶつかったからです。女性牧師だったのですが、パンと葡萄酒を与える聖餐式のときに、洗礼を受けていない人にまで聖餐したんです。信仰をもつ人以外、聖餐してはいけないんじゃないかと余計なことをいいに行ったものだから、それがよくなかったのか、牧師といい合うことが多くなって、結局私がその教会を出て、近くにある別の教会に行くようになった。それが日本同盟キリスト教団の教会でした。

すると不思議なことに、父がここに通うようになったんです。ホーリネスの先生は厳しいからと教会は敬遠していたんですが、恋ヶ窪の先生はとても温かい方で受け入れてくださった。父が来たら妹も転会して、弟も洗礼を受けて、恋ヶ窪キリスト教会がファミリーの教会になりました。

母だけはホーリネスの群の更生教会にこだわりがあるから、そちらに行っていました。おばあちゃんの時代からの信仰ですから、母はホーリネス信仰を信じて疑いません。聖書の言葉は神の言葉として信じる、事実として受け止めるという基盤に立つ信仰です。そこをはっきりしないといろんな要素がたくさんあるので崩れてしまう。

たとえば、使徒信条という信仰告白もちゃんと唱えます。信仰告白をしない教会は異端とみなされてしまいます。牧師の中にも、イエス様の復活は信じられないという人がいますので、そこは非常にきっちりとしているんですね。

1　マルコ11・7－8、マタイ21・6－8、ヨハネ12・12－15。

ところが更生教会の牧師の紹介で、ホーリネスの群にいた主人[2]と結婚して、更生教会に牧師夫人として戻ってくるわけですから不思議ですね。

そこは幼稚園がありましたので、子どもたちより、お母さんたちとのやりとりが大変でした。まだ三十代後半ですから、すごくがんばっちゃうんです。幼稚園教諭の資格をとろうと思って、朝四時頃に起きて勉強して、夏はスクーリングに行って、実習もする。その頃は三番目の子どもが生まれたばかりで投げ出したかったけど、そんなことといったら悔しいじゃないですか。狭い部屋にベビーベッドを入れて、ごはんを食べるスペースもない。それでも教会の人たちは、先生、大丈夫ですか、なんてなかなかいってくれませんからね。

水墨画を本格的に描き始めたのは、がんを患ったのがきっかけです。神学校に行くときに、もう絵は描かないと決めたんです。献身するときには自分が一番大事なものを神様に捧げなさいといわれていて、私は絵を捧げました。

ところが教会で働くようになると、チラシとかポスターを作るじゃないですか。そうすると私にまわってくるんです。教会で絵を教える教室を開くようにもなりました。

がんになったのは、横浜の岡村教会に来て何年目だったでしょうか。卵巣がんでした。ああ、休めると思いました。教会の人たちには何もいわずに治療を受けました。

抗がん剤の副作用はひどいもので、髪は全部抜けるし、フラフラして起き上がることもできない。一か月ほど家で寝ていればよくなりますが、またその頃に抗がん剤です。それが六クールでした。

息子の小学校の卒業式にも行けませんでした。子どもたちの結婚式の日には、自分はいないんだろうなと思ったりもしました。小さい頃から死んだらどうなるのか問い続けていましたが、それがまさに現実のものになったわけです。子どもの頃と違って、今は自分一人だけじゃない。残していく家族のことを考えて不安になりました。

自分の中途半端なところも問われました。私は日本同盟キリスト教団の伝道師ですが、そのままだと日本基督教団では通用しません。教団の資格をとり直さないといけません。資格のためにもう一度歩み始めるのか、それとも絵をもう一度描き始めるのか、神様の前に出て問い直しました。どうしたらいいのでしょうか、と祈りました。

牧師は、私でなくてもいます。でも絵は自分にしか描けない。絵を神様に捧げて生きてきましたが、これからは絵を通して神様を褒めたたえて生きたい。そう思うようになりました。

旧知の大平《おおひら》華泉《かせん》先生の弟子の先生がおられる教室に行って、もう一度絵をやりたいとお伝えして水墨画を再開したら、いろんなお誘いをいただくようになりました。

展覧会に出させていただいたり、フランスや中国やロシア、海外からもたくさん声をかけていただいて、賞もいただきました。芸術を続けるのはとても費用がかかりますが、活動を支えてくださる方もいる。甘えてばかりはいられませんが、牧師の資格はなくても、神様はいらっしゃるということを伝える方法はある。私の場合は、絵を通して表していきたい。そういう生き方もあると思うようになったのです。

2017/4/23,/8/15

2　日本基督教団横浜岡村教会牧師、安藤脩、五三〇ページ。

同じ日の朝、別の場所にいた
夫と私が、まったく同じみ言葉を
与えられたんです。ぞっとしました。
あ、神様にいわれてしまった、
という表現がぴったりでしょうね。

松村 緑
一九五六年生
西日本福音ルーテル教会米子福音ルーテル教会
鳥取県

カトリックの愛徳《あいとく》カルメル修道会が設立した、愛徳学園というミッションスクールで中高時代を過ごしました。服装や言葉遣いが厳しくて、若い人には非常に窮屈な学校でしたね。男女交際のことも厳しくいわれて不条理だと感じていました。

駅のホームでしゃべっているだけでなぜか卒業生から学校に通報がいく。お嬢様らしい制服だったので、すぐわかるんです。卒業生はみんなスパイだと思っていましたね。

夏休みには黙想会に強制的に行かされるのですが、三日間ずーっとしゃべらないでミサに与るんです。いっていることはわからないし、肉体的にもつらいし、睡魔との闘いでした。嫌ならやめていただいて結構です、という感じでした。私立の強みですね。

でも私がなぜカトリックの洗礼を受けたかというと、そういうところだからです。大学を卒業して働くようになってから自分の限界に出会って、人生に神様を迎えないともう生きていけない、進めないと思ったんです。

大学は同志社女子大学でしたが、プロテスタントのゆったりしたのはだめだった。中高時代、シスターは体当たりで真剣にかかわってくれましたから、洗礼を受けるならカトリックだと思ったんです。

羽仁もと子さんの婦人之友の会で、幼児を預かって教育するプログラムを作る部門の手伝いと、ピアノの先生をしていました。母が若い頃から、自立した女性として家庭をきちんと立ち上げて世の中をよくするという友の会の考え方に傾倒していて、熱心に活動していたんです。母は信者ではないのですが、教派に関係なくクリスチャンが多い会でした。

私は独身ですし時間もあるから、価値のあることだと思って、わーっとのめり込みました。生活の中の仕事の優先順位がものすごく高かった。

ところが、一緒に働いている人には家庭の主婦が多くて、なんだか手を抜いているように思えて、レベルの低さに我慢ならなかった。今にして思えば、みなさん決して手を抜いているわけではないし、子どもを抱えながら一生懸命やっておられたんです。それなのによいものを提供したいという自分の想いがあるから厳しい目で見てしまって、険悪な空気になる。

最善と最善がぶつかるんです。人間の善意ってこのレベルだと思ったんですよ。これを超えるお方を人生に迎えないと壊れてしまう、進めない、もう無理、もう手に負えないって。神様、ごめんなさい、投げ出します、どうか私の人生に来てくださいって。

姫路のカトリック教会で洗礼を受けたのは、結婚する二か月前のことでした。人間に絶望していたわけじゃないけど、限界を感じていたので、人間に頼ろうなんてこれっぽっちも思いませんでした。

ところが、洗礼を受けてから、あれって思ったことがありました。告解をするとき、私、全然真実を話していない。神様は一番を知っているのに、いつも私は二番とか三番の罪しかいえなかった。聖書を読む習慣もない。読みなさいといわれたこともありませんでした。

当時の私の理解が足りなかったのかもしれないのですが、第二バチカン公会議が終わって、会議で決めた言葉と神の言葉が等しく語られたときに、どういうことなのか、いったい何を信じればいいのかわからなくなってきたんです。とにかく神様のことが聞きたかったのに、カトリックではそういう話が聞けなかった。

プライベートでは結婚をして、妊娠して、つわりがひどくて血を吐いて、仕事もできなくなっていました。ほとんどまをおかずに三人の子どもが生まれたのですが、三人ともそれぞれ病気を抱えていました。次女がお腹にいたときは、長女と二つ下の長男を連れて教会に行きましたが、もう発狂寸前でした。

そんなとき、家庭教会をやっている方がいて、お子さん連れてきたらいいわよって誘ってくださって行くようになったんです。もし異端に誘われていたらそのまま異端に入ってしまったかもしれません。それぐらいギリギリでした。

そうしたら、ある日、その家に姫路の西日本福音ルーテル教会の廣野《ひろの》善彰《よしあき》先生が来られたんです。そこに真理がある、といわれても、それだけでは聖書は読めません。廣野先生は、ここにこう書いてあるこれはね、と丁寧に説明してくださった。染み込んでいくような気がしました。

一番インパクトがあったみ言葉は、「立ち返って静かにすれば、あなたがたは救われ、落ち着いて、信頼すれば、あなたがたは力を得る」（イザヤ30・15）でした。いつも、うわーっていう感じだったので、立ち返れ、静かにしろというみ言葉が、ああ、本当にそうだと迫ってきました。

それから廣野先生のおられるルーテル教会に行くようになるのですが、教会を移るときはちゃんとやめることを所属する教会に届けなければなりません。廣野先生は、牧会者として何が悲しいかというと、信徒さんがイエス様から離れることだから、そうではないと伝えるために神父様には手紙を書きなさいといわれました。

神父様に手紙を持っていったら、「わかりました、手続きしましょう」と。「プロテスタントからカトリックに変わる人は多いけど、カトリックからプロテスタントに行くとは変わった人ですねえ」といわれました。

廣野先生の奥様が素敵な人だったこともあって、牧師夫人に憧れました。サラリーマンの夫[1]は教会への送り迎えはしてくれていましたけど、それ以上はなかなか入ってこなくて、教会とは距離をおいていました。

ところが、子どもの病気をきっかけに洗礼を受けてからしばらくして、ある日、夫が突然、牧師になりたいと打ち明けてきたんです。第一声は、「え、そんなん、嫌やー。収入どうするの、子どもたちどうするの」でした。それまで牧師夫人になりたかったのに、大反対したんです。家も建てていたので、この家をどうするのかとか現実的な問題が迫ってきた。ああ、自分の信仰ってたいしたことないんだと思いましたね。そのときはそれで、いったん落ち着こうという話になって終わりました。

ところがある日、不思議なことがありました。私たちは毎朝、それぞれ自分のペースで聖書を読む習慣があったのですが、同じ日の朝、別の場所にいた夫と私が、まったく同じみ言葉を与えられたんです。「鋤《すき》に手をかけてから後ろを顧みる者は、神の国にふさわしくない」(ルカ9・62)でした。夫に話があるといったら、夫も私に話があるといって、お互いに話をしたら、このみ言葉だったんです。

ぞっとしました。あ、神様にいわれてしまった、という表現がぴったりでしょうね。こうなるとクリスチャンに選択肢はありません。はい、そうします、というしかない。

ただ、それで現実の問題が解決することはありません。子どもはどうする、家はどうする、売るのかどうするのか、家の前で子どもを遊ばせながら、神様どうしたらいいのって聞きました。

すると近所の人が自転車でピーッとやって来ましてね。「家売るの」って聞いてきたんです。え、誰にもいってないですよ、家を売るなんてこと。夫も話してません。びっくりしましたね。その人は、ある人から聞いた

1 西日本福音ルーテル教会米子福音ルーテル教会牧師、松村秀樹、九〇八ページ。

というんです。もうわけがわかりません。結局いろいろ手を尽くすことなく、その人が家を買われたんです。それから夫は会社をやめて、塾でアルバイトをしながら神戸ルーテル神学校に通って、私も働きながら信徒が学ぶ神戸ルーテル聖書学院に通いました。切り詰めないといけないから、夫のぶんだけは残して保険も全部解約しました。

そうしたらね、私ががんになったのです。腎臓がんです。三十一歳になっていました。

え、神様、導くっておっしゃっていませんでしたか。養ってくださるっておっしゃいませんでしたか。保険はもうないわ、私は働けなくなるわで、どうして、といいたくないけど、どうして、どうしてって……。

子どもはまだ幼稚園です。死ぬわけにはいきません。イザヤ書（38・1－5）に、あと十五年寿命をくださいという王様の祈りがあるので、そうだ、期限付きでお祈りしてみようと。子どもがそれぞれ結婚して新しい家庭を持った頃を計算して、七十歳ぐらいまでは生きたいなと。あとこのくらいでいいので生きさせてください、とお祈りしました。

自我を見せつけられました。死ぬわけにはいかないと祈るんですから。御心のままになんていえないですよ。幸いにして転移はありませんでした。腎臓一つ、全摘して終わりました。ギリギリセーフでした。

教会には経済問題を抱えているシングルマザーや両親の不仲に苦しむ子ども、職場の人間関係に苦しむ人、いろんな人がいます。解決なんて無理です。私たちが正論をいってどうなる話でもない。

みんなも、そんなことはわかっているから苦しいんです。私が祈ろうとすると、自分から祈り出す人もいます。言葉にならないんです。うぁーっと泣いて、何を祈っているかもわからない。嗚咽《おえつ》にしかならない。

それでもそこから言葉が出てくる。神様とのパイプがつながるんです。クリスチャンにとっては、それでいいんです。最悪ですって駆け込んできた人が、これでよかったと帰っていく。やっぱり神業だなと思います。

このあいだも、ある少女が告白したいとやって来ました。何をやらかしたか全部知ってますよ。小学一年のときから見てきて、噂にもなっていましたからね。それを問い詰めたところで意味はない。でも、自分はこうでしたと告白しに来たんです。どうしても誘惑があると盗ってしまうんだと。よくいった、と思いました。駆け込む相手がいてよかったと思いました。こういうとき、この道に懸けてよかったと思います。

一番精力を使うことが、たぶん一番よいことなのです。それは何かというと、自分のポジションを自分でもつということです。牧師夫人なんて給料が発生するわけではなく、任命されてなるものでもない。明確な働きがあるわけでもありません。投げ出したい、爆発したいと思うことは何度もある。

神様との関係だけなんです。働きが明確ではないぶん、毎日確認していかないと立てない。ポジション確認がいるんです。

寝る前に聖書を開いて、デボーションといって、自分を捧げて神様の心を教えていただく。今これをすべきかどうか、しなくてもいいかどうか、精力を傾ける必要があるか、何を中心にしていくか、一つひとつ神様に確認していく。

神様の声が聞こえるわけではないですよ。信仰をもって自分の心を開いて、神様の心を教えてくださいと祈るだけです。そうすると、神様は聖書のみ言葉を通して語ってくださいます。み言葉から離れて声が聞こえるということはない。私の心に浮かんだみ言葉は神がくださったと信じる。そこから離れることはありません。

人のために何かをするということは、犠牲が伴います。子どもたちがそうでした。夫婦して教会のために働くわけですから、子どもたちはつらかったと思います。なんでそこまでせないかんのって。

小さい頃は強制的に教会に連れてきましたが、中学からは来なくなった。一番下の娘なんか、二十歳過ぎてから反発してぶつかるようになりました。
今は大阪にいますけど、私が大阪でどこか教会に行きたいから一緒に行こうというと、気分が悪くなるんです。教会に一歩入っただけで、ああ、お腹痛い、痛いって。体に出るぐらい嫌なことだったんだと知りました。原因は自分にあるとわかってからは支えてくれるようになりましたけど、教会には行ってません。傷は浅くないんですよ。

2017/7/3

十字架の風景②

教会とカウンセリング

筆者は近年、カウンセリングの現場を取材し、精神科医や心理療法家のインタビューを重ねてきた。厚生労働省が三年ごとに実施する「患者調査」の二〇〇八年の報告で、うつ病患者が一〇四・一万人となり、「うつ病一〇〇万人時代」と報じられる中、現場で何が起きているのかを明らかにするためだった。

その過程で知ったのが、カウンセリングとキリスト教のかかわりである。

カウンセリングは、戦後まもない占領下の日本に複数のルートを通じて導入された。その一つが、茨城キリスト教短期大学の創設者でアメリカ人宣教師のハリー・ファックスの息子、ローガン・J・ファックス[1]によるものである。

ローガン・J・ファックスのもとで開催されたカウンセリングの講座には、全国から教育・心理学の関係者が集まり、盛況となった。

従来の教育相談では、先生が相談者に教え諭すという方法だったのに対し、相談者の話にひたすら耳を傾け

1　福島県と茨城県で活動する宣教師ハリー・ファックスの次男として誕生。戦時中に帰米。ペパーダイン大学で宗教学と心理学を修める。戦後日本に戻り、茨城キリスト教短大初代学長に。心理学と聖書学を教え、カール・ロジャーズから学んだカウンセリングを日本に紹介した。一九二二―。

る、傾聴を基本とするカウンセリングのスタイルは受講者に新鮮な驚きを与え、これが全国の相談事業に普及する一つのきっかけとなったといわれている。

では、ファックスがいつ、誰からカウンセリングを学んだかといえば、太平洋戦争中、アメリカに一時帰国したときに師事した、カール・ロジャーズ[2]という心理療法家だった。

ロジャーズはカウンセリングの生みの親として知られる人物で、非常に厳格なキリスト教徒の一家に生まれ育ち、カウンセリングの技法を生み出すまで、キリスト教はロジャーズの人生に少なからぬ影響を与えていた。

当時、ロジャーズの生涯を深く掘り下げることはできなかったが、茨城キリスト教短大はじめ、カウンセリングの草創期を知る人々を取材しようとすると、教会の相談室を指定されることがたびたびあったことから、信仰とは無縁と思っていたカウンセリングが、じつはキリスト者から発したものであるということに気づき、筆者は大変驚いた。

キリスト教は日本人への伝道では成功を収めなかったが、レジャーやイベント、学校教育だけではなく、私たちの心にまで広く深く浸透していたということなのか。この問いはそのまま持ち越され、キリスト教会で行われている営みに関心をもつ一つのきっかけになった。

そもそも「カウンセリング」の語源は、聖書にたびたび登場するヘブライ語の「ya'ats」[3]である。三位一体の神こそが真のカウンセラーであるという信仰のもと、キリスト教会では長年にわたり牧会・司牧が行われてきた。

牧会とは主にプロテスタントの教会において、司牧とは主にカトリックの教会において、聖職者が信徒の魂に配慮しながら、聖書のみ言葉をもって霊的に導くことをいう。

信徒は聖職者のメッセージを聞き、また、聖職者を通して神に悩み苦しみを告白し、懺悔し、精神的に解放されていく。

ただ教会内に閉ざされたこれらの宗教的な営みは、ともすれば絶対化されやすく、とりわけ父権主義的な傾向がある聖職者の場合、他者を尊重することよりも聖職者自身の信念の押し付けになる可能性があった。

また、社会問題が複雑化するにつれて、個々の差し迫った事情、たとえば人間関係のトラブルや生活面の困難、それらが引き金となって引き起こされる心身の不調などは、聖書の福音だけを聞いていても解決されず、置き去りのままになることがあった。

そこで二十世紀に入ってから教会が採り入れるようになったのが、精神分析や心理学の界隈《かいわい》で生まれたさまざまな精神・心理療法の技法だった。それは教会の外から導入したというより、教会の内から生まれたものだ。

カール・ロジャーズは、さきに述べたように、厳格なキリスト教原理主義の両親のもとで育ち、神学校に進んで牧師を目指すほど熱心なキリスト者だった。

ところが、心理学との出会いをきっかけに神学校を中退し、コロンビア大学の大学院教育学研究科に進み、[4]ニューヨーク州ロチェスター市のロチェスター児童虐待防止協会で働くようになる。

ロジャーズが日頃から接していたのが非行少年やその親たちで、彼らと向き合う中で、特定の宗教に縛られないケアのあり方を考えるようになっていく。

2 アメリカの心理療法家。日本への導入については氏原 寛・村山正治共編『ロジァーズ再考 カウンセリングの原点を探る』(二〇〇〇・培風館)、諸富祥彦『カール・ロジャーズ入門 自分が〝自分〟になるということ』(一九九七・コスモスライブラリー)、最相葉月『セラピスト』(二〇一四・新潮社)など参照。一九〇二―一九八七。
3 ya'ats 助言を与える、相談にのる、カウンセラーの意味。
4 金原俊輔「カール・ロジャーズの生涯」(長崎ウエスレヤン大学地域総合研究所紀要十一巻一号・二〇一三年三月)。

叱ったり、教え諭したりするのではなく、相手の話を無条件かつありのままに深い共感をもって聞くことによって、本人たちが自らの力で回復していく姿を見たからだった。

こうした実体験をふまえて提唱されたのが、患者を来談者、クライエントと呼び、その自己解決能力を信頼して回復を支える「来談者中心療法」、すなわち、カウンセリングだった。現代のすべての心理療法の土台には、ロジャーズのこの基本的な考え方があるといっていい。

ロジャーズは幼い頃から、アダムとイヴが神に背いて禁断の果実を食べたことが、人類最初の罪、すなわち「原罪」であり、私たち人間はすべて生まれながらにして罪深く、神なしには生きていけない弱い存在だと教え込まれ、ときに縛られてきた。

そんなロジャーズにとって、人は自らの力で立ち直っていく存在だとみなすのは、両親に対する異議申し立てだったのか。一部のキリスト教会からは、人間に全能性を認めるようなものだという批判[5]もあったという。だが、ロジャーズの手法は人間という存在を尊重する姿勢から生まれたものであって、人間を絶対視することではない。むしろ、弱いからこそ「互いに愛し合いなさい」（ヨハネ13・34）といったイエス・キリストの教えに従うものだろう。

神の前では、援助者もクライエントも同じ罪人であるというキリスト教の人間理解に矛盾するものでもない。キリスト教の宗教性を脱色したところに、心理療法としてのカウンセリングが生まれたともいえる。

こうして厳格な家庭に生まれたキリスト者によって生み出され、キリスト教を抜け出して学問としての心理療法となったカウンセリングは、心理相談だけでなく、教育、医療、福祉などの現場に用いられていく。

人の心を扱う場として、キリスト教会はその最前線ともいえる場所である。カウンセリングは相談事の多い教会の問題解決の手段として逆輸入ともいえるかたちで評価され、近年は神学教育の中に「牧会（教会）カウンセリング」として採り入れられるようになっていった。

ただし、カウンセリングはあくまでも人間の知恵を出ない技法である。学問として洗練されたものではあるが、私はなんのために生きるのか、生きる価値があるのか、なぜこんなことが起こるのか、死んだらどうなるのか、といった実存的、危機的な問いに対して、相談者が納得のいく答えが得られるとはいいがたい。

こうした問いが先鋭化するのが、生死のはざまに立たされたときである。

科学技術の進歩によって、宗教と医療には大きな隔たりができたものの、ホスピスや高齢者施設など、積極的な治療を行わない、あるいは行えない終末期の現場では、聖職者によるスピリチュアルケアが求められることがある。

近代ホスピスの創始者であるイギリスの医師シシリー・ソンダースは、終末期の患者の多くが[6]「自責の念、罪の意識をもち、自分自身の存在に価値がなくなったと感じ、ときには深い苦悩の中に陥っている。このことが真に『スピリチュアルな痛み』とよぶべきものであり、それに対処する援助を必要としている」と述べている。

人生に対する根本的な疑問を抱いたとき、こんな人生でよかったのかと問われたとき、それに答えを与えられるような心理療法があるわけではない。求められるのは、人と人の全人的な交わりであり、ときには人知を超えた存在への信仰心がやすらぎをもたらすことがある。

アメリカのロヨラ大学で信仰をもつ人に対するカウンセリング、パストラル・カウンセリングを学び、臨床パストラルケア教育研究会の事務局長を務めるレデンプトール修道会司祭の盛克志神父は語る。[7]

5　賀来周一『キリスト教カウンセリングの本質とその役割』（二〇〇九・キリスト新聞社）。
6　一般社団法人日本終末期ケア協会HP参照。
7　三二五ページ。

「私たちの入門講座でも心理学や一般的なカウンセリングから学び始めますが、私たちはもっと深いところの人間の生きる意味にふれていかなければなりません。その人の価値観がどこから来ているのか、何を土台に生きているのか、根源的なことです。

多くの人はすぐに解決を求めます。痛みを取ってほしいと。そうじゃない。話したら治るわけじゃない。教会に来たら癒されるわけでもない。その人の十字架を私が背負うことはできません。そうではなく、痛みを抱えて生きていくこと、痛みとはなんなのかに気づいてもらうことが、スピリチュアルケアです。痛みを抱えたままでも生きていく力があるとわかれば、生きていけるのです」

宗教を完全に切り離して生きていくことはできない、と思わせる場面はほかにもある。

日本は世界的にも自然災害が多い国だが、そのたびに宗教者が率先して救援活動に赴いてきたことは、多くの史料が示すところである。

近年では東日本大震災の被災地域において、仏教やキリスト教などの宗教者が宗派や教派を超えて協力し、土地の人々の声に耳を傾け、支えてきたことが記憶に新しい。

科学技術の進歩がすさまじい二十一世紀になっても、特定の信仰をもたない人が多いこの国においても、それでも私たちは神に救いを求めることがある。

そこに何があるのだろうか。

開拓

第五章

神を伝える

工藤さんは神様のことを教えてくれるけど神父じゃないよ。昔はそういうキリスト教を勧める信者がたくさんいたんだね。

村上道子
一九二二年生
日本正教会上武佐ハリストス正教会
北海道

もうすぐ九十五歳になるから、頭、変になってると思いますけど、いいですか。

両親が北海道に入ったのは大正の初めさ。元は秋田の出だって聞いたけどあまり記憶にないね。最初はさきに開拓に入った父のおじさんのいる厚岸《あつけし》郡浜中町《はまなかちょう》の恵茶人《えさしと》ってところにいたんだけど、ここのおばさんがきっつい人だったんだわさ。両親に子どもが生まれたら、このおばさんと一緒に暮らすのはかわいそうだと思ったんでないの。詳しいことはわかんないから想像ですよ。

それで標津《しべつ》村を開拓するって募集を見て、二人で開拓移民として行ったんだわ。その頃はまだ中標津[1]なんてないからさ、最初は武佐《むさ》に入ったわけ。大正七年と聞いています。

父親は組織を作って、そこの長をやってたのさ。一組に馬二～三頭ぐらいを分けてっから農家にはいい収入になったらしいんだよね。別海《べつかい》あたりで池田さん（旧姓）っていったら、ああ、昔ここ開いた人ねって知られてるんでないの。

もとは禅宗の家だったから、教会のことを覚えたのは武佐に来てからさ。なんで父親がキリスト教を信じたかって？　さあ、それは父に聞いてみないとわからないねえ。

工藤熊之助さんって熱心な信者さんがいて、その姿を見たんじゃないかな。工藤さんは北見《きたみ》か旭川のほうから郵便配達で来てた人でね。上武佐駅逓の取扱人だった伊藤繁喜《しげき》さんが開拓民に伝道を始めてたもんで、ここに教会を建てるのに協力したいと思ったみたいだね。

私が数えで十歳のときだから、昭和六年だね。親子、姉、兄貴と私と妹と七人で一緒に洗礼受けたの。親が「今日は教会で洗礼受けるんだよ」っていうから、喜びいさんで教会行ったよねえ。鉄板で作った風呂みたいなのがあるでしょ、あの中に入って洗礼受けたの。

仏教だったらお寺さんがお経あげてそれっきりだけど、毎週土曜日には教会行くんで、なんか新しくなったような感じ。信者になったんだから行くんだって頭がすごかったね。子どもながらだよ。

山下りん[2]が描いたイコンは工藤さんが持ってきたんだ。私が洗礼受けたときはもうお御堂があったんだからね。ご聖像なんか貴重だから子どもたちには触らせないし、十二大祭[3]が来るっていうと工藤さんが一生懸命磨いてたもの。それは子ども心に覚えてるの。

工藤さんのところにはお話の本があって、お祭りのあるときには本を借りてきてお話作るのにこんなふうに書いたらいいって概略を書いてくれるんだけど、肩上がりの文字を書くもんだから子どもにはよく読めないんだわさ。キリスト教ができた頃の弟子たちの話とかだったけど、十歳ぐらいの頭ではまだ理解できないのね。

1 町制施行は一九五〇（昭和二十五）年一月一日。標津は大きい川を意味するアイヌ語「シ・ペッ」の当て字。標津川中流に位置することから命名。北海道根室振興局公式HP参照。

2 常陸国《ひたちのくに》笠間藩に生まれ、工部美術学校（一八八三（明治十六）年に廃校）時代の同窓生の影響で正教徒に。ロシアに留学してイコンを学ぶ。日本人初のイコン画家としてニコライ堂ほか多くの教会にイコンを残す。一八五七—一九三九。

3 正教会には復活祭のほか重視する一二の祭日がある。主の降誕祭、生神女《しょうしんじょ》誕生祭など。

それを工藤さんが説明して聞かせてくれたのは記憶にあるね。

テレビやラジオがあるわけじゃないから、子どもがお話を覚えてしゃべってるのを聞いて帰ってしゃべると、「あれ、こないだ聞いたときはそんな話なかったね」って母親がいうもんだから、「母さん、字が読めないのによくわかるね」っていったら、「母さんだって店の番頭さんしたんだからちゃんと字を書けるよ」っていってたね。

うちは一一人も子どもがいて忙しかったから、母親は読み書きできないと思ってたんだ。でも考えてみたら帳面つけるのは母さんだし、はあ、母さんは勉強家だなあって思ったね。

お祭りってのは、復活祭と降誕祭のことさ。子どもだもの、そりゃあ嬉しいよ。クリスマスといってもケーキなんかないさ。お母さんたちは、ごぼうだのにんじんだの入れて色ごはん作ったのさ。混ぜごはんだね。ふだん教会に来ないご近所さんもみんな来て、大勢で食べるからおいしいんだよねえ。

ふだん家では作らない物も、教会のお祭りでは作るんだわ。カレーライスを作ったこともあったな。山本さんのおばあちゃんが、たまには麺類はどうかって作ったことあったけど、復活祭の四月はまだ寒いから、あったかいのはおいしかったね。工藤さんは、「混ぜごはんが一番です」って、よくいってたけどね。

教会行くのは嫌でなかったね。みんなと話ができる。親も、あそこのうちの畑ではこうやったらよくできたとか、こっちのうちの畑ではこうやったらよかったとか、みんなと話をしてるのを聞いて、ああ、教会っていいところだなあって、子ども心に思ってたもん。

教会に行くときは薄明かりだからいいんだけど、帰りは親たちがごはんの支度をして夜遅くなるもんだから、秋なんかはもう、日が短くなると帰りは暗くなるんだ。

だけど、それがいいんだなあ。その頃は電気なんてないの。安全灯ってランプを持って、一家五〜六人がぞろぞろ教会から一キロ半ぐらい歩いて帰ってきたもんですよ。楽しみだったね。熊は出たかもしれないけど、会ったことはないねえ。

雪の日は馬がさきに歩いて開いた穴をみんなで歩くのさ。学校生徒が歩けば道ができるっていうぐらいたくさん歩く道だったから、案外固まっていて歩きやすかったよ。

教会は今みたいに神父さんがいるんでないの。年に一回か二回ぐらい、北見や旭川から来るのさ。神父さんが来るってなると、お祭りみたいに喜んで私たちも教会行ったさ。嬉しかったねえ。工藤さんは神様のことを教えてくれるけど神父じゃないよ。昔はそういうキリスト教を勧める信者がたくさんいたんだね。

うちの父親も、工藤さんも、斜里で信者になった長屋さんて人も、森谷勇さんっていう博労《ばくろう》さんも、ほうぼう行ってるから情報が速いの。根室《ねむろ》原野は気候の変動が激しいところだから、畜産やらなきゃ生きていけない。畑だけでは食べていけない土地なんだ。だから、牛馬商は一役買ってたんだけど、森谷さんも信者だから自分だけぼろ儲けしようなんて思わないんだね。中には値段ふっかける悪い博労もいたからね。

森谷さんはお金ない人には、乳が搾れるようになったら仔《こ》っこで返してくれればいいんだって牛を預けるんだ。乳は搾って収入にしなさいってことだね。親心ある人だったの。

これが「教会牛」の始まりさ。武佐の教会は森谷さんがいなかったら、こんなに発展しなかったと思うの。

主人とは、農家を手伝ってもらうために弟が連れてきて知り合ったのさ。それまでサイダー工場に勤めてた人だから、農家のことは一から一〇まで私が教えたんだ。徴兵検査は丙種だから兵隊には行かないと思ったけど、結局、召集が来て九州に行ったよ。

私ら女も戦時中は動員されて農家の手伝いに行った。男の人が兵隊に行って手がないところに行くのさ。昭和十九年あたりは敵機が結構来てうるさかったんだよ。武佐と中標津のあいだの牧草畑に軍の格納庫があったし、別海には軍馬の養成所があったからね。

畑にいると戦闘機が低ーく飛んできて、人がいれば弾を落とす。私も娘を抱えて林に隠れたさ。上武佐の駅や旅館は爆撃されたね。

主人が生きて帰ってきて本当によかったよ。兄はフィリピンで死んだんだ。男の子はどこのうちでも一人や二人は戦死してるからね。フィリピンのどこで死んだかはわかりません。親たちが話してるのを聞いて、ああ、遠くに行って死んだんだなあって思いましたよ。

教会で季節保育園が始まったのは、戦争が終わる少し前だったかな。みんな兵隊にとられてるから、留守宅を心配して、標津村の村長さんが村の様子を見に来たんだわ。

私の父が案内して歩いたんだけど、村長さんが、あんないい教会があるなら保育園やったらいいってね。男の働き手がいなくなって、どこも奥さんたちが農家しなきゃいけなかったからね。近所で農家じゃない家の娘さんに保母になってもらって、上武佐教会で農家の子どもたちの面倒をみたんだね。それが標津村で一番最初の保育所だ。

教会に行くと、みんなと遊べるから楽しくてね。私の提案で、六〜七軒共同で牛乳を出す車に子どもを乗せて教会まで連れてったんだ。集乳場が教会のそばだったからね。馬車一台で牛乳を集めて歩きながら、子どもを乗っけていくんだ。帰りは学校の生徒が連れて帰るのさ。みんないうことを聞いて喧嘩もしないで、よく何年も続いたもんだと思うよ。

昭和二十年の春頃だったかな、教会の隣に住宅ができて、そこが私の新居さ。竈持ってったものね。それから四十年、主人は農業試験場に勤めながら伝教者をやって、私は住友生命に勤めながら教会のおばさんをやりました。

よく観光客が見学に来るもんだから、そういうときは職場から、「今日は休んでいただいていいので見学者を案内してください」って連絡があったもんだよ。

上武佐教会にはロシアからの援助が届いたこともあるんですよ。戦後しばらく、日本正教会もアメリカ付きになったりロシア付きになったりしたんだ。上武佐教会はロシア付きだった。冷戦体制の影響？[4]　うん、それもあるんでないの。和解したのは昭和四十五年頃だから結構長かったよ。

ロシアの援助はありがたかったよ。みんな教会費は納めているけど、裕福じゃないから維持していくのにゆるくないのさ。ただロシアからなんぼ送られてきたんだかも発表がないから、お金のことではゴタゴタしたこともあったんだ。でも、神様は見てるって思ってたよ。

主人は伝教者だったから、招待されてロシアに行ったこともあるよ。モスクワかな、さあ、どこ行ったのかねえ。たいしたごちそうで毎晩お酒が出たとさ。

そういえば、占領が終わった頃、武佐中学校の校長先生と教師が「赤い教育」をしたって警察が乗り込んできたことがあったんだよね。樺太《からふと》から引き揚げてきたSさんていう先生が、日本共産党の秘密文書[5]を教えようとしたっていうのさ。ほかの部落の人より進んだ考え方だったから、みんな警戒したんでないの。

うちの父は町会議員で中学校を作るときは一生懸命協力してたから、見識者のSさんに頼んで校長になってもらったんでないのかな。できたばかりの中学校で小遣いさんもいないもんだから、父と母が泊まり込んで小

4　当時は、ソビエト社会主義連邦共和国（一九二二〜一九九一）。
5　日本共産党が発行していた雑誌「球根栽培法」「平和と独立のために」など。

遣いさんやってたときだったよ。

教師のIさんは上武佐教会の信者でね。教会の人たちはよく話がわかるって、SさんとIさんはよく教会に出入りしてたもんだから、あからさまではないけど、「赤の教会」って陰口をいわれたこともあったよ。

父はPTAの役員もやってたから、面と向かってはいわないけどね。みんな父の世話になってもうまくいかなくなったら、陰口になるんだね。あからさまではないよ。

二人がそんな教育をしたのは最初からじゃなくて、だんだん意志を固めていったんだと思うよ。勉強はよくしてたからね。先生、先生って、子どもたちには慕われていたんだよ。教育も礼儀作法も立派な人たちだった。

そのあと二人は結婚して札幌に行かれたけどね。うちの父は最後まで堂々としてたよ。今になってそんな話をしても、チンプンカンプンだろうけどね。


今年も七月二十二日は妹の律子のパニヒダに行きますよ。パニヒダってのは永眠者記憶といって、仏教の法事みたいなものかな。律子は私のいくつ下だったか、昭和四年生まれだね。女きょうだいの中では一番大きくてね。一番おっぱい飲んだからでないの。

私と一緒で活発な子で、フォークダンスやってた。みんなに慕われて、リーダー格だったね。上武佐には二十三歳までいたんじゃないかな。

根室の草替さんって人が食糧難のときにたまたま教会に来て、「律っちゃんちょうだいや」っていう話から始まって結婚したんだけどね。律子は根室でもリーダー格だったみたいだよ。ただ根室にいても暮らしがゆるくないから、子どもが大学に行くようになってから神戸に引っ越したんだ。
[6]明石花火大会歩道橋事故の慰霊祭は私も行ったよ。駅から続く歩道橋を案内してもらったんだ。花火大会があった二〇〇一年七月二十一日は、暑い日だったんだよね。海のほうが涼しいからって、みんな海岸のほうに

どんどん歩いていったんでないの。雨が降りそうになって、たくさんの人が歩道橋に詰めかけたらしいね。「そんなに押せー押せーっていったら、子どもが死んでしまうよー」って、律子がいったらしいんだわ。私はそのときその場所にいたわけでないからわかんないけど、そうやってるうちに妹がそばにいた赤ちゃんをかばってうずくまったんだね。そうしたら押し寄せてきた人が妹をどんどん踏んでいった。それで死んでしまったらしいんだわ。

慰霊祭のときに私の隣に座ってたのが、律子が助けた子どもでね。事故のときは赤ちゃんだったけど大きくなってた。お母さんがね、「このおばちゃんはあんたを助けるために死んだんだよ」って、律子の写真を見ながら一生懸命子どもに説明してたね。

草替律子はね、私に輪をかけたぐらい人がよかったんでないの。こうして語り継いでくれるのはありがたいことです。

2017/6/10~11,7/22

6 第三十二回明石市民夏まつり花火大会開催二日目の夜八時半頃、朝霧《あさぎり》駅南の歩道橋に駅から来た客と会場から来た客が合流して異常な混雑となり、群衆雪崩が発生。一一名が全身圧迫による呼吸窮迫症候群などで死亡、一八三名が傷害を負った。

開拓伝道する牧師は同じ場所にあまり長くいないほうがいい。「十年経ったらやめるからね」とみんなに宣言しました。

奥村敏夫
一九四八年生
日本バプテスト連盟釧路キリスト教会牧師
北海道

小学五年のときにクラスに伝道熱心な少年がいましてね。クリスマスに教会でお芝居をやるから手伝ってくれないかとエキストラを頼まれたんです。ベビーブーマー世代で一クラス五〇人ほどいた時代です。土曜日になると、クラスの三分の二の子どもは「また明日ね」って遊ぶ約束をして別れるのに、自分は誘われないのがさみしくてね。何もわからないまま教会に行くと温かい雰囲気で、大人がやさしくてね。没薬《もつやく》を持っているだけの博士の役で舞台に立ちましたけど、それから六十年間、インフルエンザで隔離されていたとき以外は休まず教会に通っています。

中学生のときは五〇人のクラスのビリから二番目の成績になって、母親が泣きましてね。劣等感を抱えたまま過ごしていたんですけど、バプテスト派のアメリカ人宣教師の自宅の集まりに行くようになって、少しずつ立ち直って手ごたえを感じたんです。

そこは伝道所だったので大人がほとんどいない。少年少女会を作って、名刺やバッジを作ったり会報を編集したりしました。自主的に会を担うようになっていったんです。英語も嫌いだったんですけど、伝道ならいけると思うようになりました。

ネパールで医療宣教師をしている岩村昇《1いわむらのぼる》医師が、楽しくなければ長続きしないといっていますが、幸いなことに楽しかったんですね。楽しいから続けようと思った。

毎週毎週、聖書の言葉を聞く中で、あなたはどう生きるのか、罪をどう解決するのかと問われて、クリスチャンになろうと決意しました。高校受験を終えてから内外に宣言して、十六歳のとき、大阪バプテスト教会で洗礼を受けました。

あるときから、宣教師に、日本語が大変なので、一週間交代で日曜日の夕方の礼拝で説教してくださいと頼まれましてね。まだ高校生でしたけど、聖書に感じるところがあって引き受けたことが、牧師を目指すきっかけにはなったでしょうね。

牧師になる決意をしたのは、高校二年のときです。伊豆《いず》の天城《あまぎ》山荘で全国高校生修養会があって、キャンプファイアーをやったんです。牧師の説教が終わって、「みなさんの中で牧師・宣教師になりたい人は前に出てください」と呼びかけがあった。

感激すると温められやすく冷めやすい性格なもので、前に出たんです。三三人、前に出ましたね。妻に会ったのもこのときでした。

両親は大反対ですよ。長屋の貧しい暮らしです。父は工場労働者一筋の人で、兄は家のために中卒で就職していました。おまえは大学に行って家を支えてくれといわれていたのに、貧乏の極みの牧師になるっていうんですからね。猛反対されて、勘当されてしまいました。

1　伝染病に苦しむネパールはじめ、アジア諸国で医師として活動。戦時中広島で被爆したことをきっかけに洗礼を受ける。アジアのノーベル賞といわれるマグサイサイ賞を受賞。一九二七―二〇〇五。「産経新聞」二〇一六年十二月十八日付オンライン版参照。

家族とは目も合わさず、口もきかず。家を出ろといわれないだけよかったです。夜中の一～二時までアルバイトをしました。月に四〇万円ぐらい稼いでいましたよ。今なら一〇〇万円近くじゃないでしょうか。不思議なことに、牧師になると決めたときから成績も上がって、ほとんど勉強しないのに高校で首席になった。これはもう、神様が行けといってるんだと思いましたね。

関西で牧師になるには、白いチャペルと赤いチャペルがある。白が関西学院、赤が同志社です。調べてみると、同志社にはニューヨークのユニオン神学校との交換留学制度があって、成績優秀なら行けるとわかったので同志社大学神学部に決めました。

牧師とは、教会が牧師として認めて招聘したら牧師、めったにないことですが神学校を出ていなくても招聘されたらＯＫなんです。

大学を卒業する直前に、バプテスト連盟理事会が大阪に土地を買って建物も建てる、援助もするという話があって、覚悟を決めてやらないかといわれて待っていました。そのあいだに大学を卒業して結婚もして、一年半、塾講師のアルバイトをしながら待ちました。ところがその話は立ち消えになってしまった。

それからは連盟の援助もないまま、開拓伝道をスタートしました。幼稚園や保育園、公民館や会社の会議室など、集会所に借りられる場所を探したんですけどなかなか見つからなくて、四〇か所目にようやく借りられたのが、大阪市平野区にあった平野ドレスメーカー専門学校の二階の小さな教室でした。平野伝道所と名づけました。

そこは寺社の影響の大きい地域で、だんじりで有名な町です。ポスターは剝がされるし、看板を置いたらボコボコにされる。落書きもされました。

平日はアルバイトをして、日曜日はネクタイを締めて伝道をします。少しずつ人は増えましたが、矢印の向きを逆にされたり手作りの三角看板を壊されたり、相変わらず迫害が続きました。これはえらいところで始めてしまったと思いましたね。

それがある日、見まわりに歩いていたら、近所の人が看板を金槌《かなづち》で修理してくださっていて、こういわれたんです。「あんたたちの教会、ドレメ内と書いてあったな。ドレメの理事長、学長夫妻は地域の名士で広大な公園を寄付してくれた恩人や。そこに入ってる教会やとわかったんで大事にしないといかん」。

救われました。

集まったのは三〇人近く、半分は学生で平均年齢は二十代だったんじゃないでしょうか。日本バプテスト連盟では初めてのケースですよ。これからは時間を気にせず活動できる教会を大阪に作りたい、みんなで一年後に教会を作りましょうと祈りました。

坪八〇万円の時代です。ほとんど毎日、段ボールやぼろきれ、空き瓶、古雑誌を集めながら建築資金を貯めました。くず屋の兄ちゃんと間違われたこともあります。女性たちはパートに出ました。

あまりに貧しくて、商店街の店で、ペットの餌にどうぞと書いてあるパンの耳をもらって食べました。月給四万円の牧師の若者がいると、「朝日新聞」に取材されたこともあります。

味噌もお茶もなくなって醤油しかなくなったある日、若い夫婦がやって来ました。何もないので白湯を出したら、「お兄さん、あまり食べてないんじゃないの」ってお米を五キロくださった。夫のほうが教会員で奥さんは創価学会の看護師さんでした。

感激しましたね。創価学会員とクリスチャンは対立しがちですが、こういう経験をすると考えさせられます。

教会の建物が完成したのは一九八〇年、土地は一五坪、建物は一二坪の三階建てになりました。建売住宅に目いっぱい注文して、陸屋根に十字架をつけて、屋上には納骨堂も作ったんです。かかった費用は、三五〇〇万円でした。

開拓伝道する牧師は同じ場所にあまり長くいないほうがいい。「十年経ったらやめるからね」とみんなに宣言しました。

十年が経とうとする頃、日本バプテスト連盟の事務所から、宣教室の責任者として来てほしいと連絡がありました。とんでもないですよ、連盟のために苦労してこれまで自分たちだけでやってきたのに、意地でも行かないと思いましたね。理事会なんて普通なら五〜六十代でやる仕事ですよ。

それでもどうしても来てほしいと説得されて、やむなく一期四年間だけ、新宿の連盟事務所で働くことになりました。年の三分の一は出張です。門安といって、全国の教会をまわって、弱っている教会や伝道所を支援する仕事もしました。事務的なことも経理も見ます。海外出張もありました。三時間睡眠で働き詰めでした。

中高時代に器械体操をやって体力には自信があったんですけど、狭心症で二回倒れました。新宿NSビルにある榊原《さかきばら》記念クリニックを受診したら、「死にたくなかったら、ガラッと違う職種に変わりなさい」といわれた。ドクターストップです。心の中で、やったーっと思いましたね。先生に一筆書いてもらって上司に提出して、連盟事務所をやめました。

牧師として来てほしいという要請が七つの教会からありました。ぼくの原点は開拓伝道ですから、給料が一番低くて人数も少ない北海道のある教会に行こうと準備を始めました。すると、一九八七年のクリスマスの日に突然、約束もなしで七十歳前後の老人が三人、現れた。福岡の姪浜《めいのはま》バプテスト教会の方々で、ふくやの辛子明太子を持って来られていました。

姪浜教会は教会員が二〇人いるかどうか。これまで一二人の牧師に招聘状を出したがだめで、奥村先生が一三人目。このままだと十字架を下ろさなきゃいけないという真剣な話だった。ぼくが最初だっていえばいいのにね。

聞いてみると、三人のうち二人は飛行機に乗るのも初めてで、遺言状をしたためて下着も新品に履き替えて飛行機に乗ったんだと。その話を聞いて、ゴトッと動くものがありましてね、祈って考えさせてくださいと答えて、結局、姪浜行きを決めました。

年金暮らしのお年寄りばかりの教会でした。礼拝室は雨漏りがひどくて、牧師館もカビで真っ黒。押し入れが使えなくて、布団は外に置いて暮らしました。

給料は連盟時代の三分の一になりました。育ちざかりの三人の子どもと、三人の親の面倒をみていたので、八人家族です。十数万円の給料ではとても無理ですから、わが家の経済のために、ＹＭＣＡ国際専門学校の非常勤講師のアルバイトをしながら働きました。

そのうち人が増え始めて、おばあちゃんたちが、新しい教会を建てましょうと声を上げてくださった。建築委員会ができたのは、着任して三年目でした。

一九九四年、姪浜の駅前に四階建ての鉄骨鉄筋コンクリートの会堂ができました。総額一億五〇〇〇万円です。都市計画で一部庭を削られたときの補償金が入ったので助かりました。

それからは子どもの友だちなども来てくれて、人が何倍にも増えて、礼拝堂は最大三〇〇人が集まりました。

おばあちゃんたちが開拓伝道もやりましょうと声を上げて、数年後には糸島《いとしま》の前原《まえばる》にも教会ができた。姪浜の教会員から、株分けといって何人か行ってもらって、その人たちを中心に運営して、姪浜教会は母教会として支えていくかたちです。

前原に会堂もできたことだし、二〇〇五年春にはやめると独立宣言したところ、今度は札幌から三人の使者がやって来ました。聞けば、八～九〇人の教会です。ぼくの使命は田舎の小さな教会ですから一度は断ったんですが、半年後に使者がまた来られた。

深刻な事情があったんです。もう二年間、牧師がいなくて大変だ、教会員が二つに分裂して対立していると。信者の家を別の信者が慰問で訪ねたときに殺されるという事件[2]があって、その遺族の方が残っておられる。教会の対応が信じられないといって総会も成立しない。教会に対する裁判も起きそうな状態で、ここに若い牧師が来たら教会は空中分解してしまうだろう。場つなぎでもいいから来てくれないか、と頼まれたんです。

やむをえません。これは献身と考えて行くしかないと思い、札幌に行くことにしました。いわば和解のサポート役、レフェリーですね。着任したその日、訴訟を起こそうとしていた方のところに行って「奥村です。今まで教会が嫌な想いをさせました」と挨拶して土下座しました。奇跡的に訴訟は取り下げられました。

それからは総会も成立するようになって、みんなの目標があるといいから会堂を建てようということになりました。目標は三億円。すると両者の境界線がなくなって、会堂が完成する頃には対立は解消されていました。不思議でした。建築が問題を解決してくれたんです。

会堂が新しくなると、礼拝の出席者が増えていきました。一五〇人になったらやめるといっていたら、十年間で登録者は二四〇人に。おつりが来たねとみんなで笑って喜びました。

教会は、最後のセーフティーネットです。牧師は最後のスイーパー役として動かないといけません。私は保護司も長くやってきましたが、数か月前には、刑務所で面会していた人から、クリスチャンになりたいと連絡がありました。営業マンだったときにやむなく人を殺してしまった罪で服役して、それからずっと相談にのっていました。ゆくゆくは説教師か牧師になりたいと話していましたので、彼を支える覚悟はしています。

牧師をやっていると、本当にいろんな声を聞きます。真夜中、「先生、死にます」と電話がかかってくることは一度や二度ではありません。一人は風呂で手首を切って、ぼくらが駆けつけたときは血だらけで、これはだめだと思いました。このときは妻が止血して救急車を呼んで無事だったのですが、排ガスを車に引き込んで亡くなってしまった人もいました。

カルト脱会の問題もあります。これまで三〇人ほどのサポートをしてきましたが、マインドコントロールを受けている方を戻すのは大変です。超教派でチームを作って、当事者の家族にまずじっくり勉強してもらうところから始めました。

なぜ家族かというと、せっかく脱会できても、父親が、「おまえが変な宗教にのめり込んだからお父さんは早期退職を余儀なくされたし、お母さんはパートに出なければならなくなったんだ」と愚痴ったため戻ってしまったケースもあるので、家族がどうアフターケアするかはとても大事なんです。

脱会カウンセリングは二～三か月かかりますが、家族と本人にかける時間の比率は四対一です。家族のほうが多い。家族にフックをかけて戻らないようにする必要があるんです。

カルトを信じている人たちは、脱会を勧める牧師のことを悪魔の遣いだと教えられていますから、面会できても数日は窓を見たまましゃべりません。沈黙したまま無視をする。

カルト脱会をテーマに講演したときは、統一教会から女性が数人乗り込んできて、お客さんにパンフレットを配っていました。おたくの牧師は勘違いしているからこれを読んでください、という内容でした。

教会は、ゆとりがある元気な人たちのたまり場になってはいけません。さりとて追い詰められた人だけでもいけない。社会で傷ついた人、適応できない人も温かく迎え入れる。ゆっくり時間をかけて交わりの中で少し

2　一九八八（昭和六十三）年十月に起きた事件で、これを機に加害者の女性はその前年にテレクラで知り合った男性を殺していたことも発覚し、無期懲役の刑となった。被害者女性はまったく事情を知らないまま相談にのっていただけだとされている。

ずつ癒されて、自分の人生を取り戻していく。それが教会という共同体です。

出発点が厳しくてもかまわない。そこからの変化がおもしろいんです。だから私はカウンセリングをするときも、最後までお付き合いしますよ。気づいたら、四〜五時間過ぎていたということもよくあります。

釧路教会から招聘があったのは、二〇一五年の春です。

最初に聖歌隊のみなさんとうかがったとき、冬は厳しくて、日曜日にラッセルしながら教会にたどり着いたら誰もいなかったという話を家内と聞いて、二人同時に、ゴトッと気持ちが動いたんです。教会員は一〇人と少しでお年寄りが多く、四年間無牧なのに会堂を新しく建てておられた。

ただ、こちらが行きたくとも、招聘されなければ行けません。帰り道、札幌のみなさんが、奥村先生は釧路教会に行ってくれないかなあ、釧路に遣わせてください、とバスの中で祈ってくださった。するとそのあと、釧路教会から招聘状が届きましてね。やったー、と思いました。札幌教会の代表は泣き崩れていました。

日曜礼拝のときに札幌のみなさんに釧路に招かれたことを報告したら、聖歌隊のみなさんがどよめいて、一五〇人の会衆が一斉に拍手してくださった。よかったよかったと。

着任したのは四月。礼拝参加者は一七人です。釧路市は年間二〇〇〇人の人口が減っている町ですから戦略が必要です。

まず減らさないのが大事で、増えるためにできることはなんでもやろうと決めて、伝道圏伝道を始めました。釧路教会を基地として、伝道圏を据える。教会の敷居を低くして、待つ教会から出かけていく教会にしようと考えました。

最近は独立教会がない厚岸地区に出かけています。アメリカの果樹園で働いていたときに洗礼を受けた方がいて、牧場をされているんですね。そこの場所をお借りして、出前型礼拝を始めました。厚岸には二〇人近いフィリピンの人たちがいて、彼らも来てくれた。最初の十五分は英語でメッセージをしました。

釧路にも六〇人ほどのフィリピン人が働いているので、週に一回は英語に親しむ会をやってみんなで英語の歌をうたったりするようになりました。読書会も始めましたし、同志社大学のＯＢ会に協力者も現れました。外国の豪華客船が釧路港に停泊したときは、ジャンパーを集めてみなさんに配ったり、水産加工場の祭りに案内したり、英語礼拝に招いたりしました。昨日もはるばる弟子屈《てしかが》町からクリスチャン一家が来られたので、出前礼拝しますよ、とお伝えしたところです。

伝道は出会いが大事です。教会にこもっていたら仕事になりません。教会は始まるときもあれば、終わるときもある。そこを丁寧に見据えて、灯台として光を掲げていきたい。人材を育てて、誰が牧師になってもやっていけるようにしていきたいと思っています。

2017/6/12,7/23

礼拝に来ないと、あの人が来てない、この人が来てない、なんで来なかったんだと責めるわけです。私たち夫婦もそういうやり方をしていた。でもね、そういう方法じゃだめなんです。

池原信徳
一九四〇年生
日本アッセンブリーズ・オブ・ゴッド教団嘉手納アッセンブリー教会牧師
沖縄県

米軍は読谷村に上陸して南に下りましたから、私たちの家族はおじいおばあと一緒に北に逃げました。記憶は断片的ですが、父におんぶされて森を歩いたときに死体を乗り越えていったことや、防空壕の中で弟が外に出たいと泣き叫んだことを覚えています。ちょっとした空き家があればそこに入ったりもしましたけど、ほとんど野宿で、名護の仲尾次《なかおじ》というところにたどり着きました。

父は身長が低かったから徴兵検査にパスしなくて、部落の長として軍のための物資集めやら食糧集めやらいろんな仕事に駆り出されていたんです。それが米軍につかまって捕虜になってしまいましてね。食糧を探しに畑に入って、芋を掘って戻ろうとしたところだったそうです。そのとき同時だったのかどうかあまり覚えていないんですが、祖父も捕虜になってしまいました。

母のお腹にはちょうど三男がいました。長女はまだ九歳ぐらいだったと思いますけど、母に指示されながら出産を手伝って、三男になる弟を取り上げたんです。この弟は戦後、中耳炎から脳炎になって十歳で亡くなってしまいました。よくできる子で、母はとくにこの子を愛していました。

終戦の記憶もあまりありません。覚えているのは、屋良《やら》の部落に茅葺《かやぶき》の家を作って、そこに父が帰ってきたことですね。捕虜になったおかげで、家族みんな無事でした。

嘉手納にはもともと日本軍が使っていた滑走路があったのですが、そこに沖縄の人たちが動員されて米軍の嘉手納基地が整備されていきました。うちの土地も左側が金網の中にありました。祖父も父も戻ってきたら自分の土地がない。それはもう残念だったと思います。

その次の記憶となると、小学校の頃のことになります。米軍のヘリコプターが物資を吊るして校庭に落としたことや、ジープが来ると、ギブミーチョコレート！ と叫んで追いかけたことですね。

屋良小学校の三年か四年のときに、アメリカ人の宣教師が来て日曜学校をやっていました。ものすごい、いっぱい集まりましたよ。木造の瓦屋根の校舎だったんですけど、ふだんは衝立《ついたて》と扉で仕切っていた教室を、日曜日になると衝立も扉もはずして開放した。教育の現場で教会をやるなんて、今じゃ考えられませんけどね。

そのときに覚えたのが、「いつくしみ深き」でした。うたうと心が落ち着くんです。歌詞に「主イエス」という言葉が出てくるんですが、なんとなく自分を守ってくれるお方がいるんだという感覚はありましたね。日曜学校のことはそれからも忘れられない思い出になって、いつか教会に行ってみたいとずっと思っていました。

父親は大工だったので、私も手に職をつけようと思って那覇の工業高校の機械科に行きました。親の刷り込みかもしれませんけど、教師になろうと思っていたんです。

大学も機械工学科に進みました。横浜にある関東学院大学です。ミッションスクールですが、やっぱりキリスト教に憧れもあったんでしょうね。入学は一九五九年で、沖縄はまだ占領下でしたから、パスポートを申請して、破傷風予防の注射を受けたのを覚えています。

ところが、大学は結局、三年までしか行きませんでした。つまり中退です。どうしてかというと、大学二年のときに教会に導かれたからです。

路傍伝道ってご存じですか。クリスチャンたちが集まって、町中で讃美歌をうたって自分たちの証しをして、道行く人を教会に案内する。そこに出くわしたんです。

風呂に行く途中のことでした。一人の女性が、集会に来ないかと誘ってきました。いや、これから風呂行くのでといって断ったら、帰りがけに今度は男性がやって来た。これがちょっとしつこい男でね。いろいろ根掘り葉掘り聞いてくる。どこから来たとか、何を勉強しているんだとか、なんか悩みはないかとかね。

じつはその頃の私、ちょっと悩んでいたところでした。教職課程をとって勉強し始めたはいいけど、お酒飲んだりパチンコしたり、スマートボールやったりね。賭け事にはまっていたんですよ。機械工学科だから製図板や製図器具など買わないといけない物がいろいろあって、親に仕送りしてもらったんですけど、それを持って飲みに行って全部使ってしまう。どうしようもない生活をしていました。これはいかん、酒はもう飲まんぞと思っても、夕方になると友だちが誘いに来るもんだから、つい、ふらーっと出かけてしまう。

路傍伝道に引っかかったのはそんなときで、そのまま夜の特別集会に行くことになりました。金沢《かなざわ》キリスト教会が開拓されて、まだ五～六年ぐらいの頃です。

牧師のメッセージの内容はほとんど覚えていませんが、そのまま信仰を決心して、秋に洗礼を受けました。一九六一年のことです。イエス・キリストを神だと信じたのです。

そこからまたつまずいてしまいました。高校時代からのガールフレンドと遠距離恋愛をしていて、将来は結婚しようというところまで考えていたんです。

ところが、聖書に「未信者とくびきを共にしてはならない」（コリント二6・14）とあって、これを未信者との結婚は禁止だと教える人がいた。沖縄のガールフレンドは教会に行っていませんから、こんな教えはとてもついていけません。これなら教会には行かん、と決めて行かなくなった。彼女を選んだということです。

それから二〜三か月ぐらいして、たまたま知り合いの青年が路傍伝道しているところに出くわした。いろいろ近況を話してから、「じゃあまた今度の日曜日にね」といって別れたんです。思わず「はい」って返事しちゃいましてね。しかたないから、次の日曜日に教会に行った。

その日もたまたま特別集会でした。メッセージをされたのは、山田亘《わたる》先生という方でした。そうしたら久しぶりに行った私に、証しをしてくれと司会者が指名してきたんです。私も立たなきゃいいのに、しょうがないから立ち上がって前に出た。それで、「私は今、キリスト教がわからなくなりました、失礼します」といって戻っちゃったんです。司会者はすごくあわてましたよ。

そうしたら山田先生が、こんな話をされたんです。じつは、ここに来る前に一人のおばあちゃんが前を歩いていた。荷物をいっぱい持って、ちょっとフラフラしていた。自分は今日、重荷を背負って苦しんでいる人を助けてあげるために来たんだと。ああ、私のことをいってるのかなあ、と思いました。

それからまた教会に行くようになりましたが、牧師の話を聞くたび、あなたは罪人だ、罪人だと自分が責められる感じなんです。うしろのほうの席に座っていたのですが、集会が終わったらすぐ帰っちゃう。そういう生活が続いていました。親の仕送りで遊んで、もう、なんというか、将来教師になろうと思っている人間にふさわしくない生活をしてたわけですから、罪意識を感じていたんです。

このままじゃだめになるかもしれないと思って、ある日、牧師に手紙を書きました。船津《ふなつ》恭子《きようこ》先生という方です。手紙は、自分の生活はこんなに乱れていると告白する内容でした。

そうしたら次の日曜日、池原さんちょっと、と牧師室に呼ばれた。ああ、これは怒られるなあと思いました。ところが牧師は、「池原さん、よく告白してくれたね」といって泣いて、祈ってくれたんです。イエス様はあなたを赦してくださる、という祈りでした。私も涙を流して、罪を悔い改める気持ちで祈ることができました。

それまでにも、青年たちが牧師室から泣きながら出てくるところをよく見ていましたが、こういうことだったのか、とわかりましたね。それからは熱心に教会に通うようになって、一年ぐらい経ったとき、関東教区の教会が集まる関東聖会で牧師になることを決心しました。


関東聖会でメッセージをされたのは、日本アッセンブリーズ・オブ・ゴッド教団を創設した弓山喜代馬《ゆみやまきよま》先生でした。まだお若くて、聖書を振りかざして顔を真っ赤にしてメッセージされた。どんな話をされたのかはよく覚えていませんが、神学校に献身したい人は手を挙げてくださいといわれて、私、挙げちゃったんです。まだ十九歳です。弓山先生のすごい勢いと、たぶん、み言葉に感動したんですね。でも、考えてみたら、両親には一言もいってないですよ。そもそもクリスチャンになったこともまだいってなかった。

ああ、しまった、と思いました。聖会が終わってから、弓山先生に取り消しますと伝えようと思ったら、金沢教会のみんながぼくのところに飛んできて、「よかったなー、祈ってるよー」と喜んでくれた。こりゃ引っ込みつかなくなりましてね。

それからは、あなたがもし召してくださるんだったら、私を変えてくださいと祈り始めました。だんだん勇気が与えられて、自分自身が変えられていくのを感じました。

親は怒りましたよ。大学を卒業してから行くならまだわかるけど、中退はおかしいと。でも大学はあと一年あるから、その授業料で神学校には三年間行けるからと説得しました。

それに、父も母もキリスト教を知りません。知らないのに反対するのはおかしいといって、母親を実家の近くにあった日本基督教団美里教会に連れていって、教会に来ていた近所のおばさんに、ぼくはこれから本土に帰るから、母をよろしくお願いしますと頼みました。

本土に戻るとき、弟が港まで見送りに来てくれたんですが、もし父と母が反対し続けるならぼくはもう沖縄には帰らない、長男だけど父と母の面倒はみられないからよろしく頼むといったんです。そうしたら、あとで両親があわてちゃったみたい。長男を失ったら大変だって、それからはずいぶん好意的になっていきました。母はそのあとも教会に通い続けて、洗礼も受けました。これからはあなたを助けるからという手紙も届きました。家のあるあたりはキビ畑だったのですが、その土地を教会の敷地としてとっておくとも書いてありました。母は五十歳ぐらいだったでしょうか。そのうち、きょうだいもみんな教会に行くようになりました。

駒込にある中央聖書神学校で三年間学んだあと、二年間は補教師として開拓伝道を始めました。場所は金沢教会の先生と相談して、横須賀に決めました。

まずは集会所が必要ですからあちこち探して交渉するんですが、これがなかなか見つからない。ようやく公民館が一つ、あとは春日《かすが》神社の社務所を借りることができました。讃美歌をうたっているうしろに神棚があるんですよ。よく貸してくれたと思います。

金沢教会で一緒だった同級生が鎌倉市役所に勤めていたので、ある日、彼を誘おうと思って訪問したことがあるんです。しばらく教会に来ていなくて、行ってみたら案の定、生活が乱れた感じで、ポルノ雑誌はあるし、酒を飲んだ跡もある。

横須賀で開拓伝道するから、一緒に部屋を借りて一緒に伝道やってくれないかと頼んだら、OKしてくれましてね。市役所で働きながら伝道を手伝ってくれました。チラシを配ったり、スピーカーで集会のお知らせをしたりしてね。彼には吃音《きつおん》があったんですけど、路傍伝道しているうちに治ったという経験をしたんですよ。

町中で伝道するわけですから、嫌がられることもありました。創価学会の人たちが集まってきて、キリスト教はインチキだとかいろいろいわれたこともありました。

この時代に横須賀に手伝いに来てくれたのが、当時まだ神学生だった家内[1]でした。沖縄には帰りたかったんです。母がキビ畑の土地を用意してくれているので、弓山先生には沖縄に行きたいことは伝えていた。弓山先生は教団の総理で、教会への派遣は任命制でしたから、許可がないと行けません。結局、弓山先生の司式で結婚した翌月、宣教師という立場で占領下の沖縄に夫婦で派遣されることになりました。一九六八年五月のことです。

十年ぶりの沖縄はずいぶん変わっていました。ベトナム戦争ではアメリカ軍が後退して、終わりに近づいていく時期でした。道路網がかなり整備されて、建物もしっかりしたものが建っていた。弟や妹たちは私と一緒に遊んだ記憶がないので、人見知りというわけじゃないけど、十六歳離れた一番下の弟なんかは、ちょっとわからない存在だったみたいですね。

那覇の真玉橋《まだんばし》というところにある印刷屋さんの二階を借りて、ご主人の伝道を手伝いました。神学校の先輩だったんです。高校生が一五人ほど来ていたでしょうか。

ただいろんな方にお金を借りている状態だったようで、あまり居候するのもよくないと思って、嘉手納でも伝道を始めることにしました。子どもの集会をするときにポスターを作って部落のあちこちに貼っていたら、母が恥ずかしいといってあとで剝がしてきたことがありました。それでも七〜八〇人は集まりましたね。おやつなんか配りません。聖書の話をするだけですよ。それなのに、たくさん子どもたちが集まった。夜は夜で、親族を集めて集会をしました。父はまだクリスチャンじゃなかったんですけど、私が沖縄で伝道を始めて三年ぐらいで洗礼を授けました。

内地と沖縄の伝道の違いは、沖縄は絶対に逃げないということです。みんな知っている人たちですから、安心しておられるというか、逆に親戚や知ってる人なので話がしにくいというのはありましたけどね。

沖縄にはユタのような民間信仰があるし、仏教もある。クリスチャンになるときは、親族からの反対はあります。絶えずそういう問題は起こります。でも、本人がしっかり信仰をもって家族に対して証しをすれば、おのずと解決されていく。最初は理解されなくても、時間と共に理解されていくということはありますね。

一九七七年だったでしょうか、墓の移転も行いました。うちは曾祖父の代からの亀甲墓《かめこうばか》だったのですが、教会に納骨堂を作ったときに骨壺を全部そちらに移しました。

父はクリスチャンになっていましたけど、あまり熱心な信者じゃなかったので、父が生きているうちはできないと思ってそのままにしていた。父が亡くなったことと、墓に入っているのがうちの家系だけだったからできたことで、一族郎党が入る門中墓《むんちゅうばか》だったらできなかったでしょうね。

一九七一年二月に会堂ができてからは、人数が増えていきました。幼稚園を併設したので、そちらとの連携がうまくいったということだと思います。

子どもたちが来ると親も来る。教会には母子室といって、子どもと母親が礼拝中に入る部屋を設けるところがありますが、うちにはそれがありません。大人も子どももみんな一緒、魂は一つ、理解度が違うだけの話だと考えています。礼拝は理解するだけじゃなく、ハートで感じるもの。だから子どもたちも一緒に礼拝しましょうとね。子どもたちはすぐ大人になりますから、育てていく教会にしようと思いました。

子どもたちに礼拝ノートを配って、牧師の話の中で自分が理解したことがあったら文章にしてみなさいといっているんですが、小学生も五~六年になるとわりとしっかりしたものを書くようになるんです。

ローヤルレンジャーという少年向けのプログラムもあって、野外活動したり、紐の結び方を学んだり、いろ

1　日本アッセンブリーズ・オブ・ゴッド教団嘉手納アッセンブリー教会牧師、池原厚子、六七五ページ。

んなことをして遊びます。ここは田舎ですからまったく飛び込みで教会に来る人はほとんどいませんが、その代わりに、そういったいろんなつながりの中で導かれるケースが多いですね。

日本キリスト宣教会の松見睦男《まつみむつお》先生の、集中方式伝道も採り入れました。三年間は信徒と役員の訓練に集中して、四年目に特別な集会を行うプログラムで、松見先生は全国を歩いて希望する教会にそのプログラムを提供していました。金銭的にはかなりかかりますが、私たちはこのやり方に目を開かれたところがありました。

アッセンブリーの教会は、どちらかというと集会主義です。礼拝は絶対守らないといけない。礼拝に来ないと、あの人が来てない、この人が来てない、牧師は牧師で、なんで来なかったんだと責めるわけです。金沢教会では私たち夫婦もそういうやり方をしていました。

でもね、そういう方法じゃだめなんです。本人がしっかり信仰をもって神様を礼拝していればいいんじゃないか、と松見先生はおっしゃるのです。社会的地位をもつようになると、日曜礼拝厳守なんてできなくなる。それよりは地域の中で大事な働きをしているのだから、そういう人のほうがキリスト教を証しすることになるのではないかともおっしゃいました。

そうだなあと思ったんですね。それから、集会に対する考え方がずいぶん変わっていきました。私自身が教会に行きやすくなったし、信仰をしっかりもっていれば大丈夫だと思うようになりました。

ただ教会を運営していれば、いろんな問題が起こります。悲しいこともあります。次の世代のリーダー的存在になっていた東京大学出の青年がいたんですが、あるとき、教会のやり方がおかしいんじゃなかといい始めましてね。いろんなかたちでいろんな集会が行われていて、あまりに集会が多すぎる。礼拝だけでいいんじゃないか、と意見してきたんですね。

教会役員たちを集めて、その青年たちにも入ってもらって、こんな提案があるけどどうかとみんなで話し合った。そうしたらほとんどの役員が、いや、必要だからこそできた集会だと青年に反対したもんだから、ここにおられなくなったんですね。七～八人を引き連れてほかの教派に行ってしまった。

先生、心配しないでください、老後は私たちがみますからといっていた人たちなんです。考え方が違うのはしかたないのですが、信頼していた人たちが出ていったわけですから後遺症はありました。一番下の弟なんか、彼らと同世代でわりと仲良くしてたもんだから、精神的にもパニックになって、落ち着くのにしばらく時間がかかりました。

沖縄という土地柄もあって、教会にも政治的な活動をするところがあります。うちは基地関係の仕事をしている教会員もいますので、あえて政治活動は切り離しています。選挙運動もやりません。一つのことを主張すると、ほかの人が教会に来られなくなってしまいますからね。

ですから爆音訴訟は、個人としてかかわっています。さきほどから米軍機の爆音が何度も聞こえていますが、これでもよくなったほうなんですよ。姉はこれが原因で片耳が悪くなりましたからね。裁判ではそういうことも訴えてきました。私自身、証言台に立ったこともあります。裁判はもう第四次ぐらい続いていますよ。

何時から何時までは飛ばさないでほしいとか、音を軽減してほしいとか、いろいろ要求はしていますが、お金さえ出しておけばいいという感じです。国は窓を開けなくていいようにアルミサッシやクーラーを取り替える民間防音を進めていますが、宗教法人は対象外なので各自でやるしかありません。静かな夜を取り戻したいというだけなのですが。

2018/7/24

やっぱりオウム真理教事件のあとから、学校も門を閉ざすようになったな。

窪田健康《たけやす》
一九六一年生
救世軍高松小隊
香川県

親が共稼ぎやったんよ。家に一人でいる鍵っ子やった。小学校から帰る途中に救世軍があって、今の学童保育みたいな感じで子どもの面倒よくみてくれよったの。

小学一年のときに近所でペンテコステ教団の天幕伝道があって、「よみがえり」っていうイエス・キリストの復活の紙芝居を見て、カードをもらったことがあったの。見たことのない感じの絵が描いてあって、よみがえりもイエス様もようわからんかったけど、またカード欲しいなあと思ってたんよ。

たまたま薬局に行く用事があってバス停で待ってたら、ちょうどそこに救世軍高松小隊があって、士官の制服を着た女の人がいてカードをくれたのね。「カードいるんやったら日曜日に来たら」って誘われて、それがきっかけで日曜学校に行くようになったんよ。

母親は看護師と助産師の両方をしとって、父親は車の販売会社で働いとったの。もともとは仏教やけど、救世軍は知っとって、子どもを預かってもらえて恩に感じとったと思うよ。

そやから教会に行くんを親に妨害される人がいるなんてことは、大学で聖書研究会に入って初めて知ったんよ。クリスチャンになって地域から締め出されたとかね。信教の自由が侵されることが身近にあるんやと知ってびっくりした。教会行きよるからクリスチャンやと単純に思ってたけど、そうやないんやな。

おれはなんか違うこと考えとるんやないかと思ったのもこの頃や。よその教会に行きよる子がおって、なんか幸せそうなんや。信仰がはっきりしとるんやな。なんか確信をもっとるんですよ。なんか違うなあって。信じますと誓っても、それだけやったら救いを得たことにならんかもしれない。神学的なことはわからんよ。

植物が好きで大学では農学部にいたんやけど、理系でも教員免許の単位とるときは宗教学も勉強せなあかんのよ。宗教の始まりについて習うと、シャーマニズムやらすべったのこべったのって出てくるでしょ。すべったのこべったのって、讃岐《さぬき》弁でうんぬんかんぬんみたいな意味ね。シャーマニズムやら、人が死んだら仏さんになる話や、三位一体のこととかも宗教学の講義で聞くわけ。そういうことも不思議なことに、ぼくの脳みそはみんな受け入れるんよ。

小学生の頃から、イエス様が生まれて十字架に掛けられたのは、人々の罪のためですよって教わっとるから、刷り込みとして頭には入っとる半面、仏教のことも受け入れる。神様もおれば、仏様もおる。頭ん中が神仏習合というかね。でも大学でほかのクリスチャンたちと出会って、なんか違うなあって。

それがわかったのが、KGKっていうキリスト者学生会の夏季学校で「救いの確信」いう分科会に出たときや。ある牧師が話をしたんやけど、神学校のときにカンニングしてしまって悩んで悩んで担当教授に申し出たら、正直に告白したからといって、一点引かれただけだったって。

そんな話を聞きながら、ああ、おれって本当に罪人なんやと思ったのね。人の物を盗むところから始まって、先生の前でええかっこしたりね、とにかく陰日向《かげひなた》のある人間なんよ。すべては自己中心から来とるんやってことに、突然気がついた。別に誰かから責められたわけやないよ。牧師に洗脳されたわけやない。

でも、雷が落ちるほどの衝撃やないけど、『笑ゥせぇるすまん』って漫画で主人公の喪黒福造《もぐろふくぞう》が、「ドーン」っていうシーンがあるでしょ。あれみたいな感じかなあ。

内から来るドキドキ、落ちていく感じ。「罪の支払う報酬は死である」（ローマ6・23）という聖句を知ってたから、本当に苦しくなった。滅びの恐ろしさしか見えんかった。やっぱり神様の働きとしかいえないなあ。夏季学校が終わってすぐに小隊に戻ったら、小隊長が一人で掃除しよったんですよ。そこに入っていって、恵みの座で祈ったんよ。「罪の支払う報酬は死である」というぼくには、「この人による以外に救はない。わたしたちを救いうる名は、これを別にしては、天下のだれにも与えられていないからである」（使徒行伝4・12）いうみ言葉があったんや。

小隊長が一緒に祈ろうかいうてくれたけど、恥ずかしいから拒絶した。でももういっぺんいうてくれたら頼んどる。讃岐の人間やけん、遠慮したんや。

兵士入隊はその年の秋やった。洗礼のことやな。山室軍平資料館の館長しとる朝野《あさの》洋《ひろし》司令官が来たときや。もう、待ったなしやった。仕事忙しいからちょっと待ってとか、神様の前ではないんやなと思ったわ。

そんなんやから、洗礼受けてもハッピーハッピーいう気持ちにはなれんかったな。罪人いう負い目負ってる人間なんやと思いながら生きるようになったな。大学二年、二十歳やった。

[1]ティアに会ったのは、大学三年のときやった。ＴＥＡＭ（エヴァンジェリカル・アライアンス・ミッション）っていうアメリカの宣教団がやってる英語教室が瓦町《かわらまち》の高松クリスチャンセンターにあって、ぼくは中学のときからそこの英語教室に通っとったの。

「ステラおばさんのクッキー」ってお店知ってるでしょ。あのステラおばさんはステラ・カックスっていう人で、その夫がラルフ・カックス。ＴＥＡＭの宣教師の親分やったんや。二人の娘のシェリー・カックスがぼくと同じ中学で同学年やったんよ。そこの英語教室にティアが教えに来たわけやな。

恋に落ちたね。でも宣教師は恋愛禁止よ。滞在期限になって帰国して一年ぐらいは文通しとったけど、どうしようもない。御心やったらまた会えるやろうってお互いやりとりをやめたんよ。うん、二十二歳の別れ、や[2]な。つらかったで、さみしかったで、泣いたよ。つらくて聖書読みよったら、「見よ。わたしは使をあなたの前につかわし、あなたを道で守らせ、わたしが備えた所に導かせるであろう」（出エジプト記23・20）いう聖句が現れたんよ。「あなたのもとに助け主を送る」いう意味やな。

そしたらね、彼女の義理の兄さん夫婦がTEAMやなくて、バプテスト教会の宣教師で高松に来たんよ。それからまもなくして、ティアのお母さんもショートタイムの宣教師で高松に来たんやな。そこでティアに、「窪田健康はいい人や」と伝えてくれたんや。しばらくしてまたティアも来たんよ。二年半ぶりやった。

結婚するまでが大変やったよ。婚約破棄になるかもしれんかった。バプテストの宣教師の義理のお兄さんが、「救世軍はけしからん」いうわけよ。そもそも救世軍が教会もって礼拝しとることも知らんかったし、洗礼をしない教会はイエス様の教えに従ってないとね。

バプテストは浸水礼って全身で水に浸かる、頭に数滴水をかける滴礼《てきれい》もあるな。でも救世軍は普通の洗礼みたいに水は使わないんや。これは洗礼やないって、これまでもほかの教派から攻撃されたことがある。教理も違ったんや。バプテストやルーテルは予定説といって、救いは一度受けたら失うことはない。でもぼくらはメソジスト、ウェスレー・アルミニウス系やから、失う可能性がある。救世軍では、救いの状態の持続[3]

1　窪田ティア、四一五ページ。
2　「22才の別れ」はフォークデュオ「風」の一九七五（昭和五十）年のデビューシングル曲。
3　メソジスト運動の創始者ジョン・ウェスレーが展開した神学の潮流。信仰も救いも「神の賜物」であり、「人間は回心後も、自由意志をもつ存在である故に、回心前と同様、墓場に至るまで神の恵みから落ちる可能性を持っている」。山内一郎『メソジズムの源流　ウェスレー生誕三〇〇年を記念して』（二〇〇三・キリスト新聞社）参照。

は神に対する信仰の服従によるものだといってる。いいかえると、服従していないと救いはなくなるってこと。ティアもこの教理の違いに気づいた。

TEAMのラルフ・カックスさんに相談したら、彼は、「それは神様にしかわからない」といったんよ。どちらが正しいかはわからないとね。彼らの教理から見ると、健康が天国に行けなかったとしたら、それは最初から救われていなかったんだ、だから天国に行けないんだとなる。健康からすれば、救われたけど、従順じゃなかったから救いを失ったんだとなる。どちらから見るかの違いだと。「それよりも問題なのは、救世軍が洗礼をしていないことだ」と彼はいったんですよ。ああ、やっぱりそうなんやと。

TEAMは西日本、とくに高松の布教に果たした役割は大きいですよ。戦後にやって来て、町の有力者をどんどん押さえていった。やり方うまいなあって思いましたよ。

救世軍は逆やからね。社会鍋とか病院とか保護施設とか、社会事業みたいなことばかりが目立って、伝道には今ひとつ力を入れてないように見えたんかもしれん。そういうことができるのが、救世軍なんやけどな。

でもね、ティアは今、救世軍兵士なんですよ。アメリカから救世軍司令官として派遣されたセオドア・テッド・モーリスとルイーズ・モーリス夫妻と話をして、受け入れるようになるんです。ちゃんと救世軍の教理を理解して受け入れたんです。詳しくはティア本人から聞いてみてください。結婚したのは、一九八七年八月八日、末広がりやな。

日本国際ギデオン協会[4]に入ったのは、三十歳のときやったな。ギデオンは旧約聖書に登場する勇士の名前で、ギデオンの聖書はよくホテルの部屋とかに置いてあるでしょ。あれを配ってる団体やな。

のちに会長になる小森平《たいら》さんいうて、四国電力に勤めよった人がバプテスト連盟高松常磐町《ときわちょう》教会におってな。この人がリタイアしてギデオン協会におったの。ギデオン協会なんて、お金と暇と地位がある人の集まりやと思ってたんやけど、「入りませんか」って誘われてな。「いえいえ、ぼくなんて、祈ってから考えますね」って逃げ口上で察してくれるかなと思ったんやけど、「じゃあ、今から祈りましょう」っていうわけですよ。もう、やばいな。じゃあ聖書を読んでみますといってページを開いたら、「だから今、それをやりとげなさい。あなたがたが心から願っているように、持っているところに応じて、それをやりとげなさい。もし心から願ってそうするなら、持たないところによらず、持っているところによって、神に受けいれられるのである」(コリント二8・11-12)って聖句があった。これ、もう逃げられんよ。当時、一番若い会員でした。

ギデオン協会は財団法人で宗教法人やないから、宗教活動として聖書を配ってるんじゃないんですね。世界のベストセラーの聖書を配る、という体《てい》です。

いろんな聖書があって、高齢者施設用や病院用、看護師用もある。看護師用にはナイチンゲール誓詞も入れてるんです。看護師は患者さんのことを他人に漏らしませんという機密保持のことが書いてあるんやな。「われはここに集いたる人々の前に、厳かに神に誓わん。わが生涯を清く過ごし、わが任務を忠実に尽くさんことを。わが任務にあたりて、取り扱える人々の私事のすべて、わが知り得たる一家の内事のすべて、われは人に洩らさざるべし」ってな。

ギデオン協会でも、第一世代、第二世代の方々は学校の中で生徒を集めて配れたらしいけど、ぼくの頃はもうそれがむずかしくなったな。学校の図書館に置いてもらって必要な人に持ち帰ってもらったこともあるけど、校門の外で渡すほうが確実かな。

三年にいっぺん、中学と高校の卒業式のときに登校してくる子どもに渡すんですよ。一回渡すと無作為に一

4 聖書を無料で配布して伝道を行う団体として一八九九年に創設。戦後まもない一九五〇(昭和二十五)年、ダグラス・マッカーサーの要請により東京に日本支部が設けられた。

年から三年まで渡すことになる。大学は入学式で配る。校内でも配ったな。

みんな受け取ってはくれるんです。でも、ポイって捨てられることもあるので、そういうときは回収するけど。自分で配る聖書は自分で購入するからね。今は四冊で一〇〇〇円かな。

やっぱりオウム真理教事件のあとから、学校も門を閉ざすようになったな。そういう学校が増えた。神様はどう考えてるのかなあと思ったりしますけど。でもきっと神様は働かれているはずやと。いつも「主の山に備えあり」（創世記22・14）に戻るんですよ。

活字離れも痛感するよ。本を読まん。聖書を読まん。最近は、映画の字幕を読むのが面倒くさいといって洋画を観ない。観ても吹き替えで観るっていうやないですか。

そんなことやから、聖書を読んでもらうのがそもそもむずかしいんですよ。新約聖書を開いたら、小さい字で系図から始まるでしょ。あれで、もうやめたってなる。

ギデオンの聖書って、「折にかなう助け」ってページがあるんですよ。こういうときはここを読んでほしいという案内になっとる。あれが大事なんですよ。これはほかの聖書にはない。あのページを見てほしいわけよ。

でも聖書を受け取って、すぐ教会に来る人はまずいないな。十年前にギデオンの聖書もらったけど、ずっと読んでなくて、最近、「折にかなう助け」を読んだら胸に突き刺さって教会に来ました、いう話を聞いたことはあるけどな。

冷酒と親の小言はあとで効くっていうけど、あれと同じやな。聖書もあとで効くんや。

2019/8/24

「English is bate.」といいますが、英語を「餌」に聖書の話をするというのは宣教のよくある方法です。

窪田ティア
一九六一年生
救世軍高松小隊
香川県

夫の窪田健康[1]に初めて会ったのは、高松クリスチャンセンターの英語のクラスです。「ぼくはクリスチャンです、バプテスマも受けてます」と自己紹介したので、ああ、いい友だちになれるかもしれないなって思った。同じ神様を信じて、同じ神様の言葉を聞いて生きている。同い年だし、友だちになれるなって。

宣教師たちは、日本人は口ではクリスチャンといってるけど、心から信じているかどうかはわからないとよくいってた。罪を告白して神様赦してくださいといっても、バプテスマを受けないと本当のクリスチャンかはわからない。

日本ではなかなか家族の理解を得られなくて家族や親戚と断絶することがほとんどだから、洗礼を受けてる人は本物だと教えられていた。人生を神様に捧げている。だから健康に興味をもちました。

救世軍の洗礼は水の中に入るバプテスマじゃないと聞いて、あれって思ったけど、それよりも、ん、って思ったのはドクトリン、教理です。

1　四〇八ページ。

救世軍の教理の第九条にこうあります。

「われらは、救いの状態の持続は、キリストに対する信仰と服従との持続によることを信ず」

クリスチャンになるというのは汽車の切符をもらったのと同じで、切符を大切にして死んだら天国に行ける。イエス様の手の上に挟まれていて、絶対に抜けない。逃げることはできるけど、やっぱりここにいたいという感じです。

でも第九条を読むと、イエス様の手の上にいるけど、そこに自由意志があるといってる。自由意志で切符を破り捨ててもいいという感じなのか、と私は思いました。

でも、あとで聞くとそうじゃなかった。救世軍の成り立ちから考えると、自由意志として、イエス様の手の上に留まり続けるという意味で、第九条はとても大事だったと健康が教えてくれました。

救世軍は、東ロンドンのホームレスやアルコール依存症の人たちの伝道から始まりました。赤ちゃんを泣きやめさせるために、ジンを染み込ませたタオルを吸わせて眠らせるとか、せっかくお金を儲けてもすぐ使い果たすとか、そういう暮らしを見たら、それでもイエス様の手の上に留まるという第九条は大事やったんやって。

私のお父さんは幼稚園のときにクリスチャンになったけど、外から見たらクリスチャンとはわからない。教会に問題が起きて新しい牧師さんが来てから、自分には合わないと思って八歳ぐらいから教会にはあまり行ってなかった。だから切符を捨てたわけじゃないけど、天国に行く道の真ん中じゃなくて端っこを歩いているというか、洗礼受けてもそういうクリスチャンもいるからね。

私は幼稚園のときから、アメリカのエヴァンジェリカル・アライアンス・ミッションというバプテスト派の教会に行ってました。ワシントン州シアトルのちょっと北にあるエヴァレットという、ボーイングの工場がある町です。

夏休みの一週間、教会の聖書学校でリーダーの女性が子どもたちにメッセージをするときに、「みんなちょっと下を向いて、天国に行きたい人は手を挙げてください」といいました。私も一つ下の弟も、みんな手を挙げた。そうしたら、「手を挙げた人はそこで少し待ってください」といわれて待っていると、イエス様のよみがえりの話になりました。イエス様があなたのために十字架で死んだという、そういう話でした。

私が九歳か十歳のときに伝道者が来て、また一週間ぐらい聖書学校がありました。最後の金曜か土曜日の晩に、イエス様の十字架の苦しみの話がありました。

そこで彼がいったのは、世界中にもし一人でも罪人がいたら、その一人だけのためにイエス様は十字架に掛かって死なないといけないと。最後のほうで、みんな涙ポロポロ流しました。

前に出てお祈りに来てくださいと呼びかけられて、私、ものすごく行きたいけど足が動かない。動かなくて泣いてる。お母さんが「どうしたの、どうしたの」って聞くけど、動かない。そうしたらお母さんがその牧師さんに、ティアがお祈りしたいといっていると伝えてくれた。

牧師さんとちっちゃな部屋で、二人でお祈りしました。そのときに教わったのが、ヨハネによる福音書三章十六節の「神はそのひとり子を賜わったほどに、この世を愛して下さった」でした。そこで牧師さんがいったのは、「God so loved the world so much that He gave His one and only son that everyone who believes……の、the world に自分の名前を入れてください」と。つまり、「God so loved Tier so much that He gave His one and only son that everyone……」。

神はそのひとり子を賜ったほどにティアを愛された。聖書のみ言葉がパーソナルになっちゃった。もうこれは本当だと思ったの。そのときのことはよく覚えてる。はっきり覚えてる。そのあとバプテスマを受けました。

私が十五歳になるちょっと前、お父さんが死にました。消防士しよったんですが、友だちのパーティーが夜遅くまであって、ちょっと飲んだかもしれない。酔っぱらってはいないけど、暗くて道が狭くなってるのがよく見えなくて、車が電信柱にぶつかったんです。

亡くなったときはさみしかったけど、神様には怒らなかった。お父さんはクリスチャンだから天国に行った。私が死んだらまた天国で会える。だからさみしくなかった。

そのあと人生がすごく変わりました。お母さんが再婚したんです。新しいお父さんは牧師でした。お母さんは帰ってくるはずのお父さんが突然帰ってこなくなったから、クリスチャンでもさみしかった。独りぼっちのベッドに入るのが嫌だから、悲しくて悲しくて、毎晩、彼に電話をして、眠たくなるとそのまま寝るという感じでした。

彼も二か月前に奥さんをがんで亡くしたばかりだったから、話をするうちにだんだん仲良くなって、お父さんが亡くなって一年もしないうちに結婚しました。彼にはたくさん子どもがいたので、きょうだいは三人からいきなり一五人になりました。ほとんど年上で、年下は弟一人だけ。

その中に高松に住んでいる宣教師の知り合いがいて、それがきっかけで私も日本に行くことになりました。最初に来たときはまだ十七歳で、一か月だけいました。そこで日本がとても好きになりました。

TEAMのショートタイムミッションは大学生からのプログラムなので、大学と看護学校を出てしばらく看護師として働いてから、改めて志願して、一九八三年三月に日本にまた来ました。

最初は岡山、その半年後に高松です。クッキングクラスや英会話教室の手伝いをしました。よく「English is bate.」といいますが、英語を「餌」に聖書の話をするというのは宣教のよくある方法です。その教室に健康がいました。

結婚の話になって、お母さんとお父さんはちょっと反対しました。「あなたが欲しいの、それとも神様がするの、どっちですか」ってお父さんに聞かれました。自分から結婚するのか、それとも神様が本当にこの人と結婚するよう命令しているのか、という意味です。

はっきりわからないから、それでちょっと時間を空けました。御心ならまた神様が会わせてくださるといって距離を置きました。自分から縄をかけるじゃなくて、それが本当に正しいことなら、神様が出会わせてくれるよ、とお父さんはいいました。

そのあと、お父さんが亡くなって、お母さんがショートタイムのミッションで日本に来て健康に会いました。「彼はいい人だよ、早く日本に来なさい。もういいよ」って。それからの話は健康がしましたね。

人生はものすごく変わりました。もしお父さんが死んでなかったら、日本には来なかった。健康とも結婚していなかった。この人生に出会ってなかった。私たちの三人の子どもにも出会ってなかった。

なぜ日本が好きになったかはわからないです。ショートタイムミッションで日本に来ると、みんな日本が好きになる。すぐ帰る人もいるけど、好きになると日本人と結婚してずっといる。

私は看護師なので、病気や事故で苦しんでいる人を見ると走っていく。人を助けたいです。日本はクリスチャンが少ないから、神様を信じる人が少ないから、伝道がむずかしい国です。知らない国に行くのは怖かったよ、うん。でも、人を助けるお手伝いをしたい。サービス、奉仕の気持ちです。

今日はこれから、日本人の夫を持つ外国人妻の会があります。ニュージーランド、オーストラリア、スイス、ドイツ、フランス、スペイン、アジア系は少ないけど中国人もいます。今年で六十周年です。

もうすぐバスの時間やから出かけます。日本語勉強してないから、男日本語でごめんなさいね。

2019/8/24

石炭産業が沈下して人口が減り、少子高齢化で教会からも人がいなくなっています。キリスト教自体に魅力がなくなってきていると感じています。

鬼塚　諫《いさむ》
一九四六年生
日本バプテスト連盟若松バプテスト教会牧師
福岡県

今年七十歳で、牧師になったのは八年前です。それまで三十三年間、民間企業に奉職しておりました。西日本技術開発という、ダムや堰《せき》を計画したり設計したりする土木関係の会社の技術者でした。

熊本県と鹿児島県の境にある人吉におりましてね、高校を出てから熊本大学に進学しました。田舎ものですから、これからどう生きていけばいいんだろうということは非常に求めておりました。教養学部は活気がなくておもしろくなくて、生き方探しが始まったわけです。

学生運動が盛んな時代で、いろんな集会に顔を出しました。宗教関係の集まりにも行きました。だけど、どうも共鳴しない。一生懸命やっている方たちはいましたけど、なんだか困ったなあと思う毎日でした。

ある日、友だちに頼まれて大学の正門で学生運動のビラを配っていたときのことです。高校時代の親友がそこに現れた。自衛隊に二年いたんだけど、つまらなくてやめてきた、大学に入ったから、これからよろしくというんです。

「あんた何やってるんだ」と聞かれて事情を説明したら、「だったら教会に来たらいい」といわれましてね。いつのまにか、彼はクリスチャンになっていたんですよ。あまり熱心に誘うもんだから、一回行ってみようかと思って出かけました。

熊本新生教会という、古い木造の教会でした。ご婦人方が一〇人ほどおられたでしょうか。ちょうど集会をされていて、讃美歌を一生懸命うたっておられた。みなさんちょっと上を向いて恍惚の表情をされていて、私はその顔を見ていて、これだと思ったんです。これだけ熱心に自分をつぎ込めるのってなんだろう、ちょっと学んでみようとね。

それからは毎週、教会で牧師先生の説教を聞いて、その年のクリスマスにはバプテスマを受けました。キリスト教がますますおもしろく思えて、惹きつけられてやまなかった。

もっと学びたいと思って、神学校に行こうと思いました。受験資格はないですよ。受験するには三年間の信徒生活が必要ですからね。それからは大学の勉強はしないで、アルバイトをしながら三年間、教会に通って勉強しました。

田舎の教会ですし、牧師も有名ではない方です。東京にものすごく有名な先生がいたので、どうせ学ぶならそういう先生のもとで学びたいと思って、東京に行こうと思ったこともありました。

朝は土木作業のアルバイトをしとったんで、行く前にお祈りしました。夕方も、帰ってから風呂で水をかぶりながらお祈りしました。

するとある日、聞こえてきたんです。「私はあなたを愛している、あなたが私を愛している以上に私はあなたを愛している、あなたにとって最善はすべて私がする、だからあなたは今いるところで最善を尽くしなさい」と。はっきり聞こえました。男性の声でした。神様がいったんだと思います。それで東京に行くことをやめました。そうだ、今いるところで最善を尽くせばいいんだと。

いよいよ神学校を受験できるとなったのが、一九七一年です。西南学院大学神学部を目指しました。ところが学園紛争でそれどころじゃない。神学部も授業は一年間まったくなくて、新入生も採らなかった。ああ、これで進路がふさがったと思いました。

どうするのか、元の大学に戻れるのか。調べてみたら、母が私の知らないあいだに熊本大学の学費を三年間、納めてくれていたとわかりました。一年間、一万二〇〇〇円です。

うちは貧しかったのに、がんばって払ってくれていた。先生も復学できるよう東奔西走してくださっていて、私はお金がないので、自分の研究室で日雇いの立場で働けるようにもしてくださったんです。神様はいろんなことを手配してくださいました。

大学を卒業してから三十三年間、五十五歳のときに会社のセクションの統括部長代理になりました。代理ですからそれほど忙しくはないんですよ。

ある程度時間に余裕ができたので、五時半で退社してから夜間の神学校に週二回、通いました。やはり神学校で学びたかったんです。福岡にある九州バプテスト神学校です。ところが、週二回だと八年間も通わないと牧師になれません。

その頃から、建設業界が不況になりましてね。仕事が厳しくなるし、責任も重くなっていく。自分はやっぱり牧師の道に進みたいから退職勧奨してくれと会社にいったら、そんな制度はないといわれた。ところがあるとき突然、会社が早期退職制度を作りましてね。五十八歳で退職して、西南学院大学神学部に行きました。大学を卒業したとき、六十二歳になっていました。

バプテストは教会役員を執事と呼んでいますが、若松バプテスト教会の執事や長老のみなさんが牧師招聘委員会を作って、日本バプテスト連盟と西南学院に牧師の推薦を依頼されましてね。面接をして、こちらに招かれることになりました。

若松区には北九州市の港湾事務所があって、これまで仕事で何度も来たことはありましたけど、失礼ながら、ここに教会があることを知りませんでした。

他教派との合同礼拝も月に一回、持ちまわりで行われていることを知って、初めてカトリックの神父さんともお話ししました。若松連合といって、もう百二十年ほど続いているんです。新年はカトリック教会に行きますが、違和感を覚えることはありません。信者があちらに行っちゃうというのもありません。珍しいとはいわれますけどね。

ここは九州で初めてできたバプテスト教会です。宣教師がまず下関《しものせき》に入って、石炭景気でにぎわっている若松に出張伝道に来て、講義所を作ったのが最初です。

労働者の暮らしを支えるためで、若松市長にもなられた吉田敬太郎先生が牧師だった時代は大変なにぎわいだったと聞いています。西南女学院の生徒もたくさんいました。教会に行くよう学校から強制されていたんですね。ピーク時は生徒だけで一〇〇人ぐらいいたでしょうか。

ところが石炭産業が沈下して北九州の人口自体が減ってから、教会も人数が減っていきました。西南女学院が教会に行くことを強制しなくなった一九九〇年代半ば頃からは急速に減っています。

この周辺も空き家でいっぱいですよ。北九州でこれですから、地方都市はもっとひどい。カトリックも修道院がガラガラだそうです。これは少子化の影響もあるのでしょう。昔は子どもがたくさんいると、修道院でお世話になるということがありましたからね。

この教会も高齢化は進んでいて、平均年齢は六十代を超えています。年齢に関係なく、大事なのは、教会の方たちが神様に愛されているその姿を見せることだと思うんです。信者が喜びに溢れて生き生きしていれば、引力があるはずです。神様の命が教会に豊かに注がれることが大事です。キリスト教はそもそも聖霊が注がれて始まったものですから、今も同じだと思います。

でも、今はキリスト教自体に魅力がなくなってきていると感じています。若い人が来られても、次にまた来るということがない。教会に人を惹きつける力がない。年長の指導者と若い指導者がニーズに応じて牧会する複数牧会を望んでいるのですが、なかなか実現しません。

2016/10/16,2017/3/18

昔のような、日本への宣教の時代に戻っているんじゃないか。

松永正男
一九四一年生
カトリック古田町教会司祭
鹿児島県奄美大島

長崎県大村《おおむら》市植松《うえまつ》は多良岳《たらだけ》が噴火して溶岩が流れたところで、土地は黒土でできています。一メートルぐらい掘ってようやく赤土が出てくるほどのやわらかい土だから、にんじん、キャベツ、白菜、大根、ごぼうなど、なんでもよく育ちました。

隣の家までの距離が二〇〇メートルほどあって、畑がよく見渡せましてね。ぼくがまだ子どもだったから戦後まもない頃のことですが、チマチョゴリを着た朝鮮の方が畑にかがんで何かしているのでじっと見ていたら、収穫されなかった野菜を拾って持ち帰っていた。そうか、そういう物が必要な人たちがいるんだということを知りました。

大村藩の藩主はキリシタン大名の大村純忠《すみただ》でしたから、昔からクリスチャンが多いところです。クラスの四分の一ぐらいは信者で、遊ぶのも勉強するのもいたずらをするのも一緒にやっていました。

子どもの頃に教え込まれたのは、神様はなんでもできる、どこにでもいる、いつでもなんでも見られている、だから悪いことをやったら地獄に行くということです。

「おまえ、それは罪だぞ」っていわれるから、いい子にしてんといかん。悪いことをしたらミサのときの聖体拝領も自分から遠慮するんです。自分が悪いことをしたという自覚はありますからね。だから、告解して「ゆるしの秘蹟」を受けるのです。

ところが、第二バチカン公会議以降、教会は滅びの話はいわなくなりました。救い、救い、救い、誰でも救われる、です。

カトリック植松教会は、さかのぼれば百五十年ほどの歴史がある教会ですが、教会が建てられたのは戦後で、ここで生まれ育って神父になった第一号がぼくなんです。

暗示にかけられたんだと思います。ぼくらの地域では信徒たちが集まると、聖職者が出るようにとお祈りします。おれたちがこんなに祈っているんだから、あれは絶対に神父になると、そういう話をしていたのを聞いたことがあります。

ミサで侍者《じしゃ》をやっていると、あの教会のあの子がいいよという話が伝わって、神父様から声がかかる。野球のスカウトみたいなものですね。ぼくの場合は長崎の聖母の騎士学園の神父様でした。

夏休みとか休暇で帰省すると、母が、ちょうどいいときに帰ってきた、お祈り会があるからというので、何をお祈りするのって聞いたら、おまえたちのためじゃないかといわれてね。自分たちの町から神父やシスターが出るということが、みんなの願いだったんです。

聖母の騎士学園の中学・高校を卒業すると、今はバチカンの養成講座がある上智大学に進学しますが、ぼくらの時代にはそんな制度はなくて、長崎のコンベンツァル聖フランシスコ修道会で一年間勉強して、そのあとは当時、東京の飛鳥山《あすかやま》公園にあったフランシスコ会の聖ボナヴェントゥーラ大神学校に三年間通いました。

じつはそれから四年間はローマのうちの修道会にいて、司祭の叙階式もローマでやったので、学生運動のことをまったく知らないんですよ。帰国してからテレビでゲバ棒がなんとかといっている意味がわからなくて、ゲバ棒ってなんのことってみんなに聞いて笑われたことを覚えています。

修道会には社会福祉の仕事もあって、名古屋と東京と長崎で教会の幼稚園の先生をやりました。初めて主任司祭になったのは、奄美大島にある大笠利教会でした。

大笠利は戦時中にクリスチャンへの迫害が激しかった地域です。ぼくが行ったのは一九七〇年代ですが、信徒がひっこんでいるところがあるんです。昔の宣教師は厳しくて、地域の祭りがあっても、関係ないといって参加させなかった。

聖書の十戒には、自分が唯一の神である、自分以外は信じてはいけないと書かれていますからね。ぼくの兄貴の話を聞くと、学校行事で兵隊さんの忠魂碑に連れていかれることがあったけど、カトリックの信者は山の中に逃げて、忠魂碑に行かなかったといってました。

長崎でも同じようなことがありました。おくんち(秋祭り)をやるからと寄付金の依頼が信者の家にあったんですよ。「こんなのが来てますけど寄付していいんでしょうか」と相談されたもんだから、「あなたは一〇〇万円ぐらい寄付するわけですか」と聞いたんです。「そんなにしないでしょ、お付き合い程度でしょ、今は昔と違って、むしろそういうことに協力することが宣教に結びつくんですよ」といったら、「そうですか、安心しました」って。

ぼくが子どもの頃、ある先生が突然亡くなって、学校葬があったんですよ。仏教なのでお坊さんが来るっていうから、担任の先生に「ぼく休んでいいですか」と相談したんです。教会に行っているのをわかってるから、「そうか、しかたないな」といわれて、参加しなかった。そういうことがまかり通っていた時代でした。

今はみんな一緒に参加していますよ。幼稚園の仕事をしていると、職員が亡くなったりすると仏式でも神式でも葬式に行かないといけません。焼香もします。祈りはカトリックの祈りですけどね。たちのぼる煙のように、魂が神様のところに行きますようにと祈ります。名前を呼ばれて前に出ると、みんな、ぼくがどうするのかなって注目していたみたいです。

奄美は一九九〇年代には全島で四六〇〇人ぐらい信者がいましたが、今はずいぶん減って二〇〇〇人ぐらいです。大笠利教会には四年いましたけど、そのあいだに七〇人の葬式をやりました。高齢化が進んでいて、この古田町教会に来てからも多くの方が亡くなりました。

神父も少なくなって、奄美全体で七人、日本人が三人で、あとは韓国人とベトナム人の司祭です。司祭不足は深刻です。召命が育たないのです。

シスターも減って、ベトナムなどから来ています。物質的に豊かになって、自分を犠牲にしてまでも世の中のために尽くすというところまで考えなくなってしまったのでしょう。

人数が減っているということは、神父やシスターが身近にいないということです。あんな神父になりたい、あんなシスターになりたいという模範例がそばにいない。聖職者が何をやっているのか、働く姿を見てもらう機会が減ってしまった。やっぱりうしろ姿を見ることって大事だと思うんですよ。

奄美には修道会がもっとありましたが、シスターの人数は減るし、高齢化するしで撤退して、今はカリタス会と幼きイエス会だけです。神父もシスターも、外国人に頼らざるをえない。昔のような、日本への宣教の時代に戻っているんじゃないかと思っています。

2017/10/30

日本に来てから二十数年、私たちのフォーカスはブラジル人にありました。

ジョアン・バチスタ
一九七三年生
J.Mead Minokamo牧師
岐阜県

妻のロザナ[1]とは高校生のときに知り合って、お互い好きになりました。彼女は日本人の娘で、彼女のおじさんやおばさんはみんな日本にデカセギに行っていました。

私たちがまだ婚約中だったときに、彼女の両親がブラジルの不況を心配してロザナにも日本に行ってほしいと頼みました。彼女が日本に行ったのは、一九九一年二月二十二日です。

その二年前に彼女のお父さんが京都で四か月ほど働いたときは、旅費も生活費も稼いで、ブラジルに帰ってからはバイクを買うし、家も中古ですけど買いました。タクシーの組合も作って運転手になりました。円はブラジルのクルザードに対してとても強い通貨でしたし、日本の消費税は三パーセントでした。ロザナも数か月働いたらブラジルに戻ってくるだろうと思っていたんです。帰ってきたら結婚しようと約束していました。

ところが、日本に行ってみたら様子が全然違いました。ロザナが行った一九九一年にはブラジルの通貨が前より強くなっていた。このままではしばらくブラジルに帰れない、あなたがこっちに来て、というんです。

ロザナは埼玉県の騎西町《きさいまち》にある蓮沼塗装工業所という車の塗装をする会社で働いていました。ロザナの叔父

1　ロザナ・ソウザ・ミヤザケ、四三七ページ。

がここで働いていたことがあって、彼女を呼び寄せたんです。

いろんな経費は働いて返せばいいからといわれて、最初は彼がいろいろと払ってくれました。ロザナは数か月働いて叔父にお金を返して、私の旅費も稼いで、同じ年の十一月三日に私も日本に来ることができたんです。

私も蓮沼塗装で働きました。最初の給料は二二万円でした。当時の二二万円は為替の関係でブラジルでは大金だったんです。


生まれは、ブラジルのトカンティンス州アラグアイナです。ブラジルのちょうど真ん中です。母は二度結婚していて、私は最初の夫の子ども、八人きょうだいの六番目です。二番目の夫とのあいだに一〇人生まれたので全部で一八人きょうだい。今も生きているのは、一二人ですけど。

父は母より五歳上で、二人が出会ったとき父が十九歳、母が十四歳でした。米や豆を作るプランテーション農園で働いていましたが、十年ほどしてペラーダで金鉱が見つかって、そちらで働くようになりました。

半年ぐらい鉱山にいて、十五日間ぐらい家に帰って、また鉱山に戻るという生活を繰り返していたんですが、ある日突然、鉱山で亡くなってしまいました。金鉱山ですからお金をめぐる争いや混乱が絶えなくて、採掘道具で武装した鉱夫同士の抗争に巻き込まれてしまったのです。病院に運び込まれましたが、十分な治療も受けられずに亡くなりました。

お母さんはとてもとても悲しみました。大変でした。私は十二〜三歳でした。父はほとんど家にいなかったので、たまに顔を合わせても「おう、元気か」というぐらい。あまり大きな存在ではなかった。

父が亡くなったという知らせが届いても、ピンときませんでした。それよりも、母の生活を支えるために働かなくちゃいけない、という気持ちのほうが大きかった。

母は大きな肉の会社で働くようになって、そこで出会ったのが新しいお父さんです。

家の宗教は、カトリックです。私もきょうだいもみんな幼児洗礼を受けています。カトリックではすべての子どもに洗礼を授けます。日曜日には、母は子どもたちをできるだけミサに連れていってくれました。熱心な信者だったので、私たちきょうだいに聖書に出てくる聖人の名前をつけました。

私の名前はジョアン、これは洗礼者ヨハネです。弟の一人はフランシスコですし、姉と妹たちは、マリア・ネウサ、マリア・デデウサ、マリア・クレウニッシ、みんなマリアです。イエス・キリストの母マリアに敬意を払ってつけたんだと思います。

ところが、私は十七歳のときにカトリックをやめてエホバの証人に入ったんです。同じ学校のサッカー友だちに誘われたのがきっかけでした。

ブラジルには宗教の自由がありますから、自分で選べます。カトリック教会は大きいですから、神父様にもとくに何もいわれません。いなくなったメンバーを追いかけることもありませんでした。

エホバの証人は寛容なところでした。礼儀正しい人が多くて、温かい雰囲気だった。友情を感じました。人がたくさんいるカトリック教会にはなかったものが、エホバの証人にはあった。みんな私のことを気にかけてくれるんです。それがエホバの証人に行った理由でした。

日本に来てからもしばらくは、栗橋《くりはし》にあるエホバの証人に通っていました。ロザナは仏教の家に育った人ですから、行っていたのは私一人だけです。

エホバの証人は一軒一軒おうちをまわって熱心に伝道しますが、ある日、仕事の休憩時間に、同じ作業台で働いていた同僚に声をかけて誘ってみました。エルソンというブラジル人で、彼の奥さんが日系二世でした。そうしたら彼は、「行くよ」といってくれた。でも、「その前にうちで集会やるから来ないか」といわれたんです。彼はプロテスタントの福音派の信者でした。

休憩時間に、エルソンと二人でお互いの聖書を読み比べてみました。エホバの証人では新世界訳という聖書を使いますが、その聖書とプロテスタントの聖書の違いを彼が説明してくれたんです。

私にとって一番インパクトのあった違いは、ヨハネの福音書の一章一節でした。福音派の聖書では英語でいえば、「In the beginning was the Word, and the Word was with God, and the Word was God（はじめにことばがあった。ことばは神と共にあった。ことばは神であった）」と訳されています。

ところが新世界訳は違いました。英語でいえば、神はＧｏｄとGを大文字で書きますが、新世界訳ではこれが小文字だったんです。「In the beginning was the Word, and the Word was with God, and the Word was a god」なんです。これを日本語にすると、「はじめにことばがあった。ことばは神と共にあった。ことばは一つの神だった」となります。新世界訳は、神を否定はしないけれど、「a god（一つの神）」という表現になっている。

あれ、何かおかしいぞと思って、ほかも読んでいきました。たとえば、創世記の初めのところですが、神が世界を創造したとき、光あれ、海に魚あれ、といった。「～あれ」という言葉で世界を造っていった。つまり、～あれ、ということが神です。

神が人間アダムを造ったとき、「Let us make man in our image」といった。「Let us」というのは神が一人ではなかったこと、三位一体の父と子と聖霊、がいたことを示唆しています。ところが、エホバの証人は三位一体を否定しています。

私はなんとしても、彼をエホバの証人の礼拝に連れていきたかった。彼は、「ああいいよ、でもその前に、なぜこっちの訳はこうなってるのか、おれに説明してくれ」というわけです。昼休憩のときも弁当をさっさと食べて、午後の休憩時間もすべて聖書の勉強に費やしました。私は彼を説得できると思っていました。でも結局、彼が私を説得した。

そう、私は説得されたんです。われわれが聖書をどう解釈するかではなくて、聖書が聖書自身の解釈と合致していないといけない。でも、新世界訳はそもそも一番最初に矛盾が発生するんだと、エルソンはそのことを私に示してくれたんです。エルソンとはそんな話を一年ぐらいしました。彼が私の目を開かせてくれました。

ある日曜日、エルソンに誘われて福音派の礼拝に出てみました。その日からはずっとそこから出たことはありません。

いったい何があったか、ですよね。集会があったのはとても簡素なアパートでした。日系ブラジル人のカネシロ・キヨスケ牧師が聖書を手にイエス・キリストの話をしました。するとそれまでとは違う、それまでの人生にはなかった何かを感じて、私は泣き出したんです。泣いて泣いて、涙が止まらなくなりました。

テサロニケの信徒への手紙一の四章十六節から十八節の「死者の復活」のところです。カネシロ先生はとくに人数のことはいわなかった。でも、エホバの証人では、天国に行けるのは一四万四〇〇〇人で、残りの人は地上にいて、神様が地上を楽園に変えてくれるという教義ですから、あれ、一四万四〇〇〇人じゃなかったっけと思ったのです。

ところが、そうじゃない。キリストを信じた人はみんな復活して天国に行けるんだとカネシロ先生はいったのです。コリントの信徒への手紙一の十五章のキリストの復活についても話してくれました。

ああ、ほんと、泣く泣く泣く。泣きました。そして、自由になりました。開かれました。ヨハネの福音書八章三十二節にありますよね。「真理はあなたたちを自由にする」。何かから解き放たれたような感じがして涙を流したんです。カネシロ先生に、「キリストに人生を捧げないか」といわれたとき、思わず、「はい」と手を挙げました。彼は私に祈りを捧げてくれました。

エホバの証人でも、聖書の勉強は熱心にしていました。でも、そこで私が感じていたのは参加者同士の友情でした。プロテスタントに移った理由は、教義そのものでした。

東京の駒込にある日本アッセンブリー教団中央聖書教会をお借りして、ロザナと一緒に洗礼を受けました。一九九三年二月二十八日でした。


そもそもブラジル人のためのポルトガル語のアッセンブリー教会が立ち上がったのは、一九九一年でした。カネシロ先生が埼玉県行田《ぎょうだ》市に空き家を見つけて始めました。私はそこで掃除から何からいろいろお手伝いしながら、通信教育で神学を勉強しました。工場で働いて、教会の手伝いをして、残業があってもそのあとまた教会に行きました。

神の導きを感じていたんです。グラティチュード、なんといったらいいのか、喜びというか感謝の気持ちというか、そういう念のようなものを感じたんです。毎日三十分、一時間と祈りを捧げているうちに、神様は私を呼んでいるんだと感じました。最初は勉強するのが好きで勉強を続けていたんですが、だんだん、これをほかの人たちに伝えなきゃいけないという想いになっていきました。

カネシロ先生はそのあと愛知県岡崎市にも教会を開きました。それから、茨城県結城《ゆうき》市、岐阜県可児市、栃木県足利《あしかが》市と開いて、それぞれのリーダーが生まれました。

どこもブラジル人が多い地域ですが、岡崎や結城のリーダーは日本語もできる人でしたから、日本の教会の一室を借りて、日本人の礼拝と違う時間にブラジル人向けの礼拝をするようにしたんです。

カネシロ先生が引退されてからは、それぞれのリーダーが自立していきました。お互いの関係は保ったまま、経済的には自立した自治組織としてそれぞれが独立しました。エルソンはずっと行田市にいたのですが、群馬県の大泉町《おおいずみまち》にも教会を開きました。私はそこで宣教師になりました。

エルソンはその後、ブラジルに帰って牧師になりました。私が家族を連れていったんブラジルに戻ったのも同じ時期で、神学校のコースを十か月間受けて、二〇〇一年にパラー州ベレンで開かれた牧師の大会で按手を受けて、私も牧師になりました。

ブラジルはキリスト教国です。カトリックかプロテスタント、たくさんいます。教会もたくさんある。でも日本にはなかった。日本人のクリスチャンも人口の一パーセントしかいません。だから日本にはニーズがある、宣教の必要があると思いました。

日本に戻ってからは、愛知県岡崎市の教会でブラジルから来たジウソ先生と働くようになりました。先生が広島に教会を開いたときには、私が広島に行きました。呉市に一年いて、そのあと静岡県浜松市の佐鳴台《さなるだい》、同じく静岡県の磐田《いわた》、また岡崎に戻って、隣の西尾《にしお》市にアパートの一室を借りて小さな教会を作りました。次が隣の安城《あんじょう》市で、そのあとが岐阜の美濃加茂《みのかも》市です。美濃加茂に来たのは二〇一五年でした。

群馬や静岡にいた頃は子どもたちも小さくて、何度も車中泊をしなければなりませんでした。浜松の教会はラーメン屋さんの二階でした。横五メートル、縦一二メートルしかない部屋に家族で住んで、土日は家具を全部出して信者さんが入れるようにしていました。ここには七か月ぐらい住みました。

日本に来てから二十数年、私たちのフォーカスはブラジル人にありました。日本人に伝えるには、言葉も文化も苦労するところがある。限界があるんです。

でも、私たちの子どもは、日本で生まれて、日本で育って、日本で勉強しています。日本文化を学んで、日本語を学んで、学問的にも精神的にも下地が整っている。私たちのような大変な想いはしないと思います。将来的には彼らが日本人に届けてくれると思っています。彼らには日本人にも手を差し伸べる力があります。息子のエルヴィトン[2]もその一人です。

ええ、日本は宣教がむずかしい国です。でも、私たちの三二の教会に来ている若者たちの中には、たとえばドラッグをやっているとか、自殺願望があるとか、そういう子たちがいる。若者はみんな日本語がしゃべれるので、彼らに話しかけることができます。ドラッグ依存になったとか、家族がうまくいかなくて離婚したとか、そういう世の中のいろんな問題を抱える人たちに言葉を届けることができます。

福音派の説教は人が変わることに重きを置いています。子どもたちの力に希望をもっています。

エホバの証人にいた頃はたくさんお酒も飲んでいたし、妻ともよく喧嘩していました。でもイエス・キリストに人生を捧げてから、私の人生は変わりました。

神が私の人生を変えてくれたんです。聖書というのは、信仰と言動、行動の手引きです。人とどう接するか、妻とどう接するか、家族の中でどう振る舞うか、会社でどう振る舞うか、公的な権力とどう向き合うかというところまで聖書は教えてくれます。神が私のいろんな足りないところを含めて愛してくれている。神はすべての人を愛しているのです。

これまで大変なことはたくさんありましたけれど、それを乗り越える力を神様が与えてくれました。この大きな転換があったおかげで、今こうしています。私は以前よりよい人間になったと思います。神はあなたと共にいます。だから怖がらないで生きていきましょう。がんばりましょう。

通訳協力・武田祐熙

2019/9/23

2　J. Mead Minokamo副牧師、エルヴィトン・マサユキ・ソウザ・ミヤザケ、八七一ページ。

日本にはデカセギで来ているので、
みんなすごくすごく一生懸命働きます。
そうすると病気になりますよ。
うつ病にもなります。自殺者も出ます。
日本に住むブラジル人には、
そういう問題が起きています。

ロザナ・ソウザ・ミヤザケ
一九七三年生
J.Mead Minokamo
岐阜県

おじいさんの一家があめりか丸でブラジルに着いたのは、一九五四年十一月十九日です。熊本県の出身で、祖母とその子どもたち、私のお父さんときょうだいも一緒でした。お父さんはそのとき、十三歳ぐらいだったと聞いています。

最初はサンパウロにいて、しばらくしてパラー州のベレンに移動してそこで農業を始めました。ブラジル人の地主さんに土地を借りて、いろんな野菜やコーヒーを作りました。中国人もいて、その人は唐辛子とか香辛料をいろいろ作っていたそうです。

日本に来たのは一九九一年です。埼玉県の騎西町にある蓮沼塗装工業所で働いていました。日本で仕事をしてお金を稼いで本国に送る、それが私たちの仕事でした。

ブラジル人同士で集まったとき、心に響く話をいっぱいしてくれた人がいました。エルソンという、今はブラジルの教会で牧師をしている人です。

クリスチャンじゃない人に説明するのはむずかしいですし、信じてもらえないかもしれないですが、エルソンがしたのは、キリストが私たちのために死んだ、私たちも死んだら天国でキリストに会えるという話でした。みんなで集まった一体感もあると思いますけど、とても心に響く話でした。それからは牧師さんのお手伝いをする中で、だんだん神様の愛を感じるようになっていきました。

私の父は日本生まれの日本人で、とても厳しい人でした。父親から愛情を受けたと感じたことはあまりなかった。今でこそハグしたりはしますけど、ちっちゃい頃はそんなことは全然なかったんです。

でも、天なる父は違いました。とても温かい愛を感じました。父親がくれなかった愛情に、教会で出会ったんです。うちは代々仏教の家でキリスト教との接点はありませんでしたが、一九九三年に日本の教会を借りて洗礼を受けました。エルソンのおかげでたくさんの人がキリスト教に改宗しました。

[1]夫のジョアンは牧師になりましたが、それは彼が選んだことではありません。神学を勉強していた彼にある日、今日からきみがこの教会の面倒をみるんだ、とエルソンがいったのです。ブラジルにはたくさん牧師がいますが、日本にはいません。日本のほうが牧師を必要としている。だから、日本に残ることを決めました。

簡単なことじゃないですよ。子どもの面倒ならみられますけど、教会には何十人もいます。土曜日はこっちの教会、日曜日はこっちの教会、という感じで五つも面倒をみています。とても大変なことです。

でも、それがキリストから仰せつかった夫の役割なんです。私はその補佐をします。

一番むずかしいのが言葉でした。私たちの日本語は工場で覚えた日本語です。その日本語で神のみ言葉を伝えるのはむずかしい。信じてもらえない。一番むずかしい。

自分たちのチャペルを持つのもむずかしいです。ブラジルに帰っていく人たちもいる中で、ここにいつまでいられるかわからない。土地を購入することもできません。日本は家賃が高い。経済的なことが一番むずかしいかもしれません。

でも教会を必要としている人たちがいる限り、私たちはここにいます。

教会に来ているブラジル人は、親戚がいない人がいっぱいいます。日本にはデカセギで来ているので、みんなすごくすごく一生懸命働きます。そうすると病気になりますよ。うつ病にもなります。自殺者も出ます。日本に住むブラジル人には、そういう問題が起きています。

でも教会に来てメッセージを聞くことができれば、気持ちがよくなります。たくさん人がいるから、友だちもできます。

先週も病院に行きました。家族も親戚もいないブラジル人がいっぱい入院しています。そこに多少の食べ物を届けて、彼らのためにお祈りします。

職を失う人もたくさんいるので、炊き出しをすることもあります。だから教会はただ祈るだけの場所じゃなくて、そういう人たちをサポートする場でもあるんです。

若いブラジル人もいっぱいいて、ドラッグを始める人もいます。親がいない状態で逮捕されたり、病気になったりします。そういう、神様の言葉を必要としている人たちが日本にいっぱいいるんです。

ブラジル人だけじゃないです。浜松には、日本人のホームレスの人たちのために散髪したり、シャワーを貸したりしている知り合いの牧師もいます。日本人に対してもやれることはやっています。

私一人でできることじゃないですよ。みんなで集まって少しずつ助け合いをしているからできることです。私にお米が一カップしかなくても、みんなで少しずつ出し合えば人を支えることができる。一人じゃできない

1　J. Mead Minokamo牧師、ジョアン・バチスタ、四二九ページ。

です。

次男のエルヴィトンは牧師になりました。彼は日本の神学校で勉強して日本語もできるので、彼なら日本人にもみ言葉を届けられる。母親としてこんなに嬉しいことはありません。長男は別の勉強をしていましたが、彼も牧師になるという意志はあります。もちろん、これからのことはわからないのですが。

通訳協力・武田祐熙

2019/9/22

原発事故は怖かったよ。
ほんとに怖いよ。でも、日本から
出ようとは思わなかったよ。
なぜなら私は牧者だからですよ。
牧者はいつも羊と一緒なんです。

エミール・ロドリグ・エテメ
一九七五年生
ケベック外国宣教会司祭
福島県

東日本大震災が起きたとき、盛岡の四ツ家《よや》教会で聖書勉強会をしていました。カメルーンには地震がないから、もちろん大変でしたよ。

地震が起きたらどうすればいいか、日本に来て学んだことは、机の下に入ってください、だったよ。でもそのほかのことは全然わからなかったよ。

みんな、日本の人たちは私の目を見て、私のことを待っていたよ。神父様、どうするのって。私、ちょっと考えて、あ、いくぞ、やっぱりね、用意スタート、さあ、部屋から出てくださいって、一緒に逃げましたよ。ドドドドドドドドーって揺れたよ。

二〇〇七年に日本に来てから、一番怖いことでした。電気もつかない、ガスもつかない。でもみんなの前では笑顔を作って、はい、がんばろー、がんばろーって。

いろんなことが終わって、自分の部屋に戻ってから泣きましたよ。神父様どうするのっていわれるけど、わからないよ。何もわからなかったよ。

あの頃は、沿岸の宮古教会にも通ってたよ。主任神父様がメキシコに帰ってたからね、代わりに私が行ってたのよ。宮古では人がたくさん亡くなったよ。教会の幼稚園児も一人、亡くなったよ。ほんとにいろんなこと経験したよ。

四ツ家教会に、宮古や釜石《かまいし》や大船渡《おおふなと》の信者の人たちを迎えられるように準備していて、普通の日本人の心のことがはっきりわかったよ。避難者を迎えるのは、宗教とは関係なかったよ。みんな人間を大切に、一緒に助けに行きましたよ。

ほんと、すばらしい経験になりました。神様の前では宗教、関係ない。みんな神様の子どもだから。貧しい人、困ってる人、病気の人、みんな力を合わせて助けに行ったよ。神様を一緒に証ししてる。神様は私にすばらしい恵みを与えてくださったよ。


カメルーンは、十九世紀からドイツの植民地でした。ひいひいおじいさんはドイツ語を話していました。

第一次世界大戦でドイツが負けて、今度はイギリスとフランスの植民地になりました。二つのカメルーンになりました。一九六〇年一月一日にフランスから独立をいただいて、一九六一年十月一日にイギリスから独立をいただきました。

私たちは二つのカメルーンでがんばってきました。でも、どうして二つなの。一つだったのに、どうして今も二つなの。みんなで考えて、一九七二年五月二十日に、一つのカメルーンになりました。

でも言葉は二つあるよ。英語とフランス語、そこに民族の母国語が二五二ぐらいあるよ。二五二もあるとどれも国の言葉にするのがむずかしいので、ちょっと考えて、英語とフランス語でがんばろう、となりました。

カトリックの宣教師が来たのは、ドイツの植民地だった一八九〇年でした。日本とちょっと似ているかもしれないけど、アフリカの伝統的な信仰、太陽とか月を信じている人たちがいました。

でも宣教師が来て、イエス様のことを教えてくれた。いろんな神様がいたけど、神様の中でも一番おっきな神様、世をお造りになった神様でした。その神様のおかげで自然の神秘もあると思うようになりました。

でもアフリカはご存じの通り、奴隷の話がありますよ。ちょっとわからないんですね。どうして宣教師が植民地を作った人と一緒に来たのか。神様は私たちのことを愛しているのに、どうしてあんな間違いを起こしたのか。間違いが多すぎるんです。

イエス様を知らない人たちは、異邦人、ペイガン（pagan）と呼ばれました。日本人も同じですよ。日本人もペイガンですよ。変な言葉だよね。神様を知らない人たちのことよ。

でも宣教師たちはアフリカに入るとき、アフリカの人たちはすでに神様をよく知っていた、神様はアフリカにおられた、聖霊様はアフリカの文化の中で働いていたといいました。

それは嘘ですよ。なぜなら、聖霊様って、神様、イエス様、聖霊様、の聖霊様ですよ。聖霊様が人間の暮しの中でどういうふうに働いておられるかなんて、誰も知りませんよ。聖霊様の活動を人間はコントロールできませんよ。

ペイガン、異邦人という言葉は、聖ヨハネ・パウロ二世の時代に使わないことになったよ。

私はね、生まれて三日目に、カメルーンのムバンジョック・カトリック・チャーチで洗礼を受けました。父と母がカトリックでした。

おばあちゃんが独りぼっちにならないように、おばあちゃんのいるエフークという田舎の村に住んで、毎日六キロぐらい走って学校に通いましたよ。ほかの友だちも一緒だったので問題はありませんでしたよ。

父は農業、母は看護師でした。きょうだいは七人で私は六番目です。でも、三人亡くなったので、三番目になりました。幼稚園から大学までずっとラ・サール会の学校に通って、ドイツの大学で情報工学の勉強をしました。

それから四年間、セネガルのＩＴの会社に勤めました。自分の会社から家や車をいただいたんです。会社、家、会社、家の毎日でした。

そこで、私は疑問をもちましたよ。私はいつも父から必要な物を与えられて、ラ・サール会の学校に通ったことも、普通のことではなかったとわかりました。

人々が貧しいのです。セネガルは、九五パーセントがイスラム教徒の国です。子どもたちを見ていると、みんな学校に行くことができないんですよ。なぜ行けないんですか。気になったんですよ。

ある日、一人の女性がうちに野菜を売りに来ました。十一歳でイスラム教の信者でした。「なぜあなたはあちこち行って野菜を売らないといけないですか」と聞きました。そうしたら彼女は「お母さんを助けています」といいました。ショックでした。だって私、十一歳のとき、学校通ってたよ。

一か月ぐらいして、彼女の家族を訪問しました。大きなびっくりがありました。すごく貧乏なところに住んでいましたよ。えーっ、こんなことがあるのって。

私は会社からたくさん給料をいただいていたので、まず彼女のお父さんに、私の家の庭のヘルパーさんをお願いしました。彼女にお金をあげて、学校に戻りなさいといいました。時間がかかりましたけど、ちょうど三年前、大学を卒業しました。

でも私、考えました。その人たち、私のお金だけ欲しくないよ。私の命までが欲しいんだと思う。私がお金を出したことはただの趣味ですか、それとも、本当のことですか。その呼びかけはどこから来ますか。

私ね、教育を信じてる。アフリカ人はほかの人たちと話ができるように、学校に行かなければならない。正しい言葉を勉強することができるし、自分以外の世界のことがわかるようになる。

それがわかってから、自分の現在を自分の言葉でまわりに説明できるし、自分が何を経験しているか、どんな体験をしているか、自分の言葉で世界のみなさまにはっきり伝えられるよ。

私の前に、大先輩の宣教師たちが日本にいらっしゃったでしょ。でもいくら日本語がペラペラになっても、日本人の伝統的なこと、文化的なこと、基本的なことがわかるのはむずかしいよ。最初にもいったけど、聖霊様は私たちの文化にも働いておられるからといって、私たちを神様に導いたよ。でもアフリカにはアフリカの伝統的な信仰があったよ。一九八五年のパパ様[1]の時代は、いろんな話があったよ。でもアフリカにはアフリカの伝統的な信仰があったよ。

イエス様が一つの文化の中でお生まれになったことを考えると、インカルチュレーション[2]が大事ですよ。キリスト教が私たちの文化と出会って新しくお生まれになったら、自分の文化として神様を讃美できるし、神様を礼拝することができるということよ。

私はローマカトリックの信者ですけど、イタリア人の立場で神様を讃美することはむずかしいと思うよ。日本人も同じよ。日本人がイタリア人の立場で讃美することはむずかしいよ。

宣教師がアフリカにいらっしゃったとき、私たちにこの新しい神様のことを、まことの神様のことを話してくださって、私たちは初めてキリスト教とイエス様に出会いました。この出会いは、信仰的に大事なことです。でも、神様は私たち一人ひとりに直接、話をなさる方です。私が本当に神様に出会ったのは、二十三〜四歳のときでした。セネガルで十一歳の女性に出会って、この女性のおかげでいろんな人たちの現在がわかるようになりました。

自分は自分の眼鏡でほかの人を見ています。いくらやさしい気持ちをもっていても、その人たちの気持ちを

1　ヨハネ・パウロ二世（在位期間一九七八―二〇〇五）。
2　教会の教えを非キリスト教社会にそのまま一方的に押し付けるのではなく、その土地の文化や風習、ときには土着の宗教との対話も繰り返し、キリスト教の啓示を豊かにすること。福音の文化的受容という。

わかることはできません。

ユダヤ教では、イスラエル人が神様に選ばれた民族だと思っていましたけど、救いというのは、選ばれた人の救いじゃないよ。すべての人間を救うために、神様は自分のひとり子イエスを私たちに派遣されましたよ。私はそういうことに感動して、すばらしい勇気を与えられました。どういう勇気ですか。あのう、仕事をやめてフランスのパリ・カトリック大学に行っちゃったよ。


会社をやめるとき、父と私の喧嘩が始まったよ、はははは－、死ぬまで。それ、ほんとなんですよ。やっぱり、私の人生で父親は一番大事な人でした。なぜなら父親のおかげでいろんなことができました。とくに勉強。

でも神父になる話をして、喧嘩が始まったよ。自分の召命が自分ではっきりわかるように、五年間ぐらい勉強して、教育哲学の修士をとって、それでもまだ神父になりたいなあ、神父になりたいなあという気持ちが湧いてきました。

父にその話をしようとしたけど、父との関係はすごく悪くなってしまって、もっと大変な喧嘩にならないようにと思って、あまり話ができませんでした。

そうしたら、父はね、エホバの証人の信者になりました。そう、カトリックをやめて、エホバの証人になったよ。息子のせいでエホバの証人になったのかどうかはわかりません。カトリックの神父と喧嘩したのか、全然わかりません。

父は若い頃、ＪＯＣ（カトリック青年労働者連盟）というキリスト教の若者たちのグループのカメルーン代表でしたよ。それがどうして、そういうことになったんですか。私のせいかどうかはわかりません。全然わかりません。私たちが子どもの頃、父は毎週日曜日に教会に連れていってくれたんですよ。

父とは結局、仲直りできなかった。四年前に亡くなったとき、私は日本にいたよ。葬式に参加するために、十日間ぐらいカメルーンに帰ったよ。エホバの証人の葬式はわからないよ。でも、息子が神父だから、カトリック教会のやり方で葬式しました。

パリ・カトリック大学で五年間勉強したあとは、神父になるためにカナダのケベック宣教会がケニアに作った国際神学校で勉強しました。ケベック宣教会は一九九七年にカナダ以外のメンバーを迎えて国際宣教会になって、ケニアに新しい神学校を作ったんです。

いろんな勉強をしました。タイとカンボジアにも派遣されました。タイもカンボジアも日本と同じようにキリスト教国ではないから、そんな国でどういうふうに司牧を続けるのか、短い期間でしたけど、とても勉強になりましたよ。

二〇〇六年に神学校を卒業して、二〇〇七年に神父になって日本に派遣されました。最初の二年間は日本語を勉強するために、東京カトリック神学院に住みながら東京の赤堤《あかつつみ》教会に通って、そのあと仙台の元寺小路《もとてらこうじ》カトリック教会で一年ぐらい働いてから、岩手県と福島県に派遣されました。

私はいつもはっきりものをいうけど、日本人はあまりいわないね。何を思ってますか。他人の気持ちを大切にするからですか。ほんと、違うタイプなんですね、私と。

ときどき神父としてみんなの話を聞いてるよ。相談されるよ。赦せないことが多いよ。なんで、なんでって思うよ。人生は短いよ。でもなんで日本人は忙しいの。こんなに忙しいのに、なんで喧嘩する時間が作れるの。時間ありませんよ。憐れみ深い神様を信じているのに、どうしてお互い、赦せないことが作れるの。日本人は心がね、結構弱いですよ。弱いですよ。

須賀川教会や白河《しらかわ》教会で私がよくいうのは、旧約聖書を勉強しなくていい、新約聖書を勉強しなくていい、神様がおっしゃった通り、隣人を自分のように愛することができれば、あなたは天国に行ける、そういうことを実現するように、まず、コミュニケーションを大切にしなければならない、ということですよ。

私たちがミサに与るとき、「父と子と聖霊の御名によって」から始まるでしょ。「主よ憐れみたまえ、主よ憐れみたまえ」って憐れみのお祈りをするでしょ。自分の弱さを神様の前に置くということですよ。私たちは自分の弱さをわかってから、他人の弱さがわかるようになる。

ときどき私たち、自分の弱さを隠して、他人の悪口ばかりいってるでしょ。完璧な人間はいないよ。他人も完璧でない。あなたも完璧でない。なのにどうして、裁判官の目で他人を見てるの。

神様の前で互いに赦し合うことを願っている同じ人間が、五分後、隣の人に挨拶できないですか。ねえねえ、神父様、五十年前にあの方と喧嘩したのって、え、五十年前⁉

私はいろんなことをよく勉強してきたよ。なんのために？　誰のために？　社会で一番弱い人のために勉強してきたのよ。自分の教会で一番貧しい人のために勉強してきたのよ。その人たちのことを大切にしなければ、神様の本当の証人にはなれないと思う。それが私たちの目的なんです。神様のように人間を愛さなければならないんです。

それなのに、なんでみんな、まわりに敵を作ってるの。必要でないよ。ほーんとに必要でないよ。

七十年前、日本は貧しかったよ。でもみんな人間らしく生きてたよ。七十年後、お金持ちになって全部変わったよ。立派な家に住んで、好きな車に乗って、でも、どうして奴隷のように生きてるの。私の国は結構、貧乏なんだけど、人間らしく生きてるよ。

ご存じの通り、日本人は知能では世界一です。でも、日本人は一人では何もできません。

原発事故は怖かったよ。ほんとに怖いよ。でも、日本から出ようとは思わなかったよ。なぜなら私は牧者だからですよ。牧者はいつも羊と一緒なんです。

カナダやバチカンの大使館から電話があったよ。「カメルーンに帰りたいですか。それともカナダに帰りたいですか」って。

違うよ。私、日本を離れる気は全然なかったよ。雨の日も冬の日も、牧者は自分の羊と一緒にいるよ。神様が私に勇気を与えてくださったのかもしれませんけど。

日本人のために神父になったよ。別のところに派遣されるかもしれないけど、今は日本人を大切にしてるよ。それがキリスト教ですよ。共同体として日曜日に教会に集まって神様を讃美するのは当たり前ですけど、それだけじゃないよ。

あなたの悲しいことは私たちの悲しいこと、あなたの嬉しいことは私たちの嬉しいこと、兄弟姉妹になるというのは、そういうことなんですよ。

神様の前で、アフリカ人、アジア人、アメリカ人、ヨーロッパ人、みんな同じよ。神様は私たち一人ひとりの中に働いておられます。

最近、よく聞くよ。神父の数が少なくなって、司祭の召命もむずかしくなって、日本のカトリック教会はなくなるかもしれませんって。本当になくなるかもしれません。でも、全然心配ないよ。日本の司教さんの前でいいたいよ。心配、全然ありません。

教会というのは二つあるよ。一つはイエス様の御体。もう一つは建物。建物はもちろん大事ですよ。共同体を作るために大事です。でも、私たちはイエス様の御体をあまり大切にしてない。

信者にいいたいよ。どうして信者になったんですか。おじいちゃん、おばあちゃん、お父さん、お母さん、どうして子どもたちに話をしないの。最初の宣教地はどこですか。家庭なんですよ。

日本はキリスト教の国ではないよ。ならば、どうすれば神様の証人になれますか。

洗礼証明書をもらいました。死んだあと、それを持っていけば天国に行けると思ってるのかもしれないけど、違うよ。

洗礼は新しい人になるための出発よ。自分の生き方よ。自分の生き方が証しだよ。それが回心、コンヴァージョンということです。それが、キリスト教信仰のダイナミックなところなんです。

私たちは罪人だよ、弱いところがあるよ。でも、新しい人になるために、神様は「ゆるしの秘蹟」を与えてくれました。心をきれいにして、元気でやさしい心をもって生きていけるように、ご聖体をいただくよ。

旧約聖書とか新約聖書とか関係ないよ。聖書の勉強はむずかしいよ。ほんとむずかしい。みんな神学生じゃないからね。

何度もいうけど、一番大事なことはね、隣人を自分のように愛すること。すべての私たちの人生の中で一番大事なこと。大事なことなんですよ。

2017/11/8

十字架の風景③　宣教ブーム

日本のキリスト教史において伝道が盛んになり信徒数が急増した時期は、これまでに三度[1]あったといわれている。

一度目はイエズス会の宣教師フランシスコ・ザビエルの渡来から豊臣秀吉によってキリスト教が禁止されるまでの安土桃山時代、二度目は欧化政策とキリスト教の解禁によって多数の教派が流入した明治時代、三度目は太平洋戦争の敗戦から高度成長期にさしかかる時期である。

筆者が出会った戦中戦後生まれのキリスト者の多くは、この三度目のブームで信仰をもつようになった人々だった。一人ひとりの神との出会いは「証し」で語られているが、彼らがキリスト教に出会う背景に何があったのか、その流れを追ってみたい。

教勢が強まるには、時の権力者の支援が不可欠である。三度目のブームは、国家神道を解体し、信教の自由を保障したGHQの占領政策によるものだった。

焼け跡となった日本には、欧米諸国から続々と宣教師がやって来た。派遣にあたっては、アメリカのプロテ

1　黒川知文『日本史におけるキリスト教宣教　宣教活動と人物を中心に』（二〇一四・教文館）など。

スタントの伝道局がＧＨＱと日本基督教団の代表者と協議の上で、まずは日本で活動したことのあるベテランの宣教師を先遣隊として送り込み、東京、広島、神戸など空襲や原爆によって破壊された町と困窮する人々の様子を調査させた。

福島県の棚倉《たなぐら》や茨城県の常陸太田《ひたちおおた》に住まいを構えて布教しながらも、戦時中に帰国を余儀なくされた宣教師ハリー・Ｒ・ファックスも、先遣隊として広島原爆調査団と民情調査団に参加した一人である。疲弊した町を調査して第二の故郷である常陸太田で信徒たちと再会したハリーは、日本に何が必要であるかと彼らに訊ねた。すると答えは、再び日本が戦争という過ちを繰り返さないよう、キリストの愛に基づく学校を作ることだった。

彼らの志に感銘を受けたハリーはいったんアメリカに戻り、救援物資や学校設立のための寄付金集めに奔走する。そうして設立されたのがのちの茨城キリスト教学園で、日本にカウンセリングを導入した初代学長ローガン・Ｊ・ファックスはハリーの息子である。[2]

先遣隊の調査と日本のキリスト教界からの要請をふまえ、宣教師たちは多くの支援物資と莫大な資金を携えてやって来た。北九州の若松浜ノ町教会で食料や衣類が配られていたように、教会は地域の復興支援の拠点としての機能を果たし、寄付金は破壊された教会の修復費や土地代、会堂の建築費に使われた。[3]

筆者は、会堂が完成するまでのあいだ、ＧＨＱ払い下げのかまぼこ兵舎で礼拝していたという信徒の証言をいくつも得ている。総司令官マッカーサーが占領政策を推し進める際にキリスト教を重視していたことは、本人の回想記やこれまでの調査研究で明らかとなっているが、ＧＨＱは占領軍の施設を宣教師が利用できるように便宜を図っていたようだ。[4][5]

プロテスタントの伝道局はさらに「日本再建の助け手」となる奉仕者を募集し、一九四八（昭和二十三）年以降はこれまでと違ったタイプの若い宣教師を教会やミッションスクールに派遣するようになった。三年期限つきの「J3」と呼ばれる若者たちである。

たとえば、メソジストでは四〇名の募集に対して六〇名が応募、一九四八年八月に第一陣として五一名のJ3を派遣している。彼らは十代後半から二十代の男女で、宣教師というよりは、「留学生」「学生親善使節」といった雰囲気の若者たちだったという。[6]

戦後まもない頃を知る日本のキリスト者たちが、日曜学校で遊んでもらったり、英語を教えてもらったりしたのは、彼らのように日本の復興と平和を願ってやって来た青年たちだった。

筆者はもう一つ、占領下に行われたカトリックの大規模伝道についてもたびたび耳にした。一九四九年五月二十九日から六月十二日の約二週間にわたり開催された、聖フランシスコ・ザビエル来日四百年を祝う「ザビエル渡来四百年祭」である。

世界各地の司教を中心とする巡礼団が日本に集結し、六月五日には兵庫県西宮市の西宮球場で「荘厳ミサ」が行われた。一般を含む約五万人の観客がこれに参加し、聖歌隊の奉唱に耳を傾け、教皇特使ギルロイ枢機《すうき》卿《きょう》が司式するミサを見守った。

スタンドを埋め尽くす観客の中に、のちにカトリックの信徒となる精神科医の中井久夫《なかいひさお》がいた。中井は当時、

2　十字架の風景②、三七三ページ、最相葉月『セラピスト』(二〇一四・新潮社)。
3　十字架の風景①、二五六ページ。
4　松本幸子、七一二ページ、巽 幸子、二二五ページ、上部フローラ、七六五ページなど。
5　ダグラス・マッカーサー『マッカーサー回想記 下』津島一夫訳(一九六四・朝日新聞社)。
6　加納孝代「戦後来日アメリカ人宣教師たち　その予備的考察(ピルグリム・プレイスの文書から)」「青山学院女子短期大学総合文化研究所年報」第八号、二〇〇〇年十二月。

甲南《こうなん》高等学校の生徒で、クリスチャンの同級生に誘われて興味本位で参加したと筆者に語っている。

このとき中井が何より驚いたのは、司教団が「ザビエルの右腕」を持ってきたことだった。カトリックでは聖遺物と称して、諸聖人の遺品や骨や毛髪などを信仰の対象としてきた。ザビエルは日本で布教したのち中国広東省の上川島《じょうせんとう》で病没するが、のちにイエズス会総長の命令でミイラ化した遺体から右腕が切断され、ローマのジェズ教会に「聖腕」として安置されていた。

巡礼団は日本人に洗礼を授けたザビエルの右腕と十字架を携えて全国を巡礼した。[7]長崎の浦上天主堂の廃墟前ミサを出発点として九州各県を巡り、山口、広島、兵庫、京都、大阪、奈良、愛知、静岡、神奈川と移動、各地の教会、教会跡地、ミッションスクールなどに立ち寄り、六月十二日に東京の明治神宮外苑でのミサを終えたあと、聖腕は上智大学の横に献堂されたばかりの聖イグナチオ教会へ届けられた。

七月からは上智大学の司祭が聖腕を持って札幌を出発し、函館、青森、盛岡、仙台、福島、山形、秋田、鶴岡、新潟、金沢を巡回し、七月下旬からは静岡、岡山、松江、米子、高松、高知、姫路などでも顕示された。

この記念イベントはGHQの全面的なバックアップのもとで開催され、荘厳ミサには皇室から高松宮宣仁《のぶひと》親王殿下と喜久子《きくこ》妃殿下が参列。「朝日新聞」や「毎日新聞」ほか、訪問先の地方紙でも詳しく報じられた。東京の読売ホールでは記念イベントとして、玉川学園の学生による演劇「聖フランシスコ・ザビエル伝」が二日にわたり上演されている。[8]

ローマ教皇庁が日本に派遣したカトリックの宣教師は一九四五年には二〇〇名ほどだったが、その後の十年間で約一二〇〇名になったという。[9]

第三の伝道期といえる戦後の宣教師来日ブームを経て、日本には多くの牧師や伝道者が誕生した。ザビエル記念祭のあった一九四九年に北九州市の若松バプテスト教会の再建のため牧師に就任したのが、のちに若松市長となる吉田敬太郎[10]だった。

吉田は戦時中、大政翼賛会推薦の衆議院議員だったが、軍部を批判して収監されたときにキリスト教に出会い、戦後まもなく、娘が通う西南女学院の教会で妻と共にバプテスマを受けていた。

公職追放されている期間は毎日、路傍伝道に出て道行く人に聖書や讃美歌集を配り、教派に関係なく説教した。地元の会社をまわって聖書の話をすることもあった。

夜間中学に通いながら日産液体燃料の工場で働いていた古川新《あらた》は、風邪をこじらせて寝込んでいるあいだに聖書に興味をもち、同僚に誘われて毎週火曜日、会社の福利厚生クラブで行われている吉田の集会に参加するようになった。

「聞いている人間は、ほとんどがノンクリスチャンです。私の家も仏教で、聖書の集会に通っている最中に母が亡くなったんですが、そのときも仏教で葬儀をしました。そんなときに吉田先生の話を聞いて、ふと思ったんです。神様が私たちを造ってくださった。私自身、造られたものであるのに、その人間が作った仏像に手を合わせるのはおかしいのではないかって。

吉田先生に教わったのが、ヨハネによる福音書三章十六節の『神は、その独り子をお与えになったほどに、世を愛された。独り子を信じる者が一人も滅びないで、永遠の命を得るためである』でした。神様はなんの罪もない自分の御子を、人間を罪から救うために十字架につけた。私たちはそのことをはっきりと知らなくては

7　阪野祐介「宗教的式典と国家　ザビエル渡来四〇〇年祭を事例に」「兵庫地理」57・29-40、二〇一二年三月三十一日。
8　玉川学園公式HP、写真で見る玉川学園の歴史⑤。
9　中川　明『妖怪の棲む教会　ナイスを越え教会の明日を求めて』(二〇〇二・夢窓庵)。
10　十字架の風景①、二五〇ページ。

ならないと、聖書を通して教えてくださったのです」

吉田が若松バプテスト教会の牧師になると、バラバラになっていた教会員たちが教会を再建するために戻ってきた。

古川は一九五一年九月九日、吉田からバプテスマを受けた。二十三歳だった。

同じ年に市長選挙があり、吉田は現役を破って若松市長となる。以後、三期にわたり若松市長を務め、北九州市発足当初の市長職務執行者となるが、その間も時間を見つけては説教の準備に励み、教会で自分を手伝ってくれる副牧師を育てるため、学生を西南学院大学神学部に送った。

日本にアシュラム運動という超教派の霊性運動を伝えたメソジスト派の宣教師スタンレー・ジョーンズを市長公邸に招いたとき、「市長と牧師という仕事をひとりでやれるのはどういうわけなのか？」と質問され、吉田はこう答えている。[11]

「私のところでは、信徒説教者というのがおりましてね、いざという時には助けてくれるのです。なんの不思議もありません」[12]

礼拝の説教には市長生活で経験した「せっぱつまった事情や重荷」をもっていったほうがいいと考えてのことだった。

晩年のことになるが、伝道に出かける吉田の運転手を務めていた教会員の吉田英明は、車中だけでなく吉田の自宅にも上がって吉田の話を聞いた。

「航空自衛隊のある芦屋《あしや》に家があったんですけど、上がれ上がれっていわれてね。書斎で三時間ぐらい話を聞きました。話すのはアメリカのことや、英字新聞で読んだ海外のニュース。北九州市庁舎を建てるときの話も聞きましたね。ボロカスいうんですよ、あんな天井の低い公共建築物はない。ヨーロッパに行ってみなさい、みんな吹き抜けだぞってね。あっという間の三時間でした。宗教だけじゃなく見識の広い方で、つかまったら話が途切れませんでした。

吉田先生が神様に聞こえるって? いやいや、神様じゃない、牧師です。神様の言葉を伝える人ではあるけど、いちいち聖書のここにこう書いてある、なんて話はしない。でも背景に神様がおられるんです」

サンフランシスコ講和条約を経て占領が終了する頃、教会は復興支援の拠点から伝道の拠点へと、徐々にその役割を本来のものへと変化させていった。英会話教室や音楽会は伝道のためのお決まりの入り口だった。

「聖堂に溢れるぐらい人がいっぱいいたんだよ。教会にしかなかったものがあったんだ。ピアノだって普通の家にはなかったからね。音楽を聴くのも教会しかなかった。社会が教会についていったんです」

群馬県館林で臨時教員をしていた清水茂雄は、一九五八年にカトリック館林教会で洗礼を受けた。授けたのは、フランシスコ会から派遣されたアメリカ人宣教師だった。

「学生運動が盛んな頃でね、学校で勉強するより学生運動のほうが大事だって緊張感があったんだ。マルクスや内村鑑三、いろんな本を読んだよ。でも、キリスト教がやっぱり本物だと思ったんだね。なぜ生きるのか。どこへ行くのか。そういう問いの答えを探していたっていうかね。教会の問いもそうだよね。私たちはどこから来て、どこへ行くのか。私らにはわかんないことが多いからね」

臨時教員の期限が切れたとき、こんな仕事があるよと誘われたのが、カトリック須賀川教会で外国人神父の

11 米国メソジスト教会宣教師のE・スタンレー・ジョーンズにより紹介された超教派の霊性運動。一九五五（昭和三十）年に初めて日本で開催され、三浦綾子の小説『ちいろば先生物語』（一九八七・朝日新聞社）の「ちいろば牧師」こと榎本保郎《えのもとやすろう》によって全国に広められた。アシュラムセンターHP参照。

12 吉田敬太郎『汝復讐するなかれ』（一九七一・若松バプテスト教会）。

通訳や手紙の代筆をする仕事だった。そのうち教会と信徒がお金を出し合い、上智大学で学ぶ機会を与えてくれた。伝道師となってからはいろんな場所に出向いて聖書の話をし、教理を教えた。

「でもね、信仰ってのは、人にいわれてするもんじゃないんだ。自分からじゃないとね。教理を教えれば信者になるわけじゃない。もっと人間的なかかわりの中で親しくなって、洗礼を受けていった気がするね」


佐賀県の炭鉱町で生まれ育った平本保子が、父親の転職に伴って東京に引っ越したのは一九六一年、小学五年のときだった。父親は炭鉱で電気関係の仕事をしていたが、金銭をめぐる争いが絶えない様子を見て、石炭産業が斜陽の道をたどっていることを子ども心にも感じていた。

オリンピックを控え、東京の町はどこも活気に満ちていた。あちこちでビルや道路の工事が行われ、人も車も忙しく行き交う。何もかもが驚きの日々。その一つが日曜学校だった。

「家は中野にあったのですが、クラスのほとんどの子どもたちが教会の日曜学校に行っていたんです。こんなカードをもらったのよといって、讃美歌をうたったりしてる。すごく不思議でした。これは遅れをとってはいけない、教会に行かなくちゃという感じでしたね。あとで知ったことですが、あれはビリー・グラハムという伝道師が日本で始めたクルセードという国際伝道大会の影響だったんですね。あの頃にたくさんの日本人が信仰を決心したんです」

アメリカの福音伝道者、エヴァンジェリストとして知られるビリー・グラハムの日本初の伝道大会が開かれたのは、一九五六年二月。両国《りょうごく》国技館に三万人を集めたのを皮切りに、一九六七年、一九八〇年、一九九四年にも来日して、後楽園球場や日本武道館はじめ全国の大規模施設を巡回した。

日本のプロテスタントの教会が運営に協力し、会場で信仰を決心した人が提出した「決心カード」の連絡先に応じて受け入れ先の教会を割り振り、信者獲得につなげた。これは現在も受け継がれる大規模伝道のノウハウである。

一九六七年の大会の翌年には日本福音同盟が設立され、全国的な伝道が活発化していった。「クリスチャン新聞」で組まれた特集「ゆかりの人物に聞く　私とグラハム氏　教会が継ぐべきこと」によると、「グラハム氏の来日による伝道は、日本のキリスト教界にとって、まるで黒船来航を思わせるほどの衝撃であった」[13]（太平洋放送協会名誉会長、村上宣道《むらかみのぶみち》）という。

そんなことも知らないままに、人に誘われて教会に行ったら、そこが救世軍上野小隊だった。

「みなさん、とても温かくてね。そのときはそれで終わったんですが、いろんなきっかけが重なってここに連なることができたんです」

平本は現在、救世軍京橋小隊士官として礼拝を守っている。

「戦後から高度成長期にかけて信者が増えたのは、結局キリスト教もブームだったということじゃないでしょうか」

平本の夫である京橋小隊長の平本宣広少佐は語る。

「今みたいに子どもを預ける場所もなかったから、昔はみんな教会に集まった。英語を習いに来る人もいっぱいいたし、若い人たちの出会いの場にもなっていた。コーラスグループを作ったら、うたいたいという人がいっぱい集まりました。

でも今はどこの教会も人が減っていますね。昔は公園で太鼓叩いたりラッパ吹いたりして子どもたちを集めて、神様の話をしたり紙芝居をしたりしたんだけど、今そんなことやったら通報されますよ。

13　「クリスチャン新聞」二〇一八年三月十一日号（いのちのことば社）。

救世軍は歳末助け合いの社会鍋を長年がんばってきましたけど、最近は銀座で街頭募金をしても外国人ばかりで立ち止まらない。街頭募金許可証には人数や楽器の制約が書かれているんですが、松屋さんや三越さんとか百貨店はみなさん協力的で、ずっと店の前で活動させてくださってるんです。大晦日には地方からラッパを吹きに来てくれる人もいてね。これ吹かにゃ正月を迎えられんって。

だけど厳密にいえば、いろんな団体が募金をやりたいわけですからね。救世軍が社会に認知されていること、知っていただいていることはありがたいことなのです」

平本は父親の代からの救世軍人である。父親は幼い頃から右目が見えず、結核を患ったため戦争に行けなかったことに苦しんでいたが、救世軍に入ってからは戦災孤児や女性の保護施設で働いて世のため人のために尽くすことができたと語っていたという。

平本の兄も士官で、名前の直《なおし》は、「荒野に呼《よば》はる者の聲《こえ》す。『主の道を備へ、その路すぢを直くせよ』」（マタイ3・3）から、宣広という名前も、全世界に広く神様の福音を宣《の》べ伝えなさいという意味からつけられた。

平本も兄も、「神様の御用に用いられる子にしてくださいと祈ってつけたんだ」といわれて育った。戦争で荒廃した日本を真っ直ぐにして、神の国をここに築く。父親はそんな想いを子どもに伝えたかったのだろうと平本は思っている。

平本は一九五一年生まれ。本来はもう活動を引退してもいい年齢だが、今もなお小隊長を務め、彼らが野戦と呼ぶ路傍伝道ではラッパを吹き、ホームレスの人たちに炊き出しをしたり、日用品を配ったりしている。

「細見仙太郎さんという方がいましてね。戦争中の事故で片足をなくしてから洋裁の仕事を覚えて、救世軍の制服を作っていた方です。公園に野戦に出ると腰かけられるところに座って、ホームレスさんたちとよくバカ話をしていましたね。誰かが隣について信仰に導くのが救世軍のスタイルなんですが、細見さんはそんなふうに個人伝道をよくされていた。小隊に細見さんをふらっと訪ねてくるホームレスさんもいましたね。

でも最近は行政が絶対にホームレスをさせないような態勢をとっているでしょう。公園のベンチはみんな半分に区切られて、寝られないようになっている。草もきれいに刈り込んでいる。とくに今は東京オリンピックのためにホームレスさんたちを見えないようにする作戦があるわけで、社会も変わってきています」

路傍伝道に熱心なエホバの証人の活動を見て、彼らの伝道に学ぶべきだという声もある。しかし、今や教会を維持するだけで精一杯。筆者が訪れた教会の多くが、そのような事情を抱えていた。

「ある司教さんが、教会ってのはセールスマンじゃなきゃいけないっていってたけど、それどころじゃないよ、私らは」

かつて伝道師として熱心に活動したカトリック須賀川教会の清水茂雄はいう。

「維持がやっとだもん。社会に対する影響力がないんだ。教会っていうのは本来、宣教しなきゃいけないんだけど、宣教しない教会になっちゃった」

三度目の宣教ブームで洗礼を受けた人々は、誕生直後に幼児洗礼を受けた人でも七十代にさしかかる。かつて吉田敬太郎が牧師を務めた若松バプテスト教会も、信徒の平均年齢は六十代を超える。

キリスト教新聞社が刊行する季刊誌「Ｍｉｎｉｓｔｒｙ」[14]は、二〇一五年秋号で「高齢化なんか怖くない」という特集を組んでいる。編集主幹の越川弘英《こしかわひろひで》は編集後記に書いている。

「教会では世間以上に高齢化が進んでいるという声も聞く。それが事実であるとすれば、むしろ教会は世間に先駆けて高齢者の課題に取り組む機会が豊かに与えられているということにもなる。〈中略〉

14　二〇一二年に五〇号で終刊。

人間は誰もが高齢者となる。誰もが心身共に衰え弱くなる。だがその一方で、自分の限界を本当に知り、神への深い信頼や他者への深い感謝といった最善の信仰への可能性を大きく秘めているのもこの世代である。また高齢者には過去を語り未来の夢を語るという使命も託されている。高齢者にのみ与えられる恵みを見出し、高齢者の教会の果たすべき使命を担うことは、今の日本の教会における喫緊の課題のひとつなのである」

そんな教会を数年後に未知のウイルスが襲うことになるとは、誰一人、想像もしていなかった。

奉仕

第六章
自分の意志より神の計画

たくさんある問題の中で、ぼくの憂いが一番大きいものは何かと考えたとき、それが人身取引、性的搾取、紛争下の性暴力でした。

坂本　新
一九七一年生
日本イエス・キリスト教団黒磯《くろいそ》教会
東京都

一九九六年に起きたペルーの日本大使公邸占拠事件は覚えていますか。テロリストが大使公邸を襲撃して人質をとった事件ですが、あれをきっかけに潜在的な脅威度の高い中南米の大使館にセキュリティの専門家を配置することが決まりました。

もともと警察や防衛省からの出向者はいたのですが、建物を守るノウハウは民間の警備会社のほうがあるだろうということで、当時勤めていたＡＬＳＯＫ（綜合警備保障）に話があったんですね。

ぼくはずっと営業マンで、英語もできないし、海外にも行ったことはなかったのですが、上司から手を挙げてみないかといわれましてね。背中を押されるような感じで、二十八歳のときにホンジュラスの日本大使館に赴任しました。それが初めての海外勤務で、そのあとロシアと中国の日本大使館にも勤務しました。

二〇一四年からは人身取引被害者支援のＮＰＯ（非営利組織）法人で働いて、主に風俗やアダルトビデオの強要など性的搾取に苦しむ女性を支援しています。

そもそもこの問題に初めて目が向いたのは、大学に入学する前の春休みでした。教会の友だちの車で横浜に行って、ちょうど黄金町《こがねちょう》エリアに通りかかったんです。当時はそこが黄金町ということもわからないし、黄金町がどんな町なのかという認識もまったくなかった。ただ、ピンクや赤のネオンが灯る通りに、東南アジアの女性たちがずらりと立っているのを見て、びっくりしました。
栃木の田舎育ちでしたし、あまりに衝撃が強くて、その光景はずっとあとまで自分の中に残りました。それが性的搾取の構図を目の当たりにした最初の経験です。

大学は仙台にあったのでしばらく印象は薄らいでいましたが、ホンジュラスに行く前は横浜に住んで京浜《けいひん》急行で通勤していましたので、窓の外に黄金町を見たときにまた思い出したりして、頭の片隅には強く残っていました。

ホンジュラスには、町中に売春で生計を立てている女性や子どもがいました。ああ、本当にこんな世界があるんだ、だけど自分にはできることは何もないと思いました。

そもそもシステムがわからない。ある程度、本人たちの意志でやっているのか。生活のためにお金が必要で、そのために稼ぐ手段が売春以外にないからやっているのか。

突き詰めれば社会の問題でしょうが、ぼく自身も不勉強だし、自分一人で手に負える問題じゃない。残念ながらしかたがないことなのかなと思いました。

倫理的にいえば、性を売買するなんてことはしてはいけないでしょう。でも、今日明日食べるためのお金を持ちえない人にとっては、それはなんの意味もない言葉で、仕事があって安全で恵まれている場所にいて、あだこうだとはいえない。そんな知識も覚悟もない。ぼくの手の届かないところの話だろうという想いでしょうね。

少しだけ距離が近づいたのは、じつはテレビがきっかけでした。ホンジュラスではケーブルテレビをよく見ていたのですが、ある日、ディスカバリーチャンネルでコロンビアの内戦を特集した番組が放送されましてね。子どもたちを助けるために活動している三人に焦点を当てる内容でした。

一人は避難先のスラムで教えている学校教師、もう一人はサーカスで曲芸師をやっていた人で、時間をもてあましている子どもたちが暴力に走らないよう、サーカス学校を作って孤児たちを芸人にして生計を立てられるようにしていました。

三人目はアメリカ人の元フォトジャーナリストです。コロンビアの内戦で犠牲になった子どもたちを撮影していたのですが、写真を撮っても被害はなくならないと感じてジャーナリストをやめた。大学院で勉強し直して、ストリートチルドレンを救済するNGO(非政府組織)を設立して、今は子どもたちに声をかけて避妊具を配る活動をしています。

彼らを見て、ああそうか、個人でもこういうかかわり方ができるんだと知りました。元ジャーナリストの団体のことを調べたりして、人身取引の問題との距離が少し縮まりました。

とはいえ、自分に何ができるのか。長男ですからいずれ親の面倒をみなきゃいけないし、経済的なことを考えてもそのNGOに入るのは現実的じゃない。それはそれで覚えておこうと思って、そのままALSOKで働き続けました。

ロシアでは、モスクワ勤務でした。写真を撮るのが好きなもので、ある日、夕暮れどきにクレムリン宮殿の近くの橋に三脚を立てて写真を撮っていました。モスクワ川の向こうに大きな教会があって、外務省の建物もあって、とてもきれいなエリアなんです。

そうしたら一〇メートルも離れていないところに、モデルみたいにきれいな女性が立っていた。十六〜七歳ぐらいでしょうか。ぼくはそこに一時間ぐらいいたんですけど、そのあいだにときどき男性が声をかけて、ちょっと話をしては離れていく。ひょっとして売春してるのかな、させられてるのかなと思ったんですね。

だいぶ暗くなってそろそろ帰ろうかなと三脚を片付けていたら、その女性が三十代ぐらいの男性に声をかけられて、二人でどこかに消えていった。

そのときに思ったのは、自分にできることなんて何もないんだなあということでした。へたくそなロシア語で交渉して、今日一日あなたを買うからおれの家でゆっくり休んでいいからといおうと思ったけど、それって結局、なんにもならないじゃないですか。

外務省の仕事で行っていましたから、ハニートラップとか現地の女性との関係には気をつけろといわれていたんです。職務上、ただでさえマークされているはずですからね。

ロシアではお付き合いしていたロシア人の女性がいたんですけど、これも最初は相当警戒したんです。大学院で勉強しながらホテルの受付をやっていた人で、こんな若くてきれいな女性が自分みたいなおっさんに声をかけるなんて、なんか魂胆があるんだろうな、とかね。

彼女との距離が縮まったのは、こちらはそう遠くない将来に日本に帰ることになるので、どうするかと考えたときです。ここにいるときだけの関係なのかといえば決してそうじゃないだろうと。だったら彼女を日本に呼ぶのか。それとも自分がモスクワに住むのか。

結婚して子どもが生まれて、孫ができて、最後は病院じゃなくて畳の上で奥さんと子どもたちに見守られて老衰で死んでいくのが最高の人生だといいますけど、それを最終目標に生きるというのは違うんだろうなと思ったんですね。

二十五歳のときに思い描いていたぼくの将来像は、二十八歳ぐらいで結婚して三十歳ぐらいで子どもが生まれて、三十五歳までに家を買って、セントバーナードを飼って、週末は庭で家族四人でバーベキューをする。会社で昇進して、世間からも称賛を浴びる。

でも、そんな未来はあんまり魅力的じゃないと思いました。それってエゴだろう。キリスト教的な、聖書的な生き方とは違うだろうと思ったんです。

大使館勤務というステイタスであったり、大きな会社にいることや海外手当で経済的にも恵まれていること、海外をいろいろまわってもそういうところが魅力だというなら、さきざきあまりいいことにはならないんじゃないか。いいところばかりじゃなくて、悪いところにも正面から向き合わないといけないんじゃないか。

じゃあ、たくさんある問題の中で、ぼくの憂いが一番大きいものは何かと考えたとき、それが人身取引、性的搾取、紛争下の性暴力でした。一番知りたくない、ふれたくない話こそかかわっていく必要がある。そんな気持ちでロシアを離れたんです。

帰国してからは、彼女をいつ日本に呼ぶか考えたりもしましたが、そのためにロシアに戻るのは結局、自分のエゴになるという気持ちもあって、どうしようかと思っているうちに北京の大使館に行ってほしいという話がありました。

反日運動の激しい頃で、当初は数か月の応援の予定だったんですが、後任者がなかなか見つからなくて、結局、そのまま四年七か月もいることになってしまいました。プロジェクトの責任者だったので、これをやり遂げないと無責任だという気持ちだけで勤めました。

彼女も、あれ、って思ったでしょうね。年に一回も会えない関係では離れてしまいますよね。幸いなことに今も連絡はありますが、結婚して、三人の子どものお母さんです。

何かあったら祈る、何かを判断するときの物差しは聖書だ、という気持ちはいつもあります。なんていうのでしょう、精神安定剤みたいなものです。

ホンジュラス行きを打診されたときは　祈りました。どうするべきでしょうかと祈りました。明確な答えは出てこないんですが、何かを選ぶとき、自分の気持ちが本当に静かになるほうを選ぶんです。どちらが静かになるか、うしろめたさを感じないかと考えたときに、行くという選択のほうがぼくの気持ちが静かになった。

不安はいっぱいあったので、行かないで済む理由を探していたんでしょう。だからこそ、行かないほうがうしろめたかったんだと思います。ホンジュラスには二年間いて、当時の彼女とは別れることになりましたけど、それでも経験してよかったと思いました。

ロシア勤務の話があったときは、二〇人ぐらい引き連れてのチームでした。そんな経験はないですし、初めての社会主義国ですから、やりたくねえなって、正直思ったんです。

祈りました。冷静に考えると、やっぱり断るほうがうしろめたい。行くといったほうが、心が軽くなるというのでしょうか。自分で決められないという優柔不断さがあるのでしょう。やっぱり祈るんですよ。だから結果的に自分が決めたとは思わないんですね。

モスクワにいるときは、彼女と自分のことを結構祈りました。このさきどうなるかわかりませんが、あなたの計画と違う選択をすることがないよう、気をつけておいてくださいということだけは祈っていました。ところがですね、中国に行ったのは、自分の中では逃げだったんですよ。ロシアでは外務省からも現地の日本のゼネコンからも感謝されて、評価もされて帰国して営業課長代理になりました。でもロシアがあまりにも充実していたので、日本での感覚を取り戻すのが結構大変だったんです。まだ海外でやりたいという気持ちがあった。

そんなときに中国に応援に行ってくれといわれて、応援ならいいかと思ったわけです。行ってからこれ以上長くなるがどうかと打診があったときは、海外にいるほうが楽だなと思ったんです。ある程度裁量を与えられているし、やりたいようにやれる。いやらしい話ですけど、収入もそちらのほうがある。自分の中でも、これ以上いるべきか断るべきかを祈ったわけですが、たぶん、日本に帰るというチョイスのほうが自分の中では正しい選択だという気持ちはあったんですよ。

でもそれはいわなかった。その結果、あの、あまり魅力を感じられない国に四年七か月も留め置かれてしまったのかなと。クリスチャン的ないい方をすれば、神の計画を知っていたはずなのに、その計画とは違う行動をしたことへの報いとしての四年七か月だった。

なかば、それは本気で思っています。おれは中国に行くべきじゃなかった。いや、わかりませんよ。でも、なんとなくそんな気持ちがぼくの中にあるんです。

中国から帰国したのは、二〇一二年二月でした。ロシアと中国で結局、七年ぐらい日本の実務から離れたことになります。ぼくがいないあいだに中央省庁のキャリアだった方が社長になって、社内の雰囲気がずいぶん変わっていました。それまではどちらかというと体育会系の人間が多かったんですが、もっと数字で評価するようになった。

数字だけならいいのですが、社長にアピールできる人間が評価されるというのでしょうか。ぼくは課長職で戻って部下もいましたが、そんな変化がちょっと嫌だったんですよね。社会的弱者のためではなく、自分の評価に時間も労力も費やす雰囲気がね。

これもまた自分のエゴでしょうが、このまま自分が死ぬとして、いい人生だったと思って死ねるかと思ったんです。

そんな頃、教会の知り合いから、自分が働いているNGOが企業をまわって資金調達する担当者を募集しているという話があって、いいタイミングかなと。それで一応、祈ったわけです。この選択が正しいのかどうか。つまり、あなたが、今の会社に留まって時を待てというならそうしたいし、会社を出るタイミングならそうしたい。ただその境界線がわからないので、祈りのかたちを変えました。

NGOを受けます、合格したら、それが御心だと思って行きます。あなたがそうじゃないというなら、落としてください、とね。

試験に合格したので、会社を退職しました。ありがたいことに満場一致で引き留めていただきました。あと何年がんばったら年収一〇〇〇万円にも届くポジションだともいわれました。最後の最後までこれでいいのかなと思いながらも、退職届を出しました。四十二歳でした。

そのNGOは開発途上国の子ども支援を行っている「ワールド・ビジョン・ジャパン」という、キリスト教精神に則《のっと》った団体でした。子どもたちに直接お金を渡すのではなくて、十年、二十年かけて一緒に地域を開発してリーダーを育てる。ゆくゆくは地域全体の開発を通して、子どもたちも教育や医療が受けられて、健やかに育っていくことを目指していました。

まず一年間の契約社員として勤めて、そのあとは話し合いで正式に定年退職まで勤めるかどうかを決めることになっていました。ただ、その一年でやめました。

ぼくに求められている能力が足りなかったことと、ぼく自身もまるで神の調停を受けたかのように、行った直後から、あれ、思っていた組織じゃないという感覚があったもので、お互い一致して契約満了でやめることになったんです。

四十三歳ですし、正直、途方に暮れました。このまま非営利の世界でやっていくのかどうか。そんなとき、性的搾取の被害に苦しんでいる女性を支援するNPO法人が資金調達担当を募集し始めた。なんという偶然かと思いました。

二〇一八年からは東京都の若年被害女性等支援モデル事業の助成金をいただくようになって、繁華街のアウトリーチ[1]をするようになりました。週に一～二回、新宿の歌舞伎町を歩いて、たぶん性的な仕事をしている、

1　援助が必要な人のもとへ積極的に出向くこと。

あるいは、させられている子たちに相談先が書かれたカードを渡します。

カードだけでは受け取ってくれませんから、冬は使い捨てカイロ、夏は汗拭きシートやメイク落としと一緒に渡す。「ありがとう、嬉しい」とか、「え、なんで配ってるんですか」って話になるので、そうなったらカードを見せて、「何かあったら相談してね」と伝える。

歌舞伎町あるあるなんですが、仕事をなかなかやめられないとか、脅されてるとか、彼氏がDV男だとか、夜職から昼職に移りたいとか、なんでもいいから相談してねというと、「あ、わかりましたー」といって受け取ってくれる。

ぶっちゃけいうと、実際の相談につながることはほとんどなかったです。ただ半年ぐらいしてこちらを認識してくれたのか、客引きをしているガールズバーやメイドカフェの女の子にだんだん顔見知りもできて、関係性ができてきた。そうすると、じつは彼氏の暴力がひどいとか、親と関係が悪くて家に帰れないとか、お金もない、昼職に代わりたいけどこういう商売を一回やっちゃうと履歴書の書き方がわからない、といった話になっていく。

そういうことは警察や公的支援機関も把握できていない。性的な仕事をしている子たちがどんな状況に置かれているかは、現地をアウトリーチしないとわからないんです。

ところが、その活動をうちの団体に真っ向から否定されてしまいましてね。今の子たちはスマホで連絡をとり合っていて、相談はLINEで入ってくるから、ウェブサイトのほうに注力してくださいと。

自撮り画像をSNSで知り合った人に送って脅されているとか、アダルトビデオをやめたいとか、風俗の契約解除とか、とくに中高生の相談が増えたのは事実です。繁華街をまわっても実際の相談につながるのはわずかですからね。

でも、こちらがそうやって防衛線を張ると、つながろうとしている子もつながらなくなってしまう。だから東京都も専門性をもつぼくたちにアウトリーチを依頼しているんだといったんですが、これがなかなか理解されなくて。

本来、行政機関が手の届かない子たちを拾い上げるのがうちの仕事なので、どうしても多少の無理は求められるのですが、土日は休みですからとか、月曜日の朝九時以降でお願いしますとかいわれたら、行政機関と同じになってしまいます。

NPOには社会問題解決型と、あったらいいなということを実現していく価値提供型の二種類があって、ぼくらは前者なんです。そういうところでよくあるのは、自分たちがやっていることは絶対に正しい、それを理解できないまわりに問題がある、だからいつまでも解決しないという考え方です。

ぼく自身、気をつけないといけないのですが、支援する側の自己陶酔や自己顕示欲を感じることが結構あるんです。性的搾取でいえば、国や警察が何もしないとか、買春するおっさんが悪いとか、悪い誰かを攻撃することで賛同を得るという姿勢です。それではなかなか解決にはならない。

ぼくがこのNPOに入って気をつけたのは、とにかく批判はおきましょうということでした。それよりは、被害者が救われた、こういう犯罪がなくなった、ということに目的をおきましょうと。国や警察が動かないなら、どうすれば動いてもらえるかを考えましょうと。

聖書に「あなたは口のきけない者のために、また、すべての不幸な人の訴えのために、口を開け。口を開いて、正しくさばき、悩んでいる人や貧しい者の権利を守れ」（箴言31・8－9）とあります。今の日本で、神とかキリスト教とか聖書というと、それだけでアレルギー反応を起こされますが、行動だけでこれを示していくことが、やっぱり、今のぼくに求められていることなのかなと思うんです。

自分の意志というより、神の計画。もちろん自分の希望はありますよ。でも、自分の頭で考えたことが正しいとは限らない。エゴやヒロイズムが入ったり、自己陶酔が入ったりする可能性はありますし、その結果として重大な判断ミスを起こすことはある。

祈るときも、自分の頭で考え抜いた結果、こういう判断に至ったけれども、果たしてこれで正しいでしょうか、という祈りでしょうか。逆にいえば、祈るということができなかったら、たぶん、怖くて足を踏み出すことはできなかったかもしれません。

過去の自分を振り返ると、こういう方向に行かないほうがいいんじゃないかな、でもこうしたいなという自分の気持ちを優先させると、たいがいうまくいかないという経験を何度か積んできたんです。だから、お任せするしかないというか、イスラムでいえばマクトゥーブ、「それは書かれている」ですね。

ただ、一片の疑いもなく信じられたらぼく自身もすごく楽なんでしょうけど、そうじゃない。九割方、疑惑なんです。ずいぶん昔に読んだ本なのですが、遠藤周作の[2]『私にとって神とは』に、ジョルジュ・ベルナノスというキリスト教作家の「信仰というものは九十パーセントの疑いと十パーセントの希望だ」という言葉が紹介されていて、遠藤は、「それこそある時期の私の心を語っている」と書いていた。それを読んで、ああ、ぼくがずっと感じてきたことも、言葉にするとこういうことだなあと思ったんです。疑惑だらけなんだけど、離れようという気にはならない。

クリスチャンの両親のもとで生まれ育って、日曜日に教会に通うのは当たり前の生活を送ってきました。部屋のあちこちに聖句が書かれた日めくりカレンダーがあって、ぼくと弟の部屋のカレンダーには、「あなたの創造主を覚えよ」[3]というコヘレトの言葉が書かれていた。当時は意味がわかりませんでしたが、たぶん若いうちに自分が何かを見つけなきゃいけないと思ったことはすごくよく覚えています。自分は教会を離れる日はないんだろうということも結構早い時期に思いました。

たんに、行くのが面倒くさくて行かなくなったとか、中学時代に教科書でダーウィンの進化論を勉強したときに、創世記とダーウィンのどっちが正しいんだろうとかは考えましたよ。結論としては、おれの頭じゃ答えは出ないんだろうな、というのがそのときの答えだったんですけどね。年齢と共に、ゼロか一〇〇か、白か黒か、ではなくて、科学と信仰は決して対立するものじゃないんだろうなというのがわかってくるんですけどね。

洗礼を受けたのは、中学三年のときです。中学生ぐらいでなぜ、自分はこれからも教会から離れることはないだろうと思ったのかはよくわかりません。聖書のみ言葉が突然与えられたとか、ある日こんな奇跡が起きたとか、そういう話をよく聞きますが、自分にはないので、逆にそれが悩みだったりしました。

ただ、外的な要因はあったと思います。父親の信仰は自分に向く内省的なものでしたが、母親は新島襄の妻の八重《やえ》と同じ会津《あいづ》女子高の出身で、信仰に結構厳しい人だったんです。奏楽者として教会でピアノを弾いていて、誰とでも仲良くして頼られるタイプでした。

小学生の頃の話ですが、学校でいじめというか、仲間はずれが起きますよね。必ず母親にいわれていたのが、「あんたはいじめられる子と一緒にいてあげなさい」と。自分でも調子のいいところがあったので、仲間はずれにされている子に話しかけたりね。

すると、坂本が裏切ったとかいわれて一緒に仲間はずれにされるんですけどね。気づいたら、ぼくだけ孤立していたという構図もあったのですが、それが苦痛だとか理不尽と思うことはなかった。それは母親の言葉があったからじゃないかと思うんですね。

2　遠藤周作『私にとって神とは』（一九八八・光文社文庫）。

3　「あなたの若い日に、あなたの造り主を覚えよ。悪しき日がきたり、年が寄って、『わたしにはなんの楽しみもない』と言うようにならない前に、また日や光や、月や星の暗くならない前に、雨の後にまた雲が帰らないうちに、そのようにせよ」伝道の書12・1－2。

牧師にならないかと、お誘いいただいたことは何度かあります。ただぼくは、そちらの道は目指さなかった。それよりも、教会の外の方とつながりたかった。教会につなげるというのでもなく、伝道でもない。クリスチャンということは一切表に出さずに、自分の行動を通して、そこで何かを感じてもらえることがあればいいなと思ってきました。

ああ、あの人ってクリスチャンだったのね。クリスチャンの生き方も悪くないねと思っていただければ、それが一番いいのかな。

最初から、神は愛なり、といっても届かないでしょう。ぼく自身が疑り深い性格なので、苦しんでいるときに、あなたは神を信じますかといわれてもね。九〇パーセントの疑いと一〇パーセントの希望で生きている人間なので、そのあたりは、とにかく安心してもらえればいいなと。この人についていけばなんとかなるのかもしれないと。

壇上からそんなメッセージを語る人も必要ですが、それはそれでやる人はいますから。自分の行動を通して知ってもらうことが、ぼくがやるべきことなのかなと思っています。まもなく現在のＮＰＯをやめて新しく自分で設立することになっていますので、決まったらお知らせしますね。

2018/11/17,2020/2/3

おれはね、
親の葬儀にも行ってないし、
妹とももう十年以上会ってない。
救世軍に出会わなかったら、
ホームレスやってても
不思議じゃないです。

杉浦幸夫
一九六一年生
救世軍神田小隊軍曹
東京都

持ち金を使い果たして友だちの家に居候しているときに、「救世軍でカレー作るスタッフ募集してるよ」って聞いたのが、二〇〇五年ぐらいだったかな。はっきり覚えていないんだけど、それがきっかけで神保町《じんぼうちょう》にある救世軍本営に面接に行ったのが最初です。

社会福祉部の方が面接してくれて、ホームレスさんに配る給食を作ることになったんです。最初の頃は新宿西口公園と上野恩賜公園、最近は大手町《おおてまち》と代々木公園、墨田川河川敷ですかね。大手町ってのは、神田駅寄りの高架下のところでね。冬場の一月と二月は月水金、三月も少しはやる。四月から十一月は、月一回です。

救世軍に来る前に試しに列に並んだことがあるんですけど、そのときで三〇〇人ぐらいホームレスさんが並んでたかな。すごーっ、こんな並んでるんだって驚いたね。月曜日から炊き出しやってるところがあるってことにも驚いたけどね。

米はだいたい八釜ぐらい炊いて、カレーを三五〇食ほど作りました。午後二時頃から作り始めて、四時半ぐらいまでに終わらせて、車に積んで大手町に六時半ぐらいまでに着いて、椅子とテーブルを並べて配る。

昔は鍋を持っていってその場でよそってたんだけど、衛生上の問題もあるし、オフィス街だし、大げさにやると時間がかかっちゃうから、最近は弁当にして渡してる。

いつ頃からかなあ、東日本大震災のあとぐらいからかなあ、常盤橋を修理しなきゃいけないといって仮囲いができたもんだから、あのあたりを使わせてもらえなくなったんです。だからもう、炊き出しとはいえないけどね。

二か月ほど働いてから、杉並区にある男子社会奉仕センターで働かないかと誘われたんです。新宿区の新光《しんこう》館という福祉の寮も紹介してもらって、家賃を払って住みながらセンターで働くようになりました。

そこはアルコール依存症の回復支援施設で、プログラムの一環としてバザーをやっているところでした。中古の衣料や靴や家具や本を集めたり、送ってこられたものを整理したりして、並べて売る。その仕分け作業をみんなと一緒にやるんですね。みんな退院したばかりで体力がないので、社会復帰するまでのリハビリです。

そうしたら彼らが住んでいる寮の調理の人がやめちゃうというので声がかかって、今度は寮に住み込みをしながらみなさんの朝ごはんを作るようになりました。

だからその頃は、救世軍とキリスト教が一致してたわけじゃないんです。新光館の館長さんを車で神田小隊まで送ったことはあるんですけど、聖別会っていう礼拝だけ出て、おれは帰りまーす、といってすぐ帰ってたからね。

だって、話がむずかしいんだもん。聖書なんか読んでないし、読んでないから余計わかんない。年配者ばかりだし、話しづらいし。新光館では朝の集まりがあってお祈りはするんだけど、おれは仕事でさきに出ちゃうからね。たぶん、初めて救世軍に来てから洗礼受けるまで二～三年かかってるんじゃないかな。

おれは調理師を目指してたの。身内にいたのもあるんだけど、料理作るのが好きだったんです。

中学二年のときに先生から、料理のことを勉強したいんだったら宇都宮短期大学附属高校ってのがあるよって教えられたんですね。三年間のカリキュラムで、毎日実習があって、食品学とか衛生法規も勉強する。卒業証書を添えて自治体に申請すれば、試験なしに調理師免許がとれる学校です。

最初に働いたのは神保町の学士会館の裏にあったロシア料理店で、十八歳から二十四歳ぐらいまでそこでホールを担当していました。二年間の約束だったんですけど、おもしろくて続いたんだね。

そこは町の再開発でなくなってしまって、それからは西麻布で働いたり、自由が丘や日本橋に行ったり、千葉の柏《かしわ》のホテルではレストランの調理場にいました。ここは長かったですね。流行もあって、ソムリエの資格もとりました。

そこをやめて、六本木の店で、店長の次のマネジャーをやりました。自分の好きなようにはできたんだけど、雇っている人数が多かったんでなかなかうまくいかなくて、人間関係が大変だったんだね。二年ぐらい経ったときに、独立して開業しないかという話があって店をやめました。

ところが、これが騙されてたんですよ。借金までしてたんだけどね。親とは喧嘩別れになったし、住むところもなくなってしまって、仕事もないまま知り合いの家を転々とする生活が始まりました。

その頃じゃないかなあ、救世軍麻布小隊の看板を見たのは。夜だったんだけど、なんか、話を聞いてもらいたいなと思って行ったんですよね。古くて小さい、教会らしい建物で、看板に聖句が書いてあったんです。「疲れた者、重荷を負う者は、だれでもわたしのもとに来なさい。休ませてあげよう」（マタイ11・28）って。

それまでもその看板を見ていたはずだけど、ピンとこなかった。疲れてないし、みたいな感じで全然自分に入ってこなかった。そのときはまあ、疲れてたんだね。体力的というより精神的に。でも、夜遅かったし門も閉まってて、誰もいなかったんだね。

カレーを作るスタッフを募集してるって聞いたのは、年が明けて一月の初めでした。

おれが変わったのは、梅本正和《うめもとまさかず》さんという救世軍兵士の存在が大きいんですよ。最初に新光館の館長を神田小隊まで車で送ったとき、入り口でいきなり梅本さんが握手して挨拶してくれたんです。誰にでも握手する人で、最初はなんとなく怖い人だなあって思ったんだけど、どこで会っても挨拶されるんですよ。だんだん惹かれていったんですね。

なんでしょうね、全体的な魅力、としかいいようがない。カレー給食の奉仕もされていて、一緒に隅田川沿いに行く車の中で、戦争中の話を聞いたりしてね。台東区の蔵前《くらまえ》に住んでいて、東京大空襲のときに、飛び込めっていわれて川に飛び込んだ話とか聞いたなあ。

小隊で何度も証しをされていて生い立ちは聞いてるんだけど、これまでさんざん悪いことをしてきたといってたな。何度も刑に服して、江戸川で死のうとしたんだけど死ねなくて、新宿の福祉事務所で新光館を紹介されたのが、救世軍との出会いだったと。

お祈りする場所を恵《めぐみ》の座っていうんですけど、一番最初にそこで神様の前で一緒にお祈りしようといってくれたのが梅本さんなんですよ。何をお祈りしたのかも忘れてしまったけど、梅本さんが一緒にいてくれたことだけは覚えてる。おれを祈る場所に導いてくれたのは、梅本さんなんですよ。

亡くなってもう三年ぐらいになるかなあ。おれより二回り以上年上なのに、梅ちゃんって呼んでたんですよ。おれは、杉さんって呼ばれてた気がするけどね。

それからは小隊に通うようになって、聖書や神様のことも知りたいと思うようになったんです。

小隊長から兵士になりませんかといわれたときは、そりゃ、嬉しかったですよ。信仰のことははっきりしていないし、信じますといっても、深く入ってきているわけでもないし、いいのかなとは思ったんだけどね。

そもそも神様というより、救世軍と出会ったことで自分の人生は大きく変わったので、今もそうなんですけど、信仰については自分は薄いほうだと思ってるんですよ。奉仕活動するのに兵士になっていたほうが差し障りないんだったら、そのほうがいいかなあと思ってなったぐらいだからね。

二〇〇八年のイースターに入隊式をしてもらって、正式に救世軍兵士になりました。一本、線が入ったかなという感じですかね。真ん中に聖書があって、神を信じるという一本の線が見えたような、そんな気がしました。

そのあと糖尿病で入院したことがあったんです。あと一日遅れていたら死んでたといわれるぐらい悪くて、三週間ぐらいいたのかな。生まれて初めて入院したんですけど、いろんな方がお見舞いに来て祈ってくださって、メモしないと忘れちゃうぐらいだったんです。それは励みになりましたよ。励みになるっていうか、助けになりました。

体質的に太りやすいから運動しなさいといわれて、山登りを始めました。穂高岳《ほたかだけ》、槍ヶ岳《やりがたけ》、富士山とか、高い山から一人で登り始めたもんだから、本当に疲れて進めなくなって、そのときは途中で、神様、この山を登らせてくださいってお祈りしたなあ。今はもう、新しい朝を迎えられるだけで感謝です。

救世軍は災害支援活動もしていて、おれは新潟県中越沖地震のときから災害対応のキャンピングカーを運転して参加しているんですけど、東日本大震災で石巻や陸前高田をまわったときは、さすがに人間の無力さを感じました。

一番被害が大きかったのが石巻で、自分としては気合いを入れなきゃみたいになったんですよ。おれが気合い入れてどうするの、だけどね。

夏場に避難所に行ったときは蝿《はえ》がひどくてね。そんな場所で炊き出しするのは本当に申し訳なかったんだけど、そこで生活して寝てらっしゃる大変さを思うとね。

だって、カレー作ったって半日で済むじゃないですか。こっちは家に帰れば風呂はあるし。なーんで、神様、こういうことするのかなあって思ったよ。助けてよ、こんな災害、起こさなくてもいいじゃんて思ったねえ。神様のせいにするわけじゃないんだけどね。でも当事者になれば、たぶん、神様のせいだって思うんだろうね。人間は、本当になんにもできないんだなあって思ったよね。でも、助けてくださいってお祈りできるのは、神様を信じてるからなんだよね。

おれはね、親の葬儀にも行ってないし、妹とももう十年以上会ってない。救世軍に出会わなかったら、十年以上前からホームレスやってても不思議じゃないです。

救世軍に出会ったことで仕事をさせてもらって、神田小隊にも来ることができた。今も給食活動をしていますけど、奉仕できることが自分の生活なんですよ。最初は門が閉まってたけど、結局、おれの話を聞いてくれたのが救世軍なんです。

おれ、堂々といえますもん。救世軍にいます、社会奉仕してますって。普通にいえますもん。毎週毎週、仕事終わってから奉仕に行って、疲れないのって聞かれますけど、行って帰ってせいぜい四時間ぐらい。列に並ぶ人たちは路上で寝て、二時間並んで、食べてもまた路上で寝るって生活だからね。寒いときなんかそれこそ大変なんだから、それぐらいやって当然でしょ。

だからほかの人もやりなさいっていうんじゃないですよ。私は救世軍ですっていえるということです。じゃあ、私も行ってみたい、奉仕を手伝いたいという人がいたら、来てくれたらいいですけどね。

2018/11/14

伝道はすばらしいことですが、それが人の生き方を変えて、どんな犠牲を払わせることになるのか。私はその重みを、岩手県の沿岸でこれまで以上に意識するようになりました。

篠原めぐみ
一九六〇年生
社団法人いっぽいっぽ岩手、新居浜グレース教会協力牧師
愛媛県

いっぽいっぽ岩手のリーダーになったのは、二〇一六年四月です。OMF[1]という超教派の国際伝道団体が東日本大震災のあとに東北で二年間の緊急支援をしていて、山田町の駅前に交流プラザを建てたんですね。

その活動が終了するということで、彼らと宣教協約を結んでいる日本福音キリスト教会連合、JECAが二〇一四年から活動を引き継いだんです。

当時、愛媛県にある新居浜グレース教会の協力牧師で、被災地にはボランティアとしては来ていましたが、だんだん支援者を支援する働きがいることに気づいたんです。クリスチャンというのは善意が人一倍あるので、現地の要求に応えられないと自分を責めてボロボロになってしまうんですね。

リベラルな教会だと、昔から社会的な責任を重視してきたのでノウハウがあるんですが、福音派の教会は伝道や魂の救いに重きを置いてきたので、組織作りから手探りでした。支援団体を立ち上げて、社会福祉協議会

1　七五ページ参照。

や行政と協力して、といった活動に不慣れだったんです。

伝道を目的にしてはいけないので、その原則をどう続けていくかもなかなかむずかしい。仕事内容は新しいし、現地がめちゃくちゃ大変そうだったので、私でよかったら行こうかしら、と申し出ました。自分が願ったというより、導かれたとしかいえません。


現地ではスタッフが限界に近かったので、私がリーダーになった段階で活動範囲を釜石と山田に絞りました。スタッフは四人、無給のスタッフもいました。現地の宣教師や牧師や手伝いに来てくれる信者で、だいたい八人から一〇人ぐらいのチームですね。国内外からボランティアが来るので、その受け入れもしました。交流プラザには、いろんな方がお茶を飲みに来られました。被災した人も被災しなかった人もいますし、被災しても、家族を亡くした人もいれば、家族はみんな無事だったけど家はなくしたという人もいる。被災地といっても、いろいろです。

山田はやはり港町特有の文化があります。昔から雪はほかの東北に比べて少なめで海の幸に恵まれていて、船出をしたらうん百万、うん千万と稼ぐので、お酒や女性やギャンブルにパーッと使うんですね。情に厚くていい方たちがほとんどですが、私たちは聖書的な倫理観や価値観をもっているので、女性に対する感覚とかお金の感覚がかなり違う。そのことによる疲労感というのはあるんです。

たとえば結婚について、聖書的価値観では、セックスは夫婦に与えられたよき賜物、夫婦で十分楽しみましょう、それが神様の与えた秩序だと考えます。だから結婚前はどんなに好き同士でもセックスはしない。

ところがここでは、不倫とか、子どもの父親がみんな違うとか、そういうことを半分は批判するけど半分はおおらかに受け止める土壌がある。私たちに対しても、キリスト教の働きをしているつもりなのに、異性として意識される。意識されるのはしかたがないですが、スナックのような感覚で接してこられることがあって戸惑いました。

私たちの支援は震災五年目からだったので、地域支援がメインで、みなさんの話し相手になるということも一つの活動でした。願わくば、神様につながってほしいと思っているわけですから、現実とはかなりのギャップがあるんです。

その一方で、被災して大変な目に遭ったけれど、ボランティアで書道を教えてくださる方もいましたし、中には信仰の道に進みたいといった方もいました。ただ小さい町ですから、人目をとても気にするんです。いっぽいっぽ岩手は好きだけど、教会に行っていると思われたくないといって、記念撮影しようといっても入りたがらない人もいました。

信仰の道に進みたいといったのは、二十代の男性と八十代の女性の二人です。男性は子どもの頃に虐待された経験がありました。平気で嘘をつくし、たばこを盗むし、問題行動が多い。いっぽいっぽに借金取りの人が来たこともあります。

私は彼を結構叱って、問題行動があったら一か月は立ち入り禁止にしたんですが、スタッフはみんなやさしいから甘えるんですね。自分の思い通りに動くと思って人のやさしさを利用してはいけないと叱ると、「怖えーっ」といってましたけどね。ほかに彼を受け入れるところがないので、拒むことはしなかったですけど。

そんな彼に何回か、イエス様が何をしてくれたのか、話をしたことがあるんです。するとあるとき、イエス様を信じたら罪を赦されて天国に行けるという図式を見ながら、「信じたい、信じたい、天国に行きたい、行きたい」っていったんですよ。

じゃあ、話をしようかといって、聖書のローマ人への手紙の一章を開いて、罪のリストを見せました。不義や妬みや殺意や高慢など、人類の罪が並んでいる一節で、この中であなたの犯した罪はなんなのって聞いたんですね。そこにあるだけが罪のすべてではないでしょうが、彼なりにちゃんと罪を告白して、お祈りを一緒にしたんです。「天の父なる神様」で始まって、「イエス様のお名前によってお祈りします」で終わる祈り方も教えました。

そうしたらすごく嬉しそうな顔をして、ごはんを食べたあとに皿洗いを始めたんです。彼には軽い知的障害があるとみんないっていましたが、私にはとても頭のいい子だと思えました。霊的感受性もあるようでした。自分は価値のない悪い人間なので地獄に行くと思っていたけれど、こんな自分でも天国に行くチャンスがあるんだと。彼の信仰はそのことだけです。

私は、瞬間が事実だったら、救いは客観性を担保したものだと思っています。どういうことかというと、自分が救われたと思ったら救われてるんだとか、信仰は山あり谷ありで今は救われているけど、昨日は救われていないとかじゃなくて、本当に罪を悔い改めてイエス様を信じます、神様ごめんなさい、という祈りが真実のものであるならば、どんなにそれが稚拙であっても神様は受け入れてくださるということです。それは聖書に書いてあるし、私もそれを信じています。

神様はいったん受け入れたら、途中で放棄したりしない。もし、なしになるなら、それは最初の時点がおかしいはずなんです。救いは一〇〇パーセント、神の側に根拠がある。人間との共同作業ではない。だから、恵みだと思っているんです。

ところが、彼の生活のほうはなかなか改善されない。いうことをきくおじいちゃんの家に上がり込んで、家の物を勝手に持ち出す。とうとう窃盗で捕まってしまった。裁判を傍聴しに行きました。余罪がたくさんあって、一回目は執行猶予がついたのですが、半年もしないうちにたばこを盗んで通報されてしまった。それで実刑になって、今は刑務所にいます。

彼は本当は神様を信じてないいんじゃないかと、まわりの人はいいます。でも、私は神様の恵み、神の救いは一〇〇パーセント神の業だというところに立ちたい。彼が救われたことは真実だと思っています。

もう一人、信仰したいといった八十代の女性は、北海道の教会の先生たちがボランティアで来てくださったときに初めてキリスト教にふれて、讃美歌の美しさに癒されたんだそうです。クリスチャンの人たちはやさしくしてくれるじゃないですか。それでいっぽいっぽ岩手に来るようになったんです。ただ家には守らないといけない仏壇やお墓があるので揺れていました。

彼女も自分の生きざまを振り返って、自分が死んだら地獄に行くかもしれないと思っていました。これは刑務所に入った彼との共通点です。自分は地獄に行くと。お祈りしても、決して、アーメンといわない。アーメンというのは、私は神を信じますということですから。

それがあるとき、すとんと落ちて、信じたいといったんです。ああ、これが恵みなんだ、罪を赦してくださってありがとうございますといって。喜びと解放感があったんでしょうか、肩がずっと痛かったけど痛みがとれた、神様のおかげですといっていましたね。

日曜日にいっぽいっぽを貸し切りにして礼拝をしていたのですが、礼拝に行ったら献金しなくちゃいけない。まわりを見て、ほかの人がお札を入れてるのをちらっと見て困ってしまう。別になければないでまったくかまわないのですが、どうしても気になるんですね。仏壇とお墓のこともだんだん苦しくなる。それで少し、遠のいてしまう。

遠のこうとする彼女を見て、ああ、本当に信じたんだなと思ったの、私は。成熟した信仰ではないけど、信じたんだなって。刑務所に入った青年と同じで、あとはもう神様に頼るしかない。

二〇一九年春で交流プラザが閉鎖されることが決まって、信者になった二人のことは現地に残っている教会の宣教師に引き継ぎました。私が岩手を離れるとき、彼女から「私をこんなにして、見捨てるのか」っていわれました。親戚から迫害されそうなところで、「信じますといわせて、あんたいなくなるのか」って。

伝道はすばらしいことですが、それが人の生き方を変えて、どんな犠牲を払わせることになるのか。私はその重みを、岩手県の沿岸でこれまで以上に意識するようになりました。

信仰することにあれほどビクビクするのは、やっぱり重いからです。いったん信じたら、異質なものになっていくわけですから。福音の内容を十分理解できなくても、いったん信じてそのことを公にしてしまうと、共同体を出ていかないといけないような危険もあるわけです。

いっぽいっぽに出入りしていたほかの人たちもそうでした。家族の中で一人だけ、クリスチャンになるというのは、とても怖いことなんです。

それは被災地に限りません。これまで東京や高松や愛媛の教会で働いてきましたが、残念なことに一人ひとり均等に対応するわけにはいかないので、これまで私には見えなかったことはたくさんあったと思います。

家族の中で一人だけ教会に来ている人で、日曜日の朝から夜まで教会に残っているような人たちがいるんですが、その人たちがよそからはどう見られていたのか。クリスチャンになって教会にとられちゃったと思われていたんじゃないかと、今では思います。


二人が罪を告白したと話しましたが、それは良心のとがめとか、他者との比較ではなくて、自分に命を与えた神様に対して悪いことをしたんだという自覚です。罪の大小ではなくて、あるかないかの問題で、罪があったら天国には入れない、なぜなら神様の清さは完全なものだから、という理解です。

イ・チャンドン監督の「シークレット・サンシャイン」ですか？　ええ、あの映画は私も観ました。あれはとても深い内容でしたね。

息子を誘拐されて殺された母親が、教会に救いを求めて通ううちに、犯人を赦そうと心に決めて面会に行く。

すると、犯人はクリスチャンになっていて、私は神に罪を告白して赦されましたと母親に告げる。自分が赦そうと思っていたのに、神がさきに犯人を赦していた。それを聞いて母親はさらに追い込まれていきましたね。

　これをどう考えればいいのか。とてもむずかしいことですが、どんな罪を犯した人でも、神様と私の関係で赦されるというのは変わりません。たとえば私があなたをすごく傷つけて、あなたは私を赦さないとすごく怒っているとします。でも私は神様に罪を告白して赦された。その赦しは天国に入れてもらえるというものです。ただし、私は罪の事実が消えると思っているわけじゃない。罪が軽くなるわけでもない。罪を犯した人に対する罪責は残ります。残るからこそ、神に赦されたあとの生き方が変わるんだと思います。

罪を犯した相手に赦してもらおうと思うことすら、願わないかもしれない。神に赦されたことは確信できても、与えた傷が深ければ深いほど、無理だろうなと思います。人を本当に赦すことなんか無理だと思います。だから、信じている、というのでしょうか。


私は小学四年のとき、父を交通事故で亡くしました。事故を起こした相手は未成年で、四トントラックの免許をとりたての人でした。本人じゃなくて、その会社の上司が二人、私たち子どもへのクリスマスプレゼントを抱えて、家にあやまりに来たのを覚えています。

母は弟を抱っこして、姉[2]と私は母の横に座っていた。二人は、「申し訳ございませんでした」と頭を下げている。母は茫然として、感情を乱すわけでもない。相手を責めるわけでもない。はあ、はあ、と涙も流さず答えるだけでした。

私たちも、ちっちゃかったということはあるのですが、涙も出ない。ただ父が亡くなったことがショックだっ

2　若葉キリスト教会牧師、松元ハンナ、八八一ページ。

た。それはすごく大きかったんです。

父は住友銅山（別子《べっし》銅山、一九七三年閉山）の労働組合専従だったので、葬儀には一三〇〇人ぐらい参列者がいました。自宅でやりましたので、玄関を開け放していたんですが、外までずらーっと人と花輪が並んでいました。

そのあとも、母から恨みがましいことは一切聞いたことがありません。両親ともクリスチャンでしたが、恨みや怒りの感情を信仰で抑えつけているというわけでもないんです。

愛する夫を突然失ったショックのほうが大きすぎた。姉と弟と私の三人の子どもを抱えて生きていかなきゃいけないという必死さもあったでしょう。

父が亡くなったのは月曜日だったのですが、その前日、父は私たちを教会に送って組合の仕事に出かけたんですね。だから母は、「お父さんは死ぬ直前まで、あなたたちを教会に送り届けたんだ」というんです。教会から離れないということがお父さんの遺志なんだと、私たちもそう思いました。

ずっとあとになって、母が認知症になりかけていたときに、介護をしながら聞いたことがあるんです。ちょうど韓国ドラマを見ていて、あちらのドラマってドロドロの復讐劇が多いじゃないですか、負のエネルギーを親が自分の子どもに植え付けていく内容とか、よくありますよね。どうして、うちはそうならなかったのか、なぜ母が悲しみや恨みや怒りを私たち子どもに植え付けなかったのかと聞いたんです。

そうしたら、母がいったの。「ああ、イエス様が守ってくださったねえ」って。

ああ、本当にそうだなあと思いました。母の信仰が立派だということではないですよ。母はもともと教師でしたから、世間体とか、自分が人にどう見られるかとか、そういうことを気にしない人ではなかった。昭和に生まれ育った人のまじめさというのはもっていた。

それなのに、この母を、恨みや負のエネルギーから守ってくださった。だから、イエス様は本当にすばらしいんだと。

母の信仰を見ていると、病気になってからのほうが信仰が深まっていったように思えます。かつてはもうちょっと世間体とか気にしながらがんばって生きていたところがあったので。そういうものがとれて神様に委ねるというか、感謝の想いが深まっていったように思います。私はずっと独身で生きてきましたけど、両親を天国に送って、ああこれでいつでも死ねるんだと思いました。

母がそんな人でしたから、私が加害者を恨んだことはありません。母のおかげ、イエス様のおかげです。恨みは微塵《みじん》もない。それを問題にしてどうするのっていうぐらい、ないです。

父がいないという事実のほうが強烈だったからです。赦す、赦さないということを意識すらしないほど、父がいなくなった事実が大きかった。あの人を赦さない、赦さないと思って、祈って赦せるようになった、神様感謝します、というわけでもないんです。

加害者の青年のことを祈ったことがあるか、ですか？　いや、私は子どもでしたし、そういう発想もなかったし、信仰も明確ではなかったので、それはなかったですね。

でも、今そう質問されて、ああ、そうかと初めて思いました。もし、その青年が人生において負い目を感じて生きているとしたら、それが軽くなるように祈るという選択はあるんですね。こうしてお話ししながら、気づかされました。それはもしかしたら、まだ遅くはない祈りなのかもしれませんね。遺族からすれば、赦しているという意識さえないのですが。

2019/6/17

ぼくたちの世代の
特徴だと思いますが、
今さえよければそれでいい、
そう考える人たちが増えたと思います。
日本人のきまじめさや奉仕の精神は、
どんどんなくなっている。

高平真生
一九九一年生
西日本福音ルーテル教会米子福音ルーテル教会、
神戸ルーテル神学校
鳥取県

小学一年のとき、父ががんで亡くなりました。まだ四十三〜四歳だったと思います。記憶が定かではないのですが、持病があって若い頃から入退院を繰り返していたそうです。ぼくは小さかったのであまりわからなかったのですが、たぶん五つ上の兄のほうがショックは大きかったと思いますね。

その年のクリスマスだったか、父親の知り合いが母を教会に誘ってくださって、兄とぼくも一緒に連れられて行ったのがきっかけで米子福音ルーテル教会に通うようになりました。

礼拝は退屈だったんですけど、同世代の子どもたちと一緒にゲームをしたり、飴《あめ》のつかみ取りをしたりして遊ぶのが楽しくて、だんだん自分が大切にされていることがわかってきて毎週行くようになりました。今思えば、教会がＭＥＢＩＧ[1]という子ども礼拝のプログラムを導入した頃でした。

今は学年に一人ずつ担当の先生がいますが、ぼくの頃はまだスタッフが少なかったので、高学年と低学年ぐらいに分かれて教会のみんなと遊びました。大人の礼拝よりもぎゅうぎゅうに子どもが集まったときもありました。中学生や高校生のお兄さんお姉さんに面倒をみてもらうことが多くて、今考えると、そういう時間がやっぱり楽しかったんだと思います。

バイブルクラスで聖書の勉強を一〇回ぐらいやって、八歳で洗礼を受けました。母が受けるというので、兄とぼくも一緒に受けることにしたんです。

理屈じゃないです。聖書に書いてある神様について毎週聞いていましたから、ああ、神様はいるんだなあという感じでしょうか。真剣に信じていたのかといわれると、うーん、それはどうかなとは思います。

だんだん習い事とかスポーツ少年団で水泳やバスケットボールをやるようになって、そうすると日曜日に試合があるから、教会を休んでそちらに行くようなことが結構ありました。なんとなく神様を信じていたというぐらいなので、ほかに楽しいものが見つかればそっちに行っちゃうんですよね。

ただその頃に腕に血管腫ができて、まっすぐ上がらなくなってしまったんです。神経が集中しているところだし、成長期だったので手術はむずかしいといわれて、みんなと一緒に練習ができなくなってしまいました。

骨折とかだったら外から見てもよくわかるんですが、血管腫は見えないところにあったので、なかなかまわりに理解されなくて、友だちとだんだん疎遠になっていきました。ああ、みんな、バスケやってるから友だちなんだ、水泳やってるから友だちなんだ、とわかってつらかったですね。

学校もすごく荒れて、喧嘩が起こると止まらない。二十代の女の先生だったので、ヒートアップするとみんないうことをききません。年に二～三回、担任の先生が替わるほどでした。

1　Make Everybody Believe In God　の略で、札幌の愛隣チャペルキリスト教会の内越《うちこし》言平《ごんぺい》牧師が考案した「お友だち伝道」のプログラム。最初に教会の椅子を取り払うところから始めて、遊びを取り入れたさまざまなプログラムで構成される。

学校に行っても勉強が進まない。友だちともうまくいかない。相手にされない。いじめも始まって、靴に砂を詰められたり隠されたり、引き出しの中身を廊下に投げられたり、鞄を川に投げられたりするようになりました。負けず嫌いだったのでやり返すんですが、それよりもすごいことをされるようになったので、精神的にもきつくなっていきました。

学校に行こうとするとお腹や頭が痛くなって、小学五年からはきっぱり行かなくなってしまった。自分に対する無力感というか、自分の価値ってこんなちっぽけなものだったのかと思いました。

今はいじめがあると、無理に学校に行かせなくていいことになっていますが、ぼくが住んでいた町は田舎だったこともあって、あまり理解がなかったんです。母が教育委員会に呼ばれて、今から学校に行けないような子は将来社会のレールに乗れなくて戻ってこられなくなるから、保健室でもいいから学校に来るようにしてくださいといわれました。

母はそれでも無理に学校に行かせることはしなかった。たとえ社会のレールから離れたとしても、自分の命を大切にできる人になってほしいという願いがあったようです。

母はその頃には教会で働くようになっていて、教会で勉強したらいいじゃないかといいました。親が子どもの教育に責任をもって育てる、アメリカのホームスクーリングのムーブメントが日本に入ってきて、教会で子どもたちを教育するチャーチスクールもだんだん増えてきたんですね。日本でも積極的に導入した教会があって、優秀な子どもたちがいるとどんどんアメリカに留学させていました。

チャーチスクールといっても、半日ぐらい自習するだけです。自分で教材を買ってきて、わからなかったらまわりに聞く。英語や数学は牧師先生が教えてくださった。中学生で高校生レベルの問題まで解けるようになって、だんだん自信がついてきました。

バスケができなくなった頃からフルートを吹き始めたんですが、教会で勉強が終わると昼からはフルートを吹いたり、教会がクリスマスに子どもミュージカルを始めてからは、そこで楽器を演奏したりパソコンで作曲したりして、そんなことに時間を費やしていました。

そのうち聖書に真剣に向き合えるようになったというか、聖書の「わたしの目には、あなたは高価で尊い。わたしはあなたを愛している」というイザヤ書四十三章四節が自分にとって励ましになっていったんです。自分に価値があると思えない状況が続いていたのですごく考えさせられたというか、命を捨ててまで自分を愛してくれるイエス・キリストのことが初めてわかりました。

勉強をがんばって、エンジニアとか弁護士とか、お医者さんとかになるのもいいですが、それって自分がしたいことではない。それよりも、今こうして自分が元気になっているのは、自分が聖書と教会に出会ったからなので、将来はそういうことのために人生を使いたい。中学二年のときには、牧師になりたいと思うようになりました。

学校には、中三で戻りました。いきなりテストでした。結果は一〇〇人ぐらいの同級生のすごく上位に入って、先生も同級生もみんな認めてくれました。卒業文集にも、高平君はあんなに学校に来ていなかったのに、勉強をさぼっていたわけではなかったんだな、と書いてくれていた同級生がいて、すごく嬉しかったです。

西日本福音ルーテル教団が運営している神戸ルーテル神学校は、原則として大学を卒業していないと入学できないのですが、鳥取県には大学が少なくて、家に近いところだと米子工業高等専門学校しかない。本科と専攻科の七年間通えば、大卒と同じ学士の資格をとれるので、そこに通って、卒業して二年間だけ音楽の仕事をして、そのあと神学校に入りました。

音楽の仕事をどうしてもやりたかったんです。教会でミュージカル音楽をやっていたので、神学校に入る前にフリーの立場で二年間だけやろうと決めました。アメリカでは教会音楽がすごく盛り上がっていて、それこそ教会音楽からグラミー賞をとる人も多い。趣味のレベルを超えて本格的に勉強したいなと思ったんですね。演奏できるのはギターとドラムがメインですが、エンジニア系の仕事が多くて、パソコンで多重録音するクリエイターをやりました。コンサートの音響やレコーディング、楽器の指導もしましたね。

二〇一六年四月に神戸ルーテル神学校に入学しました。ここで三年と一学期を終えると神学修士で、西日本福音ルーテル教団からまずは伝道師としてどこかの教会に派遣されます。

ルーテル教会って、プロテスタントの中でもお堅いところです。ドイツの教会に行くとパイプオルガンがあって、みんなで一字一句決まっている言葉を読むリタージカルなところがあるんですね。それがあまり好きではなくて、どちらかというとぼくは、照明や音楽に凝ったアメリカ系の教会に憧れていた。

ギリギリまで悩みましたが、最終的には自分がルーテル教会で育ってきたことや文化を守ることの大切さを感じて、神学をしっかり勉強したいと思ったんですね。

音楽の仕事でいろんな教会のイベントの裏方をやっていたのでわかったのですが、結構いい加減な教会は多いです。三〇〇〇人規模の大ホールでバンドを招いて、ステージは華やかです。クリスチャン専門の音響会社なんかないので、そのぐらいの大きなイベントだと、一般の音響会社や照明会社の人たちが来ます。そういう人たちに対して、無理難題を突き付けて、お金をけちる。メガチャーチにはカリスマ的な牧師がいるので、まわりは従わないといけないですし、これが本当に教会なのかなと思うことはよくありました。

ルーテル教会の信仰は、使徒信条[2]やアウクスブルク信仰告白[3]に立つことがはっきりしているのですが、そういうものがない無信条主義の教会は、心や体で感じることばかり強調する。それが悪いというわけではないのですが、牧師が一つ間違うと危ない。

とくに韓国系の教会に多いのですが、奇跡や聖霊の働きを強調するあまり、感極まって倒れる人がいっぱいいる。こっちはどうせ演技でしょ、と思うから助けには行かないんですが、ノンクリスチャンの方が、大丈夫でしょうかと心配している。ああ、クリスチャンじゃない人たちのほうがやさしいのかもなあって思ったんですけどね。

ルーテル派からいえば、そういうのは異端とみなすでしょう。異言も否定はしませんが、誰かがそれをわかるように説明しないといけないと聖書[4]に書かれていますし、聖霊の働きというのは奇跡を起こすとか、癒すということではなく、信仰を与えることですから。

とくに終末論的な思想を掲げる教会は、唯一の神であり王である神を高くすることを強調しすぎる傾向があります。それとは逆に、私たちは、神様が私たちのところに降りて人となった、私たち罪人のために神は人になって来てくださったと考えます。

マルチン・ルターは最初に、恵みのみ、信仰のみ、聖書のみ、といいました。自分の行いによらないということをすごく強調した。救いは、神の一方的な恵みによるということです。

神学校の先生が末期がんで闘病されていたときの話ですが、みんな治るように祈りましょうとは決していわれなかった。初めはちょっと冷たいんじゃないかな、せめて病が癒されるよう祈らないのかなと思ったんですが、そういう奇跡は望まないんですね。

それよりは、私たち夫婦には天国の約束があるからとおっしゃって、自分たちよりほかの人のことを心配さ

2　西方教会で用いられる信仰告白文。
3　一五三〇年にアウクスブルク帝国議会で皇帝カール五世に提出されたルター派の信仰告白。
4　コリントの信徒への手紙一14・1－25。

れていた。最後はご自宅におられたのですが、呼びたい人をリストにして、いろんな人を招いて、私たちの神様は一方的に愛を与えてくださるお方なんだということをわかるものにしてください、とだけお願いされたそうです。

ぼくは、その話を聞いてすごく感動したんです。病気を癒してくださいとか、歩けるようにしてくださいとか、そういう祈りじゃない。クリスチャンになるというのは、そういうことじゃない。ぼくはルーテル教会にいてよかったと思いました。

神戸ルーテル神学校は、卒業するとM.Div.という神学修士や、その上の博士号もとれる学校です。それができない神学校は、アカデミックに審査されていないということです。

毎日、勉強ばかりです。もっと奉仕や伝道をしたほうがいいんじゃないかといわれますが、それよりも勉強だといって絶対に手を抜かない。レポートも一教科一五枚を一〇教科やる。とくに語学は大変で、ギリシャ語、ヘブライ語を勉強して、訳に注意しながら聖書を読んでいく。大変ですけど、嫌ならやめてくださいという姿勢です。

聖職になったのは結果的に学年でぼく一人だったのですが、五年間一緒に勉強した人の中には牧師になるつもりはなくて、役員、長老として教会を支えていきたいという方がいました。その方の教会に、いわゆる異端と呼ばれる人たちが入ってきて大変だったそうです。

よくある話なのですが、最初は正体を明かさず、すごくまじめに教会に通って奉仕もするんです。立派なクリスチャンだな、と周囲に思わせたところで、少しずつこういうセミナーがあるといって教会員を誘う。最終的には自分の教会にごっそり信者を奪っていく。元をたどると、[5]新天地という韓国系の教会だったそうです。

だからちゃんと神学を勉強して、何が異端なのか、何が教会なのかを知って、考えないといけないんだと思って神学校に入ったんだそうです。教会にいると、そういうことが実際に起こるんですね。

日本という国でなぜキリスト教を信仰するのか。なぜキリスト教を伝えようとしているのか。一つは、これまでお話ししたような個人的な経験があったからですが、もう一つは一般論になりますが、日本に足りないものってなんだろうと考えたときに、それは信仰だと思ったんですね。

ぼくは理系なのでよくわかるんですが、実験にしても、法則にしても、机上の話で、そこにあてはまらないことっていっぱいあるんです。研究者はわからないから研究するんですよ。そう考えると、日本人は科学的なものに依り頼もうとしているんじゃないか、無宗教に依り頼もうとしているんじゃないかと思うんです。ぼくたちの世代の特徴だと思いますが、今さえよければそれでいい、そう考える人たちが増えたと思います。日本人のきまじめさや奉仕の精神は、どんどんなくなっている。それは科学に依り頼んだ結果、無宗教に依り頼んだ結果とはいえないでしょうか。こんなに科学が発展しても、私たちの心は満たされない。それを満たすことができるものが宗教じゃないか。

宗教って、苦しいことを紛らわすことができるんです。だから、信仰すると楽になるという人がいます。でも、ぼくはそれをキリスト教とは呼びたくない。

クリスチャンになるほうが苦しいですよ。聖書の価値観通りに生きられない自分にぶつかれば、しんどいじゃないですか。楽そうに見えて、どんどん自分の首を絞める。

5 新天地イエス教証しの幕屋聖殿。韓国のキリスト教系新興宗教団体。韓国では異端とされ、信徒をほかの教会に送り込んで分裂を引き起こし、牧師を追い出して教会を乗っ取る手法が問題視され、日本でも各教派へ警告文が配布された。二〇二〇年二月には韓国で新型コロナウイルスのクラスターの発生源となり、社会的な話題にもなった。

そうはいっても、自分が聖書に出会っていなかったらと考えると、あまり想像したくもない人生だったことは確かです。

これから牧師になるわけですが、教会をもっとノンクリスチャンの人たちも来られるところにしたいと思っています。

何を伝えたいかというと、価値観です。どんなに失敗しようが、罪があろうが、神はあなたを大切にして、あなたを高価だといい、命まで懸けてくれているんだということ、聖書に従って生きることのすばらしさを伝えたい。

信者を増やすために集会しましたって、目的がさきにあるのはおかしいじゃないですか。そうじゃない。相手がどう受け取ろうがいいんです。いつまでに洗礼を受けなければならない、なんて決まりもないです。

十年後であろうが、死ぬ間際であろうが、どんな失敗をしようが、どんな罪があろうが、すべて価値は同じだと思っています。だからもっと、毎週の礼拝にノンクリスチャンの人たちが来てくれたらいいのにな。そんな礼拝をできたらいいなと思っているんです。

2017/7/2

今、イエス様がいるから
生きていけると思っている子どもは
いるのかどうか、どうでしょうか。
本当にむずかしい時代に
なっています。

小牟田《こむた》久美子
一九五六年生
愛の聖母園施設長、レデンプトール宣教修道女会
鹿児島県

子どもたちは大人をよく見ていますよ。施設のパンフレットには、「一人の命は全世界より尊い」とありますし、その精神でいかないといけないのですが、それがなかなか……。

今は死別を含めて、親がいない子はいません。親が精神的な病気で子育てができないとか、親がどこかに行ってしまったとか、親が犯罪を犯したとかですね。

虐待された子どもも多いですが、虐待と認定されなくても、着替えをさせてもらってないとか、いわゆる養育拒否、ネグレクトです。本人たちは認めないけど親に性的虐待される子どももいて、無理に親から引き離してうちに来たというケースもあります。

入所している子どもの一割ぐらいが服薬しています。精神安定剤のようなものでしょうか。発達障害もあれば、自閉症とは診断されていないけれど、引きこもり気味の子どももいます。

ここに入所したら学校には行かせますので行くには行きますけど、家にいた頃はこもってゲームばかりして昼夜逆転して、そこにいろいろな障害が重なっている。どんな障害があるかまでは、児童相談所でも細かく分析はできていないと思いますね。

十数年前と違うのは、ゲームやスマホに依存してしまって、人との会話ができなくなっていることでしょうか。ちょっとでも自分の考えと違うことが入ってくると、すぐにキレて問題行動を起こす。そういう子がぽつぽつ増えています。

先日も散髪屋さんで短く切られすぎたといってすごく怒って、金返せといってなかなか怒りが収まらない子がいた。こんな頭じゃ学校にも行けないといって、それからずっと不登校です。

暴力を抑えなければいけない場面もときどきあって、私たちも引っ張られたり服を破られたり、中にはケガをして入院した職員もいます。

だけど、子どもたちに責任はありません。原因は、通常の発達に影響を及ぼすような環境を作り出してしまった大人にあるんじゃないでしょうか。

最近は、厚生労働省から家庭的養護をしなさいといわれていまして、施設だけじゃなく、里親とファミリーホームと、三分の一ずつ分担して地域と交流をもちながら過ごさせるように、という流れになっています。ファミリーホームというのは、里親さん夫婦で六人までの子どもをケアするグループホームみたいなものですね。

うちにも八人まで住める小舎《しょうしゃ》が五つあって、男女一緒に職員と生活しています。学校が始まる時間は同じなので、それぞれの家で朝食を作って食べて登校する。高校生はお弁当も自分たちで作っています。疑似家族みたいなものですね。

私も月に四回は宿直しますが、子どもたち同士でいざこざが起きるとすごいんです。毎日のようにトラブルが起きて、その影響が小さい子どもたちにも及びます。職員の数は絶対的に少ないので、疲れて休職してしまう人もいます。父兄からのクレームもあって、職員に対する苦情だとか、たとえば、学校で喧嘩して歯を折られたけど、インプラントは金がかかるからあんたのとこで補償してくれとか。父兄といっても、祖父母だったりして後見人でもないんですよ。後見人はうちの職員ですから。

子どもの目の前で大喧嘩を始める夫婦もいて、そのとばっちりが職員に及んだりすることもあります。もう、いろんな問題が山積みです。

レデンプトール宣教修道女会に入ったのは、一九九一年です。ずいぶん迷いましたので、三十五歳になっていました。生まれは鹿児島県の垂水《たるみず》で、浄土真宗の家でした。

キリスト教と出会ったのは、大学で関西に来てからです。英語の先生に、レデンプトール会が創設したカトリック吹田《すいた》教会の神父様がおられたんです。そこに行ってみたのが最初のきっかけで、カトリックの教えに訴えるものを感じたんですね。

ここには真理があるというのでしょうか。社会人になってからは公教要理の勉強を始めて、洗礼を受けたら結婚できなくなるんじゃないかとか、いろいろと迷いはあったのですが、洗礼を受けました。二十五歳ぐらいだったと思います。

ただ洗礼を受けても、あまり教会には行きませんでした。教会のみなさんはボーンクリスチャンで、昔からの知り合い同士です。でも私は途中の子、転校生のようなものです。そういうことをすごく気にするタイプで、洗礼を受けたらみんな一緒なのに、自分から壁を作っちゃったんですね。ミサに出ても、終わるとすぐに帰ってしまったりして、教会の活動にも積極的にかかわろうとしなかった。

レデンプトール会は、十九世紀にローマ教皇ピウス九世に「絶えざる御助《おんたす》けの聖母」という十五世紀に描かれたイコンの管理と広報を託されてきました。ですが、最初の頃は、マリア様、マリア様とお祈りするのが苦手だったんです。

あまりお話ししたくないんですけど、家の中がゴタゴタしたことがありましてね。祖父母や親戚はいて大事にはされていたんでしょうけど、家庭環境に波があったんです。そんな成育歴が関係していると思いますけど、マリア様というのがあまり好きじゃなかったのです。

そんなある日、一緒に要理を勉強していた高校生が修道院に入りたい入りたいというもので、観想修道院に泊まりに行ったことがありました。西宮市の鷲林寺《じゅうりんじ》というお寺の敷地にあるトラピスト修道院です。受付のシスターに聞きましたら、神父様に相談してみたらといわれて、お会いしてみました。そうしたらもう、「あなたは神様に愛されています」としかおっしゃらない。

一緒に行った高校生はしばらくして結婚してしまったのですが、私のほうはいろいろ迷いはありましたが、受付のシスターに感化されてしまったんですね。

シスターが勧めてくださった『み手にすべてをゆだねて』[1]という本を読んで、魂の救いというのでしょうか、やすらぎを感じました。第二の聖書といわれる『キリストにならいて』[2]という本も教えていただいて、片時も離さず読むようになりました。いつも読みながら寝ていたんです。小さな祭壇も買って、ろうそくを灯して、お祈りもしていました。

プロテスタントにはマリア信仰がありませんし、ほかの信者さんたちがどう考えているかはわからないのですが、それでもマリア様がいなければイエス様はいなかった。マリア様なくしてこの信仰はないと思うようになっていきました。

レジオ・マリエにも参加しました。マリア様の兵士としてイエス様のことを伝える活動をする世界的なグループです。各教会に五〜六人ずつ集まって、指導司祭のもとでお祈りをして、病人訪問をしたり、教区報を作る仕事をしたりといった活動をします。

修道会はいろいろあって、歴史のある大きなところは苦労するんじゃないかとか、皇后美智子様が出られた聖心会は、いいおうちの方が行くところなんだろうなあとか、そんなことは関係ないかもしれないのにいろいろ思ったりもして、そんなときに、あなたは鹿児島出身だからと神父様に紹介されたのが、レデンプトール修道会でした。

修道会は本部がドイツにありますので、ドイツ語はメールや手紙でふだんからよく目にします。読んでわからないのは困るので、ある程度理解する必要があります。そういう修道会の配慮もあって、二年間、ドイツ語の勉強のために留学させてもらいました。

これからの社会に役立つだろうと思って、介護福祉士の資格はとっていたのですが、帰国したところで、修道会が愛の聖母園を引き受けるようになっていたので、専門学校にも行かせてもらいました。

ここで社会福祉士の資格がとれる大学の通信課程に編入して、認定上級というランクをとりました。鹿児島では三〜四人で、児童分野は私だけです。全国に一〇人いるかどうかという資格です。資格がどこまで役に立っているかというと、全然だなあと思うんですけどね。

善き牧者愛徳の聖母修道会[3]がここを運営していた頃はシスターが何人も働いていて、子どもたちにお祈りをびっちりさせていたようですが、昨今は違います。社会福祉法に基づく第三者評価事業が義務化されて、三年に一度は第三者評価があって、その評価基準に宗教行事を強要してはいないか、という項目があるんです。昔から子どもたちをミサに連れていっていたある養護施設のシスターがおっしゃっていましたが、なぜ宗教

1　ドン・ヴィタル・ルオデ『み手にすべてをゆだねて』尾崎正明訳（一九八〇・あかし書房）。
2　トマス・ア・ケンピス『キリストにならいて』大沢 章・呉 茂一訳（一九六〇・岩波文庫）、ただし著者名については議論あり。
3　二九一ページ参照。

行事に連れていくのかと評価者に聞かれて、心の教育ですとお答えしたら、それは強制じゃないのか、子どもが嫌がっている場合もあるんじゃないかと詰め寄られたんだそうです。

うちも月に一度は、近くの谷山教会に子どもたちを連れていっていたのですが、今はもうやめました。職員の中に一人でも、嫌だというのに教会に連れていくのは強要ではないのかという人がいたら、それだけで私たちの心は痛むのです。

今は年に一回だけ、以前ここの副園長をしていたシスター安藤克子[4]に助けていただいて、教区や修道会の神父様にお願いして心の教育をしてもらうだけです。

ですから今、イエス様がいるから生きていけると思っている子どもはいるのかどうか、どうでしょうか。それは、ここを卒園して社会でいろんな経験をする中で伝わっていればいいなとは思っていますけど、本当にむずかしい時代になっています。

仕事を終えて修道院に帰るとき、くたびれてすごくイライラすることもあるんですけど、イエス様の前にじーっと座って祈ります。それでもいろいろ頭をめぐるのですが、次第に取り去られていく。疲労困憊《こんぱい》しても、修道会のメンバーが霊的に支えてくれているからやっていける。一人ではできないことです。修道会が歴史的にも共同生活を大事にしてきたのは、そのことに力があるからなんだと思います。

イエス様お願いしますとお祈りして、力をいただけるからやっていける。自分の力だけではとてもやっていけない。そこが普通の施設と修道会の施設の違いじゃないでしょうか。この施設はある一般の方が私財をなげうって、カトリックの理念でやってこられました。その精神はこれからも大事にしていきたいと思っています。

2016/9/4

4　二八六ページ。

人はみんな死に向かって
生きています。
死んだあとへの架け橋に
なるようにと思っています。

星村文子
一九五六年生
聖ヨハネ会小金井修道院
東京都

聖ヨハネ会桜町《さくらまち》病院[1]のホスピスで、傾聴看護のボランティアに携わらせていただいています。終末期の患者さんは孤独ですし、自分ではなかなか動けません。そんなときにはお話をじっくり聞いてさしあげたほうがいいからと、聖ヨハネ会の総長を通じて桜町病院からお願いしたいといわれたんです。

病棟から呼ばれることもありますし、声がかからなくても、病棟をフラフラ歩いていると、あらって気づいてくださって、そのままお話をうかがうこともあります。看護師ですから病気のことはもちろんですけど、身の上話をうかがうことが多いですね。人生の総決算というか、これまで誰にもいえなかったことを話されます。

患者さんはクリスチャンに限りませんから、死んだらどうなるのかという話はこちらの思うことと違いますよね。聞かれたら、逆にうかがうんです。どうなると思うのって。

バラがたくさんあっていい香りがするのよとか、臨死体験のような経験を分かち合ってくださる方もいる

1　結核診療に生涯を捧げた医師でカトリック司祭の戸《と》塚《つか》文卿《ぶんけい》が東京の小金井に設立した病院。一九三九（昭和十四）年の完成直前に亡くなった戸塚の遺志を受け継ぎ、戸塚の協力者だった信徒の岡村ふくが当時の東京大司教土《ど》井《い》辰雄《たつお》の命を受けて病院を運営する修道会として聖ヨハネ会（福音史家聖ヨハネ布教修道会）を設立した。

し、母ちゃんが待ってるとか、具体的な名前をおっしゃる方もいる。こちらは否定しないで、患者さんがご自分の想いを確認してらっしゃるのにご一緒しています。

困ったケースがありました。抗がん剤で元気になったらみんなに会いたいなあっておっしゃった矢先に脳梗塞で指が動かなくなって、ご自分でお友だちにメールが送れなくなった患者さんがいたのです。私はメールができないし、アドレスはニックネームで入れてあるのでよくわからない。それでもなんとか、お友だちの名前を三人、書き留めました。

その翌日に意識がなくなってしまってご家族が呼ばれたんですけど、うわごとみたいに、その三人に会いたい、会いたいっておっしゃるのね。私のメモをもとにご家族がアドレスを探し当ててメールして、意識が戻るようにお祈りしたの。そうしたら三人と連絡がとれて、少しだけ意識が戻ったときに駆けつけてくださった。亡くなる直前のことです。まだ五十六歳で独身の方でした。

人はみんな死に向かって生きています。死んだあとへの架け橋になるようにと思っています。

生まれは奄美大島です。奄美は一八九一年にパリ外国宣教会のベルナルド・フェリエ神父様が最初の宣教に入られたのをきっかけに、長崎から次々と神父様が来られて信者が増えて、人口比でいえば長崎に次いで信者が多いところです。きれいな島にたくさん教会があるので、海外ではマリア様の島、サンタマリア島といわれているそうです。

父方の祖先は、長崎の五島出身の中村長八神父様が奄美に宣教に来られた最初期のクリスチャンです。当時は教会がなかったので、家に集まってミサをしていただきました。

祖父は語学ができたそうで、外国人宣教師の通訳もしていたそうです。母方はクリスチャンじゃなくて、結婚して長男が生まれたときに一緒に洗礼を受けました。

奄美には一文字姓が多くて、うちも一九三二年に改姓するまで、父方は「禱《いのり》」といいました。なぜ改姓しなくちゃいけなかったかはタブーみたいで聞くに聞けなかったんですが、一文字だと外国人に間違われるからということもあったみたいです。

戦時中はクリスチャンへの迫害がひどくて、訓練と称して家に放水されたり、母校の前身の私立大島高等女学校もミッションスクールだったので焼かれてしまったりしたんですが、一文字姓ということでもいじめられたそうです。

父は七人きょうだいで、昔のことですから三人の男子だけが土地を相続して、山の中に一〇〇メートル間隔ぐらいで三軒、屋敷がありました。健次郎兄ちゃん、鹿児島教区の郡山健次郎司教は父方のいとこで、同じところで生まれて同じところで育ちました。

龍郷町の赤尾木《あかおぎ》教会ができたのは一九七一年で、その頃にはコンベンツァル聖フランシスコ修道会のビンセント・ラチェンドロ神父様が巡回してミサをしてくださっていましたよ。カトリックの一族だけかたまって山の中に住んで、日曜日も一族で教会に通っているわけですから、村の子どもたちとは一緒に遊べません。学校帰りにアーメンソーメンってからかわれたり、石を投げられたり、竹の棒で追いかけられたりしましたね。大人になってから、すごくうらやましかったんだと同級生にいわれましたけど、当時はつらかった。早く奄美を脱出しなきゃって思っていました。

きょうだいは五人で、私は四番目で次女です。すぐ上の兄は生後五か月で亡くなりましたが、みんな幼児洗礼を受けています。本人の自覚がないうちの洗礼ですから、カトリックでは堅信といって自分の言葉で信仰を告白する儀式があります。私は小学六年のときでした。

でも本当の回心は、高校二年の春休みです。年に一回、鹿児島で高校生の連合会があったのですが、それが終わってから長崎巡礼に参加したんです。司祭になって二年目の郡山神父が、とてもいいプログラムだといっていたと両親に強く勧められたんですね。参加者八〇人ぐらいで長崎に行って、豊臣秀吉の時代に信者と宣教師が処刑された西坂《にしざか》まで歩きました。

西坂の公園に「日本二十六聖人殉教祈念碑」というレリーフがあるのはご存じですよね。二六人の中に当時まだ十二歳だったルドビコ茨木さんがいて、ルドビコさんの姿を見たとき、自らの命を捧げる信仰ってなんてすごいんだと思って涙がポロポロポロポロ出てきたの。ルドビコさんの爪の垢を煎《せん》じてこの信仰の恵みを生きさせてくださいと祈りました。

健次郎兄ちゃんにどうだったって聞かれて、うん、すごくよかったと答えました。信仰って親がいいといっても、自分が本当に納得しなければわかりません。私は、あの瞬間でした。

奄美のカトリックの家庭では小学生から修道院に入るのは普通のことで、中学二年のときに私も入りたいと親にいったことがあります。でも実際の修道生活は厳しくて、傍から思うほどきれいな生活じゃないと、親にも健次郎兄ちゃんにもいわれました。「社会に出て苦労して、それでも修道院に入りたいってなったら本物じゃがー」って、母が自分につぶやくようにいうのを聞いて、そうだなあって納得しました。

高校を卒業するとき、修道院に入るかどうか真剣に悩みました。[2]兄と姉は高校を卒業して島を出て首都圏に住んでいたので、親に二年間だけ暇をちょうだいと頼んで、働きながら夜学のあった昭和女子短大の家政科に通って、もうしばらく考えてみることにしました。

職場は川崎にあるNECの工場で、全国から一〇〇人ぐらい、高卒の人たちが採用されていましたね。同じ高校の子もいました。金の卵といわれた集団就職ですね。短大を出てからは、東村山にある高齢者の施設で働きました。就職難の時代でしたが、お母様の介護のため聖ドミニコ会をおやめになった元シスターが、東京都のモデルホームに指定されていた施設の施設長をされていたんです。

ちょうど成人式に奄美に帰る予定だったのですが、猫の手も借りたいほど忙しいとうかがって、ボランティアで一週間ほどお手伝いしたら喜んでくださってね。私って利用者さんの孫ぐらいじゃない。ごはん作ったり、お話をうかがったりして、とても楽しかったの。そのまま働くことになりました。

聖ヨハネ会に入ったのは、東村山で黙想会があったときにここのシスターと偶然親しくなって、それから何度か遊びにうかがったのがきっかけです。神様に仕えることを召命というのですが、働きながら土日は教会や召命を考える集いに通っていたんです。いろんな修道会がある中で、ここにならずっといていいという何かを感じたんですね。

修道会に入るにあたって、東京にいた兄と姉が、両親から託されたといって家族会議を開きました。やっと就職できたと思ったらもうやめるなんて信じられないと大反対されました。修道会をやめた人の話や、聖ヨハネ会が運営する桜町病院は赤旗に乗っ取られて大変だったときがあるんだとか、どこから仕入れたのかよくわからない負の情報しか入れないんです。

父だけは、信仰さえ守ればどこで何をしてもいいといってくれていましたし、私自身にはもう迷いはなかったので、三日間くださいと頼んで三日間お祈りして、それでも気持ちに揺らぎはないので、兄に電話しました。

そうしたら、「おまえは自分で自分の十字架を背負う自信があるのか」って。はいって答えたら、「じゃあ、おめでとう、お祝いするから時間を空けておきなさい」といわれました。二十一歳でした。

2　星村義一、一六四ページ。

修道会には社会の中で働く活動修道会と、修道院だけで祈りと労働の生活を送る観想修道会があって、聖ヨハネ会は活動修道会です。シスターになるまでに、準志願期、志願期、修練期という段階があって、それを経て初誓願をたてます。期間は修道会によって違いますが、共同体生活をしながら活動したり勉強したりして、ようやく終生誓願になります。私の場合、準志願期は桜町病院で受付から雑用からなんでもやりましたね。シスターから、あなたはまだ若いし、嫌じゃなかったら通ってほしいといわれて看護学校に通うことになりました。母方の祖母が亡くなる前に約束したことがあるんです。ばあちゃんがお望みだったら、シスターの看護師さんになるねって。

ばあちゃんが危篤だと連絡があって、迷いはあったんだけど、気がついたら奄美行きの飛行機に乗ってたの。そのとき初めて、ばあちゃんと一緒に寝たんです。脈をとって、臨終洗礼を授けました。ばあちゃんが希望したんです。「これで文子も来るのね、天国に」って。

臨終洗礼は信徒でも授けられる洗礼で、あとで神父様に報告すればいいんです。そうしたら、さっきまで苦しい苦しいともがいていたばあちゃんがおだやかになって、見舞いの人に昨日より楽になったわといって、そのまま亡くなりました。「文子、ばあちゃんに何をしたんだ、別人じゃないか」といってたわ。

そんなことがあって、初誓願をたてたあと、まず立川《たちかわ》の准看護婦学校に行きました。修道服を着ているものだから、面接で私に質問が集中しました。看護学校では倫理的な面も扱うことになるが、イエス様の考えと看護学校の方針が違っていたらどうするか、あなたはどちらをとるかと聞かれたんです。さて、どうしたでしょう、私は。学校をとりますと答えたら、なんで修道者のあなたがここにいるのって話になるでしょう。

沈黙、答えなかったのが答えよ。根くらべみたいでしたね。ああ、これで落とされるわと思ったけど、拾ってもらえた。拾われたからには勉強しました。

そこは医師会の学校で私たちが一期生だったんですけど、学院長から、ぼくが死ぬときはきみに看取ってほしいなといわれました。

次に通ったのは、国立療養所多磨全生園《たまぜんしょうえん》附属看護学校です。ちょうど園長が大西基四夫《おおにしきしお》先生から成田稔《なりたみのる》先生に代わるときに入学したのですが、のちに大西先生から、何十年とやってきてぼくを困らせた学生が二人いて、その一人がきみだといわれたんです。国立だから宗教関係者はだめなところを、ぼくが責任をもつからといって入れたんだと。大西先生は熱心な信者さんなのです。

これまでにも、親御さんがハンセン病でシスターになった人がいる。昔は、感染するといわれていたから親御さんに反対される人もいたけど、ぼくが全部責任をもつといって入れた人もいる。全部、神様が守ってくださるんだよとおっしゃったんです。

それを聞いて、血がさーっと引くような感じがして、ああ、この先生がいなかったら今の私はないんだなあって思いましたね。大西先生は末期がんで桜町病院のホスピスに入られたのですが、ああ、イエス様がいらっしゃるところで嬉しいっておっしゃっていました。

大西先生を困らせたもう一人というのは、足が悪い方でした。この方も先生が全責任をもつといって入学を許可されたのです。全生園の看護師長が足の悪い方で、毎日のように園内にある教会のミサにいらしていたので、この方じゃないかなと感じて聞いてみたの。そうしたら、「そうよシスター、私よ」って。神様はそうやって節目節目でよきようにしてくださっているんだなと思いました。

ハンセン病は戦後しばらくして薬で治るようになりましたが、後遺症で失明されたり、手が不自由になられたりする方がいるんです。みなさん家族はおられないので、看護学生は家族のようにお世話させていただきました。年賀状や暑中見舞いの代筆にもうかがうんです。

私が担当したのは日原一さんという方で、伊勢弘《いせひろし》というペンネームで『心眼』という本を自費出版されて、福祉の教科書にも使われていますよ。

　ある日、日原さんに聞いたことがあります。手もないし、足も不自由で、目も見えないのに、どうしていつも明るい表情で生きておられるんですかって。最初だまーってらしたから、ああ、変な質問しちゃったかなあと思っていたら、こうお答えになりました。

「みなさんによく質問されます。でもぼくは、最初からこんなんじゃなかった。何度も自殺しようとしたけど未遂に終わった。ここの看護師さんたちはみんなやさしいけど、一人だけあれって思った人がいて聞いたら、カトリックの信者さんだった。それから勉強して、洗礼を受けたんです。あんなに死のうとしたのに死ねなかった。神様がくださった命だから生ききろう、精一杯生きよう、そう思ったんです」

　失われたものは追いかけない、とも表現されていました。義足になったら、足は神様にお返しした。今あるものに感謝するんだともおっしゃっていました。

　日原さんは獣医だった方で、ご自分の病気をわかっていらした。娘さんがいたのですが、旅行に行かせているあいだに一人で全生園に入所されたのです。のちに娘さんが手紙を頼りにお父さんを探し当てたんですよ。夜中に到着されたとうかがいました。

　看護学校を卒業するとき、何か困ったことがあったらいつでも電話ちょうだい、祈りであなたを応援するからといっていただいたんです。私は三十歳で終生誓願をたてたのですが、誓願式の日、はやーい時間からもう一人の方と一緒にタクシーで来てくださった。とても喜んでくださって、私もほんとに嬉しかったです。

　修道会に入るとき、「おまえは自分で自分の十字架を背負う自信があるのか」と兄にいわれた話をしましたね。だめかもしれないとか、大丈夫かな、じゃなくて、「はい」ってすぐに答えられたのは、キリスト教が復活信仰だからです。十字架に掛けられて終わりだったら、そんなみじめな人生はない。でも十字架のさきには必ず復活がある。

じつは桜町病院に療養病棟を立ち上げるとき、うつ病になりました。修道会から二年間準備のために派遣されて、終わったら私が責任者になるはずだったんです。

ところがいろいろと信じられないことが起きて、いじめ抜かれて、ある日突然、時計が止まったように動かなくなったの。十か月ほど休みました。奄美にもしばらく帰りました。

聖職者といっても、生ものですからね。でも、そういう修羅場をくぐり抜けたとき、ああそうか、どちらが加害者でどちらが被害者ということじゃないんだ、赦すというのは、イエズス様にしかできないことなんだと確認させてもらったんです。

子どもの頃もよくいじめられましたが、うちは農家だったから、母がそのいじめっ子たちにみかんやバナナをあげたのね。もらった子たちは不思議な感じがするわよね。

何十年も経って、その子たちにいわれました。文子の信仰は本物だって。いじめたら何倍にもなって返ってくるものだし、それがこの世では普通だけど、やってもやっても返ってこないどころか、いただくばかりだったって。イエズス様の「わたしがあなたがたを愛したように、あなたがたも互いに愛し合いなさい」（ヨハネ13・34）という言葉に尽きるわねって。

一人ひとり宗教は違っても、みんな神様の大事な子どもであるという土台があって、その上にいろんな出来事が起きます。誤解されたり、人間関係でギクシャクしたりはありますけど、そういうことを超えたところに信仰の恵みがあるんですよ。

2017/4/27,8/8

社会

第七章
教会という社会に生きる

明るく人を傷つけて、そのことに気づかない。そんな教会って変じゃないかなあって思うんです。

村吉 望
一九九六年生
日本アッセンブリーズ・オブ・ゴッド教団嘉手納アッセンブリー教会牧師
沖縄県

母方のおばあちゃんからクリスチャンで、母のきょうだいもみんなクリスチャン。神様はいるのが当たり前というか、生まれたときからいるものとして家族の中で話されてきたというか、私が神様を信じているという想いはなくて、普通に生活している中に神様がいました、という感じなんです。

ごはんのときは、「愛する天の神様、今日こうしてごはんが食べられることを感謝します。作ってくれたお母さんに感謝します。この祈りをイエス様のお名前によってお祈りいたします、アーメン、いただきまーす」と祈って食べる。めっちゃ短いんですけどね。

教会の幼稚園に入るとそのまま日曜日は教会学校につながるシステムで、出席するとスタンプをもらえたので、スタンプが欲しくて行くみたいな感じでした。「プリキュア」が大好きで日曜日の朝はテレビを見ていたんですけど、八時五十分にはおうちを出ないといけないので、いつも最後だけ見られない。解決の場面だけ見られないのがすごく悔しかったですね。

かたちの上で、クリスチャンになったのは小学三年のときかな。月に一度の聖餐式でパンと葡萄酒が配られるじゃないですか。それがめちゃくちゃ食べたくて洗礼を受けたんです。

お兄ちゃんたちがもらってたので普通にとろうとしたら、いや、だめだよってお母さんに怒られてすごいショックだった。パンと葡萄酒がもらえるかどうか、小学生には大きな問題だったんです。どうしてもパンを基準に考えちゃうんですけど、洗礼を受けた優越感みたいなものはあったと思います。今はまったくそんなことはないんですけどね。

小学五年か六年のときに、めっちゃ仲のいい友だちを三人、教会に誘ったんです。一人には、おうちが仏教だからだめなのっていわれて、仏教徒ってほんとにいるんだと気づいた。まわりがクリスチャンばかりだとわからないんですよ。アッセンブリーという意識もなくて、ほかの教派があると知ったのは高校生ぐらいですね。教会に行くのが嫌だと思い始めたのは中学生ぐらいで、いろんな人たちと交わり合う中で、自分が信じている神様が正しいのかなと思ったことは何回もありました。

ミルクティーが飲めない、レモンティーは飲めないみたいな宗教に入っている人がいて、その人は宗教上の理由で運動会のエイサーという沖縄の伝統の踊りに参加できなくて、代わりに音響をやっていた。創価学会の家の子もいて、その子は創価学会が好きじゃないから、どっちが継ぐかでお兄さんとやり合っていました。

ほかの人が信じている神様も、その人にとっては絶対的な神様だから、どっちが正しいか間違ってるかのどちらかでしか判断できなかった。仏様に救われている人もいるし、救われているのは同じなのに何が違うのかなと思ったり。自分の神様を押し付けるのはなんか違うな、相手の神様を否定するのは違うな、なんなんだ、宗教ってなんなんだと思ったりしました。それは今もそうなんですけど。

たぶん私は神様を信じているんだろうと思うんですよ。何かあれば神様がやってくれたのかなあって思うし、お祈りはする。今、卒業論文で二世信者のことを書こうと思っていて、先行論文を読んだり、ほかの宗教の本も読んだりしているんですけど、そうすると、ん、と思うことが多い。なんか、ちょっと歯向かう気持ちはあるんです。それは神様に対してじゃなくて、教会に対してなのかな。疑問は継続中です。あれ、何いってるかわからないですね。

何が疑問かというと、うーん、神様はすべてを平等な存在として造ったはずなのに、多様性を認めているようで認めてない感じが教会にはあることかな。

たとえば、ＬＧＢＴ。うちの教団の牧師先生や信者と話をすると、ＬＧＢＴを認めていないことがよくわかります。神様は男と女を造ったと聖書に書いてあるから、それ以外は認めない。でも、聖書って解釈じゃないですか。

一度聞いたことがあるんですよ。ＬＧＢＴの何がだめなのって。そうしたら、ＬＧＢＴは障害なのに、それを認めないのがだめだと。私たちにはいっぱい欠陥があって、それを含めて神様は愛してくださるのだから、ＬＧＢＴも欠陥だと認めれば神様も愛してくれると。

納得できないですよ、もう。体と心が違うというのは、そのままでは神様に愛してもらえないのかって。ローマ教皇はＬＧＢＴを認めましたよね。もう、謎なんです。謎だなあって。

教派を変わろうと思ったことはないです。ただ、教会を変えたいと思ったことはあります。やっぱりすごく閉鎖的なんです。人のつながりは強いと自分たちはいってるんですけど、その人たちだけでまとまっていて、まわりの人たちまでつながっていない。

私たちの教会はこうだよね、と中心の人たちがいうことで、まわりは疎外感をもつじゃないですか。そういう気持ちで去っていった人はいっぱいいると思います。

そういう中心の人たちを「明るく傷つける人々」といってるんですけどね。明るく人を傷つけて、でもそのことに気づかない。そんな教会って変じゃないかなあって思うんですよ。

昔から教会に来ている人たちを「神の家族」と呼んでひとまとまりにしている以上、あとから教会に入った人との距離感がめちゃめちゃある。溶け込めない雰囲気がある。

自分が動き出せばいいんでしょうけど、やりたくないんですよね。面倒くさいんですかね。なんか、全部ひっくるめて面倒くさくなりそうな。どこにいても誰かが見ている。どこで誰と歩いてましたよとか、誰に会ってましたよって。そういうの面倒くさい。もう動いた損じゃんって。ここで何かやると、波風たてたやつってなるから、はあ、面倒くせえって。


信仰にめちゃめちゃ篤い時期はあったんですよ。中学校までは毎週ソングの奉仕をして、なんで私ばっかりやってるんだろうと思ってやめたんですけど、思い返すと、信仰熱心に見える自分が好きだったんだろうな。まわりの人より信仰してますっていう優越感があった。人に見せるための奉仕だった。

大学生になって変わったんです。自分と神様で見ようと。教会があると、目の前の会衆を意識した時点で嫌になっちゃいそうだから、私は神様を讃美してるんだ、ただ十字架だけを見て、神様にお礼いってるんだって、そう思ったら気持ちが楽になっていくんだろうなあって思ったんです。たとえ嫌なことや悪いことがあっても、これが神様の計画なら、自分はその中で生きて、いつかはよくなるだろうと。いつか死ぬときは天国に行く。そうなったら神様を信じたほうが楽に生きられるというか、そのほうがいいんだろうなという選択でした。いってることよくわからないと思うんですけど、イスラム教とか無宗教という選択もあったんでしょうけど、私の中に神様はいる、絶対いるという存在だった。キリスト教は全部を受け入れてくれる。そんなシステムがすごい、好きだっていう選び方でした。

神様がいるということは、どうしても否定できなかった。そうじゃないと納得できないことがあった。たとえば大学受験のとき、勉強をあんまりしなくて最後の一週間で詰め込んだんですけど、センター試験の成績がめっちゃよかったんですよ。この一週間で私の能力が変わるわけはないし、あれ、神様いるんじゃないかって。

たまたまマークした解答が正解だったりして、神様、計画的でしたよ。

運がよかったんでしょうが、神様やってくれるじゃん、私のこと好きじゃん、みたいな。こじつけて、神様いるじゃん、みたいに思って生きていきたいんだろうなって思ってます。

信じたほうが楽に生きられるって、マジックワードですよね。結局、神様やってくれるっしょって、私はそう思いたいです。死んだら天国あるっしょ。そのほうが生きやすい。楽観的になれます。

何か悪いことがあっても、なんで神様こんなことすんの。神様、何やらかしてんのかなと思う。だって自分のせいだと思ったらつらいし、ほかの人のせいだと思ったらその人を憎むことになるじゃないですか。憎むのって体力がいるから、神様にしときゃ楽かなあって。逃げているとは思います、はい。

教会と神様がセットになって育てられてきて、教会を離れたら神様とも離れるみたいな感じだったんですけど、だんだん神様と自分のあいだに教会を仲介させるのが嫌になったんですよ。たぶん教会が嫌になったんでしょうね。

洗礼を受けるときに習う「教会員必携」という規約があるんです。日常生活編、社会生活編、家庭生活編とあって、こういう行動はするべきではない、ということがいろいろ書いてある。たとえば、禁酒禁煙もありますし、婚前交渉も禁止されている。「性はもっとも悪魔が逆用して、人間を堕落させるもの、誤って用いると悪となり呪いとなる」とあります。

日本のアッセンブリーが厳しいというわけじゃないです。アメリカのアッセンブリーから来た人が、セックスしたいけど禁じられてるから、高校卒業して即、結婚しましたといっていたので。一応、聖書に基づいて書かれた規約だと思いますけど、すごく厳しいです。

「男女の性愛は子孫を残し、健全な家庭生活を営むために供えられたもの」ですから、不倫したら教団追放ではないですけど、こういうことはやめましょうと週報に暗に示すように書かれるので、じわじわくる感じがめっちゃ嫌。「姦淫以外の理由で離婚は考えられない」というのも、だったらDVはどうなるんだって。「夫が死ねば望む人と結婚してもよい、一人でいればなおよい」。もう、なんか。聖書にあるっていうけど、解釈がねじ曲がってて、お酒を飲んだらだめってどこにも書いてないんですけど、じゃあ、葡萄酒はどうなるのって。

什一献金といって、社会人になったら給料の一〇分の一を献金しなくちゃいけないといわれるんですけど、月給三〇万円の一〇分の一って、でかくねーって。払わなくても催促されるわけではないし、払っている人は週報の右下に名前が載るだけですけど、教会にとっては特別な献金なんです。

うちの教会は「聖霊のバプテスマ」というのがあって、これが一つの階段みたいにとらえられています。聖霊が自分に溢れると、異言という、どこの国でもない言葉で祈り始めるという意味で、聖霊のバプテスマを受けたら、おめでとうございますといわれる。

聖霊に満たされる状態ははっきり定義できないんですけど、気分ですね。気分が高揚してくる状態。そのほうが神様と近いような気がするので、そのほうがいいんでしょうけど、自分は、今はそんなにないですね。

小学生のときに、まわりの人たちが異言で祈っているのを見て気持ち悪いと思いましたけど、自分も中学生のときには必死に求めていました。でも、自分がいいたいからいっちゃっただけなんじゃないかと思うんですよね。だってまわりがみんな異言をいっていたら、自分だけがいわないわけにはいかないじゃないですか。集団心理みたいな感じです。

だって怖いですもん。まわりがワーッとわけのわからないことをしゃべってるときに、自分一人だけ、え、何してんの、みたいな。人から見たら冷めてるんでしょうけど、それは違うのかなと思いますね。

異言は神様が来たときには与えてくれるんだから、無理に意識してやる必要はない。異言を話さないからこの集団に入れないんだとしたら、それはそれでしょうがないのかなと思います。集団に入りたくて信仰するわけじゃないですからね。似たように考えている人が何人かいるから、自分は大丈夫なんですけど。

奇跡は信じていますし、信じたいと思っています。見たこともないし、体験したこともないので、ものによると思います。見たら、そうなんだと受け入れるのは、ノンクリスチャンよりは早いかもしれません。

教団として、奇跡は強調しません。それよりは、救われました、ということを強調しますね。救われるってどういうことか。これは自分の考えですけど、基本はみんな救われている。それを意識するかしないかの違いだけで、意識した時点で救われる。だって、そうじゃないと不公平じゃないですか。

基本的に、神様はみんなを愛してるんだろうし、好きなんだろうなって思う。神様って自分のこと好きだなあって感じた瞬間って、心がなんかふわっとするじゃないですか。誰かに愛されてると感じた時点で、きっとみんな救われたといってるんだと思います。

小分けに出してくれているのかもしれないし、いつか、ぐわっとまとまって来るのかもしれないですけど。自分は神様が愛してくれていると重々わかってるから大丈夫だよと思う。

卒論にうちの教会のことを書くって副牧師の先生にいったら、いいように書いてねっていわれたんですけど、社会学って、いい悪いってないので、事実を書きますよとはいっています。何を書いてもたぶん赦してくれるとは思うんですよ。やばいと思ったら見せない。だって大学は卒業したいですからね。

2018/7/25

あれはいったいなんだったのでしょうか。真相が知りたいです。

田中 知
一九七一年生
日本基督教団若松浜ノ町教会、八幡荒生田教会
牧師
福岡県

てんかんの持病があって、このあいだ障害者手帳をもらいました。三十五歳のときに教会で倒れたのが最初で、今回が三回目です。ぼくが電話に出ないので心配した信者さんが牧師館に来て、部屋で倒れているぼくを発見して入院させてくれたんです。ちょうどクリスマスの準備で忙しかったんですよ。忙しいのは危険らしくて、今は日曜日の礼拝だけにしてもらっています。

牧師になったのは二十七歳です。東京神学大学では大学院を出て日本基督教団の論述試験に受かれば牧師になれる。ちょうど北九州市の若松浜ノ町教会から卒業生を送ってほしいという依頼があって、一九九九年の一月三日に初めて信者さんたちと話をして、いったん帰京して四月から正式にここに来ました。

ぼくの招聘をめぐっては、大学と教会でしばらく揉めていたらしいです。日本基督教団には「第二次大戦下における日本基督教団の責任についての告白」といって、第二次世界大戦中に日本基督教団が天皇を神とする国家体制を容認した戦争責任を反省する告白文があります。

教団内部でも意見の違いはありますが、新しく来る牧師にはそのことへの理解を求めると教会からの依頼状

に書いてあった。大学側はそんなことを要求する教会には紹介しかねると返事をした。そうしたら、戦争責任の項目は消して、地区との交わりを大切にしてほしいと書き直したものが来た。それでも大学は渋った。

ぼくはそんなことは全然知らなくて、「教会が大切にしていることを、私も大切にしたい」といったらＯＫになりました。父が新日鐵でこちらに単身赴任していたことがありましたし、母はもともと八幡の人でしたから、これは引き受けないといけないと思ったんです。

教団には憲法九条改正に反対する「九条の会」や反原発運動にかかわっている人もいるので最初は驚きましたが、おかしいことがあれば声を上げるのは当然ですよね。教会を理想化しすぎるとつまずきが大きいことも確かですけど。

子どもの頃から、東京のあるプロテスタントの教会で育ちました。まず最初に三歳年上の姉が友だちの影響で教会学校に行きたいといって、姉の送り迎えをするうちに母親も礼拝に出るようになりました。父は日曜日も接待ゴルフで忙しかったので、姉とぼくと母親と妹が、電車とバスを乗り継いで二時間かけて教会に通っていました。

牧師になりたいと思ったのは、高校一年のときです。神奈川県の湯河原《ゆがわら》で訪問伝道全国大会というイベントがあって、韓国で伝道している吉田耕三《よしだこうぞう》先生というバプテスト教会の牧師の話を聞く機会があったんです。

戦時中に日本がいかにアジア諸国にひどいことをしたか、反省の想いで韓国の教会で働いている。敗戦から立ち直った日本には尊敬の念をもっているが、日本人には神を信じる気持ちが足りない。日本人に変わってもらいたい。日本が変わればアジアも変わり、世界が変わると。そんなメッセージでした。

今となっては微妙な内容ですが、そんな話を聞いて、わっと降ってくるものがあった。戦争責任についてまったく知らなかったので素直に受け止めた。教会のために働きたい。神様の役に立つことをしたいと思いました。

そんなことを手紙に書いて牧師に渡したら、牧師になる学校へ行けといわれた。鉄は熱いうちに打て、ですね。牧師の言葉は絶対でしたから、鶴の一声です。そのときは父親もクリスチャンになっていたので、家族は賛成してくれました。

大学時代は教会の近くに下宿して、毎日教会に行きました。月曜から土曜日の朝五時四十五分から七時に早天祈禱会、月曜日の夜七時から九時に委員会、火曜は近所の人たちを誘う区域礼拝、その夜は役員が家庭訪問して伝道をします。水曜の夜も祈禱会、木曜の夜は実業者の区域礼拝、金曜の夜は責任者ミーティング、土曜の夜は教会に来たことのない人を誘う伝道集会です。日曜日は朝八時半から子どもたちの教会学校があって、十時から礼拝、午後二時から午後の礼拝、七時から夜の礼拝です。

その頃から、韓国の教会との交流も始まりました。韓国は教会漬けの生活をしますからそれに倣おうと、うちの教会も毎日のように礼拝するようになっていきました。

牧師は戦時中に両親を亡くして養子に出された人で、トレーラーハウスに住んでいたこともある苦労人でした。働きながら開拓伝道に出て、ゼロから一人でその教会を作り上げた。とにかく伝道熱心な教会でした。神学生はほとんど住み込みに近い状態でした。月曜日は大学が休みだったんですが、教会の手伝いはありますす。勉強は通学の電車でするしかありませんでした。聖書は通読を推奨されていたので、夏は公園で虫に刺されながら読んでいましたね。

学部を終えたあとは大学院の二年間で論文を仕上げなければならないんですが、その頃、牧師になるのか、続けられるのか不安になっていました。というのも、教会がだんだんカルト的な集まりになってきていて、うちの教会はこのままでいいのか、このまま自分は牧師になっていいのかと疑問が湧いたんです。

大学院二年目の夏、もうだめだと思って全部やめました。論文も、勉強も、放り投げた。親にも教会にも一切相談せず、留年します、と事後報告でした。

親はもちろん嘆きましたよ。父親が一番怒って、「学校と教会しか知らない人間に社会人が務まるか、一度社会に出て働け」といわれました。牧師もそのほうがいいといったので、父親のコネで日立製作所の下請け会社で働くことになりました。

通勤途中、教会に行ったらどうも様子が違います。それまでは神学生として特別扱いされていましたけど、一般人になったので、役職や奉仕の場からはずされたんです。要するに、干されたわけです。

会社では普通に働くし、カラオケにも行くし、お酒も飲む。サラリーマン生活は楽しかった。まわりは何もいいませんよ。いいませんけど、自分の心の声に苦しみました。おまえは本来の道からはずれたのではないかって。だから、教会には通うんですよ。横浜の家から教会に行って、そこから新宿にある会社に行って、帰りもまた教会に行く。教会に通うのがよい信徒であるという無言のプレッシャーがありました。

結局、二年間休学して復学しました。一番の関心は「悪」でした。魔が差すという言葉がありますが、それは自分の中にある悪です。悪魔はなぜ生まれたのか、キリスト教ではどう理解されているのか、なぜ人には悪があるのか、ギリシャ哲学との比較もしたかった。指導教官にアウグスティヌス[1]の著作集を読めと指導されて読み始めました。

論文の締め切りは九月末。でもなかなか書けませんでした。

悶々《もんもん》としていた一九九八年の夏のある日、教会に怪文書が出まわりました。これまで表には出ていなかったけれど、うちの教会の牧師は何人もの女性信者と性的関係をもっていた、個人面談で部屋に呼ばれて、宗教行為だといって肉体関係を迫られたという内容でした。

被害者は中学生、高校生から主婦までいました。何人もの名前がありました。そういえば、ある時期から次々と、いろんな人が教会に来なくなっていたと気づきました。

文書が出まわったのは、ちょうどその牧師が引退するというときでした。長男を主任牧師、次男を副牧師にすると発表したタイミングで、若い女性信者が母親に被害を訴えたんです。

その母親が教会で力のある信者Aに相談したら、このまま牧師を引退させるわけにはいかない、解任して追放しようといった。一方、別の有力な信者Bは手打ちを勧めて、教会を守ろうとした。

何があったのかよくわからないまま、論文を仕上げて大学院を修了して、北九州での新しい暮らしを始めました。事件は表沙汰にならないまま、牧師が引退して騒ぎは終わったようでした。

するとまもなく、電話がありました。副牧師になった次男が飛び降り自殺したと。事件が原因なのかどうか、わかりません。結局、それも事故として処理されてしまいました。

これはあくまでも、ぼくから見た話です。いろんな教会をまわっていたらいずれ耳にするでしょうからお話ししました。

あれはいったいなんだったのでしょうか。真相が知りたいです。

2016/3/27~28,2018/2/16

1　西方教会の最大の教父。回心を経て三十二歳でキリスト教徒に。異教・異端との数々の論争を行う中でキリスト教の理解を深め、神の恩寵こそが救いであること、国家を超越し、神の国を実現させるための教会の絶対性を強調した。東方教会では聖人として崇敬されるが、人間はすべて罪によって堕落しているとする「堕落」や原罪についての見解は否定されている。三五四—四三〇。

対立、そして分裂。私自身、涙するようなことがありました。

安藤 脩
一九四四年生
日本基督教団横浜岡村教会牧師
神奈川県

声楽をやりたくて、宮崎大学学芸学部特設音楽科に進みましてね、新入生の歓迎コンパがあるから行こうと誘われて行ったのが、宮崎大学キリスト者学生会という集まりでした。教派は関係なくクリスチャンの方たちが交わるところで、みなさんから誘われて日本基督教団宮崎清水町《しみずちょう》教会に通うようになりました。

聖書を読み始めてすぐ、自分は罪人だと認識しました。まじめで正義感が強くて、友だちがちょっと悪いことをしただけで注意するような子どもだったんです。

小学生で級長をしたときに、ある児童に注意をしたら喧嘩になってしまいました。アルミニウム製の下敷きで頭を叩いちゃった。普通に平らの面で叩くぶんには何もなかったでしょうけど、縦にして叩いたもんだから、頭がパーッと切れて血が噴き出してしまった。すぐに保健室に連れていきましたけど、そのことが思い出されて、聖書にある通り、自分は罪人だと受け止めたんです。

それでもすぐには洗礼とはなりませんでした。精神修養のつもりで茶道部に入ったんですが、坐禅を組んで心が清くなったつもりでも、年頃ですからきれいな女性を見ればムラムラきます。特別な過ちは起きませんでしたが、変わらない自分を思い知らされました。

一年ぐらいして、牧師の吉間磯吉先生が洗礼を勧めてくださったので、考えさせてくださいといって祈りましたら、「あなたがたがわたしを選んだのではない。わたしがあなたがたを選んだ」（ヨハネ15・16）というみ言葉が強く刺さってきたのです。

鹿児島の実家は浄土真宗で、両親は熱心な仏教徒でした。正月に帰って洗礼を受けたことを報告したら、姉[1]が、「あら、私もよ」って。姉はカトリックのシスターになりました。七人きょうだいのうち二人がクリスチャンです。

父は警視庁に勤めていたのですが、肝臓を患いましてね。このままでは命がないといわれて、子どもを連れて故郷の鹿児島県日置郡吹上町に戻りました。それからは畑仕事をして暮らしていました。

大学一～二年のときは寮にいたんですけど、私が苦学生であることを知ってか、三年からは吉間先生が教会の二階で寝泊まりさせてくれましてね。だから教会の人はみんな私のことを知っていました。

宮崎大学にはプロの音楽家になりたいと思っている人が多くて、大学を卒業してから東京藝術大学に入り直す人がいました。教授も八五パーセントは大丈夫だろうといってくれていました。ところが、受験の日に風邪をひいてしまって声が出ない。残念ながら不合格でした。

本気でやりたいなら二～三年働いてから行ったらいいと、教授が就職先を紹介してくださいました。東京に行ってもこのままでは途中で経済的に行き詰まるだろうと思っておられたんでしょう。大口明光学園《おおくちめいこう》というカノッサ修道女会が設立したミッションスクールでした。

カトリックには姉がいますし、正統なキリスト教ですから否定するつもりはないのですが、私はやっぱりプロテスタントなんです。マリア信仰、無[2]原罪のマリアというカトリックの考え方は私にはできない。カトリックに移ろうと思ったことはありませんでした。

1　レデンプトール宣教修道女会シスター、安藤克子、二八六ページ。

勤め始めて一年も経たないうちに、校長に呼ばれまして、新しくできる生活指導部の部長になってほしいといわれました。いや、自分はまた東京藝大を受け直したいんだといいましたが、切に切にと頼まれました。

三か月祈りました。祈って祈って祈るうちに、自分がプロの音楽家としてやっていく力が本当にあるのか、自分には感覚的な弱さがあるから通用しない、プロになっても行き詰まるだろうと思いましてね、でも校長に頼まれたから学校に残ってやったんだという想いで残ったなら、自分にとっても学校にとってもよろしくない。校長があのようにいったのは、受験のときと同じように、神様に何かお考えがあるんだろうなと。神様のみ旨《むね》のままに勤めようと思って、お引き受けすることにしました。

生活指導部長をやっていると、とくに悪いことをした生徒や保護者と会う機会が増えるんですね。三年目ぐらいから、自分の本当の仕事は学校教育じゃなくて、心の教育なんじゃないかなと思うようになりました。でもそれが即、伝道者の道には結びつきませんよ。吉間先生は、伝道者になった証しとして、ある日、道を歩いているときに天から明るく強い力に満たされたようになってそこに座り込んでしまったという特別な証しがあった先生です。使徒言行録九章にあるパウロの回心のように、伝道者にはそういう神様との特別な体験があるものだと思っていました。

それでも心の教育というと宗教のことしか考えられなかったので、葛藤が始まりましてね。四年目に母教会に行きました。吉間先生はすでに引退されていましたが、新しく来られた中山勲《なかやまいさお》先生に相談すると、いくつか神学校の住所を書いたリストをくださった。心に留めていてくださったのです。

勤めて五年目の十月、母が亡くなりました。七人の子どもを一生懸命育ててくれた人で、仏教婦人会の会長をやるほどの熱心な仏教徒でした。

でも、母は死んでどこへ行くんだろう。神様の前ではやはり罪を裁かれるんだろうなと思ったんです。母が悪いんじゃないです。私が本気であなたのことを伝えなかったから、だから母はあなたを知ることができなかった、神様どうか母を憐れんでください。通夜の席でそう祈った瞬間、ぼくはキリスト教の伝道者になります、とみんなに宣言していました。

姉が修道会に入るときは、家族全員で集まってみんなで反対して、ぼくだけ賛成したんです。でも、今回は誰も何もいいませんでした。父は自分たちの道は自分で歩んでいきなさいという人でしたから、家を継ぐ必要もなかった。恵まれた家庭だったと思います。

学校を退職して宮崎清水町教会に戻って、学生時代に寝泊まりしていた部屋に泊まらせてもらった夜、書棚から聖書を取り出して読みました。

すると、「あなたがたのうちに働きかけて、その願いを起させ、かつ実現に至らせるのは神であって、それは神のよしとされるところだからである」(ピリピ2・13)とありました。

ああ、そうだったんだ、と。伝道者になるには特別な体験がいると思っていたけど、私の心のうちにそれを起こさせてくださったのは神様だったんだと、神様がその実現に導いてくださったんだと、そこで確信できました。

中山先生がくださったリストから東京聖書学校を選んだら、偶然、先生の母校で、清水町教会とも関係のある日本基督教団のホーリネスの群というグループの神学校でした。どういうグループかはまったく知りません。自分が洗礼を受けた教会が属している団体だから、なんの不安もなかったです。当時は大変落ち着いたグループでした。

2　聖母マリアは懐胎の瞬間から原罪のすべての汚れから保護されているとする教義。カトリックでは十六世紀以降受け入れられていたが、一八五四年、教皇ピウス九世によって定義された。東方教会では原罪についての考え方が違うため支持していない。

一九七四年、三十歳のときに青森県の大三沢《おおみさわ》教会に副牧師として赴任しました。持ち物は布団と本だけ。神学校にいるときに鹿児島の実家が火事で燃えてしまったんです。父が一人で住んでいたんですが、お勤めしていた頃の物もすべて焼けてしまいました。

最初にいただいた謝儀は、四万円。サラリーマンの月給が一七～八万円の時代ですから四分の一です。その代わり、ごはんは信徒さんの家でいただくという約束でした。

仲立ちしてくださる方がいて、二年目に日本同盟基督教団の伝道師だった妻[3]と結婚しましたが、当時は本当に何もありませんでした。東北に親戚はおりませんしどうなるかと思いましたが、教会の方々がみなさん温かくて、本当に支えてくださいましたね。

主任牧師が九十四歳で召されて、私が主任牧師になりました。子どもが生まれてからは、子どもつながりで信徒さんにいろいろと助けていただきました。

大三沢はもともと古間木《ふるまぎ》という小さな村で、戦後、進駐軍が基地の町として切り開いたところです。町を設計するとき、一丁目一番地に教会を建てた。斜め向かいが市役所で、お隣に公園があって公会堂がある。地元の住民もいますが、転勤族が多くて、全国からの寄り集まりの町なんですね。

教会も出たり入ったりで、洗礼を受けてもみんな進学や就職で出ていっちゃう。一人、献身して牧師になった方が跡を継いでくださったのは本当によかったです。

九年後に東京の更生教会に転任したのですが、その時代に私自身、涙するようなことがありました。ホーリネスの群が二つに割れてしまったのです。日本基督教団はもともと戦時中に政府によって無理やり合同[4]させられた教団ですから、いろんな考えをもつ人たちがいます。私が神学校を卒業した頃は教団が荒れて、牧師の検定試験もできませんでした。

ホーリネスというのはもともと、キリスト教の世俗化に対抗するアメリカのメソジスト派で始まった運動で、アメリカから帰国したメソジスト派の中田重治[5]という牧師が、メソジストをやめて日本ホーリネス教会を作ったところから始まっています。

戦時中は弾圧と迫害を受けて投獄された人が多くいて、戦後は日本基督教団にいたままではだめだという人たちと、教団の中にいて信仰を証ししていかなければならないという人たちがいて、出ていったのが日本ホーリネス教団、残ったのがホーリネスの群です。

ですから、ホーリネスの群には日本基督教団にいながら証しをするという使命がある。それなのに、ここで抜けてしまったらそれを果たせません。それでも出ていってしまった人たちがいた。その人たちが作ったのが、ウェスレアン・ホーリネスという教団でした。

牧師たちが割れたものですから、教会ごと教団を出ていったところもありますし、教会が二つに割れてしまったところもある。私はホーリネスの群に残りましたけれど、出ていかれたのは神学校時代に教わった先生方だったので、本当に悔しかったです。

ただ、そのこととは関係なく、今は私もホーリネスの群ではありません。そのことは多少誰かを悪くいわなくてはならないので、あまりお話ししたくないので控えさせていただきたいです。今はあくまでも、日本基督

3 安藤善枝、三六〇ページ。
4 一九三九（昭和十四）年四月八日に公布された宗教団体法によって、プロテスタントの新教とカトリックの旧教に分けられ、プロテスタント三三教派が合同して日本基督教団となった。
5 大正・昭和の伝道者。シカゴのムーディー聖書学院に学ぶ。一九一七（大正六）年、日本ホーリネス教会を設立、初代監督。内村鑑三らとキリスト再臨の運動を行った。一八七〇―一九三九。

教団の牧師です。

そういうわけにはいきませんかね。歴史に空白ができてしまいますか。困りましたね。

さきほど申しましたように、神学校の先生方が日本基督教団を出ていかれたのですが、そのあと、まだ若い私がホーリネスの群の中央委員に選出されてしまったのです。それで少し妬みを買ってしまったかもしれません。お話ししたくないというのはそういうところなんです。

更生教会のあと、関西のある教会に招かれたのですが、そこで会堂建築に携わりました。信者さんたちはとてもよい準備をしてくださって、負債なく成し遂げることができました。

ところがわずか三年一か月で新しい牧師を招くことになって、私がそこを出ることになったのです。次にやって来た牧師は中央委員をしている信者さんのお兄さんでした。すると、なぜ安藤先生を出してしまったのかと、ほかの信者さんたちから声が上がりましてね。有力者だったその信者さんは、安藤が悪いことをしたからだといわざるをえない状況になってしまった。それで信者さん同士が対立してしまいました。

問題処理委員会までできて、その有力者の信者さんの話だけを聞いて私への聴取はないまま、安藤はホーリネスの群にはふさわしくないとなりましてね。私は争うのは嫌でしたから、対立するよりは退いたほうがいいという気持ちで、ホーリネスの群を出たんです。

でも、神様はそういうことはお赦しになりません。私が出たあと、こういう教会にはいたくないといって一五人ほどがその教会をやめてしまい、新しい教会を作った。すると私を出した有力者たちも教会におれなくなったんでしょう、その人たちも出てしまった。

結局、その教会は私がいたときの三分の一ほどの小さな教会になってしまいました。

それからも日本基督教団には私への批判が入っていましたが、あるとき、教団の教区委員会に呼び出されましてね。そちらは私の意見も聞いてくださった。そうしたら、何も問題ありません、がんばってくださいといわれて終わった。そういう経緯で、こうして日本基督教団の牧師として続けられているということです。

岡村教会に来たのは、私が退いてすぐにホーリネスの群で親しかった先生が声をかけてくださったからです。日本クリスチャン・アシュラム連盟といって、精神的なものを深く見つめ直す心を養うための伝道会や講習会をしている超教派のムーブメントをしてらっしゃる方で、同じようにアシュラムをやっている教会があるからと紹介してくださった。それが岡村教会でした。

私は人が好きです。どの土地に遣わされても、そこに救われなければならない人がいれば、その人を愛していく。そういう営みです。

教会にはそれぞれの歴史があります。災いもあります。私が行く前のことですが、青森では一九六六年に三沢大火という大きな火事がありました。教会員の方の店から火が出て燃え広がって、でも、教会で火が止まった。教会は不思議だと、言い伝えが生まれました。

三沢では一年の三分の二以上、鼻がぐずぐずして蓄膿症《ちくのう》になってしまいましたけど、そこでの歩みは楽しかった。信者さんの交わりの中で救われている方たちもいます。問題が起こればそこで人間関係が生まれて、互いに支え合いながら、災いも幸いだと受け止め直すことができるようになります。

ルカの福音書十三章四節に、シロアムの塔が倒壊して一八人が亡くなったとき、死んだ人たちがあなたたち以上に悪い人たちだと思うか、とイエス様がお訊ねになる場面があります。

おじいちゃん、おばあちゃん、私が好きだった人たちが死んでしまった。そんなときに、イエス様はその方たちがあなたたち以上に悪人だったと思うのか、と問うのです。

そうじゃないよと。すべての人間が神の前にあっては裁かれなければならない存在で、善人は一人もいない。

神の前では全員裁かれて、いなくなってしまう状態なんです。

そうであるにもかかわらず、神様の憐れみによって生かされているとするならば、悔い改めて神様のみ旨のうちを生きていこうと受け止め直していく。そうすれば、神様はきっと私を用いてくださいます。

私が母のために、神様、憐れんでくださいと祈ったように、自分がかかわるならその人のために、神様に憐れみを祈っていかなければならないのです。私たちはすべて滅ぼされる存在で、神様の憐れみによって生かされている、それが恵みなんだと申し上げるしかないですよね。

ただ、本当に神を求めてやって来る求道者は、どんな悩みがあってもご自分で解決していくんですよ。問題が解決するんじゃなくて、自分が変えられることによってそこに立ち向かう力が生まれる。問題はありながらも、希望をもって歩めるようになる。

私自身、妻ががんを患ったときは一緒に祈って、大変は大変だったんでしょうが、もう忘れてしまったんですよ。妻は私にも必要ですが、神様にとっても必要としてくださっているだろうから、きっと生かしてくださるという想いでしょうか。考えることにおいて、私はどうも楽天的なのでしょうね。

2017/4/23,8/15

主人には助けられました。
常識で考えると教会の方針が
おかしいなあと思っても、
自分を押し殺してきたんです。

高木春代
一九六五年生
無教会駒込キリスト聖書集会
東京都

高校生のとき、友だちに三浦綾子さんのファンがいて、これいいわよと『塩狩峠』を勧められて読んで、とても衝撃を受けました。北海道の塩狩峠で、連結器がはずれて暴走した客車を自分の体で止めようとして殉死した長野政雄という実在の人物がモデルの小説です。

私は小学生の頃から死ぬのが怖くて、毎晩寝る前に、「神様、仏様、ゼウス様」って祈るような子どもだったので、自分の体を差し出した長野さんの、敬虔《けいけん》なクリスチャンとしての生き方に打たれたんです。そこからキリスト教に興味をもって、三浦綾子さんの本を立て続けに読みました。

姉が玉川学園というミッションスクールに通っていて、日本国際ギデオン協会が無料で配布している聖書が家にありましたので、悩みがあるとよく読んでいました。

あの聖書は、一番初めに「折にかなう助け」というページがあります。たとえば、「悲しみで心がふさぐ時」はここを読め、「友達に裏切られた時」はここを読め、と具体的なみ言葉を示している。青春の悩み多き時期でしたから、わりと読んでいました。

その頃、わが家にエホバの証人の方が伝道に来られたことがあって、両親は私が聖書に興味をもっているのを知っていたので、家にあがっていただいて接待したんです。

[1]輸血拒否事件が大きく報道される前のことで、エホバの証人がどういう宗教団体かも知りませんでしたから、「聖書を読んでいるなんてすごいですね」といわれて、いろいろお話しすることになりました。音楽家をされているとても品のいい方でした。

あまり聖書の話はせず、エホバの証人のテキストも開かれませんでしたね。三度目だったかに来られたときに初めて集会に誘われて、なんだか怖くなってさよならしましたけれど。

千葉大学園芸学部の環境緑地学科で、造園や園芸を学びました。

姉が障害児教育に進んだ影響もあって、障害をもつ子どもと遊ぶサークルに入ったら、そこで知り合った女性と、ほかにどんな活動をやっているかという話になったときに、「私はＫＧＫ、キリスト者学生会よ」といわれたんです。

ＫＧＫは戦後まもなく早稲田大学の学生が始めたプロテスタントの学生団体で、同世代のクリスチャンに会ったのはそれが初めてのことでした。「へえ、クリスチャンなんだ、私、興味あるんだよね」といったら、「いらっしゃいよー」って。

クリスマス会や講演会があると呼ばれて行きました。学生のコンパで一気飲みが流行《はや》っていた頃ですけど、ＫＧＫの人たちはお酒を一切飲まなくて、ゲームして遊んでるんですよ。私もお酒は好きじゃなかったので、すごく好感をもちましたね。

家のそばに教会がなかったので、どこに行けばいいかわからなくて相談すると、顧問の先生のお兄さんが牧会をされているということで、保谷《ほうや》の教会を紹介されて行ったのが最初です。大学一年か二年だったと思います。イベントのときにしか行かなかったんですけどね。

大学を卒業すると突然、目標を見失いました。どう生きていけばいいんだろうみたいな感じになっちゃったんです。

就職先は日本道路公団の外郭団体で、道路緑化保全協会という社団法人でした。事務とかお茶出しみたいなことばかりで、自分が学んできた技術が一つも生かされない。それでいて意外に忙しくて、夜中に帰ることも多くなって、自分が渇いてるなあと感じていました。

三浦綾子さんの本からも離れていましたが、たまたま早く退社できた日があって、東武《とうぶ》百貨店池袋店の旭屋《あさひ》書店に行ったら、まだ読んでなかった三浦さんの『新約聖書入門』を見つけたんです。すぐに買いました。ああ、渇いた、渇いた、と思いながら家に帰って、すぐに読み始めました。『旧約聖書入門』もそのあと買いました。

そんなとき、KGKから秋の伝道会のお知らせが届いたんです。

そうか、これだ、これに行けばいいんだと思って出かけてみました。一九八九年の秋のことです。十二月には洗礼を受けました。

それからしばらくして、新来会者の講座で高木さんという方が聖書の話をするから、お茶の準備をしてもらえないかと牧師先生にいわれて手伝ったのが、主人[2]との出会いでした。

1　一九九二（平成四）年七月、エホバの証人の信者が手術を受けた際、無断で輸血されたとして病院に損害賠償を求めた裁判があり、救命か自己決定権かをめぐり最高裁まで争われた。患者はいかなる場合でも輸血をしない絶対的無輸血を主張しており、医師が事前に説明を怠ったことは患者の人格権を侵害するものとして、不法行為責任が生ずるとの判断が示された（最高裁第三小法廷判決二〇〇〇年二月二十九日）。

2　高木俊男、五四七ページ。

すっごい怖い顔をしていたんです。たぶん悩みの中にいたからでしょうけど、クリスチャンになってもこんなに幸せそうじゃない顔をしている人がいるんだと思ったことを覚えています。

主人は北海道の出身で、東京の会社に勤め始めたばかりで、その日、この女性と結婚を考えてはどうかと私を勧められていたそうです。私のほうは全然知らなかった。でも教会に入ってまだ二年目だし、こういう話は断っちゃいけないって思ったんですね。まるで統一教会の合同結婚式みたいですけど。

じつはその頃、夢を見ていました。私が一人で船に乗っていて、舳先《へさき》のところに船頭さんがいて、イエス・キリストみたいな白い服を着ている。どこかに連れていかれるというか、導いてもらっているようなイメージで、ああ、私はこれに乗っていこうと思ったんですね。

当時、造園の技術を身につけたくて、知り合いのつてで設計事務所に転職しようとしていました。そうしたら、それを知った局長が、いや待てと。おまえを育てるから、国際造園会議にも連れていくからといって突然、名刺を作り始めた。

主人との結婚を考え始めた頃でしたから、これから仕事をしていくのか、家庭に入って子どもを育てて信仰を伝えていくのかを考えて、自分にとっては信仰のほうが重要だと思って仕事をやめて結婚を選んだんです。

主人には助けられました。常識で考えると教会の方針がおかしいなあと思っても、自分を押し殺してきたんです。

ある日、牧師夫人に頼まれて牧師館に奉仕に行ったら、牧師がくつろいで信徒の悪口をいっているのを耳にしたんです。なんだか嫌だなあと思いました。洗礼まもない頃だったので、わからなくなっちゃった。

そんな話を主人にしたら、よくわかってくれたんです。あとで知ったことですが、主人は子どもの頃から教会との関係で非常に苦労した人でした。

子どもが生まれてからは、子育てでノイローゼ気味になりました。婦人会のお母さんたちにはすごく助けてもらっていたので、クリスチャンじゃないお母さんたちにも何かできないかと思って、婦人会の会長さんと「こひつじ会」という赤ちゃん連れのお母さんの会を作ったんです。教会がお母さんたちの居場所になればいいなあという想いからでした。

それがある日、公園で知り合ったお母さんたちを教会にお誘いして、会堂でお菓子を食べながらおしゃべりしていたら、伝道師の先生たちがやって来て、なんで聖書の話をしないんだ、讃美歌もうたってないし、祈ってないって注意されたんです。

まだ会堂もできたばかりなのに、よその人を入れるのはどうなんだという話も出ました。礼拝中は母子室に入るしかなくて、少しでも子どもが会堂で騒いだら睨まれることもありました。ちょうどその頃、主人に転勤の話が出ていたのですが、主人は主人で、転勤を断って教会に尽くせと牧師にいわれていたようです。教会学校の先生をやって、新来会者の手伝いや青年会の会長や、伝道奉仕や、土曜日も休まず教会のために働いて、滅私奉公みたいな状態でしたから、結局、転勤を理由にその教会を離れることになりました。

転勤先は岐阜で、改革派の多治見《たじみ》教会に通いました。そこは礼拝中に子どもたちがはしゃぎまわっていても、「子どもが讃美してる」といって受け入れてくださるところでした。

会堂を利用するアイデアがないかという話になったとき、こひつじ会の話をしたらすごく歓迎されたのでびっくりしました。教会といっても、いろいろあるんだなあって。

無教会主義の駒込キリスト聖書集会に通うようになったのは、東日本大震災がきっかけでした。なぜ神様はこんなことをなさったのか、信仰をどうとらえたらいいのかわからなくて、いくつかの教会を主人と一緒にまわったんです。無教会はその中の一つでした。

姪《めい》が山形県にある無教会系の基督教独立学園高校に通っていて、うちの娘も見学に行って気に入って入学しましたので、どんなところかはなんとなく知っていました。

調べたらバス一本で行けることがわかって、翌週に主人と息子と私の三人で行きました。

讃美歌と祈りと伝道者の先生のメッセージだけで、余計なものは何もない。洗礼も必要ないし、パンと葡萄酒をいただく聖餐式もない。たくさん献金しろといわれることもない。献金できなければしなくてかまわない。

メッセージはシンプルで、とてもわかりやすくて、温かい。様子見のつもりでしたが、聖書と信仰のみに立って神の愛を伝えようとされていることにとても共感しました。

教会にいるとどうしても、神様と自分のあいだに、役員会とか、牧師とか、奉仕とか、いろんなものが入り込みます。でも無教会は、神様と自分を一番シンプルにとらえられる。

あとはやっぱり、伝道者の[3]荒井克浩先生のお人柄が一番大きかったかもしれません。

息子は理屈がさきにある子ですが、荒井先生のお話を聞いて初めて、わかったといいましたね。ああ、聖書のあの話ってそういうことだったのかと。それで翌週から通うようになりました。


クリスチャンになって、それまで自分の中になかったものが、突然与えられる体験をたくさんしてきました。み言葉が届くこともありますし、こうだよ、と道を示されることもありました。

子育てをしていると、やっぱり、すごく祈るんです。主人の転勤で札幌に行ったときのことです。いきなり一晩で七〇センチぐらい雪が降ったのですが、娘の学校でPTAの集まりがあったんです。吹雪の中をどうやって行けばいいんだろう、東京なら外に出ないのにと思ってあるお母さんに訊ねたら、来ればいいのよっていわれて、ギャップを感じました。

だって歩けないんですよ。おばあさんにも抜かされるぐらいですから。主人は雪国の人だから赤ちゃんを抱っこしてスタスタ歩くんですけどね。

楽しかったんです。札幌の人たちは私たちを受け入れてくださった。教会でも子育てのことを教わったし、すごく助けられました。

ただ、北海道に住んで初めて知ったのは、私の根っこはやっぱり園芸だということでした。季節の感覚を花で感じるんです。一月に水仙が咲いて、二月に沈丁花《じんちょうげ》が咲いて、三月に梅が咲いて、四月に桜が咲く。でも、北海道って、五月に水仙も梅も桜もみんな全部一緒に咲きます。その感覚がどうしてもわかりませんでした。

それに加えて、息子が喘息《ぜんそく》を発症しました。まだ一歳でした。

私は十九歳のとき、友だちを喘息で亡くしているものですから、あわてて小児科に駆け込みました。かなりナーバスになっていたと思います。

子どもを失うのが怖くて怖くて、とうとう不安神経症になってしまいました。教会のほうもだんだん組織の問題が見えてきて、距離を置くようになっていましたし、このまま北海道にいても喘息は決してよくなることはないので、三年もしないうちに東京に戻りました。

それでも息子の喘息はなかなか治らなくて、治してくださいと神様にずっと祈っていました。祈って、泣いて、祈って、泣いて、なんで治してくれないんだーって泣き叫ぶまでになったとき、何が起きたかというと、私が喘息になったんです。

すると、すごく落ち着いて、本当に不安が消えていきました。

3 九四一ページ。

息子の喘息は治っていないし、私も喘息になったけど、何かがすごく解決した。喘息が何ものかわかったっていうことなのかな。あれ、喘息では死なねーや、と思ったんです。

今も、あれはなんだったんだろうと問い続けていますが、私は神のみ業だったと思っています。偶然じゃないのかと思われるかもしれませんし、息子からもあとでそんなふうにいわれました。

でもやっぱり、愛があると思います。偶然って冷たかったりするけど、スパッと解決して終わったよーっていうんじゃなくて、自分が愛されているなと感じたんです。

昔、ＫＧＫの友だちに、「神様はあなたのことを愛してるのよ」といわれて、なんだそれ、気持ち悪いといって電話を切ったことがあるんですけど、信仰を重ねると、自分が愛されていることは普通にわかるようになります。息子に、「あなたも神様に愛されているかもしれないよ」といったら、気持ち悪がられましたけど。

息子ですか。たまに顔を出しますけど、まだいろいろ思うところがあるようなので、本人に任せることにしています。

2018/6/10

信仰がなかったら、私、首吊って死んでたかもしれません。

高木俊男
一九五七年生
無教会駒込キリスト聖書集会
東京都

私は妻子を捨てて駆け落ちした人の子孫です。初めて聞いたときはすごいショックでした。父も私も、存在していいのか。そのことはずっと心の底にあって、あとで原罪と結びついていきました。

父方は岐阜の垂井《たるい》の出身で、法華経の家でした。代々、京都の御所でお菓子の仕事をしていて、祖父も御所に何か月か勤めて垂井に戻るという暮らしを続けていましたが、妻と子どもがいるのに、私の祖母と北海道に駆け落ちしたんです。祖母は岩見沢《いわみざわ》の出身でした。

祖父は炭鉱で働きながらお金を貯めて、砂川《すながわ》でお菓子屋さんをやっていました。アイスキャンディーが大当たりして、山をいくつか買ったそうです。

父は農業高校を出てしばらく獣医をしていましたが、給料が少なくてこれでは食えないということで公務員試験を受けて農林省の職員になりました。高卒なのでキャリアにはなれなくて、ずっと公務員宿舎を転々としていました。

クリスチャンだったのは、母方のほうです。母方の祖父はもともと山形の宮大工で、余市《よいち》に神社や家を建てる人が欲しいという話があって、一族郎党連れて北海道にやって来たそうです。

母の妹が生まれたとき、その出産が原因で祖母が亡くなるんですが、祖父は再婚もせずに男手一つで七人の子どもを育てました。本人はクリスチャンではないのですが、祖母がメソジスト教会に通っていたので、そこに子どもを預けていたと聞いています。

だから母はずっと教会で育って、学校もミッション系です。父と結婚するまでは看護師をしていました。洗礼を受けたら結婚できなくなるといわれていたらしく、信仰はもったけど洗礼は受けていません。父が嫌がったので、母は結婚してからは教会に行くことはありませんでした。父は三男でしたから家に仏壇もなくて、宗教的なものは何もなかったですね。

私が初めてキリスト教に出会ったのは、留萌《るもい》高校二年のときです。ある日、英語の先生がアメリカ人の宣教師を連れてきたんです。アメリカの暮らしについて話を聞くという授業でした。

宣教師とその家族は、留萌の隣の礼受《れうけ》という町にある鰊《にしん》番屋の名残みたいな家を借りて住んでいました。同じ高校から何人か、その宣教師に英語を習いに行くようになりました。英語といいながら、テキストは文語体の英語の聖書でしたけどね。

子どもが多くて、七人いたんだったかな。そのうち毎週日曜日の礼拝にも出るようになって、みんなで食事をして、子どもたちと遊びました。高校生ばかりで、一〇人から一五人ぐらいいたでしょうか。

一九七〇年代の半ばで、アメリカ人としては珍しかったと思うんですけど、豚やうさぎや鶏を飼って、麦や米も自分たちで作る自給自足の生活をされていた。ファンダメンタルというかなり保守的な教派から派遣された宣教師で、従軍牧師だったこともあると聞きました。

私は、今でいう発達障害系の子どもで、人とあまりコミュニケーションがとれなかったんです。何かに集中していると先生の話が入ってこない。保育園のときは、もう来ないでくれと先生にいわれて中退しましたし、小学校ではひどいいじめを受けました。

中高は普通に通えていましたが、対人関係には苦手意識がありましたし、父方の祖父のことを聞いて自分が変な血筋に生まれたことにモヤモヤしたりして、自分の存在ってなんだろうと悩んでいたので、そんな自分を受け入れてくれる場所があったという想いでしたね。

人間はみんな罪をもって生まれてくるという原罪の話も、すーっと入ってきました。哲学者のパスカル[1]が、神を信じて生きることと、信じないで生きることを比較して、もし神様がいなくても信じて生きるほうが人生は豊かになるだろう、信じて天国に行ったらそれはそこで神の存在が証明されるだろうといっているんですが、そんなことも頭にあって、神様っていうものがいるなら信じてみようかと、そんなあやふやな感じで入っていきました。

普通、教会に所属すると教会籍が作られますよね。でもそこは、国籍は天にあるからといっていてそんなものはありませんでした。洗礼も受けたければしてあげますが、信仰をもった時点でクリスチャンですよ、といわれました。

それでも高三になって洗礼を受けたいと思っていたら、父親が日本の社会ではそういうのはトラブルになると反対したのであきらめました。母方の祖父の葬儀でお焼香しなかったり、学校の武道場の神棚に向かって礼をすることに抗議して親が呼ばれたり、いろいろトラブルを起こしていたんです。おかしな宗教に入ったんじゃないか、日本古来のものを否定する宗教はけしからんといわれました。

ファンダメンタルはかなり右翼的で、宣教師は日本文化にかかわるものを一切拒絶しろ、偶像崇拝はだめだ、

1　ブレーズ・パスカル。フランスの科学者、宗教思想家。パスカルの原理などで知られるが、回心を経て信仰に生涯を捧げた。『パンセ』はキリスト教の真理を明らかにするキリスト教護教論を準備する中で残された断片をまとめた遺稿。高木氏が言及するのは「パスカルの賭け」といわれる。一六二三—一六六二。

日本の教会ともあまりかかわりをもつな、という姿勢でした。英語が少しできるようになっていたので、ファンダメンタルの本山といわれるアメリカのサウスカロライナ州にあるボブ・ジョーンズ大学に推薦してあげようという話もありました。なんだか言葉もちょっと変になってしまって、英語なまりの日本語でしゃべることもありました。

札幌の大通《おおどおり》のホコ天で竹の子族みたいな人たちが踊っている横で、スピーカー持って大音量でメッセージを流す手伝いをして、大勢に取り囲まれて逃げたこともあります。いやあ、かなり過激でしたね。親もそのへんを心配したんだと思います。

宣教師のほうは、そんなに親が反対するなら親から離れろとまでいうようになって、さすがに自分でもちょっとおかしいなと感じ始めた。父との関係を修復しようと思って、次第に距離を置くようになりました。

一年間浪人して、北海道大学の理類に入学しました。そこで非常勤で教えていた講師がたまたま宣教師で、誘われてその人の家庭集会に行くようになりました。そこもファンダメンタルだったんですが、留萌の宣教師と違って日本社会に溶け込んでいて、奥さんも日本人で、大学でも教えている人だし大丈夫だろうと思ったんですね。

洗礼を受けたのは、二年のときです。小樽《おたる》市の銭函《ぜにばこ》の海水浴場で、白い服を着てザブンと海に浸かりました。

北大では二年の後半に[2]進級振り替えがあって、理学部の地質学鉱物学科に進みました。私、化石が非常に好きなんです。生き物の進化に興味があった。古生物を扱っているのは生物学科ではなく、地質学でした。

本当に神がいて、神が人間を造ったのであれば、その手段としての進化があるのではないか、生き物がどんなふうに生まれて、変化してきたのかを知りたいと思いました。

チャールズ・ダーウィンの進化論も、スティーヴン・ジェイ・グールドの断続平衡説も、どれも全然抵抗はありません。ダーウィンはたんに現象を説明しているだけで、神がいるともいないともいってない。グールドは創造論を批判していますが、神と科学は共存できるといっている。最初の一人の母親から今の人間が生まれたというミトコンドリア・イヴ説が当時かなり話題になっていて、信仰とは別に、そういうことも勉強したいと思っていました。

そうしたら宣教師に、おまえはクリスチャンなのになぜ進化を専攻するのかと批判されたんです。神は七日で世界を造られた、一日は一千年で、六日で六千年、その当時から何も変わってないんだぞと。ファンダメンタルは進化論を一切認めないので、彼らの主張する創造論のあやしげな本も読まされました。でも論文を読んでいくうちに、彼らはそこに適当な嘘の説明をくっつけているだけだとわかったりして、インチキくさくて信用できないなあと思いました。だって、地質を調べたらわかりますから。そこはさすがに彼らと同じ立場はとれません。

ある日、同じ教室に単立教会から来ている同級生がいて、私の家庭集会に誘ったことがあるんですが、その友人が帰ってから、宣教師がいいました。「日本の教会は堕落しているからかかわるな」と。

ああ、また同じことを蒸し返されたかと思って、四年になる頃にはそこを離れて、その友だちが紹介してくれた札幌西福音キリスト教会に行くようになりました。中国の共産化で追い出された[3]OMFの宣教師たちが北海道に入ってきていて、そこも彼らが開拓した教会でした。北大からOMFの宣教師になった方は結構いるんですよ。

2　一、二年の成績によって三年以降の進路を決めること。専門分野にとらわれず幅広く学びながら進路を決められる利点がある。

3　七五ページ参照。

金がかかるので親には嫌がられましたけど、研究者になろうと思っていました。貝の進化研究で博士号をとりました。

でも、大学には幻滅しました。北大は共産党系のオーバードクターがたくさんいたところで、地質学にも党員が何人かいて、「赤旗」を読んでいないと大学院に入れてやらないみたいな、レッドパージの逆のアン・レッドパージがあったんです。「赤旗」は読みましたけど、神を否定する共産主義はどうしても受け入れられませんでした。

一九八四年に臨教審[4]が設置されると、中曽根康弘《なかそねやすひろ》首相が北大に来て、そのモデル校に指定されました。それからは情勢が一変して、共産党系の温床みたいな大学からオーバードクターを追い出す、いわゆるレッドパージが始まりました。

私の指導教官の次席の主任がモデル校の担当になったのですが、ちょうどオーバードクターになったばかりだった私に対して、学会での行き違いが原因で顔を見るたびに暴言を吐くようになりました。「おまえみたいなのは面倒みられん」とか、「おまえなんかいなくていいんだ」といわれたり、内定していた就職を裏から手をまわしていくつもつぶされたりしました。もう、毎日がパワハラで、朝が来るのが嫌だと思うほどでした。

神様、なぜ私を追い込むんですか、と思いました。昼間にひどい暴言をバーッと吐かれて、夜になると落ち込んでの繰り返し。聖書を読むしかほかに逃げ場がありませんでした。すがるように読みました。

苦しみながら聖書を読んでいたある日、「あなたの歩むべき道にあなたを導く」（イザヤ48・17）というみ言葉がいきなり示されました。あなたの歩むべき道にあなたを導く、あなたの進む道は残されている、あなたの道はありますと。教会には、私のために祈ってくれる人たちもいました。信仰がなかったら、私、首吊って死んでたかもしれません。

ほかの講座の先生の紹介で、東京の三井鉱山系の建設コンサルタント会社に就職の話があって、そこに行くことにしました。タイミング悪く父親が脳梗塞で倒れて、もうおまえに金をかけられないといわれていたので行かざるをえませんでした。

博士号をとって民間企業に就職するというのはなかなかない時代でしたから、はっきり、「大学院崩れ」といわれました。でもありがたいことに主任で行かせてもらって、幹部候補になりました。

保谷市の教会で妻[5]と会ったのはその頃です。会社は西葛西《にしかさい》ですから保谷は遠いのですが、北海道の知人の紹介で、知らないところに行くよりいいと思って行き始めた教会でした。

三十代後半で課長になって、途中、岐阜にある動燃の東濃《とうのう》地科学センターに出向しました。原子力発電で出た廃棄物を地下に埋めるにあたって、地殻変動や地下水の影響を評価する研究者がいるところです。私はマネジメントで行ったので研究者ではなかったのですが、先生方と専門的な話ができるからということで指名されたようです。

行って驚いたのは、原発を建設するにあたってお墨付きを与えるところに、日本の地質学や地形学の先生がほとんど所属していることでした。そこを経由して研究費がたくさん出ている。先生方が論文を書くためのデータを提供することもありました。

私の指導教官だった先生も幌延《ほろのべ》の深地層研究センターを作るときの委員の一人だったことがわかって、なんだ、って思いました。こういうところからお金もらっていたら、そりゃ、いい研究できますよねって。

4 臨時教育審議会。中曽根康弘内閣によって設置され、社会の変化、文化の発展に応じた教育を実現するために必要な施策を審議、答申した。

5 高木春代、五三九ページ。

出向して三年で東京に戻ると、今度は札幌に転勤になりました。東濃にいるとき下の息子が生まれたんですが、慣れない冬の環境に家内が精神的にすっかり参ってしまいました。このまま北海道にいちゃだめだと思って転勤を願い出たんですが、いろいろあって取り合ってもらえなくて、結局その会社をやめて東京に戻りました。

たまたま声をかけてくれたのが、今いる地質調査の会社です。動燃にいたとき、活断層を調べる特殊な調査器具の特許にかかわる仕事をしていたので、それがよかったのでしょう。本社が広島で、東京はまだアンテナショップみたいな感じだったので、本格的な部署にしてほしいといわれています。

無教会の集会に通うようになったのは、やはり伝道者の荒井克浩[6]先生の人柄に惹かれたからです。無教会というと対外的には、内村鑑三、矢内原忠雄《やないはらただお》、高橋三郎ありきみたいなイメージでしょうけど、集会は内村鑑三研究会ではありません。三浦綾子の本を読んで教会に行くように、内村鑑三の生き方に惹かれて無教会に来るという人はいるかもしれません。でもそれがメインだったら内村鑑三研究会であればいい。

そうじゃないんです。集会には余計なことが何もない。組織の問題もありません。

信仰以外の余計なことに疲れて、ここに来られる他教団の牧師さんもいらっしゃいます。日本基督教団の牧師夫妻もおられますし、新宿にある韓国系の大きな教会の牧師さんも組織のあり方に悩んで、信仰の足元を見直したいといってしばらく通っておられていました。

物事って、とらえ方ひとつで幸せになったりしますよね。うちの息子が喘息になったとき、家内も喘息になったことで平安が訪れましたが、そもそも喘息であることが問題じゃなくて、喘息で死んでしまうという恐怖のほうが問題だったということですね。

息子はそんなのは偶然じゃないかというけど、自分の中になかったはずのものや言葉や考えを突然与えられると、偶然とは思えません。平安はものが与えられたあとに来るものですから。

神様を知らない人たちは、たまたまそうなった、たまたま運がよかったっていわれるかもしれませんが、ものの見方が変わるというのは、私にとっては奇跡であり、導きなんです。

研究者としての地位と名誉を得て、すごく偏屈なじいさんになっていくより、いろんな人とのかかわりをもった豊かな人生を送ることができたのは、すごく恵みだったと思っています。自分で求めているだけなら、たぶんそうはならなかったでしょう。

だって私の性格なら、嫌だと思うことはしないですからね。嫌だと思っていることをやって、そこに解決を求めようなんてことは絶対にしません。

たぶんそこは体験しなければわからないと思いますけど、神の愛というのは、自分が求めていたものとは全然違って、実際はもっと悲惨なものが待ち受けているということなのかもしれないと、今では思っています。

2018/6/10

6　九四一ページ。

教会は惨憺たる現場です。どこの教会もだいたいゼロから始めないとだめです。

晴佐久昌英
一九五七年生
カトリック上野教会、カトリック浅草教会司祭
東京都

晴佐久《はれさく》というのは宮城県の古川《ふるかわ》にある名前で、祖母によると、晴山さんと佐藤さんと久慈（地）さんが、これから三軒で仲良くしていきましょうといって頭文字を一つずつとって晴佐久にしたんだとか。そんなこと勝手にはできないでしょうけど、私は三位一体と呼んでいる。晴は天の父、佐は補佐の佐でイエス様、久は永遠なる神の霊の働き。ありがたいでしょ？

インターネットで検索すると私の名前がたくさん出てくるから、もう十年以上前ですけど、電話がかかってきたことがあったんです。「あなた誰ですか、もしかして晴佐久熊二《くまじ》の息子さんかお孫さんですか」って。熊二の孫だと答えたら、「熊二はどこへ行ったんですか」って。いきなり訊ねられてびっくりしたんだけどね。

祖父の熊二は次男坊で、本家で大喧嘩して家を出てそれきり行方不明だというんだよね。それで札幌に行ったの。でも早くに亡くなって、妻も後妻だったので、私の父は家庭的に恵まれずに育った。そのことは自分が家庭を持つにあたって大きな影響を与えていたと思います。

父は札幌光星《こうせい》学園というカトリックの学校に入って、修道士だった校長先生を大変尊敬していました。肝心なことなのにちゃんと聞いていないんですが、おそらく在学中に洗礼を受けたと思います。軍国少年で飛行機

乗りになりたかった人ですが、終戦後に世の中ががらりと変わって、これからどう生きるかとなったとき、おそらく普遍的な物語を求めたんじゃないかな。当時はそんな想いから洗礼を受けた人が多かったんですよ。

母は札幌高等女学校というエリート校で級長までやって、あだ名が皇后様。おしとやかで賢くて、みんなのお世話をするような人で、ミスさっぽろにもなっている。当時はミスすずらんといったそうですが、両親自慢の娘だったそうです。

母はこの女学校時代にハリウッド映画の影響で教会に興味をもって、近くのカトリック円山《まるやま》教会を親友とのぞいてみた。そこに、オーストリアから来たアウグスティノ・ティシュリンゲル神父という司祭がいました。

この神父さんは高校生の頃、「日本での宣教がもっともむずかしい。日本に行って二人でも三人でも洗礼を授けられたらすごいことだ」と巡回説教師にいわれて燃えたんだよね。日本の札幌に派遣されて、母国で寄付を集めて円山教会を建てた。燃えていたところにのぞいたのが母だったから、つかまえたわけです。

そこで父に会って、この人は嘘をつかない、この人を信じてついていこうと思って結婚したんだよね。両親にしてみたら、アウグスティノ神父は恩人です。

母の実家は困ったようですよ。うちの娘をどんな人に嫁がせようか、末は博士か大臣かという人かと思っていたら、現れたのは貧乏で、背が低くて、学歴もなくて、結核を患ってる男ですよ。とりえは信仰だけって、そんなのはむしろマイナスですよね。

でも母はやんわりと、「お父さん、お母さん、愛はお金じゃないのよ」って。父はお嬢さんをくださいと手をつきに行った。この人を幸せにします、ってね。父はその約束を守り抜いた。そういう意味では、私は最初から家庭に恵まれていた。下駄を履かせてもらってます。

父は東京タワーを建設した宮地建設工業という会社の経理で、最後は取締役になりました。その社屋が今の本駒込六丁目にあって、すぐ裏に一家庭だけ住み込みできる門番みたいな家があったので、そこに住んでいました。その社宅が私の故郷です。

きょうだいは姉と弟の三人。みんな幼児洗礼ですよ。まじめな父に連れられて毎朝、本郷《ほんごう》教会に通いました。教会に行くと、血縁じゃない青年たちが仲良く楽しくやってるじゃない。友だちもいるし、ふざけていたずらはするし、私みたいなウロチョロ系の子どもには天国です。付属の幼稚園もあったので、教会がわが家、自分の遊び場のようなものでした。

父にはよく怒られました。結構キレる人で、一度キレると止まらなくなる。それが自分でも嫌で、自分をどうコントロールするかが彼の課題だったんじゃないかな。家庭的に恵まれなかったこともあって、幸せな家庭を作りたいというのが夢だったんですね。

だから、それが実現するためにはなんでもやった。本気の人生を歩んでいた人だから、子どもが急に道に飛び出すとか危険なことをすると、本気で怒ったんですよ。姉なんか、父があまりに厳しいからびくびくして、自分はアダルトチルドレン[1]になったのよといっていましたけど、ぼくは押し入れに閉じ込められても寝てればいいってね。年齢によって感じ方は違うみたいね。

あるとき、姉がテレビで発達障害の特集を見たらしくて、「ちょっと、あんた。ADHD[2]よ」って電話があったんです。興味をもって自分でも一〇冊ぐらい本を読みました。

「ここヤシの集い」といって、発達障害や精神障害をもつ若い人たちとのミサをやってるんだけど、彼らのほうが明らかに重い。自分は彼らとは違ったと思う。父はなんで自分からこんな子が生まれたんだ、これはおもしろい子だと思ってたみたい。それはよかったと思う。

戦後、洗礼を受ける人が一気に増えたのは、みんなが普遍的な物語を求めたからだといいましたけど、それでも両親の時代はまだ原理主義的な部分はありました。洗礼を受けた人は救われる、受けていない人は救われない、という考え方ですね。

アウグスティノ神父だって、そんな想いで日本を救いに来たわけです。鬼畜米英だった日本人を、民族を超えた救い、永遠の命みたいな普遍的な世界に導こうとした。私にいわせれば、信じる者は救われるということにはやっぱり原理主義が残っているんです。

そんなカトリックが、第二バチカン公会議からだんだん変わっていった。両親は尊敬と感動をもって教会が変わっていく姿に伴走していた。私もちっちゃい頃から見てきましたよ。

私が中学に入ったあたりから、立川、小平、東村山に、次々と引っ越しました。なるべく広いところに住みたいというのが父の夢でね。わが家には人が溢れかえっていたんです。多摩の八つぐらいの教会が青年活動に力を入れていて、みんなのたまり場というか、ある種のアジール（避難所）的な要素をもってうちに入り浸る人もいた。年齢もバラバラで、あっちでくっついたりこっちでくっついたり、結婚した人たちもいる。

とにかく楽しくて、バカっていっちゃバカなんだけど、このままずっとみんなでやっていけると思ったんですよね。父親の庇護《ひご》のもとでやれたことなんだけど、アルバイトもせずにひたすら教会活動していたんです。

美術の短大に行っていたので、影絵を作って幼稚園を巡回したり、雑誌を編集したりしてね。今でいうニートでしょうけど、非常に活動的なニートでした。神父になろうなんて全然思ってないですよ。そんな楽しい生活が一生続くと思っていました。

1　幼少期の家庭環境によって傷ついた結果、成長してからもコミュニケーションなど対人関係に困難を感じる人のこと。医学用語ではない。

2　注意欠如・多動症。不注意、多動性、衝動性を主症状とする生まれつきの精神疾患。

私が二十一歳のとき、父が突然がんで死んじゃった。五十歳でした。亡くなる一年ほど前に、はたと気づいて現実に戻ったんです。

父が死んだらこの生活、やっていけないじゃん。あの絶望感といったらなかったね。だって、教会しか知らないんだから。社会の現実を知らないんだから。このさき、誰かと結婚して、おやじがやったように家を建てて、子どもを育てるのか。そんな根性ないですよ。

絶望して風邪ひいて熱出して寝込んで、そんな暗い気持ちになったとき、ふと聖書がここにあるって思ったんだよね。そうだ、神父になりゃいいんだって。その手があったかと思いついた。信仰云々《うんぬん》より、この生活を続けられる方法があると気づいたんだよね。

ずるいっちゃあずるいんだけど、利用できるといったらいいすぎだけど、そう思ったんだ。そうだ、自分はそういうふうに召されている。信者に食わせてもらいながらずっとやっていけるじゃんって。

これは生涯の発見、最大の発明。思いついて以来、一度も揺らいだことがないですよ。数秒で決まった。それまで一度も、神父になろうなんて思ったことないのにね。

決めたらあとは一直線です。亡くなる二〜三週間前に父に打ち明けて、それから母に打ち明けた。死ぬ前にいっとかないと絶対に後悔すると思ったんです。息子が神学校に入るって励みになると思ったんだよね。

父に号泣されてね。嬉し涙かと思ったら、嗚咽しながら一言、「悔しい」っていったの。その瞬間、ああ、父がどれほどそれを望んでいたか、だけど息子が神父になって活躍する姿を自分は見られない。ああ、しまったと思ったね。苦しめちゃったよね。

でも、いえてよかったと思ったの。ここで表明しないと後悔するぞと思ったの。だからいったよ。「ぼくが神父になってちゃんと働けたら、それは父さんのおかげなんだよ。父さんのぶんまでがんばるから」って。それはちゃんといえた。いえたのは、ほんと、よかったよ。

ぼくはのちに『福音宣言』という本を書くんだけど、宣言することのすごさに確信をもてた一つの出来事だった。父は嬉しかったと思うし、見舞いのお客さんが来るごとに、うちの息子は神父になるんだよといって、喜んでくれたね。

母は、ぼくが神父になると思ってたみたい。自分が思ってもいないのに、母がそう思ってたとはびっくりしたけどね。父も母も打ち出の小槌《こづち》みたいな、自分のためにいる存在だと思っていたから、ぼくのことをそんなふうに思ってたんだと知って、すごいなあって思ったよ。

神父になってからは、母は、ぼくのことを名前で呼ばずに神父様と呼ぶようになった。「私は神父様のファンです」とずっといってくれた。二人とも亡くなった今となっては、父も母もぼくにとっては聖人みたいな存在なんだと、だんだん感じられるようになりましたね。

神父には教区司祭と修道会司祭がいます。まわりの神父がみんな教区司祭だったこともあって、教区司祭を選びました。修道会のことはよくわからなかったし、修道会司祭は私有財産を持たないし、共同生活だし、ルールが厳しい。私には絶対無理だと思ったんです。自由にやっている教区司祭をずっと見てきたから、こういう算段が成り立ったわけですね。

誰かに憧れて神父になったんじゃない。むしろ、反面教師はいっぱいいる。あの神父のやり方だと自分の好きなことができない。じゃあ、どうやったらできるか、そういう見方です。そういう意味では、一匹狼でやってきました。

ただ一人、本郷教会にいた頃に河村昕司《かわむらきんじ》という助任司祭がいて、この人は先進的な神父でしたね。わが家にもよく飲みに来て、父はお酒が飲めなかったんだけど、「昌英君はね」って楽しそうに話している状況が幸せだったなあ。

河村神父は海外から輸入したスライド映写機を使って、自分が作った物語をよく話してくれました。あるときは、タイタニック号の最期の話なんだけど、男の子の名前はロミオ、女の子はジュリエットちゃん、なんて適当なことをいってね。でもラストは史実に基づいて、沈んでいくとき、みんな讃美歌をうたい続けたというんだね。

教区司祭になるには、練馬にある東京カトリック神学院に入学して、なおかつ上智大学神学部にも入学します。神学校の寮に住んで、上智大学に通ってバチカン公認のカリキュラムを学ぶ。私は短大卒だったから単位が足りなくて、哲学科二年のところを三年通いました。二十二歳から二十九歳の七年間、おれの青春返せ、ですよね。

非常に悩んだことがありました。いろんなものを捨てさせられた時間でもありました。これは魂の闇の話なので言葉にするのがむずかしいですが、大失恋しましてね。これが引き金になった気はします。

先輩、やさしかったな。慰めてくれた。だって、めしも食えなくなる。死のうとすら思った。だってほら、遺伝子だから。祖父やおやじと一緒。思い込んだらまっすぐだから。

失恋というのは、自分の幻に気づかされるところがあるじゃないですか。自分が作り上げた夢や理想が全部壊れてしまう。その虚無感は宗教も一緒じゃん、という気づきはあった。惚《ほ》れてやってきたけど、じつは幻想なんじゃないかという気づきみたいなところに入っていったんだよね。人生で大事なことはすべて失恋から学んだ、ぐらいのね。

神学生だった一九八〇年代はニューアカデミズムが流行っていて、吉本隆明《よしもとたかあき》とか浅田彰《あさだあきら》を読んでいると、ポストモダンだから、宗教なんか幻の物語だと、けちょんけちょんに批判されている。おれは、宗教なんて終わりかけている幻想の世界に飛び込んじゃって、これに一生懸けようとしているんじゃないかという直感、それがまさに当たってたんですよ。まさしくそうだから、宗教って。

そういう意味では、自分が拠《よ》って立つ本質、宗教も、恋愛も、消えていきます。青年期特有の闇でしょうが、それが私のいいところか悪いところかわかりませんけど、窮《きわ》めていく性格なので、徹底して窮め尽くして、絶望したんです。

二十二歳ぐらいからだんだんおかしくなって、神学校の四年目ですかね。表面的には繕いながら、自分が消えていくような虚無感に襲われた。宇宙はただ存在していて、やがては太陽も地球も飲み込まれて人類も消えてしまう。完全な闇が訪れて、そこからさらに人類のいない五十億光年が続いてというような。

じゃあ、神とは何かというと、神も人間の脳が必然的に生み出した幻であって、そんな虚無感から人を救い出すためのある種の遺伝子の働きであるとか、文化が生き延びるための戦略として伝えているにすぎないとか、あらゆることは全部説明できると思ってたの。

そんなふうに思ったらもう、何も信じられない。鰯《いわし》の頭も信心からで、新興宗教みたいな原理主義にはまれたら幸せなんだろうけど、そのからくりを見ちゃった以上、自分たちの宗教だって同じでしょって思ったんだよね。

もともとが、原理主義的な神を信じていないというところから、こうなることは約束された道だったんじゃないかな。だって、こんな楽しい生活をずっとやっていきたいというモチベーションだったわけだから。別に、神だの仏だのいわなくても、やろうと思えばできる。

だけどそこで、神がいない、となったら、たとえそんな生活をしたところで、いったいそれがなんになるの。人が一人死に、二人死に、父が死んでいったようにみんなだんだん消えていく。もっともらしく過ごしていても、沈みゆく船の上で最後の宴会を開いているようなものならば、さきに海に飛び込んだって一緒でしょ。ニヒリズムってそういうところがありますよね。現に、そう思って自死する人がいる。死んだら楽になると思っても、でも死ぬのも怖いなあという気持ちで硬直していましたね。あれを地獄というんじゃないですかね。まったく意味が感じられない。闇ですよ。

だけど最後の最後、もっとも暗いところに落ちていったとき、神秘体験みたいな光の体験をして、闇が一瞬で消えたんです。二十六歳の二月十九日でした。これが私の回心の日です。もう三十三年経ちましたけど、手帳に書いて、いつも一人で祝っているんですよ。回心何年といってね。

神秘体験って何か、説明しなきゃいけませんね。あれは、ちょうど神学校がお休みで、全員、自分の教区に帰ってお手伝いをしたりする時期でした。神学校にいてはいけない。ところが動けなかった。

どうやって教区に行かずに済んだのか、行方不明として扱われていたのかはよく覚えていないけど、どこにも行かず神学校に不法在院していたんです。ばれちゃうから明かりも消して、夜中に食堂の冷蔵庫から食パンを盗んでつまんだりして、真っ暗な部屋にずーっと死んだように寝ていた。

そうしたら、ベッドが浮いているんです。完全な宇宙の真ん中の孤独の世界。何もない、ただの闇。これが続いたら地獄じゃん、というぐらい、希望の希の字もない。

そのまま揺れながらだんだん落ちていって、一番底に着いたところで、何も残ってないというときに、なんか一瞬、それでも自分の中に残っているものがあるという希望があって、それは叫ぶことだった。それこそ、「神様ーっ」みたいな。実感としては、パパー、ママーみたいな感じですけどね。

聖書の中に、「この霊によってわたしたちは、『アッバ、父よ』と叫ぶのです」（ローマ8・15）というみ言葉がありますが、まさにそれ。それを祈りというと思うんだけど、霊的なものが自分の中に働いて、「神様ーっ」て叫んだ。

その瞬間に、ポンと割れるというか、ビッグバンみたいな光の体験があったんです。たとえていうなら、本当は光の中にいるのに、真っ黒い風船の中に自分がずーっといて、自分の闇にとらわれているというかね。外から見たら、黒い玉の中で何してんだろっていうんだけど、自分は完全な闇だと思ってる。「神様ーっ」て叫んだとたん、パンッと割れて、なんだ、ぼく何やってんだろうって。

それは、至福の瞬間でした。宇宙の一番端の星と自分がつながっている感覚があった。間違いなくつながった。ぼくらが宇宙についてあれこれ考えているのは、そういう見立てがあるだけで、じつは、手を伸ばせばふれるところにあるんじゃないのって。本当に五十億光年さきなのって思いました。宇宙の端とつながって命が一つというか、そういうものを命と呼ぶしかない。流れというか働きというか、その時間はすごく幸せだった。

十四歳から日記を書いてきたんだけど、この日、二十六歳の二月十九日で終わってるの。書く必要がなくなった。ここまで書いてきたけど、やっと、やっと、といって終わった。

友だちや神父には報告しました。解放されました、もう大丈夫ですって。

ただ、母親だけには話さなかった。心配させたくなかった。母が死んだときは、じつは嬉しかったという面もあるんだよ。これでもう、自分がどんな失敗をしようと、どんな苦しみを味わおうと、母親は心配しないで済む。あー、よかったって。

ひどい話だけど、そういう安心感はあったよね。鋭い人だから気づいていたかもしれないけど、あの人だけは悲しませたくなかったんだよね。

神学校を卒業したのは二十九歳。同級生は一〇人いたんだけど、在学中に二人やめて、神父になってからも三〜四人やめた。同期で残っているのは三人です。

やめた理由は人それぞれだけど、モチベーションがどこかで違ってたんだろうね。私みたいに普遍主義に焦点を合わせない限り、やっぱり無理ですって。どこかに嘘があるんですよ。それなのに、信じた顔してやらなきゃいけないんですよね。

一人はやめるとき、「このままだと偽善者になっちゃう」といってました。自分は本当はそうではないのに、そんな顔をするというのは、神父も牧師も非常に苦痛でしょ。

私みたいに、まんまで、こんな自分でも使えるなら使ってくれとでもいわない限り、ストレスなんじゃないかなあ。普遍主義のセンスをもたない限り、この時代を宗教家として生きるのは、偽善か絶望か、どっちかしかなくなるんじゃないかなあ。

現場を歩いてきて、どう思います？　聖職者って、いろんな人がいるだろうけど、みんな大変だろうなって思いません？


二十九歳で助任司祭として赴任したのは、柏教会です。次に高円寺《こうえんじ》教会で三年間、それから主任司祭になって青梅《おうめ》教会と五日市《いつかいち》教会で四年、高幡《たかはた》教会で五年、次にどこかと思ったらまた高円寺教会、古巣に戻りました。

そこから次々と洗礼を受ける人が増えていきました。

なぜあの神父の教会ではあんなに受洗者が出るのか、潜入取材した記者がいたみたいだけど、それは自分でも不思議なんですね。

たとえば、一万三〇〇〇個のトマトを育てた話[3]があるじゃん。同じ種を裏庭に蒔くとひょろひょろだけど、ちゃんと栄養分のある水と、ストレスなく根を張るスペースと、倒れないような支えがあれば、一粒の種から一万三〇〇〇個のトマトがなる。

福音もちゃんと広めてあげると、福音で救われる。救われると、一緒にやっていこうという人が増える。それは不思議でもなんでもなく、当然のこと。環境を整えれば、福音の遺伝子があるわけだから、ちゃんと発動するということじゃないかな。

人前でしゃべるのは嫌いなんですよ、じつをいうと。でも、はっきりきちんと話すと、みんなポロリと涙を流して喜んで救われて、感謝の手紙が次々と来るようになった。そういうことを経験していると、こっちが本当なんだなあと。それを支持する人が増えていくと、また口コミでやって来る。宣言することで人は救われるということを実感してきましたね。

青梅教会と五日市教会は、七〇人の小さな教会なんだけど、七人に洗礼を授けた年があった。一割増えたわけです。二十代から初老の男性まで。男性が多かった。

洗礼を受けようというキャンペーンを二〇〇〇年に張ったことがあって、そのときは入門係のチームを作って、入門講座を充実させました。それまでは教えて学ぶという一方的な関係だったけど、チームで支えて一つの家族のような集まりになっていったんだよね。

洗礼を求めて、プロテスタントも含めていろんな教会を右往左往していた若い夫婦がいました。旦那がすごく純粋な人で、疑問をもったら質問しまくる。教会の現場では嫌がられるんです。あっちじゃうまくいかない、こっちじゃ嫌われる。

それでカトリック高幡教会に来た。旦那は入門講座で質問しまくるんですが、それを私が返す刀で次々と切り倒していく。みんなおもしろがって聞いてくれたけど、このタイプはみんなに嫌われるだろうなあって思ったね。でも、ここでぼくが嫌がったら同じ穴の狢《むじな》です。おれは違うよって、きっちりやっていったら、参りましたと。それで洗礼を受けたんです。

3　土を使わず、液肥と酸素の循環する栽培槽の養液に根を伸ばす水気耕栽培法（ハイポニカ）によって、一本の苗木から一万個以上のトマトを収穫することが可能になった。開発者は実業家の野沢重雄《しげお》。

その旦那さんはまもなく重い病気で亡くなりました。自分で自分の体を攻撃する免疫系の病気でした。あれは本当につらかったと思う。

それでも、「神父さん、ぼくは幸せです、信仰に導いてくれてありがとう、自分の心は平和です」といわれた。奥さんはそれに救われたんです。信仰というのは、むずかしいことを覚えることでもなんでもなく、信じます、という純粋さにあるわけでしょ。

奥さんは医療過誤だと訴えようとしたけど、「あなたが本当にそれで救われるならやりなさい、でもそういうことじゃないでしょ」とぼくはいった。彼女はそれを受け入れて訴えずに実家に帰ったんだよね。

あれから十五年以上経ったけど、今もほとんど戦友みたいな関係でね。私が毎年ここヤシの若者たちとやっている加計呂麻島キャンプにも来てくれたよ。生き残ったほうも、自分の人生の大切な出来事として、信頼関係のもとで死を受け止めたから、今もつながっていられるんだね。それはこれがただの講座じゃなくて、教会だったからだと思う。

教会って、生き死に、病気の現場なんです。私は医者じゃない。でも、死んで天国に行けるように祈りましょうとか、そんなことやるのは教会じゃないですよ。この人はもう、天に生まれ出て、今も生きているんだと宣言しないといけない。多摩教会では子どもを自死で亡くした両親が、その宣言で救われたこともありました。大勢が洗礼を受けました。

教会は惨憺《さんたん》たる現場です。どこの教会もだいたいゼロから始めないとだめです。

私がある教会に赴任したとき、今はもう亡くなった前任者の神父が引き継ぎでいいました。先輩だから呼び捨てなんですけど、「晴佐久、この教会は死んでるよ。ここじゃ、いくらきみでも洗礼を授けるのはむずかしいよ。場所も悪いし、信者はみんな頑固だし、死んだ教会だよ、ここは」って。

耳を疑いました。燃えたよね。次の年に八四人、洗礼を授けました。やるだけやったよね。あれだけのことはもうできない。だって、一人ひとりと何度も面談したんですから。一年中、ずーっと面談してたよね。面談がつらくてしんどいとか、自分のケアが必要になるくらいなら、そんな面談はやめろと聖職者にいいたいですね。面談は感動なんだって。そこから力をもらわないような面談だったらやめなさいといいたいね。おかしいでしょ、嫌々される面談なんて。

嫌な話、聞きたくない話なら聞きたくないといえばよくて、そういうことはいっぱいあるんですよ。私、はっきりいいますもん。その話、最後どうなるのって。すると、すいません、これは愚痴ですよねえ、となる。そういうことがいえる信頼関係なしに信徒と一緒にいたって時間の無駄ですって。いいたいことをいって、通じたという感覚があれば、相手は癒されるんですよ。でも、こっちが嫌々聞いていたら、むなしい時間になるし、自分だって抱えきれずにうつになるでしょ。

そんなのやめればいいじゃん。人とかかわらなくていい、もっと楽な仕事があるじゃん。向いてないなら向いてないと判断すればいいだけであってね。

だってやりたくてやってるんでしょ。神父も牧師も、楽しいからやってるんでしょ。私は楽しいよね。次なんの話するんだろう、この人って、待ち遠しいから面談するんだよね。

話を聞いていても、複雑すぎてなんのことだか頭に入ってこないことがあるんですよ。そういうときは、わかんなくなっちゃった、結局、一番相談したいことってなんなのって聞く。そうしたら、じつは、となるよね。ちょっと変な感覚なんだけど、自分が聞いているという感覚がないんです。自分が聞いて、自分が答えると思ってないのね。神が働いて神が対応している。それは神が私を用いているから、私は神の言葉を語るんであって、自分の責任で語ってるんじゃないんです。その代わり、いわれた通りにやりますよ。イエス様がそうしろといってるんだから。

信者、とくに若い人たちは神様よりぼく自身を見てしまってるんではないかって？　それはある程度利用するといったら言葉が悪いですが、ある種の方便なんです。そういうものがないと、神だの、教会だのにふれられないでしょ。接点の役割、入り口なんですよ。

それはね、イエス様も感じていたことだと思う。イエス様はいったよね。「わたしは門である。わたしを通って入る者は救われる」（ヨハネ10・9）とか、「わたしを見た者は、父を見たのだ」（ヨハネ14・9）とか、執拗《しつよう》に語ってますね。彼は徹底して天の父の話をした。そういうのをカリスマというのであれば、そういうカリスマなしに、キリスト教なんか成立しないとぼくは思う。

天の父を見ていたら、イエス様が死んだって平気じゃないですか。もしイエス様が死んですべてが終わったと思うなら、それはイエス様しか見ていなかったということですよ。

イエス様じゃなく、イエス様を通して天の父に直結しているということを体験する。それが復活ですよ。イエス様の弟子たちだって、神父だって、その道に導く人たちは絶対に必要なんであって、それができないでいるならいつまでも他人事《ひとごと》だし、人とつながれない。カリキュラムになっちゃうんだよね。

信徒と共依存になるのは怖いことだけど、九時〜五時の精神科医になるつもりもない。その加減は現場で手に入れるものだね。よくいわれるんですよ、「ハレレって冷たいよね」って。「いないより一〇〇倍いいでしょう」って答えるんですけどね。

言語化するのはむずかしいんですけど、信頼関係をちゃんと築けていればなんでもないんですよ。人を通して神が働いているということをナチュラルに実現できれば、心の病なんか相当癒されていくはずだと私は信じてるんだが、まあ、なかなか手探り状態ですけどね。

神父が異動すると信者がついていくというのは、今までなかったけど、たとえあったとしても、それはそれでいいじゃんと思いますね。その人がそれで救われるんだったら。キリスト教じゃなくて晴佐久教だろ、という人がいるかもしれないけど、じゃあ、あんたが救えよって私はいいたい。

神父はミサをしていればいいのであって、ミサ自体に力があるということを体験してもらいたい。それがカトリックの教えの根本にあるサクラメント、秘蹟の本質で、正しい言葉で正しい儀式を行えば、もう有効なんです。

どんなに悪い神父がやっても、聖体は聖体、[4]エクス・オペレ・オペラートという大原則がある。これがカトリックの強みですよ。カトリックカードを手にしたら、どこのATMからでも恵みは引き出せます。これが普遍主義ですよ。どうしても引き出せないなら、ATMが悪いんであって、ちゃんと引き出せるところを探せばいい。

主任司祭が誰であるかはあまり重要じゃない。信頼関係をもてる一人のキリスト者と親しくしているという感覚じゃないかな。肩書で付き合ったり立場でものをいったりするとストレスと絶望か偽善になってしまう。

救いってことすら、みんな知らないよね。救いはベクトルなんですよ。そうなっていくべき道があって、それが見えているということ。いろいろと定義していくと、神との一致みたいな話になっちゃうけど、遺伝子レベルでピンとくるみたいな世界ですよ。みんなでおいしい物を食べると遺伝子が満足するじゃないけど、答えはそちらにあるはずだということ。

いろんなとらわれから解放されて、見定める力が真の宗教性でしょう。普遍主義というのは、何が普遍かじゃなくて、普遍であるほうを目指し続ける営みのこと。いっそう普遍であろうとするときにのみ普遍である、そういう意味じゃないでしょうか。

4　Ex opere operato、ラテン語で「行われた行いにより」の意味。秘蹟は聖職者や受領者の状態とは無関係に有効とするカトリックの教義。

十字架を立てて看板掲げたら教会かって、そんなんじゃないです。そういうものを再生産してきたのが悪霊の働きだということに、そろそろ教会も気づき始めているんじゃないか。

だって、圧倒的に民衆が支持してませんもん。消えていきますよ、教会は。自分たちの妄動に合わないものは排除して、妄動をさらに深めていく。あれだけ排除しておきながら、信者が増えない、増えないって、もう意味がわからない。ぼくのところにも来るんですよ、あっちで来るなといわれ、こっちで来るなと排除された人たちがね。

イエス様が水の上を歩いたなんておかしいでしょうといったら、あとで、そんなこといっちゃだめよと牧師夫人に諭されたってね。それから怖くなって二度と行かない。二度と行かない人がどれだけいるか、教会も気づかないといけない。

普通のお店だったら、もう一度来てもらうためにどれだけ努力しているか。それもしないで、そりゃあ、店はつぶれるでしょう。

異端でもいいんですよ、救われるなら。でも、異端ってなんなの。ぼくの教会にもたまに来ますよ。でもね、それはそれで微笑ましく受け止めるのが普遍主義の凄みなんでね。

牧師が右といえば右、聖書に左と書いてあるなら左。それって楽ですよ。悩む必要がない。いわれた通り、書かれている通りやっていればいいんだから。でも楽にはまって、本当の勉強も修行もしないで、ひとかどの者であるかのように十字架を立てて、看板出してみんなを惑わしている。

あれ、なんか、いいたい放題だね。だって被害者がいっぱいいるんだもん。かわいそうでしかたがない。

2017/3/2,5/28,10/18,2019/6/3

差別

第八章

神はなぜ私を造ったのか

キリスト教は愛の宗教と
いわれるかもしれないけど、
そんなもんじゃない。
本当にしんどい女性たちが
自分のつらさをいえない。
教会はそれを温存してきた。

谷口ひとみ
一九五一年生
日本基督教団八幡《やわた》ぶどうの木教会
京都府

キリスト教会はものすごく父権性の強い社会です。構造的に女性差別を内包している。聖書の中で女性は員数外です。カトリックや正教会は女性司祭を認めていませんし、プロテスタントでも認めない教派がある。日本基督教団は早々と女性牧師を認めましたが、かえって具合が悪くて、性差別があるのに認めてしまったために、なかなか深い議論にならなかった。教団の責任ある役員で女性が占める比率は歴然として低いです。夫婦がどちらも牧師だった場合、主任牧師は絶対に男で、女性はどうしても牧師夫人みたいになってしまう。牧師夫人という言葉も嫌いです。夫が牧師だったら、夫人は無給でセットで行く。おかしな話やと思いますけど、そんなことをいうと、牧師夫人には牧師夫人の栄光がある、牧師夫人のすばらしさがあるっていう人がいるんです。

女性が牧師になったとしてもバリバリやろうと思ったら、男以上に男のようにならなくてはならない。だいたい独身を貫きます。結婚や出産はあきらめないといけない。

そんなのは不自然だから暗くなる。解放されないんです。あるいは、ものすごく乱暴な表現になりますが、男に走る人もいる。それっておかしいんちゃうのって思ったんです。

今なら、女でも牧師になれるって考えられるでしょう。差別を感じたことなんかないという人もいる。でも一九七〇年代は違った。私が神学部に行くのをあきらめたのも、そのためでした。

キリスト教の教義そのものに性差別的なところがあります。まず、マリアです。カトリックにはマリア信仰がありますけど、イエスという息子を産んだだけで崇拝されることがおかしいですよ。誰かを産んだその母が信仰の対象になるって、その人そのものでもなんでもないじゃないですか。

使徒信条という信仰告白があります。イエスの誕生から死と復活までの生涯を短い祈りにしたものですが、そこに「処女マリアより生まれ」とある。今は「おとめ」と平仮名で表記していますが、少し前は「処女」と書いて「おとめ」と読ませていた。本当に象徴的です。

そもそも処女懐胎にしなくちゃいけなかったのは、性を汚らわしいものとしたからです。人間的なセックスではなくて聖霊で宿ったなんて、信仰でもなんでもありません。女性が汚いからですよ。

性が豊かなものであるという考え方はキリスト教にはありません。性への嫌悪、女性への嫌悪というのは、ちょっと耐えきれないぐらい強い。

「女嫌いの神経症」と文章に書いたことがあります。論理的な誤りなら正すことはできるけど、論理じゃなくて感情、ノイローゼみたいなものだから治らないという意味です。女が嫌いなんです。母マリアを処女にしたのは、性に関係のある女性を汚れたものとして見ているということです。そこで差別が起こる。

キリスト教は愛の宗教といわれるかもしれないけど、そんなもんじゃない。本当にしんどい女性たちが自分のつらさをいえない。教会はそれを温存してきたのです。

名古屋で教団の総会があったときに、式次第を見たら、使徒信条が入っていました。みんな立ち上がってこれを唱えるのですが、これをやったら教団は終わりやと思って、冒頭、議長が前に立ったとき、「その前に」

と大声で叫んで手を挙げました。

議長が当ててくれたので、使徒信条が歴史性を無視していることと、「おとめマリア」のことを話しました。イエスが何をやったか、なぜ殺されたかが大切なのに、そんなことには関心がない。処女懐胎で生まれて十字架で死んだというだけの信条を型通り唱えていいのかって。

最初に福音書を書いたマルコが、なんであんなイエスの生涯を書かんといけなかったのか、イエスがなんであんな残酷な死に方をせなあかんかったんか、それをすっ飛ばして、「ポンテオ・ピラトのもとで十字架につけられて死んだ」というだけ。

教会はイエスが復活さえしてくれたらいいんです。そんなの、歴史性も何もない。十字架はアクセサリーじゃないですよ。時の教会の必然で作ったものを、千年も二千年も形骸化したまま唱えても、それはもう信仰とは関係ないじゃないですかと発言しました。

すさまじいバッシングを受けました。教団の雑誌でもめちゃくちゃ叩かれました。女性からも、です。基本信条にケチをつけるなんてルール違反だとね。不信仰のレッテルを貼られました。


教会に行き始めたのは、小学二年のときです。京都の伏見《ふしみ》区桃山《ももやま》町にある日本基督教団世光《せこう》教会です。母が通っていて、牧師もわりと近しい存在だったんです。兄と一緒に電車に乗って日曜学校に通っていました。

母は私と違って熱心なクリスチャンです。[1]アシュラム運動という、教派を超えて祈るクリスチャンの人たちと付き合いがあって、ハワイ・アシュラムにもよく参加していました。父は典型的な会社人間でしたから、父の顔色をうかがいながら家で集会も開いていました。

子どもの頃は家に帰るのが嫌でした。学校から帰ると、おかえりー、おかえりーってみんなにいわれる。自分の居場所がないんです。

教会から離れたこともありましたが、中学生になってからは自分から教会に行っていました。ほかに選択肢が考えられなかったというか、世間が狭いんですけど、教会に育てられたという意識はある。教会員がたくさんいて、中学生会や高校生会の活動も活発でした。学校では得られないものが得られたからでしょうか。洗礼を受けたのは、十六歳です。パウロ以降、教会はイエスが罪を背負って死んでくれたから私たちが救われたと理解しますが、それにからめとられたんでしょうね。なんちゅうか、私は汚い人間だとマゾ的な想いになって、まっすぐ受け止めたわけです。

ところが、これは半年もちませんでした。半年で、神は死んだっていいました。哲学書をずいぶん読んでいましたが、当時はアメリカの神学者から始まった「神の死の神学」[2]が流行していて、ニーチェ[3]の「神は死んだ」という言葉にまさにそうだと思って、むさぼり読んでそっちに行っちゃった。そもそも洗礼を受けたのは間違っていたと思ったんです。

全共闘運動で大荒れだった時代で、高校生のあいだでも問題意識を共有してデモにもよく行くようになりました。最初に行ったのは、靖国神社を国家管理にする靖国神社法案を阻止するためのデモです。七〇年安保条約改定反対のデモにも行きました。このデモにはキリスト者が結構参加しています。

教会の高校生会はヨルダン会といって、二〇人ほどいたでしょうか。公立の子もいましたけど、同志社の夜間高校の生徒たちが多かった。私が通っていた同志社女子高の生徒は二〜三人いたかかな。大学生のあとからつ

1　十字架の風景③、四五七ページ参照。
2　一九六〇年代にアメリカで生まれた「神は死んだ」「現代は神の死後の世界だ」という立場にたつ神学。人種差別や核戦争、アウシュビッツなどの問題を背景に議論が活発化、現代にも影響を与えている。
3　フリードリヒ・ニーチェ。ドイツの哲学者。神の死に初めて言及したのは『悦ばしき知識』（一八八二）で、神は死んだ、殺したのはおれたちだと叫びながら歩く狂人の寓話が描かれる。一八四四—一九〇〇。

いていく感じで行動しました。

母にはものすごく批判されました。当時は携帯電話なんてありません。家の固定電話で家族が聞いてる中でしゃべるわけですから、まる聞こえじゃないですか。

深刻な話をして泣いていたりすると、「はよ切りなさい」ってガチャッと切られた。娘が心配だったといえばきれいですけど、私のことを信用していなかったという気がします。母とはどんどん離れていきました。

同志社女子って、お嬢さん学校なんです。新島襄が作った中高一貫のミッションスクールですけど、教師にも生徒にもクリスチャンは少ない。

でも毎朝一番に礼拝があって、日本基督教団の教会から来た牧師が話をする。司会は宗教部の生徒が務めていました。週に一回は牧師が担当する聖書の授業があって、一年の一学期は新島襄について勉強させられました。内容は牧師に任されるので中身は人によりますが、聖書の勉強をする人もいれば、哲学を教える人もいた。楽しい授業でした。

ただ、疑問もありました。司会をする宗教部の生徒たちはみんな、長い髪で伏し目がちで、見るからに清純と誰もが認めるような容姿で従順そのものなんです。私はキリスト教に関心をもちながらも、そういうところにはものすごく反発していました。

高校の文化祭では、学校の宗教教育批判をテーマにブースを作りました。二年のときのテーマは「現代の免罪符」で、おしとやかな宗教教育は嘘っぱちやって文章を書きました。

三年のときは部屋中に新聞紙を貼って、ゴミ箱にしました。学校にはいい顔はされませんでしたけど、見に来た人の中に、「あなたたち、これだったら大学生と一緒に運動できるんじゃないか」といってくれた人もいました。大学生が闘争に明け暮れている時代でしたから。

一九六九年の秋に佐藤栄作《えいさく》首相の訪米阻止闘争というのがありましてね。安保条約の継続をアメリカと協議するために訪米するのを阻止するデモなんですけど、親しい人も命がけで東京に行ったんです。だけどこれは完全に敗北でした。二五〇〇人以上が逮捕されました。

年が明けて一九七〇年になったら、世の中が全然違う。あの頃、しらけ鳥が飛んでるとよくいわれたんですけど、自分自身が死んだような感じがしました。生きすぎた、生き残ってしまったという感じでした。むちゃくちゃな挫折でした。

そのあと教会闘争が始まりました。きっかけは一九七〇年の大阪万国博覧会にキリスト教館を作るという話があったことです。伝道が目的だったみたいですが、万博の意味を問わずにそこに参加するなんてどうなのか、日本がアジアを経済的に侵略した資本主義の象徴としてのお祭りに協力するのかと、すさまじい反対闘争が起きたんです。

日本基督教団は戦時中、国の命令で合同して戦争協力した過去[4]がありますから、その反省と相まって、国家と教会について根っこから問われることになったんです。東京では大きな闘争になって死者も出ました。

それから東京教区はずっと総会ができなくて、教団政治に戻ってきたのは一九九二年です。二十年以上のブランクがあって、浦島太郎状態で戻ってきた。教団の右傾化がそこから始まりました。

4　日本基督教団統理富田満《とみたみつる》は伊勢神宮を参拝、一九四二（昭和十七）年十二月、各教会に「重大時局に際し各教会に告ぐ」と題する文書を発信。「国土防衛に挺身戮力するは勿論、進んで銃後奉公実践に万全を期し遺漏なからんことを期さねばならぬ」とし、戦争協力を呼びかけた。各教会では礼拝に先立ち、宮城遥拝、教育勅語奉読などの国民儀礼が行われた。鈴木範久『日本キリスト教史』（二〇一七・教文館）など参照。

私、牧師になろうと思ったんです。高校生のときだからまだ純粋でした。教会に反発したり運動に参加したりしながらも、自分が自分の力では生きていないという感覚があった。神を信じようが信じていなかろうが、自分が被造物だという感覚はあるんです。

聖書は二千年の歴史で残っている文学ですから、濾《こ》されて濾されて残ってきた言葉には魅力的なところもある。牧師っていろんな人がいますけど、みんなと一緒に問いかけたい、一緒に考えたいと思ったんですね。小さい頃から教会には通っていたので、きっとそこに何かヒントはあるとは思っていたんやろうね。

私以外にも、一緒に運動していた男の子が三人、やっぱり牧師になろうとしていました。みんなで同志社大学の神学部に行こうとしていたんです。でもそれがだんだんキリスト教に幻滅するようになって、学生運動が敗北に終わって、一九七〇年にはもうみんな散り散りバラバラになってしまった。

恋愛にも挫折しました。私は恋愛だけじゃなしに、一緒に考えて闘っていたつもりだったのに、向こうは恋愛の対象としか見ていなかった。屈辱を感じました。複数のややこしい関係があったときには、男たちの酒席で、「あいつは魔女だ」と悪口をいわれたこともありました。キリスト教会と同じです。男が性の衝動を感じたんじゃなくて、女という存在が男を誘惑する、と考えていた。決定的な人間不信になりました。

同志社大学には推薦があるので行こうと思えば行けたのですが、最終的に断念しました。子どもの頃からピアノと声楽をやっていて、先生の期待もあったので、相愛《そうあい》女子大学の音楽学に進むことにしました。とにかく同志社から出たかった。全然関係ないところに行きたかったんです。教会にも行かなくなりました。それからはずっとピアノ教室の先生です。オルガニストが足りなくて困っているといわれたときは義理で弾いて帰る。そんな状態が続きました。

徹底していないですよね。教会には幻滅したけど、キリスト教脱出までは考えない。クリスチャンを捨てたというわけではないんです。

当時、「史的イエス」[5]といって、人間イエスを問い直す流れがあって、同志社に行った仲間が思想家の吉本隆明や聖書学者の田川建三《たがわけんぞう》を呼んで集会をやると、そこに顔を出したりはしました。教会にはそんなことを話題にする牧師も教会員もいないですから、教会の中では完全に浮いていましたね。結局、全然変わろうとしない教会には見切りをつけました。

家を出たかったんです。母は台湾で生まれて戦後引き揚げた人ですが、裕福じゃないけど植民地という意識があるからか、私から見ると差別的なことを平気でいう。クリスチャンになって考え直したそうですけど、考え直したということ自体、上から目線じゃないですか。

彼女なりの悩みはあったんでしょうけど、面と向かうと喧嘩になるのでそういう話はもうしませんけどね。「あなたはクリスチャンじゃない」ってよくいわれました。そういう、裁くクリスチャンが、私は嫌いでした。

父は経理ですごく手腕があったみたいで、出張出張でいつも全国を飛びまわっていました。会社に忠誠を誓うような人でしたから、夫婦仲はすごく悪かったんです。

親との軋轢《あつれき》はずっとあって、どんなかたちでも出たかった。恋愛感情がないのに結婚したのもそのためです。極端にいえば誰でもよかった。クリスチャンでもなんでもない、音楽関係で一緒にやっていた人です。結局、離婚するんですけどね。

日本基督教団で女性差別問題に取り組むようになったのは、私が最初です。教会から教区総会に出席できる議員になって、そこから教団総会の議員に選ばれてと、いくつか段階を経てようやく総会に出られるんですが、

5　救世主イエス・キリストと対比される概念で、歴史的・批評的方法論に基づいてナザレのイエスの教えと生涯を再構成する試み。十九世紀ヨーロッパから始まった。

座ってるだけじゃだめだ、何かしなければと思って、性差別問題特別委員会を設置するよう提案したんです。教団は戦争責任の告白など戦後補償や部落差別の問題には問い返しの作業をしていましたけど、性差別は抜け落ちてたままでしたからね。

道のないところに道を探す作業で、署名を集める方法もわからない。教団の部落解放センターで賛同してくれる人が紹介状を書いてくれて、なんとか一九八八年の総会に署名を提出して、京都教区に委員会を設置することが可決されました。委員は八人ほど、男性もいました。

ちょうど同じときに、超教派で教会女性会議を準備しているグループがあると知って、そこでＮＣＣ（日本キリスト教協議会）で働いていたカーター愛子さんにも知り合いました。カーターさんは宣教師で、牧師も信徒も含めた女性たちの会議で差別問題に取り組んでおられたんです。同じ年に、「日本・在日・韓国女性神学フォーラム」も始まっているし、一九八八年は女性元年だねって教団の仲間たちといっていました。

私が教団の常議員をしていた一九九八年には、同性愛者差別事件が起きました。牧師になるために受ける教師検定試験に、同性愛者を公表しているゲイの男性が受験するという情報があるけれどいかがなものか、「簡単に認めるべきではない」という発言が常議員の伊藤瑞男《みずお》牧師からあったんです。

そうしたら、「差別だ」という声が上がりましてね。私も発言しました。伊藤発言をきっかけに、教団が揺れに揺れることになりました。

私はそこにいてたから、震えるような想いで、帰りの新幹線で抗議文を書きました。秋の総会でも同性愛者を差別的に論ずる文書が出まわって、そこに東京神学大学の大住雄一《おおすみゆういち》牧師の名前があったもんだから、「伊藤発言」と「大住雄一差別文書」は大きな問題に発展していきました。同性愛者を悪くいうのが目的のような内容でしたから。

キリスト教会は基本、同性愛を認めてきませんでした。聖書にもはっきりと同性愛を否定する箇所がありますからね。キリスト教はセクシュアルマイノリティにいろんな抑圧をしている。だから当事者は精神的に不安定になる。自分を解放できないからです。

性差別問題特別委員会には、レズビアンとして初めて牧師になった堀江有里《ほりえゆり》さんもいて、当時はまだ牧師ではなかったけど、当事者としてすごくがんばっていました。有里さんは本当に大変でしたよ。だって病気扱いされたんですから。

聖書というのは、逐語《ちくご》的に読んだら矛盾だらけです。逐語霊感説といって、聖書の文言をそのまま神の言葉と信じる教派がありますけど、だったら本当に逐語で生活してみろといいたいです。まったく矛盾するところをどう処理するんですか。絶対どこかで妥協しています。ある局面だけで、聖書に書いてあるからこうだ、なんて都合がよすぎますよ。ふまじめだわ。勉強不足だわ。

教会は一つ間違えると、人を裁くところなんです。人が人を裁く。歪んでるんです。まったく、キリスト教会は世俗的ですよ。

私はキリスト教を批判してきましたけれど、そこに真実があるなら残ると思います。保守的な人たちは、ちょっと批判すると不信仰だとか、キリスト教が壊れるといいますけど、そんなちっぽけなものだと思ってるのかな。

二〇一三年には、日本軍の慰安婦についての資料を展示するソウル市の「戦争と女性の人権博物館」の後援金として、最後の募金一〇〇万円をお渡ししてきました。募金が始まったのは一九九六年で、以来十七年間の献金は総額二七七五万八二四一円です。

そもそも日本基督教団が従軍慰安婦問題に取り組むようになったのは、一九九一年に元慰安婦の金学順《キムハクスン》さんが日本政府に謝罪と賠償を求めたのがきっかけです。教団としてもこの問題に真摯に取り組まなきゃいけないという決議があって、募金活動が始まりました。

ちょうど村山富市《むらやまとみいち》首相が呼びかけた「女性のためのアジア平和国民基金」に対する反対運動が起きて、同じキリスト者でも、協力する人とそうでない人で二分されてしまったんですね。私は大阪の在日韓国人の女性団体と一緒に、国民基金の撤回を求める関西女のネットワークを立ち上げて、しばらく市民運動を続けました。韓国側で従軍慰安婦運動の窓口になった韓国挺身隊問題対策協議会（挺対協）はキリスト教団体ではありませんが、韓国キリスト協議会の主なメンバーが結構かかわっているんです。

挺対協の共同代表をされていた尹貞玉《ユンジョンオク》さんは、お金じゃないんだと、お金が欲しくてやっているわけじゃないとおっしゃった。それはわかっているんです。

でもお金は必要です。だから教団でハルモニ（おばあさん）を支援する募金を集めたいと思ったときも、募金という意味では国民基金と同じですし、私たちの想いが伝わるか、受け取っていただけるかとても危惧しました。申し出たとき、怒られるかもしれないと思ってものすごく緊張したんです。

尹貞玉さんは、「喜んでいただきます」とおっしゃった。嬉しかったです。「本当の謝罪をしない人のお金なんかいらないけれど、志を同じくする方のお金は受け取ります」といっていただけました。

確かに、日本政府は謝罪はしています。一九九二年一月に宮澤喜一《みやざわきいち》首相が正式にあやまっている。でもあやまったしりから、責任ある閣僚が歴史を無視した発言をするから信用されないんです。責任ある立場の人たちの共通認識がないから、かたちだけの謝罪だと思われて信用されない。

いくら心やさしい人たちが償いのために募金しても、いや、あんたらの問題とは違う、日本国の責任者があやまらないと納得できないというんです。当たり前ですが、これは精神的な問題だからです。

韓国は日本より強い儒教社会です。国内の女性差別が本当にきつい。元慰安婦たちは国内でも大きな批判にさらされました。博物館だって、こんなもの建ててもらったら困るといって国内で反対運動があった。日本だけ責めて終わる話ではありません。でも、韓国もやってるやないかといって帳消しにできる話ではないんです。

なぜそこまで差別問題にこだわったのか。そんなに疑問をもつなら、キリスト教を出ちゃえばいいのにと何度も思いました。脱出するかしないかは、今もずっと自分の課題です。

一九七〇年代に先鋭的な課題を担って一緒に運動していた人たちがその後どうなったかというと、たいしたことないんですね。全然、問い続けてないんですよ。そのいい加減さに腹が立ちます。

だから、中にいることに意味がある。どこへ行っても課題はありますから、キリスト教の中にいて問い続けようと思うんです。

力も時間も、ものすごい奪われますよ。でも、いろんな人に会えました。七〇年代は一人ぼっちだった、あの頃は本当に孤独だった。でも活動をする中でいろんな人と出会って、仲間もできました。

ふだん、神様を意識することはないですよ。意識することはないけど、うーんと遠いところで、根っこを支えられている気はします。楽天家なんでしょうね。

どんな人にも日を照らし、雨を降らせられる、そんなところで守られているという感じはあるかもしれません。被造物という、ただそれだけですね。一人では生きていない。引っ張られているだけですよ。

2019/6/26

小さい頃から、女性は司祭になれないなら何になろうとずっと考えていたんです。

笹森田鶴《たづ》
一九六三年生
日本聖公会聖アンデレ教会司祭
東京都

父が日本聖公会東北教区の司祭で、幼い頃から父の転勤について東北を歩いてきました。生まれたのは福島県の小名浜《おなはま》で、一歳から小学一年までが青森県の弘前、高校卒業までは岩手県の盛岡、十八歳で親元を離れてから宮城県の仙台で、大学院に入る前に上京してからはずっと東京です。

司祭は七十歳定年で、両親がようやく仙台のマンションの一室に住むことになりましたので、牧師館じゃない実家を生まれて初めて経験しているところです。

初代のクリスチャンは、父方の祖父です。南満洲鉄道に勤めていた頃、奉天《ほうてん》で父が生まれて、戦争に負けることがわかっていたのかどうか、終戦前に引き揚げています。

そのあと父が赤痢《せきり》になって、昔の言葉ですが、祖母は帯も解かずに看病するんですが、父は治ったけど、そのあと祖母が結核で亡くなってしまう。病状が悪化したときに、長男は家を継ぎなさい、次男のあなたは司祭になりなさいといわれて、父は嫌で嫌でしょうがなかったけど、母の想いに応えたいと思って司祭になった。

その祖母の名前が、田鶴。そう、私は祖母の名前をもらったんです。自分の一番好きな女性の名前をつけようと、父は自分の母親の名前を娘につけたんですね。生後一か月しないうちに幼児洗礼を受けて、堅信式は小学五年のときでした。

父は昔気質《かたぎ》の人で、家はいつも鍵を開けっぱなしにしていたので、信徒さんの出入りが自由でした。学校から帰ると必ず誰かがいて、泊まっていくこともある。プライバシーはほとんどありませんでした。両親が運動会に来てくれたこともありません。保護者参観も日曜日なら来られません。それはさみしいものでしたよ。私は長女ですが、親に相談するまもなく育ったので、いつのまにか、「事後報告の田鶴」と呼ばれるようになりました。なんでも自分で決めてからいう子だということですね。

笹森の家は女ばかりでした。いとこは全員女性で世継ぎがいない。今でも覚えているのは、私が六歳のときに妹が生まれて、父が祖父に電話で報告したときのことです。「女です」といったらガチャンと切られた。父が驚愕《きょうがく》している顔を見て、そうか、女はがっかりされる存在なんだと。その光景は私が司祭を志すことになった原点にあります。

学校でも委員長は男子で、女子は副委員長。生徒会長は男子で、女子は副会長。成績がいいと、女子なのによくできるといわれる。盛岡一高という進学率の高い公立高校だったのですが、そこに入るとお見合いの口が狭まるとまでいわれました。かわいげがないとね。

ジェンダーなんて言葉もない時代です。東北だったこともあるかと思いますが、大学に行くときは、「女が学問をしてどうする」と母方の祖父にいわれました。

東北教区の司祭は本当に貧しくて、私は高校時代から奨学金をもらってアルバイトしながら学校に通いました。大学も本当なら国公立に行くしかなかった。でもこれが失敗して浪人するんですね。

二年目はさすがに私立も受けておかないといけないと思って見つけたのが、仙台の東北学院大学でした。学費が安くて、仙台の祖母の家から通えます。ミッションスクールに行くつもりはなかったのですが、文学部基督教学科があったので、チャンスがあるならここでキリスト教を勉強するのもいいかなと思って受けました。

結局、国公立に落ちたので東北学院大学に行くことになりました。四年間ずっと学科に同学年の学生は私一人という、ぜいたくな環境で過ごすことができました。基督教学科は日本基督教団の牧師養成コースにもなっていて、私以外はみんな牧師になりたいという人たちでした。

聖歌隊に入ったら、そこにもクリスチャンがたくさんいました。クリスチャンです、といちいち説明しなくても受け入れてもらえる場所があるんだと思って嬉しかったですね。

クリスチャンについて質問されて答えることも、自分が何者かを考えるために必要なプロセスだったとは思いますが、そういう必要のないリラックスできる場所があるということや、すばらしい先生方に会えて聖書がおもしろいと思えるようになったのは本当によかったと思います。

たとえば、イエス・キリストって両手を広げて喜怒哀楽のない穏やかなイメージがありますよね。でも、聖書を読めば読むほど深みが見えてくる。嘆き悲しみ、怒りを抱えるイエス・キリストにふれることもできましたし、旧約聖書の登場人物たちも、神とどうかかわろうとしたのか、生き生きとリアリティを伴って少しずつ見えてきました。

聖書学者の浅見定雄《あさみさだお》先生にお会いできたのもこの頃でした。統一教会やオウム真理教を脱会する人たちの救済活動をされていた先生です。当時は助教授で、せっかく聖書学の浅見先生がいらっしゃるのだからそこで卒論を書こうと思って、二回生のときに研究室をノックして教えを請いました。

自分は聖公会だし、聖書の典礼について書くことぐらいしか思いつかないと相談したら、浅見先生は、「あなたはあなたの問題から逃げちゃいけない」とおっしゃった。

え、私の問題ってなんだろう。全然わかりません。「もう少し考えてみます」といったん帰って、もう一度行ったらまた、「あなたはちゃんと自分と向き合ってそのテーマで論文を書きなさい」といわれたんです。

これはどうだいと教えられたのが、女性神学でした。一九六〇年代に出てきた解放の神学[1]の一つです。韓国の民衆神学やアメリカや中南米の黒人神学などさまざまあって、女性神学もその一つです。

紹介していただいたのは、女性の聖書学者フィリス・トリブル[2]の論文でした。「つまずいたラブストーリー」という修辞学的アプローチで聖書を読んでいく。もう、本当におもしろかった。こんなおもしろい論文があるんだと思いました。

何千年前の言語は男性優位で書かれています。日本もたとえば、雄々しい、女々しいなどの言葉に如実に表れていますね。ヘブライ語という限界がある中で、性別が違うものが造られたことがどれほどすばらしいことか、そのことを平等に調和的に表現した聖書はいかにすばらしい文書だったか、それを教会がいかに歪曲《わいきょく》して伝えてきたかを検証した論文でした。

日本語の聖書もそうですが、「名づける」という言葉は上から下へ、という関係で使われます。男が女と名づけようといえば、男が上です。でも、古代ヘブライ語では、名づけるという動詞は三人称単数で使われています。男と女以外に三人称単数といえば、神しかいない。それなのに翻訳の段階で、男が女と名づけたと訳してしまっていたんです。

それまでは土人間、土の塊や、たんに人という表現だったものが、女が造られたことで初めて、人が男にな

1　差別と抑圧からの解放を主題とする神学。ペルー出身のドミニコ会の司祭グスタボ・グティエレス（一九二八―）ら中南米の司祭を中心に提唱され、世界的な神学運動となった。

2　アメリカの聖書学者、フェミニスト神学者。アメリカ聖書学会会長も務めた。著書に『旧約聖書の悲しみの女性たち』河野信子訳（一九九四・日本基督教団出版局）、『フェミニスト視点による聖書読解入門』絹川久子・森真弓・湯浅裕子・河野信子訳（二〇〇二・新教出版社）など。一九三二―。

る。丁寧に読むと、冠詞が途中で変わるのがわかります。

神は、「人がひとりでいるのは良くない。彼のために、ふさわしい助け手を造ろう」（創世記2・18）といって女を造る。助け手を英語の聖書ではヘルパーと訳します。助手です。

日本の教会でも女は助手だと教えています。東北の教会でも、男はサーバー[3]をやっていいけど、女の子は裏方だといわれました。ここから上は、ヴァージンは上っていいけど、結婚したらほかの仕事よ、とかね。女は男のあばら骨で造られた、あばら骨はいらない骨だといわれました。男がさきで女があとだと教わりました。でも、女性が生まれて初めて、男性が男性として認識されるんだと、フィリス・トリブルの論文で教えられて、自分の肯定感が根底から与えられたんです。

聖書の先生になりたい、と思いました。男たちに任せちゃいけない。こんな勝手な解釈をされて嘘八百が並んだ聖書学を教えちゃいけないと思いました。


東北学院には大学院がないので、聖公会系の立教大学を受けましたが受からない。日本基督教団系なら東京神学大学がありますので、学位さえ取れればいいと思って入りました。

東神大は学園紛争のときに警察を呼んだ大学ということでわかるように、学生を管理しようとする学校でした。一学年三〇人ほどで、みんなで学生と社会のつながりを学ぶ勉強会をやろうとしても、大学の勉強の妨げになるようなことはしないほうがいいと事務の人にいわれるような状況でした。

浅見先生には、社会的な関心をもたないと宗教は死んだも同然だと教えられていましたし、六つ下に妹がいるなら、妹さんに伝わることをあなたはいわなきゃいけない、むずかしい言葉では伝わらないと教えられてきました。

カルトの人たちから嫌がらせを受けても毅然として、キリスト者として救済しようとされていた。そんな浅見先生の姿に感銘を受けて、自分自身の肯定感をもてるようになったと思っていたのに、東神大は全然違いました。人が多いし、息苦しい。行き詰まりました。

大学院を一年間休学して、フィリピンに行くことにしました。大学院に入る前に二週間ほどキャンプで行かせてもらった、バルバラサンという山岳民族の村と、教区事務所のあるタブクという町です。バルバラサンの人たちはふだんピンニャン語を話すのですが、聖公会が伝道で入ったことで英語も話せるんですね。

キタル村教区という地域に、伝道師やソーシャルワーカーや看護師として、女性たちが派遣される様子を見せていただいたり、フィリピン聖公会で誕生した女性執事と一緒にバルバラサンに住んで、彼女の仕事の様子を学ばせてもらったりしました。

朝起きて、川で水を汲むところから始まる毎日です。しかも、私が行っていた時期にクーデターが起こりました。村から七時間ほどかけて山を下りて、「田鶴はマニラにいないから大丈夫」と電報を打って両親はほっとしていましたけど、山には反政府勢力のゲリラ活動をしている地区がありましたので、チェックポイントごとにライフルを持った人たちが待ち構えています。

日本人が行くと怪しまれますが、フィリピン聖公会の主教さんがネットワークをもっておられる地域でしたので、主教の客だといえば通してもらえました。教会に守ってもらわないことにはいつ銃を突きつけられるかわからない。若手のリーダーが誘拐されて、戻ってきたら廃人のようになっていたこともありました。

少数民族のエリアでしたので、自治を認めてもらうための選挙があったときも、投票箱を狙う勢力との衝突があって危ないからと、タブクにいる友人たちがわざわざ七時間もかけて私をピクニックに連れ出してくれま

3　ミサのとき司祭に仕える侍者。聖公会ではサーバー、正教会では堂役という。

した。

彼らは私がフィリピンで一番最初にお友だちになったゲイの方たちでした。聖書には同性愛に否定的な記述があります。彼らも、自分たちは罪深い人間で、人を好きになることはあっても口にしちゃいけないとか、口にしても体の関係になっちゃいけないといった苦しみを抱えていました。

お互い、聖書に描かれた性と教会のあり方に苦しんできた仲間として、選挙期間中、川のほとりで安心して過ごす時間を作ってくれたのです。


政治的な緊張関係にあると、平和や正義は立場によって変わってしまいます。ピース&ジャスティスといっても、誰のピースか、誰のジャスティスか。それによっては、政府にもゲリラにも狙われる要因を作ることになる。

どっちがいいとか悪いとか、自由に話せない中で、フィリピンの女性たちは力強く語っていました。「そうはいっても、神様の正義と平和はそれを超えてあるのよ」って。

そのすごさにふれたとき、ああ、教会の働きは大きい、すばらしいと思いました。神を伝えるというのは私たちの生活に欠かしてはならないもので、しかも、誰がいい悪いを超えて、本当の平和と正義を求めて活動することはどれだけすばらしいことかと。

日本に戻りたいと思いました。教会の中で自分にやれることがあると気づいたんです。

フィリピンの経済三角形ってご存じですか。圧倒的な経済格差がある三角形のずーっと上の尖《とが》った頂点に、日本やアメリカがいる。三角形の底辺の女性たちが家族と離れて日本に来て働いて、疲弊していく。

高校時代、若いフィリピンの女性たちが教会で話しかけてくれたことがあります。こういう店で働いているから来てと。

まわりに止められました。あなたが行くような店じゃないって。なんだろうとずっと気になって、大学院に入る前にキャンプに連れていってもらったのもそのためでした。

フィリピンはもともと母権社会でした。それをキリスト教がだめにしたんです。スペインが入ってキリスト教で固めて、父権制を持ち込んだ。そんな土壌がある社会でたくましく生きている女性たちの活動にふれて、教会の働きに気づいた。彼女たちに応えたい。そう思って、日本に帰国しました。

一年後れで大学院に戻ると、日本基督教団なら女性牧師がいるから、教団に来たらいいじゃんとみんなにいわれました。

でも、そもそも戦時中に男性が足りないから女性を牧師にしたという経緯があるためか、女性には正教師としての就職はありませんでした。結婚してようやく副牧師になるか、聖職のみなし規定の一つに牧師夫人というのがあって、とにかく結婚相手を見つけないと牧師としての活動はできない。

おかしいでしょ、それって。そんなのあるわけない。お給料もほぼ無給です。

一方、聖公会は一度按手を受ければ、生涯司祭です。日本聖公会に女性司祭はいませんでしたが、執事はいる。五十歩百歩なので、やっぱり聖公会に残ろうと思って、急いで論文を仕上げて大学院を修了して、まずは聖公会の教区事務所に就職しました。

将来、聖職者になりたいと相談したのは、フィリピンに行く道筋を作ってくださった司祭や、ガールズ・フレンドリー・ソサエティ（GFS）という女性の自立を支援する人たちでした。

GFSは、メアリー・エリザベス・タウンゼントというイギリス人が一八七五年に創設した聖公会のグループです。産業革命以降、少女たちが田舎から工場に出稼ぎに来るようになったのですが、イギリスは階級社会ですから、住む場所が治安の悪い貧民街に限られていました。

そうすると、言葉にはされなかったけれど、強盗やレイプが日常的に起きていたと思います。そんな中で暮らす少女たちを、休みの日に集めてお茶を飲む。彼女たちに普通の家庭の暮らしに戻ってもらう。家庭にいれば教わるだろうことを伝える。人間らしさの回復です。

宿泊施設も作って、GFSのメンバーなら無料で泊まれるようにする。それは上流階級の人たちがやらなければならないことでした。この活動が日本に入ってきて、今年の夏にちょうど百周年のお祝いをしたばかりです。そこに「女性と教会を考える会」というグループができていたので、その方たちにも相談にのっていただきました。

もう一つ、大事なのが自分の所属教会でした。練馬聖公会、現在の練馬聖ガブリエル教会です。聖職になるには、自分の教会から推薦されないといけません。

当時の主任司祭に話をしたら、あなたの考えていることはとても大事なことだからみんなで相談しましょうといってくださって、男性と同じように話を進めてくださいました。

教会の役員が集まる教会委員会でも推薦してくださることになって、その書類を持って東京教区の竹田《たけだ》真《まこと》主教に会いに行きました。長く聖公会神学院の校長をされていた方で、「わかった」といってくださって、働きながら準備しましょうということになりました。

通常、一年間の見守り期間があるのですが、それも短縮して教区全体の常置委員会という役員会の面接につなげてくださった。そこもよしとなって、聖職候補生になりました。本当は神学校に三年間通う必要があるのですが、二つも神学校を出ているからいいよと主教にいわれて、それでも日本基督教団と聖公会では教理も歴史も違いますから、聴講生として週に二日、聖公会神学院に通いました。

聖公会では、女性司祭を認めるかどうかで世界的にもずっと議論がありました。私がフィリピンから帰国した一九九一年は、まだまだでした。

小さい頃から、女性は司祭になれないなら何になろうとずっと考えていたんです。聖書の先生になろうと考えたのも、女性は司祭になれないからでした。

私は受験失敗組でした。でも、大学に落ちなかったらフィリピンに行くこともなかった。神様が、違うよ、って何回も教えてくれていたのに、全然気づかないでぼやーっとして、その中でがっかりしたり、喜んでみたりしながら、ようやく自分を肯定できる道にたどり着いて、ここに来た。だから、一生待てると思った。一生待てると思ったから志願したんです。

母は父を見て、司祭の務めがどんなに大変かを知っているので、そういう道を娘が進むのかと、それだけで途方に暮れてさめざめと泣いていました。

司祭の仕事の中心は教会形成です。いろんな反対意見も聞き合って歩んでいかないといけない。神様はその誰一人もとりこぼすことなく愛して一緒に道を造ろうとします。そこに身を投げていかなくてはいけない。

教会って、一般的には聖人君子の集まりのようなイメージがあると思いますが、そうじゃない。失敗したり、うまくいかなかったりするから、自己実現とか、何かを求めて教会に来ているので、一番のドロドロがここにある。

信徒から罵倒されたり、関係がうまく作れないと失敗だといわれたりしながら、それでもここに居続けなければいけない。そういう職場です。みんなが喜んでくれるからここにいるんじゃなくて、嫌だと思われても、その職務を続けなければならない。

カウンセリングだったら、このカウンセラーと合わないと思ったら別のところに行きます。でも、司祭には転勤はありますけど、あっちに行ってもまたこっちに戻るということもある。人間関係が如実に教会形成に影響します。当たりはずれもありますし、醜いところもある。でも、とても大きな喜びもある職務だと思います。母はそれを経験してきました。人間って何かあると弱いほうに行きますから、母は牧師夫人として、そのしわ寄せを受け止めてきました。だから反対されることはわかっていました。悲しかったですが、それで私の決意が変わるわけではありません。

それに召命感というのは、その人一人のものではなくて、教会の召命感もないといけないんです。召命観とも書きます。いわゆるコーリング。個人がなりたいというだけではだめで、共同体の認証がなければ、一つの召命としては成り立たないといわれています。

ほかの教派では、「私は神の声が聞こえました」といって聖職者になることがあるかもしれませんが、聖公会やカトリックは厳しい。それは私たちの特徴かもしれません。

主教がよしといってならせるものでもなく、カトリックとも違いはある。時間はかかりますが、召され、試され、祈られ、その道に入っていくのです。

聖職候補生の期間は長く続いて、先輩を通じて知り合った人と結婚しました。執事に按手されたときは臨月で、執事として六年間。執事でずーっと待っておりました。

女性司祭の按手が認められたのは、一九九八年の日本聖公会第五十一回定期総会決議でした。女性司祭の一号となったのは、中部教区の渋川良子《しぶかわよしこ》先生でした。渋川先生は三十六年間、執事でいらっしゃいました。私が生まれたときから執事でした。一号にふさわしい方が司祭になられたと思っています。

私が司祭に按手されたのは一九九九年一月六日、三十六歳のときでした。東京教区では[4]初めてのことでした。

旧約聖書には五〇以上の神の呼称、呼び名があります。一つに定められません。その後、新約のあとに、父と子と聖霊の、三位一体の神ができました。

一＋一＋一＝一って、ものすごく矛盾したいい方をしていますよね。でもきっとこれは、ある種の人間の知恵だったんだろうなあと思います。

神様はこういうものです、ああ、なるほどねと、そんな簡単に説明できるものであれば、私は魅力を感じません。もっといえば、これだけ長いあいだ、人間が希求しても追いつけないはずはない。真実にたどり着けないということにはならないと思うんです。

神とは何か、人によって、教派によってさまざまな考え方があって、幅はあります。見方によっては相対的なものと見えるかもしれません。でもそれは当然のこと。

私の表現でいうなら、神の存在は大きすぎて、一つの人間の言葉では表せないのです。

2016/10/4

4　同じく当時執事だった山野《やまの》繁子《しげこ》司祭との同時按手。

同性愛であろうと、体に手を加えようと、
自認する性別に応じた格好をしようと、
罪ではないと今は確信していますが、
それは罪じゃないから
自由になさったらいいんですよとは
いわないようにしています。

寺田留架
一九八七年生
約束の虹ミニストリー代表
東京都

父方の祖父母の代からのクリスチャンです。祖父母はもともと福井の聖霊派の教会にいたのですが、転勤で東京に来てからは福音派の教会に移って、そこで両親が出会って結婚して、ぼくが一番上の子ども、戸籍上の「長女」として生まれました。

ぼくにとってはその福音派の教会が母教会になりますが、今日はこれから教会にとって不名誉な話をするかもしれないので、教会名は伏せさせてください。

献身して伝道師になった人が過労でどんどんつぶれていくような、伝統的にカチコチな教団でした。ぼくも小さい頃から、ほかの教派に行くなとか、リベラルな本を読んだら信仰をなくす、といわれて育ちました。

でもぼくから見て、信徒同士は和気藹々《あいあい》とした関係でした。みんな親戚のおじちゃんおばちゃん、お兄さんお姉さんみたいで、留架ちゃん、留架ちゃん、ってかわいがってもらいました。

ただ、大きくなるうちに仲良くしていた子たちがいろんな理由で教会を離れていったのです。部活があるという子もいましたが、教会につまずいて去った子もいました。

父は建築関係の仕事をしていて、ぼくも今はそこで働いています。父が会社をやめて独立した頃は全然仕事がなかったので家計は大変でした。

母親が子育てと家事とぼくたちの学校のPTA役員をしながら英語教室を経営して、そのわずかな収入もがんがん教会に捧げてしまう。食べる物がないような貧しさまでは経験していませんが、みんながプラスアルファで楽しんでいる娯楽に関しては、たくさん我慢させられましたね。

クリスチャンホームの子どもとして、サラブレッドのように育てられました。教会に友だちを連れてこなきゃ、神様のことを伝えなきゃと教育されてきたので、イベントがあるとみんなに声をかけました。イベントに誘うぐらいはよかったのですが、教理そのものを語って伝道するようになったときに、それが友だち関係に悪影響はあっただろうなとは思います。

セクシュアリティを意識し始めたのは、小学校に入った頃です。とにかくスカートを履きたくなかった。女の子と遊ぶより、男の子と遊ぶほうがずっと楽しいと感じていました。

男子グループで悪ふざけをして担任に呼び出されたとき、「お嬢さん」と叱られたので、「お嬢さんと呼ぶくらいならクソガキといってください」といい返したこともありました。

女扱いをされるのが嫌だというのは明確にありました。

ただ、あんたは個性的だと親に肯定的にいわれていたので、ほかの子と違うのはおかしい、よくないことだとはあまり思っていませんでした。

母はもともとあまり女性らしくない人で、ぼくがちっちゃい頃からスカートを履きたくないといったら気持ちはわかってくれていたし、スカートが嫌というレベルではない苦しみを抱えていることを受け止めてくれていました。折り入って相談があるといえば、家事をしている手を止めて、一対一でちゃんと聞いてくれました。父はおれの初娘だといって溺愛してくれていたので、すごくショックで認めたくないという想いが強かったようです。思春期の気の迷いじゃないかと思おうとして、ぼくにもそういってきました。

性同一性障害という言葉を知ったのは高校時代で、教会の高校科のスタッフのお姉さんに性別違和のことを相談したことがあります。神様が自分を造ったということは前提として信じていますから、キリスト教はこれをどう解釈しているのか、納得のいく説明はされているのかと思ったんです。

面と向かってぼくを否定する人はいませんが、よくわからないねという感じだったので、自転車で行ける距離にあった福音派の書店で本を探してみました。店長さんに相談して見つけたのが、『性同一性障害Ｑ＆Ａ　クリスチャンとして考える』という小冊子で、これがひどい本でした。

彼らが治すべきは体ではなく心ですとか、性別違和がなくなった人を「治った人」として紹介していたり、ＭｔＦ[1]の人を、あの人は女じゃなくて男ですと見破った人の誇らしげな話があったり、もう二度とページを開きたくないと思うような内容でした。当時は、『教会と同性愛　互いの違いと向き合いながら』[2]のように解釈が進んだ本がいくつか出版されていたはずですが、ぼくが知ることはできませんでした。

あの頃のぼくを救ってくれたのは、ヘヴィメタルでした。ロックの中でもかなり重たく激しいジャンルです。クリスチャンとしては、メタルも神様からいただいたものと考えるんですけどね。

中学時代に市の催しで観たバンドや高校時代の友人の影響で一気にメタルにのめり込んで、大学時代からは自分がドラムを担当するバンドでもメタルをやるようになりました。

これは自分の精神衛生にすごくよかったと思います。やり場のない怒りをぶつけたり、自分の男らしさを解放したりできましたので。

恥ずかしながら、ミソジニー（女性蔑視）をこじらせていました。自分は女なんかじゃない、男のほうが優れているという考え方に凝り固まって、バンドでもうまい演奏家は男性に多いと思い込んでいました。いわゆる、女を捨てた、みたいな動き方をすることで、自分が男だということを誇示しようとしていたんです。当時は自分の性別違和とミソジニーがごっちゃになって、世の中に溢れるミソジニーにまんまと染まっていた。これはFtM[3]あるある、なエピソードらしいのですが。

東京学芸大学で美術を専攻しました。女性ばかりの学科で最初の頃はまだカミングアウトできなくて、心を殺して女子トイレに入るしかあるまいと思って、なるべくほかの人と接触したくないから、人が少ないタイミングを選んで入っていました。

教育実習のときには男性になりきる自信もないし、女性扱いされるのも嫌なので、もう教員免許なんかとらない、みたいな気持ちになりました。何をするにも、性別がついてまわるのです。

性同一性障害の診断を受けたのは、二〇〇七年、大学二年のときです。自分でいろいろ文献を調べまくって、父親を説得しようとしたら、「わかった、医者がそう診断するなら認めるから病院に行ってこい」といってくれたんですね。心の中では理解できないけれど、一生懸命歩み寄ってくれているのを感じたので、専門外来のあるクリニックを受診しました。

医者には、これはもう間違いないといわれて、ほっとしました。ただのイタイ「おれ女」じゃない。自分が変なんじゃなくて、ちゃんと医者も認める分類なんだと安堵しました。プロのお墨付きを得たことで、自分は

1 Male to Female、出生時には男性とされたが、女性としてのアイデンティティをもつ人。
2 アラン・A・ブラッシュ『教会と同性愛 互いの違いと向き合いながら』岸本和世訳(二〇〇一・新教新書)。
3 Female to Male、出生時には女性とされたが、男性としてのアイデンティティをもつ人。

男といっていいんだと思いました。

それまで自分の恋愛対象は男ばかりで、高校時代に初めて女性を好きになりましたけど、性対象が女じゃないと男じゃない、みたいな考えにとりつかれていたこともあったので、医者からあなたの内面は男だといってもらえたことはすごく嬉しかったのです。

ただ、手術やホルモン治療を受けることは、親に強く反対されました。体に負荷をかける、元に戻せないから後悔するかもしれないという理由で、今は判断を待ってくれ、体をいじるのはやめてくれといわれました。

本当は変えたかったです。今となってはこの体を受け入れているので、当時の感覚を忘れつつありますが、胸が出てくるとか、生理があるとか、性器のかたちとかも気持ち悪かったし、体がこうであるせいで自分は男扱いしてもらえないという想いもあったので、体を変えなきゃ男になれないという考えが大きかった。

でも、親の心配は痛いほどわかります。親の気持ちを忖度《そんたく》する子で、親に反抗して生きる度胸もない。水商売[4]で稼いでトランスした友だちはいますが、ずっと親の庇護のもとでぬくぬく生きてきたぼくには、これ以上、親を困らせてはいけないという想いもありました。


診断を受けてからは、自己紹介のときに自分が性同一性障害だといいやすくなりました。最初に入ったバンドサークルで女子扱いされたので、新しく入ったサークルでは最初から、自分は性同一性障害です、女扱いしないでいただけたら嬉しいです、みたいな控えめなカミングアウトをして、サークルでは男でも女でもないポジションで接していただきました。

いわゆる男ノリに交じれるわけではありませんが、女子会にも呼ばれない。精神的に孤立していたといえばそうですが、サークルの陰《いん》[5]キャな集まりに仲良しはいましたのでさみしくはなかったです。

教会ではキャンプのときに女子部屋に入ることがしんどかったのですが、診断を受けてからは口にしやすくなりました。女子部屋や女子風呂に入るのはつらいと実行委員に相談したら、配慮する対象として一生懸命考えてくれた。クリスチャンとして認められないといってくる人はいなかったです。

ただ、カミングアウトした内容が性同一性障害ではなくて、同性愛だったらこうはいかなかったと思います。LGBTについては、キリスト教界の風当たりに違いがあるんです。

ぼくみたいに、FtMと呼ばれるトランスジェンダー男性と、MtFと呼ばれるトランスジェンダー女性のケースのあいだでも、差が激しいです。体が男性で心が女性のMtFの人たちは、女性らしい格好で生きたいと思っても、見た目からまわりに男性だと思われているので、ぼくみたいに見た目が女性の人が男性として振る舞うよりずっと偏見の目が強い。「女装は変態」のようにいわれることもありますから。

教会で、キリスト教的にどうでしょうかと聞いたら、それはよくないんじゃないかというスタッフがいたかもしれないのですが、ぼくの場合はさきに困りごととして相談したので、配慮しないといけないという感じだったと思います。

それ以前から、クリスチャン学生として教会でも大学でも熱心に活動していたこともあって、あなたは参加しないでとはいわれなかった面もあるかもしれません。

ただ、牧師にはまだいえませんでした。

小学五年で洗礼を受けて、中学になってからはいろんな葛藤があって信仰の壁にぶつかっても親や教会に相談して、聖書を読んで、そのときどきで答えが与えられるような体験を積み重ねて、だんだん信仰が固まって

4　性別移行。
5　陰気なキャラクターの略。暗い性格の人を意味する俗語。

いくプロセスを踏んできました。

見た目は結構奇抜で、金髪ロン毛で目のまわりを黒くして大学に行ったりしていましたけど、伝道スタンスに関しては結構カチコチなガチクリ、ガチのクリスチャンだったので、まわりには、留架は献身するんじゃないかと思われていたでしょう。

ただいつも性別違和が必ずネックになって、将来像が描けない。献身といっても、いわゆる牧師夫人という、クリスチャン女性の模範というジェンダーを含めた像でしか描けない。かといって、男性牧師になれる気もしない。男か女か固まらないうちは献身できないと思っていました。

在学中の就活に失敗して、職業訓練校に通って造園業に進みました。五年間修業したら独立しなければならないというポリシーのもとで職人を訓練している会社で、クビにされない限りはやめないと覚悟していました。独立できたら、一人親方として造園をやりながら伝道するのはありかな、と考えたりもしました。

庭師に頼むようなおうちって、お金持ちばかりです。でも、そういう家に仕事に行って休憩時間にお話ししていると、失礼な表現になりますけど、あまり幸せそうじゃない。きれいなお庭の立派なおうちに住んでいる人に、そういう方が多いなと感じたんです。ああ、神様のことを伝えたいなあって思いました。

ぼく自身いろいろ悩んで、キリスト教の本にひどいことが書いてあるのを知っても、自分の存在の根底に神様がいるということは絶大な安心感になっていました。もしただ偶然の積み重ねで生きているなら、自分が生きている意味なんてとくにない。そんな存在のどうでもよさには耐えられない。

でも、神様が目的をもってこの世界を造られた。それも気まぐれではなく、生涯、愛をもってかかわるお方だと教会で習ってきたことが、自分の人生観に絶対の安定をもたらしていたのは確かです。

そういうことを伝えたら楽になる人はいるんじゃないか、と思いました。今でこそ、必要としていない人に押し付けるのはやめようと強く思っていますが、当時はもっと思い上がった考え方をしていたのです。

さすがにぺーぺーの見習いが仕事先でそんなことをしちゃいけないのはわかっていたので、独立するまではがんばろうと思ったのですが、過労がたたって、とうとう事務所で倒れてしまいました。もう無理だ、続けたらじき死ぬ、というところまで追い込まれて、結局、体力面と精神面で全然ついていけなくて、半年でやめてしまいました。

そのとき、ああ、やっぱり自分はずっと神様のことを伝えたいと考えているな、フルタイムの伝道師とか牧師になることを考えたほうがいいのかな、いやいや、世間の仕事が苦しいから逃げているだけじゃないのか、と葛藤しました。神様は本当にぼくが献身して牧師になることを求めているのか、それともぼくがつらい仕事から逃げるために献身を考えているだけなのか、神様、あなたからのコーリング、お声がけなら、わかりやすく示してくださいと祈りました。

それから一か月ほど経った頃、教会の親友の女の子が手紙をくれました。ある伝道大会で語られた牧師のメッセージがよかったから聴いてみて、とCDが同封されていました。

彼女の信仰の悩みが書かれていたので、返事を書くことにしました。福音派クリスチャンしぐさというか、ぼくたちには聖書のみ言葉を送り合う文化があるんです。

こんなみ言葉があったなあ、どこだったかなあと聖書を開いて、気にかかったみ言葉をメモしていたら、そのうち、お目当てのみ言葉じゃない箇所がどんどん目に飛び込んできて、結局、七か所、書き留めることになりました。七というのはキリスト教では完全数といわれていて、一つ二つだと自分に都合のいいものをピックアップしただけかもしれませんが、七つもあると、さすがにこれは神様から贈られたと受け取ってもいいかもしれないと思いました。

自分が献身をしぶる理由にしていたいいわけを、一つひとつ論破するようなみ言葉でした。七つのうち、五つがイエス・キリストの弟子ペテロによるものだったことも、神様からのありったけの励ましと感じました。

じつはこの前日、自分はペテロという人に非常に共感していて思い入れがある、だめだめだった男がこれほどすばらしい伝道者になれたということにすごく希望を感じる、と家族に話していたんですね。これまで何度も聞いていたはずのみ言葉なのに、このときはどれも心にストンと落ちたのです。

そして、七つ目のみ言葉が、「おのおの自分が召されたときの状態にとどまっていなさい」(コリント一7・20)でした。この文は本来、セクシュアリティとは関係ありません。ユダヤ人として割礼《かつれい》を受けたならそのままでいいし、ユダヤ人じゃなかったらわざわざ割礼を受ける必要はないという、パウロがコリントの教会に向けて書いた手紙の一節です。

でもぼくは、それを自分にとって体が女性、心が男性のまま歩みなさいという意味で受け取ったのです。神様がそういってくれるなら、内面が男性のままでいいというなら生きていけるかもしれないと思いました。セクシュアルマイノリティとしての自分に都合のいい解釈をしてないかという自己吟味は続けないといけないとは思いましたが、これが最後の一押しとなって、献身を決めました。


うちの教会の牧師には、献身を決意したときにカミングアウトしました。それまでレディースの服は絶対に着なかったし、自分のことを「おれ」とかいっていたのに、牧師は全然気づいていませんでした。近くにあって教授陣が充実しているからと、日本ホーリネス教団の東京聖書学院を薦めてくれていました。

ところが、献身の話と同時にカミングアウトされて非常に戸惑ったのか、「なんとか神学校の三年間は女性としてできないかねえ」といわれました。そんなの三日で逃げ出しますよ、と思いましたけどね。いきなり牧師に逆らうのもどうかと思って、祈らせてくださいといって引き下がりました。

そうしたら、東京聖書学院の舎監のお子さんと仲のいい人がうちの教会にいて、まさか牧師がそんなことをいっているとは思いもよらず、今度こういう子がそちらに入るから配慮してもらえないかと話を通してくれていたのです。

入学するにあたってはいろいろな話し合いがなされたと伝え聞いていますが、結果的に、ぼくを男子修養生として受け入れてくださいました。

平日は神学校の寮で過ごして、日曜日は出身教会で神学生として活動するというスケジュールです。寮には男子寮と女子寮があって、二人一部屋ですが、ぼくだけ風呂トイレ付きの家族寮に住めるようにしてくださいました。家賃は少し高かったのですが、そのぶん神学校にいるあいだは守られていました。

結局、牧師にはなりませんでした。二つ、理由があります。

一つは、卒業の直前の時期に、三年間親しくしてくれた少し年上のクリスチャン友だちから突然送られてきたメールをきっかけに、自分自身に対するそれまでの見方が根底から崩れ落ちたからです。

じつは、あなたにいつも傷つけられてきた、ずっと心を踏みにじられてきた、ということが切々と綴《つづ》られていて、あなたのことはとっても大切な友だちであり、きょうだいだと思っているから、おれはどうしたらいいかわからない、ともありました。

思い上がっていたんです、ぼくは。自分は結構いいやつで、聞き上手だと褒められることもあって、慕ってくれる人もそこそこいました。

でもその友だちに対しては、ぼくばかりが寄りかかる関係だった。痛みをわかってもらおうとして、依存していました。

ぼくの性別に関する扱いが学校でフラフラ揺れて嫌な想いをしているとき、いつも味方になってくれていました。すごく陽気でひょうきんに振る舞う人だったので、背後にある痛みへの想像力が足りなかった。ぼくが心地よいと思っていても、彼は我慢してぼくに合わせてくれていたのです。

弱さをあまり表に出さない人だったので、彼が心を開いて何かを伝えようとしても、すぐにぼくは自分の話にもっていってしまったんだと思います。本当はぼくの言動や態度に傷ついたことを小出しにしてくれていたのに、ぼくはすぐ考えるのをやめたり、自分の都合のいいように考えていたりしたんです。

もしかして今、傷ついたかもしれないとは考えずに、何もいってこないということは大丈夫だろうと考える。ぼくは結構、弁が立つので、指摘されてもすぐいいわけをする癖もありました。いいわけするならもう、何もいいたくなくなるじゃないですか。

ほかの仲のいい人たちにも同じことをしたかもしれないと思って、何人かに聞いてみたら、いいづらいけど、ずっとそう思っていたよとみんなにいわれて……、ショックでした。しばらくは、こんなふうに振り返ることもできないほどの衝撃でした。


思い上がっていたのは、ぼく自身の性格もありましたが、神様を信じればすべてオッケーみたいな、福音派が陥りがちな極端な教えが少なからず影響していただろうと思います。

人権意識が高いリベラルな教派と違って、福音派の教会は罪の赦しを強調するばかりで、赦された人間がどう生きるかという人間関係のスキルは気にしないことが多いように思います。クリスチャンではない世界で揉まれてきた人はバランスがとれていますが、ぼくみたいにキリスト教どっぷりの世界で、あなたは赦された神の子だからすばらしい、の一辺倒で育つと、自分にも問題があるということに気づきにくい。

叱られて痛い思いをして、反省して、ステップアップしていかなければならないのに、そういうことを学ぶチャンスが足りなすぎたと思います。

セクシュアリティに関しても、福音派は聖書第一といいすぎて、人間そのものについての学びをあまり大切にしない傾向があります。すると、自分の中に植わっている偏見が聖書にも読み込まれてしまって、神が人を「男と女に創造された」（創世記1・27）という一文だけを読んで、だからセクシュアルマイノリティなんか造っていません、と主張する。

神は天と地を造られたとあれば、天と地だけではなく、そのあいだにある物すべてを造られたということです。神がすべてを造ったことをいうためにこの箇所があるのだから、すべての動物の種類に言及していなくても、たとえば、聖書に猫と書かれていないからといって、猫は神様の被造物ではないわけはない。

同じ理屈で、聖書にいちいちセクシュアルマイノリティについて書いていないとしても、神様が創造しなかったわけではないのです。

でも、人間についての学びが足りないと、聖書の読み方が自分の偏見色に染まってしまう。これはキリスト教、とくに福音派の課題の一つだと思います。

今こんなふうに話せるのは、神学校を卒業して数年単位で理解していったからだと思います。ぼくの問題点について指摘されてショックを受けてから、かなり意識を広げる努力をしてきましたから。

牧師にならなかったもう一つの理由は、教団のねじれでした。うちの牧師は、ぼくが卒業したときに所属教団がトランスジェンダーの牧師を受け入れるかどうかを吟味しないまま、ぼくを日本ホーリネス教団の神学校に送り出しました。

東京聖書学院も、ほかの教団から来た一時預かりの学生みたいな感じで受け入れてくれた。これが日本ホーリネス教団内部からの進学希望者だったら、そのあと牧師にするかどうかを決めないまま受け入れたら無責任ですからね。

在学中、日曜日は母教会で奉仕をしていたのですが、うちの教会の牧師は、ぼくを送り出したはいいけど、戻ってトランスジェンダーの人を伝道師として受け入れたら教会の分裂を招くかもしれないと恐れていたようで、在学中、そういう話を教会であまりしていなかった。

神学校を卒業する直前の教授会で、あなたはこれからどうするのかと聞かれて、ちゃんと確認しなきゃと思って牧師に確認したら、「いやあ、あなたのことをなんとかそちらの教団で上手に使ってくれるポジションないですかね」と、梯子を外されてしまった。結局、ぼくの進路が宙ぶらりんになってしまいました。


正直いえば、このまま牧師の道がスタートしないことに安堵した面もあったのです。一つ目の理由でお話ししたように、自分の至らなさに直面して半端なく打ちのめされていたので、自分なんかが牧師になってはいけないという気持ちになっていました。

とはいえ、このさきどうするのかを考えないといけません。人がレールを敷いてくれるのを待っていてはいけないと思って、献身すべきかどうか祈ったときと同じ真剣さで、神様、これからどうしたらいいでしょうかと祈りました。

そのとき示された聖書の一節が、イザヤ書四十五章三節の、「隠されたひそかな財宝」という言葉でした。神様が[6]キュロス王にいわれた言葉で、これが自分にいわれた言葉として目に飛び込んできたのです。

隠された宝ってなんだろうと思ったとき、自分が神学校の三年間、セクシュアルマイノリティとして体験してきたことや、ほかのクリスチャンのトランスジェンダーの人と知り合えたことが思い起こされました。性別違和に悩み始めた話や、信仰とセクシュアリティのあいだで葛藤したこと、自分は救われたはずなのに悪魔の子だったと思い込んで一人悩んでいたこと……。

ああ、そうか、教会の中でまるで埋められてしまったみたいに存在を埋没させられている人たちとは、セクシュアルマイノリティのことなんだ。神様にとっては宝だけれど、教会の中では隠されている人たちをあなたに託そう――、そんなニュアンスで、ぼくはそのみ言葉を受け止めたのです。

そのためにはあなたの前にある障害物を取り除いて、あなたが進みやすいようにしてあげるし、「わたしはあなたに肩書を与える」（イザヤ45・4）というみ言葉もありました。

肩書という言葉は新改訳改訂第三版の聖書にしか出てこない訳なのですが、牧師や伝道師の道が断たれた今、人間が今まで系統だててきた役職とは違う、あなただけの役目、肩書を与えるよ、という意味なのかと思いました。

神学校を卒業した二〇一五年、「約束の虹ミニストリー」を立ち上げました。キリスト教の中で傷ついているセクシュアルマイノリティのための活動です。

虹はLGBTの象徴でもありますし、聖書のノアの箱船（創世記6－9章）に出てくる、怒りによる裁きは終わったという約束の虹の意味でもあります。

[7]ストレートにならなければ神に喜ばれない、みたいなことを教会でいわれて苦しんでいる人がいまだに多いのですが、神はすべての人を赦して平等に愛しておられるはずでしょう、という想いを込めています。

右も左もわからないまま始めましたが、神様がぼくにやれといっているという確信はあったので、まず母教会の人たちに理解して応援してもらいたいと思って、活動の趣旨を含めた説明文を役員会に提出して、礼拝が終わったあとに話をする機会をいただきました。

LGBTの人たちが教会で理解されない不遇な時期を過ごしていること、教会を去った人もいれば、去らな

6　キュロス二世。「バビロン捕囚」のユダヤ人を解放した。
7　セクシュアルマジョリティ。

くても自分について話せない人もいること、何度も何度も傷ついている人がいること、そういうことを変えていきたいとお話ししました。

ＬＧＢＴについてはほとんど何も知らない人たちでしたが、小さい頃から見てきたあの留架ちゃんが、がんばってやろうとしているから応援してあげようという方がいらっしゃって、毎月定額の献金を捧げてくださるようになりました。

それを元手に交通費などに補塡させていただきながら、先達の先生方に会いに行って話を聞いたり、セクシュアリティの学びをする勉強会を始めたりしました。先達というのは、セクシュアルマイノリティとして牧師になられた、日本基督教団の平良愛香《たいらあいか》先生、堀江由里先生、中村吉基《よしき》先生です。

ただ、ぼくの活動は、「日本基督教団はリベラルだから、ＬＧＢＴも認めてるんでしょ」と思っている福音派の人たちに向けるため、その方々とは別に進めたほうがいいだろうと考えていました。リベラルな教会では、聖書を文字通り神様の言葉とはとらえない方々もいるので、聖書の記述を本当にあったことと受け止める福音派とは必ずしも相いれないところがあるからです。

聖書に、「ユダヤ人にはユダヤ人のようになりました」（コリント一９・20）という一節があって、やはり福音派には福音派のようにいくのが一番理解してもらえるだろうというのもありました。

いざ始めてみたら、一人、また一人と、当事者が聞きつけて参加してくれるようになりました。これが「虹ジャム」の始まりです。ジャムセッションのジャムと、いろんな果物を混ぜたジャムを見かけて、いろいろ混ざるとますますおいしいというところから直感的につけた名前です。

定員一〇人の貸会議室で参加者六人ぐらいの人数でお菓子をつまみながら話をする。だんだん人が増えて、定員を制限するほどになりました。基本的には何を話してもいいのですが、信仰とセクシュアリティを中心に、そのときどきのサブテーマを設けたりしています。

いろんな方がおられます。これまでクリスチャンにカミングアウトしたことは一度もなかった、今日初めて自分がゲイだと話します、といった人。教会でカミングアウトしたところ、礼拝に参加するのはいいし、献金は今まで通りしてくださって結構ですが、聖歌隊の奉仕はやめてください、といわれた人。

もっとひどいケースもあります。矯正プログラムに参加してきてくださいといわれたとか、すでにトランスして自認に従った性別で生きている人が、昔はこの性別だったとカミングアウトしたら、できれば元の性別に戻って暮らしたほうがいいですねといわれたとか。

そういうことを牧師や信徒からいわれる。そのために、やっぱり自分は悔い改めて赦しを祈り求めなければならないんだと思った人もいれば、わかってもらえないと感じた人もいる。セクシュアルマイノリティであるのはしかたないとしても、それに従って同性と関係をもつことは避けなければならないと思った人もいました。

ぼくなんかよりずっとつらい想いをしてきた人たちがいて、それを打ち明けてくださるんです。

ぼく自身は、同性愛であろうと、体に手を加えようと、自認する性別に応じた格好をしようと、罪ではないと今は確信していますが、みなさんのお話を聞いて、それは罪じゃないから自由になさったらいいんですよとはいわないようにしています。何が罪か、何が罪じゃないかは、本人と神様のあいだですり合わせて決めていくことだと考えているからです。第三者が判断するものではない。

結局、どちらを選んでもつらいんですよ。たとえば、自分はどうしても同性に惹かれる気持ちが治らないので、ゲイとして生きていくしかないという場合、神様はあなたをゲイとして造ったのだから、好きになった男性と結ばれることを願ったらいいんじゃないですかなんて、そんな無責任なことはいえないんですね。

本人がずっと、罪だ、罪だ、といわれてきて、罪悪感をもったまま選ぶことは心によくないですし、たとえ本人の中で罪ではないという結論が出たとしても、それに従って生きたときにすごい迫害が待っていることが予想できるのであれば、それを同じ立場にいないぼくが、安直《あんちょく》に背中を押すことは非常に残酷です。

本人が祈り求めていく道を、そうか、今はそう考えているんですねと、ただただ聞く。その方の決断を尊重していくことしかできないなと思っているんです。

そこまで追い詰められても、信仰自体を捨てようとはなりません。信仰を捨てた方もおられると思いますが、そういう方はうちには来ていないですね。ぼくもそうだったように、神様がいなければ自分が生きている意味がわからない。神様がいてこその自分、信仰が一番中心になる方々なんです。聖書を神の言葉として親しんで、「今、私と共にいてくださる〝臨在の主〟」として、神様をとても近くに実感している福音派的な信仰は捨てたくないのです。

それに、つらいこともあるけど、やっぱりこの教会が好きという方もいます。この点を除いたらいい方ばかりの教会だといって、コミュニティに大きな愛着をもっている。だから苦しいのです。こんなところ出てやるといえたら楽なのに、そうはいかないという葛藤がある。

今ではうちを第二の居場所として求めてくださる方が多いです。ここが私にとっての教会ですといってくださる方もいます。


LGBTに対して、ホームページやSNSを通じて、否定的、攻撃的な主張をしてくる人もいます。アメリカのように福音派の票が無視できないほど強くて、政策まで左右する国だと、自分たちこそ正義だという酔いしれによって、[8]レインボープライドを邪魔しに来るクリスチャンがいます。

ただその一方で、当事者を当たり前のように受け入れる教会もあるし、当事者中心の教団・教派もそれなりにありますが、過激な反対派のほうが目につきやすい。

日本でもそういう行動に出る人たちはいますが、社会的な影響力は小さい。それでも差別的なことは起こっていて、一時はぼくも一生懸命食い下がって対話しようとしていました。

でも、そういう人たちの感覚をアップデートするのは不可能に近いと思うようになりました。ある参加者がいいました。「黒電話にiPhoneのアプリをインストールできないのと同じだよ」と。

でも、彼らが少数派になってしまうようにすれば、そういう意見が一部に存在していたとしても、全体としてはましにはなるでしょう。彼らに無駄なエネルギーを使うよりも、当事者が安心して来られる教会にしたいと真剣に思っている方々にアプローチをして、すでにある程度耕されている畑に種を蒔くことにエネルギーを振り向けようと思っています。

代表は長らくぼくが一人で務めていたのですが、最近はレギュラーメンバー層がだんだん厚くなって、今は三人体制です。

今では、みなさんと一緒に、聖書のいう愛ってなんだろうねということをすごく話し合います。教会では全然話したことのなかったような本質的な議論をしています。そういう中でむしろ、信仰が深まっていきます。こういう出会いを与えてくれた神様、やっぱり好きだな、みたいな。

キリスト教があまりにも愚かなとき、神様、なぜこんな宗教を野放しにするんですかという怒りをみんなでいい合ったりもします。戦争があってもなくても、日本国内でも悲惨な事件が起こる。なぜこんな痛く苦しい想いをしながら、報われることのないまま死ぬ人がいるのかと思います。それについて、神様から納得のいく説明をしてもらったことはありません。

世の中にひどいことが起こりすぎて、神が愛だというならこんなことを放っておくことはないから、神はいないんだと結論づける人の気持ちもめちゃくちゃわかる。

8 セクシュアルマイノリティが差別や偏見にさらされずに生活できる社会を目指す団体、およびイベントの総称。

それでも、ぼくらは、神はいないとは思えなくて、神様がいるという前提での問いであり、怒りなのです。

ぼくはサイエンスが好きだから、自然観察を通じて、これは神なしにはありえないと実感することがよくあります。人間に保護される必要のない生き物が人間の目にも美しく見えることや、もっと機能的で生存に有利なものだけでいいところを、無駄と思えるような、楽しい、おもしろい、美しい世界があることや、地球の位置がちょっとずれていたら今のような生存に適した状態にはなかったこと……、そんな、ありえなすぎることに、神の実在を信じるのです。

神の声が聞こえるような、スピリチュアルな経験はありません。ただ、いろんな出会いの中で、ああ、神様が導いてくれたなと思う。

なんでも神様と結びつけるクリスチャンフィルターなのかもしれません。でも、自分にとっては、人格のある方が意図をもって起こした出来事だと感じざるをえない経験が要所要所であるのです。

同じことを経験しても、たんなる偶然と考えて神様と結びつけない人がいることはわかります。だから、神がいるということを、今は必要としていない人に押し付けたくはありませんけれど。

2022/4/1

避けどころのない
苦労をしたときに
私を引っ張ってくれたのは、
人間じゃなかった。

金《キム》　貞子《チョンジャ》
一九四七年生
在日大韓基督教会小倉教会
福岡県

五人きょうだいの末っ子で、小倉炭鉱の炭住で生まれました。父は炭鉱で働いていたんですけど、アルコール依存で家の中がいつもきつかったです。周囲とは喧嘩するし、母は意地の強い人やったから逃げんわけで、めちゃくちゃ父に叩かれてました。目の前で川に飛び込んで死のうとしたこともある。母は二回ぐらい自殺未遂しています。

釜山《プサン》からときどきチョムジェギ[1]が来て、太鼓叩いたり、踊ったりしながら霊に降りてきてもらって、その人にとりついたものをお祓《はら》いするんですけど、近所のアジュマ[2]に誘われて、母が私を抱いてその家に入ろうとしたら、チョムジェギに、「あんたはここに来る人やないよ、教会に行きなさい」といわれたんやそうです。

母はとくに信仰はなかったし、お祓いもあまり信じてなかったみたいやけど、その人は何か見ることはできる人やったんかな。それから小倉教会との縁が始まりました。

1　점쟁이、占い師。
2　아줌마、おばさん。

当時は朝鮮からものすごく熱心な長老さんたちが来よったんです。一人が関西、一人が関東、一人が九州。九州に来たのが韓延洙[3]さんという、元東亜日報の記者だった人です。

最初は一番上の兄が教会に行って、すばらしい教えだからといって母を誘った。一人行き、二人行きと増えて、母と子どもたちはみんな教会に行くようになりました。朝五時とか六時頃から兄と母が行って、祈るんです。お父さんがお酒を飲まないようにしてくださいって。

韓先生の一家は聖家族でした。日曜日の朝に行くとストーブが焚いてあって、パンや芋を焼く匂いがぷーんとしてた。夏はかち割り氷をたくさん入れた盥《たらい》に麦茶を入れたやかんが冷やしてあって、これがおいしいんです。そんな匂いを嗅ぎながら育ちました。

鍵はかけず、来る人は拒まない。よく寝泊まりしました。夜中ふと目が覚めると、「どうしたん」って聞かれて、「お腹すいた」といったら、起きておかゆ作ってくれてね。無私の愛というか、深い愛情を感じました。これがキリストの香りなんやなって受け止めました。

兄が熱心に誘って、そのうち父も教会に行くようになりましたけど、一筋縄ではいきません。教会に行くけどまた飲む。とにかく人と交わるのがだめなんです。ちょっとケチをつけられるともうだめ。すぐ喧嘩になる。役員もしてましたけど、よく喧嘩になっていました。

役員会が終わる頃に母から家に指令が来るんです。もうすぐ父が帰るから冷やし麦を用意しとけって。ごま油と醤油であえてゴマを入れたタレを作るんですけど、それと麦茶を準備する。私は末っ子だからそれが仕事みたいやったですね。

教会は民族の癒しの場所なんです。在日の教会は全国どこもそうやないですかね。家を一歩出たら鎧をかぶっとるみたいな感じやから、教会に行くと全部解き放たれるというかね。同じ悩みを抱えているし、同じ物を食べるし、韓国語しゃべれるし、何をしてもいい。ほっとする場所、逃げ場なんです。戦後に祖国に帰れなかった人たちがどんどん集まって、人はすごく多かったです。

父の本籍は、忠清南道[4]の大田です。二十六歳のときに、日本に強制連行されました。国家総動員法で公式に強制連行が始まった最初の年の一九三九年です。

食事中に突然、警察が二人来て、父親を呼び出して何か話をしてる。なかなか戻らないのでおかしいなと思って母が外に出たら、もう連れていかれてしまってました。村の若いもんはみんなトラックに乗せられて、関釜《かんぷ》連絡船の最下層に入れられて日本に送られたそうです。募集という名目の強制連行です。一番上の姉と兄がいて、兄はまだ乳飲み子でした。

母は青天の霹靂ですよ。どこに連れていかれたのかもわからない。父の手紙が届いたのは約一年後です。「ここは地獄みたいなところや、自分はたぶんここで死ぬやろう、おまえはおまえで幸せに暮らしなさい」と書いてあった。「子どもたちにもう一回会いたい」と切々と綴られていて、子犬の絵がついたワンピースと男の子のズボンが入っていました。

母は、ああ、これは絶対に行かにゃいかん、と思ったそうです。親戚には死にに行くようなもんやとものすごい反対されたけど、振り切って振り切って、子どもたち連れて日本に来た。一九四〇年七月のことです。

連絡船が下関に着いて、ハングルがわかる人に住所を見せたら、「遠くからはるばるよく来たねえ、この列車に乗って折尾駅で乗り換えなさい」と案内されたので、いわれた通り列車に乗って、折尾で香月《かつき》行きの列車に乗り換えて、父がいる貝島《かいじま》[5]炭鉱を目指しました。

3　한연수、読みは、ハンヨンス。

4　忠清南道　충청남도、チュンチョンナムド。大田　대전、テジョン。

母はすごくリアルでおもしろい表現をする人でね、炭鉱につながる列車に乗ったら、木がない真っ白な山があって、ボタ山でしょうけど、それがお墓に見えたと。うちはここに死にに行くのか、生きに来たのか、どうなるんやろうかという想いがあったというわけですね。

パーンと大きな音がして列車が止まって降りたら、韓国語を話せるおじいさんが近づいてきて、[6]「ヌグルチャッコ　イチャスミカ（誰を探してますか）」っていわれたから父の手紙を見せたら、ああこの人やったらついてきなさいって、炭鉱の宿舎に連れていかれた。

部屋に行ってみたら、お父さん、うしろ向きで何かを一生懸命書きよったと。入ってみたら、座っとったお父さんが振り返って、びっくりして屋根まで飛び上がったっちゅうの。

体は半分に痩せて、顔は土色で、まるで別人やったと母はいってましたね。馬のしょんべんみたいなつゆと、米も何粒しか入ってないスープみたいなもんで、病気になった人もいた。それを日本人の半分ぐらいの給料で働かせるんやから。日本人も働いてたけど、朝鮮人は設備が整ってない危険な炭鉱のほうに入れられる。ここにおったら死ぬからといって、逃げた人は多かったそうです。

日本人に対する暴動が起こらんように、朝鮮人を管理するのは朝鮮人です。親日派いうんかな、日本語ができる少しインテリの朝鮮人がいるんです。お父さん、その人に抵抗したみたいで、ものすごい拷問を受けて、部屋に帰ってきたら、母が来た。

ああ、これで生きられる、と思ったそうです。家族が来たら逃げないから少し待遇がよくなる。タコ部屋から出て、家族で宿舎に住める。これで生きられるとね。

戦争終わったのになんで帰らんかったかって、日本人はすぐそういうこと簡単に聞くけど、帰れないわけですよ。韓国の親戚はみんな貧しいから、ちょっとお金持って帰らんといかんとか、土産の一つも持って帰りたい。申し訳のたつような帰り方をしたい。父だって、いつかは帰りたいと思っていたんです。ほとんどの人がそうですよ。

兄が成人したときに、父がいってました。「土地は一坪もいらん、帰るから」と。

日本に執着はないんです。自分の家は両班[7]やと、こんなところで死ぬ人間やないんやと、母にはよくいってたそうです。プライド高くて、頭下げて暮らすような人間やない。

でも、帰るほどの状況は整っていないわけです。終戦で帰った人たちもいましたけど、帰ってまた日本に戻ってきた人たちも多いんです。だって向こうのほうがもっと貧しいから。

そういう人たちが博多や下関にはいっぱいおりますよ。どうして博多と下関に在日が多いかというと、そういうことです。一九四五年の枕崎台風[8]で犠牲になって小田山霊園に埋葬されたのもそういう人たちです。表に出ないだけで、ああいう事件はいっぱいあるんですよ。

うちは戦後、養豚をやっていました。一〇〇頭以上はおったね。世話が大変やから、季節労働者っていうんか、アルバイトの人たちがいました。闇でお酒も作ってたんで、羽振りはよかったんです。夕方になると炭鉱から上がってきた半裸の人たちがコップだけ持ってずらーっと並んでる。片手に角天《かくてん》って魚のすり身を揚げた

5　明治・大正の実業家、貝島太助《たすけ》によって現・福岡県宮若《みやわか》市に開かれた炭鉱。採掘開始は一八八五（明治十八）年。貝島は麻生、安田と並ぶ筑豊御三家の鉱業家となった。最盛期の作業員は一万人近く、家族を含めると二〜三万人がこの地に居住した。閉山は一九七六（昭和五十一）年。「産経新聞」二〇一六年四月五日など参照。

6　누구를 찾고 있습니까.

7　양반、読みは、ヤンバン。高麗・朝鮮時代の特権的な身分階層。

8　十字架の風景①、二五三ページ参照。

四角い天ぷら持って、酒をなみなみ注《つ》いでもらって飲むんですね。

うちの一番上の姉がかわいいんですよ。商売上手っていうんかな、みんなにどんどん酒を注いでいく。家の中はいつもお酒の匂いがしてましたね。

誰かに酒のことを密告されたみたいで、税務署が入ったことがありました。小学校入る前かな、流しの下の瓶をみんな持っていかれた光景を覚えていますね。

父はお酒飲まんやったら冗談ばっかりいうええ人なんやけど、酔っぱらうとだめですよ。外で飲んで帰ってきたら、靴音がしただけで、みんなさーっと退散してた。つかまったらストレス解消の相手させられるし、叩かれるしね。

お母さんは逃げんから、人質になる。このままやったらお父さんに殺されちゃうと思ったときもありました。包丁とかスパナとか、凶器になるような物はタオルにくるんで隠した。言葉にできんような苦労をしました。

それがね、私が十六歳のときに外で倒れて亡くなったんです。心臓麻痺です。まだ五十歳でした。友だちの家に行って上がり框《かまち》でバタンって倒れた。戸板に載せて家に帰ってきたんですけど、それを見て、このまま死んでくれたらいいって思いました。生き返ってほしくないとね。父がいなかったらどんだけ幸せやろうって思うぐらい暴力が激しかったから。

でもね、亡くなってよくいわれました。[9]金光さんは竹を割ったような性格やった、警察官みたいやった。こんな心がまっすぐな人はおらんかったって。正義感は強かったから、たくさん人を助けたんですよ。

洗礼を受けたのは、高校一年のときです。韓延洙先生のあとに来た、[10]崔昌華牧師が授けてくれました。私に一番大きな影響を与えた牧師です。厳しい人で甘えを許さない。子どもは中学班、高校班と分かれてたくさんいたんですけど、どんどん来なくなった。とうとう、教会の事務室に崔先生と一対一ですよ。

牧師が何をいうかというと、人間は一人から始まると。男も女も関係ない。神様に造られた人間として一人、神の前に立つんだと。これは叩き込まれました。一人を無視したらいけん。要するに人権です。隣人を愛せよ、ですよ。

隣人は隣人やけど、きれいごとじゃない。直球です。忖度は一切なし。外国人登録をするときに必要な指紋押捺を崔先生の娘が拒否したのをきっかけに[11]闘争が始まって、私は先生の横についてまわってたんですけど、すべてが闘いでした。弁護士費用がなかったら、自分で意見陳述やりますしね。人生を懸けて在日のために働いた。本物の牧師に出会ったと思いました。

迷いはすごくあったと思うんですよ。うしろから突き上げられるようなことばっかりやからね。そういうときに崔先生は必ず厳しい道を選ぶ。私とは距離が近かったから、ごはんを食べるとき、ぽろっといってたのを聞いたことがあるのね。

「あのね、貞子、何かとぶつかってさきが見えないとき、こんなときはイエス・キリストやったらどうするかを考えるんだ」って。

わあ、そこまで追い詰めるんかと思いましたよ。迷いに迷ったときは誰もそこにおらんのやな、イエス・キリストのみなんやなって。

9　当時の通名。

10　최창화、読みは、チォエチャンホア。一九三〇―一九九五。

11　崔牧師の長女でピアニストの崔善愛《ソンエ》が一九八六（昭和六十一）年にアメリカに留学する際、外国人登録法で定められた指紋押捺を拒否したため再入国が不許可、特別永住者の資格を失い、家族で裁判を闘う。一九九三（平成五）年、特別永住者の指紋押捺制度廃止。二〇〇〇年地位回復。二〇一二年、外国人登録法廃止。崔善愛『十字架のある風景』（二〇一五・いのちのことば社）、田中伸尚『行動する予言者　崔昌華』（二〇一四・岩波書店）参照。

でもそんなきれいごとばかりやなくて、ずるい面もありました。メディアをうまく使った。大事なときは必ず新聞社を呼んでカメラで撮らせるんです。ハンガーストライキの決起集会やったときなんか、みんなも食べんで付き合うわけですよ。それを撮影させる。

教会には戸を閉めたらわからんようになる隠れ部屋みたいなのが結構あってね、あるとき、崔先生がそこで弁当食べよるんですよ。

「ありゃあ、モクサニム[12]、弁当食べよるの、モクサニムいいんですか」っていったらね、私が倒れたらどうするんやといって、おいしそうに、ささーっと食べて何食わぬ顔で外に出ていく。倒れそうになるからハンストが効くんやないのって思いましたけど。この道は正しいんやと理解はしてたから、ついていきましたね。

そういう運動がしんどいと思うことはなかったけど、教会にはそうじゃない人もいる。私は外でも闘ったけど、教会の中の人たちとも闘いました。

だって彼らはもう、嫌なんです。きついんです。教会に来たら、やさしさが欲しいんですよ。慰められたいんです。ところが教会に来たら、もっと牧師に責められる。悪い仕事しちゃいかんとか、金商売しちゃいかんとか、厳しくいったんです。

在日は仕事がないから、金融とかパチンコとか風俗とか、ホテル業とか多いんですよ。でも牧師はそういう理に反することだけはしちゃいかんという。金融は世の中で一番悪い仕事やって説教でいってましたからね。二番目の兄は金融やってたんですけど、一回二回ならいいけど、一〇回聞いたらさすがに嫌になりますよ。二重性をもっちゃいかん、と人間の生き方を説くわけですからね。日雇いでもいい、肉体労働でもいい、額に汗して働けという。

なんやこの牧師は、となるわけです。うちは金光と名乗っていましたから、名前も二重になってるし、人の仕事をかすめて取ってこないかん立場におるわけやから、きれいごとはいえないんです。自分に嘘をつくな、自分を辱めるなというけど、そんなの完全に守れないですからね。信徒はだんだん教会に来なくなる。男の人はみんな来なくなってしまいました。

信徒が減り始めたのは、私が高校生ぐらいのときからかな。一九六八年二月に[13]金《キム》嬉老《ヒロ》事件があって、犯人説得に駆けつけた頃からモクサニムが運動を始めましたからね。常時七〜八〇人いたのが、二〜三〇人になってしまいました。残党だけ残ったんです。

二十八歳で離婚しました。元夫は兄の世話で同胞系の銀行で働いていたんですけど、早く儲けたいと自分で金融を始めた。そうしたらやくざにからまれて、人がよすぎたから全部持っていかれて、内臓までとられた感じやったんです。その上、やくざ関係の女性と逃げちゃった。

子ども二人抱えて喫茶店やってたんやけど、やくざがうちに来てからんでくるわけですよ。警察に事情を話してときどき巡回してもらってたけど、毎日怖かったですね。

商売は従業員雇って朝から晩までやし、子育てもあるし、ほんまにきつかった。日曜日は教会行くのが精一杯。教会の人たちは、ああ別れたんかって見下げる。そういう目で見るんですよ。あの当時、離婚は大変なことだったんです。

ものすごく祈りました。朝起きたらチンピラがうろうろしとるから、夜寝るときが一番ほっとする。今日も一日ありがとうございましたって感謝して祈る。真っ先に子どものことを祈りました。

神様は私の体を通して二人の子どもを与えてくれたけど、私には手に負えません。父親がいないから、どう

12 목사님、牧師様。
13 債権の取り立てをめぐって在日韓国人の金嬉老が暴力団幹部二名を射殺、旅館に立てこもり、テレビ中継で民族差別を告発した事件。

か私だけに預けないでください。私は食べさせます。でも、心はあなたが育ててください。あなたが最後まで責任もってくださいとね。もう直談判ですよ。

布団に入る瞬間、一番ほっとできました。そんな毎日を過ごしていたからか、その頃から信仰が本物になった。私をまともに見てくれるのはイエス様しかいないと思ったんです。

その頃からモクサニムの指紋押捺拒否闘争が始まって、そばで見てたんですけど、モクサニムの生き方は、牧師とイエスの関係だけです。人がいない。それは私にとって模範的に見えました。足引っ張られたり、陰口叩かれたりするけど、そんなことは意識しなくていい。みんな捨てていい。私の行く道を支えてくれるイエス様がおるんだとね。

真剣に祈ってたら、私を向こうからじーっと見てくれているイエス様を感じるんですよ。だから聖書のみ言葉も、水に落としたインクがぱーっと広がるように、自分の中に入ってきました。私の苦しみを知ってくれてるのは、きょうだいでもない、この方だけだと。避けどころのない苦労をしたときに私を引っ張ってくれたのは、人間じゃなかった。

今もそうです。その人の中におられる神様がその人を教育するんです。おかしいと思うことはいっぱいある。でも最後は、神様、あなたがあの人を引っ張ってくださいと思えるから、赦しではないけど、その人のことを受け入れられるようになる。私は神様との関係の中で答えを出すしかないんです。

息子はいろんな迷いを経て、今は牧師をやっています。牧師というのは信徒との関係でいろいろある。最悪なこともある。だから、牧師病にかかったらいかんよといってます。

牧師病っていうのは、神様と人とのあいだに自分がおると思うこと。神様の前ではみーんな一緒。あんたが特別やないと。中にはとんでもない人がおるかもしれんけど、それは神様があんたのためにあてがった人かもしれんし、それはそれで受け入れなさい。受け入れんでも認めなさい。そうしないと相手もあんたを認めないからって。反発しながらも聞いてくれます。

牧師は逃げ場がないから、うつ病にもなるんですよ。一番きついところを担わされますからね。イエスにすべてを委ねたけど、限界を感じるんでしょうね。

私、よくいうんです。クリスチャンが一番悪いかもわからんて。普通の人たちは一生懸命生きる中で正しさを探してるけど、クリスチャンは最初から自分が正しいと思って、そういう目で人を見るからね。人を見下げる傾向が強い。社会で一生懸命闘ってる人で、これぞクリスチャンって方のほうがいっぱいいますよ。

五十歳になったとき、韓国の公州《コンジュ》大学校に三か月留学しました。母には八十二歳まで付き合いましたけど、お父さんは五十歳で亡くなったから、お父さんが死んだ年齢になって、無性にお父さんに会いたくなったんです。あの頃の苦労はなんやったんやろ、母は川に飛び込んで自殺未遂しましたけど、なんであんな苦労してたんやろ、何があそこまでお父さんを追い込んだんやろうって。

知らんことといっぱいあったし、言葉も学びたいし、お父さんのふるさとを見たいってすごく思ったんですね。だって、私の中にお父さんの性格がいっぱいあるから。曲がったこと嫌いやし、ちょっとおかしいと思ったら黙っておられへんし。このままでは忘れ物したみたいな、このままでは死にたくないなって思ってね、それで留学することにしたんです。

学校を一日休んで、知り合いの車でお父さんのふるさとを探しに行きました。論山市《ノンサンシ》恩津面城坪里《オンジンミヨンソンピョンリ》三七番地と聞いていたんで、そこに行ったら、三七番地がたくさんあるんです。町役場で訊ねたら、今は分割されたけど、昔はとっても大きな地主の家やったというんです。

町の長老に聞いたら、お父さんの弟と一緒によく遊びよった、お兄さんは日本に行ったからわからんと話してくれましてね。それを聞いて、なんか、ぬくーいものが込み上げてきた。

いちご農園のビニールハウスが並んだ、のどかなところなんです。じーっとあたりを眺めてたら、若いときのお父さんとお母さんの姿が目に浮かぶようでね。ああ、のびのびといい暮らしをしよったんやなって思ったら、なんか、すごく嬉しかった。

それで吹っ切れたんです。ああ、幸せやったんやって。出自がわからん、どこの馬の骨かわからんってところがあったんやけど、れっきとした韓国の民族の中で育った人たちやったんやなって、すごく自信がもてた。ぼやーっとしたものに答えが出せたんです。

市場に行ったら、しわがれたおばあちゃんが、畑で収穫した野菜で作ったナムルとか売ってるのね。お腹がすいたんで、おいしいところ教えてくださいっていったら、おばあちゃんが私を連れて歩いてくれた。情が厚いのね。お金とか物ではない幸せを感じました。

[14]チュソクっていう秋祭りの時期で、夕方になったら太鼓や鐘の音がして、おじいさんの、うーんうーんってしわがれ声が聞こえるんですよ。ああ、自分の文化はこれやなあって思いました。

小さい頃から、村祭りとかあっても、絶対に行くなっていわれていたんです。モクサニムなんか、小倉の祇園祭にも絶対に行かせてくれなかった。だから近所の人と遊んだ経験もない。友だちがいないんです、在日っていうのは本当に心を許せる友だちがいないんです。

私、小倉西高で二人目の在日の女子生徒なんです。国籍条項があってどんなに優秀でも小倉高校には入れなかったけど、西高には入れた。暗い生徒やったけど、西高は大好きです。

六十歳になったときに還暦同窓会があって出かけてみました。みんなの前でマイク持って、「今日は自分のことを話します、私は在日です、名前は金貞子、みなさんには金光と名乗ってたけど、カミングアウトします」といったんです。

そうしたらみんな、とくに男の人たちがえらい評価してくれてね。もっと話聞かせてくれってね。日本と韓国には慰安婦問題とかいろいろあるけど、勉強したいって。

それからは月に一回、食事会をして、自然に話ができるようになったんです。やっとみんなと友だちになれたという感じです。

日本で生まれて、日本で育って、日本で死ぬわけやからね。慰安婦問題にしても、天皇制にしても、わかり合うには限界みたいなのはあるけど、意見を交わして乗り越えないといけないっていう気持ちはある。いわないと知らないし、通じないから。信仰の問題もそこにあると、私は思うんです。

2018/3/18

14　추석、秋夕。

在日の子どもは日本の子どもより、早く大人になっていく。子ども心を奪われるんです。

朱《チュ》 文洪《ムンホン》
一九五五年生
在日大韓基督教会小倉教会牧師
福岡県

日本に来たのは一九八三年、小倉教会に来てもう二十二年になります。私が在日新一世で、妻は二世の特別永住者、子どもたちは二・五世、妻から見たら三世だね。

最初に招聘されたときは、私はとても前任者[1]の真似はできないし、その能力もないといったんです。すると役員がいうには、いや、そんなことはしなくていい。しないでほしいというわけです。本当のところ、前任者の方針にうんざりしてるところもあるんだと。

前任者がされたのは大事なことです。指紋押捺拒否闘争のときは、教会員にも在日の若者たちにもエネルギーがあって訴える力もあった。反発はあるけど、まわりも聞く耳を持った。

ただ時代は変わっていくから、教会も変わらないといけない。牧師や教会員がどんな使命をもつかで教会の方向性も変わります。過酷な炭鉱労働をしていた頃は、一週間働いて日曜日に教会でごはん食べたり情報交換したり、もちろん喧嘩しながらも自分の国の言葉で話ができた。教会は、在日の人たちになくてはならない居場所でした。

でも最近は違う。日本の教会と同じで、若者は就職するとなると大都会に行ってしまうんです。高校を卒業したら、もう帰ってきません。世代が違うと文化的なものも違って、今の在日の若者たちは社会に対しても教会に対しても考え方が違うんですね。

人権や社会問題で連帯するところより、霊的な体験を強調する教会に行きやすい。資本主義の洗礼を受けて、拡張が主の恵みだと、とんでもない信仰理解をしているところもあります。

若くして自殺する在日の比率は高いです。在日の子どもは日本の子どもより、早く大人になっていく。五～六歳の天真爛漫《らんまん》な頃に、なんか自分が友だちと違うなと気づいて、言葉にはならないけどまわりの状況を感じ取る。子ども心を奪われるんです。それが自己否定につながって、学校でも社会でも重荷になっていく。よい人との出会いでだんだん解放されて強くなっていくんだけど、出会いに恵まれていない人は閉じこもってしまう。痛みと闇の中で精神的なバランスを崩していく。引きこもりになる人もいれば、暴力に向かってしまう人もいる。才能を発揮して尊敬される人もいれば、落ちていく人もいる。いろんな人がいるんです。

心が痛むのは、勉強がずば抜けてできなくても、才能がなくても、普通に生きていくことが許されないことなんですね。何かできたらそこに居場所を見つけて生きられるんだけど、そういうことができない人の居場所がない。

在日は親族関係のつながりが強いといわれます。確かに家族単位の結束力は強いけど、親族関係は乏しい。村もないし、知り合いもいないし、ふるさともない。親きょうだいがいれば幸いだけど、そうじゃなければ浮いた状態で頼るところもない。基盤が弱いんです。

親が二等市民みたいな暮らしの中で生きてきたから、子どもも影響を受ける。子ども時代を奪われて、子ども心がないから、自分が自分を癒すところがないんです。

1　崔昌華牧師、六二三ページ参照。

教会が大事なのは、肉親とか村、社会、国、民族を超える対象が語られる場所だということです。自分の存在をまるごと受け入れてくださる絶対者の存在を受け入れることで、自分自身を回復できる。それが大事な福音だと思うんです。

ひとたび社会に戻れば厳しい現実が待っています。だからこそ、現実と理想のギャップが祈りになっていく。聖書に詩篇がありますが、あれは、ほとんど訴えです。きれいな言葉は少なくて、不満の言葉ばかり。敵を滅ぼしてくださいとか、呪いの言葉をものすごく発しています。祈りというときれいなイメージがあるけど、心底から湧き上がる怒りも祈りに含まれています。それを訴える対象があることが大事なんですね。

はけ口ということじゃないです。言葉にすること、出すことで、自分の気持ちが疼《うず》くわけです。それを聞いてくださる対象がいるということが助けになる。乗り越えたら穏やかになって元気も出てくるし、極端なところへは走らない。道が整えられるのかなと思います。

両親は二人とも、現在の北朝鮮の咸鏡南道[2]の生まれです。父は北清、母は港に近い咸興の出身です。クリスチャンになったのは、父方の祖母の影響です。祖父は満洲の北間島の中学校に留学して、卒業後は小学校の教員になりました。ところが教員になって十七日目に病気で突然亡くなってしまった。父が三歳のときです。

再婚は考えられない時代です。憐れんだ町の宣教師が祖母に神学校の教育を授けて、それがきっかけで祖母は伝道師として働くようになりました。

両親のなれそめはあまり聞いていませんが、父が書き残した手記によると、郷里の教会学校で教師をしていた母を、教会奉仕できるお嬢さんがいるよと紹介されたようですね。結婚したのは、一九四一年十月十日です。

父は志願して北清で警察官をしていました。まだ占領下で、みんな日本臣民と呼ばれていた時代です。父の伯父は三・一独立運動[3]に参加して服役したことがある人ですが、祖母も父もそういうことはしなかった。日本名をもって、日本の教育を受けて、警察官になった。それしか生きる道がなかったんだと思います。戦争が終わって解放されたあと、北は社会主義政権になって、警察官は植民地時代に協力した親日派というレッテルを貼られたために粛清の対象になりました。父は人望があったためか郷里でひどい目に遭ったわけではないですが、まず父親がさきに南に行って、そのあと母親と子どもたち、祖母という順番で三回に分けて北を出てソウルで合流しました。

朝鮮戦争が起こる前ですからまだ壁はありませんでしたが、危険なので夜間に移動したようです。朝鮮戦争中、父は戦闘警察官として働きました。

私が生まれたのは休戦して二年後の一九五五年です。父は消防士になって慶尚南道[4]の馬山に転勤したのですが、そこで七人きょうだいの五番目として生まれました。

祖母のいたホーリネス系の教会で幼児洗礼を受けました。ここは北から逃げてきた避難民が多い教会で、熱心なクリスチャンばかりでした。平壌は東洋のエルサレムといわれるぐらい、キリスト教が盛んな土地でした。中国も近いので文明は先進的で勉強もよくするし、視野も広い。そういう北の目覚めた人たちが、農業地帯で経済面では遅れていた南にやって来て、事業をしたり、病院を開いたりして、開拓者のごとく広がっていったのです。

最初の頃は天幕伝道といって、テントを張って各地を開拓伝道して歩いて、二〜三年して会堂を建てる。さ

2　咸鏡南道　함경남도、ハンギョムナムド。北清　북청、プッチョン。咸興　함흥、ハムフン。北間島　북간도、プッカンド。
3　一九一九年三月一日、日本支配からの解放と独立を望む朝鮮民族の反日独立運動。全国に波及したが日本軍と政府が鎮圧。
4　慶尚南道　경상남도、キョンサンナムド。馬山　마산、マサン。

らに広げて増築していく。本当に伝道熱心な人たちでした。南北で家族が離ればなれになったし、戦争でたくさん死んだ。いろんな想いを抱えながら、行く場もない民衆が教会に集まったのです。データを見ても、クリスチャンが急増するのは朝鮮戦争のあとなので、私の記憶と重なります。

聖書の物語は、人間性を回復してくれる働きがあります。否定されてきた民族が、あなたの生まれた国も民族も大事だ、神が選んだ人々だというビジョンを示される。復活というのは、希望を失った人にとっては一筋の光だったんじゃないかと、私は思います。

福祉も充実していない時代ですから、教会に来たら食いつなげるというか、就職の情報交換もできた。コミュニティセンターみたいなところです。私はそんな風景を小さい頃からつぶさに見てきました。

中学生になってからは友だちのいるソウルの長老派教会に通うようになって、高校一年で堅信礼を受けました。自然な流れだったと思います。

親には子どもを大学まで世話する経済力はありませんでした。商業高校を卒業してから、建設会社で経理の仕事をしていました。ところが、給料をもらっても嬉しくない。自分に合わない気がして、これでいいのかと牧師に相談したら神学校を薦められて、夜間の神学校に通うようになりました。昼耕夜誦《ちゅうこうやしょう》の道が与えられて、本当によかったと思いました。

その翌年、兵役で軍隊に入りました。訓練は過酷でした。夜になると、「あなた、神学校に行ってるなら、寝る前にお祈りしなさい」と上の人に命令されたので、祈りました。そうしたら一緒にいた同僚たちの心をつかんだみたいで、みんな泣き出すんです。

私がうまかったわけではないですよ。みんな親元を離れて苦労していましたから、慰められたのでしょう。何があっても神は私を愛してくださる、隣の人も愛してくださる。そうすれば仲良くできる。一人ひとり大切な人間であることを実感することができたのです。

軍隊生活を終えると、奨学金をいただきながら伝道師として教会の青年部や幼年部を担当しました。するとある日、校長先生に、「あなた、日本に留学して伝道する気はあるか」と聞かれました。在日大韓基督教会神戸教会の牧師が病気がちで、後任を探しているというお話でした。海外に行く夢はあったので、行ってみたいと答えました。両親は日本語ができましたけど、家では内緒話のときしか使わなかったので、子どもはしゃべれません。ビザが下りるのを待ちながら、延世《ヨンセ》大学校の日本語センターに通いました。

日本には、長老会教団の海外宣教師という枠で按手を受けて渡りました。神戸の神学校寮で宿泊し、神戸教会で奉仕して一年過ぎた頃に今の連れ合いを紹介されました。彼女も父親が一世の牧師でずいぶん苦労した人です。独り身だったし、善は急げということで、見合いして三か月後には結婚しました。

日本に来て初めて、両親の暮らしは日本文化そのものだったと気がつきました。とくに父親は時間の概念とか掃除とか生活習慣がきっちりしている。コリアンタイムといって約束の時間を守らないことがよくあるんですけど、父は違った。

韓国で特別に反日教育を受けたという想いはないんです。歴史の近現代史と国語の時間に三・一独立宣言文を学び、詩人の尹東柱[5]の詩を学習するので植民地の歴史と実態は勉強しました。

でも、いざ日本に来て一般の日本人と知り合うと、認識のずれが生じました。日本の一般国民も、徴兵や空

5 尹東柱 윤동주、ユンドンジュ。旧満洲北間島生まれ。一九四二（昭和十七）年に日本に留学し、立教大学と同志社大学で学ぶが、同志社大学在学中に朝鮮の独立運動に関与したという疑いで投獄。一九四五（昭和二十）年二月、福岡刑務所で二十七歳の若さで獄死した。韓国の国民的詩人で、日本にも多くの読者がいる。一九一七―一九四五。

襲や原爆の被害者として苦しんでいたことを知りました。大日本帝国の政権の権力者に対する怒りと国民を区別するようになって、日韓の歴史について勉強して、自分なりにいろいろ考えるようになりました。

自分が在日になってみて初めて、韓国社会でも台湾人や心身障害者や女性に対する差別がはびこっていることに気づかされました。反省というか、恥ずかしい想いをしました。

次に呼ばれたのは、愛媛県新居浜にある開拓されたばかりの在日大韓基督教会でした。慶尚南道には「韓国の広島」といわれる陜川[6]という町があって、広島で被爆して帰国した人たちが多いところですが、戦前から別子銅山の近くに集団移住した在日の人たちがいるんです。お年を召した方が多くて、日本社会とは完全に孤立して自分たちの伝統をそのまま守って生活していました。

礼拝には一人か二人ぐらいしか来なくて、あとはうちの家族だけということが結構あったんですが、ここで神戸にいるときはわからなかった在日の苦難の歴史を知りました。

彼らは本国からも捨てられて忘れられて、戦前は日本国籍をもっていたのにサンフランシスコ講和条約で剝[7]奪されて、日本では普通に就職できないし、地域住民としても記載されない。ほとんどが自営業です。矛盾に満ちた存在なんです。

日本基督教団の教会と宣教協約を結んで勉強会をしました。そこで在日の歴史を知って、こういう人たちのために教会があると見え始めた。在日のことは妻にも教えられました。

次に呼ばれて行ったのは、岐阜県の長良《ながら》川のほとりにある在日の教会でした。在日二世が中心の教会で、ほかにも候補地はありましたが、私が在日色の濃いところに興味があったのでそこに行きたかったんです。ところが、四〇人ぐらいの小さな共同体なのに、三つ四つに分かれていがみ合っていた。みんな小さい頃から傷を背負っていますから、寛容の想いで赦すことがむずかしいんです。

あるとき、休暇をいただいて二週間ほど韓国に里帰りしたことがあったんですが、帰ってきて報告をかねて説教でふれたら、夜中に信徒から電話がかかってきました。声を聞いたら酔っていて、「おまえ、そんなふるさとが好きだったら、帰れー」って。

びっくりしました。神学校では信徒とトラブルが発生するのには原因があるからよく考えなさいと教わっていたので、なぜあんなことをいわれたのか考え、悩みました。

あとでわかったことには、その人の父親は下関から苦労して苦労して各地を転々として、北海道まで行って働いていたんですね。

戦前の在日一世は労働のために日本に来たから、自分のアイデンティティがあります。いつか国に帰る。それが精神的なバネになっているから強いです。喧嘩もよくします。

二世になるとそれがない。歴史もわからない。韓国語も学んでない。自分の国は否定されるもの、恥ずかしいものとしてある。本人のせいじゃないですよ。日韓関係の不幸な歴史が生み出した人たちなんです。

牧師は、はけ口の対象になるわけです。教会は本能をむき出しにするところなんです。これは在日の背景を知らないとたまらないですよ。務まらない。だから、在日の教会では韓国から派遣されてもうまくいかなくて、アメリカや他国に渡った牧師もいるんです。

そういう人たちをどうやって癒すのか。方法はありません。主のみ言葉と祈りを通して、礼拝と交わりの中で自己を肯定し、自尊心を回復していくしかない。それが教会の働きなのかなと思うわけです。

6　陜川　합천、ハプチョン。

7　一九五二（昭和二十七）年のサンフランシスコ講和条約発効に伴って在日コリアンは日本国籍を失い、外国人登録法の適用を受けることに。一九六五（昭和四十）年の日韓法的地位協定によって韓国籍に切り替える者には永住権（協定永住権）を認め、一九九一（平成三）年に協定永住権三代目以降の永住権については日韓外相で覚書が交わされ特別永住者が設定された。協定永住権から排除されていた朝鮮籍者も特別永住者となり、在日コリアンの在留資格は一本化された。人権情報ネットワーク「ふらっと」公式ＨＰ参照。

そんなことで、私が私なりに在日について考えていることを聞いた総会の総幹事が小倉教会に推薦したと聞きました。崔先生が亡くなったのが一九九五年二月八日で、翌年五月、私がここに来ました。

洗礼を受けた信徒は六〇人、礼拝に出席するのはその半分ぐらいでしょうか。寝たきりだったり施設に入っていたりで、一人で来られない人もいます。

自殺する人が多いとお話ししましたけど、昨年十二月にも一人の女性が、マンションの一二階から飛び下りて亡くなりました。在日二世でまだ五十代の方でしたが、教会員ではないのに秋になると牧師館の前にお米を寄付してくれていたんです。ふだん付き合いがなかったのであとになって知りましたが、うつで苦しんでいたようです。残念でたまりませんでした。

彼女と同じ朝鮮学校の後輩がそのあと教会に来ましたが、彼女もうつで精神科に通っていた。通っても治らなくて、お医者さんはあなたの状況はちょっと手に負えない、あまりに複雑なので教会の牧師さんのほうに行くのがいいかもしれないと最後にいわれたそうです。

なんのために医者がいるのかと彼女は怒っていましたけど、先輩があんなことになって、自分も同じことをするんじゃないかと怖くなって教会に来たといってました。今は礼拝には来ていませんが、個人的なつながりはあります。ときどき、牧師夫婦を家に招いてごちそうしてくれます。そういう関係性を大事にしていきたい。

多かれ少なかれ、みんな苦しみはある。だけど教会は一緒に苦しむことができる。教会に入らなくても、言葉にならない祈りが、みんなある。悩む人たちはたくさんいます。

だけど、人はね、生きるべきです。生きるべきやね。どういうかたちであろうとね。

2018/3/18,2019/2/15

政治

第九章
政治と信仰

ペレストロイカのあと、うちの学校にアメリカからプロテスタントの宣教団がやって来たんです。カルチャーショックを受けました。

ユーリ・トロイツキー
一九七六年生
日本正教会東京復活大聖堂
東京都

生まれは、モスクワに近いカリーニングラード、現在のコロリョフ市です。コロリョフというのはユーリイ・ガガーリンの時代にロケットを開発した有名な技術者の名前で、ここには研究所や宇宙飛行士のトレーニングセンターがあります。

母は弁護士になる前にこのトレーニングセンターで法律関係の業務をやっていて、私も子どもの頃に連れていってもらったことがありました。セキュリティが厳しいので普通はなかなか入れないのですが、関係者ということで入らせてもらったんです。

宇宙飛行士が歩いているし、ロケットの一部が置いてあったりして、子どものときにそれを見ちゃうと、やっぱり憧れますよね。ロシアで男の子だったら、誰でも一度は宇宙飛行士になりたいと思うでしょう。

住まいは国営の団地で、父は亡くなりましたが、母は今もそこに一人で住んでいます。ソビエト連邦時代にプライベートで所有していた土地や建物は全部、国に没収されたのですが、お金持ちから奪った立派な屋敷には革命関係者の家族をどんどん入れたんですね。ロシア語でコムナルカ、コミュニティアパートメントという意味ですが、三~四家族が同じ家に住んでキッチンやトイレは共用。シェアハウスみたいなものです。

そのあとどんどん近代的な大規模団地ができた。まったく同じような建物が、一〇棟、二〇棟、ポンポンポンと建っていて、私の実家もそんな団地です。

両親は子どものときに洗礼は受けていました。父は一九三五年、母は一九三八年の生まれで、うちの親と同世代の人はほとんど同じだと思いますが、祖父母の世代がみんな正教徒ですから、子どもには洗礼を受けさせているんです。

母の話では、五～六歳の頃に馬車で全然知らないちっちゃな村に連れていかれて、暗い教会で洗礼を受けたそうです。父もだいたい同じです。共産党にばれないように、幼児洗礼を受けさせる習慣はあったんです。ソ連では都会に住んでいる以上、みんな公務員で、両親の両親も公務員でしたから、子どもに洗礼を受けさせたことがばれると共産党から批判されて脱退させられます。田舎だと農業で生きることができますけど、都会では共産党から離れたら生きていけません。だから、誰にもわからないように内緒でやっていたんですね。父は内務省の刑事で、結構えらいポジションにいましたし、母は裁判官から弁護士になった人でしたから、教会に行ったことがばれたら確実にクビになっていたと思います。だからクリスチャンではあるけれど、教会生活は送っていません。聖書もあまり読んでいなかった。そういう人が圧倒的だと思います。

第二次世界大戦の前、スターリンの時代の迫害が一番ひどくて、宗教は国民の敵とみなされていましたから、数百人いた司教さんや司祭たちは、グラグという強制労働収容所で働かされました。この時代に多くの司祭が命を落としています。正教会では新致命者と呼んで、彼らを記憶する主日《しゅじつ》[1]があります。カトリックでいう殉教者のことです。

1　キリスト教で日曜日を指す。

聖堂も九割近くが機能していなくて、機能しているところにはＫＧＢ（ソ連国家保安委員会）が入り込んで完全にコントロールしていました。復活祭に出席した信者たちの名前を書いて提出しないといけなかったですし、それを断ると教会にはいられなくなった。国と妥協した教会だけがわずかに存在していました。

状況が変わってきたのは、ゴルバチョフ大統領のペレストロイカが始まった一九八六年頃からです。共産党はまだ強い力をもっていましたけど、コントロールはなくなって、自由に教会に行けるようになりました。

私が高校生のときにはもう、モスクワの聖堂で行われた復活祭がテレビで中継されていました。初めて見たときはかなり感動しましたね。十五歳上の兄の長男がお腹の筋腫の手術をするというので、その前に一緒に洗礼を受けようといって、二人でモスクワの聖ピエトロ・パウエル聖堂で洗礼を受けました。十四歳でした。

洗礼までのプロセスをお話ししないといけないですね。たまたま私は英語が好きで、よくできました。英語が強い学校だったこともあって、小学生の頃から勉強していました。

ペレストロイカのあと、宗教が自由になったタイミングでアメリカからプロテスタントの宣教師がたくさんロシアに入ってきて、一九八八年だったか、うちの学校にも[2]ジョシュ・マクドウェル・ミニストリーという宣教団がバスでやって来たんです。宣教師だけではなく、中学生からおじいちゃんおばあちゃんまで、三〜四〇人の信者さんのグループでした。

私たちはアメリカ人なんて今まで見たことがないですから、アメリカ人が英語で話していることや、カメラを持ってるとか、スニーカーやジーンズを履いているのを見て、かなりカルチャーショックを受けました。

彼らはロシア語ができないので、通訳を探しているという話になったときに、ユーリは結構英語ができるじゃないか、ちょっと手伝ってくれないかといわれたんですね。私はネイティブスピーカーとコミュニケーションをとれるなんて最高だと思って、英語の練習のつもりでお手伝いを始めました。彼らが訪問する学校や幼児施設や刑務所で通訳をしたり、勉強会の通訳をしたりするうちに、おそろいのかっこいいジャンパーももらって、だんだんチームメンバーとして認められるようになっていきました。

聖書なんか読んだことなかったですし、教会にも行ったことがなくて、正直、キリスト教について何も知らない状態でした。そんな自分にも、彼らのメッセージはとてもシンプルでわかりやすかった。アメリカ人は神学のむずかしい話はしません。シンプルに、神は愛である、私たちを愛してくださっていて、そのために救世主が送られてきた、と語ります。イエス・キリストは神の子であり、救い主であるということ。キリストを信じるのが大事だということ。あとは、ヨハネの福音書のロシア語版だけ配っていた記憶があります。

ジョシュ・マクドウェルが書いた『More Than a Carpenter』[3]という本も読みました。

ソ連では無神論の教育を受けていますから、そもそもイエス・キリストの存在は嘘だと教えられています。聖書の内容も神話にすぎない。福音書にある人間も存在しないし、奇跡もみんな作り話。ギリシャ神話とユダヤ人のいろんな神話を混ぜたフィクションで、文明人が信じるものではない、という認識です。ところがこの本には、神話ではなく、考古学や歴史学的に検証したキリストについて書かれてあって、ああ、そうなのか、という気づきがありました。今もとても好きな本です。

イエス・キリストは神の子だといっても、ロシア人はまず信じませんよ。そんなくだらない話を聞かされて

2　ジョシュ・マクドウェルは一九三九年、アメリカ・ミシガン州生まれの伝道者。一九六一年にキャンパス・クルセード・フォー・クライストに参加、世界の若者に真実と愛を伝えるためにジョシュ・マクドウェル・ミニストリーを創設。一九九一年にはロシアや旧ソ連諸国の孤児院や病院、学校、刑務所をまわり、人道援助を行う組織、オペレーション・ケアリフトを創設。食料品や学用品、衛生用品、おもちゃなどを送った。この功績によりロシア医学アカデミーから名誉博士号を授与された唯一の非ロシア人。ミニストリー公式HP。

3　『キリストは神か偽善者か?』山口 昇訳（二〇〇五・いのちのことば社）。

も、時間がないからもういいよと反論します。通訳していると、なんかこう、挟まれている感じなんですね。アメリカ人がいっていることもそんなに抵抗はないけれど、ロシア人のいう疑問もわかる。あいだに挟まれて宙ぶらりんになった感じでした。

ただ、私はもともと神の存在を感じたことはあったので、どんどん信仰は深まっていきました。彼らのメッセージは、べつにプロテスタントになりましょうということではなかったので、当時、少しずつ開放され始めた正教会で洗礼を受けたわけです。

神を信じるといっても、ある日突然、悟ったというわけではないです。いろんなことを迷って、じわじわと信仰していったという感じでしょうか。

ただ一つ、強い刺激として記憶に残っているのは、アメリカ人の信仰の強さと熱心さです。神学者でもなんでもない、アメリカの田舎から来た普通の人たち、それこそカーペンター（大工）たちです。忠実で、祈りを大事にして、お酒も飲まない。そんな彼らが、毎日神に祈っている。

私はそれまで、自分のことをわりと高く評価しながら生きてきたのですが、彼らの姿を見て、こんな罪深い自分でいいのかと思ったんです。罪深いというのは、弱いということです。するべきじゃないことをしてしまう、自分をコントロールできない弱さです。誘惑に勝てない。欲望に支配されている。コア、芯がない。自分には何もない。でも、彼らにはコアがある。すごくかっこいいなあと思いました。

今は政教分離があるので宣教団は学校に入れないのですが、当時は混沌《こんとん》としていたので、私と同じように伝道者の通訳をするうちに信仰が強くなって、洗礼を受けた人はたくさんいました。それから何よりも、洗礼は受けていたけど表だって信仰はできなかった両親の世代の人たちが教会に行き始めました。あの頃、正教会の信徒が一気に増えたんですよ。

ソ連が崩壊した一九九一年、ソ連からロシアに一気に変わったわけじゃないんです。私は十五歳でしたが、あの十年、十五年は本当にドラマチックでカオスでした。新興宗教もいろいろ入ってきました。オウム真理教もいました。オウムのテレビ番組がありましたし、超能力者が水に何かをチャージしてマジックウォーターにするなんて番組もありました。

正教会は圧迫された状態から急に自由になったので、修道院もまだ完全に返還されていないですし、まだまだ弱かったです。私自身が本格的な教会生活を送るようになったのは、じつは日本に来てからです。

日本に来たのは、兄の影響が大きいですね。兄はモスクワ国立大学附属アジア・アフリカ諸国大学経済学部の中国語学科を卒業して、国営の商社で北京に長く駐在していました。

私はアジアをとても神秘的に思っていたので自分も行きたくなって、夏休みに北京の外国語大学にある外国人のための中国語講座に通ったんです。大学も兄と同じところに行こうとしました。ところが中国語の希望者はすごい人数で、日本語学科を選んだわけです。

アジアについて勉強したかったんです。ヨーロッパの文化は近いですから、ある程度勉強していました。でも、アジアは全然知らない。仏教も知らないし、文化も歴史も知らない。

私の世代はみんな同じだと思いますが、黒澤明監督が好きでした。とくに「夢」ですね。神秘的で謎に包まれている。シベリアを舞台にした「デルス・ウザーラ」は、私の親が親しい歴史考古学者が文化面のコンサルタントとして撮影にかかわっていて、家の玄関に黒澤監督と並んだ写真が飾ってありました。

深夜にテレビをつけると日本映画を放送していることが多くて、北野武監督の作品もロシアではすごく人気がありました。日本に行くのは、ロシアの学生の夢でした。

ただ、当時はプライベートで旅行に行くお金はないですから、留学プログラムに選ばれるしかない。トップテンの成績をとらないといけないから、みんな必死に勉強しました。

最初に日本に行ったのは、日本青年会議所のプログラムでした。モスクワ大学の経済学部と特別の交流があって、短期留学できたんです。一九九五年と九六年の二回、そのプログラムで留学しました。

一回目は関東、二回目は広島と九州でした。不動産屋や老人ホーム、広島にあるマツダの工場も見学させてもらいました。至れり尽くせりの、スーパー接待旅行ですよ。銀座の高級料理店や会員制バーでお酒も飲みましたし、群馬の日本旅館にも泊まりました。二十歳のロシアの若者が丁重にアテンドされて、もう夢のようでした。

正式に留学したのは一九九七年で、こちらは見事な貧乏暮らしでした。モスクワ大学と東海大学の交換留学で、神奈川県の平塚《ひらつか》に十か月住みました。東海大学を創立した松前重義《まつまえしげよし》先生は社会主義系の先生で、ソ連時代から交流があって、モスクワ大学には松前先生の寄付でできた松前記念スタジアムもあるんです。

いったんモスクワ大学に帰って卒業してから、今度は早稲田大学商学部の大学院に一年半、留学しました。この頃には、日本とロシアをつなぐ仕事をしようと思っていたんです。

オファーは日本の商社からいろいろありました。ただ、ほとんどが現地採用です。ロシアの経済はあまりよくないですから、給料は日本に比べてよくありません。その頃、同じ寮に住んでいたアメリカ人の友だちに紹介されて日光ケミカルズのアルバイトに行っていたのですが、資料の翻訳をやったり、海外のメールやファックスに応対したりするうちに、普通に営業マンみたいに働くようになっていました。

しかも、そこでちょっと素敵な人、今の私の奥さん[4]に出会ってしまったんですね。私は彼女のアシスタントとして働いていたんです。ロシアには帰ろうと思ったらいつでも帰れるから、せっかくのチャンスだから日本で働こうと、そのまま正社員になりました。

そもそも日本に正教会があるということも知らなかったので、最初に横浜ハリストス正教会に行ったときは本当にびっくりしました。東京に引っ越してからは、お茶の水のニコライ堂に通うようになりました。神父様にも信徒のみなさんにも、本当にやさしくしていただきました。私は、日本に正教を伝えた聖ニコライのことも知らなかったんです。

日本人の宗教心には本当に驚きました。西洋人は、宗教は一つです。キリスト教ならキリスト教、イスラム教ならイスラム教です。

ところが日本人は仏教も神道も、ときどきキリスト教も混ざっている。葬式は仏教、子どもが生まれたらお宮参り、結婚は教会。死んだら、本人が拝まれる対象になる。

ニコライ堂で妻が拝観のお手伝いをしているのですが、見学に来られる日本人のみなさんはクリスチャンじゃないのに、ニコライのイコンの前では拝むんですよ。そのへんの、宗教に対するフレキシビリティ、ダイバーシティは非常にユニークですね。

日本人は若い人たちも含めて、昔から伝わっている習慣や伝統に忠実だと思います。私にはそれが、ユダヤ人と似ていると感じられます。宗教と民族性が混ざっていて分けられない。不可分の関係にあるということです。ユダヤ人だったらユダヤ教徒、ユダヤ人だけどクリスチャンって人はいないです。だったら、ユダヤ人じゃないじゃん、でしょ。いい悪いじゃなくて、民族性と宗教が深くつながっている。日本人もそうですよ。

これは伝教者の立場からいえば、宣教がむずかしいということです。だから私が日本で宣教するときは、キリスト教はヨーロッパじゃなくてアジアの宗教だよ、という入り方をします。日本人はすぐ、あれは西洋の宗教だから関係ないって話になるので、いやそうじゃない、キリスト教が生まれたパレスチナはアジアですと強

4　鈴木裕子、九一五ページ。

調します。なんとか壁を乗り越えたい。ええ、やっぱり壁があるんです。

神社に行って、みんなが絵馬に何を書いているのかを見るのが私の趣味なんですけど、そういう現世利益のような願いは正教会でもあります。ろうそくを買って燭台《しょくだい》に立てて、神様お願いしますって祈りますよ。でも、そういう祈りとは違う、神様に一方的にお願いするのとは違う祈りもあります。神とのコミュニケーションです。祈りは一方的ではなくて、必ず神様が答えてくださるもの。恩寵が返ってくる。それがキリスト教の基本です。

偉大な聖人たちというのは、神様とのコミュニケーションを究めて、ちょっと表現がむずかしいのですが、天使のような存在になれた人たちです。私たちもそれを目指していますが、誰にでもできることではないですね。やっぱり人間には弱さがあるから。

私自身も誘惑に負けないとはいえませんが、完璧とはいえないんだけれど、神の赦しや神の愛を感じることはあります。まだまだスタート段階ですが、自分に対して恩寵があるというのは間違いなく感じています。あの出来事には神の導きがあったんだと思うことは確かにある。ただ、それは心を開いていないとわからないことです。

いつとはいえないのですが、聖職者になって教会のために働きたいという気持ちは強くなっています。その思いは結構昔からあって、モスクワ大学に受からなければ神学校に行きたいと思っていたこともあるんです。母方の先祖に聖職者がいたので、夢ではありました。

じつは、私が神父様のお手伝いをする副輔祭になったのは、二〇一一年三月十一日の直前の日曜日でした。東日本大震災のあと、ロシアから「チェルノブイリの正神女」というイエスの母マリアのイコンを運んできてくださった方がいて、しばらくニコライ堂の入り口に置いていました。背景に原子力発電所が描いてある変わったイコンなのですが、福島のために祈りましょうという想いからでした。
大連禱《だいれんとう》[5]のときに、「気候順和、五穀豊穣、天下泰平のために主に祈らん」と祈るのですが、ふだんはあまり深く考えずに祈っていたのに、原発事故のあとは福島のことを強く思いながら祈るようになりました。

神学的にいえば、私たち人間はそもそも神に背いた存在です。神をかたどって、特別な存在として造られましたが、どこかで人間が神を裏切った。そのせいで、私たちは死や病、不公平なことが起きてしまった。つまり今は神の世界じゃない。神に逆らった世界です。だから公平ではないんです。私たちの生きる世界は病んでいる状態です。世界は狂ってしまっている。

だからこそ、救世主がいるわけです。軍隊なら、裏切りは赦されない罪です。死刑です。でも、神様は私たちのために救世主を地上に送った。神の子は私たちのために死んで、復活してくださった。

なぜキリストは、私たちのために十字架に釘で打たれ、苦しまれたのか。なぜ裏切り者である私たちのために、そこまでしてくださったのか。正直、答えはありません。そこは神秘です。聖職者たちもあまりそこにはふれない。ただ、その感覚はもたないといけないんですね。

教会に行けば、何かソリューションがあると考える人は多いです。信仰するから答えをくださいと取引するような人たちです。当然だと思います。苦しいときに教会に行けば慰めはあるでしょう。

でも教会は、すべての人たちにソリューションを提供できません。ただその人たちに信仰の大切さを教えて、神に導いて真実を伝えることはできます。あとは一人ひとり、神に守られた存在として成長していける。教会は一人ひとりが自分の問題に対峙して、自分の弱さに向き合う場所です。そして教会はそれを支える場

5　正教会における公祈禱（礼拝）の一つ。輔祭、輔祭がいない場合は司祭と聖歌隊が交互に朗誦する。

所で、救われる人たちの集まりであると私たちは考えているので特別の恩寵がある。そういうことを一人ひとりの信者に伝える必要があると思います。

東日本大震災の日からずっと奉仕をしてきて、初めの頃は教会に来るみなさんのためだと思っていたのですが、最近は神様のために働いていると思うようになりました。

ロシアのイラリオン・アルフェエフ府主教が、毎日、聖堂で神の前に立ち、祈ることができるのが一番の幸せだといいました。私も今は、神に対する奉神礼という感覚が強くなりました。

もし司祭になることがあったとしても、私は絶対に日本にいたいです。ロシアにはたくさん司祭はいますが、日本にはまったく足りません。聖職者が足りなくて、一人でいくつもの教会を受け持っている状態ですから。ただ、こればかりはユニットの問題ですから、奥さんと話し合い中です。

2018/2/17

神父様も、どんどんやめていきました。激動の時代でした。

安田孝春
一九四九年生
カトリック古田町教会
鹿児島県奄美大島

両親とも奄美の笠利出身で、二人ともカトリックです。ただ、ぼくが覚えている母親は、結核でずっと寝たきりでした。ぼくが三歳、弟が七か月ぐらいのときに亡くなったので、それからはおやじが一人で育ててくれました。

おやじは一切いわなかったのですが、母は役者みたいなことをやってたらしいです。奄美は米軍に占領されていた頃、映画や演劇が盛んで、名瀬には劇場もあったし、公園には柱を組んで幕を張った芝居小屋もありました。

友だちのじいちゃんが母のことを覚えていたらしくて、劇団の女優でみんなの憧れやったと聞きました。断片的な記憶ですけど、コンベンツァル聖フランシスコ修道会のルカ・ディジヤク神父様が葬式をしてくださって、墓場に向かう神父様のジープで泣いたことを覚えています。

おやじは三人きょうだいで、長男が外国をまわる貨物船のコックをやっていて、そこに呼ばれて船乗りをしていたそうです。戦時中は、衛生兵として満洲に行きました。激戦地だったので手術の手伝いをしたり、実際におやじが手術したりしたこともあったそうです。

帰ってきてからは名瀬にある親戚の薬屋で働き始めて、そこから独立して亡くなるまで五十年以上、ずっと薬屋でした。無口な人でした。

子どもの頃から、名瀬の聖心教会が遊び場でした。卓球台とか遊ぶ物がたくさんあって、同世代の友だちも年上のお兄さんたちもいっぱい出入りしていて、一緒に遊んだんです。

小学二～三年からは侍者をやりました。侍者服を着て、ミサで神父様のお手伝いをする役割です。第二バチカン公会議の前ですから、神様は強い神様です。何をしちゃいけない、これはしちゃいけないって厳しかったですね。

お祈りはラテン語で、「主の祈り」もみんなラテン語、聖歌もラテン語。ただ暗記するだけです。「ミヤクルカー、ミヤクルカー」って、意味はわからないけど覚えないといけなくて、試験に受からないと侍者にはなれませんでした。日本語で祈るようになったのは第二バチカン公会議のあとですね。

ただ侍者をやるときは前の晩から何人かで教会に泊まり込むので、合宿みたいで楽しかった。母親がいないもんですから、いろんな転機があると、マリア様が母親代わりで、人が母親に頼るようなことは、いつもマリア様にお祈りしていました。

伯父が鹿児島にいて、中学はそこから通っていたのですが、団塊の世代なもんで、一学年一〇〇〇人ぐらいいました。三つの小学校から子どもが集まって、喧嘩も多かったです。

自分からは喧嘩しませんけど、誰かがお金をとられた、助けてっていわれて助けに行くと、おまえちょっと裏に来いって呼ばれてね。どうしても喧嘩になりますよ。

もうこんなのは嫌だなあって思っていたときに、奄美で宣教されているゼローム神父様[1]がわざわざうちに来られて、島から何人か神学校に連れていくから来ないかといわれて、中学の途中から長崎にある聖母の騎士学園に行くようになりました。コンベンツァル会のマキシミリアノ・コルベ神父が創立したミッションスクールです。一九六三年の入学でした。

寮生活できるのがよかったんです。子どもの頃から運動会とか行事があっても、弁当を作ってくれる人がいない。自分でパンを買って、トイレの裏で一人で食べたりしていたんです。遠足のときもおやじは商売で忙しいから、寿司のおりを買ってきてそれを持たされたりしていた。寮生活なら食事はありますからね。それは助かりました。

大学は上智です。神父になろうという気持ちはあったんです。東村山にコンベンツァル会の大きな修道院があって、最初の一年間はそこから大学に通いました。

でも、このままじゃ部活もできないし、いろんな人と話すこともできない。司祭になるには世の中のことをもっと知らなきゃいけないだろうと思って、二年目からは下宿を始めました。第二バチカン公会議のあとだったので、修道会から大学に通うか、下宿して通うか選ぶことができました。部活は軽音楽部に入って、そこからずるずるとなって……。

当時は学生運動が盛んで、大学がロックアウトされて授業を受けられないんです。どこそこのホテルで講義があって単位が認められると貼り出してあるので行ってみると、おまえらなんでこんなことやってるんだ、そんな場合じゃないだろといって邪魔する学生がいる。

神学部にも、社青同（日本社会主義青年同盟）や中核派など七派ぐらいいましてね。お酒飲んだりするときは仲がいいんですけど、いざとなると派閥がある。神父様も、どんどんやめていきました。激動の時代でした。

ぼくは本当はやめたくなかったんです。でも、ある保護者から苦情が来ました。あれは女の人とばかり会っ

1　コンベンツァル聖フランシスコ修道会、ゼローム・ルカゼフスキー神父、三四五ページ参照。

て話をしている。神学生にふさわしくないという内容でした。

自分としては神父になる上で、いろんな人の話を聞いておきたかったんです。女の人だけじゃなくて、おじいちゃんおばあちゃんから子どもまで、いろんな人に会って話を聞いていました。そんな活動の一環だったんです。

教会で寝泊まりしていたときがあって、ある日、一人の女性が「帰らない」っていい始めたことがありました。こちらはもう遅いから帰りなさいといったんですけど、帰ってくれない。

そうしたら母親から苦情が来た。ぼくが引き留めてなかなか帰れなかったという話になってしまったんです。あれは神学生にふさわしくない人間だとね。

それでもがんばろうと思っていたんですよ。でもだんだん、違う道でやれることがあるだろうと思うようになって、当時、学科長だったルードウィヒ・アルムブルスター教授に、もう勉強することはないからやめるといいました。

そうしたら、三十歳になろうと、四十歳になろうと、戻ってきなさいと。勉強したくなったらいつでも戻ってこられるようにと、退学届を出さずにとっておいてくれていました。弟も上智だったのですが、ぼくが結婚するときに調べたら、まだ在学中になっていたそうです。

東京では、ガソリンスタンドのアルバイトをやっていました。今はみんな島の大物になっていますけど、奄美の人間が何人か一緒に働いていたんです。妻ともその頃に知り合って結婚しました。

引っ越すたびにその地区の教会を訪ねはするんですけど、遠いとだんだん通えなくなって、日曜日に仕事があることも多かったので、しばらく教会からは離れてしまいました。

それでも幼児洗礼だから抜けきれないというか、どうしても拭い去ることができないものはあるんです。神父さんに頼まれて教会の仕事を手伝うことがあって、朝から晩までガリ版を擦ったり本を作ったり、一日中手伝っていました。

そうしたら、妻が怒りましてね、家族はどうするんだって。妻は内地の人間ですし、実家は曹洞宗の檀家でしたからね。

そんなある日、ゼローム神父様から電話がかかってきて、「お父さんが大変だ、すぐ戻ってきなさい」といわれたんです。ゼローム神父なんて全然連絡とってなかったのに、わざわざ電話かけてくるなんてよっぽどのことです。あわてて単身で奄美に戻りました。

島に戻るつもりはなかったんですよ。戻らないなら、ということで結婚したんです。でもおやじは一人暮らしだったので、戻るしかなかった。

人に騙されていたんです。人がよすぎて、いろんな人にお金を貸しては裏切られて、利息だけで月三〇万円。毎月利息だけ返済して、元金は全然減らないという状態でした。返済に疲れて倒れたのでしょう。戻ったとき、こりゃあ大変だって。

そんな状態だから銀行にも融資はできないといわれました。何か方法はないかと相談したら、お父さんはもう無理だけど、あなたが社長になるなら融資しましょうと。

それで最初に三〇〇〇万円の融資を受けて、まず一〇〇〇万円の借金を返して、それでもまだ支払いが滞ってるのが一〇〇〇万円ある。そんな状態からの出発でした。

なぜ貸した相手から無理にでも取り返そうとしなかったか。親が作った借金ですからね、息子が責任もって返せばいいんじゃないかと。「そういうキリスト教徒がいるから、悪い人が出てくるのよ」って妻にいわれましたけど。

教会に戻ろうと思ったのは、島に戻って四～五年ぐらい経ってからでしょうか。ぼくが聖母の騎士学園にいた頃にオルガンを弾いていたのを知っている神父様がいて、弾いてほしいと頼まれたんです。もう何十年もやってなかったんですけどね。

オルガンを弾くうちに、教会の手伝いもするようになった。そうしたら、「教会のことばっかりやってどうするの、私たちをとるか教会をとるかどっちかにして」ってうちのにいわれて、また教会に行かなくなった。そうしたらまた新しい神父様が家に来られて、手伝ってほしいと頼まれたのでまた行って……。そうしたら妻がついに、「あなた、もう教会に戻ったらいいんじゃないの」って。

教会に戻ったのは十年ぶりでした。妻も長男と一緒に洗礼を受けて、娘も幼児洗礼を受けました。

借金は三年前に完済しました。そう、終わったんですよ、返済が。おやじは人がよすぎましたけど、うちのにいわせると、あなたも一緒だと。いつも人のための仕事しかしないって怒られます。だから家では信用がないんです。

2017/10/29

クラスメイトが
どんどんやめていく中で、
自分だけ残っていいんだろうか
という気持ちになりました。

山崎英穂
一九四七年生
日本基督教団主恩教会牧師
兵庫県

一九六六年に関西学院大学神学部に入学したのですが、当時は学生運動が激しい時期で、三年の三学期には神学部でも闘争[1]が起こりましてね。二〇人のクラスメイトのほとんどが大学をやめてしまいました。下の学年は全滅でした。ぼくの母教会だった宇和島中町《うわじまなかのちょう》教会の牧師の息子さんもやめてしまいました。一人ひとり考えは違うでしょうから一概にはいえませんが、牧師になってもしょうがないとか、なんのために牧師になるのかとか、自分自身の召命感に疑問をもったのでしょう。クラスメイトがどんどんやめていく中で、ぼくも自分だけ残っていいんだろうかという気持ちになりました。

当時は、この主恩教会にも関学を卒業したばかりの伝道師がおりまして、「教会もぼーっとしてないで、社会的使命をどう果たすのかを考える必要がある」と問題提起をした。それがほかの教会にまで波及して、教会派と社会派の対立になって泥沼化して、多くの信者が教会を去っていったんです。そういう時代でした。

1 関学大では一九六七（昭和四十二）年に学費値上げに対する反対運動をきっかけに、さまざまなセクトで構成された全共闘による学園闘争が起きた。大学当局は闘争にかかわった学生を大量に処分し、機動隊を導入して事態の収拾を図ろうとしたが、これに対して神学部の学生たちは大学が掲げるキリスト教主義人格教育の意味を問い、バリケードを築いて無期限ストライキに突入した。

ぼくの場合は、やっぱり両親を裏切ることはできませんでした。母教会の人たちは期待をもって送り出してくれましたし、教師をしていた母方の叔母も、学部の四年間は経済的にサポートすると約束してくれていました。結局、人間的なところに支えられていたということが自分を引き留めてくれていたのでしょう。奨学金とアルバイトで大学院にも通いました。

関学は創立記念日の九月二十八日が休みだったのでよく覚えているのですが、一九七〇年の創立記念日に友だちにドライブに誘われたことがありました。対向車との関係でやむをえなかったのですが、友だちが運転をミスしましてね。車が崖にぶつかって、私がフロントガラスに突っ込んでしまったんです。

顔を四八針縫いました。今も目がちょっとふさぐんですがね。母は講壇に立てなくなるんじゃないかと心配して、運転していた友だちのお母さんは、山崎君は結婚できなくなるんじゃないかと心配してくれました。

牧師になれるかどうかはわかりませんでしたが、牧師になろうと思いました。ぼくは顔にケガをしたけど、運転していた友だちは心に傷を負った。牧師として生きていくためには、苦しい経験をしている人たちと苦しみを分かち合うためにも、通らなくてはいけないトンネルだったのかもしれないと受け止めたのです。

ぼくの信仰は、両親の信仰を受け継いだだけです。両親の信仰が核というか、土台になっています。

父は滋賀県の米原《まいばら》生まれで、幼い頃に両親を亡くしてきょうだいバラバラに親戚に預けられた。父に聞いた話では、その家のおばさんがクリスチャンで、手を引かれて教会に行っていたそうです。

父と母がどういう縁で出会ったのかはわからないのですが、愛媛県の近江帆布宇和島工場で働いていた頃に結婚したようです。母は四人姉妹の長女だったので、父が養子に入っています。一九三九年一月のことでした。

その二か月後の三月、父がベルトコンベアに巻き込まれました。右腕を肩から失う大事故でした。当時は医学がさほど発達していませんし、麻酔もたいしたことなかったから非常に痛かっただろうと思います。新婚でこれから楽しい生活が始まろうとするときに、そんなことが起きるんです。

退院後、どうすればいいのか、途方に暮れていたとき、たまたま宇和島中町教会の看板に伝道集会があると書いてあるのを見つけた。夫婦で出かけてみたら、牧師が放蕩《ほうとう》息子（ルカ15・11－32）の話をしました。二人の息子のうち財産を分けてもらって家を出ていった弟が、放蕩を尽くした挙句、一文無しになって家に帰ってきた。父親は怒るどころか、よく帰ってきたと歓迎します。

ずっと父を支えてきた兄は当然、おもしろくありません。文句をいうと、父親は「おまえのあの弟は死んでいたのに生き返った。いなくなったのに見つかったのだ。祝宴を開いて楽しみ喜ぶのは当たり前ではないか」と答えた。聖書の有名なたとえ話です。

この話を聞いて父は、そういえば子どもの頃からおばさんに手を引かれて教会に通っていたのに、いつのまにか神様を忘れていた。自分はまさしく放蕩息子だったと気づいたそうです。人生の絶好調からどん底に突き落とされて、苦しいときの神頼みみたいな状況ですが、その年のクリスマスに夫婦二人で洗礼を受けました。

私は三人きょうだいの三男として生まれました。物心ついた頃には両親が助け合いながら暮らしていて、二人が教会の人たちに支えられて、祈られて、豊かな交わりをもっているのをずっと見ながら育ちました。牧師も両親のために祈ってくれる。そんな牧師や信者さんたちの姿が、いつのまにか私の心に刻み込まれていったのです。

母は自分を励ますように、よく聖書の言葉を口ずさんでいました。私が小学生の頃にはもう、耳にタコができるくらい聞かされましたよ。「為《せ》ん方《かた》つくれども希望《のぞみ》を失はず」（コリント二4・8）とか、「凡てのこと相働きて益となる」（ローマ8・28）とか、文語の聖書なんですけどね。父も母も、そういう聖書の言葉や讃美歌に支えられて生きていたんだと思います。

聖書の言葉は母からの耳学問だったので、勘違いしていたことがありましてね。高校三年のときのことですが、山梨県の山中湖で全国の高校生が一〇〇人ぐらい集まってキャンプしたとき、キャンプファイヤーで証しをするよう指名されたんですよ。

今までの経験をふまえて、「凡てのことあい働きて益となる」、すべてのことに愛が働いて益となるんですという話をしたら、あとで、「あれって『愛』じゃなくて『相』じゃないの」って指摘された。穴があったら入りたかったですね。

母は晩年、関節リウマチになって、大好きな手紙を書くこともできなくなりました。つらかっただろうと思います。それでも、イエス様の十字架の苦しみを思ったら、私の苦しみなんか小さなものだと強がっていました。そんな両親のどちらが欠けても、ぼくはいなかったのです。

すべてのことは共に働いて神様の働きで益とされるというのは、他人に強制するのではなく、自分自身が受け止める言葉だと思っています。決して素直に受け止められる言葉ではありませんが、そんな言葉が与えられているということが逃れの道になっているのかなと思います。

顔のケガもそうですが、ぼくもよく病気をしましてね。十五年前には悪性リンパ腫になりました。そうしたら、教会にもがんの方が何人もいらっしゃることがわかった。自分のまわりに乳がんや悪性リンパ腫の方がおられたんです。

一人ひとり状況は違いますけれど、抗がん剤のつらさとか、いろいろ共有できることはある。牧師として、自分がこういう経験をしてきたことは大事なことだったのかなと思っています。

2021/3/28

あるお母さんがおっしゃった。「私の息子が、今日はオスプレイが飛びませんようにってお祈りしたんですよ」って。

神谷武宏
一九六二年生
沖縄バプテスト連盟普天間バプテスト教会牧師、緑ヶ丘保育園園長
沖縄県

二〇一七年十二月七日の午前十時二十分頃のことです。園庭では、二〜三歳の子どもたちが遊んでいて、園舎の奥のほうでは、四〜五歳の年長組の子どもたちがクリスマスに披露する生誕劇の練習をしていました。屋根の下には、八人の一歳児クラスの子たちがいて、これから園庭に出ようとしていたときでした。ドーン、という音がしたんです。

私は二階の牧師室で仕事をしていました。いつも朝早くからヘリコプターやオスプレイが飛んでいたのですが、今日はやけにうるさいなと思いながらも何かに集中していました。

そうしたら、一人の先生が「ヘリから何かが落ちてきました」といって呼びに来た。あわててベランダから屋根に降りて、落ちてきた物体の写真を携帯電話で撮影しました。あと五〇センチずれていたらと思って、ぞっとしましたよ。

園庭にいた二人の先生は、何かが落ちて跳ね上がる瞬間を見たんです。一人はプロペラが落ちたのかと思ったようです。それぐらいの衝撃音でした。隣でゲートボールをしていたおじいさんが、これは小さい頃から嗅いでいた基地の臭いだ、といいました。

すぐに市の基地渉外課に電話をして、「ヘリから物が落ちました、どうしたらいいか指示をください」といっ

たら、「じゃあ、宜野湾《ぎのわん》署に連絡してくれ」というのでそちらにも電話して、知り合いのメディアの人にも連絡を入れました。

警察は一時間半ぐらい調査していたでしょうか。そのまま落下物を持ち帰りましたが、結局、なんなのかはわからなかった。あとで記者の人から、CH-53Eという大型輸送ヘリの翼の根元にある「ストロンチウム90」という放射性物質のカバーらしいと聞きました。

米軍は部品であることは認めましたけど、飛行中の落下であることは今も否定しています。理由は、カバーはみんなそろっているからだそうです。

落下事件を受けて父母会が立ち上がって、署名を集めたり、外務省や在日米国領事館に嘆願書を出したりしたのですが、私たちはひどいバッシングにさらされました。

インターネット上の誹謗中傷は沖縄だけの問題ではないかもしれませんが、沖縄に限っていえば、差別的なところから来ていると感じます。だいたい沖縄を知らないし、理解していない。「基地が作られる前からあなた方の保育園はあるのか、基地があるのに好き好んで住んでるんだろう」とかね。沖縄がどういう歴史をたどって今あるのかがわかっていない。名前を出して真正面から批判する人はいませんよ。みんな匿名、非通知です。ほかの民家や保育園だったら、ここまで大きな事件にはなっていないでしょうね。狙ったように落ちたんです。狙われたんですかね、結果的にね。

生まれは、宜野湾市の新城《あらぐすく》です。生まれたときからそばに普天間飛行場があって、そこに山があるように基地があるという感覚でした。当たり前でなんの疑問ももたない。私のまわりの大人もそういうことをいわない。生きるのに必死。とにかく、生きるのに必死でした。

母はブラジル生まれで、親があちらで成功して貯金があったので、五歳ぐらいで沖縄の東風平《こちんだ》に帰ってきました。ブラジルですからカトリックの幼児洗礼は受けていますけど、神谷家に嫁いでからは、沖縄のいわゆる土着宗教の中で暮らしていました。父はキリスト教が大っ嫌いでしたし、父方の祖母は仏壇を大事にしていましたからね。

父は南風原《はえばる》出身で、建設業を営んでいました。戦時中のことは、なかなか聞けませんでしたね。聞くと怒られるんですよ。

私は普天間第二小学校だったので、平和学習を通して少しずつ基地のことや戦争のことを知りました。日本軍は中国などでたくさん悪いことをしてきたと教えられてきたので、今思うと、そういう話をするから父は怒ったのかもしれません。日本軍がいかに強かったかという自慢話をしていましたから。天皇を讃美する側にいた人でした。

父には零戦に乗りたいという夢があって、鹿児島で航空隊の整備を担当していたんです。特攻隊の試験にも合格しましたが、健康診断の前日に二階から落ちて鼻の骨を折って不合格になった。合格した仲間は特攻隊です。五人でいる写真を見せられて、両サイドはもういないんだと話していました。

伯父は中国人を何人も殺したという話を聞きました。もちろん本人は直接いわない。まわりがそういう話をするんです。父も伯父もお酒を飲むと人が変わったように荒れました。

沖縄戦のとき、父方の祖母は北のほうに逃げたので助かったのですが、母方の祖母は南部に逃げたので流れ弾に当たって、そこで動けなくなったそうです。私の母たちきょうだいは、子どもだけで逃げたと聞きました。

犠牲者の名前を刻んだ平和祈念公園の「平和の礎《いしじ》」に行くと、母は今でも母親や親戚の名前をさすりながら泣きます。年に一回は行くんですけど、母からは何もしゃべらないです。こちらが聞いたらぼそっと話すぐらい。祖母の話を聞いたのも、十年ぐらい前じゃないかな。

うちの親に限らず、戦争のことはみんなしゃべれないんです。しゃべろうとすると苦しくなる。残さなければならないと気づくと、語ってくださるんだと思いますけど。

いつだったか、NHKの特別番組で沖縄戦の特集が放送されたとき、沖縄は本当に大変だったんだと、父がぽつりぽつり話したことはありました。

私がキリスト教に出会ったのは、中学三年になる前の春休みです。路傍伝道といって家を訪問して伝道する牧師がたまたま、うちに来ました。家の中には入れないんですけど、道で二～三十分ぐらい話を聞いたかな。おそらく私の中に求めるものがあったんだと思います。

その頃、父の建設会社が倒産しかかって、家の机や箪笥やいろんな物に赤い紙が貼られて差し押さえられた。親のうしろ姿を見て、これは大変なことになっているということは肌で感じていて、受験前なのに落ち着かなかったんですね。

そんな私に牧師はやさしく語りかけてきて、私のために祈ってくれた。嬉しかったんでしょうね。三回ぐらい話を聞いたと思います。それがキリスト教と出会ったきっかけです。

中学三年になると、クラスに普天間バプテスト教会に通っている友だちがいて、夏休みに今帰仁村《なきじんそん》の北山荘《ほくざん》でキャンプがあるから来ないかと誘われたんです。楽しいからって。

四泊五日で、五〇〇〇円。出せないですよ、そんなお金。でも母親にだめもとで伝えたら、行ってきなさいといって五〇〇〇円くれた。家の中が混乱していたので、私がいないほうがいいと思ったのかもしれません。

キャンプはとにかく楽しかった。こんな世界があるんだ、こんな歌があるんだと感動しました。聖書の言葉も、すーっと入ってきました。

最後の晩にキャンプファイヤーをしたとき、牧師の[1]名護良健《なごりょうけん》先生が、「主イエスを信じなさい。そうすれば、あなたも家族も救われます」という使徒言行録十六章三十一節を読んで、メッセージをされました。ぐさっと刺さりました。まさに私の状況と合致していて、忘れていたことをまた思い出したわけです。家は混乱している、父親は大変なことになってる。

もし、ぼくがイエス様を信じたら、家族を救ってくれるんですか……。それが私の、初めての祈りでした。

その年のクリスマス、友だちと一緒にバプテスマを受けました。キャンプからたった四か月ですが、名護先生は「時」というのがあるんだとおっしゃってました。聖書をどれだけ読めば理解できるのかは限りのないことなので、イエス様を救い主として生きたい、神様を信じたいという想いが大切なんです。聖書にも、「人は心で信じて義とされ、口で公に言い表して救われるのです」（ローマ10・10）とあります。

母は、あなたが決めたことだから、いいんじゃないのっていいましたね。母も祖父母もブラジルでクリスチャンになりましたから。父は母に聞いて知っていたでしょうけど、何もいわなかった。自分の仕事のほうが大変だったんでしょう。

教会はやすらぎの場所でした。でも高校生になって、父が私を教会に行かせないようにしました。倒産しかかったところから持ち直して、事業が再開していました。家族をあげて駆り出されて、日曜日にも仕事を作るんです。

名護先生に相談したら、教会よりもお父さんを手伝いなさいといわれました。そんなふうにいわれるとは思いませんでした。友だちに会えるし、礼拝には行きたかったんですよ。

その頃は宜野湾市の大謝名《おおじゃな》という、普天間基地をはさんで教会の反対側に住んでいました。教会と家の中間あたりに「コイノニアハウス」という開拓伝道した場所があって、そこでアメリカ人宣教師のウィリアム・T・

1　沖縄バプテスト連盟中城《なかぐすく》城東《じょうとう》バプテスト教会引退牧師。名護タケ（一〇二七ページ）の夫。

〇ランドール先生が夕方に礼拝していたんです。そうだ、夕拝に行けばいいんだと思ったんですが、夕方になっても仕事が終わらない。

そうしたら、ある日曜、作業着を着る準備をしていたときに父がいいました。「おまえ、なんで教会に行かなくなったんか」って。なんでって、仕事があるからじゃないですか。そうしたら父が、これから教会に連れていくといって車で送ってくれた。「おまえはもう手伝わんでいいから、教会行け」といったんです。

じつはその頃にはもう、献身の想いが与えられていました。高校生のキャンプを手伝ったことがあって、名護先生やランドール先生のうしろ姿を見て、こういう働きができたらいいなと思ったんです。そのためにも西南学院大学の神学部に行きたいと思っていました。

名護先生に相談したら、沖縄の大学を出てから、ワンクッション置いて行ったらどうかといわれた。一浪して沖縄国際大学に入りました。

ところが私が二十歳のとき、父が脳梗塞で倒れてしまいました。会社は倒産して、中城村というところにボロ家を借りてみんなでそこに住むことになりました。ものすごく貧しくなって、生活保護を受けるほどでした。昼は大学、夜はアルバイト、バイトはだいたいお金になる土木の仕事です。そのうち血尿が出るようになって、結局、大学を中退することになってしまった。私はもう、献身の道ではないんだなと自虐的に思いました。

しばらく休んで健康を取り戻してから、那覇市のオリブ山《やま》病院でアルバイトをしながら、夜間の看護学校に通って看護師資格をとりました。それから十八年間、看護師をして、ケアマネジャーの資格もとって、在宅医療を始めました。

妻とは病院で知り合ったのですが、彼女もすごく熱心なクリスチャンホームに育った人でした。私たちはそのまま医療の世界で生きていくんだと思っていました。

状況が変わったのは、名護先生のあとに藤田久雄《ふじたひさお》先生が着任されて三年目のことです。先生がうつ病になってしまったのです。私は教会の役員だったので、私たちが先生を酷使してしまったんじゃないかと悩んで悲しくなってしまいました。

しかも三月にはやめられると聞いて、ものすごく責任を感じました。藤田先生が事あるごとに私に聖書を読んでみないかと誘ってくれていたのを思い出して、それからは、沖縄信徒聖書学校と沖縄信徒伝道者学校という信徒の学校に通うようになりました。

教会の主任牧師はそれまで協力牧師をされていたランドール先生がなられたのですが、ランドール先生も風邪で入院してしまいました。生命が危ぶまれる状況で集中治療室に入られました。私は看護師ですし、教会の代表でもあったので、毎日状況を確認するために先生が入院している琉球大学病院に通いました。

今日が山じゃないかという状況だった日に、お祈りしました。「神様、ランドール先生を助けてください。助けてくださったら、私、献身します」って。交換条件じゃないけど、何をしたら助けてくれるんですか、という気持ちになったんです。

そうしたらランドール先生はなんとか山を越えて元気になって退院された。退院したら、私は自分が祈ったことを忘れるわけですよ。ご都合主義というかね、そういうことを何度も繰り返す中で、ある日、マタイによる福音書の十一章二十八節が私に迫ってきました。

「疲れた者、重荷を負う者は、だれでもわたしのもとに来なさい。休ませてあげよう」、ここまでは有名ですね。この聖句には、そのさきがあります。「わたしは柔和で謙遜な者だから、わたしの軛を負い、わたしに学びなさい。そうすれば、あなたがたは安らぎを得られる。わたしの軛は負いやすく、わたしの荷は軽いからである」（11・29－30）。

「わたしの軛を負い、わたしに学びなさい。そうすれば、あなたがたは安らぎを得られる」という言葉に、ぐっときたんです。軛とは、牛や馬に車を引かせるときに首にあてる横木のことです。私の軛を負いなさいというのは、私はあなたと一緒に歩けるよということです。

神学校に行って学べということだと、私は受け止めました。やすらぎを得たいと思ったんでしょうね。聖書を学ぶことはやすらぎを得られることなんだと思って、一歩踏み出しました。


西南学院大学神学部の面接では、元宣教師で院長のリロイ・K・シート先生が、合格したら家族寮があるので、あなたの家族も一緒に来なさいとおっしゃいました。子どもは四人いましたし、家のローンも返済中でしたから無理だろうと思いましたが、妻は看護師なので転職はできますし、子どもたちもオッケー、家を借りてくださるクリスチャンファミリーの一家も見つかって、なんとか家族を連れていけることになりました。

これから船で福岡に向かうというとき、泊《とまり》港でこんなことがありました。ランドール先生のお連れ合いのマキシン・ランドール先生が、船の中から投げなさいといって紙テープをたくさんくれたんです。家族で甲板にいて、せっかくもらったから全部使おうといって、船が動き出したときに、片手に二つ三つ持って投げました。汽笛がぼーっと鳴って、紙テープがプツンプツンと切れた瞬間のことです。ドーンってものすごく重いものが載っかってきた。ブルブルブルブルって震えて、涙が出てね。すると、耳元にささやき声が聞こえました。

おまえの献身は正しいのか。おまえが間違っていたら家族はどうなるんだって。

涙がボロボロボロボロ出てきて、甲板で倒れそうになったんですよ。ものすごく苦しくて、本当だ、自分の献身が勘違いだったら、この子たちはどうなるんだと思ったわけです。

港を見たらみんなが輪になって、ランドール先生が私たちのためにお祈りしてくださっています。港ですからうるさくてよく聞こえないんですけど、私の中にランドール先生の祈りの言葉が思い出されました。

「神谷が信仰の杖を持って、これから歩めますように……」

そうだ、信仰の杖を持って歩もう。きっと神様は支えてくださるんだと。そう思い直したとたん、足の震えがぴたっと止まって、ふっと軽くなりました。不思議な体験でした。

それから三年間、沖縄バプテスト連盟の奨学金と普天間バプテスト教会のお支えと、藤田先生ご夫妻からもご支援をいただいて、病院の夜警のアルバイトをしながら勉強しました。卒業は二〇〇七年三月です。普天間バプテスト教会に招聘を受けて、その春から牧師です。

ランドール先生のことをお話ししないといけませんね。非暴力主義を研究されていて、マーティン・ルーサー・キング[2]牧師からも直接教えを受けた人です。マハトマ・ガンディーから多くを学んだことでインド宣教を考えておられたのですが、冷戦時代ですからインドに入ることがなかなか許されない。

神戸でインド入りをうかがっておられましたが、そんなときに沖縄はどうかという話がアメリカンボード（アメリカン・バプテスト外国伝道部）から来たんです。沖縄はアメリカ人が占領してアメリカ化した土地です。ランドール先生はそんなところに行くつもりはない、と最初は考えていた。

ところが、一九六八年に沖縄を視察して考え方が変わりました。両サイドにある巨大な米軍基地を見て、沖縄の人たちと米軍が相いれない状況にあることを感じた。名護先生はじめアイデンティティをもった牧師との出会いもあって、沖縄宣教が大事だと気づいたのです。

一九六九年にアメリカンボードから沖縄に派遣されて、初めは大学生伝道に力を入れました。琉球大学などに入って、英語研究会の学生たちに英語を教えるところから始めました。

2 バプテスト派の黒人牧師。アメリカ公民権運動の指導者。一九二九―一九六八。

結局、ランドール先生は一九七九年にアメリカンボードを解任されます。きっかけとなった出来事はいくつかあって、一つは基地に友人の牧師が入れなかったことです。宣教師はパスを持って自由に出入りできるのに、友人が入れない状況を私は許すことができない。そんなパスはいらないといって捨てて出ていった。これが一つのきっかけでしょう。

その頃、沖縄バプテスト連盟と合同で軍人のための英語教会を作るという話があったのですが、ランドール先生はこれに明確に反対しました。沖縄の教会が自立するサポートをするのが自分たちの務めなのに、一緒に英語教会を作ったら関係はよくなるでしょうけど、米軍がもたらすさまざまな問題に向き合うことができなくなってしまう。

一九七〇年に女子高校生への暴行事件があったとき、沖縄バプテスト連盟はアメリカの教会のメンバーとの関係にダメージを与えるからといって抗議声明を出せないでいたのですが、ランドール先生はそういうことを指摘されたのです。

そうしたら、アメリカンボードはランドール先生に関西への異動を命じた。「軍との不一致」という表現をされていますが、沖縄におらせたくなかったのでしょう。先生は、ノーと答えた。

その頃、お連れ合いのマキシン先生のお父さんが入院したので、休暇をとって帰国して、そのまましばらくいようかとそのお父さんに話したそうです。沖縄をもう出ようかという迷いもあったようです。そうしたら、マキシン先生のお父さんはいいました。「私は神に委ねているから、あなた方がいようがいまいが関係ない。早く宣教師として沖縄に帰りなさい」と。

これがランドール先生の宣教師魂を押した。自分は沖縄に召されたんだという覚悟をもって、沖縄に戻られたんですね。このときランドール先生を守ったのが、名護先生や[3]城間祥介先生ら五人の牧師で、ランドール先生は普天間バプテスト教会の協力牧師になってコイノニアハウスに来られた。父の仕事を手伝っていた頃の私が行こうと思ったところです。

アメリカンボードからの支援はなくなったので、ランドール先生は英会話教室のアルバイトをしながら生活されるようになりました。先生は何もおっしゃらなかったですが、生活は大変です。そのあと沖縄キリスト教学院や沖縄国際大学が教授に迎えて、ようやく安定していきました。

人間がやることなので、どちらが正しくて、どちらが間違っているということはないでしょう。ただ沖縄バプテスト連盟からは、宣教師の資格を失った者をなぜかまうのか、普天間バプテスト教会を連盟から除名する、という議題が総会に提出されたことがありました。

せっかくの信徒たちが連盟からいなくなるのは避けたいということで、ある先生が旗を振って新しい教会に連れていかれた。ある意味、分裂です。結果的に除名は反対多数で否決されましたので、普天間バプテスト教会は連盟に残って、出ていった信徒さんも何人かは戻ってきましたけど、歴史の汚点ではあります。

そんなことも含めて結局、沖縄はまだ米軍の統治下にあるということです。英語教会を作って米軍関係者と仲良くなれば、基地反対といえなくなるじゃないですか。宣教師が住民を懐柔する任務を負っていたとまでは思いませんが、結果的にはそうなりますよ。そういう視点をもった宣教師はほかにもいましたが、公にはできなかったと思います。

普天間基地のゲート前でゴスペルをうたうようになったのは、二〇一二年です。その年の八月頃から、オスプレイの配備に反対する座り込みが始まって、九月九日の県民大会のときには宜野湾海浜公園に一〇万一〇〇〇人が集まりました。沖縄の約一割が反対を表明したんです。

3　沖縄バプテスト連盟宮古バプテスト教会牧師、仲松かおりの父、二三二ページ参照。

教会からもみんなで参加しました。一人も異を唱える人はいません。このときの私の心境は、これはいったいなんなんだということですよ。これだけ明確に沖縄の人が反対しているのに、政府は強行する。結局、沖縄は植民地時代と何も変わっていない。

ものすごく腹立たしくて、その週末に開催される保育園の運動会の説教を準備しているときに、ゲート前ゴスペルを思いつきました。もう疲れていたし、オスプレイのことは忘れて運動会を楽しもうと思っていたのですが、父母会の挨拶で、あるお母さんがおっしゃった。「私の息子が、今日はオスプレイが飛びませんようにってお祈りしたんですよ」って。

私はね、本当にそうだと思った。自分は祈れなかった、祈る勇気がなかったのに、こんな子どもが祈ったということに教えられたんです。そうだ、祈りは聞かれるんだ。牧師がそういうことを忘れてどうするんだと思わされて、説教を作りながら、オスプレイ反対のキリスト者の集いを毎週やろう、ゲート前でゴスペルをうたおう、と思ったんです。

二〇一八年五月、東京の日本聖書神学校で講演をしたとき、「米軍教会の牧師は聖書の何を根拠に働いているのか」という質問がありました。やっぱり組織が大きくなりすぎると解釈が変わっていくのでしょう。

聖書に「彼らは剣《つるぎ》を打ち直して鋤とし　槍を打ち直して鎌とする」（イザヤ2・4、ミカ4・3）とあります。ゲート前ゴスペルのときに大事な聖句として掲げているところです。

その前から読むと、「主は国々の争いを裁き　多くの民を戒められる。彼らは剣を打ち直して鋤とし　槍を打ち直して鎌とする。国は国に向かって剣を上げず　もはや戦うことを学ばない」（イザヤ2・4）とあります。

戦争では、武器では、力では、平和は来ない。神が望まれる世界はやって来ないといっているんです。武器を命を生かすもの、命を育むものに変えなさい、歴史に学びなさいというメッセージでもある。一つの預言として、クリスチャンはこれを語っていく必要があるんです。

私が沖縄バプテスト連盟の理事だったときのことです。オスプレイ反対の声明文を書いて連盟に提出したら議長が取り扱ってくださって、総会の議案になりました。奮闘しましたよ。

するとそのとき英語教会の方々がいて、もしこの声明文が可決されたら脱退するといってきました。ああ、よくいってくれたと思いました。声明文を誰が作ったんだという話になったので、答弁したんです。理事ですからずっと発言できなかったんですけど、指名されたので、「ありがとうございます」といって答弁しました。沖縄にこれだけの基地があって、頭上をオスプレイが飛ぶ。これは沖縄の人たちの命が軽視されていることじゃないですか、それに向き合うのは私たちの公務じゃないですか、英語教会の方々も住んでいる人たちに重きを置いて一緒に考えましょう、と話しました。

すると、英語教会の人たちがあちらから、沖縄の牧師たちと話したいといってきたので、話をする機会をいただいた。そのとき、「剣を鋤に、槍を鎌に変えなさい」の話をして、私の解釈を話してから質問しました。私はこう理解しますが、あなたはどうですかと。

すると、彼らはこういったんです。「これはもちろん聖書の預言です。ですが、そういう世界になるために私たち軍隊はいる」と。今はこの預言が実現する手前にあるんだと。

びっくりしましたよ。彼らは従軍牧師だから、軍人のため、士気を高めるためにそういう解釈をしないとやっていけない。でもそういう考え方が戦争をする所以《ゆえん》でしょう。そこにつながるんですよ、全部。

イラク戦争にしても、歴史をさかのぼれば十字軍にしても、宗教戦争といわれるけど経済戦争なんです。キリスト教はただ利用されているだけです。

ただ、キリスト教はそういう歴史を生きてきたし、だからこそディートリヒ・ボンヘッファー[4]は、ナチスの犯した罪に対して、キリスト教会が世界に発信して食い止めないといけないといって教会連盟を作った。ボンヘッファーの本を丁寧に読むと、教会の業、教会として行動することの大切さがわかります。

ゲート前ゴスペルでは、キング牧師が公民権運動のときにうたった「We Shall Overcome（勝利をわれらに）」という讃美歌をうたいます。毎回、二〜三〇人は来られるでしょうか。

ゲート前には少し広場があったので、クリスマスコンサートをしたこともありました。すると翌週だったか、ゲートが拡張されてフェンスが前にせり出してきた。そのままではみんなでうたえないぐらいにね。

しかたないので、それからはガードレールにへばりついて一列になってうたっています。今年になってからは、集音器と監視カメラが設置されて、常に監視されています。おとなしくうたって帰るだけですが、右翼の車に邪魔されたり、前を通りすぎる車から怒鳴られたりすることもあります。中には、クラクションを鳴らして手を振ってくれる人もいますけどね。

私はランドール先生に非暴力主義を教えていただきました。かじった程度ではありますが、先生の、神を畏れて人を畏れないという姿勢には多くを教えられました。今日もこれからゲート前に行きますよ。どうぞ、一緒にいらしてください。

2018/7/30

4　ドイツのルター派牧師。一九〇六—一九四五。ヒトラーに反対するドイツ人とイギリス政府の連携をとろうとして逮捕、一九四五年絞首刑。没後に出版された『抵抗と信従』倉松 功・森 平太訳（ボンヘッファー選集5・新教出版社）、『聖徒の交わり』大宮 溥訳（ボンヘッファー選集1・新教出版社）などの著作は、現代の教会のあり方に対して大きな影響を与えている。

ほんと、バカなのかもしれません。防衛庁とさんざん喧嘩して、一時は共産党員だと思われていたぐらいにね。

池原厚子
一九四三年生
日本アッセンブリーズ・オブ・ゴッド教団嘉手納アッセンブリー教会牧師、社会福祉法人栄光保育園園長
沖縄県

厚子という名前は、父が厚生省に勤めていたからという話を聞いたことがあります。でも、私が二歳になるかどうかという頃に両親は離婚して、母は私を連れて嫁ぎ先の仙台から東京に戻りました。東北の旧家でしたから、歓迎されていなかったのでしょうか。

だから、私は父の顔を知らずに育ちました。それからまもなく、私が四〜五歳ぐらいのときに母は再婚したので、私は母の花嫁姿を見ているんですよ。

ところが小学三年のとき、母が死んでしまいました。結核でした。亡くなる前、うつるといけないからといって母の伯母にあたる人に預けられたのですが、その人に連れられて教会に行っていたんですね。

詩画作家として知られる星野富弘《ほしのとみひろ》さんを導いた、前橋教会の舟喜拓生《ふなきたくお》先生という福音派の牧師が開拓した、群馬県高崎《たかさき》市の教会でした。母の伯母はクリスチャンではありませんが、舟喜先生をうちに招いてごちそうすることもあって、交流があったようです。

印象に残っていることがあります。ある夜、前橋教会の集会に連れていってもらったことがあって、そのときに舟喜先生に個人的に呼び出されました。

イエス様の十字架について話をされて、あなたには赦されていない罪はありますかと訊ねられた。罪があれ

ば神様を受け入れて赦していただきましょう、とお祈りするんです。

小学三年ぐらいで、罪といっても嘘をついたとか、親のいうことをきかないとか、いじわるをしたとか、それぐらいですよね。そのときは、ぐっと心を閉ざして終わりました。今考えると、個人伝道といって、一対一で信仰の導きをしようとされていたと思いますが、ちょっと怖いような想いで拒否した記憶が残っています。

そのあとも教会にはずっと通っていて、クリスマス会で木琴を弾いた記憶があるぐらいですが、キリスト教に対する好感情はその頃にもったと思います。母の伯母も私が教会に行くことを妨げませんでした。


小学六年までは、母が再婚した父と過ごしていました。精神的にさみしいとか足りないと感じたことはなかったのですが、その父が再婚してから様子が変わりました。再婚相手の女性が子どもをいっぱい連れてきたんです。いきなり五人きょうだいになりました。

それまで何不自由なく暮らしていたのに、父が私だけの父でなくなる感じがして、何かするにもみんなと同じようにしなくてはならなくて、自由がなくなっていった。一つ違いの妹になる子がいじめっ子だったものだから、自分がどんどん小さくなる感じがしました。

母の伯母がうちに訪ねてきたとき、私が以前の私とは違っていたみたいで、「なんの血縁関係もない私をなんであの家に置いておくのか」と母方の親戚にいってくれて、それからは横浜市の上大岡《かみおおおか》に住んでいた母方の祖父に引き取られました。

祖父は妙智會《みょうちかい》教団という新興宗教の信者で、毎朝お経をあげていました。お坊さんよりお経は上手といわれていたほどです。私も一緒になってお経をあげました。

キリスト教に再会したのは、横浜商業高校一年のときです。合唱部に所属していたのですが、学校に新しくプールができて泳ぎに行ったら、水泳部の先輩に声をかけられて水泳部に移ることになったんですね。

でも、そうしたら歌がうたえなくなるじゃないですか。やっぱり合唱部に戻りたいと伝えたら、その先輩に、教会に行ったら歌がうたえるよと誘われて、夏休みの平日に金沢八景《かなざわはっけい》の教会に行きました。日本アッセンブリーズ・オブ・ゴッド教団の金沢キリスト教会でした。

そこで、女性牧師に個人伝道されたんです。思春期ですから、いろいろ考えるわけです。自分がなぜこういう境遇に育ってきたんだろうということも考えました。そうだ、原因は母だと。自分の中に母と似ている性格があって、男を男と思わないというか、自分も結婚したら離婚するぞ、結婚しないほうがいいぞ、とそんなことも思っていました。

そうしたらその女性牧師が、「主は捨てたまわじ」という聖歌をうたってくださった。その歌詞に、「汝《なれ》を捨て去りて孤児とせじ」という言葉があります。あなたを捨て孤児とはしない。ヨハネによる福音書十四章十八節のみ言葉です。女性牧師は、神様はそうおっしゃっているというお話をしてくださった。

そのとき、何かがわーっと押し寄せてきました。ああ、神様が必要とされるから自分は生まれたんだと思えた。「あなたを捨て孤児とはしない」という言葉が私をとらえたんです。

それまでの私は、自分が家庭を築くなんてことはしないぞと思っていました。父も母も私を生み出したけど、最後まで責任をもたなかった。どんなにかわいがってくれていたとしても、本当に私が大事だったら両親は離婚しなかったはずです。自分は人に必要とされていない存在なんだと、そんなふうにすねた想いがありました。

それがキリストの愛によって溶かされたというか、私を必要としてこの世に生み出してくださった方がいるのだから、私はそのお方のために生きようと思ったんです。

それからは、日曜日は学校に行く日より早起きして、日曜学校のお手伝いや子どもたちのお世話をするようになりました。一九七〇年代は高校にもクリスチャンになる人がだいぶ増えていて、クリスチャンの生徒がクラスメイトに伝道して、のちに牧師になった人たちもいるんですよ。

若者たちがすごかった。全共闘運動が終わりかけた頃ですが、この教会ではそういう思想的なことはまったく関係なく、次々と若者たちが救われていきました。私を誘ってくれた水泳部の先輩ものちに伝道師になりました。この方もお父さんが再婚されていて、母親は本当のお母さんじゃなかった。そのことを知ったのはずいぶんあとになってからで、すごいショックを受けましたけど。

それからまもなく洗礼を受けました。金沢八景の海に入るので着替えやバスタオルが必要なのですが、祖父の家では大っぴらにできませんから、横浜に引っ越していた母の伯母の家に荷物を預けて、洗礼に臨みました。洗礼を授けてくださったのは、アメリカのカリフォルニア教区長をされていた宣教師のニッパー先生でした。濡れた洗濯物を干していたら、母の伯母に「何してきた」といわれたので、「洗礼受けてきた」といったら、何もいいませんでしたね。そう、この人はずっと私にかかわってくれていたんです。

父の顔は知らない、母も八つで亡くした。だから私は、自分の親は神様だという気持ちがすごく強くなっていきました。それがきっかけで救われたといっていいかもしれません。

人生は変わりました。自分はいてもいなくてもいい人間だと思っていたのが、神様のために生きようと思ったわけですから、一生懸命に生きるようになりました。

ただ、聖職者になることからは逃げまわっていました。金沢教会は伝道者になる人が強い教会で、若い人をみんな神学校に送り込むような感じでした。

でも私にはやりたいことがあって、神学校には行きたくなかった。音楽学校に行きたかったんです。普通に家庭を持って、自分が学んだ音楽を教えながら平凡な家庭生活を送りたいと思うようになっていました。

高校を出てからは日興《にっこう》証券の横浜支店に勤めていたのですが、神武《じんむ》景気、岩戸《いわと》景気といわれた時代で、すごく景気がよかった。残業残業の毎日ですが、遊びもほんとすごくて、遊びに遊びました。

結局、四年間ほど、故意に教会を離れました。何しろ神学校に行きたくなかった。逃げたんです。訪問してくる人がいても、牧師先生が来られても会いませんでしたし、聖書を開いたらみ言葉にとらえられちゃうから開かない。手紙が届いても開けませんでした。

そんなある日、父が結核でサナトリウム[1]に入ってしまったんです。音楽学校には父が行かせてくれるはずでしたが、だめになってしまった。祖父も音楽の道へ進むことを認めてくれませんでした。英語を勉強して留学したいと考えたこともありましたけど、それも行けなくなりました。失恋もしました。やることなすこと、全部閉ざされていきました。

会社では、机に大きなざら半紙を置いて、短波放送で流れてくる株価の変化を書いていく仕事をしていました。慣れたら何も考えないでできる作業です。

私はどうしたらいいんだろうと思いながらそれをやっていたら、ふと、私はあなたを待っているというような感覚が自分の中に起きた。今思えば、それも洗脳だったのかもしれないのですが、神様と離れて何かやろうとしてもうまくいくはずがないと思うようになっていったのです。

神学校に行った先輩に連絡をとって、教会に帰りたいと伝えました。一人でおめおめと帰りづらかったので、先輩と品川駅で待ち合わせて一緒に教会に帰ってもらいました。

会社を四年でやめて、中央聖書神学校に入りました。その年の夏には金沢キリスト教会に遣わされて、卒業生がやっていた横須賀の開拓伝道を手伝いました。そこで出会ったのが池原信徳[2]、今の夫です。神学校に入った年でしたから、二十三歳になっていたかしら。

1　長期療養所。空気のよい山間部や海辺に建てられることが多く、主に結核患者のために用いられた。
2　日本アッセンブリーズ・オブ・ゴッド教団嘉手納アッセンブリー教会牧師、三九八ページ。

横須賀の伝道は本当にむずかしかったです。ゼロからの伝道なのでなかなか群れができない。そもそも経済的に苦しいところに、ハネムーンベビーもできましたから。

二十三歳じゃない？　年齢がずれていますか。私の人生、一年ずれているんですよ。わからないの。生年月日も本当じゃないみたいで。小学校も一年遅く入っているから、ぐちゃぐちゃになってる。

でも結婚は、一九六八年四月十五日です。このあいだ金婚式を信徒に祝ってもらったので、それは確かです。

夫は沖縄の人です。沖縄に宣教師として一緒に行くことになったとき、親族の抵抗はありました。祖父にとっては、娘の子を育ててやったのに、おれが死んでもすぐには帰れないだろうといわれました。その一年前に祖母が亡くなったとき、すぐに帰れなかったのでそれもあったのでしょう。沖縄に行くにはパスポートが必要でしたし、往復は船ですからね。でもすべてを捨てて伝道者になったという想いがありますから、私情は切り離しました。

いざ沖縄に来てみたら、豚肉は塊でしか売っていないし、処理の仕方もわからない。鮭《さけ》を食べたいと思っても売ってない。使うお金はドルです。おじさんおばさんがいっぱいいて、親戚付き合いも大変でした。

ただ、キリスト教に対する抵抗感が本土に比べてないのはよかったです。戦後まもなくアメリカから宣教師が派遣されてきて、キリスト教のラジオ番組がたくさん放送されていたんです。讃美歌もよく流れていました。

池原家というのは、神様が選んだ一族じゃないかと思いました。家庭集会をするときょうだいたちがみんな集まって、近所の子たちもたくさんやって来た。横須賀で一人の魂をつかまえる努力を考えると、こちらでは手ごたえを感じましたね。それに、沖縄の人はみんなやさしい。こんな私を受け入れてくださったんですから。

沖縄に来た頃、こんなことがありました。最初のお盆の晩、夫の父の義理のきょうだいが私のところに来て、「友軍がどんなことをしたか知ってるか」というんです。友軍というのは日本軍のことです。

私は沖縄のことをなんにも勉強しないで来ちゃったから、知らなかった。そうしたら友軍は夜中に芋を掘って持っていっちゃったとか、家を友軍にとられたとか、ひどいことをずいぶんされた、米軍のほうがよほど地元の人にはよくしてくれたんだと。

那覇バプテスト教会の国吉守先生という有名な方が牧師になったきっかけもそうなんです。ケガをしたお姉さんをアメリカ兵が手当てしてくれた。クリスチャンの親切なアメリカ人だった。[3] それがきっかけでクリスチャンになったんだと。

沖縄のお年寄りは戦争にはつらく悲しい思い出があるけど、クリスチャンには癒される気持ちをもってきたんじゃないでしょうか。

沖縄に土着するために教会以外に何をやったらいいかなと考えて、私がこういう生い立ちでもあるので孤児院をやりたいといったんです。そうしたら、沖縄には孤児はもういないと。それより教会のためにも幼稚園がいいんじゃないかと考えて、沖縄に帰って一年後の一九七一年にすぐ栄光幼稚園をスタートさせました。小さな託児所みたいな感じで、一四人の子どもたちから始めました。

占領時代の沖縄では、小学校の中に幼稚園が併設されていて、五歳になると義務教育として学校の幼稚園に行くのが普通でした。町立の幼稚園はありましたが、私立はない。安く気軽に預けられるということで、最初はうちに預けてくださるのですが、それでも最後の一年間は本当の幼稚園に行きますといって、学校の中にある幼稚園に行ってしまうんです。残るはずの年長さんがなかなかできない。それがつらかったですね。

小学校についての説明会もうちの幼稚園にはなくて、副読本も注文してもらえない。最初の頃は教育委員会

3　「平和を祈る　国吉守さん」テレビ番組「ライフライン」二〇二一年八月七〜八日放送、太平洋放送協会。

とやり合ったことがあります。今になってようやく、私たちがやってきたことが本当だとわかってもらえるようになりましたけどね。

幼稚園ができた翌年、沖縄が本土に復帰して、一ドル三六〇円が三〇五円になりました。誰も何もいいませんよ。なんで、という人はいませんでした。

それより問題は爆音でした。ベトナム戦争中ですから、B－52が嘉手納基地から飛び立ちます。これがうるさくてね。滑走路からうちの幼稚園まで三五〇メートルしか離れていませんから。

マスコミがよく取材に来ていたのですが、そのうち「うるさい幼稚園」という評判がたってしまった。マスコミに訴えたら静かになると思ったのに、逆にそんな幼稚園には行かせたくないと思われてしまったのね。

復帰の年にテレビに出たときには、番組の最後にうちの幼稚園の壁に書いた「Please be quiet for our children.」の文字がクローズアップされていました。

今は建物で隠れてしまいましたけど、当時はここから駐機場がよく見えました。月がよく見えるある夜、航空母艦に載る艦載機が何十機も、こちらにお尻を向けてずらーっと並んでいたことがありました。「ハーメルンの笛吹き男」という子どもたちが連れ去られてしまうドイツの童話を思い出して、ものすごく異様なものを感じました。

エンジンを調整すると、音も排気ガスも全部こちらに流れてきます。もう、これをどこかに持っていってもらいたいと思って、米軍の広報に電話したことがありました。「基地の中からばかり見てないで、外からどういうふうに見えるか見に来てください」って。

そうしたら、嘉手納基地の司令官が本当に来たんです。向こうも驚いたんじゃないですか。そのときから駐機場の飛行機はこちらにお尻を向けなくなりました。

私たちはほんと、バカなのかもしれません。防衛庁とさんざん喧嘩して、一時は共産党員だと思われていたぐらいにね。防衛庁の資料のブラックリストに夫が載っているんですよ。何かの用事で資料を繰っていたら、共産党員の人の写真と一緒に夫の写真がありました。

駐車場の土地の問題で相談に行ったことがあって、門前払いされたものですから夫が怒鳴ったことがあったんですね。それがきっかけで記録されたのでしょう。爆音訴訟にもかかわりましたしね。書類を出すたびに直してこいといわれて、嫌われていましたから。

よく夫にいったんですよ。「いつまでこのうるさいところにいるの、なんでわざわざこんなところでやらなきゃいけないの」って。だけど夫は、「ここに人がいるし、私の土地はここにしかないから、よそに行けといっても行けるもんじゃない」といいましたね。

土地がないんですよ、嘉手納は。地図を見たら一目瞭然ですが、町全体の十数パーセントにしか一般の町民は住めない。幼稚園を大きくしたいと思っても、これ以上は土地がありません。

ところが去年、移転できたんです。二三〇〇坪もあります。神様が隠してあったの。そこにそんな土地があるなんて誰もわからなかった。役場もわからなかった。

そこは七人の地主さんがいて、その中の三人がうちの卒園生だったんです。栄光幼稚園が困っているのを知ってみなさんが話し合ってくださったんですね。幼稚園のために売ろうといってくださって移転が実現した。七人が心を合わせてくださった。

私は思うんです。制度や法律とは闘うけど、人と闘っているんじゃないってね。今も幼稚園には防衛省の職員のお子さんもいるし、兵隊さんのお子さんもいる。教会にも軍の関係の信者さんがいますからね。人は人なんです。付き合ってみればみんな愛すべき人たちだというとおこがましいですが、間違っているのは制度や法律なんですね。それも人が作ってるんですけどね。

実の父と会ったのは、神学校三年のときです。東北伝道に派遣されたことがあって、初めて会いました。そのときに初めて父の顔を知りました。

何をしてほしいかと聞かれたので、教会に行ってほしい、と私はいったの。そうしたらしばらく仙台の教会に通っていましたね。

物のやりとりも始まって、沖縄に来たこともありました。私たちも沖縄の伝道者と一緒に東北を巡回したときには会いました。

通院先の病院で突然倒れて亡くなったのですが、教会生活はしばらく続けていたようです。

最初に会ったとき、「忘れたことはなかった」といっていました。母が私を連れて再婚して新宿に住んでいたとき、私を探しに東京に来たともいっていました。そのときは、父にも新しい家族があったんですけどね。

家族のことも、沖縄のことも、神様がいるのにどうしてこんな理不尽なことがあるのかとお思いでしょうけど、神様は私たちの道具じゃないし、私たちによくするから神様じゃない。

たとえ自分の思い通りにならなくても、神様はいらっしゃる。神様の御想いの中で私たちがいる。神様ありきで、私たちがいるのです。

2018/7/22

十字架の風景④　夫婦と教会

インタビューはできるだけ一名ずつ行うようにしていたが、ときに、夫婦一緒にという要望を受けることがあった。質問によっては、妻、あるいは夫とは共有したくないこともあるのではないかと思ったが、数を重ねるうちに、彼らがなぜそれを望んだのかがおぼろげながら見えてきた。

キリスト者は同じ世界に住んでいる、ということだ。日曜日の礼拝を起点に一週間が始まり、食事をするときも眠るときも起きるときも、共に祈る。共に神の子であり、死んでも天国で永遠の命を与えられる。死別の悲しみはあったとしても、また天国で会えるという確信があることは大きな安心感をもたらすのだろう。

それは逆に、家族で自分一人だけがキリスト者という人に話を聞いていて感じることでもあった。奄美大島の教会で会ったあるカトリックの女性信徒は、夫が晩年になってようやく洗礼を受けたことが最大の喜びだった、務めを果たしたと語っていた。長年、夫が自分の信仰を理解してくれないことがずっと苦しく、毎日祈っていたという。

教会員になれば毎週、日曜日には朝から教会に行く。信徒には司会や奏楽、受付、食事当番などの役割があり、礼拝が終われば愛餐会と呼ばれる昼食会がある。牧師が不在のときに礼拝の司会進行を行う信徒代表もいれば、定期的に聖書勉強会を主宰する者もいる。

平日も完全に自分のものというわけではない。祈りの集いや伝道、ボランティアに出かけることも多い。

筆者はある教会で、日曜日の礼拝後、夕方まで子どもたちの集いのためにつきっきりで活動する大人たちを見て、この信徒たちの妻や夫、子どもたちは今何をしているのだろうと心配になった。無理強いされているわけではないとはいえ、これでは教会が家族を分断していることになりはしないか。


「また行くんか」

日本基督教団主恩教会の巽幸子[1]は、教会にだけは行かせてくださいといって結婚したものの、ある日、教会に出かけようとしていたときに夫からかけられた言葉が忘れられない。

波風をたてたくないため無理に教会に誘おうとは思わなかったが、「教会の葬式はええなあ」という生前の一言だけを頼りに、夫の葬儀は自分の意志で教会で行ったと語っている。

日本正教会東京復活大聖堂の中西裕一[2]神父は、ギリシャ正教会の聖地アトスに行くたびに、現地の修道士たちから、「おまえの奥さんはどうなんだ、子どもはどうなんだ」と洗礼について聞かれた。まだ受けていないと答えると、「おまえが死んじゃったら奥さんが洗礼受けてないと別の世界に行っちゃう」「天国で一緒に住めないのは大変だ、早く奥さんに洗礼受けさせろ」と心配された。

「信仰をもつと、人は変わります」

そう語ったのは、若葉キリスト教会の横川明子[3]である。横川自身、神様を信じている人でなければ結婚できないとの想いから、のちに夫となる男性が本当に信じたかどうかを慎重に確認してから結婚したと語っている。

「あるご夫婦は、奥さんのほうがさきに洗礼を受けたのですが、ご主人に話をうかがったら、やっぱりなんかとってもさみしかったとおっしゃっていました。価値観も世界観も全然違う世界に妻をとられたような気がしたと。でも自分の納得できないことを信じることはできませんから、大きな葛藤があったと思います」

日本バプテスト連盟若松バプテスト教会の西田《にしだ》宣昭《のぶあき》は、妻がさきに洗礼を受けてから自分が信仰するまで、疑念を抱いたことがあると語った。西田の妻は、毎週水曜日に教会で行われるバイブルクラスに通っていた。子どもが通う幼稚園を運営する教会で、妻は高校時代に英会話を勉強していたので、たんに英語が話せるようになるなら行ったらいいんじゃないかと思って賛成した。

するとその年の秋、バプテスマを受けていいかと妻に聞かれた。それまではバイブルクラスだったので、バプテスマクラスというのもあるのか、ランクが上がったのかなと思い、「そりゃよかったね」と答えた。

クリスマスが近づき、妻の洗礼式が行われる直前になって気がついた。

「バプテスマって洗礼のことか、おまえ、クリスチャンになるのか」

西田は疑心暗鬼となった。妻が教会に騙されているのではないかと思った。

「人にいえない悩みや心に痛みのある人が宗教に行くと思っていたので、妻は私には打ち明けんで神様にすがったんじゃないかと内心さみしかったんです。信用されてないんじゃないかって」

妻は本当に騙されていないのか、西田は確かめに行くことにした。礼拝に顔を出し、教会学校も見に行った。教会の歴史も確かめて、聖書も読んでみた。気がついたら、六年経っていた。

「確信はありませんけど、これは騙されとるんじゃないな、この教会は人を騙すとか、自分たちの利益のために活動してるんじゃないなとわかってきた。牧師先生や教会の人たちと交わる中で、この方々は本当に神様に結びつかれている方々だと思ったんですね。この先生たちは間違いないと」

それからもなかなか決心はつかなかったが、ある年の元旦、一年の目標を家族が順番に宣言することになり、

1　二二五ページ。
2　九一ページ。
3　七二ページ。

「自分がバプテスマを受けることになったら、十一月二十二日の誕生日がいいなあ」といったところ、その年の西田の誕生日が日曜日であることがわかった。妻はさっそく、夫が洗礼を決心したと牧師に伝えた。

「不思議やなあ、ただただ神様の導きかなあって思いましたね」

懐疑から確信へ、西田のような夫婦は珍しくない。西日本福音ルーテル教会米子福音ルーテル教会の清間《せいま》實《みのる》、節枝《せつえ》の場合も、妻の節枝がさきに信仰をもった。きっかけは婚家での暮らしに疲れ果てていたことであった。

「年子の息子がいて子育てで悩んでいるときに、近くに住んでいるお義姉さんがしょっちゅう息子たちを預けに来られるものですから、一時期は男の子を四人、面倒みとったんですよ。お義姉さんはいい方なんだけど、ちょっとからかったね。家に田んぼもありましたし、いろいろ大変でした」

夫の實は当時、電報電話局の電話交換手として働いていた。一九六〇年、交換機が自動化される過渡期に採用された特別社員で、最初の赴任地が倉吉《くらよし》市、それから三年かけて自動化に取り組み、米子に戻った。そこでアルバイトしていたのが節枝だった。

五年後、實が鳥取市に転勤してからも、節枝は定期的に米子の婚家に戻って義母の手伝いや家の仕事をした。離れたことでかえって細かいすれ違いが重なり、精神的な負担は増していった。

そんなある日、同じ社宅に住む人から、「牧師の先生がうちに来られて家庭集会を開くから、お子さんを連れていらっしゃいませんか」と誘われた。その女性も子育ての真っ最中で、幼稚園も一緒。姉がクリスチャンで、鳥取福音ルーテル教会に通っているとのことだった。

出かけてみると、家庭集会に一〇名ほど集まっていた。みんな子連れで、牧師も一緒に世間話をして大笑いしている。聖書の話はよくわからなかったが、和やかな雰囲気に安心感を覚えた。

「帰り際に牧師先生が聖書のみ言葉を教えてくださって、自然と、漠然と、お祈りしたいと思ったんです。それからは鳥取教会に行くようになりましたけど、子育て世代の家族がたくさん来られていてにぎやかでしたね。鳥取には四年いて、主人が米子に帰るときに洗礼を受けました。神様がどういう存在かとか、自分の罪とか、そういうことはまったくわからないままの洗礼でしたけど」

實は管理職の立場で忙しくしており、教会には節枝の運転手としてついていくだけだった。礼拝に出ることもあったが、家は曹洞宗で亡き父親の仏壇を継ぐ必要があり、クリスチャンになることなど考えられなかった。

予算の問題で葛藤していたある日、礼拝に出ると、みんなが「いつくしみ深き」という讃美歌をうたっている。歌は知っていたが、この日はいつもと違って聞こえた。

「なんでか知らんけど、バリバリバリッと音をたてて心の中にぐっと入ってきた。渇いた心に水がじゅーんと染み込むような感じでした。そのときはそれで終わりましたが、米子に戻って教会についていくたびに、洗礼を受けないかと勧められるようになるんですね。おやじの仏さんのこともあったし、なかなか決心できなかったんですけど、ある日の礼拝で宣教師のノルハウゲン先生から、体調を崩したと聞かされたんです」

西日本福音ルーテル教会は戦後、ノルウェー・ルーテル伝道会の宣教師が開拓した教団である。当時は宣教から三十年ほどで歴史はまだ浅く、宣教師は四年ごとに交代し、牧師もなかなか定着しなかった。しかも、米子教会はまだ自立教会として登録されず、教団本体からの援助で運営されている状態だった。

そんな中、ノルウェーから来た宣教師のノルハウゲンから聞かされたのは、高速道路で運転中に十秒ほど意識が途切れる瞬間があった、という話だった。

「嫌な話を聞いたなあと思ったんです。というのも、東京オリンピックの閉会式の日、うちのおやじが農業関係の仕事で出かけた帰りにバイクの事故で亡くなったんです。そんなことがあったから、思わず、洗礼を受けたいとお願いした。はずみというか、自然な感情でした。仏教はどうだこうだいいよったけど、もう仏壇はそのままにしておこうとね」

實は今では長老として米子教会を支える存在で、夫婦の長男はその後、牧師になることを決意した。

「息子は建築関係の会社で営業マンしよったんですけど、ちょうどリストラがあったりしてゴタゴタした時期でね。不正とか、談合とか、いろいろ見たみたいですね。そういうところでつまずきがあったのかなあ」

牧師の暮らしの厳しさを知る二人は反対したが、孫娘の「イエス様、大好き」の一言がきっかけになって決めたという息子の想いは変わらなかった。

節枝は牧師の松村秀樹[4]に相談した。

「息子は救われましたけど、逃げみたいな感じですよといったんです。そうしたら、逃げだよってさらりとおっしゃった。へーって思って、気持ちがすっとしました。いい性格ですよねえ」

息子は今、島根県出雲《いずも》市の教会で牧師を務めている。


カトリックや正教会では、「私は結婚信者ですから」と自嘲気味に話す妻たちの声をよく聞いた。実家はキリスト教ではないが、結婚するにあたって婚家から洗礼を勧められた、洗礼は受けたが自分から信仰をもったわけではないので、あまり取材にはお役に立てないだろうという意味だ。

婚家に洗礼を強制されたというような否定的なニュアンスはない。どちらかといえば、冠婚葬祭を共にするため、同じ墓に入るため、洗礼を受けておいたほうが何かと都合がよいから、という必要性からの入信である。

取材中は夫の記憶を補う妻たちに大いに助けられた。生まれながらに信仰をもたされた夫たちが当たり前のことと思っているしきたりや生活習慣や考え方が、世間の目からどう見えるのか、ノンクリスチャン時代を知っている妻たちにはよくわかるからだろう。

上武佐ハリストス正教会の菊池眞智子《きくちまちこ》は北海道標津の水産加工場で働いているときに、冷凍機関士の隆一[5]と出会い、結婚した。隆一は祖父の代からの正教徒だが、眞智子は正教会という宗教があることすら知らなかった。

「十八歳で、自分んちの仏教のこともよくわからんちゅうまま結婚したからね。みんな嫁ぎ先の宗教になるから。ただぼーっと、流れだったたね。結婚してからも子育てが忙しくてほとんど教会に行けなくて、おばあちゃんから、おまえたちは教会行かないっていわれた。おばあちゃんも結婚で信者になった人だけど、朝晩お祈りしてましたね。私たちが教会に行けるようになったのは子どもたちがおっきくなってからだね。でもうちの子もみんな地方に行っちゃってるから、このさき、教会がどうなるかわからないけどね」

奄美大島のカトリック古田町教会の久保和子《くぼかずこ》も「結婚信者」だ。名瀬出身で、高校で島を出て東京家政大学の短大を卒業後、二年間は教師をしていた。

奄美で久保薬局を営む久保家といえば、有名なカトリック一族である。和子の実家は仏教だったが、夫となる俊[6]一の熱心な信仰生活と義父の語る聖書の話に惹かれて、次第に自分も信仰をもつようになった。

「ばあちゃんの時代はカトリックの迫害があったので、久保家に嫁に行くなんてと村の人たちに猛反対されたそうです。私のときにはもうそういうことはなくて、嫁に行けばその家のしきたりに従うのは当たり前でしたから、ごく自然に洗礼を受けましたね。

とにかく義父の久保喜助はお話がとっても上手でね。どんな内容だったかはもう覚えていないんですけど、義父の神様の話には影響を受けましたね。冗談はいうし、人を笑わせるのが好きな人でした。でもやっぱり、

4　九〇八ページ。
5　二〇三ページ。
6　七二六ページ。

夫が信じる神様を自分も信じたいと思ったことです。そう、それが一番の理由ですね」

夫婦が同じ世界に住むということは、互いに学び合い、信仰を深め、夫婦あるいは家族で教会と聖職者を支える存在になっていくことである。

一方、教会の運営や聖職者に対して疑問を抱いたときは、夫婦あるいは家族単位で教会を去ることになる。

筆者は都内のある教会で熱心に活動していた夫婦が、いつのまにか姿を見せなくなったのが気になった。聖職者と信徒数の減少のため、教区再編が喫緊の課題となり、信徒代表たちによる話し合いが盛んに行われている最中だった。これもまた教団の存続と信仰の継承のための重要なプロセスだったが、どうしても意見の食い違いは生じる。

それを話し合いと祈りによって乗り越えていくのが望ましいが、キリスト者がみな私心を捨てられるわけではない。歩み寄ることができないと感じてしまえば、教会のすべてのことが自分にはもう無理だ、ここではやっていけないと思ってしまう。

しばらくは妻が一人で礼拝に来ていたが、やがて夫婦していなくなった。聖職者も残された信徒たちも、引き留められず残念だといったまま口をつぐんだ。

後日、妻に会う機会があって話を聞いたところ、別の教団の教会に転籍したとのこと。これまでも教会を転々としていた夫婦で、夫の妻に対する支配的な振る舞いを感じていたので、転籍は本意であるかと確認しようとしたが、はぐらかされてしまった。

自分に合う教会や聖職者を求めてあちこちの教会を転々とすることを「パスター・シッピング」と呼ぶが、信仰は内面のものと考えると、夫婦でシッピングするのはあまり健康的とはいえない。だが教会という器に振りまわされるのも、日本のキリスト者の一断面である。

戦争

第十章
そこに神はいたか

「ウォーディ　ニーディ
トゥントゥンディ　イイヤン」、
私もあなたと一緒だ。
この言葉は戦地に行ってからも
頭を離れませんでした。

今井富佐三
一九二二年生
日本基督教団丹波《たんば》新生教会園部会堂
京都府

生まれは大阪の西区、船場《せんば》の長屋です。おやじは北宋《ほくそう》派の絵師でしたが、たくさん描かんと儲からんといって、百貨店とかで正月に売る絵をほかの名前で描いてました。自分の好きな絵はほとんど描いとらんのです。一番上に姉が一人、兄が三人、私は四男です。三男は子どもの頃にインフルエンザで亡くなりました。

教会に通うようになったのは、小学生のときです。うちは仏教だったので、家族では私一人だけです。家の近くにＹＭＣＡ[1]と大阪教会がありましてね。小学校に錦織貞夫《にしきおりさだお》という牧師の先生が来て子ども向けに童話を話すことがあったんです。学習塾なんかないもんやから、友だちと一緒に塾代わりに日曜学校に行くようになった。当時は会衆派の教会でした。

その頃から、大阪港に向けて戦車が轟音《ごうおん》をたてて運ばれていくのをよく見かけました。

西区は当時、五年制の商業中学と高等女学校があって、中学はそこに通っとったんです。入った頃は一生懸命勉強して、わりと成績がよかった。教会では子ども会を作って劇をしたり、教会学校の手伝いもしたりするようになりました。

一九三七年やから、南京が落ちた頃でしょうか。汪兆銘《おうちょうめい》の傀儡《かいらい》政府から大阪の領事館に来た領事がおりまして、YMCAの中学生を集めて話をされたことがありました。その人が中国にはこんな話があるといって教えてくれたのが、「ウォーディ　ニーディ　トゥントゥンディ　イイヤン（我的你的统统地一样）」、私もあなたと一緒だ、という言葉でした。

日本人は中国人を「チャンコロ」と呼んで差別していましたから、お話を聞くうちに、人種など関係なく人はみんな一緒なんだ、同じ人間なんだという考え方が自分の中に入ってくるのを感じました。

教会には朝鮮の方もいました。小学校の前に病院があって、そのお医者さんを乗せる人力車の車夫をしている人でした。夜になると教会に来られて、児童会なんかにも顔を出しておられた。

やっぱり日本人には中国や朝鮮の人に対する差別意識がありましたからね。「ウォーディ　ニーディ　トゥントゥンディ　イイヤン」は、戦地に行ってからもずっと頭を離れませんでした。

国中が南京陥落で沸き返っていました。南京大虐殺のことは国民にはまったく知らされていません。あちこちに出征兵士を送る旗や幟《のぼり》があって、「出征兵士の家」のラベルを間口に貼ってある家が増えていきます。貼ってない家は肩身の狭い想いをしました。一家の大黒柱で妻子のある中年の人や農家の働き手が、一銭五厘のはがき一枚で召集されていく。本当に気の毒でした。

一九三八年のクリスマスに洗礼を受けました。とくに個人的な悩みがあったわけやなくて、自然な流れだったと思います。それからは、勉強よりも教会の仕事にのめり込みました。学校に信者が二人いたので、聖書研

1　Young Men's Christian Association、キリスト教青年会。一八四四年、イギリスのロンドンにて設立。日本には一八八〇（明治十三）年に創立された。信仰に基づく社会教育、奉仕活動を行う。

究会も作りました。校長は校外でなら集まっていいと許可してくれたんです。あの時代によく許してくれたなあと思いますね。

そうしたら成績がだんだん下がっていきました。なんとか卒業はしましたけど、成績が悪いと現級留め置きになる厳しい学校でしてね、二二〇人入学して卒業できたのが一五〇人ぐらいやった。その代わり無試験で高等学校に上がれる。

でも、高校には行きませんでした。若者はどんどん召集されていきましたし、自分もいつか兵隊行かなあかんと思っていましたから。

中学を卒業してすぐに大阪貯蓄銀行に勤めました。配属されたのは、港区の市岡《いちおか》支店です。庶民が多くて忙しい支店でした。

当時は硬貨がなくなって、五拾銭、拾銭、五銭、壱銭、みんな小さな紙幣になっていました。魚屋さんが持ってくる紙幣は鱗や塩がついていて、勘定していると鱗が飛び散って閉口しました。金製品を買い上げるのも銀行の仕事でしたし、コンピュータなんかありませんから、利息の積算計算は本店の女子職員がソロバンでやっていました。

一九四一年には、国の命令で全国の新教の教会をまとめた日本基督教団が発足して、礼拝に特高[2]が来るようになりました。ある日、牧師の西尾幸太郎《にしおこうたろう》先生が御製を読み違えたことがあって、不敬罪で憲兵隊に捕まった。西尾先生の弟は、支那派遣軍総司令官の西尾寿造《としぞう》大将です。それがわかってすぐに釈放されましたけどね。

そのうち軍服姿の牧師や信徒が増えていきました。御心が行われますように、と祈るしかありませんでした。

召集令状が届いたのは勤め始めて三年目、一九四二年四月です。遅かれ早かれ自分にも来ると覚悟はしていました。赤紙が来たのを知って、うちは一人娘で肩身が狭いから婚約してくれないかと頼みに来る人もいたんです。生きて帰れるかわからないからといって断りました。

西区の商業中学からは、四人の同級生が兵庫県の篠山《ささやま》聯隊に入隊しました。私は機関銃中隊でした。ここでは、軍人勅諭を暗誦して、天皇の軍隊であることや、地方人（軍人以外の人）とは縁を切ることを叩き込まれました。学校出は目をつけられて、難癖をつけてはよく暴力を振るわれました。演習に行っているときだけは殴られることがないので気が晴れました。

三か月後に奈良第一三八聯隊に送られて、中国に行くことになりました。総勢三〇〇〇人ぐらいいたでしょうか。出発日は秘密でしたが、どこで知れたのか、奈良駅に両親と伯父が見送りに来ていました。

当時の汽車の窓は小さいので、両親の顔がちょうど額縁の中にあるように見えて、これが最後になるのではないかと不吉な想いが過《よぎ》りました。それは現実になって、二人は私が復員する前に亡くなってしまいました。あの汽車には、そういう人たちがたくさん乗っていたはずです。

中国では揚子江《ようすこう》を北上して、安徽《あんき》省の大通《だいつう》に入りました。奈良第一三八聯隊は奈良の出身者が中心で、上官は自分の兵隊たちがかわいいもんだから、篠山聯隊はよそ者だといって、よく勤務に放り出されました。

私は重機関銃の部隊にいたのですが、通信に行けといわれて鳩《はと》通信班に配属されました。ここは班長以下六人でいじめもなくて、鳩と遊んでるみたいで居心地はよかったですね。

電信班の兵舎の向こうに忠魂碑があって、朝鮮から連れてこられた絣《かすり》にもんぺ姿の慰安婦たちが毎日お参りに来ていました。兵隊たちがからかうと、「朝鮮、朝鮮、バカにするな、天皇陛下一緒だ」と口癖のようにい

2　特別高等警察。明治末期に警視庁に設置され、一九二八（昭和三）年から第二次世界大戦敗戦まで全国に置かれた思想犯を取り締まる警察。国民の思想、言論、政治活動を弾圧した。

い返していました。

中国には三か月ぐらいしかおらんで、そのあとマレー半島に移動して、クアラルンプール近くのカジャンという町に入りました。一九四三年二月のことです。そこで三か月ぐらい、南方に慣れるための訓練を受けました。町は清潔で、コーヒーもあるし、果物もたくさんある。夜は広場が演芸場になってにぎやかでした。

ある日、町で聖書とウォーターマンの万年筆を見つけて買いました。「thee（汝）」とか「thy（汝の）」を使った文語体の英語でむずかしかったのですが、単語から見当をつけてなんとか読んでみました。商売人は華僑《かきょう》、役人はインド人、ゴム園の経営はマレー人でした。

五月十七日になって、ビルマ（ミャンマー）に向かいました。タイとビルマをつなぐ泰緬《たいめん》鉄道はまだ通っていなかったので、大八車に荷物を載せて歩きます。一週間ぐらい歩いたでしょうか。泥沼でとうとう歩けなくなりました。

結局、荷物はペナンから送ろうということになって引き返して、ペナンから船でラングーン（ヤンゴン）に入りました。この海域はじつは危険なところだったんです。あとから補充に来た若い兵隊の輸送船が爆破されたことを知ったのは戦後でした。


そこまでは、実戦はやっていません。ただただ歩いているだけの毎日です。本当に戦争になったのは、インド北東部のインパールでした。

インパールへは、ガダルカナルから引き揚げてきた福岡第一二四聯隊と、新潟の高田第五八聯隊が合流して一緒に向かいました。

インパール作戦を戦ったのは、第十五師団・祭、第三十一師団・烈、第三十三師団・弓の三師団で、うちは烈です。インパールに入ったのは祭と弓で、烈はインパールの北方一〇〇キロにあるコヒマで、インパールに向かう英軍を食い止めて補給路を断つ役割でした。

三月十五日の出撃を控えた直前のことです。「おまえ、薬を取りに行ってこい」と上官に命令されて、二週間ぐらい後方に取りにやらされたんです。ここへ来ても、「おまえは篠山だから、よそもんだ」といってよく遣い走りさせられたんです。野生の象や孔雀《くじゃく》、虎がいる竹やぶの道を、一人で松明《たいまつ》を持って走りました。薬を取りに行って戻ったら出発間際で、今度は、「おまえは牛と馬を引いてこい」といわれました。標高三～四〇〇〇メートル級のアラカン山脈を越えていくわけですから、到底、牛や馬は部隊についていけませんよ。部隊だけさきに行って、私は荷物を背負った牛と馬を引いてあとから追いかけました。牛は慣れない山越えで谷間に落ちて全滅です。コヒマに連れていくことができたのは、馬が半数だけでした。

コヒマではさきに入った部隊がドンドンパンパンやって、私が着いたときは一段落していました。機関銃中隊は、二〇人亡くなっていました。

私は補充として戦列に加わりましたが、弾薬は撃ち尽くして補給もありません。壕《ごう》を掘ってじっとして、英軍の連中が来たら機関銃で応戦するだけ。英軍はほとんどインド兵でした。

英軍は毎日、一時間おきに何百と砲を撃ってきました。日本軍は分解して運べる山砲《さんぽう》が唯一の大砲で、弾がないので日に三発しか撃てません。馬は迫撃砲で全部やられました。

迫撃砲は発射音がしてから飛んでくるまでに壕に入る余裕があるのですが、一〇センチ榴弾砲《りゅうだんほう》や戦車砲は発射音と同時に飛んでくる。大きな榴弾砲が炸裂して、私の足に当たりました。見たら、ズボンの裾が切れただけで身は大丈夫だった。風圧で腫れましたけど、ケガはそれだけでした。

英軍は空から補給を投下されていましたが、風向きの関係でこちらに流れてきたことがありましてね。見たら、ビスケットやキャンディ、チョコレート、たばこなどが入っている。どれも火を使わなくても食べられる物でした。私らは米を炊かないと食べられない。煙を上げたら砲弾が飛んでくるから命がけでした。

向こうからインド兵が来たとき、撃てーっと声がして私も撃ちました。機関銃を撃ったのは、あとにもさきにもそのときだけです。撃たないと自分がやられるから、私も撃ちました。

でも当たらんかったです。だから私はいっぺんも人殺しはしていないです。負い目はないんです。人を殺した負い目はないんです。


五月末になると、雷が鳴って雨季が始まりそうになりました。後方からは弾も米もなんにも送ってきません。当初から無謀な作戦に反対していた佐藤幸徳《こうとく》師団長は、補給を受けられる地点まで下がると決断して、撤退命令を出しました。

でも、なんぼ下がっても補給なんてないんですよ、もう。負傷したり病気になったりしても、病院なんかないですから草むらに置いておくだけです。担架で運ぶ人たちに気兼ねして自ら命を絶つ人もありました。

マラリア、アメーバ赤痢、飢餓で次々と倒れました。部隊に同行できない兵士は取り残されます。夕方になると、力尽きた兵士が手榴弾を抱いて鈍い音を響かせて死んでいきました。三日もすると蛆《うじ》が遺体を白骨にしました。私らはもう何もできません。野花を手向けて祈るしかありませんでした。

遺体や遺骨が並ぶ白骨街道を、ただずっと歩きました。機関銃が重くて逃げた人もいて、そういう人たちはまったく帰還していません。誰がどこで死んだかもまったくわかりません。生き地獄、凄惨の極みでした。それでも、佐藤師団長の撤退命令でずいぶん助かったのです。撤退しなかったら、私らは全滅だったでしょう。

あとで知ったことですが、軍法会議にかけたら師団長を信任した天皇に責任が及ぶというので、上層部は作戦の失敗が明らかになるのを恐れて、佐藤師団長は精神異常だと処理してしまいました。

最後の戦闘になったのは、一九四四年十二月から翌年三月のイラワジ会戦です。こちらには戦車も大砲もない。武器はもう何もありません。英軍の飛行機と戦車に追っかけまわされるだけです。

戦車用の地雷を持って切り込みの命令を受けたので走りましたけど、途中、ほかの班が敵に見つかって銃声が上がったので引き返して山に逃げました。この頃にはもう、体当たりするしかなかったんです。

三月二十日のミンゲの高射砲陣地では第一〇中隊の小銃中隊に配属になりましたが、高射砲は全滅で、機関銃は砂をかぶって撃てる状態ではありません。戦闘意欲はもうありませんでした。

敵兵はグルカと呼ばれるネパールの傭兵《ようへい》の勇敢な部隊で、壕で一緒だった同年兵が頭を出した瞬間に狙撃《そげき》されてしまいました。私は散らばっている彼の弾薬を集めて遅れて下がりました。持ち前の責任感から放っておけなかったんです。

タコつぼ壕に入ってからは、夕方まで寝てしまいました。そのあいだ、かなり戦闘があったようですが、何も知らずに熟睡してしまったんです。

夕方になって元いた壕に戻ったら、真っ赤に焼けていました。鞄も鞄に入れていた物も全部、聖書も万年筆も、このときに失いました。

八月に入ると、ビルマからマレーに転進する者と、現地に残って死守する者に分かれて、私は居残り組でした。もう戦意はなくて、あきらめの気持ちです。終戦になって、計画は中止されました。両親の死を手紙で知ったのは、それからまもない頃でした。

終戦から二年間、ビルマ東部にあるムドンで抑留生活を送りました。石切場で発破をかけて割った石を小さく砕いて貨車に積み込む仕事です。

シベリアと違ってビルマは寒くなくて、裸で過ごせるのがよかったです。私がいたのは中隊で、二〇〇人ぐらいいたでしょうか。わかっただけで同じ隊に四人、クリスチャンがいました。十二月には、「クリスマスしよかー」って集まってね。いや、べつに何もしませんよ、ただお祈りするだけです。

そんなことで兵隊としては生き残りましたが、たくさんの同僚が亡くなっております。インパール作戦は、三個師団で七万八〇〇〇人の兵隊のうち四万八〇〇〇人が戦傷死、戦病死です。私らの師団だけでも、二万人のうち一万三〇〇〇人が犠牲になりました。このうち戦傷死が五五〇〇人、不明が七五〇〇人、ほとんどが餓死です。

白骨街道で家族を想いながら絶命した兵士たちは、どんなに無念だったかと思います。時代遅れの兵器と装備、補給を考えない無謀な作戦でした。ガダルカナルを戦った同僚は、ガダルカナルよりひどい、といっていました。

英軍の捕虜になった兵士を作業場でフェンス越しに見ることがありましたけど、本当の名前や部隊はいいません。帰ったら罰せられる、身内に顔向けできないと思っていたんでしょうね。

自分がクリスチャンだからどうだとか、そんな特別な感情は何もありませんでした。そやけど、こんなところまで来ても神様の存在を疑ったことはなかった。やっぱり、いるとしか思えなかったです。「ウォーディ　ニーディ　トゥントゥンディ　イイヤン」は、どこへ行っても心の中にあって、マレーでもビルマでも、住民の人たちとはそういう想いで付き合うていました。

大阪に帰ってからもう一度、銀行に勤めることができました。職場がなくなった人が多い中で幸運だったと思います。日本貯蓄銀行に名前が変わっていて、配属されたのは天王寺《てんのうじ》から二駅下ったところにある勝山《かつやま》支店でした。

戦災でなくした通帳などの処理が多かったですね。大阪教会とＹＭＣＡの付近は戦災に遭わずに残っていたので、日曜日は教会に通いました。

兄の家に世話になっていたのですが、通勤途中、南海《なんかい》電車で天王寺を通りますでしょ。戦災孤児がたくさん目に飛び込んできました。これはなんとかせないかんなあ、と思うでしょ。

ある日、京都にある丹波教会の大河原伝弥先生から、園部に開設された戦災孤児の収容所の運営を府から任されたので経理を手伝ってくれないかといわれましてね。銀行にはずいぶん引き留められたんですけど、町に溢れている孤児たちを見て使命感を感じていましたし、両親も亡くなって独り身でもあったので、府の職員になって孤児の収容所に勤めるようになりました。児童福祉施設園部寮といいます。

アメリカからはララ物資[3]が送られてきましたので衣食類はずいぶん助かりましたし、同志社大学のジョン・G・ヤング教授からも物心両面でずいぶん援助していただきましたね。

今井家の長男のところに養子に入ったのはこの頃です。おやじ（養父）もおふくろ（養母）も大阪の天満教会の教会員です。

同じ頃、近くの小学校で教師をしていた妻と結婚しました。息子が二人、生まれてまもなく洗礼を授けました。長男は大阪音楽大学でピアノを専攻して、今もずっと、この教会で奏楽の奉仕をしとります。

施設はまもなく京都市内に移転したので、それからは民生課のソーシャル・ケースワーカーになって生活保護の実務を担当しました。当時は戦争で夫を亡くした未亡人が多くてね。母子世帯や自立できない世帯、韓国・朝鮮の世帯、家族に問題を抱える世帯など、いろいろとむずかしいケースがありました。むずかしいけどやりがいはありました。

3　ＬＡＲＡ物資。アメリカの宗教団体、慈善団体などからなる組織ＬＡＲＡ（アジア救援公認団体）から戦後、配給された支援物資のこと。

府に十三年ほど勤めて研修を受けて主査になった頃に、牧師から平安女学院《へいあん》に行ってくれないかと頼まれましてね。公務員やめるなんて何を考えてるんやとまわりにはいろいろいわれましたけど、会計担当が一人で大変なことになっているといわれて引き受けました。

平安女学院は日本聖公会が運営するミッションスクールで、ここで会計を立て直して二十三年、最後は事務局長までやって定年退職しました。

定年後は地元の区長を引き受けて、国際交流会館の建設や人権研修をよくやるようになりました。差別の一つの要因には穢《けが》れがあるので、ドラマのビデオを使ったりして研修に取り組んできたんですが、人はなかなか集まりませんでしたね。

京都には寺が多いでしょ。差別を温存してきたのは、宗教の責任でもあります。熱心なお坊さんがいても、いざ人権研修をやろうとすると、差別はしていないからといって檀家がついてこない。一生懸命やっているお坊さんになかなか話をさせないんです。

これは大変残念なことでした。区長をやめたあと、牧師に頼まれて日本基督教団の部落差別問題の特設委員になりましたけど、こちらのほうは活動的で勉強会をよくやりました。

京都いのちの電話の事業委員も十年ほど務めました。千人会といって、一人一万円を一〇〇〇人から集めていのちの電話の運営を支える集まりがあるのですが、園部出身の野中広務《のなかひろむ》議員や町長もメンバーになってくれましてね。町の会場を借りて運営できたので助かりました。

丹波教会はその後、丹波新生教会園部会堂に変わって、創立百三十年になりました。もともとは同志社を作った新島襄や学生たちが伝道して作った集会所が始まりで、一八九七年頃は二〇〇人ぐらいおったようです。家長がキリスト教徒になったら妻子もなる。それで増えていったのです。大名がクリスチャンになったら家来もみんなクリスチャンになるのと同じ流れですね。

私が園部に来た頃はもう鉄道がありましたけれど、それ以前は、園部のさらにさきの綾部《あやべ》からも歩いて礼拝に来られていたそうです。土曜日に綾部を出て園部の信徒の家に泊まって、日曜日に礼拝に出てごはんをいただいて、月曜日に帰っていく。それぐらい熱心やった。

それでは不便やからというので、グンゼの創業者の波多野鶴吉《はたのつるきち》さんが綾部の人たちのために作ったのが丹陽《たんよう》教会です。園部からも八〇人ぐらい信徒を送ってお手伝いしました。

一八八八年からここの牧師だった留岡幸助《とめおかこうすけ》先生が、北海道に「家庭学校」という児童自立支援施設を作ったときは、たくさんの信徒が北海道に渡って協力したそうですよ。

最近は昔のようにはクリスチャンが増えませんね。この教会も、一〇〇人いるかどうか。よっぽど何かに出くわさんと、本当に自分から求めることがないと来ません。私や教会が町に出ていく中で、そういう人たちに出会えたらいいなとは思っているんですけどね。

自分がもしクリスチャンじゃなかったら、どんな人生だったろうと考えたことがあります。たぶん、もうちょっと違う生活をしてたんかなあ。銀行にずっと勤めとったかなあ。京都府の課長か部長ぐらいになっとったかなあ。少しは出世しとったかなあ。

そやけど今はもう、全然そんなこと思いませんね。これでよかった、とね。神様が天上におられる。声は聞こえませんけど、神様がおられるという、それだけでいいんですよ。

2017/12/10~11,2018/9/23

父が泣き出すと、私たちまで一緒に泣き出してね。もう自然と祈っていたのは確かです。

清水信子
一九三五年生
カトリック須賀川教会
福島県

生まれは、満洲の新京です。中国の長春ですね。八年ほど前、当時、よちよち歩きだった弟から、どんなところで生まれたのか見たいといわれて一緒に行ってきたんですけど、開発が進んで当時の面影はほとんどありませんでした。中国の方に、「あと三年早かったら間に合ったのに」といわれました。

父は割烹《かっぽう》料理屋の板前でした。兵隊にはとられなかったんですけど、有事には徴兵される在郷軍人という立場です。

母は、私が四歳のときに亡くなりました。産後の肥立《ひだ》ちが悪かったからといわれましたけど、よくわかりません。四人の子どもがいて、一番下の妹はまだ八か月になったばかりでしたから、父はどんなにか大変だっただろうと思います。

父が泣き出すと、私たちまで一緒に泣き出してね。そんなことだから、もう自然と祈っていたのは確かです。祈るということは、幼い頃から自分のベースにあったのかなあと思いますね。

父はそのあと母のお骨を持って日本に帰ったのですが、すぐに父の兄が後妻を見つけてきましてね、そのまま再婚して、また満洲に戻りました。

満洲を引き揚げたのは、一九四六年の秋だったと記憶しています。幸いなことに、きょうだい四人とも一緒に帰ることができました。

父の実家は福島市の鎌田《かまた》というところで、満洲から送ったお金で田んぼを買ってもらっていたのですが、戦後の農地改革[1]で土地の半分は小作人だった方に差し上げましてね。残り半分の土地に家を建てて、父は進駐軍のコックさんになりました。

キリスト教と出会ったのは一九五三年、十八歳のときです。福島市内にある桜の聖母学院というミッションスクールに入ったとき、そこのシスターたちが教会に誘ってくださいました。

カトリック松木町《まつきちょう》教会といいます。神父様もシスターも、コングレガシオン・ド・ノートルダム修道会のカナダ本部から来られたカナダ人の方々でした。教会は戦前からあって、戦時中は食糧も乏しくて神父様たちも大変苦労されて、信者さんが畑で採れた大根などを寄付していたそうです。

聖堂には溢れんばかりの人がいましてね、そこで初めてラテン語のミサを聴きました。当時は信徒のみなさん、聖歌もラテン語でうたっていたんですよ。

わあ、こんなすばらしい音楽があるんだと思いましたね。そこからぐんぐんぐん引き込まれて、早くみんなと一緒にミサでうたいたいという気持ちが強くなりました。満洲にいた頃からピアノを少しやっておりましたので、音楽がきっかけ、といえるでしょうね。公教要理というカトリックの勉強もして、洗礼を受けることになりました。

当時は受洗者もいっぱいおられましたねえ。なぜあんなにたくさん信徒がいたのかと、ときどき思うんです

1　GHQ占領下で行われた制度改革。封建的な地主制度の解体を目的とし、全農地面積の三分の一を超える小作地を国が買収、小作農に譲渡された。

よ。戦時中はみなさん悲惨な経験をして、なんにもなくなったところで求めるものがあったんじゃないでしょうかねえ。

戦争で帰国させられていたシスターたちも戦争が終わって教会に戻ってきて、布教を再開された。クリスマスなんか、とてもにぎわっていましたからね。信仰はわからなくても、行ってみたい、見てみたい。そういう飢えはあったと思います。

同じ母から生まれたきょうだい三人も、洗礼を受けました。父と新しい母と、その子どもは受けなかったんですけどね。父は昔気質の人ですからね。でも、私たちが洗礼を受けることには反対しませんでした。

短大は英語科だったのですが、本格的にキリスト教音楽を学びたいと思って、卒業後には広島のエリザベト音楽大学で宗教音楽を専攻しました。

ミサ曲は基本的に、キリエ、グローリア、クレド、サンクトゥス、アニュス・ディという五曲で構成されています。それぞれに何人もの作曲者がいますから、みんなそれぞれ違いますでしょ。とっても奥が深いんです。うたっていると自分の魂が天まで昇っていくような感じでした。


須賀川教会に来たのは、一九六一年の秋です。ドミニコ修道会のフィリップ・リード神父様がピアノの教師を探しておられましてね、それで参りました。会堂ができたのはその三年ほど前ですが、教会の土台になったのは、国立療養所福島病院におられた患者さんたちでした。

私たちは、国療って呼んでいますが、戦後まもない頃から郡山《こおりやま》教会におられたドミニコ修道会の神父様や無原罪聖母宣教女会のシスターが、国療の患者さんをよく見舞ってらっしゃったんです。郡山から須賀川は一〇キロ以上あるので、神父様がジープを運転なさいましてね。患者さんたちは国療の中で洗礼を受けていました。

今でも不思議に思うんですけど、患者さんと面会するのはとっても自由だったんですよ。お部屋が一つあって、患者さんとお話ししたり、クリスマスや復活祭のときはそこで一緒にパーティーをしたりしました。今だったら受付で自分の名前と面会する患者さんの名前を記入してから中に入りますよね。どうして神父様たちはあんなに自由に出入りできたんだろうと思いますよ。病気が病気ですからね。結核は抗生剤が普及するまでは大変な病気でしたから。神父様やシスターがやさしく接してくださって、神様ってこういう方ですよと教えられて、患者さんたちも自然と受け入れていかれたんじゃないかなと思います。

私は音楽からキリスト教に入りましたが、毎週毎週、教会に通ううちに、やっぱりこれは正しい教えだと思いました。だから人にも伝えていかなければならないって常日頃から思うようになりましたね。むずかしい教義はおいて、いいもの、正しいものだから伝えたいということですね。決して押し付けるわけではなくて、自分が納得したらそれでいい。

ほかの宗教のことを申し上げるのはあれですが、よく勧誘にいらっしゃるんですね。これをやれば病気が治るとかね。でも、私たちは病気でもなんでも恵みだと思うのです。あとになって、病気になったから神様のありがたさがわかるというのがあるでしょ。

東日本大震災でも、どうして神様がいらっしゃるならこういう震災が起きたんですか、神様は何かできなかったんですかと聞かれますよね。

私が答えることはできないんです。神父様にも答えられないんです。どうしてなのかはわかりません。それが本当の答えだと思いますよ。どんな慰めも通じないと思いますが、せめて亡くなられた方たちのためにお祈りすることはできますよね。

イエス・キリストを通じて、神様にお祈りを届けてくださいと。マリア様を通じて、どうぞ神様に、この祈りを届けてくださいというほかないんですね。亡くなられた方たちが、どうぞ、天の国に入れますようにと。祈りというのは欲望ではないんですね。あれしてください、これしてくださいではないんです。たとえば病気であっても、神様にお捧げしますとお祈りします。そうするとね、苦しくても少し癒されるんですね。

震災があった翌日、教会を見に行きました。窓ガラスが割れて飛び散って壁も崩れ落ちて、マリア様も倒れていました。隣の司祭館は無事でしたので、翌々日の日曜日には田中丈夫《たけお》神父様がミサをあげてくださいましたが、教会はもう、これでなくなるのかなあと思いました。

そのうち本当にありがたいことに旭町《あさひまち》集会所を借りられることになって、四月十日には会津や福島市やらほかの地区からフィリピンの信徒の方がたくさん集まりました。福島第一原発の建屋が爆発して国外退避命令が出ていたので集まってこられたんだと思います。

フィリピン人の方はあのあとだいぶ国に帰られたんですが、アルマ[2]さんという女性が残られました。アルマさんがおられなかったら、須賀川教会は再建されなかったでしょう。

日本人は若い信徒で六十代ですから、自分たちだけではもう建てられないと思っていました。プレハブ小屋でいいから欲しいねといっていたぐらいでした。神父様も、須賀川の信徒のために仮設建築であれ、新しく建てることはありえないというお話でしたから。

管轄している仙台教区から平賀徹夫《ひらがてつお》司教様が来られて、信徒の意見を聞かれたときも、私たちはもう年だし、お金もないし、人数も少ないし、力もないから、白河教会か郡山教会でミサに与るようにしたらいいんじゃないかと申し上げたんですね。

そうしたら、フィリピンの人たちが一斉に、いえいえいえ、私たちはここに教会が欲しい、須賀川に欲しいですといったんです。それで司教様は心を動かされたみたい。いろんなところから寄付をいただいて、ちっちゃな教会ですけど二〇一六年四月に会堂が完成しました。

フィリピンの人たちの熱意は消えなかったのね。

会堂ができてちょうど一年になりますけど、新しい信徒さんはいらっしゃりそうにないですねえ。布教という面からいうと、統一教会やオウム真理教の事件以降、ガクンと減りました。みなさん、そういうものと同じものだとおっしゃるんですね。

それ以前は、社会科の勉強などで教会にいらっしゃる高校生が毎年必ずいて、神父様に教わって、その中の何人かが教会に残ることもありました。最近はそういうことが全然なくなってしまいましたね。

なぜでしょうね。宗教に求めなくても、今はスマホとかＡＩとか、なんでも問いを入れると答えが返ってくるからでしょうかねえ。物質的なものではないところに支えが欲しいと思っている方はいらっしゃるんでしょうが、それでは物足りないのかなあ、今の人には。

2017/11/7

2　渡邊アルマ、八一二ページ。

神様なんかいないと思ったことはないですよ。戦争中だってそうですよ。だって、人間がやっていることだからね。

松本幸子
一九二八年生
日本基督教団神奈川教会
神奈川県

きょうだいは七人ですが、神奈川県の厚木《あつぎ》に住んでいた頃に、当時三歳だった三番目の兄が関東大震災で瓦屋根につぶされましてね。両親はそのあと、屋根をトタンにしたそうです。

その兄の下には長女がいたのですが、私が生まれる二か月前、昭和三年の夏に疫痢《えきり》で亡くなりました。母はあまりの出来事にごはんも食べられなくなって、だから私はちっちゃく生まれたといわれました。

生き残った長男と次男は二人とも出征して、上は中国の山西省《さんせい》で、下はマニラ沖で戦死しました。七人のうち生き残ったのは、結局、次女と私と四男の弟の三人だけになりました。

父はとても堅い人で、裁判所の登記所の書記官でした。私が生まれた頃は小田原の公務員官舎に住んでいました。小田原はとてもいいところでしたね。

両親は二人とも結婚する前からクリスチャンで、私も小学一年のときに洗礼を受けています。父の転勤があって、小学二年の夏休みに横浜に引っ越してから神奈川教会に通うようになりました。当時の教会は宮前《みやまえ》町《ちょう》というところにありました。

戦争が始まってからは国策に沿わないといけませんから、英語はだめになるし、キリスト教もだめだといわれて教会がお休みになりました。父は神棚を買って帰って、家に飾っていました。お札も何もない空っぽの神棚でした。

神様のことは心に秘めて、朝と夜、寝る前だけ、家族でお祈りをしました。それだけです。身を潜めて暮らしていました。

捜真《そうしん》女学校というミッションスクールに通っていました。勤労動員が始まったのは三年のときです。グループごとに分かれて動員されて、部署によって仕事の内容が決まりました。私は明治製菓で戦地に送るための乾パンを作ったり、東芝で真空管を作ったりしていました。

同級生には、戦後、渡辺プロダクションを創設した渡邊晋《わたなべしん》さんの奥様の渡邊美佐《みさ》さんがいましてね。小学校も教会の日曜学校も一緒、動員されたときの職場も一緒、女学校を卒業するまでずっと一緒だったんです。

横浜の家は、昭和二十年五月二十九日の横浜大空襲で焼けてしまいました。着の身着のまま藤沢《ふじさわ》の親戚の家に逃げたところから、乞食みたいな生活が始まりました。

父は公務員ですから本当に堅くて、配給以外の闇物資は受け付けません。ろくに食べられなくなっていきました。

食べられないから、フラフラです。どこに食べ物があるかを考えて、軍にならあるだろうと思って、戸塚《とつか》にある陸軍の施設で働かせてくださいとお願いして面接を受けました。明後日からいらっしゃいといわれました。栄養失調で日に三度ぐらい、目が見えなくなりました。

八月十五日の朝、重大発表があるから外に出ないようにとおふれが出て、親戚のところで柱につかまりながらラジオを聴きました。

意味はわかりました。ああ、よかった、終わった、と思いました。両親も、親戚もみんな、ああ、よかったといいました。

それまでは神様扱いだった天皇陛下がマッカーサーに頭を下げて、私はどうなってもいいから国民に食糧を分けてほしいとおっしゃったそうですね。天皇陛下はわかっていらしたのね。

もう一つ話があるんだけど、これは録音されているからあとでいうわ。国策に反することなので。え、もう話しても大丈夫？

私が終戦になって感じたことはね、ラジオ放送が決まったのは、新型爆弾[1]が落ちたからだということでした。アメリカ人はあれで戦争が終わったんだといいますね。日本人がそれをいっちゃだめだといわれますし、犠牲者がたくさんおられてかわいそうだけど、でも、おかげで私たちは生き残ったんです。そうじゃないと、日本は全滅でした。

捜真のクラス会でみんなと会ったとき、生きててよかったわねといいました。こんな強い学年は、創立以来初めてといわれるぐらい強かった。先生に往復ビンタされた学年ですからね。ビンタされても泣きませんでしたからね。


終戦後もしばらく藤沢での暮らしは続きました。父は相変わらずで、食べられるのは配給の物だけ。悪いことは絶対にしない。お米も分けて、野菜も分けて、お団子にすると平等に分けられなくなるから、夜は全部どろどろにして食べました。

とうとう私は病気になってしまいました。関節リウマチです。熱がうーんと高くなって本当につらかった。牧師の滝沢《たきざわ》四郎《しろう》先生が小屋に見舞いに来てくださったのを覚えています。

寝ていた小屋には、体長二〇センチぐらいの長いムカデがぞろぞろ這っていました。背中は茶色、足が橙《だいだい》色です。天井から蛇がぬーっと顔を出す。そんな小屋でしばらく療養していました。

着る物も何もないので、洗濯をしたら下着一枚になって干して乾くのを待ちました。買いだめをした安物のパンツをほころびたら直して履いていました。

あるとき、桑で編んだパンツをくださった方がいて、これが嬉しくてね。あんな嬉しいことはなかった。物が有り余っている今の人はわからないでしょうね。今の人は幸せよ。

父のおかげで、私は公務員とは絶対に結婚しないと思ったわ。公務員の方とのお見合いの話を三つ断ったわ。

教会は宮前町の建物が焼けて、そのあと区画整理されてしまったので、今の桐畑《きりばたけ》の土地を探してみんなでお金を出して買いました。

建物は進駐軍が使っていたかまぼこ兵舎を、滝沢先生が交渉して寄付してもらいました。

家は住宅金融公庫でお金を借りて建てたのですが、父は最後まで借金を嫌がりましたね。「そんなことといったらいつまでも家が建ちませんよ」と母がいって、ようやくお金を借りたんですけどね。私も稼ぐからといって美容師になって、今のところで開業しました。

私はこういう家に生まれちゃったから、信仰も惰性ですよ。自分が信仰者だなんて思わない。改めて信仰について考えるなんてこともないですよ。

1　一九四五（昭和二十）年八月六日午前八時十五分、広島に人類が経験したことのない大型爆弾が投下された。十六時間後、アメリカはこれが原子爆弾であることを世界に宣言（トルーマン声明）。八日の「朝日新聞」は「残忍無比　敵の企図　暴爆に新型爆弾」と報じた。九日午前十一時二分に長崎にも投下され、十日の「西日本新聞」は「長崎市に新型爆弾」と報じた。当時、ほとんどの一般市民はこれが原子爆弾だとは知らなかった。

だから、神様なんかいないと思ったことはないですよ。戦争中だってそうですよ。だって、戦争は人間がやっていることだからね。心改めなきゃって思うだけですよ。

神様は最初から入り込んでるからね。心にぽんと入り込んでいるから、神様がいるのは当たり前のことだったのね。

惰性でクリスチャンだなんて、クリスチャンにふさわしくない人間だなと反省することもありますよ。

そんなときはただ一言、信仰は新たなり、と反省はします。それで救われるわけ。反省すると落ち込んじゃいますから、新たなりとね。

2016/8/7

いつのまにか、イエス様とご一緒になりました。いつも一緒なんですよ。助けてくださいましたね、いつも見ていてくださいましたねって。

岩塚光枝
一九二三年生
日本ナザレン教団長崎教会
長崎県

長崎市は市全体が要塞でした。稲佐山《いなさやま》には高射砲などが据えてありましたからね。自然が豊かで自分ちの庭みたいに思ってよく登って遊んでいたんですが、途中から登れなくなってしまいました。

五人姉妹の真ん中です。昔のことですから、一番上の姉とすぐ下の妹が肺をやられて亡くなりました。二人とも優秀でスポーツも勉学もよくできて、ご近所でも有名だったんですよ。

私は、勉強は好かんのですね。絵を描いたり、山に登ったりするのが好きだったので、「このお嬢さんもよくお勉強できるんでしょうねえ」と近所の人にいわれると、母親は、「いいえ、この子は飛んだり跳ねたりするばかりで勉強はいっちゃんできんとですよー」って、私の目の前でいってましたねえ。

デザイナーになりたかったんです。中原淳一《1なかはらじゅんいち》の少女の絵を真似てよく描いてました。友だちに描いて描いてと頼まれると、シャシャシャシャッて描いて、はいってね。

父親は三菱重工長崎造船所の職工でした。日本全体が不景気になっても、長崎は造船所があったのでにぎや

1　一九三五（昭和十）年、雑誌「少女の友」の表紙絵で一躍人気となり、戦後は婦人雑誌「それいゆ」や少女雑誌「ひまわり」を創刊。イラストだけでなく、ファッションやヘアメイク、インテリアなど幅広い分野で多くの女性を魅了した。一九一三―一九八三。

かでした。漁船もあそこから東シナ海にどんどん出ていきました。

戦争を意識したのはいつ頃でしたかねえ。十八歳のときに縁談がありましてね。八歳上の方ですが、小さい頃から感じのいいお兄さんだなあと思って憧れていたのですが、その方からいつのまにか親を通してお話をいただいたんですね。

そうしたら、その方に召集令状が届きましてね。母が見送りに行っておいでというもんだから、長崎駅に行きました。それが私の返事でした。

その頃、近所の仕立て屋さんのところにスタイルブックがありましたので、よく遊びに行って見せてもらっていました。するとある日、そこの方から、自分のきょうだいがソウルにいてお産するから手伝いに行ってもらえんかと頼まれましてね。それでソウルに行きました。当時の京城《けいじょう》です。

私が朝鮮に行っていた頃に、その許嫁《いいなずけ》の方が長崎に戻ってこられたんです。ところが私がいないもんだから、志願されて中国の南方に行って戦死されたそうです。

別れにおいでになりましたもん。夢うつつのときに、あら、お兄さん、お兄さんっていいましたら、さーっと帰られましたもんね。ああ、亡くなられたんだなって思いました。直感しました。


それから戦争が激しくなりました。すぐ下の妹の年忌には戻らなくちゃと思って関釜連絡船に乗ったのですが、釜山と下関を毎日毎日往復する船ですから、機雷にふれて撃沈されることが多かったので怖かったですね。ボーイさんも青ざめて震えていました。

長崎に戻ったのは、一九四四年の春でした。食べ物も何もなくて、毎日、防空壕掘りに明け暮れました。母は肺を病んで弱っていましたし、姉たちの家族も強制疎開で稲佐町に来ましたから、人の二倍も三倍も防空壕を掘りました。ほんと、暇あるごとに掘っていました。

岩もやわらかいところがあって、そこにノミを入れると大きな塊がドスンと落ちるんです。とっちんかん、とっちんかん、ドスンってね。

漁船を作る組合で邦文タイプライターを打つ仕事をしていたのですが、国に統制されて原材料が来るので、戦争が今どういう状態になっているかがわかりました。どこの県で船が何隻竣工《しゅんこう》したとか、輸送船が撃沈されたとか、そんな極秘中の極秘情報がわかるんです。だから早くから、日本はもうもたない、日本は負けるな、と思いました。

戦艦武蔵が建造されていることは、造船所の技師をしている義兄に聞いて知っていました。兵隊にもとられずに特殊な任務についていたんですね。

私たちは私たちで竹槍の訓練をして、空襲警報が鳴るたびに母親に防空頭巾をかぶせて、足袋を履かせておんぶして防空壕に逃げました。

八月九日午前十一時二分、私は稲佐町の家で洋裁をしていました。そばで一歳になる姉の娘がちょろちょろしていました。そうしたらピカーッて白光りがしたんです。姉と二人で縁側に出て、なんだろうねえっていったら、屋根がガタガタガタガタって壊れて落ちてきました。

とっさに、姪をかばいました。あれは母性本能だったんでしょう。母は別の部屋にいましたから、まず姪を避難させて、母をおぶって防空壕に入りました。

広島に新型爆弾が落ちたことはラジオで伝わっていましたので、ひょっとしたらそれかなと思いました。洋裁の先生にいただいた革表紙の聖書が、黒い雨で濡れてしまいました。

父が亡くなったことは、親戚が知らせてくれました。ちょうど事務所にいて書きものをしていたところだったそうです。窓ガラスがバーンって割れて体に突き刺さって、出血多量でした。五分間は生きていたと聞きました。

近所の人たちが担架で運んでくれて、翌日か翌々日だったかよく覚えていないのですが、お通夜をしました。火葬場も燃えてしまいましたので、造船所が幸町《さいわいまち》工場で従業員を一括して火葬するというので、そこで火葬してもらいました。

義兄と一緒に行ってみたら、すごい状況でした。ほとんど人間のかたちをしていない、肉の塊みたいなのがずらーっと並べてありました。もう、累々と、です。焼けただれた肉の塊です。私、原爆というと、あの光景が今も脳裏に浮かびます。

父は幸せ者だと思いましたよ。だって、塊の人たちはもう、誰が誰だかわからないですから。父の場合は通夜もできましたから。

でも、ひどく胸が痛くなって動悸がしましてね、「胸が苦しい」といったら、近所の人から、「あんたを頼りにしてるのにそんなことといって」といわれました。

終戦になっても、ほっとしません。進駐軍が入ってきたら女性は犯されるから逃げろといわれまして、千々《ちぢ》石《わ》のほうへ疎開しました。農家が多かったので助けられました。いろいろ差し入れしていただいたりしましたからね。

母も姉も病気で寝ていましたから、徹夜で看病しました。汚物は近所の人に見つかったらいけないので、川まで行って流しました。

被爆の影響はわかりません。あったかもしれませんが、わかりません。髪が抜ける人もいたし、熱が出る人もいた。私も血便が出ました。たくさんの方が亡くなりました。私たちのあとに避難してきた人たちも、何人も亡くなっていきました。

昨日まで話していた人が、今日は亡くなっていく。みんな死んでいくんですもの、私もそうなるのかと思いました。姉の子どもも一人、そこで亡くなりました。

母が亡くなったのは、九月二十六日でした。シーツで体を巻いて、おんぶして、材木を探して、瓦礫を置いてあったところで荼毘《だび》に付しました。姉も近所の人たちも来てくれました。

私、最後の最後まで、母の手を引いたり、おんぶしたりしていましたね。考えてみたら、母はまだ、たった五十歳ですよ。痩せ細って、もう相当なおばあさんだと思っていました。

こんな話、初めてしました。子どもたちは聞こうともしませんでしたし、こちらも話しませんしね。母親がそんな大変な目に遭ったことなんて、みんな知りませんよ。

結婚のことは全然考えていませんでした。戦死されたお兄さんに申し訳ないという気持ちがずっとありましたからね。お兄さん、ごめんなさい。私がソウルに行かずに長崎で待っていたら、志願してまで戦地に行かれなかったでしょうにと、今でも思います。

それがつらくてね。縁談はありましたけど、岩塚姓になってもらえますか、というとほとんど立ち消えになりました。

それがある日、姉の友人の方からお話がありましてね。造船所に勤めていて、兄がいるから自分は家を継がなくていいんだといわれて、私にはもったいない話ですからね、それで主人と結婚しました。

原爆の中心地に公園がありますね。あの近くに小さな三階建てのビルを建てて、そこで商売を始めました。いわゆる卸し屋です。人に騙されてしまって、いろんなことがありました。

子どもは、だいたい四人です。だいたいというのは、一人は生まれてすぐに亡くなりましたのでね。長男が昭和二十一年だったか二十二年だったか、もう、わからなくなりましたよ。息子二人と、娘が一人です。

娘は活水学院というミッションスクールに中学から入りましてね。大学に入ったときは全校で一番だったそうです。先生に呼ばれていわれました。お母さん、立派なお嬢さんに育てられましたねって。

ほんとに心がきれいで、頭のいい娘でした。大学を卒業してから東京で働いていましたが、長崎のいいお店でオーダーして洋服を作ってやっても着ないんです。いったいぜんたいどうしてるんだろうと思ったら、ある人から聞きました。生活が苦しい方にあげていたんだと。

あるとき、先天的な障害があって体が不自由な方がうちにいらっしゃったことがありました。娘とは同い年ぐらいですが、手足が曲がって大きくならない。座ったままやっと動けるぐらいでね。

そうしたら、娘はその方を抱っこして近所を散歩していましたよ。もうびっくりしました。娘のためにグランドピアノがあったのですが、私が「ただいまー」って帰ってくると、「お帰りなさーい」って、そのお嬢さんがピアノの下から顔を出されて、ドキッとしたことがありました。その方は学校に行けなかったので、娘が読み書きやピアノを教えていたんです。

畏れ多いことですが、うちの娘はイエス様みたいだなあって感じました。いつも自分よりも人を大切にしていました。

その娘が、精神的に参ってしまって、東京から帰ってきたんです。帰ってきたというか、放浪していたというかね。ピアノが弾けましたから、教会に連れていって、ご縁があれば奏楽でお手伝いできるんじゃないか、そうしたら娘も少しは元気になるんじゃないかと思いましてね。ナザレンの教会に行くようになったのです。長崎にはカトリックの方が多いですが、教会が大きすぎますからね。日にちは覚えていませんけれど、洗礼もナザレンで受けました。でも結局、娘は命を絶ってしまいました。

東京にやらなきゃよかったんです。勉強だっていうから、私はいいほうにばかりとって認めたんですけど、あまりにやさしすぎたのね。世間慣れもしていないのでね。

娘のお友だちからあとで聞きました。東京でいじめられていたそうです。とっても厳しい方がいて、言葉遣いもきつくて、そんなところから参っていったようです。同じ頃に私たちの会社が倒産して、無一文になったこともつらかったようです。

牧師の吉持枝子《よしもちえだこ》先生には本当にお世話になりました。すばらしい先生でした。

うちにもおいでくださいましたし、本を貸してくださったこともありました。お祈りがとくにすばらしくてね。私たちの生活はどん底でしたから、いつも一緒に食事しましょうと誘ってくれました。

大村《おおむら》に引っ越してからは、クリスチャンの友だちに誘われて、バプテスト教会の梅野《うめの》先生という方にお世話になりました。経済的にきつかったものだから、絵を描かせてくださったんです。下手なのに臆することなく買い上げてくださってね。なんとか生活保護は受けないで暮らせたんですね。

主人が亡くなってから生活が大変になりましてね。役所に行けば、すべて条件はそろっていますから、生活保護を受けませんかといわれるんですよ。でも、「私のプライドが許しません」といって帰りました。ぱーんって言葉が出てきて、自分でも驚きました。

うちはもともと浄土真宗で、母は信仰の篤い人でした。いつも、仏様が一緒だよ、仏様があんたのそばにいらっしゃるよって話していました。私、裏山に行っては崖から飛び降りるのが好きだったので、ケガを心配したんでしょうね。

それがいつのまにか、イエス様とご一緒になりました。いつも一緒なんですよ。助けてくださいましたね、見ていてくださいましたねって。

梅野先生はいつも迎えに来てくださいましてね。一緒に喫茶店に行ったり、大野原《おおのはら》という自衛隊の演習場があるんですけど、そのあたりにも連れていっていただきました。自然がすばらしいんですよ。二輪草とかリンドウとか、高山の花がありましてね。感動しました。

お昼前に突然、「岩塚さーん」って声をかけてくださって、コーヒーを持ってきてくださったこともありました。「次は銀杏《ぎんなん》を持ってくるからねー」って。びっくりしましたね。

民生委員の小川さんにも九年間、お世話になりました。その方も立派な方でした。ずいぶんあちこち連れていっていただきました。食事を終えて支払いでモジモジしていると、ぴしゃって手を叩かれて、気にするなと。

膵臓がんであっというまに亡くなられましたが、最後にうちにいらしたとき、かたーく手を握られました。亡くなる間際でしたが、こんなに力があるのかと驚きました。


本当にくたびれて、精神的にも経済的にも落ち込んで、もうどうにもならんようなつらいときに、大村のどこだったか、歩いていたら古くさびれたお墓がありました。そこに腐りかけた木が横たわっていて、こんなことが書かれてありました。

「重荷を負う者は私のもとに来なさい」って。キリスト教徒のお墓だったんでしょうね。古くてお参りする人もいない、石塔にする余裕もなくて、木のお札を立てたんでしょうね。

それを見たときに、胸がきゅーっとしましてね。しばらくそこに佇《たたず》んでいました。

地中に埋められた方はクリスチャンであられるんだろうけど、さぞや苦しみをもっておられた方なんだろうねえって。なんか、立ち去りがたい感じでしたね。

そのときの光景はよく思い出します。重いみ言葉ですね。深いですね。

聖書は毎朝、読んでいました。なんの心配もない生活からどん底に落ちて一番つらかったとき、ヨブ記に勇気づけられました。財産も子どもも自分の健康も失ったヨブに比べたら、私なんてなんでもないな、小さい小さい、気にしない、まだまだがんばらなくちゃって思いました。

いじけた気持ちでいたときも、聖書を読んで反省しました。もう、読んでいないと落ち着かないんです。あっちもこっちも気になるところがあってね。

聖書を何冊も買って、親しいお友だちに「暇があったら読んでみて、おもしろいわよ」って渡しました。でもね、いいえっておっしゃる。聖書というだけで読まない。こんなおもしろいのにね。だって世界で一番読まれている本でしょ。それを読まないなんて損ですよ。

息子たちはクリスチャンじゃないですけど、一人暮らしの私を心配して電話をかけてきてくれるんですよ。「お母さん、どう、元気？」ってね。

次男にソドムとゴモラの話をしたら、そのさきの話をするんです。「あら、あなた、聖書知ってるの」っていったら、「それぐらい常識さ」って。はあ、この子がねえ、って思いましたね。娘も優秀でしたけど、息子たちもほんと、やさしいんですよ。

後悔することはいっぱいありますけど、唯一、私は自分がクリスチャンになったことだけはよかったと思っていますよ。クリスチャンのお友だちはみんないい方ばかり、すばらしい方ばかりでね。自分がクリスチャンになったことを喜んでおりますよ。

一人暮らしですからいつも神様にしゃべりかけています。ありがとうございましたとか、私はもう年ですから助けてくださいとか、いつもお祈りしていますよ。もう、ここにおられるんです。話し相手は神様ですよ。

2017/11/23

何年か我慢すれば信仰生活は取り戻せる。
おやじたちはそう考えて、
教会での礼拝禁止は飲み込んで、
家で祈ることだけはしょうがないという
ところで手を打ったんだと思います。
表向き転向です。

久保俊一
一九三三年生
カトリック古田町教会
鹿児島県奄美大島

奄美には南方から入ってきたユタやノロといった土着の信仰はあったのですが、みんながみんな信じるというわけじゃなかったんです。教育も本土に比べて遅れていました。

島民のあいだに、なんとか新しいものを入れないといけないという感情が高まってきたところで、鹿児島で洗礼を受けた名瀬浦上町出身の臼井熊八という大工の棟梁《とうりょう》が、カトリックの長崎教区に頼んで神父様を派遣してもらったんです。キリスト教は本土で学校を作っていたので、先進国の文化を入れるためにはキリスト教が必要だと思ったようですね。

一八九一年十二月にパリ外国宣教会のフェリエ神父がいらして説教をしてみたら、何十人もの島民が感動して信徒になった。そのうちの一人が私の祖父、久保喜助でした。

うちは一九〇四年創業の薬局で、祖父のきょうだい三人が一緒に始めました。当時、大阪、名瀬、那覇を移動する大阪航路というのがあって、名瀬に寄港したときに関西のセールスマンが途中で降りて名瀬で商売していたんですね。奄美には伝統工芸の大島紬があるし、黒砂糖がある。関西の人や北九州の人もたくさんやって来て、ここで商売した。奄美は鹿児島より、関西との取引が盛んでした。

祖父はどんな商売をやるか、本土をあちこちまわって、結局、北九州の薬局に丁稚奉公しました。味噌醤油やお米は重くてかさばるし、単価は安いけど、薬なら小さくて単価が高い。これはいけると気づいたらしく、帰って薬局をやることになりました。

資本もないし保証人もいないけど、鹿児島銀行も町に薬局一軒ぐらいは必要だということでお金を貸してくれた。商店街のメインの土地はもう空きがなかったので、隅っこのほうですけどね。

祖父がクリスチャンになったのは、店を開いた頃だったんじゃないでしょうか。神父さんがオートバイに乗ってうちの薬局に来たときの写真が残っています。

祖父はまもなく町議になって、大島高等女学校というミッションスクールの開設のためにも働きました。奄美にはそれまで、家政科などを教える二年制の名瀬町立名瀬実科高等女学校しかなかった。その頃の奄美の宣教は、パリ外国宣教会からカナダ管区のフランシスコ会に移譲されていたので、やって来た神父様に、本土並みの四年制の女子教育も必要だと要望して、学校を設立してもらったのです。開校は、一九二四年でした。

父の忠志は一九〇七年の生まれで、一二人きょうだいの長男です。みんな幼児洗礼を受けた熱心なクリスチャンファミリーでした。

父は旧制大島中学三年のときに放校処分を受けたことがあります。配属将校に引率されて名瀬の高千穂《たかちほ》神社を参拝したとき、頭を下げないでいたことが大問題になったんです。

県内の公立中学には転校できないので、しかたがないから長崎の私立海星中学に移りました。当時は福岡より長崎のほうが経済的に発展していましたし、教会も海星ならミッションスクールなので大丈夫だということで行けたんですね。

父はそこから日本大学商学部に進学して、東京ではカトリック哲学で有名な上智大学の[1]吉満義彦《よしみつよしひこ》教授と一緒に中目黒で自炊生活をしていました。吉満教授は徳之島の町長の息子で、親同士も交流があったんです。下宿には[2]岩下壮一《いわしたそういち》神父や、のちに文部大臣になる田中耕太郎《こうたろう》さんも遊びに来ていたそうです。

父によると、吉満教授はすごい秀才で、東大哲学科を卒業してからは岩下神父の勧めでフランスに留学して、ジャック・マリタンという哲学者の弟子になってカトリック哲学を専攻されたんですね。おやじはそんなえらい人だとは思わなくて、「吉満君、きみは頭がいいんだろうけど、きみの書くものはむずかしくてわからん」とよくいったそうです。


私は高校まで祖父と一緒に暮らしました。朝起きたらみんな祭壇の前に集められて必ず祈りました。私が生まれた頃は教会排斥運動がひどくて、大島高女が開校十年もしないうちに廃校させられるし、一九三四年には神父様たちが国外追放されて島には一人もいらっしゃいませんでした。それでも家で祈るぶんにはかまわなかったので、どこの家でも同じような状態だったと思います。

奄美には昔から、古仁屋《こにや》という町に一個聯隊が常駐していました。古仁屋は昔の言葉でいえば要塞地帯。大島海峡は入り江が多くてリアス式海岸みたいで、水深が深いから軍艦が入れる。連合艦隊が全部入っても外から見えないので、帝国海軍の隠れた要港だったのです。

陸軍は、熊本第六師団の配下です。泣く子も黙る六師団といわれた日本最強の師団で、迫害がひどかったときの師団長は荒木貞夫《あらきさだお》中将でした。しかも、ここは離島なので中央の目が届かない。この近くに出先の憲兵隊があったのですが、そこがひどかった。

外国人の神父様たちはスパイだとでっちあげられるし、カメラを持っていただけで、町民大会で弾劾された。

新聞社もそれに乗っかって記事を書きました。

地域の人が集まって消防演習をするときは、バケツリレーで真っ先にカトリックの家に水をぶっかけられる。店の商品から何から台無しにされました。うちは祖父が議会のボスだったので被害はなかったのですが、公職じゃない信者の家はやられていました。

一番ひどかったのが、笠利町や龍郷町でした。私が実際に見たわけじゃないですが、村の青年が来て木造の教会を打ち壊されたそうです。

とにかく迫害が続いて、機会あるごとに改宗を迫られるもんですから、町会議員をやっていた私の父と鹿児島の郡山健次郎司教のお父さんの為業《ためなり》さんが古仁屋の軍司令官と参謀がいる旅館に押しかけて、対決したんです。われわれの神は天地創造の神であって、天皇とは違う。天皇はわが国の代表として尊敬しているといったようです。

戦争は永久に続くわけではないですし、何年か我慢すれば信仰生活は取り戻せる。おやじたちはそう考えて、教会の接収や神父の引き揚げ、教会での礼拝禁止は飲み込んで、家で祈ることだけはしょうがないというところで手を打ったんだと思います。表向き転向です。

それが嫌だという人たちは種子島《たねがしま》に移住したり、鹿児島に渡ったりしました。種子島も鹿児島ももともと信者は少なかったのですが、奄美の信者が移住して増えたんです。

迫害が収まってきた頃の話ですけど、私も小学校ではよく、「神父びき」といわれました。神父ひいき、と

1　哲学者。中学時代からプロテスタントの信徒だったが、カトリックの岩下壮一神父の影響を受けてカトリックに改宗。フランスのジャック・マリタンのもとで学び、岩下と共に日本のカトリック思想界を代表した。一九〇四―一九四五。

2　カトリック司祭、思想家。神山復生《こうやまふくせい》病院院長として救ライ事業に献身。一八八九―一九四〇。

いうか、一派という方言ですね。迫害した久保家の子どもという意味でしょう。久保は神父びきだ、神父びきだってね。いじめられたわけじゃなくて、ニックネームみたいなものですけど。

父も三十七〜八歳で召集されて、古仁屋の聯隊に入隊しました。沖縄の次は奄美に米軍が上陸するということで、奄美防衛が任務でした。空襲で古仁屋はもちろん、奄美市もほとんど焼け野原になりました。私の家も薬局も全部焼けてしまいました。


戦後、奄美は米軍に占領されました。一九四七年に奄美に最初に来たのが、フランシスコ・カプチン修道会の二人の神父様でした。私は中学生になって初めて、順序だてて公教要理を教わったんです。

二人の神父様のうち一人はニューヨーク出身で、大学の先生をされていた。写真を見せてもらったら、大きくて立派な家でした。その神父様が日本に転勤になったとお母様に伝えたとき、日本のどこかといわれたので地図を探したら、奄美大島が載ってなかった。そうしたら、お母様がだーっと涙を流されたんだそうです。

世界一の大都市に生まれて、大学の先生にまでなって、あんな豪壮なおうちに住んで、立派なお母様がいる人が、どうして一生を神に捧げて、地図にもない遠い島に来るのか。そんな人があまり日本語もわからないまま、公教要理を教えてくれている。

私は、そこに惹かれたのです。この宗教はちょっと、ただものじゃないと思った。神様、イエス様というより、そのほうがさきだった。それが、私のキリスト教の第一印象です。

もう一つ、私が非常にショックを受けたのは、ドルワール・ド・レゼーという有名な神父様が書いた『真理之本源』[3]という本でした。日本にはたくさん神様がいて、奄美にもユタとかノロがいるけど、天地創造の神は唯一だと。天地創造の神が宇宙万物を造った、人間も何もかも造った。山の神や水の神とは格が違う。

山の頂に行くにはいくつか道はある。だから宗教はいろいろあって、遠まわりする人はいるけれど、結局は一つなんだと順序だてて書かれていた。これはすばらしいなあと大変感動しました。

教会には大きな倉庫ができて、神父様たちは物資を貧しい方々に配っていました。託児所や診療所、奄美和光園というハンセン病の施設もありました。

布教だけじゃなく、地域の信者以外の人たちに対しても奉仕していた。神父様は占領軍司令部と交渉して資材を分けてもらったり、いろんな条件を引き出してくれたりしたんです。

信者を迫害していた人たちは怖がって、自分たちは軍事裁判にかかるんじゃないかという雰囲気がありましたが、不思議なことに、一般市民はあれだけ命を賭して戦ったアメリカ人にすぐなじみました。鬼だと思っていたのに、なかなか博愛に満ちた人たちじゃないかといって、ぱあっと好感をもったんです。

名瀬聖心教会の敷地内には図書館もできました。ロシア文学全集もあるもんだから、共産党の人たちもよく通ってきました。そのうちカトリック幼稚園もできたのですが、共産党や創価学会の家の子どもたちもみんな入ってきましたよ。外国人から見たら、ずいぶんいい加減な民族でしょうがね。図書館に通っていた人の中からは、神父も誕生しました。

私はごミサでお手伝いをする侍者をやっていたのですが、当時のことですからミサはラテン語で、「インノミネ　パートゥリス　エト　フィーリ　エト　スプリトス　サンクティ　アーメン」って祈ってね。「父と子と聖霊の聖名によりて、アーメン」という意味ですが、おれ、ラテン語できるんだぞって得意で、神学校に行き

3　ドルワール・ド・レゼー『真理之本源』林寿太郎筆記（一九二七・関口天主公教会）。著者はパリ外国宣教会神父、一八七三（明治六）年来日、主に北陸中心に伝道を行い、一八九七（明治三十）年に関口教会主任司祭。神山復生病院院長となり、ハンセン病患者の救済に尽力した。

たいと思ったこともありました。

父は反対はしなかったですが、いろいろ経験を積んでから神父になる人も重要だといわれました。医者やナースの資格をもった聖職者は必要だから、まず普通の大学に入れとね。それでパスポートをとって留学生として東京薬科大学に行きました。為替レートは一対三、アメリカの軍票B円が一に対して、日本円が三です。これはありがたかったです。

東京では親戚も何も知り合いがいなくて心細いので、教会にだけは行きました。吉祥寺《きちじょうじ》の教会が近かったのですが、銀座のど真ん中の三越の七階に[4]カトリック教会がありましてね。日曜日の午後四時からごミサがあるので、日によってはそこに行きました。上智大学の近くの聖イグナチオ教会は日に何度かごミサがあるので、そちらにもよく行きました。

特定の教会の信徒になると維持費を払ったりしなくちゃいけなくなりますが、学生でしたからごミサに与ることができればどこでもいいんです。見知らぬ大都会で生きていけるというのも、神のご摂理だなと思いました。神様の配慮という意味です。

生活は大変でしたし、何もないままポーンと東京に出てきてしまったわけですが、神も仏もあるものかと思うようなことはありませんでした。どこかで守られてるというのでしょうか。ふるさとで親が祈っているから、自分は守られている。熱心というほどじゃなかったですが、そう思っていたから教会にもちょこちょこ行ってたんでしょう。

時代が時代ですから、組合運動が盛んで、左翼の連中とも付き合いました。ただ私がそちらに行かなかったのは、ＪＯＣ（カトリック青年労働者同盟）に参加していたからでしょうね。カトリック精神に基づいた社会生活の改善を目指して、定期的に集会をやって、ああだこうだと議論していたんですよ。

左翼の連中とは話は合うんだけど、根本のところでなんか違う。やっぱり向こうは唯物論なんです。全学連（全日本学生自治会総連合）ができる前のことですが、ＪＯＣに入っていなかったら、私も学生運動に行ったかもしれないとは思いますね。

私はキリスト教を信仰しているから、キリスト教が真理への近道だと思っていますが、だからといってほかの宗教が間違っているとは思わない。われわれの一族にもいろんな宗教の人がいますし、仲良くやってはいます。ただ一神教は、徹底すると外国で見られるように排他的になります。結婚もしない、付き合いもしない、挙句の果てには殺し合う。日本人はやっぱり八百万の神の風土だから、そうはならなかったんでしょうね。民族性もあるでしょう。

寮の先輩たちとは一～二度、論争したことがあります。相手は私よりうんと年上で秀才だし、もう一人は一橋大学の法学部教授になった人でしたけどね。こちらから仕掛けたわけじゃないですが、たまたまそういうテーマになったので話をしたんです。科学が発達すれば世の中のことは解決するという話をするもんだから、いや、そうじゃないと。

研究すればするほどもっと未知の世界が広がっていく、だから真理の探究と簡単にいうけど、真理ってそんな簡単なもんじゃない、無限のものなんだと。結局は神がいて、神が造られたとしか思わざるをえなくなっていくと私は思うし、そう信じてるんだといいましたね。

4　一九四六（昭和二十一）年九月十二日、カトリック委員会は三越百貨店六階を進駐軍と日本人の親睦を目的とするインターナショナルハウス、七階を教会とすることを決定した。進駐軍による接収を免れるため三越がカトリックと交渉したという。五年間で約四〇〇名が洗礼を受けた。一九五七（昭和三十二）年閉鎖。教文館出版部Facebook 2016.9.12参照。

東京で社会勉強してから奄美に戻る予定でしたが、私が卒業する一九五五年に名瀬の商店街の大火があって、店が丸焼けになってしまいました。空襲に続いて二度目の全焼でした。

焼け跡の整理に帰ったら、父が今度は焼けない店を建てるといって、中小企業金融公庫からお金を借りてコンクリートで建てることになったんです。当時、コンクリの店なんかありませんよ。借金返済が大変です。

じゃあ私は営業範囲を広げようと考えて、それまでは店舗売りだけだったものを、病院をまわって入札にも参加して、県立病院や医師会に販路を開拓していったんです。一九五八年には妻と出会って結婚もしましたので、結局、東京には戻れなくなっちゃいましたね。

祖父は長く町議をやって、議会のボスだったとお話ししましたね。戦地から帰還した人たちの在郷軍人会の会長をしていた人もカトリックの信徒でしたし、医師会長も信徒でした。

あっちとは親戚だとか、こっちは職場が一緒だとか、仕事や地域の役割が細かく絡み合っていて分けられないんです。多いときは島民の一〇分の一ほどが信者でしたから、神父様が歩いておられても違和感はなかった。直接、神父様に石を投げるなんてことはなかったです。

今から考えるとひどいことはいっぱいありましたが、奄美が、長崎で起きたような迫害や、セルビアやアイルランドみたいな殺し合いにまでならなかったのは、やはりそんな地域性もあるんじゃないかと思いますね。

プロテスタントの原理主義的な教派にはこだわりが激しい人がいますけど、カトリックの人は少しルーズなんです。鹿児島の方言で、テゲテゲっていいます。

2017/10/31

欧米系島民は正式に帰化した日本人ですが、見た目が違うから、スパイや敵国人じゃないかとさんざんいわれたんです。教会が唯一の避難場所でした。

小笠原愛作

一九三一年生

日本聖公会小笠原聖ジョージ教会司祭

東京都父島

一八三一年に初代のジョーキン・ゴンザレスが父島に上陸して、私で五代目になります。

父島はもともとどこの国の島でもなくて、捕鯨船の休憩所のような、水を補給したり体を休めたりする島でした。ろうそくの時代になって、油をとるためにクジラ漁が盛んだったんですね。ジョーキンもポルトガルから捕鯨船でやって来て、おそらく病気になったので船を降りてそのまま住むようになったんだと思います。父島にはその頃すでにアメリカやイギリス、スペインなどからやって来た人たちがいて、みんな若かったので、南洋群島から女性を連れてきて結婚したそうです。まあ、男と女だから、この世的な事件もあったみたいですよ。

みんなクリスチャンです。人数が少ないからプロテスタントもカトリックもなくて、冠婚葬祭のときは自分たちで洗礼を授けたりお祈りしたりした。言葉も最初はバラバラだったけど、最終的に英語になっていった。そういう生活から始まりました。

ジョーキンの孫のジョセフが私のじいさんで、ばあさんは八丈島から来た開拓者の娘です。幕末に咸臨丸《かんりん》が島を調査にやって来て、一八七六年、明治九年に日本政府が領土宣言してから、日本人がたくさん来て、あっというまに九割ほどが日本人になりました。

一八八二年には欧米系の島民も全員帰化して、目の色や髪の色は違うけど日本人です。住む場所は初めの頃はそれぞれ別の場所だったんですが、欧米系の島民は奥村《おくむら》という地域にだんだん追いやられていった。のちにヤンキータウンと呼ばれたところです。

外人とか異人とか差別語がありますけど、欧米系島民は少人数で数が増えないですし、ほかに帰るところはないから、毎日どこかで顔を合わせて苦楽を共にしてきたんです。

ジョセフじいさんが、島の教会の創設者です。イギリスが島に興味をもって、日本の英国大使館が島の若者を四〜五人連れて神戸の英語学校で勉強させたことがあったんですね。神戸[1]には英国聖公会系のミッションが入っていたので、そこに通うようになりました。

学校が休みのときは、島の行き帰りに東京の聖アンデレ教会に立ち寄りました。ジョセフじいさんはそこで、オードレー司教から按手を受けたと記録に残っています。

島は大変な状況でした。ジョセフじいさんが帰るたびに乱れてひどくなっていく。少ない仲間なのに、みんな朝から晩までお酒飲んでね。このままじゃいけないって思ったんだね。島のため、神様のために一役買おうと牧師になったのでしょう。

最初は日曜学校のような小さな集まりから始まって、一九〇九年には聖堂ができました。設計は鹿鳴館やお茶の水にあるニコライ堂を作ったジョサイア・コンドルで、ステンドグラスから何から材料は日本だけでなく、イギリスからも運んできた。ほとんどの欧米系の島民は教会に集まるようになりました。

ジョセフじいさんの息子ジョサイア、つまり私の父は、私が五歳のときに亡くなりました。当時の日本はグアムやサイパン、パラオなどを信託統治していて、南洋貿易とか南洋興発といった会社が進出していました。父も親戚のつてで南洋貿易に勤めるようになって、サイパンにいたことは、物心ついたばかりでしたけどうっすら覚えてます。お酒が大好きで、結局、それが原因で体を壊して島に戻ってきた。ベッドに伏せていた姿が記憶にあります。

父が亡くなったあと、母は妹を連れて実家に帰ってしまいました。母は開拓者の娘で実家も島にあったのですが、娘を帰してくれといわれたんですね。

そこで母とは縁を切られて、戦時中に満洲に渡ったところまではわかっていますが、それから母がどうなったのかは知りません。私は長男だからゴンザレス家に残って、祖父が亡くなる小学五年までは、じいさんとばあさんと三人で牧師館に住んでいたのです。

だんだん戦時色が濃くなって、尋常高等小学校は国民学校になりました。毎朝、学校では宮城《きゅうじょう》に向かって最敬礼しましたし、仏教もキリスト教も関係なく神社にお参りしました。

子どもですから深く考えませんよ。それが当たり前のことでした。欧米系の島民も上の世代はどんどん軍人になっていきました。志願した人もいます。大人になってから国に尽くすのは当然で、反対するのは逆賊だといわれた時代です。

名前も強制改名させられました。じいさんはジョセフ・ゴンザレスでしたけど、島を発見した小笠原貞頼《さだより》の苗字をもらって、ジョセフは恕清《じょせい》に、私はアイザックだったので愛作になりました。

1　聖公会は十六世紀にイギリスの宗教改革によって生まれたキリスト教会で、カトリックとプロテスタントの諸要素を併せ持ち、中間に位置付けられる。日本には一八五九（安政六）年に米国聖公会の宣教師が入り、キリスト教禁令が解かれたあとは、イギリスやカナダ聖公会の伝道も加わり、一八八七（明治二十）年に合同して日本聖公会になった。

欧米系島民は一八八二年に正式に帰化した日本人ですが、見た目が違うから、スパイや敵国人じゃないかとさんざんいわれたんです。教会が唯一の避難場所でした。心だけはバラバラになっちゃいかんっていうことで団結したんです。
そういうわれわれの姿を見て、おれたちも教会に行ってみようかなと興味をもって、本当の気持ちから洗礼を受けた島民もいたんですよ。

内地に疎開したのは、一九四三年の秋です。前の年にじいさんが亡くなって、葬儀やらこれからのことやらを話し合うために、聖公会の東京教区代表として野瀬秀敏《のせひでとし》司祭が視察に来られたんですね。内地にいた叔父のクリストファーが後片付けをして、私を連れて内地に行きました。日本郵船の芝園丸という船に乗りました。野瀬先生はそのあと岩井祐彦《いわいすけひこ》司祭を島に派遣して、それからしばらく礼拝は続いていましたが、一年後の一九四四年六月に島民はすべて内地に強制疎開になりました。兵隊さんがどんどん島にやって来て、山に陣地を作ります。島民がいては戦闘の邪魔になってしまうからですね。疎開する頃は爆撃で破壊された船が次々と入港するし、アメリカの潜水艦が近くに迫ってくるしで、ああ、日本は負けたと思ったと、みんなから聞いています。

叔父のクリストファー、日本名で小笠原清は東京にあるセール商会というイギリスの商社に勤めていて、家は目黒区鷹番《たかばん》にありました。私はそこから鷹番国民学校に通いました。
いじめられたわけではないんですけど、異人とか、愛作ゴンザレスって毎日呼ばれて、このやろうっていう想いはありましたね。つらくても、日曜日にはなんとかチンチン電車に乗って、野瀬先生のいらっしゃるアンデレ教会に行きました。

キリスト教会は戦時中、カトリックが旧教、プロテスタントは新教の日本基督教団に合同させられたのですが、聖公会には日本基督教団に合同した教会と、合同しなかった教会があるんです。アンデレ教会は合同せずに、芝聖公教会として単立教会の道を歩んでいました。

叔父たちが立教学院や青山学院にお世話になっていたこともあって、私も中学から立教に行ったのですが、だんだん空襲がひどくなって、一九四五年三月にはみんなで岩手県の一関《いちのせき》に疎開しました。小笠原に帰れない私たちを見て、東北から食料を売りに来ていた担ぎ屋[2]のおばさんが、うちの田舎に来ないかと声をかけてくれたんです。見ず知らずの方なのにね。そのときは逃げることしか考えられなかったので、家財道具も置きっぱなしで行きました。

アンデレ教会に納めていただいていた荷物もあったのですが、野瀬先生は憲兵隊にスパイの疑いをかけられて拘留されてしまいましたし、教会は空襲で焼けてしまいましてね。野瀬先生の疑いは解けてまもなく釈放されましたけど、大変苦労されました。

一関では遊んでいるわけにはいかなくて、学校には行くけど土地をあちこち開墾して芋を作ったり、田植えをしたり、松根油《しょうこんゆ》という松の根っこの油を採りに山に行ったりしました。

竹槍訓練もしました。毎日毎日、先生にビンタされてね。東京にいるより大変だったので、東京に残っていた叔父の家に逃げ帰りました。あの頃は疎開先の暮らしが厳しくて、東京に戻った人がたくさんいたんですよ。まわりはみんな徴兵されましたけど、叔父たちはとられなかった。欧米系の顔だからスパイされると思われたのでしょうか。理由はわかりませんが、そういう気配はありました。

玉音放送を聴いたのは、柿の木坂にあったもう一人の叔父の家でした。大人はほとんど泣いていましたけど、

2　戦中戦後に食料などを生産地から担いで売りに来る人をこう呼んでいた。行商人。

私は、大変なことになったなと放心状態でした。でも、ああ助かったという気持ちもこみ上げてきた。解放感がありました。

ばあさんが一関に残っていたので、高校に入るまでは一関に住んでいました。その間、アメリカが、小笠原諸島は歴史的にもともと欧米系島民がいた島だから、さきに島に帰してあげようといって船を出しました。帰った欧米系島民はたくさんいるけど、私は帰ってどうなると思って帰らなかった。いくら欧米系といっても、われわれは日本の教育を受けて日本人として育ったんだから、新しい日本を作るために何かできるはずだと思ったんです。ここは我慢のしどころだってね。

野瀬先生も、将来はじいさんの跡を継いだらいいじゃないか、とにかく学校だけは出なさいといって立教大学の神学部に行く学費を出してくれました。アンデレ教会の宿舎に寝泊まりして、掃除や礼拝の手伝いをしながら学校に通いました。

卒業してからは用賀《ようが》にある聖公会神学院で二年間勉強して、野瀬先生が横浜教区の主教になられたのについていって、横浜聖アンデレ教会から最寄りの教会に配属されて見習いの経験を積みました。

島に帰ることを考えたのは、司祭に按手された頃のことです。占領下の島にはアメリカのバプテスト・ミッションが入っていたので帰るつもりはなかったのですが、彼らは、この島はだめだ、島民の信仰心が薄い、見込みがないといって引き揚げてしまった。

冠婚葬祭をしてくれる牧師がいなくなってしまったから、私に帰ってきてくれと要請があったんです。島の代表でセーボリーさんという方ともう一人がやって来て、事情を説明されました。昔の友だちもみんな待っているからって。

帰ることを決意したら、野瀬先生はとても喜んでくれて、キャソックという祭服を新しく作って、祈禱書も島のみんなのぶんまで準備してくれました。

一九六二年六月、横須賀軍港から軍艦に乗って島に帰りました。あれは私を迎えるために米軍が派遣してくれたんじゃないかなと思っています。

当時の父島は秘密の島でね、米軍と百数十人の欧米系島民しかいなかった。島に帰ってからわかったことですが、原子力潜水艦の基地があったんです。

ジョセフじいさんの時代に建てた聖堂は戦争で焼失してしまいましたが、米軍と米国聖公会と島民の力で新しい教会が献堂されました。


小笠原諸島が返還されたのは、一九六八年です。沖縄と違って、軍事的な必要がなくなったので、早く返されたんです。嬉しかったですよ。欧米系の島民も七割ぐらいが喜んでいましたね。

困ったのは子どもたちです。生まれたときから占領されて、軍の子弟が勉強しているラドフォード提督初等学校で彼らと一緒にアメリカ式の教育を受けてきたものだから、日本語の読み書きができない。内地から日本人がどんどん帰ってくるだろうし、このままだと大変なことになるということで、返還の二年前から、ラドフォードの欧米系島民の子どもたちに日本語を教えるようになりました。

占領中、欧米系島民には米国籍がありませんでした。国籍は日本人、預かりは小笠原の「born in islander」です。だから返還されてから、米国籍をとるために軍人になった島民がいたんです。今でこそユネスコの世界自然遺産になって観光島として知られるようになりましたけど、島で生きていくのは大変なことでした。だからこそ教会は大事な場所だったのです。

一言でいえば心の中心、心の芯です。キリスト教であれ仏教であれ、一つになって島を開拓してきた自分たちの先祖を想いつつ、みんなで道を開いてきました。

世界的にも宗教心が薄れて、戦争も起きていますが、時代がどんなふうに進んでも、信仰心が根底にないといけないんじゃないかと思います。

結婚の話ですか。島の人たちがこのままじゃ生活も大変だ、病気になったらどうするんだと心配して、野瀬先生に誰かいい人はいないかと手紙を出したんですよ。

そうしたらこんな女性が池袋の聖公会にいるということで、内地に行く軍艦に同乗させてもらって見合いをしました。米軍の時代です。

バナナに騙されたっていってたね。その話は妻にしてもらったほうがいいですね。

2017/2/13,2018/3/24

帰りたーい、もう神様しかいなーいと泣きました。でも次の日には忘れていたから、楽天的だったのね。

小笠原美恵子

一九四一年生
日本聖公会小笠原聖ジョージ教会
東京都父島

両親は仏教徒ですが、姉と私はガールスカウトに入っていたこともあって、まわりにクリスチャンが多かったんです。兄も内村鑑三の流れの集会で熱心に聖書を勉強していて、それで感化されたんでしょうね。近所の練馬聖公会に行くようになりました。

小笠原愛作さんとのお見合いの話は、野瀬秀敏司祭からありました。いつのまにか写真が父島に送られていたみたいです。

野瀬先生はうちにもいらして、今こちらに来てるから会ってみないかって。母はお断りしたんですけど、本人がバナナを一房持って家に現れたんですね。グアムの軍人さんを休暇で横須賀に連れていく軍艦に、ついでに乗せてもらったという話でしたね。バナナはよく店先で見かける物と違って、小さなバナナがたくさん葡萄みたいに房になったモンキーバナナです。あんなバナナ、初めて見ました。

両親は大反対しましたよ。父は、硫黄島は聞いたことがあるけど、父島なんか知らないというし、母も、番茶も出花のときになんでわざわざそんな遠くに行かせなきゃならないんだ、三十歳ぐらいになって薹《とう》が立ってどこにも行けなくなったら来てくださいって。見合いなんてこれからいっぱいあるのに、そんなところに行かせられないということですね。

そうしたら、妹が突然、あのバナナ食べたいっていったの。一九六三年、銀行に就職してまもない頃でした。野瀬先生のはからいで、二人で映画を観てきたらどうかといわれて、日比谷のスカラ座で「南太平洋」を観ました。南太平洋の島を舞台にした恋愛もののミュージカルで、とてもいい映画でした。そうしたら愛作さんが、「父島ってこんなところだよ」といったんです。へえ、こんなところならいいかなあって。そのあと、両親に内緒で二回ぐらい会って食事をして、主人は軍艦がそろそろ出るからといって島に帰っちゃった。

あとは、文通だけです。サンフランシスコ経由でグアムから小笠原に届くので、すごく時間がかかりました。羽があったら飛んでいきたいって書いてあったって？　そんなこと書いてないわよ。

姉が外資系の会社に勤めてたものだから、外国への憧れもあって、あんな映画のようなところならいいかなあって、なんとなく結婚しちゃったんですね。能天気なんですよ。

入籍はその年の九月で、父島に行くにあたっては、横須賀基地で思想調査から何から、家族のことまで全部調べられました。父島は米軍基地でしたからね。

ベトナム戦争が激しくなって軍艦に民間人を乗せなくなっていたので、船がいつ来るかもわからなくて、結婚式の予約もできませんでした。

結局、十二月に船が来るというので急遽《きゆうきよ》みんなを電報で呼んで、横浜聖アンデレ教会の集会所で披露宴をしました。母は、愛作さんの人柄を知って考えを変えて、こんなやさしい人だったら娘を受け入れてくれるんじゃないかと父を説得しました。私はわがままだから、普通だったら三日で返されちゃうけど、愛作さんなら大丈夫だって。

出航は、十二月十五日の夜の十二時頃でした。横浜港の埠頭《ふとう》で家族とわんわん泣きながら別れました。返還前ですから、みんな今生の別れだと思っていました。

船は、サイパンやグアムに物資を運ぶ半官半民の一万トンぐらいの貨客船でした。そのままだと大きすぎて湾内に入れないから、島の二マイル先の洋上で、父島から迎えに来た五〇トンぐらいのピックアップボートに乗り換えます。

主人は、ボートがぐーっと近づいたタイミングを狙ってタラップからパーンって飛び降りたんですが、冬の海ですから波が荒くて、私は足がすくんじゃって降りられない。

動けずに固まっちゃった私を見て、貨客船にいたグアムの人かサイパニアンが私を抱きかかえてタラップをパッパッと降りて、船がゴーッと近づいたときにパーンと投げました。

それをアメリカ人のセーラーがうまく引き取って、私の横っ腹を抱えてポイって甲板に置いた。もう、死ぬ思いでしたよ。

ボートが二見《ふたみ》という港に入ったとき、運転士の人がガチャンって鍵を閉める格好をしたの。主人と笑いながら、「しめしめ、愛ちゃん、ガチャンだね」って。意味がわからなかったけど、この湾の中に入ったら、あんた帰れないよっていう意味だったのね。

山を見上げたら、ポツンポツンと動く物があって、「あれ何?」って訊ねたら、山羊《やぎ》だって。山羊ねえ、映画とずいぶん違うなあって思ったわ。

港には島中の人たちが迎えに来ていました。私も若かったから、ピンヒール履いて白いオーバーを着てたのね。そうしたら、「あー、色の白い人が来たー」っていわれた。みんな日本語しゃべっていて、ああ、そうなんだって思いました。

しばらくは米軍のゲストハウスに住んで、牧師夫人ということで米軍の奥さんたちはとても親切にしてくれました。子どもが生まれたときは毎日のように来てくれましたね。みんな同じ顔に見えて、区別がつくようになったのは、四年ぐらい経ってからでしょうか。

第一線の基地なので、ＰＸ（Post Exchange）という軍人専用のストアには先進的な冷凍食品や物資がどんどん入ってきて売られていました。主人と私は店を利用していいといわれていましたけど、島民は店に入れなかったので、主人が、「同胞が使えないのになんでおれたちが使うんだ、なんで自分たちだけおいしい物を食べるんだ」といって行かなかったですね。

自動車もうちに一台だけで、油がないから、ほかの島民はバイクしかだめといわれていたんです。三か月に一度、軍艦が生活物資を運んできますけど、そういうときも主人は車に乗っちゃいけないというから、リヤカーを引いて生協に買いに行きました。物資を載せて、さあ引こうと思ったら私のほうが軽くてひっくり返っちゃったことがあって、みんなに大笑いされましたよ。

カリフォルニア米だけはおいしかったわね。私たちが食べられるのはお米と刺身、あとは大豆ですね。

教会は米国聖公会のハワイ教区に属していて、月に五五ドルのお給料をいただいていました。一ドル三六〇円の時代ですから、日本円にすると一万九八〇〇円になります。でも島には銀行がないから、定期的にいただけるわけじゃありません。ハワイ教区からグアムの牧師さんに送金して、軍の幹部で聖公会の会員が父島に来るときに渡してもらうというルートです。半年ぐらいグアムからの飛行機が来ないこともあったので、生協はつけで買えました。

娯楽も何もないので、島の人たちは毎日のように家に来ました。仕事も米軍基地で働くか漁をするかしかない。天気が悪いと漁ができないから、みんなビール担いでやって来て、家で酒盛りが始まりました。

そういうときはみんな英語です。私も片言ぐらいはしゃべったので、「ああ、愛ちゃんの奥さん、英語できる」っていわれました。

お茶を出したり、食事を出したり、ちゃんと接しました。そうしないと情報は三十分で島中に伝わるんです。今日、牧師さんのうちはアジのフライだった、とかね。小笠原電波っていうんですよ。

環境が全然違うし、話を聞いてもらえる人もいなかったから、すっごく孤独でした。主人にいっても、そんなの我慢しろの一言だから、裏山にある大根山《おおねやま》墓地に行って泣きましたね。帰りたーい、もう神様しかいなーいって泣いてました。

でも次の日には忘れていたから、楽天的だったのね。若かったから、そんなに深く考えなかった。神様にも頼るというのではなくて、私には信仰がある、という想いです。山に登れば神様、家に帰れば主人しか頼る人がいない。だから主人のことは大事にしていましたよ。

一九六八年に小笠原諸島が日本に返還されて、基地が解散になりました。島民の仕事は漁か基地しかなかったから、東京都の職員が一軒一軒聞き取り調査をしていました。

あなたにはどんな技量があって、どんな仕事ならできるかを聞いて、仕事を紹介するんです。車の運転手や清掃、基地で電気関係の仕事をしていた人は東京電力に入りました。自衛隊に入った人たちもいます。

主人は牧師しか頭になかったから、私が働きたいといったら、小笠原総合事務所という国の機関に採用されました。米軍から日本に移管するための事務作業を行うところです。

日本語もできるし、記帳関係の仕事もできたからでしょうね。東京都小笠原支庁と小笠原総合事務所は当時、日本軍が残した建物に入っていたんですよ。一九六八年六月からの一年間、そこで働きました。

主人は子どもをおぶって信者さんの家をまわっていました。自宅は近かったので、おっぱいやりに十五分ぐらい帰っていいとはいわれていたんですけど、女だからってバカにされたくなかったから一切帰りませんでした。今なら堂々と帰れるんだけど、そんな雰囲気じゃなかったですからね。

でもあるとき、支庁長と総合事務所長に、「お子さんのためにも旦那さんと交代したほうがいいんじゃないか」っていわれたんです。「内地ではお坊さんで葬祭関係を担当する都の職員がいるから、牧師さんだって都が採用しますよ」って。それは女だからどうこうというんじゃなくて、親身にいってくださったんです。

教会は米国聖公会ハワイ教区から日本聖公会の東京教区に変わっていましたが、教区から給料をいただいていたわけではなかったので、教区のほうも主人が働くのは何も問題がないという返事でした。それから私は家に戻って、主人は東京都小笠原村支庁福祉課の職員として、六十歳の定年まで働くことになりました。

返還なって、内地から日本人がたくさん帰ってきました。彼らが欧米系島民をどう見ているかを意識して生活したことはありませんが、欧米系の人たちのほうが萎縮して生活していたように思います。また差別されるんじゃないか、いじめられるんじゃないかってね。

そんなことないよ、同じだよっていうんだけど、どうしても自分たちだけで結束しちゃうのね。アイヌと同じ、少数民族なんです。

教会員も米軍がいたときはたくさんいたけど、だんだん減っていきました。返還のときに十八歳ぐらいだった世代は日本語ができないから、みんなアメリカを選んで出ていったんです。男の子は軍に入ると国籍がもらえたし、女の子はグアムで結婚して、旦那さんについてアメリカに行きました。

クリスマスとかイベントがあるときは五〜六〇人集まりますけど、常時来るのは一〇人いるかどうか。欧米系だからといってみんな来るわけじゃない。町でたまたま顔を見たら、「行けなくてごめん」ってあやまるの。それが私たちへの挨拶なんです。

じゃあ、教会なんて、もうなくてもいいじゃないかというと、それには大反対するんです。教会はなくさないって。だから、自分たちが教会員だという意識はある。

命令形で動くのが嫌いな人たちなんです。強制主義が嫌い。大日本帝国時代の命令主義からやっと解放されて、欧米系だからアメリカ人と一緒になれたかと思ったら、そうじゃない。やっぱり植民地だったんです。

今は献金をいただくようになりましたけど、昔は一切いただかなかったの。軍の物資やレッドクロス（赤十字）の救援物資は教会を通して配られていたから、島民には、教会は何かをくれる場所だと思われていたんですね。いただいたら返さないといけない社会なので、たとえば魚をいただくと、畑仕事でとれた野菜を返す。そうじゃないとケチといわれる。だから献金なんてことはさらさら。主人も同胞の苦しかった生活を知っているから何もいえませんでした。

献金のシステムを入れてくれたのは、たまたま内地から来た人です。「この教会は献金袋がないんですか、私は献金をたくさん払いたいです」といってくださったんです。

教会ってくれるところじゃないのかと、最初はみんな抵抗したんですけど、その人が教会は献金に支えられていることを説明してくださって、それから献金袋をまわすようになりました。少しずつ右へ倣えとなっていったんです。

聖公会には献金の多い大きな教会がそうじゃない教会の運営を支える教区分担金がありますが、そんなものがあることすら知りませんでした。植田《うえだ》仁《じん》太郎《たろう》主教様が退任されるとき、東京教区がこれまであなたに一銭も給料を払わなかったのは申し訳なかったとおっしゃって、私たちは救われました。

そのあと、一九八四年に初めて山田襄《のぼる》主教様が公式訪問されて、それからは東京教区の青年たちが夏にキャンプにやって来て、大根山墓地の清掃をしてくれるようになりました。

夏は暑いので朝の三時頃から作業を始めて、午後は海で泳いで、夜はうちでお風呂に入って飲んで食べてね。笹森田鶴司祭[1]が管理牧師になられてからは、募金を集めてくださってようやく教会を修繕することもできました。米軍時代に建てたものが、シロアリでずいぶんやられていたんです。五十年経って初めて直したの。私たちもお金を必死に貯めて、貯めてね。若かったからできたことですね。

二人で働いて教会を支えていたので、聖公会といっても長いあいだ、自立教会とみなされていたんですよ。だから主人も、自分が教会を守ってきたという自負がある。

でも若い世代はみんな島を出てしまうから、だんだん年寄りばかりになっちゃったわね。最近は亡くなる人のほうが多くなって、みんな、さみしくなるね、さみしくなるねといっています。

2017/2/13,2018/3/24

1　五八六ページ。

神様のことはあまり深く考えたことはないの。でも毎晩、「主の祈り」は唱えてるわよ。

大平京子
一九二一年生
日本聖公会小笠原聖ジョージ教会
東京都父島

私は小笠原愛作牧師のおじいさん、ジョセフ・ゴンザレス牧師に習った世代です。教派は何かしら。聖公会？　そういうことはよくわからないけど、私たちはみんな、プロテスタンよ、プロテスタン。教会には欧米系の人たちがたくさんいて、午前中は大人の礼拝で、午後に子どもたちのサンデースクールがありました。

土曜日になると、牧師さんが一軒一軒みんなのうちを訪問するんですよ。立派な人でしたね。みんな漁で生活していたんですけど、日曜日は完全に休んで教会に行くの。

子どもって遊んでたら時間忘れちゃうじゃない。早くしないと教会に遅れるって母は大騒ぎ。ハアハアいいながら歩いていきました。

大人はみんな英語で話してましたね。教会だと遠慮なく英語でしゃべれるから嬉しかったんでしょうねえ。

私は日本の教育しか受けてないの。生まれたときから小笠原は日本だし、学校も大村《おおむら》尋常高等小学校から高等科に行って、女子青年学校に進みました。青年学校では和裁、手芸、家事も全部教えてもらったわ。教科書をまだ持ってるんですけど、ご覧になりますか。

このあたりは奥村といって、欧米系島民が多いからヤンキータウンって呼ばれたところです。一九六〇年にチリ地震津波に遭ったとき、教科書と古い写真だけは大事だから高いところに上げといたんですよ。

社会教育協会の『女子青年学習書 巻1』ってありますけど、巻2はなくて、これ一冊だけ。尺貫法もあるし、歴代の天皇陛下の名前から、アルファベットや地震、清少納言、教育勅語まで、あらゆるものが一冊になってるの。一冊だけだから何もかも全部覚えたわ。私たちほんといい時代に生まれたって感謝しましたよ。ありがたい学校だったと思うわ。

父と母のなれそめは聞いてないんですけど、母は江の島からここにお嫁に来た純然たる日本人で、ちゃんと毎日着物を着る人だったから、娘には着物ぐらい縫えたほうがいいといって勉強させたんです。だから私は完全な日本スタイルで育ったのよ。

そうそう、毎年、朝鮮の方が反物を売りに来てたわ。袋をおんぶするように担いでね。袋を開けてみたら、絽《ろ》の生地でいいのがあったの。これが欲しくて欲しくて、どうしても欲しいっていったら兄が買ってくれた。この兄は徴兵されて、部隊長に二・二六事件に引っ張られていったらしいのよ。気持ちのいい兄で、きょうだいの中で一番親しかったわ。

この時期は小笠原支庁舎に特別な部屋があって、そこに天皇陛下のご真影が置かれていたの。式典があると必ずそこから出してきて丁重に掲げて、みんなで敬礼したわ。クリスチャンだろうとなんだろうと関係ない、なんの抵抗もありません。そういうものでしたよ。

逆に、クリスチャンだからといって批判されたり攻撃されたりすることも全然なかった。讃美歌が聞こえてくると、とってもいい歌ねって教会にみえる方もいましたよ。

学校を卒業してすぐ、自分から島を出たの。十九歳ぐらいだった。ここは狭い島で、英語も日本語もぞんざいで、女でも汚い言葉を使ってたから、もっと上流家庭をのぞいてみたいと思ったのね。ある人の紹介で大阪に出て、家事手伝いとして働くことになりました。

私は女四人、男四人の八人きょうだいの末っ子でわがままに育ったもんだから、親は心配したんですけどね。船でまず東京に行って、そこから大阪まで汽車で行きました。船だけで二日以上かかりましたよ。

北久太郎町《きゅうたろうまち》にある病院長の家で、すごく広いお屋敷だったわ。院長先生は五黄《ごおう》の寅でね、ほんと怖い人だった。朝出かけるときは書生さんがちゃんと靴を磨いて玄関で待ってるんですけど、「磨き方が足りない、牛乳で磨け」っていうんです。あれにはびっくりしたわ。

奥さんは羊でおとなしい方。だからうまくいくのね。帯をちゃんと締めて、みんな和服を着るの。最初はちょっと苦だったけど、慣れたらそうでもなかった。ここではずいぶん本当の日本スタイルを学びましたね。

大阪には五年近くいて、ちょうどその頃に強制改名の話がありました。突然、家から、「木村」に改名するって電報が届いたの。母の姓は小川だったので、なんで木村なのかわかんない。三番目の兄貴が運転免許をとるために上京していたんだけど、その上司がこのご時世だから改名したほうがいい、やさしい名前がいいってつけたんだって。

下の名前は自分で選んで、イーデス・ワシントンが突然、木村京子になりました。いやあ、びっくりしちゃった。今は慣れましたけど、当時は呼ばれたって全然わからなかったわ。

それからまもなくして、「アネキトク　スグカヘレ」って電報が届いてね。院長先生は「おまえが帰りたくてそんな電報打たせたんだろ」っていったけど、「いや先生、私そんな嘘はつかないわ」って。

でも私も不思議でしょうがない。どうして父や母じゃなく姉なのかって。急いで島に帰ったら本当に姉の具合が悪くて、ずっと看護師みたいに看病したわ。

一九四四年に空襲が始まって、強制疎開の命令が出ました。島民はみんな清瀬《きよせ》トンネルに強制的に集められました。母島《ははじま》や硫黄島の人たちもみんなトンネルに入れられて、七〇〇〇人ぐらいいたんですよ。

二〜三日、そこで船を待ちました。私は家が近いので、おにぎりを作りに帰ったことがあったの。そうしたら山の上に兄がいて、来てごらんっていうもんだからついていったら、軍属の人が爆風でやられていてね。片足がちぎれて内臓が飛び出てた。

軍属の乗った船がたくさん来ていたので、その仲間の人だったと思う。すぐに警察が運んでいきましたけど、あれは本当にびっくりしました。

父は腰痛がひどくて家のベッドで寝ていたんだけど、帰ったら爆風で窓ガラスが割れて破片が散らばっててね。蚊帳《かや》が破片の重みで床まで垂れ下がってたわ。蚊帳を吊ってなかったら父も危なかったと思います。

強制疎開した島の人たちは、徴兵されたり、工場で働いたりしました。私は練馬にある今の鐘紡の製糸工場だったところで鉄砲の薬莢《やっきょう》を作ったの。社宅に入れてくれたのはありがたかったわ。朝鮮の人たちもたくさん住んでいて、同じ工場で一緒に働いていたんです。

小さな部屋に入れられて、上から降りてくる機械でポンポンって真鍮《しんちゅう》を地金の厚みだけくり抜いて、次の人に送るだけ。朝七時から夜七時までと、夜七時から朝七時までの二交替で、それがずっと続くのよ。島でのんびり暮らしていた人ばかりだから、みんな居眠り漕いじゃって廃品が結構出たのね。監督さんが来ると厳しかったですよ。顔に大きな腫れができていた子がいたんだけど、居眠りしてたら監督さんに見つかってね、はたかれたときに腫れが破れて膿が飛んじゃった。それぐらい厳しかった。男の子はとくに大変でした。

食事は会社の食券で食べるんだけど、スカスカのハンバーガーみたいなやつで、うさぎの餌になる実、あれ、なんていったかな、その実をつぶした材料でできてたんじゃないかな。

そうそう、この薬莢、うちの庭を掃除してるとあちこちからたくさん見つかるの。つい最近も見つけたわ。あら、懐かしいなと思って引き出しにしまったけど、娘に片付けられちゃった。このあたりで戦闘があったってことよね。腹が立って腹が立ってね。

この家の土台はもともと日本の軍曹だか曹長だかわからないけど、兵隊さんが建てたものなの。自分の家族を呼ぶために建てたんですって。その土台がそのまま残ってたんです。風呂場もちゃんとあるんですよ。家族とここで二〜三か月は暮らしていたらしいの。でもそのあと硫黄島に行って玉砕された。

裏に井戸があるんですけど、その井戸水を使ってたんですって。お孫さんが見に来られたことがあるんです。おじいちゃんが硫黄島に行く前に住んだ家にあった井戸を見たいといって、写真も撮影されていきました。

戦争が終わったのを知ったのは、少しあとになってからです。私らはすぐに帰れると思ってたんだけど、そうはいかなかった。工場が閉鎖されたので、横須賀の田浦《たうら》に引っ越したんです。三番目の兄貴のお嫁さんがいたところで、まるまる一軒、家を借りられたの。

苦労の連続よ。父は海軍水雷学校だったところで進駐軍の通訳をして働いてはいたけど、なにせ食糧難でしょう。埼玉あたりまで買い出しに行ったわ。でも私は運がよかった。物々交換じゃないと分けてくれないんだけど、同い年ぐらいのお姉さんがジャガイモを分けてくれたの。思いやりのある人よね。

田浦では仲間の楽団が神社のお祭りで演芸やるっていうから飛び込んじゃったわ。ダンスホールもあって、ダンサーの女性が貸してくれたドレスでいろんな歌をうたったわよ。

欧米系島民は帰島できることになって嬉しかったわ。ただ帰島証明が必要で、兄たちは内地で強制疎開しているあいだに福島や山梨や神奈川の人と結婚したもんだから、あちこちのお役所に証明書をもらいに行くのが大変でしたよ。帰島したい人が大半でしたけど、帰ったのはたった一三〇人ほどでしたね。

島は焼け野原でした。教会も焼けちゃった。人もいない。昔いた人たちがみんないない。病院もなくなっちゃった。グアムからお医者さんが来てくれてたけど、アメリカの兵隊さんがさきだからなかなか自分の番がまわってこなくてね。子どもを産んでから歯が弱くなってしまったんだけど、歯医者さんもいなかったの。

主人と私は遠縁で、一八三〇年に小笠原に初めて入植したナサニエル・セーボレーの娘の系統なの。結婚は一九四九年ぐらいかな。ぐらいかなっていうのは、私らは日本籍だけど結婚したからといってなかなか内地には行けないじゃない。だから子どもが生まれてから、内地に行く人に頼んで届けてもらったら、結婚も長男の出生もみんな同じ日になっちゃった。

神様のことはあまり深く考えたことはないの。でも毎晩、「主の祈り」は唱えてるわよ。子どもの頃、母と一緒に寝ていると、ベッドに入る前にいつも小さな声でコチョコチョコチョコチョコチョ一人でなんか話してるのね。意味がわかんなくて、何をいってるんだか不思議でね。

大きくなってから、ああそうか、「主の祈り」だったのかって。「天におられる私たちの父よ」って祈っていたのね。だから大人になって自分も同じことをするようになっちゃった。ベッドに入るときは「主の祈り」。もう癖みたいね。まさか、母がそんな熱心なクリスチャンだとは思わなかった。アメリカ人の牧師が来たときは、誰も「主の祈り」を知らなかったから、私が日本語で書いてみんなに教えてあげたわよ。

日本に「返還なる」って聞いたときは嬉しかったわ。嬉しくて歌を作っちゃった。作ろうと思って作ったんじゃないの。もう嬉しくて嬉しくてね。

昔の海岸はこうだった、砂浜もきれいだった、って次々と歌詞が浮かんできて箇条書きにしてうたってたらできちゃった。それが歌い継がれて、誰がつけたんだか、「返還音頭」って名前でＣＤになっちゃったわよ。

みんな二十年余り音信不通だったからね。同窓生と再会できたのは嬉しかった。私たちの先生は亡くなられたんだけど、奥様が代わりに同窓会に来てくださってね。こんなに嬉しかったことはないと思った。返還なって一番のお土産だったわ。

子どもは男の子三人と、女の子一人です。末っ子の男の子は亡くなったの。宇宙開発事業団がどうしても父島の子が欲しいからって採用されて勤めていたんですけど、病気になってしまってね。このときばかりは、苦しいときの神頼みだけど、神様に祈ったわ。

アメリカに派遣されたときは私をロングアイランドまで連れていってくれたことがあったわね。都会のコンクリートばかり見てもしかたがない、海岸線が見たいんだって。島育ちだからね。いろんな貝を採ってきて焼いてくれたわ。

よく気がつく一番いい子がさきに亡くなっちゃった。四十二歳でした。まだ若かったわね。末っ子だけど一番最初に結婚したから、子どもたちがもう大きくなっていたことだけはよかったけど。もう八年になるわね。

主人は二十四年前に六十六歳で亡くなったわ。お酒が好きで、それで体を壊しちゃったの。飲むよりなんにもない島だからね。最後は内地の病院に入院したんですけど、誰が連絡してくれたのかアメリカにいた長男[1]に連絡が行って、飛んできてくれたの。だから長男は主人が亡くなる前に会えたの。小笠原電波は速いの。

長男は英語で育った世代だから、日本語に苦労してアメリカに渡ったの。二十年ぐらい働いたんじゃないかしら。今は島に戻って自分でバーをやってるから、また、島に来られる機会があったらどうぞ。孫がね、小学五年。かわいいのよ。

2017/2/12

1 大平レーンス、七五八ページ。

命の危険があるのに、なんで軍隊に入ったかって？ ああ、いい質問だ。

大平レーンス
一九五〇年生
日本聖公会小笠原聖ジョージ教会
東京都父島

軍隊に入ったのは、一九七三年だね。ベトナム戦争はもう終わってたけど、戦争はどこで復活するかわからないから、行く覚悟はしてたよ。

おれたちは西ドイツに派遣されたんだ。ベルリンにまだ壁があった時代だよ。西ドイツにはいくつも部隊が入ってたな。一つの部隊から一人ずつ選ばれてベルリンに入るってツアーがあったとき、どうしてかわからないけど、おれが選ばれたんだ。

三〜四〇人で大型バスに乗って、一日がかりよ。西ベルリンから壁を越えて東ベルリンに入ったの。ゲートはソビエト軍が守ってて、チェックポイントでバスをいったん止めて調べられたよ。

もちろんおれたちは軍服を着てないさ。そうじゃないと大変なことになっちゃう。お金もドルは使えるけど、西ドイツのお金は使えない。銀行で換金するときも絶対に自分の名前を使うなって注意されたね。プロパガンダに利用されるからね。そう、東西冷戦の時代だね。

西ドイツでは、付き合ってた女の子がいたの。すごいレリジャス（宗教的）な子だったよ。子どもの頃、どこの国の言葉でもない言葉を話したことがあるんだって。異言っていうの？

自分にはエンジェルがついていて、明日、このカフェテリアに行ったら特別な人に会えるといわれて出かけたら、おれに会ったんだと。ちょっと寒気がしたけどね。自分とおれは、前世のどこか海の近くに住んでいた夫婦だったのを覚えてるともいわれたよ。彼女は前世を覚えてるみたいだった。

おれは教会には行かないけど、別に行かなくても心の中でお祈りできるでしょ。バイブルにあったでしょ、神様はかたちがあるものは絶対あかんて。偶像はあかんて。[1]あそこは読んだから覚えてるよ。

同じ部隊にプエルトリコ出身の友だちがいてね。部屋も同じだったもんで仲良くなって、彼がさきに上がってアメリカに帰るときにおれにバイブルをくれたんだ。仲間とバイブルスタディやってるから来ないかって誘われたときは、いやあ、おれはそんなの出ないって断ってたけどね。

おれにはアメリカしかなかったんだ。生まれたとき、小笠原諸島は日本じゃない。アメリカに占領されてたから、おれたちは日本国籍でも米国籍でもない、ボニン・アイランダーだよ。ボニンってのは、小笠原諸島のこと。家では日本語をしゃべるけど、教育はみんな英語だった。高校はみんなグアムの学校に行ったんだ。住むところも行き帰りの飛行機代も、船代も、全部タダ。ホームステイ先も探してもらった。

島の子どもはみんなそうだったんだ。卒業したら、男はたいてい軍隊に入ってアメリカに行っちゃう。島に戻っても仕事がないからね。

一九六八年に返還なって、高校卒業してから島の東京電力に入ったけど、どうしても、言葉が日本語と英語のちゃんぽんになっちゃうんだ。自分で勝手に言葉こしらえちゃうの。

それでまたグアムに戻った。ちょうど二十歳だったから覚えてるよ。返還はアイデンティティクライシス

1　出エジプト記20・4、コリント一10・14、ガラテア5・20、コロサイ3・5など。

だったかって？　うん、それもあるだろうな。なにしろ、言葉の問題が一番大きかった。

グアムでは、日本の藤田観光のメンテナンスの仕事を一年半ぐらいした。そのあと島で半年ぐらい土木作業員やって金貯めて、それでアメリカ行ったんだ。若かったからね。世界を見たかった。軍隊に入ったら米国籍をとりやすいっていうのも、まあ、あるね。日本で働く選択肢はなかったんだよ。


命の危険があるのに、なんで軍隊に入ったかって？　ああ、いい質問だ。おれね、たぶんおれだけだと思うけど、考えたんだ。

最初の二か月、ベーシックトレーニングのときは毎日忙しくて、さきのことは全然考えられなかったよ。でも、あと一週間で卒業式ってなったとき、おれ、あと一週間で本当の軍人になるんだ。戦争になったら派遣されるんだって思ったんだよ。

おれは戦場で敵を撃てるのか。撃たなかったら、おれがやられちゃう。仲間もやられちゃう。殺すか殺されるかだから、考え込んだんだ。

ほかの人にも聞いたよ。そんなこと考えるの、おれだけなのかと思ってね。

おれが選択したのは、相手を撃つ前に確認すること。相手が武器を持ってるか、持ってないか。武器を持ってたら、こっち向いてるか、向いてないか。そこで判断する。子どもだろうが、女だろうが、武器持ってこっち向いてたら敵だから一発で殺さないと、こっちが殺される。

それだけじゃないよ。夜に向こうから攻撃があったとき、どうするの。暗くて見えないから確認できない。でもこっちに攻撃が向いてたら、明らかに敵だからおれも撃つしかない。

そうやって選択肢をいろいろ考えて、ああ、これなら大丈夫だ、これでおれは戦争に行ったら、敵を殺せると思った。自分で自分を守る。仲間も守る。油断したら、こっちがやられちゃうからね。

おれはクリスチャンだ。でも、自分で選択したことだからね。アメリカの自由を守る、自分の国の義務として選んだからね。決めたら、それっきりさ。

三年間はアクティブで、二十四時間、軍人よ。それが終わるとインアクティブが四年間ある。アクティブの兵隊が減ったら、インアクティブが送り込まれるんだ。だから、いつでも呼ばれる。そういう義務があった。なんだかんだで七年間だね。十五年やれば年金もらえるけどね。

ああ、これ？　このチェーンは「ドッグタグ」ってやつさ。ソーシャルセキュリティの番号と宗教が刻んであって、死んだとき、どんな宗教で送られたいかがわかるんだ。二枚でワンセットになっていて、一枚は死亡報告のために持ち帰って、もう一枚は遺体の識別のためにつけておく。だから二十四時間、軍人はみんな首にかけてるんだ。

おれのドッグタグは、最初は「NO PREFERENCE」だった。無宗教、なんでもいいっていう意味だね。でも、西ドイツに派遣されることが決まって、新しく「BAPTIST」にしたんだよ。占領時代、おれたちに洗礼を授けた島の牧師[2]はバプテスト派だったからね。

結局、おれは戦場には行かなかったし、誰も殺さないで済んだ。実際に戦場に行って帰ってきた人は悩んでるよ。おれはそこまでいかなかった。ラッキーなほうだった。

米国籍をとったのは、一九八二年だったかな。おれね、じつは知らなかったんだ。島が返還なったとき、母親が日本国籍とってくれてたんだよ。だから二重国籍になっちゃった。あとで大使館の手続きが大変だったけ[3]

2　占領下では小笠原愛作牧師が帰島するまでは、グアムからバプテスト教会のグリーンウェイ牧師が派遣されていた。
3　大平京子、七五一ページ。

どね。

子どもの頃は親に連れられて教会には行ったし、気づいたら洗礼も受けてたけど、グアムでもアメリカでも教会には行ってないよ。教会に行かなくても、心の中でお祈りできる。仕事で出かけても、行く先々でモーテルにバイブルはあるしね。

おれはあんまりお祈りしない人間だけど、人生振り返ると、誰かが面倒みてくれたなって思うよ。誰のアドバイスもなくアメリカ行って、学校も就職も自分で決めたけど、すべてうまくいった。ハイテクの世界に十八年間いて、出世もできたしね。

おれ、軍隊でエレクトロニクスのトレーニング受けて、三年間、設備の仕事してたの。だから軍をやめたあと、シリコンバレーのサンマテオにあるテクニカル・インスティテュートの試験受けたら一回でパスして、同期より九か月進んだクラスに飛び級して入れたの。教科書に載ってないようなことを現場でやってきたから、逆に学校でみんなに質問されたよ。

一番長くいたのは、ＴＲＷっていう自動車や航空機の電子部品を作ってる会社。日本の会社と仕事をしたことがあって、毎年、おれのチームが一か月ぐらい日本に派遣されたの。品川のホテルパシフィック東京ってあったじゃん、あそこによく泊まったよ。

日本が自分の故郷とは思わなかったな。一週間ぐらい休みをもらえたんで島に帰ったときは故郷だと思ったけどね。

アメリカの会社と日本の会社を見てきて、ＩＣチップなんかも、日本がなぜ安く作れるのかがわかったよ。だって効率いいんだもん。

ＩＣは埃《ほこり》がぽっと入ったら、もう、パーよ。だから工場がどんなふうに設計されているかが大事。アメリカは一つのウェハで半分以上死んでる。でも、日本は同じかさのウェハでほぼ一〇〇パーセント生きてる。同じ手間と時間がかかってもイールドがない。だから値段を下げられる。全然違ったね。

おれ、自慢じゃないけど、NECの問題を解決したこともある。ほんと、いろいろ見てきたんだよ。カリフォルニアの空軍基地とか、アインシュタインが原子爆弾の研究をしてたサンフランシスコのローレンス・リバモア国立研究所とか、普通じゃ入れないところも技術者として何回も入ったんだよ。

島に帰ると決めたのは、おやじがもう危ないかもしれないって知らせが来たときだ。TRWが売りに出ていて、一年契約の状態でオレゴンに移住していたんだ。そんなときにおやじが死んで、母親が一人になった。ちょうど契約が終わる頃に家も売れることになって、なんていうのかな、水が流れるようになんの抵抗もなく、話が進んだね。今考えても不思議。なんか、不思議ね。

帰ったのは、一九九四年の誕生日の一日半前。それは覚えてるよ。九月十一日だった。ちょうど竹芝桟橋におがさわら丸が横付けされたとき、ああ、明後日、おれ、四十四歳だって思ったからね。

島には何度も里帰りしてたけど、本格的に戻って、逆にカルチャーショックだったな。なんか、島が小さすぎてね。マッチ箱に住んでるみたいな。

一番苦しんだのは、あれだな。おれ、さっきいったけど、チームで日本に来てたのね。おれ以外はみんなPh.Dもってる博士だから、いろいろ習うんだな。メンタルもいいし、酒飲んでても会話のレベルが高い。頭ができてる人間と一緒に働いて、いつもカルチャーショックがあったんだよ。

サンディエゴに引っ越して、そのレベルが下がった。なんかさみしかった。それが島に戻ったら、もっとレ

4　ICチップ（半導体集積回路）の材料となる、半導体物質の結晶でできた円形の薄い板。IT用語辞典e-Words参照。

ベルが低かった。やりきれないなあ、さみしいなあって。ひどいときは年に三回ぐらい、友だちに会うためにアメリカに飛び出したよ。

でも最近はもう、ないな。そういうことは一切ない。半日、家で寝てるよ。

聖ジョージ教会も結婚式以来、行ってないなあ。あ、そうそう、昨日、結婚記念日だったんだ。十六年前に式やったんだ。息子はもう、十二歳になったよ。

あの教会は米軍が作ったんだけど、中に入っている鉄骨は、おやじとおれが組んだの。返還前でグアムの高校に行ってた頃だから、十五〜六歳だったな。米軍がバイト雇うからっていうんで手伝った。おやじは溶接やってたからね。で、二人であの鉄筋をみんな作ったの。

そう、おれ、教会作ったんだ。教会には行ってないけどね。

2018/3/23

神様を疑ったことはないよ。あまり答えてくれないからわかんないけどね。

上部フローラ
一九四七年生
日本聖公会小笠原聖ジョージ教会
東京都父島

一九六八年に小笠原諸島が日本に返還されたときはちょうど二十歳で、内地に就職した第一号だったの。騒がれたんですよ。インタビューされて、もう新聞こりごりっていうぐらい。

生まれたときから父島には米軍がいて、私たちのパスポートは米国籍のボニン・アイランダーと表示されていました。

米軍時代の何がよかったかというと、中学と高校はグアムのハイスクールにホームステイして通えたこと。日本語は家で使うぐらいだったから、読み書きは苦手なの。

内地では、知り合いの紹介で、初めは藤沢市の鵠沼《くげぬま》にある美容院で見習いやっていました。日本語は必要ないから大丈夫だって。

でもお客さんのカルテを担当させてもらううちに、だんだんわかるようになりました。漢字はわかんなくても、髪を染めた日にちが出てるからね。

上手だったよ。電話がかかってきて、切るときに「あばよ」って挨拶したら、頬に指で線を描きながら、「それってこっちの世界の人しか使わない言葉だよ」っていわれたけどね。

二十七歳で、霞が関ビルにある日本技術貿易という特許の会社に入社しました。アメリカ人弁理士の秘書です。日本の会社が外国でも特許をとれるようにする仕事で、当時はまだ珍しい会社でした。化学と機械と電気の担当の弁理士がいて、私は化学の人についたんだけど、全然わかんなかったです、化学なんて。

一つだけ得意だったのは、ディクテーションマシンで手紙をテープに吹き込むときに、インストラクションと文字を打つところをちゃんと指示できたこと。ここは大文字だとか、キャップだとか、短くだとか、化学のベンゼン・リングだとか、いろんな記号のこともほかの人と比べてすぐに指示がわかったってことね。

世界中と取引があるから、バカみたいに切手を集めましたよ。こないだ大阪のリサイクルショップに半分買ってもらったけどね。この会社には九年間勤めたの。

妹と三人で小菅《こすげ》にアパートを借りて住んでたことがあるんだけど、あそこには東京拘置所があるから、田中角栄《かくえい》首相がロッキード事件でつかまったときはヘリコプターがたくさん飛んですごかったよ。

島はもともと限られた欧米系移民の家族から始まっていて、うちはその中のウェブ家です。

父は小学校を卒業してすぐに島を出て、練馬で旋盤工をやっているピーターおじさんのところで働いていました。ピーターの奥さんのいとこが母で、母は埼玉県の寄居《よりい》出身です。

終戦で島が占領されたときに、欧米系の島民はすぐに帰島を許されたので、父と母と兄は久里浜《くりはま》からボートに乗って島に帰りました。一九四六年十月だったかな。兄は一歳ちょっとだったみたい。

父は日中戦争のときに手榴弾でやられて左手の肘からさきがなかったんですけど、牛や豚を飼ったり、畑やったり、なんでも器用にできました。漁師もやっていたんだけど、ネケさんっていう人と二人で釣りに行ったとき、ネケさんが二匹釣るとき自分は一匹しか釣れないから、釣り糸に針をたくさんつけたらうまくいって、鰆《さわら》でもなんでもたくさん釣ってましたね。

そういえば、ナイロンの糸が歯形でボロボロになってたわね。片手しか使えないから、口を使ってたのね。昔は冷蔵庫なんてなかったから、釣った魚が腐らないように塩漬けとか干物にしていました。海老の季節になると、卵のほうが大事だから、伊勢海老をとってきて鶏の餌にしたね。伊勢海老はまたとってくりゃいいからね。鶏の卵が海老の匂いしてたっちゅうてね。

電気と水はあったけど、ガスはなくて薪です。電気釜は日本から注文して使えるようになったかな。

日本に返還されてから苗字が「上部」になって、最初は「うえぶ」だったのが、だんだん「うわべ」って発音するようになりました。

きょうだいは七人です。一九四五年生まれの兄がいて、長女の私が一九四七年生まれ、私の下に弟が二人、その下に妹が三人です。

フローラという名前は、米軍で看護師をしていたミセス・ゴンザレスが、フローレンス・ナイチンゲールからつけてくれたみたい。うちの母が、それじゃ長くてむずかしいから短くしてといって、フローラになったの。返還のときに、ジョージを譲治にしたり、みんな日本語の名前に変えたけど、私だけフローラのまま。

花子にするかってまわりにいわれたけど、日本語を勉強するつもりもなかったから、このままでいくといったんだね。でも内地に来たら、フローラって名前のトイレットペーパーが多いじゃないの、もう。

アイデンティティクライシスなんて、そんなものないわよ。うちは父が島が返還なることは前から知っていたし、私たちも心構えはあったから。

ただ年齢によって感じ方は違うかも。すぐ下の弟は米軍に入ってもいいぐらいに思ってたかな。国籍は選べなくて、アメリカに行きたかったらグリーンカードはあげるというだけ。でも軍隊に入れば米国籍がもらえるから、何人か兵隊に行ったのよね。

うちは父が大反対したの。軍隊なんて絶対に自分から入るもんじゃない、狂うかもしれないからって。結局、弟は東京都の職員になったけど、内地に転勤になったときちょっとうつっぽくなったみたいね。

私の知り合いの息子は、お母さんが日本人でお父さんがアメリカ人なんだけど、カナダに行ったらいじめられたみたい。日本人なのに、アメリカ人みたいっていわれて。

アイデンティティクライシスを乗り越えるのは、エデュケーションしかないと思う。そこは島の友だちと話をして一致したことよ。

洗礼を受けているのは、兄と私と次男の三人だけなの。米軍時代は、今の小笠原聖ジョージ教会がある場所にかまぼこ兵舎を使ったバプテスト教会があって、そこにグアムから派遣されてきたグリーンウェイ牧師という人がいたんです。

だから私らの世代までは、みんなバプテスト。返還されてグリーンウェイ牧師がいなくなったので、下の四人は洗礼を受けていないんです。聖公会の小笠原愛作牧師が島に戻ってくるまでは、牧師がいない期間があったからね。

私だって、洗礼を受けたのは確かなんだけど、ほとんど記憶にないの。クリスマスやイースターのときは教会に行くけど、ふだんは行かない。

でも島ではたぶん、一番いろんな教会に行ってるほうだと思う。特許の会社をやめたあと、アメリカとヨーロッパを三年間ぐらい遊んでまわったんです。ホームステイした家の家族が教会に行くから一緒に行った。葬式もあったしね。ルーテル教会も、サザンバプテスト教会も、メソジスト教会もカトリック教会も行ったかな。

アメリカ人はお祈りするのが普通だからね。

九か国ぐらいまわって、島に帰ってから母と民宿を始めました。

母は自衛隊の食堂で働いていたんだけど、退職して一年ぐらいゆっくりしてから一緒にやろうといってね。父が管理人で、母が食事を担当していました。

なぜ私が島に帰ったかって？　ほかに帰るところがないからよ。読み書きができないから内地で仕事していても大変で、それがすごくストレスになってたからね。

神様はいますよ。毎日じゃないけど、なんかちょっと嫌なことがあるとお祈りします。神様を疑ったことはないよ。あまり答えてくれてないからわかんないけどね。

2018/3/24

あんまりいろいろなことが
続くものだから、
「神様なんかいないよ、マージ」って
いう人がいるの。そんなことない。
ちゃんといますって。

矢作春子
一九四八年生
日本聖公会小笠原聖ジョージ教会
東京都父島

日本名は春子です。最初の名前はマーガレット・ワシントンだったので、みんなはマージって呼ぶの。こないだの誕生日で七十歳になりました。ほんと、ここまで生きるとは思わなかったです。もう、いろんな病気をしてきたのでね。病気がちの人はいつもお医者さんにかかっているから、結構生きるんですねえ。母はマーサ・ワシントン、日本名は大平正子。父はグローバー・ワシントン、大平洋二です。母は四十八歳、父も五十二歳で亡くなりました。二人とも心臓が悪かったの。

私の具合が悪いのは、やっぱり遺伝なのかなと思って心電図をとったけど、異常なしだったので、心臓が悪いわけじゃないのかな。

四年前には内臓も悪くなったの。脱水から始まって何も食べられなくなってね。でも、島には診療所しかないから、このときはおがまる（おがさわら丸）に乗って都立広尾《ひろお》病院に入院したんです。

胆石の手術をして四日で退院して戻ったら、一か月もしないうちに目の玉にまで黄疸《おうだん》が出て、おがまるでまた内地に行って入院しました。このときは内地に帰る看護師さんに点滴してもらいながら行ったんです。

二か月ほど入院しました。昔から持病があって、その薬の飲みすぎで肝臓をやられちゃったみたい。

両親は早くに亡くなってしまったけど、戦争の話はよく聞きました。父島の境浦《さかいうら》海岸に沈んでいる濱江丸《ひんこう》っていう貨物船があるでしょ。今はダイビングスポットになってるけど、私の父はあれに乗っていたんです。サイパンを北上しているときに爆撃を受けて、沈没まではしなかったけど、島の近くまで戻ったところで魚雷にボカチンくらって座礁したんです。

沈み始めたとき、上官が、重いブーツを履いてたもんだから、ぶくぶく沈んでいくんだって。冷蔵庫から食料がなくなったとき、父のせいにして、木刀か何かで父を殴った人なの。でも、やっぱり「助けて、助けて」っていうけど、父は自分をいじめた人だから、いや、助けないと思ったの。そこまではできなくて、ボートに引き揚げてあげたんだって。

そのあと船がだんだん壊れて粉々になって、ピースに一人ずつ、無我夢中でしがみついて、それで助かったそうです。父は漁師だったから朝早く出かけてしまうのであまり話はできなかったけど、そういう話はしてくれましたね。

父が父島に帰還したのは終戦前だったから、両親は一九四四年の強制疎開で内地に行って終戦を迎えました。母は練馬、父は小樽で漁師をしてたんじゃないかな。鰊漁に出たのかって？　そこまではわからないけどね。

終戦で小笠原諸島は米軍に占領されたけど、欧米系島民だけさきに帰島できることになって、二人とも島に戻ってまもなく私が生まれました。六人きょうだいの長女です。妹が一人、弟が一人、赤ちゃんのときに亡くなって、今は四人健在です。

子どもの頃のことはあまりよく覚えてないんだけど、庭を裸足《はだし》で歩いている写真があるのね。当時は靴を買うのも大変だったんです。

その写真を見ると、足はまだ曲がってないの。学校に行くようになって、徐々に変形したんです。いくつのときだったかははっきり覚えてないんだけど、米軍のＬＳＴ[1]っていう、艦首の扉がパカーンと開く船に乗ってグアムに治療に行ったことがあるのよ。

そのときはタイミングが悪くて、出直しておいでって帰されちゃった。手術しても化膿《かのう》するじゃん。夏だったし、薬も今みたいにいいものはないしで、しかたがなかったの。

どれくらいあとだったかな、グアムをあきらめて横須賀基地の病院に行きました。何日ぐらい入院したかなあ。でも結局、だめだ、わからないといわれて島に戻りました。

米軍のドクターに、十二歳までしか生きないといわれたんです。女性はその頃になると生理が来るでしょ。どうやって調べたのかわからないけど、その頃までしか生きられないだろうってね。


教会には小さい頃から両親によく連れていってもらいました。サンデースクールでは、コマンダーの子どもたちとも一緒に遊びましたね。

洗礼を受けたのは、十八歳です。まだ占領中だったので、バプテストのグリーンウェイ牧師から受けました。神の子になるためだと説明されただけで、洗礼の意味はあまりよくわからなかったわ。

神の子って何かって？　神様は羊飼いで、いつも羊の面倒をみてくれるでしょ。一匹でもいなくなったら探しに行く。神様はそういうお方だって。

私は羊の中の一人で、羊飼いに導いてもらっているという気持ちかな。あとになって、だんだん、少しずつわかっていきました。

島が返還されるまでは、米軍のタイピストとして働いていました。米軍が使っていたユンボ（パワーショベル）とか、建設機械のうち大きい物は持って帰れないので、日本がそのまま引き継ぐことになったのね。それを、明日、日本返還だという前日の夜中までタイプで打ち込んでいました。

日本語の読み書きはできなかったの。だって、家では両親と日本語で話していたけど、読み書きまでは教わってないし、一歩外に出たらみんな英語だからね。学校でもずっと英語教育だったし。

知り合いのロイさんという人から、「おいマージ、返還なるから恥ずかしくないように日本語覚えとかないとな」っていわれて、教わったことがある。「笠をかぶったチャンバラ侍みたいなやつらが来たらどうする」っていってたわね。冗談だろうけど、どうなるんだかさっぱりわからなかったわね。

一九六八年に返還なってからは、妹と一緒に小学校の夜学に七年間通いました。内地から先生が来てたの。それでもまだわかんない漢字があるんだよね。役場から届く書類なんか、見落としたら大変だから、お姉ちゃん（長女）にどういう意味って聞くの。

言葉の読み書きも混乱したけど、ドルから円に変わったのも大変だった。使ったことのないお金だから買い物に行っても、どれを出したらいいかわからないでしょ。お財布を開いて相手に見せて、ここからとってくださいといって払ってたわ。

返還されてからは仕事はしなかった。小笠原支庁から声はかかったけど、両親がおまえは足が悪いからうちで留守番して、ごはん作ったりすればいいからって。お父さんは漁師で、お母さんは支庁の食堂で働いてたんだけど、心臓は思わしくなかったね。両親が心臓の病気で亡くなってからは、おじいとおばあが親代わりしてくれたんだ。

1　戦車揚陸艦。

結婚したのは一九七八年だったかな。夫は建設会社に勤めていて、島に出稼ぎに来ていたときに知り合いました。

足が悪いのは脳の腫瘍が原因かもしれないといわれて、一九九五年にまた入院しました。地下鉄サリン事件があったでしょ。広尾病院にたくさん犠牲者が運び込まれましたけど、ちょうどあのとき、あそこに入院してたんです。

CTだったか、MRIだったか、器械に入って調べたの。でも、そのときはTumor（腫瘍）のTの字もないといわれたの。それで足の手術に踏み切ったんですけど、そのあとが悪かったのよ。

二人部屋の隣に寝ていたおばあさんの床ずれが原因で、その菌が舞い上がったのかな。私の足のまわりはチタンの櫓《やぐら》で囲われていたんだけど、菌がチタンを伝って私の中に入っちゃったみたいで、それがうつったの。MRSA、院内感染ね。

部屋を移されたんだけど、熱はどんどん高くなるし、食事もとれなくなってね。体が動かせるようになってからも、車椅子のまま消毒スプレーをかぶって部屋の外に出て、戻ってきたときもスプレーをかぶるの。MRSAの頭文字をとって、「Mちゃん」て呼ばれてたのよ。なんか意地の悪い看護師さんだったわ。

それでも足が治らないし、どうも私には膝のお皿の骨がないらしいとわかって、その手術をするために今度は東大病院に移されたんです。

最初は右のすねの骨をとって埋め込んだんだけど、これがまたMRSAで壊れてなくなったのね。どうしようってことで、今度は骨盤の左の骨をとって移植したの。そうしたら右を下にしてしか眠れなくなってしまったので、今度は反対側の骨をとって埋め込んだ。

ちょこちょこと何十回、手術したかなあ。最後は傷の上を覆う皮膚までなくなったので、おへその下の皮膚をとって覆ったら、それもまたMRSAでやられて黒く腐っちゃった。じゃあもう一回、ということで二回目にようやく成功したんだけどね。右足の裏はギプスの型を取ったときに、化学やけどしちゃいました。

その頃は子どもが二人いたので、動けないときは大きなリースの携帯電話で連絡をとりました。動けるようになってからは公衆電話を使ってたんだけど、病院で有名になっちゃったの。

毎朝、公衆電話で家族に「おはよう」って挨拶してる患者さんは誰ですかって、看護師さんが誰かに聞かれたんだって。「じつは、一〇〇〇キロ離れているところから来られている患者さんなんです」って答えたみたい。

東大病院には結局、二年四か月も入院しました。やっぱり脳にTumorがあって、そこから来た病気だったみたい。

入院するときは、聖書と讃美歌集を持っていきました。日曜日になると、ちゃんと広げてお祈りするんです。動けるようになってからは、讃美歌集だけ持って病院の庭を散歩しながらうたっていました。好きな歌があるんですよ。

What a friend we have in Jesus っていうの。そう、「いつくしみ深き」ね。それと、Love Divine（天《あめ》なる喜び）、Rock of Ages（千歳の岩よ）と、Sweet Hour of Prayer（しずけき祈りの）……ね。

礼拝に行って帰ってきたときと同じで、なんていったらいいのかうまくいえないんだけど、気持ちがスカッとするのね。抱えていた重いものが軽くなるというか、気持ちが変わるの。手術を受ける前にも聖書を開いてお祈りして手術部屋に入ったのよ。

十年ほど前になるかな。妹が中華鍋の火が原因で大やけどして入院したことがあるんです。私の足も化学やけどしてるから、きょうだい二人して大やけどだねえっていってたんだけど、結局、二人とも退院して帰ってこられたでしょ。お医者さんの力もあっただろうけど、やっぱり神様のおかげだと思うの。

うちは親が早くに亡くなるし、あんまりいろいろなことが続くものだから、「神様なんかいないよ、マージ」っていう人がいるの。そんなことない。ちゃんといますって。

その人はいつも神様の悪口をいうのよ。ちゃんといますといってもわかってくれない。聞く耳を持ってくれない。そのうちわかるよって、それだけは伝えるんだけどね。

羊飼いが導いてくれた通りに、自分で自分の道を歩いていく。イエス様に倣うという気持ちなのかな。どんなに苦しいことがあっても、神様が見放したとは思わないわ。四年前から内臓の病気にもなって、もう絶対長生きできないぞって思ったけど、知らないうちに七十歳になっちゃってるしね。

きょうだい四人とも、みんな親の年齢を超えちゃったのよ。これはもう、親のぶんを生きてあげなきゃって思うの。

2018/3/24

運命

第十一章

神はなぜ奪うのか

長男が亡くなったのはイースターのお祝いのときだったので、それから数年間はイースターが苦しくて苦しくてね。神様に祈りながら訴えましたよ。今度は誰を連れていくの、次男なの、娘なの、どっちなのって。

木村敏行
一九五一年生
救世軍西成小隊小隊長
大阪府

私、軍服に興味があってね。キリスト教と出会うきっかけも、百科事典で見た軍服でした。二〜三か月に一冊ずつ届くシリーズの何冊目だったか、「や」のところに山室軍平を見つけた。山室軍平の着ている服と、東洋人初の救世軍司令官だということが気になったんです。

救世軍ってそんな軍隊どこにあるんだと調べたら、社会鍋で有名な慈善団体だとある。私の実家は高松から一時間以上離れた白鳥《しろとり》というところでね。母親に訊ねても知らないというし、なんなんだって。

ある日、高松市内の商店街の一角で、紺色の制服を着た女性が募金をやってたんです。その人が救世軍だった。そのときはそれで終わったんですけど、高校三年のときにその女性が集会の案内状をうちの高校に配りに来たんですよ。制服は覚えがいいので、ああ、救世軍の人だと思って話しかけたら、満面の笑みで、「朝ですよ、ぜひ来てくださいね」といわれたんです。チラシには、救世軍高松小隊で「士官学校候補生来たる」と書いてありました。

行きましたよ。わけわかんないですけど、士官候補生来たる、ですからね。キリスト教だというのはわかっていましたけど、全員、軍服ですからただただ圧倒された。言葉にも驚きました。信徒は兵士だし、信徒同士を戦友といっていたしね。

お祈りしませんかと呼びかけられるのを「招き」というのですが、隣に座った士官候補生に、「どうですか、前で一緒にお祈りしませんか」って誘われてね。多少の違和感はありましたが、悪いものじゃないだろうと思って、一緒に前に出てお祈りした。それで、私は高松小隊の回心者として登録されたんです。

集会が終わってから、「今日初めて来た木村君です」って紹介されて、みんなにパチパチパチって手を叩かれて、ただただ恥ずかしかったですね。

ちょっとまずいかなあって思ったんです。うちはあまり熱心ではない真言宗ですけど、母親が大病したときに、村落の創価学会の人が来て、あんた信心が足りんからだとかなんとかいわれて、そうしたら父と母が、帰ってくれと怒鳴り散らして追い返したんです。病気するたびにその人が来て親が怒ってたからね。

そうしたら、ほかの候補生の人が耳元で「大丈夫だよ、いつでもやめられるからね」ってささやいてくれたんだよね。いつでもやめられるんなら、まあ、いいかって。

帰って母親に伝えたら、「行くのはいいけど、あんまりのめり込むな」といわれました。

ところが、のめり込んだんですよ。高校の通学路をちょっと変えれば通えたので、平日でも電車を乗り過ごしたときなんかに行って、小隊長に話を聞いてもらったんです。当時三十歳ぐらいの藤岡照子さんといいますけどね。副官の田辺富恵さんもよく迎えてくれました。

とにかく一生懸命に話を聞いてくださって、それが楽しくてね。最後はお祈りしましょうというだけで、聖書を読みましょうとはいわれなかったですね。

小隊長からは一切質問されなかったです。「木村君、それは神様の恵みだよ」って。そういう話しかしない。

父親は職人上がりで、家では飲んでるか寝てるかだったんですが、父親の不満をぶちまけると、そうかもしれませんねえって。父親のセリフを戻されるだけなんですけど、それがやわらかーくなって戻ってくる。私が投げる球と向こうから返ってくる球が違うんです。

家庭に不幸があったわけではないんですけど、心の隙間っていうんですか、それをすっぽり包み込んでくれるといいますかね。のちに伯母にいわれました。「あんたの家庭は問題あるよね、その隙間を埋めるためにあんたはキリストに行ったんだね」って。

うちの母親は戦時中、満鉄に勤めて一人で引き揚げてきた人ですが、あれは絶対傷もんだと田舎で噂されながら父親と結婚したんです。村の最初の嫁で、田んぼの真ん中で姑と喧嘩するぐらい強かった。あとから嫁に来た女性たちの盾になってきたんです。父親の親戚からは、いびつな夫婦に見えたんでしょうね。

高校を卒業してからは徳島の大塚家具に入社して、家具工場に三年間勤めました。救世軍に正式に入隊して兵士になったのもその頃です。救世軍は禁酒禁煙ですが、職人さんたちはプカプカたばこを吸っていますし、宴会があるとまわりはよく飲んでました。「おまえ変わってるなあ」っていわれましたよ。

でも、吸いたいとも飲みたいとも思わなかった。「今度の忘年会では木村を無理に押さえ付けて飲ませてやる」って脅されたことがあって、「そんなことしたらみんなにゲロ吐いてやる」っていいましたけどね。日曜日になるとみんな釣りに行ったり、ボートに乗ったり、女の子をひっかけに行ったりするんですけど、ぼくは行かないから、教会なんて何がおもしろいんってよくいわれました。

やっぱり、心にしみるものを植え付けられてきたんだと思います。愚痴をこぼすと必ず、それは聖書のどこからかとか、神様からあったことかと小隊長に聞かれる。仕返ししなさいとか、書かれているわけがないですからね。とにかく神様によるかどうかを問われました。

聖書に「わたしはあなたを母の胎内に造る前からあなたを知っていた」（エレミヤ1・5）とあるんですが、まさにそうだと思いました。求めて歩いて振り向いて、ああ、なんだ、ここにあったのかと。今も続いていることですが、前ではなくうしろにあったものを、あとで繰り返し確認させられました。

士官に導かれたのは二十一歳のときです。夏季訓練に派遣されてきた士官候補生に話を聞いて、士官学校長にそろそろ考えろといわれたんですね。

ところが私、その次の年にオートバイ事故を起こしたんです。通学中の高校生が急に方向転換したもんで、止まれなくてぶつけてしまった。二か月ぐらいのケガですが、そのおやじさんがよく酔っぱらって怒鳴り込んできてね。賠償金は払いましたけど、それが原因で家がガタガタになった。だから、もうこの土地を離れようという想いもあったんです。士官学校に入ったら逃げられるとね。

私は何かというと逃げようとするんです。母親はこの性格を見抜いてたね。高校時代に伯父のところで土木作業員をやってすぐやめたので、敏行は三日と続かないと。どうやら私の本質らしいです。何かというと、ほかにこんな働き口があるといって行ってしまいましたから。

でもなんとか無事に士官学校は卒業して、一年目は広島県の呉で副官を務めて、その次の福岡県の大牟田《おおむた》で初めて小隊長になりました。独身時代の最後が福島県の浪江町《なみえちょう》です。

一九八〇年に士官学校の後輩の士官[1]と結婚して、夫婦で最初に行ったのが高知、次が笠岡《かさおか》、尾道、東京の城東、そのあとが大阪の泉尾《いずお》、函館、静岡清水、会津若松と郡山、二度目の函館、そして、現在の大阪西成です。

救世軍は士官同士でないと結婚できないのはご存じですよね。士官になるときに、あなたは一生独身でいき

1　救世軍西成小隊士官、木村照子、七八八ページ。

ますか、と問いかけがあります。もし結婚する場合は、相手は士官じゃないとできない。それを承諾しなければ、士官学校にも入校できない。

もし結婚したいなら、相手にも士官学校に入ってもらわなければならないんです。それが無理なら士官をやめて結婚するしかない。そういう意味では結婚の自由はありません。士官になると異動があるからなんです。もし相手がほかの仕事をしていたりしたら無理ですから。救世軍は監督制で上意下達なんです。

西成小隊では、前任者の活動を引き継ぐことが私たちの仕事でした。その中心がホームレスの方への街頭給食です。日曜日に二回、礼拝のあとで食事を提供する。水曜日には寄付された日用品や洋服を安く売るガレージセールを開いて、木曜日は買い物と街頭給食です。

今はずいぶん減りましたが、前任の小隊長夫妻がおられた一九九七年頃は町にホームレスがいっぱいおられて、それを見て、使命感をもって食事を提供されるようになったんですね。兵士たちに提案して活動の素地ができて、そこにどんどんプログラムが加わっていったと聞いています。

そのうち食事を提供している側の兵士が天に召されたり、体が弱くなられたりして、奉仕する人が減っていった。彼らの子ども世代が、ホームレスの人たちへの奉仕にあまり興味をもたなかったことも原因でしょう。

そこでどうしたかというと、働き手を得るために、ホームレスを脱出しようとしていた人たちを兵士にしてしまったんです。私たちも西成に来てから五年間、街頭給食をやってきましたが、そちらの活動がメインになると問題もあります。入隊したんだからそれでいいでしょ、ということで信仰がおろそかになっていく。

「おれは信仰はもたない。奉仕で返す」とはっきりいった人もいました。じゃあ、体が悪くなったら奉仕では返せないでしょ、どうするんだよっていったんですがね。奉仕には来てくれても、「イエス様を信じます」とは絶対に告白しない人もいる。否定はしないけど、口に出して告白しない。「私は罪人です」と言葉にすることは、クリスチャンとして通過しなければならないことですから、それではいけないんです。あるとき、「ここは食堂だよ」といった人もいた。食事を休んだ日があって、そうしたら一〇人以上、見事に礼拝に来ませんでした。やっぱり食事なんですよ。

ホームレスの中から芯のある人たちが生まれて奉仕に携わってくれたときは、茨の中に落ちた種、石地《いしじ》に落ちた種、鳥についばまれた種が……と種蒔く人のたとえ（ルカ8・4―8）を思い出しましたが、奉仕より楽しいことがあるとそちらに流れてしまう。

教会の基本を忘れて活動だけをやっても違うだろう。日曜日に食事の提供をやめたらどういうものが生まれるのか。そこで何もなくなってしまったというなら、信仰のないものを作ってしまったということでしょう。信仰があるなら、華々しさはなくなるけど芯はある。芯があればいつでも始められる。教会という基本を忘れてはいけないということです。人はパンのみにて生きるものじゃない。

厳しすぎるといわれますよ。ここの人たちにとって、私たちはきつい士官だと思います。でもどうしてここまで厳しいかというと、信仰に弾みをつけられた出来事があったからだと思います。

一九九二年四月、イースターの前日に、当時八歳の長男を亡くしました。大阪の泉尾小隊に赴任した次の年でした。うちには三人子どもがいるのですが、庭に枇杷《びわ》の木があって、子どもたちが遊べるだろうと思って枝と枝のあいだに木をかけて、ブランコを作ったんですね。それが絡んでしまって……。

三日間、人工呼吸器をつけて入院しました。もう息は止まっていました。本来ならそれで終わりだったんです。医師にいわれましたよ。「お父さん、九九パーセント生き返ることはありませんから」って。「この忙しいときに、あなたのお子さんのために非番の医師まで呼び出したんですよ」ともいわれました。

今聞いたらとんでもないですよね。でも私たちはパニックに陥っていたから、腹も立たない。ただただ、泣きましたよ、二人で。

神様なんていないとは思わなかったけど、神様、なんでー、とは思いました。私が余計なことをしたばっかりにね。ブランコを作った当初、子どもたちは喜んでくれましたよ。長男は元基《もとき》というんですけど、元基はね、満面の笑みを浮かべてそれを表す子だったんですよ。元基の基は、キリストの基。そんな名前つけるんじゃなかったって。ぼくがこんなブランコを作らなければ、と思いました。

ぼくが何かすると何かが起こる、もうぼくは何もやらないと思って、その木をはじいて落としてしまった。もう見たくもなかったんだけど、その木ともう一つ短い木で十字架を作って、その十字架をかついで泉尾の町をぐるぐるぐるぐるまわりました。

おかしかったでしょうね。でも、ぼくは真剣でした。誰も触りたがらなかったし、非難もしなかった。それからちょっと過激になりました。神様の答えをもらうのを待たずに行動に走るんです。さっきまで、もう余計なことはしないと思ったのに、自転車に「イエス様は救い　神は愛である」と書いた幟を立てて、十字架かついで、太鼓叩いて、大阪中を走りまわりました。

大阪環状線に乗ってぐるぐるまわったこともありました。大正《たいしょう》駅から大正駅まで、一回目は内回り、二回目は外回り。窓を見ながらずーっとお祈りしました。

救世軍では路傍伝道を野戦と呼びますが、駅前野戦を一人でやりました。そのうち仲間も加わってくれましたけど、あの頃はちょっと羽目をはずしすぎたかもしれません。娘が大人になってからいいました。「お父さん、あのときは恥ずかしかったんだよ」って。でも、あのときはあれしか選択できませんでした。

慰めるためでしょうが、まわりがいろいろいうんです。私の母は、「元基はいなくなったけど、まだ二人子どもはいるんだから」と手紙に書いてきましたよ。私のほうから断絶しました。もう、話したくもなかった。

息子を支えようとして書いたことでしょうけど、一人は一人なんです。何人子どもがいても同じなんです。もう、今は黙ってて、と思いました。

一番ショックだったのは、というか、私のまわりの人たちがショックを受けたのは、ある士官に「あんたが死ねばよかったのにね」といわれたときです。ショックが強すぎて、ショックも受けなかった。ある兵士はお祈りのときに、「主は与え、主は取りたもう」（ヨブ1・21）といいました。冗談やめてくれと思いましたね。人って本当におろかなことをいいますよ。

一番親しかったある士官は一年ぐらい経ったあとに、「神様に愛された子は早く迎えられるんだ」といった。それは、あまりショックは受けなかったんだけど、言葉はものすごく気をつけないといけないと思ったね。

長男が亡くなったのはイースターのお祝いのときだったので、それから数年間はイースターが苦しくて苦しくてね。神様に祈りながら訴えましたよ。今度は誰を連れていくの、次男なの、娘なの、どっちなのって。本当に怖かった。イースターが怖かった。

だけどね、神様を恨むことはなかった。悲しかったけど、恨まなかった。なぜかはわかりません。導かれたとき、「木村君、神様はね」って聖書のことから語りかけてくれた藤岡照子小隊長の刷り込みなんでしょうかね。当時まだご存命でしたけど、何もおっしゃらなかった。とくに何もね。

元基が亡くなって、変な表現ですけど、神様の存在が生々しくなりました。離れてくれない。あっち行ってと思うときもあるのに、なんでここにいるのって。

しばらくあと、私が五十五歳のときのことですが、救世軍の本営に選ばれてニュージーランドに研修に行ったことがありました。南太平洋と東アジア地域の救世軍から士官が集められた、「救世軍南太平洋及び東アジア地区士官カレッジ（SPEACO）」です。

そこでみんなが証しをしました。私にはそれしかないと思って、長男のことを話したんです。通訳の人がいたから時間は短かったんですがね。

終わってから、それを聞いたミャンマーの士官が、じつは私も、といって自分の子どもを亡くした話を始めた。彼女は田舎に住んでいて、生活水は水甕《みずがめ》から汲み出して使っていた。その水甕で子どもが亡くなってしまったというのです。三日間、断食祈禱したそうです。言葉はわからないけど、あなたのためにお祈りしてもいいかと訊ねて、一緒にお祈りしました。

パプアニューギニアの女性士官も私に近づいてきて、木村のことはよくわかるといって、一〇人いた子どものうち一人を亡くした話をされた。一〇人いても、一人なんです。当たり前だけど、何人子どもがいても同じです。一人の魂。失われていくのは同じ。そして自分を責める。責めるのは自分なんです。私が至らなかった、私が余計なことをしたって。

ただそれは献身した者の、神様の前の務めなんだと強く思いました。この研修会で、私は私と同じように、いや、私以上に悲しみを担った士官に何人も会ったのです。

そこに行くまでは、私の中ではもうほぼ解消されたと思っていたんです。ところが行ってみたら、こみ上げるこみ上げる。当時、「千の風になって」という歌が流行っていたんですが、あちらでもそれをうたっていましてね。元基が星になったとは思いませんけど、その気持ちはわからないでもないなあと思って涙がボロボロ出ました。

ところが日本に帰ってきてからは、歌を聴いても涙は出ない。前司令官がこちらに来られたときに、「木村君、恵まれたんだねえ」って。「え、なんですか」と聞いたら、「あなたは変わったよ」と。変えられるというのは、本人にはわからない。でも、神様はそうされるんだなあと思いました。

やっぱり私は救世軍に育てられてきたのね。元基がいなくなって救世軍を恨むこともできなかった。ぶん投げることもできなかった。多くの信仰者の祈りと愛情で、私のつまらない話をずっと聞いてくれたり、覚えの悪いみ言葉をどんどんくれたり、声をかけてくれたりしたたくさんの人たちに会えたからでしょうね。

中学を卒業するときに、クラスのみんなが全員にそれぞれメッセージを書いて渡すというのがあったんだけど、「木村君はふだんから、友だちがいない友だちがいないっていってるけど、そんなことといったら誰も友だちになれない」と書いていた女の子がいたの。それは、ずーっと宝なのね。いつのまにか、たくさん友だちがいるじゃない。べったりじゃないけど、出会ったときは昨日まで一緒にいたかのように思える友だちがいるじゃない。年齢も、経験も、性別も違う、中にはもう天に召された方もいるけど、すごく親しい友だちができたじゃない。

救世軍の讃美歌に「受けたる御恵みをいちいち数え上げ」という歌詞があるのね。そうなのね。今日はごはんがおいしかった、でいいじゃない。今日はうんこが出た、でいいじゃない。今日はお腹がすいた、でいいじゃない。自分に言い聞かせるようにそんな話をするんですよ。

日曜日、みんなが帰るときは玄関に立って、全員に、「今日はよく来てくれました」とか、「久しぶりだったね」と言葉かけするんだけど、あるとき、いわれたんですよ。「あのね、小隊長、ぼくは小隊長の話を聞きたいんだよ、みんなの歌を聴きたいから来るんだよ」って。嬉しいことといってくれるじゃないですか。といいながら、ちゃんとごはんは食べて帰るんだけどね。これは神様のお恵みだなあ、あきらめるなよってことですよねえ。

2019/10/18,2020/10/21

私には夫を裁く想いがありました。
夫がブランコさえ作らなければ、
こんな事故は起こらなかったって。
でも、ある日、声にならない言葉が
聞こえたのです。裁くなーって。

木村照子
一九五一年生
救世軍西成小隊士官
大阪府

自分の罪を初めて意識したのは、社長のコネで同い年の子が会社に入ってきたときです。二十一歳ぐらいだったでしょうか。

彼女は営業のアシスタントで伝票を書く仕事をしていました。仲はよかったんです。一緒にグアム島にも行きましたしね。

それがある日、急に彼女がポーンと昇給した。年功序列の会社なんですけど、自分よりあとに入った彼女の給料が、私よりさきに上がった。経理の私と、営業の彼女とでは昇給の仕方が違ったんです。嫉妬しました。もともと心の中にあったのでしょうが、自分が彼女に嫉妬していることを意識して、ああ、これが罪なんだなと思いました。

中学時代の同級生の友だちに誘われて救世軍の杉並小隊に通うようになったのですが、小隊長の話をメモしたりして、いつもどこか勉強しに行くような気持ちだったんです。

人間にはみんな罪があるといわれたときも、私には罪はないなあ、回心とか、悔い改めるとかいわれても、意味がわからないなあって。

いい子だったんです。高校時代にジュニアレッドクロスという赤十字の団体に所属して、県のリーダーになるための研修を受けたこともありましたし。

いい子、正しい子。それが嬉しかった。でもあの日、自分の中にも罪があると知りました。

月がきれいな秋の夜のことです。会社から帰るのが遅くなって、月を眺めながら歩いていたら、突然、月が語りかけてくるのを感じました。あなたもイエス様と同じかたちの人間で、イエス様はあなたのために死んでくれたんだよって。

自分はこれからどう生きていくんだろう、自分が生きていくための支えはなんだろうと悩んでいた頃でした。十字架の救いが強烈に押し寄せてきて、みんなにも救いが必要だ、すべての人にこれを伝えなきゃいけない、と思ったんです。

人はパンのみにて生きるにあらず、神様のみ言葉によって生きる。み言葉こそが生きるために必要なもの、生命を維持するベース。み言葉と出会ったことはとても大きくて、士官になることを決意しました。

士官学校に行くにあたって、実家で家族会議がありました。福島県田村郡船引町《ふねひきまち》の農家で、まわりはほとんど曹洞宗です。私は九人きょうだいの下から二番目でした。

キリスト教にはまったく縁のない家族のうち、長男だけキリスト教に興味をもって教会に通っていたことがあったらしいんです。その兄がぼくに免じて許してあげよう、送り出してあげようといってくれた。私がどんなことになっても面倒をみるといってくれたんです。

修道院に入るぐらいのつもりで決心しましたから、結婚も考えていませんでした。みんなにみ言葉を伝えよう、ボランティアもできることはみんなしよう、一生を神様に捧げようと思いました。

ところが同じ頃、士官学校の先輩から結婚の話があったんです。意中の人はいたのですが、一人で生きていくつもりだったのでよくわからなくて、一緒に住んでいた同期生に相談したら、あなたにはあっちはだめ、絶対こっちがいいと今の主人[1]を勧めてくれたんです。なぜでしょうね。もう一人の人は静かでまじめな人だったので、私のほうが強すぎると思ったのかな。

長男の元基を亡くして、今年で二十七年になります。大阪の泉尾小隊に行った次の年、一九九二年四月です。小隊長の夫が庭の枇杷の木で作ったブランコでの不慮の事故でした。

神様にすがらなきゃ、神様につながらなきゃだめって思いました。イエス様も十字架に掛かったときに、「わが神、わが神、なぜわたしをお見捨てになったのですか」（マルコ15・34）と聞きました。

私も、神様なぜ、と思いました。でも、神様なんていないとは思わなかった。とにかく神様につながって、神様に訊ねなきゃと思いました。

数か月して、クリスチャンで精神科医の工藤信夫《くどうのぶお》先生が大阪で講演会をされたことがあって、すがる気持ちで夫婦で聞きに行ったことがありました。

工藤先生がおっしゃったのは、クリスチャンは焦りすぎるということでした。お祈りしたらすぐに応えをもらおうとする。でも、神様には「時」がある。焦らないで、それまで待つのだというお話でした。

正直いえば、私には夫を裁く想いがありました。夫がブランコさえ作らなければ、こんな事故は起こらなかったって。

でも、ある日、声にならない言葉が聞こえたのです。裁くなーって。

主人が枇杷の木を切って作った十字架をかついで町をぐるぐるまわり出したときは、おかしくなったと思いました。おかしいとは思ったけど、必死な想いでやっているということは伝わってきました。私も一緒にやることもありました。断食もしました。三日間、水を飲むだけでした。

ところが断食を始めて三日目のことです。友だちの士官がやって来ましてね。枇杷をお出ししようと思って、その枇杷の木に登ったんです。

いくつか実を採っているうちに、とってもおいしそうだったので、思わず一個、ぱくって食べてしまった。何も考えずに食べてしまってから、あ、私、断食してたんだって思い出したんです。息子が亡くなった枇杷の木ですよ。ああ、これってアダムとイヴの禁断の実だなと思いました。

息子の夢は、何度か見ました。でも最近は見ないですね。最後に見たときは、声が聞こえました。「お母さん、ぼく、靴が小さくなった」って……。

なんであんな夢を見たんだろうって、ずーっと考えました。靴ってなんだろう、福音の靴なのかな。福音がどんどん大きくなってきているのかな、だから靴が小さくなってきたのかなって。神様が受け取ってくださったんだろうなあと感じました。

西成小隊に来て、五年になります。以前は、種を蒔けばそれでいいと思っていましたが、今はそうじゃない。信仰の種は芽生えるまでが大変です。芽生えても、自分の中で育てていかないといけないものです。神様は生きておられるのだから、神様との交わりを通して、完成まではいかないにしても、そこを目指して走っていく。放っておいたら死んでしまうと自分にいい聞かせて、毎日み言葉にふれること。これまでは給食活動を優先しすぎました。そのために、ここは食堂だといわれるようになってしまった。それは、つらいことでした。

1　救世軍西成小隊小隊長、木村敏行、七七八ページ。

西成には、私たち以外にもホームレスの方への給食活動をしている韓国系の教会がありますし、ＮＰＯの活動も盛んです。食べ物のことはきっと誰かが助けてくださるでしょうから、私たちは少し回数を減らして、これからは魂のことを想う場所として存在していたいと思っています。

2019/10/18,2020/10/21

ほんとに、神様さ、半分以上は頼ったからね。なんとか助けてほしいってね。

白土六郎
一九四五年生
日本正教会山田ハリストス正教会
岩手県

東日本大震災の年の三月八日に、おれのお母ちゃんが末期がんで盛岡の中央病院に入院したんですよ。そいで、震災当日は息子と二人で朝の七時頃、車で山田町を発《た》ったんです。

地震の時間帯は盛岡の病院もパニックになってねえ。電気は消えるし、エレベーターは止まる。山田に大津波が来るっていうから、息子に運転させて戻ったんです。

でも途中で通行止めになって、関口《せきぐち》ってところでここからさきは歩いてくださいっていわれて、とりあえず山田町役場に歩いていったんですよ。着いたのが夜の七時頃だったかな。

水は引いてたけど瓦礫があって、少し火が出てた。でもそれほどではなくて、教会のほうはまだ大丈夫だったんだよ。

朝五時頃に見たら、下のほうから燃え広がって、教会もなんもみんな燃えて、山さ燃えてんだべさ。息子と家に帰って大事な物をゴミ袋に入れてさ、山田中学校さ逃げたんだわ。

でも中学も燃えるから山田高校に逃げろって指示されて避難したんだ。結局、風向きが変わってわが家のすぐ下まで燃えて、うちは助かったわけさ。

おれ、教会の執事長やってるわけ。信者さんの把握をやんなきゃいけない。みんな逃げたと思ったけどね。

病気が病気だからお母ちゃんのほうも気になってね。お母ちゃんって家内のことね。病院に戻ったんだけど大変な状態で、次から次に患者さん来るわけさ。一か月ぐらいで出てくれっていわれたもんだから、病院の向かいにマンション借りて、息子に職場休ませて一緒に住んでもらってね、お母ちゃんはそっから病院さ抗がん剤の治療に通ったんだ。

山田には駅前におれの一番上の兄が住んでいて、そっちも八十いくつで独身だから心配でね。津波で流されたんじゃないかって思ってたけど逃げられたみたいで、住む施設を探しまわったよ。兄の家の二階に教会のメトリカっていう信徒記録簿とか、おれが集めた資料とかあってしょっちゅう見とったんだけど、全部焼けちゃった。記録がなくなっちゃった。

お母ちゃんはね、洗礼受けてなかったの。保母さんしよったから、休みも帳簿整理で忙しくてね。気持ちはあったんだけど、そのうちそのうちってね、おれも受けさせてなかった。無理にいったら喧嘩になるしね。おれが悪いの。でも最後に入院したときに、対中秀行《たいなかひでゆき》神父さんにお願いして病院にも許可もらって、病室で洗礼受けさせたのさ。もうしゃべれなかったけど。だって、おれが山田正教会の親分だもの。

八月六日、亡くなったす。六十三歳でした。山田に連れて帰りたかったんだけど、いとこ、はとこもそれどころじゃないから、盛岡の正教会で葬儀してもらってから、ここに連れて帰りました。

神も仏もないっていうけど、それはなかった。ましてやほれ、家内がそういう病気で入院したからね、ほんとに、神様さ、半分以上は頼ったからね。なんとか助けてほしいってね。

洗礼は受けててよかったと思うよ。なんてんだべなあ、そういう自分の気持ちが強くなるんだべなあ。洗礼受けてっと。

埋葬式が終わって、秋頃からわが家を開放して教会のみんな集まったさ。対中神父さんに来てもらっても聖体礼儀はできねえから、ただ集まってお祈りして聖歌うたって、お昼ごはん食べたりしてね。

おやじの屋号は回漕店でね、石巻から八戸《はちのへ》まで荷物やお客さんを積んでくる三陸汽船って海の物流をやってる会社の代理店やってたの。おやじの一番上の兄の息子が九代目っていってたから、江戸時代だね。

正教会は、最初に洗礼受けたのが、沢辺琢磨[1]って坂本龍馬の親戚で、二番目が宮城県の医者だった酒井篤礼[2]、三番目が宮古の津軽石《つがるいし》で開業していた医師の浦野大蔵[3]。ニコライさんはこの浦野に会いたくて岩手に来たのではないですか。それで山田で宣教したら、話が進歩的だったんじゃないかな、人がたくさん集まった。

山田で一番の金持ちは大田さんって、造り酒屋やる、定置網やるで財産作った家で、そこにニコライさんが泊まったって記録があんだ。熱心なおじいさんがいてね、役場の下の土地を寄付して教会を作ったんだ。メトリカは二冊あったんだけど、宮城県の金成《かんなり》教会にいた酒井篤礼が山田に来て洗礼を授けたとあって、当時の信徒は三〇〇人ぐらいいたんでねえべか。大田家がみんな正教会になったから、ほかは誰も批判する人はなかったんだべすか。おれのおじいさんとおばあさんも正教徒になって、おやじのきょうだいはみんな幼児洗礼受けたよ。

1　土佐藩出身の日本正教会初の信徒の一人で最初の日本人司祭。江戸で罪を犯して箱館へ。尊王攘夷論者としてニコライ殺害を企てるが、逆にニコライから正教の教えを学ぶうちに信仰を得て、禁教下の一八六八（慶応四）年、秘密裡に洗礼を受けた。一八三四—一九一三。

2　奥州の陸前国《りくぜんのくに》金成（現・宮城県栗原《くりはら》市）出身、日本正教会初の信徒の一人。緒方洪庵《おがたこうあん》の適塾《てきじゅく》で学び、箱館で開業したところ、沢辺を通じてニコライに出会い受洗。のちに司祭。一八三五—一八八二。

3　能登国《のとのくに》珠洲《すず》郡狼煙《のろし》村（現・石川県珠洲市狼煙町）出身の医師。日本正教会初の信徒の一人として沢辺や酒井と布教活動を始めるが、岩手県宮古で医院を開業、曹洞宗に改宗。理由は不明。「北海道新聞」一九八九年八月四日夕刊。一八四一—一九一六。

ここは明治二十九年の明治三陸津波で、やられとるわけだ。昭和八年の昭和三陸津波もあるし、昭和三十五年はおれが中学校のときだから記憶あるんだけど、チリ地震津波もあった。

明治三陸津波んときは、ニコライさんは災害孤児を救済するために働いたって聞いてるよ。当時は社会保障制度も整ってないから、ロシアや西洋の教会から寄付を集めて、ニコライさんが子どもの面倒みたって話だね。当時は堤防なんて、ねえんだもの。信徒もたくさん亡くなってんだな。

そのあと日露戦争があって、日本国民はロシアに反感もってたべか、歴史的な背景があってね。それでも正教会入るってのは、おれにいわせれば、正教会の教えはよほどすばらしかったんだべなあ。ニコライさんはすばらしい宣教者だったんだべねえ、おら、そう思うなあ。

おれはおやじとは小学三年のときに死別してっから、おやじの顔、はっきり覚えてないの。脳溢血でね、昔は中風っていったんだ。だから、おふくろは苦労した。生活が大変だったんだべさ。忙しくて子どもに洗礼授けるどころではなかったんだべさ。

でも復活祭とかクリスマスは教会に連れていかれた。赤い卵だけが記憶にある。教会行ったら赤い卵が食べられるって、そういう頭しかなかったんだ。

おれが洗礼受けたのは昭和四十三年、二十三歳のときだった。白土家は昔から正教会だから、おれもほれ、継がなきゃいけないって思ったんだね。みんなそんな考え方だ。

洗礼を授けてくれたのは、アメリカ人の神父様だったよ。当時は冷戦時代でロシア正教会と日本正教会の関係が複雑だったんだ。日ソ間の問題がいろいろ報道されたでしょ。

二〇〇海里規制で漁船が拿捕《だほ》されたりして、反ソの時代だったからね。正教会はもともとギリシャだし、日本正教会はロシア正教会とは別なんだけど、一般の人たちには区別がつかないでしょ。当時はニコライ堂に公安が来てたらしいからね。

でも洗礼受けたときはね、やっぱり、おれは信徒だと思ったな。ああ、正教会の信徒だってね。神父様からほれ、さまざまお話しされるわけだ。神様から与えられた愛を自分だけのものにしないで、ほかの人たちにも分け与えてやんだよっていわれるわけだ。これが正教会の教えだよって、さんざん聞かされてきてっからね。それは気持ちに留めてんのね。

昔の信徒さんたちはえらいなあって思うよ。子どもにみんな幼児洗礼受けさせてさ。おれたちは自分の子どもたちに洗礼受けさせねえんだもの。ああ、失敗した。息子が三人いるんだけど、受けさせればよかったって思うよ。後悔してんだべさ。やっぱり昔のお年寄りは先見の明あったとね。幼児洗礼受けさせないと、信徒増えていかねえでば。

今回の震災でも、山田からどんどん人がいなくなった。あとはまあ、世の中の変化だ。

震災のあと、プロテスタントの教会がボランティアで来てたんだ。コーヒー一〇〇円で、飲みに行ったさ。教会が焼けちゃって、自分のよりどころがなくなったからねえ。でも、あそこにはイコンがなかったな。プロテスタントだからないんだけど。

え、イコンがおれにとってどういうものだったかって? うーん、面倒な質問だね。まあ、どうぞ、みかん食べて。

教会はね、もう建てなくていいべさっておれは個人的には思っとったわけだ。盛岡、あるいは大船渡、寒河《さが》江《え》の教会に行ったらいいって思ったのさ。

教区の負担金のことを考えたのさ。山田教会が仙台教会に納めるのは、年に三二万円なのさ。三二万円を一二世帯で払うのさ。でも、みんな生活あるし、津波で被災した人たちもいる。そういう中で教会費を負担してもらうってことは大変だっておれは考えたわけさ。
けど、仙台のセラフィム[4]大主教様が山田さ来たとき、信徒が一人になってもおれは山田さ教会建てるとはっきりしゃべってったんだわさ。これ、余計なことしゃべれねえなって、おれ、それから気持ち変わったのさ。人間は精神的に弱いもんもってるから、やっぱり悩んだり、体調よくなかったりするとね、自然に十字切っちゃうんだね。聖書は持ってけど読まねえ。でも天主経[5]はやっぱりやってねばって思うんだ。暗記してるけど、すぐ忘れんだ。

2018/3/11,12/2

4　仙台の大主教、東京の副主教セラフィム辻《つじ》永《え》昇《のぼる》。
5　正教会で、「主の祈り」のこと。

この世に神様ってあるのかなって、そういう心境でした。

横田明夫
一九三九年生
日本正教会山田ハリストス正教会
岩手県

おれがクリスチャンになったのは、三歳ぐらいだったかなあ。どういう経緯でクリスチャンになったかはわかんねえ。小さかったからね。

うちの両親は明治生まれでしょ。教会の記録を見ればわかんだけど、こないだの東日本大震災で燃えちゃったんだよね。盛岡の教会で調べればわかると思うけど、明治のあたりに神父さんが来たんでねえの。おやじの時代はたいした数の信者さんがあったんですよ。

帳簿見っと、うちの父親は子どもと奥さん亡くしとるんですよ。病気でね。それでこの教会に入ったんでねえのかなあ。おやじは二度結婚してて、最初の結婚で子どもと奥さん亡くして、それから洗礼受けて正教徒になったんだなあ。

昔はほれ、お嫁さん、世話してくれる人が近所にあったでしょう。だからそういう人が、男が一人でいるのもあれだってんで、真向かいの大浦《おおうら》ってところからお嫁さんもらったの。その二番目のお嫁さんてのが、おれの母親なんですね。母親はおやじと結婚してクリスチャンになったんです。

おれは五人きょうだいの長男なんだけど、洗礼受けさせたのはおれだけなんだよね。どういうわけで、おれだけかわかんねえんだけどね。

次男は東京にいたんだけど、自分も洗礼受けたいってニコライ堂に通って勉強してるうちに病気で亡くなったんです。まだ信徒じゃなかったから納骨はしてもらえなくて、こっちで埋葬してもらったんだけどね。

おれは山田漁連ってとこに勤めてたんです。魚をさばくとこ。定置網が一番に魚揚げるでしょ、それを入札にかけて全部さばくんです。

ところがある頃から魚が全然揚がらなくなったんで、みんなリストラされたんですよ。おれもそれに引っかかってね。

それから牡蠣《かき》の養殖を始めたの。前々から親がやっとったのを跡継いだんだね。それで家内と一緒にやるようになったの。昭和五十二～三年頃からかなあ。

一粒牡蠣ってのが盛んだったんですよ。筏《いかだ》に吊り下がってるのを引き揚げて、一つずつ砕いて中身を横にするわけです。その耳んとこに穴を開けて、テグスで吊るしてまた海に戻す。そうすると中身がよくなるんですよ。そういう商売をやって、お金を稼いどったんです。

それがまあ、おっきい地震だったからね。最初、津波は三メートルって放送されてたんだけど、いざ来てみたら一〇メートルを超える波が来て、流されてしまった。

山田の境田ってところに薬王堂って店があるでしょ。あの前がうちだったんです。家内と二人で住んどったんだけど、二人とも流されたんですよ。流されてるうちに苦しいから二回水を飲んで、あとはわかんねえ。三月で寒いし、雪も降ってやったから、寒くてね。ガタガタ震えてね。寒くて震えてたから、死ぬのを稼いだんですね。

しばらくして流された人を助ける人たちがやって来たんで、おれも声を上げたんだ。上見たら瓦礫で、声出さねえと見っけられねえから、声出したんだ。それで見っけてもらって、戸板で山田高校に運ばれたんです。

山田町は全部火事で、どこが燃えて、どのへんが燃えて、ってのは耳には聞こえってけども、立ち上がって見るってことができねえの。具合悪いから。

弟が、兄貴はどうしたんべやなって探し歩いてて、おれを見つけて、遠いところに親戚がいるから、そこに行ったんですよ。寝ようとしたら胸が苦しくてね、こりゃだめだってんで、宮古病院に連れてってもらった。肺炎で半月ぐらい入院したかな。

退院したはいいけど、家がないわ。親戚のうちに行くけど長くはいられねえから、十日ぐらいずつたらい回しみたいにされて、そうしてるうちに仮設住宅が建ったので、そこで一人で住むようになりました。仮設を出たのは、平成二十六年七月だったかなあ。

家内のことはね、探しまわったんだけど、見つからなくてね。うちを建て直す前になんとしても探そうと思って歩いたんだけど、ようやく薬王堂のあたりで誰かが見つけてくれて公民館に運んでくれたんだ。見つかったのは八月か、九月だったかなあ。

写真とか、衣類とか、心当たりの人は見てくださいって書いてあって、うちの二人の娘が東京から来てたんで一緒に見たんですよ。その中でお母さんが着てた下着に似てるってんで、DNAを調べてもらったの。うちの長女が痰《たん》を出して、家内のほうは何を調べたのかな。

十日ぐらいして、親子であることは間違いないってことで、初めて許可をもらって山田で火葬しました。おれはあ、ボロボロになって、頭ぼおーっとしてんもん。娘たちがみんなやってくれました。

この世に神様ってあるのかなって、そういう心境でした。山田町も全部焼けて平《ひら》になってね。神様ってえ、そんなあ信じるほうではなかったけど、この世に神様ってあるのかなあと思いました。

子どもたちは東京にいたから、ニコライ堂にも行ったけど、全然ね。田舎の人間の話なんて聞く耳持たないもんね。話したってだめだなあって。自分よりも観光客のほう、大切にすんだもん。拝観案内するほうがさきで、こっちがこんなに大変な目に遭って教会来てんのにね。神父さん、癒しの言葉かけてくれんのかなって思ったけど、全然そんなのないしね。

これはほんとになあ、神さんってね、逆に悲しかったよ。この世に神様ってあんのかなって感じちゃったよ。今はもう気持ちが落ち着いてきたけど、当時はねえ、そんな頭もない。ショックが大きくて、ショックが大きくて、一人でいんのがさみしいっていうより、お酒飲んだって酔わねえ。頭があれしてっから、お酒で狂わして寝たいなって思って。

まあ、そういうかっこうでやってると、今度は逆に体壊しちまった。おしっこの時間が短くなったんだね。前立腺かなと思って山田の医者さ診てもらった。そしたら前立腺じゃねえって。調べてもらってるうちになんか変だっちゅうことで、別の病院に検査入院したら、がんだってことでね。

子どもたちがいる東京で手術したほうがいいってんで、順天堂大病院で手術したんです。今は三か月に一度ぐらい、岩手医大病院で診てもらってんだけどね。

そういうことです。そういう人生を歩んできました、震災後。今はこうやって、元気ではいますけどね。

教会はね、もともと家内のほうがよく通ってたの。震災後は頭も体もおかしくなって、しゃべる言葉も自分で何いってんのかわかんねえし、だけどまあ、七年という月日が経つとね。頼るところもあるんだなあって、おれも教会に通うようになりましたよ。

神父さんにもいろいろあんのね。神父さんの悪口いってもよくないけど、この、ハリストスのことを丁寧に詳しく教えてもらってなかったんですよ、これまでは。

でも、今の神父さんは丁寧に教えてくれる。へえ、そういうことなのかって、今は話を聞いてます。一から勉強しとるようなもんです。

やっぱりうちの中で一人でいるとねえ、いろんなことを考えるんですよ。体も悪くしたしねえ。そうすっとねえ、なんていうのかなあ、気持ちがねえ、うん、神様のありがたさっていうのが、お祈りしてるうちに和むというのかなあ。落ち着くっていうかねえ、そういうふうに変わっていったね。

今ですかあ。クリスチャンでよかったんじゃないですかあ。なんか、救われてんのかなあ。お祈りに来ることによって、気持ちをね。

2018/3/10

神様助けてください、とはいわなかった。主憐れめ主憐れめ主憐れめ、です。

阿部千賀子
一九四八年生
日本正教会山田ハリストス正教会
岩手県

私はいつも迷いの中に暮らしているんです。人を疑いっぽくなったり、信じられなかったりするときもあるし、こんなはずじゃなかったのに、ということがある。そんなときに、じゃあ何が信じられるのか、確かなものがつかめなかったんです。

実家は祖父母の代から正教徒で、私も小学生ぐらいで洗礼を受けた記憶があるんですけど、夫は仏教徒で和尚さんとも親しくしていたし、嫁ぎ先の仕事で精一杯だったので、教会には葬儀のときぐらいしか行ってなかったんです。

うちの父は何回も病気をして、そのたびに、神父様がお見舞いに来られました。病室で聖水をいただいたり、聖パンと葡萄酒をいただいたりしていたんです。

すると父の顔色がよくなる。気持ちがいいのか、元気の源なのか、何か奮い立たせるものが入ってるのかなあ、神頼みしてるなあなんて思いながら見ていました。

退院すると、祈禱書を読みながら、神様にちゃんとお礼をしている。神父様は月に一度、巡回されていたのですが、そんなときはちゃんとネクタイを締めて、母もきれいな服を着て、夫婦で教会に行ってましたね。

私が教会に行くようになったのは、十年ほど前に母の具合が悪くなって、代わりに行ってくれないかといわれたのがきっかけでした。母から神父様への質問状を渡すんです。誰にもしゃべれんことを、母は神父様には心を開いて相談していました。

隣の人にはちょっといえないけど、神様に近い神父様ならこんなふうに心のうちを見せられるんだな、母は幸せだなあって思いましたね。

入院しているときも祈禱書を枕元から離さなかった。そんな母の姿を見て、ああ、私は和尚さんに心の中を打ち明けたことはないなあ、神様が中心にあるっていいなあって思いました。

九か月ほど闘病していたのですが、花が咲いているきれいなときに天国に行きたいって、そのためのお祈りをしなきゃならないんだっていうから、一緒にお祈りしました。

危篤になったときは、お母さん、花が咲くにはあと一か月かかるよって手や足をさすりながら励ましました。そうしたら、ほんと、花が咲いた時期に亡くなったんです。

想いは通じるというか、それから私、信じてますもん。それまでは神父様とお話しすることもなかったんですけど、ロシアに行く機会をいただいたり、教会の方々とお話をしたり、マトシカ[1]と接する中で、見えないところで見ていてくださる神様の姿を感じることがあって、それが心地よくて、だんだん目覚めていきました。

うちは建築用の雑貨や金物を扱う会社をやっていて、海のそばにあるから、月に一度は避難訓練をしていました。これまで何度も地震や津波がありましたからね。誰が何を持って避難するか、トラックは誰が運転するかも決めていた。

1 正教会の信徒は、神父の妻をこう呼ぶ。マートシュカはロシア語でお母さん。

私ら経営側は金庫番なので、金庫にある物を二階に上げる訓練もしていました。お姑さんたちに、金庫に入れるときは手渡ししやすいように、風呂敷に小分けしておけといわれていたので、それはあとあとすごく役立ちました。

震災当日、会社を出たのは私が最後でした。店を点検して逃げる準備をして、気づいたら一人になっていた。とたんに怖くなりました。自転車で逃げたんですけど、まわりにもう誰もいないの。車一台走ってない。シーンとして、世界は一面グレー、モノクロ映画みたいというか、ゴーストタウンでした。

ただひたすら自転車を漕ぎました。死ぬかもしれないって思ったら、足がもう、カクカクしてね。途中、若いお兄さんが足の不自由なおばあさんと一緒に歩いていたんですが、一緒には乗せられない。急がないとだめだから、「ごめんなさい、急いでねえ、ごめんー」っていいながら、自転車を必死に漕ぎました。

そうしたら、「波が来たー」って声が聞こえたの。夫でした。さきに車で逃げて、ちょっと高いところにある中央保育園で私を待ってたのね。

同じタイミングで近所の知り合いも一緒に登ろうとしたんだけど、波が迫ってきてその方の頭が沈んで、だんだん見えなくなってしまった。どんなにいいことをして生きていても、こんなときが来るんだって、冷静に考えている自分とそうじゃない自分がごちゃごちゃになっていました。

神様助けてください、とはいわなかった。主憐れめ主憐れめ主憐れめ、です。神様、私、悪いことしてないです。今日は悪いことしなかったです、主憐れめ主憐れめ主憐れめって。

教会は津波では流されなかったけど、だんだん火事が燃え広がって、パーッと燃え始めたときも、ずっと、主憐れめ主憐れめ主憐れめでした。

ああ、私は神様に頼ってんだ。神様にお願いしてるんだって思ったよ。家は燃えなかったから、ろうそくとお線香をいっぱい立てて、お礼もしたわ。とにかく祈禱書だけは手元に置いて祈りました。

昔から、神様に願いごとをするんであれば、主憐れめって祈ってなさいって聞いてたの。何かをしてくださいっていわなくていい。家にいても、外にいても、神様とはいわない。ひたすら、主憐れめ主憐れめでした。神様、助けてくださいといってるんだと思うんですよ。でもね、神様、落ち着かせてくださいっていうのもあるんです。このパニックの中で、神様どうしたらいいでしょう、主憐れめ主憐れめ主憐れめってね。祈るときの声のトーンで、自分でわかるの。すごく強いときは緊迫している状態だし、静かなときはすごく冷静なんだよね。ありがとう、とか、おかげさまでしたっていうときはゆっくりだし。

震災のときは、日ごとに状況が変わってきたから、祈り方も変わっていきました。あの人のことを導いてください、ご遺体が見つからなかったけどどうか天国に導いてください。神様、もう私には力がないです。神様の力を貸してください、って。人様には頼めない。もう、神様にしか頼めなかった。神様がお金をくださるわけではない、健康をくださるわけでもない。自分に力が欲しいがためにお祈りしてるような気がする。

黙っている人は強いと思う。私はね、すぐ神様にお赦しくださいとか、憐れんでくださいって祈ってしまう。すごく心が弱いし、ちっちゃいなと思う。強くないなと思う。

山田教会では一人、婦人部で一緒に活動していた奥様が亡くなられました。ご主人は、おれ、こんな悪いことした、あんな悪いことしたっていつもいうの。あ、涙出てくる……。亭主関白だったからね、奥さん、我慢強かったからねえ。

亡くなってから感じるのね。生きてるときにこうすればよかった、ああすればよかったって。もう、絶対そうなるのよ。うちは会社が鉄骨だけになっちゃったけど、そんなことたいしたことないって思わなくちゃね。

神様なんていないと思わなかったかって？　思いません。私、旧約聖書を読んでいて、甘いことは絶対に続かない、いつかこんないい加減な世の中は崩れるぞって思っていたから。むしろ、神様がいなかったら誰も助からなかったんじゃないかと思うわ。

震災のあと、妹を亡くしたんですけど、これはかりは与えられた運命のような気がしています。神様が決めた年数じゃないかなって、自分にいいわけしてる。人にはいいませんよ。自分自身が解決する方法として、です。

よく、いい人ほど早く亡くなるっていいますけど、よくいうよと思いますよ。いいか悪いか、誰が決めるの。かけがえのない家族を失ってるでしょ。よくいうよ、そういうことをね。

病気だってそうじゃないですか。なんで私がこんな病気になるのって。染色体の中に入り込んでいる、運命としかいえない。でもそんなこと、本人にはいっちゃいけないってわかってるからいつも言葉を飲み込むんですけど、じゃあ何をしたらいいのかというと、祈りしかないって私は思ってるから。

神社でたくさんお守りもらってくる人もいれば、教会に行ってお祈りするしかないっていう人もいる。医学にもできることがないとなったら、もう、神の御心にお任せするしかない。お祈りするしかないんです。

ある神父様に質問したことがあります。お祈りは一回するのか、三回するのか、それとも気づいたらするのかって。

そうしたら神父様は、気づいたらずーっとやってなさいといいました。主憐れめ主憐れめでいいからって。祈禱書を一から一〇まで読まなきゃいけないのかと思ってたら、そうじゃないんだと。

私、いつもバカみたいに質問してばかりなんですけど、教わってよかった。じゃあ、やってみようと。主憐れめ主憐れめ主憐れめって。南無阿弥陀仏南無阿弥陀仏と一緒ですね、これって。

2018/3/10,12/2

信仰心が薄いのかなあ。
なるようになるでねえの、
こうなってしまったからにはね。

白土つか子
一九五一年生
日本正教会山田ハリストス正教会
岩手県

嫁いださきがキリスト教の家だったんですよ。何かあるたんびに義姉さんたちに教会に連れていかれて、洗礼は受けないまま教会には通っていたんです。うちに祭壇があるんですけど、先祖の写真が飾ってあるので私には仏壇に見えてしまって、仏壇拝むみたいに拝んでいました。

嫁いだってことは白土家を継いでいかなきゃならないんだけど、キリスト教のこと何も知らないのに入っていいんだべかって感じだったんですね。神父様にも洗礼受けてといわれたけど、まだまだ気が重いなあって。でも、受けてから勉強すればいいからっていわれて、じゃあ、受けっかって。

神父様の話を聞くだけですよ。わかったつもりでも、全然入ってこないんですよね。今日の話はすごいなあ、帰ったら誰かに話そうと思っても、帰ったら忘れてる。若いときに勉強しとけばよかったって今は思いますよ。

ふだんは水産加工会社で事務をやってるんですけど、東日本大震災のときは実家が心配になって親が避難したのを確かめてから、山田町役場に避難しました。

うちはチリ地震津波のときに家を流されたんです。小学三年のときでした。だから親にいわれてたんです。地震が長く続いたら、絶対に津波が来るからって。

でもね、堤防が高いもんだから、安心するんですよね。それにね、堤防に上って海がどうなってるのか見たいんですよ。みんな漁業してるから、船が心配だっていうのもあるんでしょうけど、あれ、よくないですよね。

あの日は、家や店の片付けをしたりして逃げない人がいっぱいいたんですよ。チリ地震津波は流されなかったところが多かったし、巨大な堤防ができたから、津波の怖さをみんな知らないんだ。堤防を乗り越えてくるって頭が全然なかったんですよ。

あの日、夜中もすごかったんです。プロパンガスの爆発音なのか、何が起きてるのかわからないけどボンボンボンボンって大きな音が鳴って、火が燃え広がってね。

明け方に見たら、山田町がなかったですよ。戦争なんて知らないけど、空襲のあとみたいに、柱が一本だけ立ってた。教会は流されなかったけど燃えてしまいました。

正直、神様どころじゃなかったですね。親戚は亡くなったけど、家は残ったし、よその人よりは恵まれてるほうなんです。だったら、神様、ありがとうございましたっていえばいいんだろうけど、そんな余裕もなかったというか。

信仰心が薄いのかなあ。なるようになるでねえの、こうなってしまったからにはね。悩んで変わるわけではないって、割り切りなのかな。

うちは娘の旦那さんが介護士なんですよ。船越《ふなこし》の浦《うら》の浜《はま》ってところに介護施設があるんだけど、津波が来たときは本人も流されて、たまたま木に引っかかったんだかで助かった。

でも入所者が七四人、職員も一四人だか、あそこはたくさん亡くなったんです。だからほれ、ずっと悩んでね。海に行けないって。

子どもたちに海に連れてってくれといわれてもね、連れていけないって。

やっぱ、遺体をたくさん見たんだね。発見されるたんびに呼ばれて確認してたからね、それで参ったのね。確認に行った人たちはかわいそうだ。あの人たちの気持ちは、私たちにはわかんないけども。起きてみて初めてわかるんだ。お金だとか通帳だとか、ハンコだとか、そんなことはどうにでもなるんだ。一番は、命なんだってね。

洗礼受けてから、もう二十年になるかな。自分は勉強してないですし、全然わかってないんですけど、なんちゅうかな、信仰をもってること、頼れるものがあるってこと、それはよかったなあって思いますね。何かあってお寺に行っても、ついつい十字を切っちゃうんだよね。もう自分の中に入っちゃったっていうか、心の中に、神様が、なんか、いる。そういうのがあるだけでもいいのかなって。そのわりに子どもにはまだ勧めてないんですけどね。

2018/3/10,12/2

私、がんばったけど、それは神様のおかげ。やっぱり苦しいときがあるんですよ。だから神様、苦しい、神様、助けてくださいってお願いします。

渡邊アルマ
一九六八年生
カトリック須賀川教会
福島県

東日本大震災が起きたときはうちにいました。ドアを開けて外に出て、ああ、強いなあって思ってフェンスにつかまったら、ガガガガーって。そのときはもう、神様、としかいえない。神様助けてください、神様、うちの娘を助けてくださいって祈った。

娘が小学校を出るのがいつも二時四十五分で、地震が二時四十六分だから、大人だってこんななのに、子どもだったらどうなるの。どこかに落っこちちゃったり、学校がつぶれてたらどうするの。

地震が少し収まってから車を運転して学校に行ったら、学校のかたちがあった。嬉しかったよ。息ができた。校庭にみんな集まってた。娘の顔見つけて、嬉しくて涙したよ。抱きしめたよ。

フィリピン人は、教会に六〜七〇人集まったよ。大使館から無料で臨時便を飛ばすから、帰りなさいって連絡があって、みんなそれで帰国しました。

私は帰らなかった。お店があるから、また戻らないといけない。一週間ぐらいして、フィリピンの母親から、ようやくつながったといって電話があった。「帰りなさい」って泣いてたけど、帰らなかったよ。仕送りもしてたからね。

ヨークベニマルっていうスーパーが再開して、一人何個までって決まってたけど買い物できて、冷蔵庫に食べ物たくさんあったし、大丈夫だったよ。

子どもは外で遊ばせなかったけど、学校が再開してからはマスクをしたら大丈夫かなって。土や草は触らせなかったけどね。

おうちの建物は大丈夫だったけど、お店は全部だめになっちゃった。ビルの五階にあるからかなり揺れて、ボトルは全部落ちて割れたのね。

悩んだよ。スナックやめるか、やめないか、やめるか、やめないか。三週間、様子を見た。お客さん来ても来なくても、店にいた。誰かが来たらそれはそれでいい。そうしたらちょこちょこお客さんが来て、ボトルも自然にどんどん並んでいったよ。

でも常連さんだけではね。やっぱり暇です。最近も悩んでるんだ。

生まれたのは、フィリピンのレイテ島です。フィリピンはカトリックの国だから、生まれてすぐに、カナンガ・レイテ・チャーチで洗礼を受けました。

お父さんの家族は戦争のとき流行ったマラリアでみんな亡くなって、一人ぼっちだった。おじいちゃんの妹の養子になったんです。そのおばあちゃんも子どもがいないの。だから、世界でたった二人。調べたんだけど、トニノっていう名字はフィリピンで二人だけだったの。

トニノが増えるように、お父さんとお母さんは結婚してからどんどん子どもを作った。日本と同じで、結婚したらだいたい男の名前になるので、名字がなくならないように男の子が欲しかったの。私は一四人きょうだいの六番目です。女のほうが多いですけど。

レイテ島には高校二年までいました。お父さんは工事現場の仕事をしてたけど、ずーっと仕事があるわけじゃないし、お母さんは料理を作る仕事をしてたけど、やっぱり生活が厳しくて、上のきょうだいみんな結婚して私が長女みたいになってからは、弟も妹もいるし、自分は自分でがんばりますといって、三年からミンダナオ島に行ったの。

働きながら高校と大学に通いました。働いても働いてもお金足りないよ。大学ではコンピュータ関係の勉強してたけど、お金が厳しくて、一年でやめちゃった。

やめて、泣いた。もう自分の夢をだめにしたなあって。それでマニラに行って働くことにしたよ。友だちがマニラに行くっていうから一緒に行ったわけ。友だちのきょうだいがすごくいい人なのよ。その人のところに住んで、ＳＭっていうおっきいデパートで働いた。

最初の給料はお母さんにあげました。やっぱり親を助けてあげたかったんですよ。お母さんは、いやあ、ありがとーっていってくれました。嬉しかったよ。すごい嬉しかった。みんな何食べたかなあ、おいしい物食べたかなあって考えると、自分もすごい嬉しかったよ。

マニラの家からは、[1]スモーキーマウンテンにあるパヤタス教会に行きました。みんなきょうだいみたいな感じ。いい教会なのよ。

マウント・バナハウも行きました。バナハウ山はホーリーマウンテンで、頂上に行くまでに小さい洞窟が何個かあって、洞窟に入るたびにお祈りする。一番最後の洞窟に三つ十字架があった。真ん中がキリストの十字架ね。行くのに二十四時間もかかったけど、友だちが連れていってくれたの。すごいなあ、すごいなあ、嬉しかったなあ。

日本に来たのは、一九九六年三月二十七日です。二十八歳だったかな。うちのお姉ちゃんの旦那さんの妹が日本に行くの助けてくれたんですよ。お金払ったけど。

郡山で六年間、働きました。昼間はホテルのレストランで働いて、夜はスナックで働いた。日本語は一年ぐらいでもうペラペラだったもん。まわりがみんな日本人だったから、働きながら覚えました。きょうだい三人みんな大学に行かせたよ。姪も大学行かせた。お金もったいないって自分のことしか考えない人いるでしょ。私、違う。やっぱり嬉しい。学校行かせたなあ、私、がんばったなあって。みんな仕事もするようになって、すっごい嬉しい。

私、がんばったけど、それは神様のおかげ。やっぱり苦しいときがあるんですよ。だから神様、苦しい、神様、助けてくださいってお願いします。神様、教えてくださいって祈ります。

一番苦労したのは、元旦那さんと別れたときかな。スナックのお客さんで、十年間ぐらい須賀川の家で暮らして娘も生まれたけど、いろいろあったんです。

元旦那の最初の奥さんとの娘が離婚して、家に戻ってきたんです。そうしたら、娘が奥さんみたいになって、私は飾り物みたいな感じ。何を買うにも、勝手に買ってくる。夫婦の部屋に入って、何もいわないでお金とって勝手に買い物する。料理するのは私なのに。

問題あるとき、二人だけで話す。私に聞かせない。どんどんストレスたまって、もう泣いたの。なんだ、この家って。それは赦してあげたけどね。

それだけじゃないの。友だちの借金の保証人になって、会社がだめになった。それで働かなくなった。小さい会社だったけど、自分が社長だからプライドあるでしょ。

娘はまだ赤ちゃんよ。あなたがプライドなくして働いてくれればそれでいいの。でも、このままじゃだめだなと思って、「パパ、離婚しましょ。何かあったらあなたの借金が私の借金になっちゃうよ。娘もまだ小さいし、

1　ゴミ投棄場からスラム化した海岸の町。一九九五年閉鎖。

子どものためにも離婚しましょう」って。それで、離婚しました。

娘はもうすぐ中学を卒業するけど、娘に何かあったら、私、外国人だからわかんないから、それだけ助けてほしいといってます。震災のときは助けてくれた。今は友だち。

そのあと彼氏ができて、息子が生まれて、その子がまだ四歳です。結婚はしてないけどね。だから今は、二人の子のシングルマザーです。


壊れた須賀川教会を建て直してほしいとリクエストしたのは私です。やっぱり、さみしいよ。教会がないとね。小さいときから今まで、いつも神様、神様って教会で祈ってたから、教会がないとやっぱりさみしいよ。自分のおうちでお祈りしてもいいけど、教会とは全然違う。教会がないと、人生も足りない感じ。なんとなく、足りない。

外国人信徒集会があったときに、仙台教区の平賀徹夫司教様に紙に書いてお願いしたのね。祈る場所を作ってほしいって。日本人の信徒さんはもうお年寄りだから新しく建てられない、これからは郡山教会か白河教会に行けばいいといってた。

新しく建てても、維持費はどうする、献金とれるのか、フィリピン人は掃除しないとか、なんでそんないじわるいうのかって、神父様イライラしてたよ。

でも、仙台から平賀司教様が来られて、世界中から寄付を集めて再建しましょうとなりました。小さいけど教会を作っていただいて、やっぱり教会はいいなあって思いました。このマリア像は、フィリピンで一番古い、セブ島のサント・ニーニョ教会で買ったファティマ[2]のマリア様です。

二〇一三年にフィリピンが大きな台風に襲われて、レイテ島の被害が一番ひどかったんです。家族は逃げて無事だったけど、うちだけじゃなくて近所もみんな家が流された。そうしたら、教会の人たちやお店のお客さんが寄付してくれたので、お金と救援物資を届けに行ったんです。そのときに日本へのお返しにと思って、このマリア像を買ってきました。

え、ふくよかで私みたいですか？

日本に来て二十年になるけど、景気がよくないから大変です。ほんとに、商売やってるからわかる。お店だけやっても暇だから、アルバイトしないとだめだなって。

仕送りはまだしてるよ。お母さんの具合が悪いから、がんばるしかないよ。景気がよくなるまで、がんばるしかない。うん、がんばる、がんばる。大変なこと、いっぱいあったけど、神様なんていないと思ったことはないです。神様はありますよ。

日本人も、フィリピン人もそうだけど、「神様なんかいない」っていう人いるよ。もう、頭にくるの。あなた、神様信じないから感じないだけよ。お祈りしてないから感じないだけ。神様はあります。やっぱり信じますよ。

2017/11/8

2　一九一七年五月十三日、ポルトガルの山中の村ファティマに住む三人の牧童の前に聖母マリアが姿を現したといわれ、これをローマ教皇庁は正式の奇跡として認めた。

犠牲になった人たちは、
生まれる前に名乗り出た人たちだと
私は思うのね。人類のため、
未来のため、私を使ってくださいって
名乗り出た地位の高い天使たち。
イエス・キリストがそうだったね。

奥田勇次
一九五七年生
J.Mead Minokamo
岐阜県

お父さんは石川県松任《まっとう》市、お母さんは北海道岩内《いわない》郡発足村《はったりむら》の出身です。お母さんはアイヌの血を引いとると聞いたことがあります。

戦争が始まる前は生活が大変で、ブラジルに行ったら二~三年で金持ちになるって、いいことばかり宣伝されてたのね。それでお父さん、お母さんは移民しました。お母さんが乗ったのはブラジルに行く最後の船で、次の船は戦争が始まったので日本に引き返しました。

でも今度はブラジルがハイパーインフレになって、一九九〇年に大統領に就任したフェルナンド・コロール・デ・メロが預金封鎖をして国民のお金を引き出せないようにしたので、たくさんの人が失業したのね。この国はだめだと思って、逆に私たちが日本にデカセギに来た。お父さん、お母さんと同じことをしてる。繰り返しだね。

お父さんは建築資材を作る会社で働いていました。アマゾン近くのマットグロッソ州からパラナ州まで木材を運んで、家を建てる資材にする仕事です。責任者だったのね。

私が赤ん坊のとき、工場はアサイー市にありました。昔は日本人が大勢いてアサヒ市といっとったけど、ブラジル人は「Hi」を「イー」って読むから、今はアサイー市といいます。

お父さんの会社の社長さんは、臣道連盟《しんどうれんめい》の人でした。戦後、ブラジルには日本が戦争に負けたことを信じない「勝ち組」の日系人がいて、暗殺者にお金を出して、日本は負けたといってる「負け組」の人たちを攻撃したんです。臣道連盟は勝ち組の団体で、戦後十年以上過ぎて、私が物心つく頃になってもまだ勝ち組がおったんです。

日本が負けたことはブラジルに伝わってるけど、マッカーサーの写真もアメリカが負けたように偽造してみんなを騙した。お父さんは暗殺にはかかわってないんだけど、勝ち組メンバーの一人だったのは確か。私はそれを見てきてるからね。ブラジルでは本も出ていて、「汚《けが》れた心」[1]という映画にもなりました。日本でも公開されたと思います。

その社長が亡くなったとき、社長の息子たちの喧嘩が始まったのね。お金のことも無茶苦茶になった。結局、息子たちは会社のお金と機械を持ってパラグアイに逃げたんです。お父さんと三〇ぐらいの家族には給料も支払われず、放り出されました。

お父さんはなんとか仕事を探して働きました。私は次男で、八人きょうだいの五番目ですけど、お父さんは日本語をちゃんと勉強しろといって、子どもたちを日本語とポルトガル語の学校の両方に行かせました。

でもアサヒ市におっても仕事がない。ここでは未来がないといって、一番上の兄さんと姉さんがサンパウロ

1　勝ち組と負け組に分断された日系移民同士の闘争とそこに生きる夫婦の愛と勇気を描く。主演は伊原剛志《いはらつよし》、その妻を常盤貴子《ときわたかこ》が演じた。ヴィセンテ・アモリン監督、原作はジャーナリストのフェルナンド・モライス。二〇一一年製作。

に働きに出ました。私は小さい店でお客さんの買い物のアテンドをする仕事をしとったんだけど、サンパウロに行けば金持ちになれるってお客さんから聞いて、やっぱり行きたいと思ったのね。お父さんに三か月分の給料とサインをもらって、一人でサンパウロに行きました。十三歳でした。子どもが一人で行くときは親の許可が必要なのね。

サンパウロでは、昼間は働いて夜間の学校に通いました。初めは兄上が働いとった建築会社で見習いしとったんだけど、そのあとバンデランテスっていうテレビ局でオフィスボーイをしました。会社の中であちこち行ってお遣いする仕事です。

その次は日揮という会社の施設で働きました。日揮の社長の奥さんが「希望の家」という障害者施設の理事の一人で、そのお姉さんが園長の市川《いちかわ》幸《こう》子《こ》さんだったのね。私はテレビ局でタイプライターを習っとったから、施設の事務に採用されました。

市川さんはもともと自分の家で障害者の世話をしていて、希望の家も日系人ばかりでした。日本から看護師さんも来ました。個人と聖隷《せいれい》福祉事業団が何億円か寄付してくださって、イタクアケセトゥバという市に大きな施設を建ててから、そこにも行くようになりました。

十九歳から一年間、軍隊にとられて戻ってきたとき、妻のイボネ[2]と知り合いました。サンパウロの事務所とイタクアケセトゥバの施設を行ったり来たりして大変だったので、手伝う人がいないか探したら誰かが連れてきたのね。イボネはまだ十三歳か十四歳でした。

会った瞬間、この人のことを知りたいって思いました。その日のうちに彼女の家に行きました。

ブラジルの法律では、十六歳以上じゃないと結婚できません。でもお腹に長男ができたから裁判にかけたの。あの頃の私は怖いものがなかったから、「もうすぐ生まれるんですよ、どうしますか、さきに子どもが生まれたらみっともないじゃないですか」って裁判所に迫りました。「みっともないのはあなたがさきに子どもを作ることじゃないか」っていわれたねえ。

結局、子どもの証明書は生まれてすぐ作れるから、奥さんが十六歳になったら籍を入れたらいいといわれました。入籍は、一九八一年二月です。

当時、ブラジルの人は八〇パーセントがカトリックでした。私もちっちゃい頃はカトリックのお祈りしとったね。神父さんが来て、「カトリックにならない人は地獄行きだー」っていってた。だから小学校の頃は毎日お祈りしなきゃならなかった。

私の両親は仏教でした。東本願寺です。私も仏さんにごはんを供えました。

十二歳の頃、兄上が「生長の家」[3]に通い始めたのね。『生命の實相《じっそう》』や『甘露の法雨』とかいろいろむずかしい本を読んでたね。ブラジルの生長の家にはたくさん信者がいて、本もポルトガル語に翻訳されてるのね。私も青年グループに通っとったね。希望の家はキリスト教連盟の事務所を借りとったから、牧師さんの話を聞いたことはありますが、私はクリスチャンではなかったです。

イボネと知り合った頃、彼女のお父さんはお酒でとんでもない状態だったのね。うちのおやじも一緒。これはいいたくなかったけど、酒飲んでお母さんを殴ったりしとった。

小さい頃からそういうお父さんを見とったんだけど、私が十三歳のときにお父さんとぶつかったことがあるのね。お父さんの鼻をパーンと殴った。鼻血が出たね。やっぱりお酒は気をつけないと、家庭がつぶれちゃう。

2　イボネ・シルバーサントス・奥田、一八四ページ。
3　一九三〇（昭和五）年に谷口雅春《たにぐちがしゅん》によって設立された新興宗教団体。世界各地に活動拠点をもつ。

そういうこともあって、女房がキリスト教ってことは反対しなかった。ただ自分から入りたいとは思わなかった。生長の家もあるし、仏教もあるし、すべてのものに神は存在するっちゅうかね、そう思ってました。キリスト教じゃなきゃ地獄行きというのは、私は信じない。

私が二十六歳のとき、お母さんが脳梗塞で亡くなりました。その二年後にお父さんが亡くなりました。満員のバスを止めようとして、前に飛び出したのね。ブラジルのバスは満員だと止まらない。でもお父さん、そのバスに乗らないと仕事に遅れるから自分の体で止めようと思って、前に飛び出した。七十一歳でした。

日本に来たのは、一九九〇年七月です。[4]派遣会社に登録して、岐阜県可児市にある東洋化学の工場で働くことが決まりました。電気製品を作るときに必要なプラスチックを成型する仕事です。

二〜三週間して、バカなことしたと思ったの。家族が恋しくてね。約束した四年間、一人でがんばるか、それとも家族を呼び寄せるか悩みました。節約してお金を貯めて、交通費も分割で返済することにしてもらって、イボネと三人の子どもを連れてきました。子どもたちは日本の学校に入れて、イボネは私と同じ会社で検査の仕事をすることになりました。

教会に行くようになったのは、一九九八年頃です。可児市にブラジル人の福音派教会ができました。同じブラジル人同士で応援してもらえたのね。いつか教会で結婚式を挙げたいという想いがありました。なんか、神様に認められてないという気持ちがあったのね。そのためには洗礼を受けないと意味がないといわれて、私も洗礼を受けました。

初めの頃はいい教会だった。でも大きくなってだんだん独裁的になった。毎月、給料の一割を献金する什一献金ってあるんですが、うちは家族四人で働いていたので月に一〇万円渡しとったのね。

ある年にブラジルに帰ったら、お姉さんがとんでもなくつらい生活をなさってた。教会に一〇万円渡して、姉さんはあんな貧しい生活してる。イボネのお父さんも病気が悪くなってたので、私はお姉さんに一〇〇万円、イボネのお父さんに二〇〇万円ぐらい渡したの。

そうしたら献金ができなくなって、牧師の態度が変化した。教会が銀行の通帳と印鑑を預かって自動的に一割を引き落とすようになった。これはだめだと思って、教会をやめました。

次に行ったのは、名古屋に本部があるブラジル人の福音派教会でした。そこも途中で牧師がほかの教派の教会に行っちゃって、誰もいなくなった。

さてどうするか、どこの教会に行けばいいかと思っとったとき、たまたま人を病院に連れていったのね。そうしたらそこに、J.Mead Minokamoのジョセフ牧師さんがいた。ブラジル人のためのアッセンブリー派の教会です。二〇〇五年頃で、当時は国道二十一号線沿いのコンビニだった場所を借りて礼拝をしとったね。

今も物置に仏さんを置いてるから、「あなたは本当に神様を信じるのか信じないのか」って女房が怒るんだけど、信じない者は地獄行きっていうエヴァンジェリコ（福音派）の話は、教会に通っても信じられないのね。貧しい家庭に生まれる人もいる、目が見えない人もいる、病気で生まれた人もいる。幸福に生まれた人もいる、戦争のときに生まれる人もいる、食べる物がないところで生まれた人もいる。人生の長さも五年、十年、二十年、七十年、それぞれ違う。それなのに、神様を信じるか信じないかで永遠に地獄行きとか、考えられない。じゃあ、神様が間違えたのか。そうじゃない。神は愛であり、神は間違うことはない。間違ったのは私たち

4　一九九〇（平成二）年六月、出入国管理及び難民認定法の改定が実施され、日系二世や三世、その家族の就労が合法化され、定住者としての在留資格を得られることに。これ以降、長引く不況に苦しむブラジルをはじめとする南米諸国からの出稼ぎ労働者（dekasegi）が急増した。

のほうで、私たちが考え方を変えていかないといけないと思うね。

女房のきょうだいの名前はみんな聖書の登場人物で、イボネだけ聖書の名前じゃない。でも女房は神様のことをきょうだいで一番受け取っていると思う。だからよく喧嘩になる。

いつかいわれたのね。「私は夫を手放しても、神様は手放さない」って。別れるギリギリのところまで喧嘩した。でもある日、喧嘩してる場合じゃないと思った。私は女房の運転手役で教会に通ってるつもりだったけど。私だって、神様を必要とすることがある。神様に守られてるとしか考えられないようなことが起きる。

じつは私、今年の五月から四か月半、無職だった。でも今度、初めて正社員としてある会社に入りました。東日本大震災のときもそうだったけど、日本の経済が悪くなって一番最初にクビになるのが派遣の日系人だったから、こんなめでたいことがあるのかな。これも神様のおかげと思います。神様が私たちを見てくださってたと思います。


イボネは自分の中に聖霊様が住んでおられて、何か危ないときにはっと気づかせてくれるのは聖霊様だといいました。本当の教会は自分の中にあるっていいました。

じゃあ、これまでに戦争や災害や事故で犠牲になった人たちはどうなるの。ホロコーストはどうなるの。あの人たちは悪いことしてない。あの人たちの中にも聖霊様はいる。でもなぜあんな目に遭ったの。神様はどういう考えで、あんなことに目をつぶったの。

犠牲になった人たちは、生まれる前に名乗り出た人たちだと私は思うのね。人類のため、未来のため、私を使ってくださいって名乗り出たとても地位の高い天使たち。イエス・キリストがそうだったね。神様はなぜ、愛する息子イエスを十字架から助けなかったの。すべての人類の罪を気づかせるためですね。

ユダヤ人の虐殺は残酷なことだけど、あの人たちはそうなるために名乗り出て、生まれてきた。第二次世界大戦のときに亡くなったすべての人たちも、名乗り出たえらい霊の持ち主です。日本でも津波でたくさんの人たちが亡くなったね。原子力発電所が爆発したね。神様は何をいおうとしてるの。神様は何を私たちに教えようとしてるの。

初めから最後まで、起こること全部、神様は知ってる。犠牲になった人たちは神様のもとに戻って、お役目果たしました、という感じだと私は思うのね。

2019/7/14,9/22

死産とか子宮内胎児死亡の場合だと、誰からも抱っこされない赤ちゃんもいる。私はそういう赤ちゃんを別室でしばらく抱っこするんです。がんばったね、がんばって生きたねって声をかけてね。

北島百合子
一九七六年生
日本基督教団長崎平和記念教会
長崎県

私、研修医時代に子どもを産んでいるんです。一年目は産婦人科にいて、次の年に産休と育休をとって、それから半年間は麻酔科にいました。土日だから休みということはまったくなくて、当直に入るし、何時になろうが処置はする。分娩があったら夜遅くてもつきます。

夫は産婦人科の先輩なので、子どもは私の母が毎日みてくれていて、日曜日は両親に教会に連れていってもらっている状況でした。

なぜ産婦人科を選んだかというと、自分にできることは何かと考えたときに、話を聞いてあげることだと思ったからです。性病をうつされたかもしれないというとき、どうしてそうなったかを女性に聞けるのは小児科医でも精神科医でもなく、産婦人科医です。六年間勉強してきたのは、ちゃんと話を聞いて、ちゃんと治療してあげられる立場になるため。産婦人科医になるためでした。

出産をやりたかったわけじゃない。出産は怖いんです。診るのも立ち会うのも怖い。中絶はもう、本当にしたくない。一番やりたくない仕事です。いってみれば、人殺しですから。

私は中絶手術はやりません、というドクターはいますよ。でも私がやらなければ、誰かがやらなくてはいけない。その妊婦さんが中絶することで前に進めるというなら、それを助けるしかないというスタンスです。処置のときは手技的なことだけを考えて、あとはもう、無心です。何も感じない。感情ゼロ、です。十一～二週の子たちは、子宮の中である程度つぶしてから出します。お母さんは寝ているから聞こえないけど、壮絶です。何やってるんだろう、私、って悔しさはある。

何に対する悔しさなんでしょうね。どうしてこんな状況になっているのか、この人は、っていう悔しさかな。一番悲しいのは本人だから、どうすればこんな悲しい想いをせずにいられるのかという、漠然としたものに対する悔しさかな。

だけど、やっぱり手技的な緊張のほうが勝っているかもしれません。子宮に骨や足が残ることがないように、きちんと出します。日本の母体保護法では、中絶できるのは二十一週と六日までと決められています。二十二週以降になると、普通の出産と同じ経膣分娩です。

二十一週の子って、出てきたとき、ひゃって泣きます。肺呼吸するので泣くんです。でも肺がちゃんと育ってないので、息をふっと吸ったあと呼吸ができなくて亡くなる。胎盤でお母さんとつながって生きていた状態なので、剥がれたら亡くなるんです。

生まれた瞬間、泣くのが聞こえたらお母さんが悲しむだろうから、本当は嫌なんですけど、私たちはすっとガーゼをあてて泣かないようにします。そのあと別室に赤ちゃんを連れていって、体重や胎盤の量を測定します。死産とか子宮内胎児死亡の場合だと、最後にお母さんに抱っこされる赤ちゃんもいますが、いや、会いませんといわれて、誰からも抱っこされない赤ちゃんもいる。私はそういう赤ちゃんを別室でしばらく抱っこするんです。がんばったね、二十一週までがんばって生きたねって声をかけてね。もう亡くなっていますけど。

ほとんどが望まない妊娠です。たまたま彼氏とセックスしたらできちゃった、とかです。その子たちはもう、十分傷ついてるんです。なぜこんなことになってしまったのか、次はどうすればいいのか、あなたの体を守んなさいよとは伝えるようにしていますけど。

研修医時代から数えたら、もう相当な数の中絶をやってきました。自分のお腹の子と同じ週の子の中絶も何回もやっています。私、子どもを四人産んでいるので、ああ、この子が私の子宮にいたら、生きられるのにと思いながら中絶することもあります。

常に、神に対する冒瀆《ぼうとく》だと思いながらやっています。せっかく授かった子を殺してるんだと思いながらやります。最近ようやく特別養子縁組が整備されてきましたけど、昔は認知されていなかったので、妊婦さんたちが次に進むためにはしかたがありませんでした。


うちは両親が初代のクリスチャンです。学生時代に、長崎の飽《あく》の浦《うら》教会で出会ったと聞いています。母は中学からミッションスクールの活水学院で、父は長崎大学医学部時代に熱心な友人に誘われて行った聖書勉強会がきっかけだといってました。当時は熱心な学生が多かったみたいですね。

私は幼稚園の頃から両親に連れられて教会に行って、大人の礼拝があるときは広いホールで遊んで、讃美歌になると、わーっと駆けていって一緒にうたっていました。讃美歌が好きだったんです。

ジュニアチャーチ時代に、神様のことを教わりました。神様はあなたたちのことを常に見てくれている、何か困ったことがあったら、助けられるように見守ってくれているって。小さい子どもは教えられたことを素直にそのまま受け入れますからね。父でも母でもない、絶対的な方がいて、両腕を広げて私を見てくれているという安心感はあったと思います。

でも、中高時代に完全に離れました。アンチクリスチャンでした。母に科学的に証明してみろといいましたし、自分に罪なんかない、悪いことなんかしてないと思っていました。

きっかけは、たぶん受験ですね。長崎大学附属中に入るため、小学五年からかなり厳しい塾に通っていたんです。合格点をとらなかったら、全員前に並べられて、先生がパンパンパンパンって平手打ちするようなところでした。今では考えられないですけどね。

ただ、私は楽しかったんですよ。合格点さえとれば叩かれることはないし、学ぶことはおもしろい。私が五番になったときがあって、嬉しくて家に帰って報告したら、両親はいったんです。「ああ、神様のおかげだね、イエス様が見守ってくださったからだね」って。

まったく理解できませんでした。いやいや、私が、がんばったんだ、私だよ。神様じゃなくて、私が努力したからだって思いました。

そういえば、こんなこともありました。あるとき、教会の二つ年上のお姉さんが洗礼を受けることになって、「すごいねえ、私、全然受ける気にならないけどね」といったら、母とそのお姉さんが、「あなたって、ほんとにかわいそうな人ね」といったんです。

全然違うって思いました。それに、教会で私たちの罪を赦してくださいとお祈りした帰り道に、教会のなんとかさんはまたあんなことといっておかしかよね、なんて文句をいってる。いやいや、そういうのが罪なんじゃないの、この人たちはなんて矛盾した生活を送ってるんだろうって思いました。聖書だっておかしいことばかり。生物の教科書を読むたびに、最初のアダムとイヴのところからして、全然違うじゃないかと思いました。

そうしたら、父がいったんです。「わかるときが来たらいいね」って。わかるときが来るのかなとは思ったけど、来なかったら来ないでいいやって思いました。

讃美歌だけは好きだったので、クリスマスとかイースターとか、あとは近くの病院でうたうときは行ったので、そこだけで唯一、教会とつながっていました。

医学部に行こうと思ったのは、高校三年のときです。父に、行けといわれたんです。父は小児科医なので、娘をどうしても医者にしたかった。私、父が大好きだったんです。でも受験期間中は大嫌いになりました。数学ができないんです。数学の授業が始まると過敏性大腸炎で保健室に飛び込むぐらい。センター試験でも数学ができなくて、国立大学の医学部を前期も後期も受けましたけど両方とも落ちました。

神頼みはしていました。神様、助けてーって。自分の実力はわかっていたので、神様にお願いしてもだめだとはわかっていました。不合格になって、ほーら、神様は聞き入れてくれなかったじゃないかって思いました。

結局、浪人しましたが、その前に一週間、気分転換してきたらいいと両親が許可してくれて、東京の叔母の家に遊びに行きました。叔母も活水学院出身のクリスチャンです。たまたま叔母が買い物に出かけて、私が一人で留守番していたときでした。ふと、リビングの壁に詩が飾ってあるのに気づいて、なんだろう、これ、と思って読んでみました。[1]「あしあと」という詩でした。

夢の中で、「私」が人生を振り返っています。私は常に、神様と一緒に歩いてきた、砂の上にはいつも神様と私、二つの足跡があった。ところが、人生で一番苦しいとき、つらいとき、私一人の足跡しかなかった。神様は私をおいてどこにおられたのか、なぜ一緒にいてくださらなかったのかと、「私」は聞きます。そうしたら神様はこう答えるんです。いや、足跡が一つだったとき、私はあなたを背負って歩いていたのだ——と。

もう、ボロボロ泣いてしまいました。ああ、私はこれから一年間、神様に背負ってもらえるんだと思いました。どうせ神様に抱えてもらっているんだから、神様を信じてとにかく勉強してみようと思ったんです。

それから一年間、一日も休まず予備校に通いました。精霊流しの一日だけ、予備校の前を精霊船が通ったので我慢できなくなって十六時に帰りましたけど、その一回だけ。

寝る前には必ず、精一杯、努力しますから見守っていてくださいと祈りました。うちは食前に「主の祈り」を唱えるんですが、祈らないと食べられないから祈るんであって、いかに息継ぎなしにいえるかを妹と競っていたぐらいに形骸化していました。だからこのとき初めて、心を込めてお祈りしました。これでだめだったら死のうと思うぐらい、必死でした。

長崎大学医学部に合格したとき、ああ、この道でがんばってみなさいって神様はいってるんだなと思いました。神様のおかげで合格したとは思わなかったです。

そのあと教会に行くようになったわけじゃないし、洗礼を受けたわけでもない。学生時代は遊ぶのに忙しくて、やっぱり、クリスマスとイースターに顔を出すぐらいでした。

飽の浦教会には、私がおしめをしている頃から知ってるおばちゃんたちがいるので、あまりに知られすぎているというか、いつでも話を聞いてあげるよという人たちがいっぱいいて、それは温かくていいんですけど、だから苦しんだということはあるかもしれないです。

学部二年のとき、ゴスペルと出会いました。ニューヨークから黒人の牧師さんがうちの教会に来てワークショップをやったことがあったんです。医学部の友だちと参加したら、これがすごく楽しかった。口伝てで次々とハーモニーを作って、だんだん盛り上がって、オッケー、ハレルヤーみたいな感じ。すごく解放されたけど、だからといって、そういう讃美をする福音派とか聖霊派の教会に行くわけじゃない。正直いえば、当時、そういう教会があることすら知りませんでした。

洗礼を受けたのは、二〇一〇年十月十日です。そう、最近です。ベルギーのブリュッセル日本語プロテスタント教会でした。夫が二〇〇九年九月から、サン・リュック病院という、子宮内膜症の大家の先生がおられるベルギーの病院に留学することになって、家族みんなで二年間、ブリュッセルで暮らしたんです。歩いていけ

1　マーガレット・F・パワーズ『あしあと―多くの人々を感動させた詩の背後にある物語―』松代恵美訳（一九九六・太平洋放送協会）。

る場所に教会がありました。

じつは、ベルギーに行く直前、こんなことがありました。子どもたちを母にみてもらってばかりでは申し訳ないので、たまにはついていくかと思って教会に行ったんですね。

飽の浦教会は、信者さんが一〇人いるかいないかぐらいの小さな教会ですが、ちょうどオルガニストが出産するので三か月ぐらい休まなきゃならない、交代で奏楽を担当してくれないかと頼まれたんです。それまでは教会に行っても、母子室で子どもを遊ばせて献金だけして帰ってくるみたいな状態だったんですが、いよいよ日曜日は最初から最後まで教会にいなければならない状況になってしまった。

当時の私は三人目の子を産んで職場に戻ったばかりの復帰医で、産科外来で朝から昼まで妊婦さんの胎児計測をしていました。一時間いくらの時給制です。それまではフルタイムで入るか休むかの選択しかなかったので、当時としては画期的だったと思います。

でも、産科外来はものすごくストレスのある職場です。胎児って一週間前はすごく元気だったのに、翌週診たら死んでいたということがよくある。診ているメディカルドクターは私だけなので、カンファレンスでは、何か見落としてないか必ず聞かれるんですね。体重の増加や血流は毎回計測しますが、一〇〇パーセントかといわれるとそうとはいえない。

勤務は昼までなのに、予習復習をやっていると、結局夕方四時ぐらいまでになる。それを午前中の四時間の時給だけで働いていました。マクドナルドでアルバイトしているほうが断然給料はいい。給与明細を見ると涙が出るぐらい、ほんと、雀の涙程度なんです。

それでもなんとかやってきたんですが、あるとき、魔が差したというか、私、重要な検査項目を見落としていたんです。分娩直前に当直の先生が、「あら、この人、Rh不適合じゃないの」っていったんです。妊婦の血液型がRhプラスかマイナスかで対処法が違って、それを見落とすと、分娩のあとで赤ちゃんに注射を打たないといけません。それを見落としていた。

たまたまご主人もRhマイナスで、子どももRhマイナスだったので何もしなくてもよかったんですけど、なんで産科外来は見落としてるんだって話になって……。私、こんなに毎日精一杯仕事して、精神を張り詰めているのに、なんでこんなミスをしたんだ。もう明日から働けない、仕事に行けないって思ったんです。

　奏楽を担当しているから、日曜日には教会に行かないといけませんよね。そうしたら、次の日曜日、たまたま読んだ聖書の箇所が「疲れた者、重荷を負う者は、だれでもわたしのもとに来なさい。休ませてあげよう」（マタイ11・28）だった。譜面が読めなくなるぐらい涙が溢れてきて、ああ私、またここで神様にとらえられてるんだって思ったんですよ。

　その箇所はそれまで何度も読んでいましたけど、はいはいはいって感じでした。なのに、そのときだけ……。明日からもう外来に行けない、でも、走らなきゃいけない、もう限界、もうギリギリっていうところで、私のもとに来なさいって……。

　ああ、本当に神様は私のことを見ていてくださったんだなと思ったんです。その日の説教がまったく別の箇所だったら全然響かなかったかもしれないし、そうなったらまた別のかたちで乗り越えていたかもしれません。でも、そのときは本当に、じゃあ今、助けましょうという感じでした。これはもう、真剣に神様について学ばなきゃいけないと思ったんです。ベルギーに行く直前のことでした。

　外国に行ったらクリスチャンは教会に助けを求めなさいと聞いていたので、ブリュッセル日本語プロテスタント教会にあらかじめメールを送って、よろしくお願いいたしますと連絡していました。日本基督教団の牧師の岡田《おかだ》直丈《なおたけ》先生が宣教活動されていました。

　現地に行ったら、荷物が届く頃に牧師夫人が手伝いに来てくださって、そこからブリュッセルでの暮らしが始まりました。

教会に行って驚いたのは、カトリック以外、プロテスタントの人たちは教派に関係なくみんな来ていたことです。超教派の集まりでした。メインは福音派の方々で、びっくりしたのは、牧師先生がお祈りをされるたび、「アーメン!」って声に出す。私もそう思います、ミートゥーという意味ですが、静かに聞いているんじゃなくて、「アーメン!」って。

こういう祈り方があるのは知っていましたけど、これは大変なところに来ちゃったなあと思いました。ただ、日本語を話せる場所はそこしかありませんでした。

子どもたちの幼稚園のマダムたちもみんなフランス語で、何を話しているかわからない中で極度に緊張しながら必死に話している状態だったので、礼拝のあとのお茶の会はほんとに楽しかった。福音派や聖霊派の人たちは、日常生活でいいこと、ラッキーだと思うことがあると、ああ、神様の恵みだーっていうんですね。「今日、百合子さんとご家族がお茶の会に来られたのは神様の恵みです」って。

最初は違和感を覚えましたけど、考えてみれば確かに、私はこんなふうに日常生活に落とし込むことをしてなかったと思えたんですね。

ベルギーにいる二年間で、ずいぶん変わりました。検査項目を見落とすようなところまで落ちないと神様の言葉を拾えなかったのが、今日こうしてあなたと巡り会えたことも、神様が会わせてくださったといえるようになりましたし、え、そんなことも神様が関係してんのって思うようなことも、普通に口にできるようになりました。

祈ることが安心感につながることも知りました。長男だけまだ小さいので一緒にいて、長女と次女を現地の幼稚園や学校に入れていたんですが、次女はものすごくセンシティブな子で、離れるとき、ぎゃんぎゃん泣くんです。でも慣れてもらうためには行かせるしかない。入れてしまったら、親としてはもう、祈ることしかできない。どうか神様、長女と次女がみんなと楽しく過ごせるよう見守ってくださいって。それって、祈れることの幸せというか、安心感なんです。頼れる何かがあるということです。

この二年間、初めて主婦も経験しました。今まで出たことのなかった、平日の聖書の勉強会や祈りの会にも出ました。聖書をちゃんと勉強したのは初めてのことでした。

日常生活の中で神様を感じながら生きられるようになったと思えるようになって、ある日、洗礼を受けようと考えていることを牧師先生に伝えました。自分一人で受けるつもりだったんですが、夫がぼくも受けるよって。夫の母親は日本基督教団諫早《いさはや》教会のオルガン奏者です。まったく教会と無縁だったわけじゃないんですね。それからは二週間に一度、牧師先生と私と夫で洗礼を受けるための勉強をして、疑問があれば質問したりして、準備しました。

ところが、二〇一〇年のイースターの日、具合が悪くなったんです。避妊リングを入れていたのですが、月経が来ないのでおかしいなと思って調べたら妊娠反応が陽性だった。これは子宮外妊娠かもしれないと思って、夫と二人であわててサン・リュック病院に駆け込んだんですね。そうしたら、エコーに胎児が映っていた。もう、ショックで、泣き崩れました。二年間、医者をやってないでしょ。ブランクがある。そこにまた妊娠です。産休、育休、産休、育休を繰り返して、同期でバリバリ働いている子たちと比べて、同じだけ働いてきたかといわれたら、胸を張って、はいとはいえない。

ベルギーに行くときも、これは絶対いい機会だから行くべきだと夫にいわれて、行ったはいいけど、毎日フランス語で何しゃべってるのかわからないし、ラテン系の暮らしは、まじめにきちんと暮らしてきた日本人の私たちには合わないと思ってたところもあったし、これでもあとでいい日だったと思える日が来るのかって、毎晩、夫に聞いていたんですよ。それでも、夫は、来る、絶対来るっていい続けた。

中絶で何度も悔しい想いをしてきたので、自分の子宮に入った子は全員産むと決めていました。だけど、このときばかりは、なぜこんな状況になったんだって泣いて泣いて、納得がいくまで二日間ずっと泣いてました。ところがね、教会の人たちや幼稚園のママたちが、「おめでとう、よかったね」って喜んでくれたんです。四人目だから、母や日本にいる友だちは、あら、また妊娠したの、また増えるの、って感じだったんですけど、ベルギーで出会った人たちの反応は全然違った。産婦人科医になって初めて、あれ、私、おめでたいんだと思ったんです。

いよいよ洗礼を受けるとなったのが臨月で、二〇一〇年十月に洗礼を受けて、その三日後に次男が生まれました。イエス様は三日後に復活するので、「わあ、三日目ですねー」って岡田先生にいわれましたね。洗礼を受けて、教会のみなさんが喜んでくださったのは嬉しかった。「わあ、家族になったねえ、これで本当の意味での兄弟姉妹だね」って。神様に守ってもらえる人になれたのは本当によかったです。

ベルギーにいた二年間で、聖書を信仰の目で読むこともできるようになりました。聖書は普通に本を読むように読んでも、絶対にクリスチャンにはならないと思います。科学的にいえば、はい、ここは間違い、ここも間違い、ってなります。

み言葉を日常の暮らしに落とし込んで生きる人たちと知り合って、私自身、変わったんだと思います。神が七日間で天地創造をしたということも、海と陸を分けたことも、神に似せて人間を造ったということも、信仰の目で読むと、偶然じゃなくて神の力が働いたのかもしれないと思えるようになったんです。

私たちは喧嘩もする、盗みもする、戦争もする。いろんな悪いことをしてきたけれど、なぜ神様はそれを赦すんだろう。なぜ一番愛する息子イエス・キリストを私たちのもとに送って、共に人間として生活させて、十字架という屈辱的な刑を受けさせて、そうまでして私たちの罪を赦してくださってるんだということを理解したとき、そこまでの愛を私は想像できないし、驚きを感じたんですね。

たとえば、私の愛する息子を誰かのところに送って、息子がその人たちに殺されて、それでも私は赦すかといえば、そんなことはとてもできない。それは、私が人間だから。それぐらい私たちは神に愛されて、想像を超える力と愛で包んでくださっているけれど、そのことが私たちには想像できない。だから、神様ごめんね、ありがとう、なんです。

洗礼を受けてからも、医師としてのスタンスは変わりません。中絶に反対するようになったわけでもありません。そこは基本的には変わらない。

最近は、アスリートたちの研究をしています。パフォーマンスを上げるために月経をコントロールしているので、いろんな問題を抱えた女の子たちが来るんです。そんなとき、私はこんなふうに祈ります。神様は全能だから全部知っている、治療法も知っている、でも私たちに教えない。一生懸命、これじゃないかな、あれじゃないかなって考えて研究をやりたい。それで続けてもいいと思うなら、続けさせてくださいって。

これまでは、結果を出せなかったらどうしようとか、学術的に評価の高い雑誌に論文を発表しなきゃいけないと思って、がむしゃらにやっていました。

でも今は違います。私はこれに興味があります、微々たる力だけどやってみなさいとあなたが思うなら、どうか答えを教えてください、あなたが知っていることのほんの一部かもしれないけれど、そこで私はやっていこうと思いますと。

2018/4/22

殺されるであろう野良犬や
野良猫を扱うときに感じるのは、
一つの無力感です。
どうして、神様と思う。
あなたが造った
命じゃないんですかって。

伊藤正義
一九七一年生
日本基督教団長崎平和記念教会
長崎県

私は四代目クリスチャンです。クリスチャンになったというより、クリスチャンだった。小さいときに洗礼を受けて、物心がついた頃にはすでにクリスチャンだったということです。

初代は父方の曾祖父母です。曾祖父母のことはほとんど何も聞かされていませんが、祖父は牧師だったそうです。東京の日本基督教団亀戸《かめいど》教会にいて、聖路加《せいるか》国際病院の前院長だった日野原重明《ひのはらしげあき》さんの結婚式の司式をしたと聞いています。父も東京で生まれました。

祖父は戦死してしまったのですが、祖母の手記を一度だけ読んだことがあって、それによると、祖母は未亡人になってから私の父を連れて長崎に引っ越して、活水学院の教師をしていたそうです。

父は小児科医ですが、もし祖父が生きていたら牧師になっていたんじゃないかな。たぶん、そう思いますね。母はもともとクリスチャンではありませんでした。私は母の洗礼式をなんとなく覚えているんですよ。三十代になってから受けたのではないでしょうか。

幼少期に洗礼を受けると、中学生ぐらいになってから自分の言葉で信仰告白をしますよね。でも私の場合は、二十三歳と遅かった。しかも、長崎ではなく、北海道の教会で受けました。

何かにつまずいたとか、何かに悩んだといったことは一切ないまま、ある程度のところまで成長しました。キリスト教を受け入れる、受け入れないではなく、私の生活がそうだったというだけで、なんの違和感もなかったんです。

中高六年間はソフトテニスに明け暮れていて、日曜日になると練習や試合があったので、教会に行くのはクリスマスとかイベントがあるときぐらいでした。

ところが、あまりにテニス漬けになりすぎて、大学受験に失敗したんです。医学部志望だったんですが、四浪までしてもだめでした。考えが甘かったんです。そこそこ勉強すれば、入れるだろうと思っていたんです。四年経っても、自分の実力では医学部はむずかしい。じゃあ一つだけ獣医の大学を受けたらどうかと思って受けて合格したのが、私立酪農学園大学という北海道江別《えべつ》市にあるミッションスクールでした。だから獣医になりたくて受けたわけじゃない。たまたまなんです。

酪農学園は黒澤酉蔵《くろさわとりぞう》というキリスト者が創立した学校で、もとは獣医師というより、酪農家の子どもたちを教育する学校でした。牛や馬の病気を扱うこともあるので、獣医師を養成する必要があるということで、あとで獣医学部ができたそうです。

せっかく北海道に行くんだから、改めて教会生活を送ろうと思って、江別教会に通うようになりました。そこで牧師に勧められて、信仰告白をしたんです。今、牧師に勧められたということは、神様がいってくれてるのかもしれないと思ったんですね。自分で決めたわけじゃないんです。

なぜ信仰告白をしたんでしょうね。これはずっとあとのことにもかかわってくるのですが、私はどうも、精神的にもうだめだと思ったとき、あ、教会に行こう、と考えるんですよ。自分には教会があったと思えるんです。

聖書を読んだり讃美歌をうたったりする生活が、自分の中に入り込んでいたんでしょうね。教会の人たちはみんな、自分のいいところも悪いところも知っている。教会に行ったり離れたり、そんな自分でも戻れる場所だということでしょうか。

あのとき、教会に引き戻されていなかったら、極端なことをいえば、生きていなかったかもしれない。どうなっていたかわからないという想いは今もあります。

勉強漬けの毎日で、生活に疲れていました。追い詰められて、自分はもう終わりなのかもしれないと思うこともありました。結局、大学でも劣等生でした。獣医学も相当むずかしかった。なかなかついていけなかったんです。それまでの私はずいぶん恵まれていました。父が医者だったので苦学生というわけではない。甘えていたんです。

学問についていけないと、学生生活がうまくいかなくなります。冬は雪に閉ざされた道をえっちらおっちら歩いて教会に通っていましたが、それもだんだん億劫《おっくう》になって、次第に足が遠のいてしまう。教会も次第に、行ったり行かなかったりという状況になりました。

本当に教会に行かなくなったきっかけは、国家試験に落ちたことです。恥ずかしながら、獣医師の国家試験って落ちる人は少ないです。だけど落ちる人は何度も落ちる。

大学を二十八歳で卒業してから、国家試験の勉強をするために東京の予備校に通うことにしました。それでも、次の年の試験に落ちました。もう、何度落ちたかわからないですよ。五回ぐらい受けましたからね。

受かったのが三十四歳のときだから、二〇〇四年だったかな。最後の一年間でたまたま予備校浪人の仲間ができて、彼らがいたから勉強できたんです。

このときは自分なりにやったという想いがあったので、この年を最後にしようと決めて受験しました。これでだめなら限界かもしれないと自分で思ったし、父からもいわれていましたから。うちは親がいたからできたようなものです。親あっての努力なんです。

合格してほっとしました。やっぱり守られていたのかなと思いました。

今でも、自分が神様を信じているのかどうかわからないときがあります。聖書を読まないときもあるし、お祈りをしないときもある。

でもときどき、振り返ると、やっぱり神様は一緒にいたんだと思えるときがよくあるんです。

そのときにはわかりません。でも、今まで歩いてきた道を振り返ったとき、ああ、あのときもいた、このときもいたって思う。自分が離れていたときにこそ、神様はいたと思える。そうとしか思えない事実がある。あきらめなくてよかった、これでよかったと思いました。

長崎に戻ったのは、二〇〇五年です。たまたま長崎県が獣医師を募集していて、自治体の獣医師はそもそも応募者が少なく、年齢制限にも引っかからずに採用になりました。母は私に戻ってきてほしかったようで、本当にほっとしていました。

ところが獣医師の仕事をするようになって、またドーンと落ちてしまいました。公務員の獣医師の仕事というのは、動物を救うことよりも死なせることのほうが多いんです。

そう、保健所の殺処分です。殺処分する担当者は別にいますが、殺処分の判断を下すのは獣医師の仕事です。一番記憶しているのは、自分のミスで犬を殺してしまったことです。本当は死なせずに済んだ一匹のワンちゃんを、私の連絡ミスで死なせてしまった。

今も殺処分の現場に立ち会うことがありますが、命ってなんだろうと思います。今まで生きていたのに、ガス室に入って、出てきたときにはもう物になっている。なんともいえない感情が湧き上がります。

ただ、恐ろしいことに、それも慣れる。

食肉センターといって、牛や豚の屠畜《とちく》場に勤務したこともありますが、あそこでは流れ作業で牛や豚を殺していくんですね。それを見たときに、うーん、とはなります。でも、それも慣れていくんです。

信仰には変化はありませんよ。犬を殺したということが、祈りにつながることはありません。やはりこれが獣医師に与えられた一つの仕事であって、それを私は選んだのだから、やらなきゃいけないんだと考えます。

ただ公務員の仕事として、殺されるであろう野良犬や野良猫を扱うときに感じるのは、一つの無力感です。どうして、神様と思う。あなたが造った命じゃないんですかって思う。でも望まれずに生まれてくる命がある。いったいなんだろうと思わされます。

幸いこの上五島では他の職場に比べてそういう問題は少ないですが、それでも処分せざるをえない動物はいます。

どうしてだろう。一人ではどうにもならない。一人の力では何もできないです。ただ私はクリスチャンなので、神様に訴えることはできる。モヤモヤをぶつけることはできる。

私はとにかく弱いので、神様を知らなかったらどうなっていただろうと思うことはいっぱいあります。仕事をミスしたとき、上司にいろいろいわれたとき、ああ、自分はもうだめかもしれないと思うとき、結局は、ああ、神様、私ってどうしてこうなんだろうと。

喜びも悲しみもぶつけるところがあるということは、私にとって救いです。神様が常に私を支えている、引っ張ってくれていると思います。

妻は韓国人で、長崎外国語大学に講師として来ていたときに、うちの教会で知り合って結婚しました。伝道に熱心で、留学生が大学に来ると、家庭集会に誘ったり、教会で早天の祈りをしたりする。韓国人は信仰にとても熱心ですから、私を見て、あなたはお祈りが足りないじゃないってよくいわれます。

今では彼女も私の導き手です。妻と一緒じゃなかったら、教会から離れていたかもしれないと思うことは何度もあります。仕事のことで悩んで、このまま続けていいんだろうか、牧師にならなくていいのかなと思うときもあって、そういう道に進むかどうか相談すると、じゃあ、祈りましょうといいます。神様が答えをくださるから、とにかく祈ろうと。妻は、神様が絶対に答えてくださると信じています。

私はそんな優秀なクリスチャンじゃありません。イエス様の弟子たちもそうだったかもしれませんが、ただただ、神様にすがっているだけ。

これまで何度も何度も教会を離れました。でも、今こうして教会の話をしていますね。最終的には、いつもここに引き戻されるんです。

息子二人にはもう、洗礼を受けさせました。これから大きくなって、自分の意志で信仰告白するかどうかはわかりません。わが家の五代目になってくれるでしょうか……。

2018/8/22

人間の力では
どうしようもないことが
世の中にはたくさんあるんだと、
そのことを忘れないために
私はクリスチャンになったんだと
折にふれて思うようになりました。

玉井真理子
一九六〇年生
日本基督教団南甲府教会
山梨県

今この近くの日赤医療センターに入院しているのが長男の拓野《たくや》で、子どもはその下に男三人。この三人はもう社会人です。夫は東北大学教育学部の一年先輩でした。拓野が生まれたのは大学四年のときだったので、いわゆるできちゃった婚ですね。

さきに子どもができたのでバタバタと結婚して、一年間だけ仕事ということをした時期があったんですけど、そのあとの就職がなくて大学院に行くことになって、そのあいだに次々と子どもができたので、大学院時代にはもう子どもが四人いたんです。

そんなときに仲良くなった友だちがいて、それぞれの家に行ったりするうちに、教会に来ればって誘ってくれた。日本基督教団の仙台東六番丁《ひがしろくばんちょう》教会です。

土日は保育園もないし、夫も土日は休みじゃなかったので、日曜日を持て余す感じだったこともあって飛びついてしまった。子連れで行っていいというだけでありがたくて。本当に申し訳ないんですけど、彼女がお寺の娘で、お寺においでよといってくれていたらお寺に行ってたと思います。クリスチャンになろうという気もなく、子どもを遊ばせるためだけでした。

生まれは、茨城県の東海村《とうかいむら》です。日本で初めて原子の火が灯った町で、小学校から中学校にかけては、原子力発電はすばらしいものだと教え込まれていました。火力発電よりコストも安いとか。「原子力の日」は拓野の誕生日と同じ、十月二十六日です。

原発は身近にある空気みたいなものでした。高校生ぐらいになったら危機意識が目覚めてもよさそうなものなのに、大学に入るまでそういう意識は芽生えなかった。

地理の先生が授業中に、「東海村に原発ができるときはたいした反対運動は起きなかったんだよね」とちらっといったんです。それがすごく記憶に残って、家で話したら、「そんなことというもんじゃない」と親に怒られました。父親は教師でした。それ以来、口にしちゃいけないんだと思った記憶があります。

大学に入ってから東海村出身だと自己紹介したときは、すごくびっくりされました。地理の教科書に原発の写真が掲載されていて、原発と海沿いの松林だけなので、こんなところに人が住んでいるのっていわれたんですね。広瀬隆《ひろせたかし》さんの反原発の本を読んでごらんなさいと勧められたこともあって、原発がいかに危険かを知って、なんで今まで気づかなかったんだろう、まわりの大人たちもよくも騙してきたなという感じでした。

その本を勧めてくれた人は結構な反原発活動家だったのですが、それ以来、健康診断はいいけどレントゲンだけは受けたくないと思うようになりました。

今は国立大学の教員はみなし公務員なので、健康増進法で管理が厳しくなったこともあって、受けないと勧告があるので受けざるをえないんですが。

そういう田舎で育ったことは、じつはキリスト教とも関係があります。父の妹、つまり私の叔母が同じ敷地内の祖父母が住む離れに同居していたんです。うちは神道の家ですが、その叔母はカトリックのクリスチャンだったんですね。

脊椎カリエスという病気で、片足が曲がらなくて杖をついて歩いていました。洗礼は入院中に受けたそうです。自宅療養していましたので、叔母のところに、水戸の教会から外国人の神父様とシスターがよく見舞いに来ていたんです。立派な車で、しかも外国人ですから、田舎なので目立つわけですよ。近所にわかるんです。あ、来てる、来てるって。

私は子どもだったので、シスターに遊んでもらえてなんとなく楽しかったんですけど。

叔母の部屋には家の仏壇がありましたが、枕元には小さなマリア像とロザリオがありました。触っちゃいけない物だという感覚があって、手にとったことはないです。

何年も入院して、女学校も卒業できなかったんじゃないかな。祖母も、「ああいう病気になっていろいろ考えるところがあったんだろうね」とちらっといっただけで、なんとなく話しづらそうだったし、こちらも子ども心に聞いちゃいけないことだと思っていました。

ただ一度だけ、神父様が迎えに来て、叔母と一緒にその立派な車で教会に行ったことがありました。何しに行ったんだか……。ステンドグラスがきれいでした。ガラスの破片を黒く塗って太陽を見て遊びましたね。キリスト教がどういうものか、カトリックがどういうものかなんてまったく知らなかったし、ただ遊んでもらって楽しかったという記憶しかないですね。

私が大学院生のときに叔母はがんで亡くなったのですが、お葬式で突然登場したのが神道でした。神主さんが来て榊《さかき》を振る。不謹慎ですが、お祝いの儀式をしているようでおかしくてしょうがなかった。

その頃、私はもう仙台の教会に通っていたので、叔母の葬儀は教会で出してあげないといけないと思っていたんです。でも、両親からすれば娘には口出しされたくないという感じだったのでしょう。妥協策として、葬儀の前日に神父様に来てもらって、お祈りだけはしてもらいました。

火葬するときは棺にロザリオを置きました。燃えない物は置いちゃいけないんですけどね。焼けずに残っていました。葬式はみんながいいようにやってくれたらいいと本人はいってた、最後のお祈りは神父様にしてもらったから、と母親がいいわけがましく私にいいましたね。ろくに看病もしなかった私が口出しできることじゃありませんが、今でも悔やんでいます。

拓野が生まれてダウン症だとわかったとき、叔母に電話したことがあるんです。クリスチャンらしいといえばクリスチャンらしいのですが、「神様が授けてくれた子どもだから大事に育てなさい」といってくれました。

当時は出生前診断なんか普及していなかったし、染色体検査をするにも親の承諾はとらなかったので、退院する前日だったかに検査に出しましたといわれて、ああ、そうですかと。

学生時代に仙台市内の特別支援学級にボランティアで通っていて、私が通っていたのは自閉症のクラスでしたが、知的障害のクラスもあって、そこにダウン症の子どもたちもいたんですね。ダウン症の子たちの顔立ちをなんとなく知っていたので、主治医にいわれて、ああ、確かにダウン症の顔だなあと思いましたね。

それで私の人生終わったとか、目の前真っ暗だとか、そういう感じではなかったです。これからさきどうなるのかという不安はありましたけど、やっぱり世間知らずだったのかなあ。それなりにびっくりはしたと思うんですけど。すごくよかったのは自閉症の子どもたちと付き合いながら、自閉症の子どもたちのお母さんたちとも付き合うようになっていったことです。

お母さんたちがいかに普通かを身近で知ることができた。「学生さんだからそんなにいい物食べてないでしょ」といって、うちでごちそうしてくださったこともありました。子どもが障害をもっていても普通に明るいお母さんたちなのね、というのを実感としてわかっていたんです。

拓野が生まれる前でしたけど、自閉症の子どもたちとの合宿に参加したことがあります。キャンプファイヤーのときに、学校の先生が「天国の特別な子ども」というアメリカのエドナ・マシミラという人の詩を読んでくれました。

この子は特別な赤ちゃんだから、神様のためにこの子を育てる任務を引き受けてくれる親を探さないといけない。天使たちが会議でそんな話し合いをして神様に頼んで、神様がその役割を担う両親を選んだという内容でした。

その先生はクリスチャンじゃなかったんですけど、妹夫婦が二人とも牧師だと聞きました。そのとき、それなりに感動したような気がするんです。

でも、実際に自分が障害をもつ子どもの親になって読み直してみると、うーん、どうなんでしょう、別に私、選ばれたくなんかなかったわよ、というお母さんもいるし。ダウン症の子は天使だというけど、天使かよって思うこともある。こいつが天使かあって。

ただ、そういう考え方が、ある時期の親たちを救っているのは確かだと思います。救われたお父さんお母さんって本当にたくさんいるので、そのあと自分がカウンセラーとして臨床に携わるようになってからも、決して水を差すようなことはしないですが、しばらくすると、そんなに天使じゃないとか、特別に選ばれるような親でもないって、そういうところに収まっていくような気がしますね。

洗礼を受けませんかと牧師にいわれたのは、夫の仕事の関係で山梨に引っ越して、南甲府教会に通い始めて一年も経たない頃でした。そもそも日曜日に子どもを連れていけるからという理由で通い始めたので、え、洗礼ですか、私、別に神様信じてないような気が……って結構いい加減な返事をしましたね。

仙台の教会に子どもを連れて通い始めた頃に、叔母にいわれたことがあるんです。「教会に行くのはいいけど、洗礼についてはよーく考えなさいよ」って。そういいながら聖書を送ってくれたんですが、そのとき初めて、叔母のつらい気持ちに思い至ったんです。外国人の神父様やシスターが家に通ってきていたことで、田舎のことですから叔母は嫌な想いをしたこともあったんじゃないかなあって。だから、自分みたいないい加減な気持ちで教会に行き始めた人間が洗礼を受けて、こんなのでいいんですか、という感じでした。

ただ、その牧師の存在が大きかったと思います。横手征彦《よこてまさひこ》先生とおっしゃるんですが、クリスチャンぽくない人です。「クリスチャンはよく悔い改めるっていうけど、一般の人はよくわかりませんよね、悔い改めるって、ごはん何回食べるのかって、そう思われるのが落ちですよね」って、そんな話が記憶に残っています。ユニークな牧師でした。

私が信州大学に就職したのは一九九六年ですので、それまでは正規の研究職が見つからないまま、これから私の人生はどうなるんだろうという時期ではあったんです。履歴書に穴が開くのが嫌で、甲府と東京を行き来しながら東大医学部の母子保健学教室で博士号をとったものの、あちこちにアプライしては落ち、アプライしては落ち、を繰り返していた頃でした。

拓野のことはよく聞かれますが、クリスチャンになったこととはそんなに関係がない。ただやっぱり、叔母の「神様が授けてくれた子どもだから大事に育てなさい」という言葉はずっと残っているので、関係がある話にしちゃってもいいんですけどね。そんなわけで、一九九二年のイースターに洗礼を受けました。

やっぱり牧師の存在が大きかったのでしょう、横手先生が異動してから教会に行かなくなってしまった。月定献金だけ振り込んで、クリスマスとイースターの年二回ぐらいしか行かない信者になってしまいました。

洗礼を受けたとき、神様がいることを意識したかというと、わからないですね。ただ、すべてが神の手で動いているとまではいわないけれど、とにかく人間の力ではどうしようもないことが世の中にはたくさんあるんだと、そのことを忘れないために私はクリスチャンになったんだ、ということは折にふれて思うようになりました。

病気になりませんようにとか、長生きできますようにとか、現世利益を宗教に求めるのは違うだろう。じゃあなぜクリスチャンになるかというと、やっぱり人間全体の力をもってしても及ばないものはいつの時代にもあって、そんなときはただただ祈るしかないだろう。

私が遺伝カウンセリングの現場で付き合う方の中にお子さんを亡くしたお母さんがいるのですが、子どもが亡くなったことは受け入れられなくて当然だと思いますが、せめて日々をこなしていけるぐらいにはなってほしいというのはもう、祈りでしかないんです。

今までは他人事でしたけれど、もし拓野が亡くなったとしたら、私は神をどう意識するんだろうというのは想像がつかないですね。

拓野が形質細胞性白血病と診断されたのは二〇一六年一月で、洗礼を受けさせたのはその翌月でした。診断されたとき、一か月以内に三割が亡くなるというデータもあったので、この子にはもう春は来ないかもしれない、桜が咲く頃まで生きられないかもしれないと思ったんです。

次に考えたのがお墓でした。もし亡くなったとしてお墓はどうなるんだろう。私自身も嫁だからといって玉井家代々の墓に入るというのはちょっと考えられなかったので、そうなると私が墓を建てるか、となるんですが、もう時間がない。

それで思いついたのが、教会でした。教会だったら会員の家族ということで葬式をしてもらえるんじゃないか、お墓に納骨もできるんじゃないかって。教会に連絡をしたら、本当に偶然ですが、ちょうど横手牧師が臨時で来られていたんですね。葬式のことを訊ねたら、「息子さん、洗礼を受けられたらどうですか」といってくださった。

ああ、私はお葬式のことだけ考えていたけど、洗礼を受けてもいいんだ、知的障害があっても、洗礼を受けられるんだと思ったんですね。それからしばらくして病院に外出許可をもらって、横手牧師と二人の役員の信者さんとで拓野の洗礼式を挙げていただきました。

拓野は、パンと葡萄酒をいただいたあとにこういったんです。「ああ、生き返ったー」って。喉が渇いていただけだと思いますが、この場面で生き返ったというのは象徴的で、話ができすぎてると思いましたけど、もしかしたらもう少し生き延びられるかなあと一瞬、思いました。

いやいや、現世利益のために宗教があるんじゃない、そんなことは期待しちゃいけないって次の瞬間に思い直しましたけどね。


それからは不思議なことに、何かあると拓野は「おれの病気が治るように教会で祈ってきてよ」って勝手なことをいうようになりました。入院中は私がずっとそばにいるのでうっとうしかったんでしょう。日曜日になると、「教会行ってこい」っていうんです。「とにかく行ってこい、行ってこい」って。

免疫力が落ちているので本人は連れていけませんが、私がたまたま教会に行ったときがあって、「愛餐会でカレー食べてきたよ」っていったら、「いいなあ、おれも食べたいなあ」って。

教会は行ったら行ったでみなさんよくしてくださるし、本人も楽しいとは思うんですけど、そのぶん感染リスクがあるので、なかなかむずかしいですね。

ああ、もうこんな時間ですね。そろそろ病院に戻りますね。

2018/9/29

二〇一九年十一月二十六日、玉井拓野さん召天　享年三十七。十日ほどのち、山梨県庁より拓野さんが東京2020オリンピックの聖火ランナーに決まったと連絡があった。障害者のがん闘病を知ってほしいと、玉井さんが応募していたものだった。年が明けて、筆者の手紙に玉井さんからメールで返信があった。

玉井です。
手紙受け取りました。
ご丁寧にありがとうございます。
息子がいなくなって一か月以上たちますが、
落ち着くとか、気持ちの整理がつくとか、
そんなこととは程遠い感じです。

クリスチャンとしては、
神の元に召されただけかもしれませんが、
私にとっては、
焼かれて骨になって灰になって、
私の前から消えてしまっただけのこと。

納骨する気にもなれず、
私とふたり、自宅にいます。

天国で楽しく暮らしているとか、
空の上からみんなを見てくれているとか、
絵空事にしか聞こえません。

人はよくもそんな嘘っぱちを
何千年も信じてきたものだとさえ
思ってしまいます。

通夜告別式一切やりませんでした。
障害のある子が親より先に死ぬのは、
ある意味親孝行なんだそうです。
そんなささやき声が、
通夜や告別式の時に聞こえてきたら、
耐えられないと思ったからです。

息子もクリスチャンなので、
亡くなったあとで、

一応教会には連れていきました。
牧師が聖書を読んでくれましたが、
頭には入らず、心にも響きませんでした。

正直にそのことを牧師にいったら、
牧師は、怒りをぶつけられるのも、
牧師の役割だといってくれました。

精神科のクリニックから薬を
出してもらったり、入院したり、
近所の病院で点滴してもらったり、
カウンセリングに通ったり、
それなりにいろんなことをしていますが、

今は、友人知人との
メールのやり取りが、
唯一の救いです。

おかげさまで、来週からは、
少しずつ仕事に戻ろうかと

思っているところです。
新学期が始まるまでは、
比較的時間はありますので、
またお目にかかれたら嬉しいです。

2020/1/9

玉井拓野さんが形質細胞性白血病で亡くなって二か月後の二〇二〇年一月二十九日、山梨県立図書館のイベントスペースで「小さな写真展 しょうがい者とがん闘病」と題する一日だけの写真展が開催された。玉井さんが撮影した写真や、SNSで発信し続けてきた「#余命短歌」が展示された。

私、入院していたんです。拓野を火葬して連れて帰って、次の日には動けなくなって……。近所の病院で点滴してもらって、その翌日には山梨県内の精神科病院に入院しました。そうでないと、どうにかなりそうだったんです。

でも、一週間で退院してしまいました。拓野を連れて入院するつもりで外来では許可をもらっていたのですが、精神科は持ち物チェックが厳しくて、骨壺は陶器で割れるかもしれないから、禁止。人を傷つけるような物は持ち込めないといわれたんです。

スマホが使えるのも、一日五分だけ。看護師さんの立ち合いで、しかも、見るだけでこちらからはメールを出しちゃいけないとか、厳しくて。もういいです、みたいにして出てきちゃいました。一応、うつ病と診断されました。

教会に行ったのはいつだったか……。いろんなことを忘れてしまうと思ったので手帳に書いておいたんです。案の定忘れていましたが、十一月二十六日に拓野が亡くなってからすぐに入院して、教会に初めて行ったのは、十二月十二日でした。結構早い段階で教会に行ってるんだなあと、あとになって思いました。

拓野に洗礼を授けてくれた牧師は異動されて新しい牧師になっていましたが、私が拓野を連れていくといったら、ちゃんと聖書を用意して待っていてくださいました。

クリスチャンらしいといえばクリスチャンらしいんですが、存在はなくなっても魂が神のもとにある、という内容のお話をされたと思います。

私はそうはまったく思えなくて、あとで結構、当たり散らすようなメールを牧師に書いたんですね。そうしたら、そういう怒りも含めて神は受け止めるということと、人は亡くなっても生きている人に働きかけるということ。人はそれを魂と呼ぶのかもしれないけれど、そんな実体があるとは考えられないか、と丁寧にお返事をくださったんです。

そういわれても全然納得できなくて、神様のもとに召されたとかいうけど、ただいなくなっただけじゃんって、それは今でも思っています。


相模原の津久井《つくい》[1]やまゆり園の事件の裁判のことが連日報道されてるじゃないですか。どっちがいい悪いということはないにしても、拓野は少なくとも突然ではなかったんだな、と思いました。殺されてしまう人もいるけど、拓野はまだよかったとはいいませんけど、病気だから突然だったわけじゃない。だからきっと、ほかの人には、まだましだよって思われるのかなとか、そんなことも考えました。あなたはまだいいわよって……。

遺伝カウンセリングの仕事をしていると、よく聞くんです。赤ちゃんを亡くした親がまわりからいわれるんです。重い障害をもってこのまま生きても幸せかどうかわからないからって。慰めの言葉なんでしょうけどね。拓野ぐらいの年齢になると親も年をとってきて、自分たちで看られなくなるので、ちょうどいいときに天国に行ってくれたねとか、そんなことをいう人がいないとも限らない。もし通夜や告別式をやったら、私や拓野をよく知る人だけじゃなくて、夫の仕事の関係の人たちも来るだろうし、まさかこの人がそんなことをいうのか、という人からそんな言葉をかけられたら余計傷つくだろうし、それが嫌で通夜も告別式もやらなかったんです。

相模原の事件ほどひどいと非難囂々《ごうごう》ですが、犯人と似たようなことを思っている人がいるんじゃないか、死んだら親は楽になるのにと思ってる人がいるんじゃないかと思うだけで嫌になって、それだけでいたたまれない。拓野の夢は見ないです。出てこないんですよ。一回だけ、病院のベッドで「かあちゃん」って呼んでる夢だけは見ました。でもそれだけ。

息子が亡くなってみて、本当に自分の思い通りにならないことはいくらでも起こりうるんだなあと思いました。それをしょうがないとか、苦しまなかったからよかったじゃないかとか、いわゆる受け入れるための言葉はこれっぽっちも浮かんでこなくて。

最後は緩和ケア科の先生がかかわってくださっていて、苦しまなかったはずだよといってくれましたけど、せめて苦しまなくてよかったなとは思えなかったですね、私は。

結局、死んじゃったらおしまいじゃないか。神様のもとに召されるという感覚はわからないし、時間が経てばというときの時間って、きっと年単位なんだろうなと思います。

1　二〇一六年七月二十六日未明に神奈川県立の知的障害者福祉施設「津久井やまゆり園」で発生した大量殺傷事件。元職員が入所者一九名を刺殺、入所者と職員合わせて二六名に重軽傷を負わせた。

ご主人を亡くした方がいっていました。時間が経てばというのはよくわからなかったけど、三年経ってみたらなんか変わった気がする。時間が経てばというときの時間って、日にち単位、月単位じゃなく、年単位なんだよって。時薬《ときぐすり》というけど、年単位なんだなって。

私のまわりにいるのはそういうことをよく知っている人たちなので、いつまでめそめそしてるのなんて、そんなことという人は一人もいない。きっと恵まれているんでしょうね。

拓野が洗礼を受けたとき、「ああ、生き返ったー」といった話は前にしましたよね。本当に具合が悪くなってからも、突然、朝のお祈りなのか、祈るように手を合わせていました。あとで考えると、もうごはんも食べられない、亡くなる何日か前だったと思いますけど、手を合わせてお祈りをしたことがあって、「そんな突然祈ってもだめなんだよ、拓ちゃん」といったんですけどね。からかってないで、一緒に祈ればよかったですよね。からかってる場合じゃないですよね。

そのときの様子をユーチューブにアップしたんですよ。えーっと、あるかな。これだ。朝の祈りだ。十一月十八日ですね。

ほら、祈ってますよね。このときは腕を骨折してギプスをしているんですが、ああ、やっぱり、祈っていますね。「おれに本当の自由を」といってるように聞こえますね。

もう最後だからと思って、十秒ぐらいの動画を結構こまめに撮ってアップしていたんですよ。亡くなる前日の動画もあるんです。もう返事もしなくなっていたので、ただ寝ているだけなんですけど。

よかったら見てやってください。年のせいですぐ忘れちゃうので、自分が忘れないように、忘れないようにって、写真や動画はよく撮っていたんです。

拓野は東京オリンピックの聖火ランナーに応募していました。そのことを取材して書いてくださった新聞記者さんがいて、記事に「生きた証しにしたかった」と書かれていたんです。自分では「証し」という言葉は使ってないと思うんですけど、カギ括弧がついているので、私がいったのかなあ。結局、オリンピックには間に合わなかったんですけどね。

葬式はしなかったんですけど、拓野の写真展を開いたら本当にたくさんの方が来てくださいました。拓ちゃん、どう思ってるのかなあ。嬉しいのかなあ。私はただただびっくりしているだけでしたけど、拓野が生きていたらどう思うんだろう。

そのときは久しぶりに会えた人と泣いたり笑ったりしているだけでしたけど、最近は、拓野はどう思うんだろうなあ、と思うようになりました。

お子さんを亡くした方がおっしゃっていました。生きる意欲がなくなったって。でも外からはそうは見えないんですよ。普通にいろんなことをやっているように見える。

私もいろいろやりたいことはあったんですけど、どうでもよくなったというか、これからさきは、うーん、どうなるかわからないですねえ。どうしようか決められないでいる。

クリスチャンだというと、子どもが亡くなったこともちゃんと受け止められると思っている人が世の中には一定程度いるような気がします。宗教的な支えがあるから、それなりに受け止めて整理するとか、気持ちの区切りをつけるとか、普通の人よりうまくやれるんじゃないかと。誰かにはっきりいわれたわけじゃないですが、そういうふうに思われてるんじゃないかと感じるんですね。

でも私が牧師に悪態をついたように、何をどういわれたって、ただいなくなっちゃっただけじゃないかって。あ、短歌を書いたんですよ。

命より
大切なもの
あるなんて
わたしの前で言ってみろ
イエス

Mariko Tamai Instagram 2019.12.7

怒りに任せて詠んだのですが、これがほんとに正直な気持ち。魂なんていわれても全然わからないし、神のもとに召されるというのもわからない。だけどまわりから見ると、ああそうか、クリスチャンだからそれが支えになってると思われることもあるのかなあ。実際はそんなことないんですけどね。魂とか、神のもとに召されるってなんなんだって。

牧師の先生がすごいと思ったのは、いくらでも怒りをぶつけてもらっていいですとおっしゃってくださったんですね。ちゃんと受け止めますじゃなくて、ただただどうしようもなくなるだけだと思いますけど、と書いてくださっていて、ああ、正直だなあ、その先生らしいなあと思ったんです。

拓野が亡くなったときに読んでくださった聖書の箇所があったんですけど、どこだったかなあ。讃美歌も何をうたってくださったのかなあ。まったく覚えていないんですよ。そのあと牧師が少しお茶でも飲んでいきますかって誘ってくださったんですけどお断りして、そのときはもう、この子を抱えて帰ってきてしまいました。

私が洗礼を受けたのはイースターなので、イースターの前後に教会に行こうかなあ、どうしようかなあ。

2020/2/6

二〇二一年秋、長男・拓野さんの召天から二年が過ぎた。この間、玉井さんは心身の疲労とうつで入退院を繰り返した。新型コロナウイルスの影響で、玉井さんの勤める信州大学でもさまざまな制約があったが、入院先から研究室に通えるようになり、二月には正式に退院、少しずつ職務に戻っている。

職場復帰したのは、今年の一月四日付です。じつはあれからまた、信州大学医学部付属病院の精神科に入院して、二月に退院するまでは病棟から研究室に通っていたんです。教員はフレックスタイム制が使えるので助かりました。

自宅で生活できるようなら家から通勤するつもりでしたが、主治医がいやいや、ここから通えばいいというんですね。だから三月までは学内の施設に週三日滞在して仕事をするというスタイルで、四月からはいろいろ組み合わせてやっています。

入院中は朝昼晩、食事をいただく前に「主の祈り」を唱えていました。祈ってどうなるものでもないのですが、ただただ祈っていました。

今年の三月に離婚したんです。拓野が病気になったのは二〇一六年一月でしたが、長年壊れた関係だったので、以前から弁護士さんに相談してきちんとしたいと思っていたんです。

それが、拓野が病気になって、いったん棚上げになっていた。病院の送り迎えや付き添いは私がして、医療費だけは向こうに請求書を送って振り込んでもらっていました。

拓野はパパ大好きな人なので、病室に来ると喜んで、来ないときもよくメールしたり電話したりしていましたので、本人は私たちのことを気づいていなかったと思いますね。

東京で火葬して骨を家に持って帰ってきたその夜に出ていってそれっきり。私が入院しているあいだに向こうから別れたい、家と土地は手放すといってきたので、すぐに弁護士さんに連絡してあいだに入ってもらって、先日ようやく一段落したところです。

この名前で長く仕事をしてきましたので、今さら変えるのは面倒です。せめて戸籍名の「眞理子」を「真理子」とだけ変えようとしたら、案外、あっさり手続きできたので拍子抜けしました。

世界観、人間観は変わりました。単純化はできないですけど、基本的に人を信頼していれば、何かあったときに、あれって思って不信感が湧きますよね。私の場合は逆で、デフォルトが不信の塊ですから、何かあって、ああ、この人ちょっとは信頼できるかなと思うような感じでしょうか。いつのまにかそんなふうに変わっちゃいました。

クリスチャンだから離婚を躊躇したかというと、それはないです。私を教会に誘ってくれた学生時代からの友人が離婚経験者で不仲なことを知っていたので相談はしていましたが、まったく迷いませんでした。むしろ一人になっても、日曜日は教会に行けばいいんだと思うようになりました。

私ぐらいの年齢になると、定年後どうやって暮らしていけばいいんだろうってよく考えるんです。何もすることがなくなったらどうしようって。でも、そうか、教会に行けばいいんだと思うことができたので、ああ、クリスチャンでよかったと思いました。

拓野が亡くなったときに祈ってくださった牧師は異動して、新しい牧師とはまだちゃんと話をしていません。そんなに大きくない教会ですけど、四十数人は集まって礼拝を守っているので、私みたいに二~三か月に一度ぐらいしか行かない人間は、行くと久しぶりといわれてしまう……。

拓野が亡くなったことは週報にも掲載されましたし、牧師も話してくれたと思うので、みなさんご存じだと思います。でも、何もいわれなかった。「いろいろ大変でしたね、写真展行きましたよ」とか、「入院されていたと聞きましたけど大丈夫ですか」というぐらいで。

私がこんなことといわれたら嫌だなあと思っていたこと、たとえば、神様のもとに召されたから神様のもとで楽しく暮らしていますよとか、天国で見守ってくれていますよとか、そういうことは一切いわれなかった。そういうクリスチャンらしい言葉をいわれることが嫌でしたけど、まったくありませんでした。

ただこのあいだの日曜日、礼拝後に教会のお墓にみなさんで車を乗り合わせて行こうと誘われて、よかったら一緒にどうぞといわれたんですけど、行けませんでした。

拓野の名前もお墓に刻まれているそうなので、見てみたい気もするし、見たくない気もする。みんなとは行かなかったけど、あとでこっそり行ってみようかな。どんなふうに名前が刻まれているのかな。行くなら雪が降る前にとは思っています。

え、今からですか。そうですね、行きましょうか。行っても大きな霊園だから場所がわからないかなあ。そうか、教会に電話すればいいですね。

千代田霊苑のキリスト教墓地の一角に、日本基督教団南甲府教会の墓がある。墓石には、「神を喜ぶ」（ローマ5・11）と刻まれ、召天者名が刻まれた霊標の新しいところから三人目に、「玉井拓野　1980－2019」とあり、足元に小さな天使の人形が置かれていた。

拓野と同じお墓に入りたいと思うこともあるし、一緒に散骨してほしいという気持ちもあって、まだこのお墓に骨を納めようという気にはならないんです。でも、ここからこんなに大きく富士山が見えるとは知りませんでした。山梨県側から見る富士山は静岡県側から見るのと違って、きれいな正三角形だから、県民には自慢なんですよね。

ＮＨＫのディレクターだった坂井律子《さかいりつこ》[2]さんが、ちょうど拓野の一年前の同じ日に亡くなったんです。ダウン症を長く取材されていた方です。命日が同じになっちゃいましたね。

坂井さんは三日月が好きだったので、月夜の晩、律子さんと拓野が並んで座っているように見えるといった人がいるんですけど、そういうイメージはどうしてももてない。人が亡くなると星になるとか、天国に行けば会えるという人がいるけど、私にはよくわからない。やっぱり目の前からいなくなっただけ。

前にお会いしたとき、この世にはどうにもならないことがあることを忘れないためにクリスチャンになったという話をしましたけど、その想いは今も変わりません。

墓石に「神を喜ぶ」とありますね。どういう意味なんでしょう。聖書を読む会が水曜日にあるので、今度行ってみようかな。なぜ「神を喜ぶ」にしたのか知ってる方がおられるでしょうから。私なんかが突然、教会に行ったらみなさんに驚かれるでしょうけど。

でも、今日はお墓に来られてよかったです。まだどうするかわかりませんが、これも一つの選択肢だと思えました。

2021/11/29

2　ＮＨＫのディレクター、プロデューサーとして医療や福祉などの分野で番組制作。『ルポルタージュ出生前診断』（一九九九・日本放送出版協会）などの著作がある。一九六〇―二〇一八。

赦し

第十二章
それでも赦さなければならないのか

父は酒乱でした。聖書を投げつけられたこともありました。ずーっと苦しかったです。

津曲幸子
一九四七年生
日本バプテスト連盟釧路キリスト教会
北海道

父は国鉄職員で、私が十四歳のとき、転勤で釧路に来ました。昔はこのあたりに国鉄の官舎があって、いつも教会の前を歩いて高校に通っていたんです。家でいろいろあったので、教会に行きたいという気持ちはあったんですけど、なかなか扉を開けるところまではいきませんでした。

父は酒乱でした。何か不満があると、おまえが悪いといって母が責められて、常に傷つけられる状況が続いていました。家族に男の子がいると、「宝息子」といって大切に育てられますが、うちも兄だけは別格で、母は何度も二人の妹を連れて家出をして、長女の私はいつも置き去りにされました。おまえがいながら母親はどうしたのかと父に怒られて、私が親戚の家まで母を迎えに行ったこともあります。

毎日が闘いでした。父は人事課長で労働組合を担当していて、二十八歳で管理職になったのでさまざまな苦労があったと思います。もともと弱いところがあって、お酒に逃げていたこともあったんです。何かあったら私が呼び出されて、友だちの前で恥ずかしい想いをさせられたこともあります。

毎晩、涙に暮れていました。逃げ出したいけど逃げられない。そんな毎日でした。

教会に行ったのは、十五歳のときです。一九六三年四月に教会の新生運動というのがあって、アメリカ最大の教派だった南部バプテスト教会から大挙してやって来て、三〜四人がチームになって全国を宣教でまわっていたんです。

そのとき初めて教会に行ったら、牧師のメッセージが「主イエスを信じなさい。そうすれば、あなたも家族も救われます」（使徒言行録16－31）という言葉でした。

まるで自分のためにいわれているような気がして、もう、信じたんです。信じたら家族も救われるんだと。その日から教会に通うようになって、二か月足らずでバプテスマを受けました。

今では考えられませんけれど、当時は毎週のようにバプテスマを受ける人がいました。私のときは四人一緒でした。

小さい教会なのに、結構いっぱいになりました。若い人も多くて、私が高校生のときは各地区の高校や工業高等専門学校からも来ていました。戦後生まれの団塊の世代ですけど、まだまだ貧しくて、文化的なものに飢えていたんだろうと思います。

洗礼を受けたら何か変わるかなあと思いましたが、苦しさは変わりませんでした。夜の祈禱会が終わって帰ってきたら家に入れてもらえないこともありましたし、聖書を投げつけられたこともありました。

ずーっと苦しかったです。ただ自分の心をどこにもっていくかがはっきりしたから、礼拝は絶対に出るぞ、人生の選択肢は全部祈って決めていくぞと思いました。

家計を考えても高校を卒業したら働かなければいけなかったので、保母になるつもりで通信教育を受けていました。

夏に大阪の大学でスクーリングがあって、体育館で寝泊まりして勉強したんですけど、ものすごく暑くて体を壊しちゃったんです。これはもう二度と行けないなあ、でも学びたいなあと思っていたときに、ちょうど札幌に神愛園《しんあいえん》というキリスト教系の特別養護老人ホームが設立されるから、道内のクリスチャンで働きたい人はいませんかという募集が教会にあったんです。

うちの教会からは二人が応募して行きました。老人福祉法が施行されたばかりで、札幌でも二番目の老人ホームでした。

初代園長は、帯広《おびひろ》にある国立弟子屈療養所の所長をされていたクリスチャンの菅野保次《かんのやすじ》先生でした。介護の資格制度など何もない時代に、人間の体の基礎を月に何度か丁寧に教えてくださった。あれは今も私の基礎になっています。それからずっと介護福祉一筋です。


両親のことは本当にいろいろあって、父と母から逃げたいと、ずっと祈っていました。でも現実的には逃げ出せない。物理的には逃げ出せないけれど、信仰をもったことで、自分がするしかないんだと、私しかやる人間がいないなら喜んでやろう、その代わり両親が死んだときの葬式は教会でやるわよと思いました。

祈って祈って、何年も祈って、私の生き方の中に組み込まれていきました。

二十四歳で最初の結婚をしたんですが、風呂に入ったとき、こんな幸せなことが世の中にあるんだと思いました。だって怒鳴り声が聞こえないし、人を傷つけることもないでしょ。誰も気にしないでゆったり風呂に入れる。その感覚は今も鮮明に覚えています。

それでもこの元夫も大変な人でした。今思うと、大人の発達障害だったようです。突然会社をやめてきたり、いなくなったと思ったら稚内《わっかない》から電話がかかってきたり、ほんといろいろあって、殺してやりたいと思うこともありました。

今朝読んだ聖書が、ヨブ記だったの。ヨブは家族が死んで、自分の体にできものができて、次から次へと不幸に襲われるけれど、それでも神を呪うことはなかった。

「わたしたちは、神から幸福をいただいたのだから、不幸もいただこうではないか」と二章十節にあります。幸福をいただくのだから、不幸をいただくのも当然じゃないかと妻にいう。これがヨブのすごいところです。折り合いをつけるというのではなくて、神様のご計画なら引き受けますということ。信仰ってたぶん、そういうことなんだと思いました。

幸福とか不幸といいますけれど、基準ってないじゃないですか。たいてい、人と比べてつらいと思うでしょ。人と比べたらなんでも不幸ですよ。幸福も不幸も、比較じゃないのね。

遠藤周作の『沈黙』の中で、神様はずっと沈黙しているでしょ。祈っても祈ってもわからないときはありますよね。だから、私は自分の家で唱えるんですよ。迷ったときは、私の信じる神様はご利益宗教じゃないからって、開き直って生きてきました。

聖書を読んで、自分の信仰を深めていくしかないのです。私が信仰をもつためには、この試練が必要だったのかもしれません。この試練がなければ、神様から離れていたかもしれません。

両親のことは、最後まで面倒をみました。亡くなってほっとするほどの苦しさでした。信仰がなかったら、父と母を捨てていたと思います。

日本は何か一つのものを信じることをちょっと軽蔑されるところがありますよね。弱い人間だって。信仰をもつ身からすると、弱い人間だから神様にすがるしかなかったというのは事実です。事実ですが、それがどれだけ生きていく強さになるか。

強いときはいい。自分の力で生きられます。でも、人間からすべてのもの、力も、体も、心も、物質もなくなっていくときに何にすがるのか。

何もなくなって万歳したとき、万歳した手が、ああ、神様といえるのか。何もないのか。

ずっと高齢者の介護をやってきたから思うのですが、万歳した手のさきに何もない人が多いのはとても残念です。

今は北海道認知症介護指導者という立場で、認知症のグループホームや介護施設の職員研修をしています。この仕事をやっていると、終末期を迎える方に会うことが多いんです。

死にたくない、という言葉を一番よく聞きます。お父さん、お母さん、早く迎えに来て、という人もいます。死に対する恐怖、死について誰も伝えてくれていない、人生の終盤に自分を預けられるところがないことほど、さみしいことはないと思うのです。


六十歳のときに卵巣がんを摘出して、二年前に悪性リンパ腫になりました。

でも、こんなに元気になっている人、もしかしたらいないかもしれない。ほんとに病気なのって。

私、すごい憐れみを受けていますよね、イエス様の。教会の役員をやっていますけど、元気になったら動きが止まらなくなっちゃうので、牧師先生にブレーキをかけられているほどですよ。

2017/7/23

苦しいは、苦しいです。赦すのは、苦しいです。

エルヴィトン・マサユキ・ソウザ・ミヤザケ
一九九五年生
J.Mead Minokamo副牧師
岐阜県

この教会の信者の人数は、日本経済と連動します。日本経済がだめになるとブラジル人の仕事がなくなるから、信者も減ってしまう。いったんブラジルに帰国して、日本経済がよくなったらまた戻ってきます。一番多かったのは、東日本大震災のあとの数年で一〇〇人ぐらい。ぼくたちの家族が美濃加茂に来た二〇一五年には、一組の夫婦とその孫しかいなかった。そこから伝道を始めました。

昔の信者さんに電話をして日本にいるのかどうかを確かめたり、ブラジル人が多い団地を訪問してチラシを配ったりしました。日本人は家に訪問されるのは嫌みたいですけど、ブラジル人は喜んでくれます。もともとカトリックの人が多いから説明しやすいんです。四年でようやく倍になりました。

カトリックから来た人も、バプテストから来た人もいる。カトリックでも幼児洗礼しか受けていない人や、ほかの宗教の人たちには洗礼講座を受けてもらわないといけないですけど、それ以外はクリスチャンだったらそのまま入ってもらってかまいません。

教団や教派は関係ないです。自分はアッセンブリーだという意識もあまりなくて、ここの教会員という感じです。ブラジル人が集まっているからポルトガル語を話せるし、母国の音楽を聴いたり料理を食べたりもできるから行きましょうと。教会の一番の目的は福音を伝えることですが、ブラジルをイメージできる場所であることが大事なんです。

国に帰りたいと思ったら来てください、ここにもう一つのブラジルがありますよー、ふるさとがありますよー、と伝えます。

親の世代は日本語がうまくしゃべれなくて、仕事もあまり日本語が必要ない工場勤務の人が多いけど、子どもたちは普通に日本の学校に通っているから、将来的にはいろんなところで活躍することになるでしょうね。子ども世代が通訳者になって日本人も誘ってくれると期待しています。


ぼくは日系ブラジル人の二世です。母[1]が二世だから本当は三世ですけど、両親が登録したときに二世になったみたいです。

最初にブラジルに移民したのは母の祖父で、戦争が終わって日本経済が大変だったときにブラジルに行けば無料で土地をもらえて農業ができるという情報が入って、一九五四年に熊本から一家でパラー州のカスターニャにやって来ました。ぼくのおじいさんはまだ子どもで、ブラジルに渡ってからブラジル人と結婚して母が生まれました。

父[2]はヨーロッパ系ブラジル人で、二人は高校生のときに知り合って十八歳で結婚しています。昔はそれぐらいの年で結婚するのは普通だったみたいです。ぼくもカスターニャで生まれました。

両親が日本に来たのは、一九九〇年です。出入国管理及び難民認定法が改正されて日系ブラジル人とその家族を受け入れるようになった年ですね。最初は埼玉県で、群馬、神奈川、東京にいたこともあったみたいです。工場や建築現場、いろんなところで働きました。母は日本語の教育を受けていなかったので、二人とも言葉にはかなり苦労したみたいです。

日本にはブラジル人の教会がまだなくて、会社にブラジル人のクリスチャンがいて、その人に誘われて家庭集会に行くようになりました。父はブラジルではエホバの証人の信者でしたが、その人がエホバの証人とキリスト教の違いを丁寧に説明してくれたそうです。エホバの証人では、イエス・キリストは神ではなく大預言者と呼ばれています。父と子と聖霊の三位一体を神とするのがキリスト教ですから、そこは重大な違いだと教えられたそうです。

父はすぐ納得したわけではなかったのですが、ある日、イエス様にふれられる体験をして洗礼を受けたそうです。日本にブラジル人向けの教会を作る話が進んでいたので、父も牧師を目指すようになりました。

アッセンブリーというと、日本人にはアメリカから来た教派のイメージがあると思いますけど、できたのはブラジルのアッセンブリーのほうが早くて、一九一一年です。

一九〇六年にロサンゼルスのアズサストリートで起きたリバイバルは知っていますか。ペンテコステ派の始まりといわれる信仰覚醒運動で、二人のスウェーデン人の宣教師がそこでベレンに行きなさい、と幻で告げられたんです。ベレンはベツレヘムを意味するポルトガル語で、二人はすぐにブラジルに渡って、パラー州のベレン市で伝道を始めました。

ブラジルで信者を増やしたのは、カトリックと比べると、人との交わりが多いからだと思います。一緒に演奏してうたうし、いろんなイベントをやる。子どもたちの教室やユース（若者）のグループもある。人間の交わりがあるのはやっぱり大事かな。神学はあとに来るんです。

教会の数も、アメリカのアッセンブリーの四～五倍で、一〇〇歩歩くとアッセンブリーの教会にぶつかるぐ

1　ロザナ・ソウザ・ミヤザケ、四三七ページ。
2　J.Mead Minokamo牧師、ジョアン・バチスタ、四二九ページ。

らいたくさんあります。ブラジルではカトリックの次に信者数が多くて、アッセンブリー教会としては世界で一番大きい。アメリカとはまったく別の組織です。

牧師になるのも神学校に行く必要はなくて、牧師のもとで勉強して、認められれば教会は按手します。父はブラジルのアッセンブリーの神学校を卒業しましたけど、一番勉強できるのは牧師のそばで一緒に伝道することで、それが一番大事だと考えられているんです。


父が牧師になってしばらくして、兄とぼくはブラジルに帰国させられました。兄は七歳、ぼくは六歳です。ブラジルの文化とポルトガル語を覚えさせるためといわれましたが、そんなことは子どもだからわかりませんよね。両親に捨てられたと思いました。

十一歳になってようやく日本に呼び戻されますが、両親の考え方を理解できたのは、自分が大人になってからです。子どもはただただ両親の存在が必要ですから。

呼び戻されたとき、父は浜松市の佐鳴台教会というブラジル人向けのアッセンブリー教会で牧師をしていました。浜松には本田技研工業やスズキ、磐田市にはヤマハ発動機もある。工場で働くブラジル人がすごく多い地域です。

ぼくは普通の日本人の小学六年のクラスに入りましたが、言葉が全然わからなくて大変でした。給食を食べて帰るだけ。クラスに一人だけブラジル人の男の子がいて、彼が助けてくれました。天使みたいな子でした。

洗礼を受けたのは遅いです。なかなか受けなかったんです。週に一回の講座を三か月受けたら洗礼オッケーですが、それを三回受けました。

考えすぎだったと思います。知識も体験も不十分だったので、もっと聖書を知りたかった。子どもの頃から、たとえば、なぜこれはお茶なのかとか、この聖書のみ言葉はどういう意味なのかとか、なぜ書かれたのかとか、いろいろ頭の中で考えずにはいられなかったんです。神学は好きだから、議論もよくしました。

でも考えすぎると、ただの知識になってしまいます。やっぱり体験しないとだめなんです。二回目の講座が終わっても、洗礼はまだ、という気持ちでした。

三回目の洗礼講座を受けているときに変化がありました。聖書のみ言葉を読んで、なんだか涙が出てきて、今、洗礼を受けるべきだ、となったんです。一番大きなきっかけになったみ言葉は、ヨハネの福音書十六章三十三節の「勇敢でありなさい」でした。十字架に掛かる前にイエスが弟子にいった言葉です。「わたしがこれらのことをあなたがたに話したのは、あなたがたがわたしにあって平安を持つためです。あなたがたは、世にあっては患難があります。しかし、勇敢でありなさい。わたしはすでに世に勝ったのです」。

このみ言葉を読んだとたん、光がパーッと目から頭の中に差してきた。ああ、やっぱり、イエス様は私たちのために十字架につけられたんだ、と初めて思ったんです。なぜこのとき、このみ言葉が迫ってきたのか、ぼくにはもう、それは説明できません。

二〇一〇年八月の第二土曜日、私たちの本部になっている岡崎市のアッセンブリー教会で洗礼を受けました。十五歳になっていました。

洗礼を受けても、すぐクリスチャンになりました、というわけではありません。幼い頃からサッカーが好きで、日本でも名古屋グランパスエイトのユースに入ろうと思っていたんです。チームからお誘いもありましたし、サッカー以外の道はないと思っていた。大学もスポーツを勉強できる学校がいいし、働くにしてもサッカー関係の仕事をしたいと思っていました。

ある日曜日、熱心なクリスチャンだったサッカーのユースのリーダーが、神様のメッセージを伝えました。

神様とは何か、神様は何を求めているのか、そのとき、神様はサッカー選手より伝道する人を求めているとわかったんです。

サッカー選手になるには練習しないといけないし、試合にも出ないといけない。それよりも伝道したい。リーダーにそう伝えました。とにかく今、伝道したいんですと。支えてくれたのは、あのみ言葉でした。勇敢でありなさい、サッカーやめても大丈夫だよって。

ブラジル人の教会がお世話になっていた、日本アッセンブリー教団の内村撒母耳《さむえる》先生の紹介で東京の中央聖書神学校に入りました。最初一年は日本語、あと三年間、神学と伝道を勉強して、二〇一九年の春に父が主任牧師をしている美濃加茂教会の伝道者になりました。

今でもサッカーを通して伝道したい気持ちはあるんです。社会人リーグに入りたいです。いろんな人とかかわって、そのかかわりの中で伝道したい。教会のサッカークラブも作りたい。夢を捨てたわけではないんです。ただ、それよりも今、優先するのは神様だと思っているんです。

洗礼を受けたからといって、何かが大きく変わるということはほとんどありません。ぼくの場合は、み言葉が差したときにもう変わっています。でもその日がピークというわけじゃない。今がピークです。洗礼式のときより、今がクリスチャンだと思います。

家族の中で、学校で、会社で、どうやって神様の愛を示すのかを考えないといけません。月に三〜四回は断食もします。水だけで二十四時間を過ごします。それは自分のためです。もっと神様に近づきたいという想いです。食べ物だけじゃなくて、自分と神様の交わりを邪魔するものを断つ。ケータイもテレビも断食します。最近はインターネット断食もします。

牧師は信者さんからの連絡があるので、ケータイやインターネットを断つのはむずかしいですから、一日の中で見る時間を決めて、返事する人としない人とをメモして返します。お祈りの課題が多いですね。家庭訪問するときも、日曜日に予定を決めています。

お金を求めている人が多いです。でも伝道はお金をあげます、じゃない。イエス様を受け入れれば救われるよというメッセージです。無料です。お金は必要ないです。

救われるって何か、と思いますよね。簡単に説明します。

私たち人間にはみんな罪があるから直接、神様との交わりができません。でもイエス様によって私たちはもう一度、神様との交わりができるようになる。イエス様は私たちと神様をつなぐ橋のようです。イエス・キリストが十字架に掛かったことによって、私たちは罪から解放されて神様との交わりをもてる。それが救われるということです。

クリスチャンになって救われても、私たちには今でも罪との闘いがあります。神様とのルールには従います。でも罪との闘いは毎日です。戦争みたいです。私がやりたいことが、絶対にやっちゃいけない罪だということがあります。それは闘いです。でもイエス・キリストの存在が、罪に勝つ力になる。私たちの罪をもって、私たちに力を与えてくださるのです。

救われたからといって、罪が帳消しになるわけじゃありません。毎日、罪と闘っています。イエス・キリストによって罪から解放されて楽になったという人は、本当のクリスチャンじゃないです。

映画にもなった『The Hiding Place』[3]という本があります。著者のコーリー・テン・ブームはオランダ人のクリスチャンで、一家でユダヤ人を匿った罪でナチスの強制収容所に送られました。これはそのときの体験を

3　コーリー・テン・ブーム『わたしの隠れ場』湖浜 馨訳（一九七五・いのちのことば社）。

書いた事実ですが、最後、彼女がミュンヘンの教会で自分の体験について講演したときのことが書かれています。講演が終わって人が少なくなったとき、一人の男性が近づいてきました。収容所でシャワー室を担当していた国家社会主義者でした。

彼は、あなたの講演を聞くことができて感謝している、イエス様が自分の罪を洗い流してくださったことが嬉しくてたまりませんといって彼女に握手を求めたんです。彼女は妹を収容所で亡くしていますし、父親も連行される途中で死んでしまった。とても赦せない。すぐには手が出ませんでした。

でも、彼女はクリスチャンです。どうか自分に赦しを与えてくださいと祈りました。すると自然と手が出て、彼の手を握り、こんなことをいったのです。

「私はあなたを愛しています。あなたに家族を殺されても、私はあなたを愛しています。なぜならイエス・キリストが私を愛してくださったからです」

彼女は子どもの頃からずっと、ドイツ人を赦せなかった。でもこの本を書きました。なぜ彼らはユダヤ人を殺そうとしたのか、全部書くことにしたんです。本を書きながらショックを起こすこともありました。でもクリスチャンになって、自分はクリスチャンだからこそ赦さないといけないと思うようになっていったんです。日本人もパールハーバーでアメリカ人を殺そうとしました。韓国や中国やフィリピンを支配しようとしたじゃないですか。その土地の人たちに聞いたら、日本に対していろんな感情があると思います。日本人を赦せない。傷がある。でもその傷のままで生活しちゃいけないんです。傷を神様に捧げて、赦すことができるように神様に祈らないといけない。

ぼくは子どもの頃、両親に捨てられたと思いました。それは傷です。赦すのはむずかしいです。でも、理由も説明もいらない。とにかく赦して生活するんです。神様の愛が私たちの中にあるから、愛さないといけないんです。赦したら、ふわっとなるじゃないですか。

怒りや苦しみや妬みをもったまま生きるのは苦しいです。だから多くの人が自殺するじゃないですか。先日も一人、ぼくと同じ工場で働いているブラジル人が自殺しました。離婚してから、前の奥さんとのあいだでいろいろと問題が起きていたんです。彼はその奥さんを赦せなかった。そういう人は何人もいます。

でも本当は赦さなくちゃいけないんです。はい、神様どうぞ、とすべてを十字架に投げて、イエス様だけを向いて、よし、これからはあなたのために生きていきます、とならなきゃいけないんです。たとえ自分の子どもを殺されても、です。

苦しいは、苦しいです。赦すのは、苦しいです。だから神様を見ればいいんです。イエス様は私たちのために十字架につけられたんです。私たちの罪を赦すためです。

それでも、この人は赦せないというときはある。私たちも十字架につけられるときはある。それでも、そんなときでも、私たちは赦さなきゃいけない、イエス様のように。

だからクリスチャン生活はむずかしいのです。でも、みんなよりは幸せです。誰よりも私は幸せです。私でも赦さないことはあります。いや、いやいや、それでも神様にすべてを捧げて、はい、わかりました、赦しますと。

コーリー・テン・ブームは神様にその問題を捧げた。赦さない、という気持ちを神様に捧げました。そうしたら、神様から愛を与えられた。赦せないときもあるけど、赦さないといけない。コインの表と裏です。

教会にいるといろんな証しを聞きます。ある女性信者さんは父親との関係が悪かった。赦せなかった。洗礼を受けたあともずっと父親との問題はあって、カウンセリングなども受けました。ぼくも何度も何年間も話を聞きました。これはもう無理かなと思いました。

でもある日、彼女が教会で証しをしたいと申し出ました。どうぞといったら、父親の話を始めました。電話で喧嘩して、怒って、父親の家まで押しかけた。喧嘩をするために、です。そうすると父親が、「ごめんなさい」とあやまった。

ごめんなさいなんて言葉を、その女性は父親から聞いたことがなかったからびっくりしました。え、ってショックを受けたんです。そうしたら涙がパラパラ流れてきた。彼女はお父さんに、「私はあなたを赦しますよ、愛してますよ」といって二人はハグをしたんです。

次の週、彼女と両親が一緒に教会に来ました。彼女はそこで証しをしました。わあ、これは本当の愛だなあと思いました。

たとえ牧師でも、赦してください、赦さないといけませんよ、とはいえないんです。神様の願いは、赦してください、ですよ。でもそれは、あなたから出たものじゃないといけない。自分から赦さないといけない。その女性は何年も問題を抱えて、ぼくは何もできなかった。彼女のほうから出会わないといけないと思っていたから、それ以上はできませんでした。

だから彼女が証しをしたとき、本当にびっくりしました。教会にお父さんも来ていると気づいて、本当なんだと知りました。

私たちは少しずつクリスチャンになっていきます。少しずつ成長するんです。パウロもいっていますが、私たちは赤ちゃんのようなクリスチャンなんです。成長しないといけない。成長すると、愛、赦し、いろんな行動がとれるようになります。日々がそのためのプロセスなんです。

2019/7/14~15

なぜ私は滅びないで今日も生かされているのですか、本来あるべき問いはそれなんだと。

松元ハンナ
一九五七年生
若葉キリスト教会牧師
北海道

生まれは愛媛県の新居浜、別子銅山の町です。父と母はアメリカのアライアンス教団が開拓した新居浜アライアンス教会の信徒で、教義的には、きよめ派と呼ばれるホーリネスやインマヌエル教団の系統です。両親ともクリスチャン一世ですが、父は私が十三歳のときに亡くなったので、なぜクリスチャンになったのか、父の証しは聞いていません。

母の証しとして聞いたのは、女学校の倫理の授業でアガペーという完全な愛がこの世に存在すると聞かされて、アガペーを知りたいと思ったのがきっかけだったということです。十五歳で終戦を迎えていますから、戦時中の体験が影響しているのではないでしょうか。本物とか、完全な愛とか、倫理的に気高いものを求める人でした。

アガペーとかけ離れた人間の現実や、牧師の徹底的な貧しさを見てきた人ですから、私が神様のために一生を捧げたいから神学校に行くことにしたと伝えたら泣いていました。喜びの涙ではありません。わざわざ苦労の道を選ぶのかという想いだったと思います。

父は私が十三歳のときに交通事故で亡くなりました。[1]妹は十歳、弟はまだ三歳でした。ダンプに轢かれたのですが、私たちはその運転手の名前も知らないんです。

若い青年が母のところに来て、頭を床にこすりつけて謝罪されたのですが、母は「あなたも大変でしょう」と気遣っていた。こちらからは賠償請求もしませんでしたし、私たちが被害者意識をもつこともありませんでした。まわりから見たらすごく不思議でしょうけど、母の中では、赦すということがすごく大事だったんじゃないかと思います。

そんな母の考え方や感じ方の影響なのでしょう、私たちきょうだいは運転手を憎むということを意識しないで育ちました。

でも中学一年ぐらいで親を亡くすと、いろんな人間関係に影響が及ぶんですね。学校では比較的、勉強ができるほうだったので、たとえば一番をとるとか、いい意味で目立ったことが起きると、「お父さんを亡くしたから先生たちもかわいそうに思ってるんだね」と友だちからいわれる。それが私にはものすごい衝撃でした。友だちを信じられなくなって、それからは読書に没頭するようになっていきました。

高校は進学校に進んだのですが、受験一色でお互いが騙し合いみたいな世界なんですね。昨日こんなテレビ見て全然勉強しなかったーっといいながら成績はいいみたいな。まあ、進学校の定番ですけど、友情って表面的なものなんだなって、だんだん人間関係に冷めていきました。

そんなある日、表面的に友人だった人が病気で長いあいだ休まないといけないことがあったんです。かわいそうだと思いながらも、そのとき、自分の中に相手を出し抜くような感覚が存在することに気がつきました。

父が亡くなった頃から、まわりにいろんなことをいわれて傷ついて、人間なんて、と高みから見つめていました。『レ・ミゼラブル』やドストエフスキーの本を読んで、深く気高い活字の世界の中で自分も生きているかのように錯覚して現実の人間を軽蔑していたんです。

でも、自分の中にも同じものがある、もっと醜いものが存在するとわかった。何かを露骨にやったりいったりしたわけではないのですが、そんな自分に気がついたことがきっかけで、十八歳のときに洗礼を受けてクリスチャンになりました。

　神様のために何かできないかということはずっと考えていましたが、牧師になりたいと思ったのは、学生時代に一年間、イギリスに留学したときです。

　ＪＣＦ（Japanese Christian Fellowship）という、イギリスやフランス、ドイツ、アジアで駐在員や留学生を受け入れるフェローシップがあって、そこで責任者をされていた改革派の盛永進《もりながすすむ》先生という方のメッセージを聞いたんですね。きよめ派のメッセージはどちらかというと体験的ですが、改革派は聖書をすごく丹念に説明してくださる。盛永先生のお話を聞くようになって、聖書の深さを初めて知りました。

　神様のために自分を捧げて生きていきたいと思ったのは、「わたしについてきなさい。あなたがたを、人間をとる漁師にしてあげよう」（マルコ１・17、マタイ４・19）というみ言葉がきっかけでした。

　恐怖心はありました。盛永先生のことではありませんが、これまで牧師先生の一家を見ていて、お子さんも、先生ご夫妻も、幸せそうに見えなかったのです。幸せな先生もいっぱいいたでしょうけど、牧師家庭はすごく貧しくて、学校にも行けないというイメージがあった。

　神様のために生きたいというけど、ああいう暮らしがあなたにできるのかと、二年ぐらい迷いに迷いました。最終的には、アブラハムがわが子イサクを神に捧げたところで神様がいった「主の山に備えあり」（創世記22・14）というみ言葉が与えられました。あなたがどんな道を進んでも、必ず神様はあなたが必要とするものを与えてくれるからという約束です。

１　社団法人いっぽいっぽ岩手、新居浜グレース教会協力牧師、篠原めぐみ、四八三ページ。

私は弱虫だし、険しい人生を歩むことができるような勇気ある人間でもない。やさしい人間でもありません。でも、神様は私の弱さを知っておられるから、神様が私に合わせた助けをくださるんですねと、お祈りの中で神様と約束を交わして決意したんです。いろいろ探して見学もして、超教派の聖書神学舎という神学校に進みました。そこで出会ったのが[2]主人でした。

なぜ私なのですか、なぜ私の家族なのですか、なぜ私の愛する子どもなのですか。事故や事件、災害、病気などをきっかけに、そんな問いを抱えて生きる人たちがおられます。

なぜ私なのか、と問います。人間である以上、人生で一回はそんな問いに向き合うことがあると思います。うやむやにして、なかったことにするのか、それとも問いをちゃんと問い続けるのか。でも、それは誰にも答えられないことなんだろうと思います。

一人ひとりの試練に対して、安易に何かとの比較によって表現するとか、まだ神様を信じていない方に、神様は意味を与えておられるのよ、というような説明的な答えをするのはむなしいことです。

私たちクリスチャンは、聖書を真理だと思っています。でも、自分たちだけが一番正しいということは最後の最後までいえないことで、それは一人ひとりが答えを見出していかなければなりません。

ただ、自分の人生を肯定できるかどうかで平安が与えられていく。なぜという問いを問い続けて苦しんでいる人たちに、少なくとも私たちが確信しているものを渡せたらいいなと思うのです。

東日本大震災でも多くの方が犠牲になって、なぜあんないたいけな子どもが津波に飲まれなければならなかったのかとか、あんなにご近所に尽くした青年がなぜ死ななければならなかったのかとか、多くの問いかけがありました。

悲しんでいる当事者には絶対にいえないことですが、私たちクリスチャンが信じる教理上の理解は、本来、すべての人間は罪ある者として滅びなければならない存在だという出発点に立つということです。その人が死んで当然だとは微塵も思いませんが、自分がそうなっていないことの不思議さがあるというところを生きていく、自分が滅んでいない、自分が死んでいないことの不思議さを問わないといけない。なぜ私は滅びないで今日も生かされているのですか、本来あるべき問いはそれなんだと思うのです。

あの人はこういう因果関係でこうなっているのよという、評論家のような分析をする権限は私たちにはありません。自分たちの教理の視点でしかいえないのですが、私が滅んでいない、死んでいないことは不思議なことだと。

今は環境に恵まれて平静を保っているけれど、少しいびつな環境に置かれたら、妬み嫉《そね》みや憎しみや汚れたものがいっぱい湧き出してくるほど醜く罪のある自分が滅んでいないことのほうが奇跡であって、その奇跡の上を私たちは生きているんだと。

いろんな現象を見たときに、神様に生かされている自分でしかないから、そんな自分が何をすべきかという視点で生きていく。そういうふうに生きていくと、いろんなことに受容的になっていくんですよ。起こった現象をあきらめるのではなくて、起こった現象から出発する。人間はそもそも神様に造られたものなので、神と向き合い、人と共に生きる存在として造られたというところからスタートする。

自分は何者として存在しているのか、自分はなんのために生きているのかという問いから問いを生み出して、その人なりの答えにたどり着いたら、そこにその人の生きていく力の源があるんだろうと思うのです。

2019/6/16

2 若葉キリスト教会牧師、松元潤、三三八ページ。

神様に問うたこともあります。
なんで現実はこんなにひどい。
ぼくをどうしてくれるんだ、
ぼくの人生をめちゃくちゃに
してくれた神様、あんたを呪うよって。

森中 穰（仮名）
一九五七年生
プロテスタント教会
西日本

准看護師になって、十七〜八年ですかね。今は認知症病棟に勤めています。精神科病院は普通の病院より医者や看護師の配置が少ないので、一人で四〇人ぐらい担当してますよ。酸素マスクをしたり、点滴したり、ごはんを食べさせたり、車椅子の準備をしたり、いろいろある。やってることはほとんど看護師と同じかな。

夜勤は、月に五〜六回です。最近、看護部長も病棟医長も変わって、職場がズタズタなんですよ。アクシデントも多くて、報告書をいっぱい書いてます。もうすぐ定年だけど、そのあとも嘱託で働くことになると思いますね。

取材を受けるかどうか、すごく悩んだんです。ぼくの話をしたら、たぶんあなたを傷つけると思うからね。ある女性に打ち明けたら、「森中さん、それ、セクハラです」っていわれたからね。セクハラされたのは、ぼくのほうなんだけどな。

養父に筋肉注射されて、エロ本見せられて、レイプされたんだからね。高二だったけど、いまだにナウです。四十年以上経ってるのに、今、なんです。

レイプの被害者についての本を読んで知ったんだけど、十数年経ってもPTSD（心的外傷後ストレス障害）

になることってあるのね。ぼくも、二回目の結婚のときに、ある日突然、目の前のカラーが変わった。ああ、ついに来たか、ぼくはおかしくなったかと思ったね。

なぜぼくが養子に出されたのかを話さないといけないですね。きっかけはぼくの家庭内暴力です。今だとDVっていうんだろうけど、ぼくがおやじに勝っちゃったんです。

おやじは軍属として海軍の工場で働いていた人です。戦後に薬剤師になって、医者の娘のぼくの母親と結婚して病院で薬局部長やってたんだけど、あるとき、牧師になった。そう、ぼくは牧師の子どもなんです。

うちのきょうだいはみんなおとなしくていい子なんだけど、ぼくだけやんちゃでね。日に焼けて真っ黒で、池で鯉《こい》を捕ってきては怒られるような子だった。兄たちのようには勉強ができなかったので、父親から殴られたり蹴られたりして、宙吊りにされたこともあったな。それを母がかばってくれるの繰り返し。そう、星飛雄《ほしひゆう》馬《ま》の父親の一徹《いってつ》みたいな人です。

「お父さんはなあ、海軍にいるときはぶん殴られとったんだぞ。旧約聖書に、愛する子は鞭打つんだってある」ってね。パンツ一丁で外に出されたり、バプテストの洗礼槽に三日ぐらい閉じ込められたりしたこともありますよ。蓋に重しを置かれてね。

イエス様、助けてください、ごめんなさい、もうしませんって泣いてたなあ。だから、神様の存在はもう当然の前提で、疑いを差し挟む余地はなかった。存在を疑うのはもっとあとになってからなんでね。

きょうだいもいとこもみんな医者なんだけど、兄が医学部に行ってからは、ぼくも医学部に行けってずっといわれてきたんですよ。

でも、どれだけがんばっても無理なんです。妹に微分積分教えてもらったりしたけど、わからない。こればかりは能力だからどうしようもない。ぼくは医学部には行けない。

ある日、物理で赤点をとっちゃって、学校に行かなくなったんです。今でいう不登校ですね。両親は教員資格をもってたんで、親戚からは、「人の子より自分の子よ」っていわれたらしいですけどね。母は児童相談所に相談に行ったみたい。

医者でなければ人にあらずみたいな親戚関係ですよ。ぼくは追い詰められて、自分が死ぬか、まわりが出ていくかとなったとき、おやじが殴ってきたんです。それで初めて反撃に出た。そうしたらぼくが勝っちゃった。決定的だったのは、この兄がいるからぼくが医学部に行かなきゃいけなくなるって、包丁で兄を追いかけまわしたことです。そうしたら白い服を着た人が突然やって来て、血圧測りましょう、注射しましょうって、何かを打たれて、気がついたら精神科病院のベッドの上だった。

三日間ずっと寝て、あれ、うんことかどうしたんだと思ったら、おしめしてました。十七歳の夏のことです。そこで、ぼくの養父になる人が看護師をしていました。

その精神科病院では、患者が暴れたらこっちも暴力的に抑え込むというやり方をしていて、注射を打たれて亡くなった患者もいました。大変なことになった、家族呼ばなきゃとなって、翌日、医者がご愁傷様でしたといって見送るなんてことが何度もありましたからね。

逆らったらおまえらも同じ目に遭うぞという目で見られて職員寮に何度か連れていかれたんです。別の看護師に見られちゃって、あとで、見なかったことにしてってっていってたな。

養子縁組は家庭裁判所の審判で決まるんだけど、自分がいった通りに答えろと脅されて、従わなかったらあとで何されるかわからないから、あなたの意思で決めたのかと質問されたときは、「はい、そうです」といわざるをえなかったんですよ。

養子先には養父の奥さんと娘さんがいて、一家全員クリスチャンでした。そうしたらその奥さん、養母になる人だけど、「穣ちゃん、じつはあんたが初めてじゃないのよ、二人目なの、養子にされたのは」って。そのお養母さんは、ぼくがどんな目に遭ってるかわかってて、逃げろといったんだね。だって夜中、家族が見えるところでギシギシやられるんだから。ぼくは抵抗できなかった。そこ以外で生きていく道がなかったから。一家が通っている教会で洗礼を受けたんだけど、洗礼名があいつと一緒なんですよ。家を建て替えるから何十年間のローンを背負ってくれんかとまでいわれてね。

そのあと、すきを見て養母が逃がしてくれたんです。一週間ぐらいホームレス高校生でした。大根の葉をもらったり、アジシオを買って舐《な》めながら公園で水飲んだりして生き延びました。夏でしたね。実家に戻っても、親に性被害は話せませんでした。ローンの話をしたら父親が苦い顔をして、養子縁組は解消になりました。

それからは印刷会社に住み込みで働いたり、知的障害の子どもの施設で働いたりしながら、夜間の定時制高校を卒業しました。ある教団の教会に通うようになって、高校生会にも参加しましたし、聖書と聖書注解とか神学書を買って読むようになりました。

聖書は文語訳も口語訳も読んだし、カルヴァン[1]の『キリスト教綱要』も全巻読みました。讃美歌のレコードもかけました。

1　ジャン・カルヴァン。フランスの宗教改革者、神学者。スイス改革派教会創始者の一人。カトリックの聖職者を目指してスコラ哲学を修めたが、カルヴァン自身が「突然の回心」と呼ぶ福音主義への転向を経験。宗教上の理由でフランスからの亡命を余儀なくされ、スイスで『キリスト教綱要』（一五三六）を出版。聖書を最高の権威とし、組織的な神学を樹立。厳格な信仰生活を強調するカルヴァンの思想は、長老派、会衆派、バプテストなどのプロテスタント諸教会に大きな影響を与え、ヨーロッパ全域の宗教改革に貢献した。一五〇九—一五六四。

牧師になろうと思ったんです。洗礼を受けることと、牧師になることはまったく同じでした。うちは妹のほうがさきにおやじに洗礼を受けたんです。ぼくが受けたいといっても、「おまえはまだ信仰がわかってないからだめだ」といわれたんです。おやじに認められていなかったということです。みんな医学部に行ったけど、ぼくだけ行けなかった。でも牧師になったら認めてくれるんじゃないかと思った。両親を喜ばせたかったんです。

教会から推薦をいただいて、関東のある神学校に行くことになりました。ところが神学校は結局、二回入学して、二回とも退学しました。一回目は、ぼくの結婚を牧師に反対されたから。女性の両親の了解をめぐって、うちの両親と牧師が対立しちゃったんです。本当に好きな人で結婚したんだけど、だめでした。

二番目に結婚した女性は、牧師夫人にふさわしい人でした。十九年間、籍は入れてたけど、彼女は実家で親と同居していました。ぼくがもう一度教会の推薦をもらって神学校に入り直して通うようになったので、休みになると彼女の実家にぼくが帰るという感じでした。ところが、お義父さんはアルコール依存症で、それが原因でぼくがその家を出ていった。

じつはその頃、神学校も学園紛争の影響で何度も授業が中断したんです。きっかけは紀要に掲載されたある教師の差別発言で、それがつき上げられると、教師は、自分はそんなことはいってないというし、ほかの教師も責任のなすりつけ合いばかりでね。

討論会、討論会の毎日で、ぼくはもう、嫌気が差しました。これまでの人生すべてをなげうってここまでやってきたのに、なんだ、このていたらくは。「こんな差別や殺戮《さつりく》がある世で、神様は愛だなんて嘘でしょ」って、先生にいったのね。

そうしたら同級生の一人が、「森中君、やっと本音いったね、あんたいつもドグマばっかりで神は愛だのっていってたけど、これがあんたの本音でしょ」って。いや、本音は本音だけど、神は愛だというのはまだ信じていたんですよ。

ところがこのことが、当時の妻と通っていた教会で問題になってね。「うちの先生をいじめないでください」って。いや、いじめてるんじゃなくて、いじめられて差別されてる人たちの中に一緒に飛び込もうとしてるだけなんだけど、理解されなかった。

妻もこのことでとても傷ついて、もう教会に行きたくないといい始めたんです。そのとき、この人はぼくと一緒に生きていくんだからと思って、自分の過去を全部話したんですよ。精神科病院に送られたことや、養子に出されたこと、性被害のことは少しだけですけど。

神学校がすったもんだして、ぼくはぼくで体調が悪くなって、病院に行ってもなんだかわからない。妻は関東に来て一緒に住み始めたんだけど、猫好きで一四匹ぐらい家に連れ込んだもんだから、のみに噛まれるし、おしっこで本を汚されるし、もう、たまんなーいって。

発狂したかと思いました。電車から見る景色がだんだんおかしくなっていった。モノトーンなんです。海馬《かいば》の何かが欠損したんでしょうか。すべてが行き詰まって、それまで抑圧して否認していたことが、初めて症状になって出た瞬間だったんだと思います。

怖くて怖くて、ペニスの色とか感触がよみがえってくるようになりました。ぼくは三十一歳だったから、事件から十三年後のフラッシュバックでした。

もちろんそれが性被害者のPTSDの症状だと知ったのは、自分が准看護師になって精神科病院に勤めてからですから、そのときは何がなんだかわからなかったんです。

寝るのが怖くてね。寝たら夢に出てくるからね。自殺するんやないかって思いました。ごはんも食べられなくなって、しばらく入院しました。いろいろ検査して調べてもらったけど、結局、わからなかった。

退院して教会に戻ると、子どもたちはいつも通りにぼくの話を喜んで聞いてくれました。ああ、子どもたちのことは裏切れないなあと思ったんだけど、ある日、新宿に出かけたときに書店でつい万引きしてしまったんです。半分は無意識、半分は意図的でした。

つかまったとき、じつはほっとしたんです。ああ、これで神学校やめられるって。ところが初犯だし、書店も告訴しないというもんだから、回転指紋をとられただけで終わっちゃった。「将来牧師になる人がこんなことをしたらいかんでしょ」っていわれて、「すみません」ってあやまっただけでした。それで退学する理由がなくなっちゃった。

でも結局、神学校は同級生と一緒にやめました。こんな学校くそくらえ、キリスト教なんかくそくらえって。牧師としての召命を言語化していく作業が破綻してしまったんですよ。

それからぼくは、十年ほどかけて、キリスト教を否定する論理を構築していきました。つまり、神という存在を前提にしない、無神論です。「神の前で、神と共に、神なしに生きる」なんていったボンヘッファー[2]のようにかっこよくはいかないけどね。

じゃあ、それでも人にかかわって人を助ける仕事は何か、キリスト教の場に限定しないで考えたときに、そうか、看護師だと思ったんです。透析の病院でアルバイトしながら、看護学校に通って勉強しました。必死でした。卒業は四十歳ぐらいだったと思います。

ぼくは何度も死のうとして死に損ねた人間です。なのに、ぼくのまわりではもう何人も自殺しています。看護学校の同級生も、精神的なつながりがあって電話でもよく話していたんだけど、ある日、飛び降りて死んでしまった。まだ小さな子どもがいたんだけどね。

病院の隔離室に入れられた女の子が、精神科医にひどいこといわれて次の日の朝に遺体になっていたこともあった。ぼくは頼られていたんだけど、助けられませんでした。

ぼくが入院中に知り合った女の子も、精神科にかかっていたのに抜け出してぼくを追いかけてきてね。結局、わけわかんなくなって家族に連れ戻されたあと、自殺してしまった。あとでお姉さんから連絡があって、「妹がお世話になりました」っていわれたけどね。

もう、死んでいく人ばっかりですよ。ぼく以外の家族はみんな成功してるのに、なんでぼくだけが、傷つけたり傷つけられたり、こんなしんどい想いせなあかんのかって思うよ。

決定的だったのは、母の死です。末期がんでした。手遅れで手術ができる状態ではなかったので、本人に告知していなかったんです。おやじは楽観的になって、奇跡が起きる、お母さんは治るといってましたけどね。

病室では内村鑑三の『一日一生』を読んでくれというから、読んでいたら、「穰、もういい」っていったんです。信仰なくしちゃったのかなと思ったけど、そうではなくて、ぼくのほうが信仰をなくしていたんですね。

亡くなる十日前、母に初めて性被害の話をしました。そうしたら、「どうしてそんなこと起こったんかねえ」っていいましたね。いや、簡単なことですよ、お母さん。あなたとお父さんがぼくを精神科病院にぶち込んで、養子に出したからですよって、喉元まで出かけたんだけど、意識朦朧として苦しんでいる母にはいえませんでした。

「穰をひどい目に遭わせてごめんね、赦してね」って泣いてましたけどね。「いや、ぼくはもう大丈夫だから、神様のご計画があるんだよ」って、ぽろっと出てしまいましたね。

それからは、ヴィクトール・エミール・フランクル[3]の『〈生きる意味〉を求めて』という本を母に読み聞かせしました。ウィーン大学の精神医学教室の医学生の前で、フランクルさんがある末期がんの女性にやったセ

2　六七四ページ参照。

ラピーです。すばらしい人生を生きてきたと神に感謝しながらも、人生の意味について疑いを抱いているその女性の不安と絶望を、フランクルさんが一つひとつ消していくんです。

最後には、女性が自分には生きている意味がありましたと気づいて、医学生から拍手喝采が起きた。その講義テープが残っていました。

「お母さんが生まれてきたのは無意味じゃなかった、お母さんの人生は無意味じゃなかった」って話してね。そうしたら母は、「ありがとう」って……。

そう、結局そこに戻ってきたんです。母の最期の時間を通して、ぼくと神様の関係がたどたどしくですが戻ってきて、また神を畏怖できるようになっていった。教会との人間関係も、もう一度つながっていきました。

ぼくは、弱い人や苦しめられてる人や差別されている人たちと共に神様を信じて生きるために牧師になろうと思いました。ところが、神様は苦しんでいる人がどんなに叫んでも、沈黙したままで答えてくれない。金持ちのことばかり聞きやがってと思って、そんな神はこっちからいらんわと思ったりしました。

神様に問うたこともあります。なんで現実はこんなにひどい。ぼくをどうしてくれるんだ、ぼくの人生をめちゃくちゃにしてくれた神様、あんたを呪うよって。

終末まで待たされるのか、どうせなら歴史なんか造らずに、人間が罪を犯さないようにしておけばよかった、天地創造が即終末であってもよかったのにと思ったね。そうすれば矛盾だってなくなる。人間に自由を与えて、この歴史を造ったがためにぼくらはひどい目に遭わされてるって。

でも母の死で、コペルニクス的転回が起きた。神に問うてたけど、ぼくが神に問われてたんだって。人間がどれだけ神様を裏切っても、神様は忍耐して待ってくださっていた。昔読んだ、カール・バルト[4]やボンヘッファーの本や神学書の内容がわーっとよみがえってきて、天動説が地動説にひっくり返ったみたいでした。

もう恥ずかしくて恥ずかしくて、教会にも行きたくなかったですよ。なんちゅうことをしていたのかって。バカでしょ。螺旋《らせん》階段ぐるぐるまわってね。

そういえば、一度だけ、おやじに聞いたことがありましたね。どうしてクリスチャンになったのかって。「自分に絶望したんだよ」って答えましたね。

今は仕事が忙しくてなかなか教会に行けないんだけど、月定献金は納めて、三か月に一度ぐらいは礼拝に行ってます。

レイプされた被害者は加害者を赦すのか。赦さなくちゃいけないのか。神学的な理解では、テーゼは天国にあるんじゃないかとぼくは思う。赦さなくていいんじゃないか、本当の和解は天にあるとね。そうじゃなきゃ、やってられないですよ。

養父だった人には、その後、聖歌隊の集まりがあったときに偶然再会しました。お嬢さんに連れられて来ていたんです。「この人がぼくをレイプした人です」といって、牧師を本人のところに連れていったら、認知症になってた。なんか、かわいそうになってね。そこにあったキャンディをつかんで、オーバーのポケットに入

3　ウィーン生まれのユダヤ系精神医学者。アウシュビッツ強制収容所などでの収容所体験を記した『夜と霧』（一九四六）で知られる。いかなる状況にあっても、精神は人生の意味と価値を求める選択ができ、その責任があると述べ、クライエントが人生を意味あるものとするのを支援するロゴセラピーを創始した。一九〇五―一九九七。

4　スイスのプロテスタント神学者。小さな工業村の牧師として村民の生活を守る戦いを通じてなされた説教から聖書の新しい解釈が生まれ、『ローマ書』（一九一九）を刊行。第一次世界大戦後の疲弊した社会に生きる若い牧師や神学者に影響を与え、弁証法神学の運動が始まった。反ナチ教会闘争の中心人物としてヒトラーへの忠誠宣言を拒否したことで、ボン大学教授を罷免。スイスのバーゼル大学から運動を指導した。一八八六―一九六八。

れてあげましたよ。

あの人もぼくも、なんちゃってクリスチャンですよ。イエス・キリストの不肖の弟子です。いっぱい失敗したし、いっぱい罪を犯してきたし、指紋もとられたしね。避妊に失敗してできちゃった子を堕胎したこともあるからね。堕胎も殺人だからね。合法的だけど殺したのは事実だから。子どもを殺して自分も殺したら二度目の殺人になるから、自殺はやめたけど。

「ぼくの洗礼は汚れてる」って、牧師の友人に話したことがありますよ。「そんなことはない」って否定しましたけどね。

知り合いの牧師先生にこの取材のことを相談したら、本が出たら独り歩きするからやめたほうがいいって止められたんですよ。でも取材を受けようと思ったのは、ぼくの話で同じような経験をした人が救われたらいいなと思ったから。

女性でカミングアウトする人は増えてきたけど、男性はまだほとんどいないからね。ぼくはいつも影、脇役だったからね。それがぼくの使命だと思ってるんですよ。

仕事はまだしばらく続けます。正看護師になるには、最低二年は学校に通わないといけないので、もう准看護師のまま勤めますよ。嘱託になってもぼくからやめるといわない限りはクビにはならないので、働くつもりです。責任だけ大きくて割の合わない仕事ですけど、ここにはまだ、ぼくを必要としてくれる人たちがいますからね。

2016/8/7~2021/6/14

十字架の風景⑤

宣教の終わりと始まり

旅が始まってまもない二〇一六年六月、宣教の一つの終わりの場面にいきあたった。戦後まもなく日本で宣教の扉を開いた、三位一体ベネディクト修道院の閉院である。

修道士を派遣してきたアメリカ合衆国ミネソタ州カレッジビルのセント・ジョンズ修道院が、日本の修道院を閉じる決定をしたのは、その二年前。[1]共同体のメンバーの高齢化と、セント・ジョンズ修道院から修道士を派遣できなくなったこと、日本人の修道士が不足していること、新たな召命の見込みがないことなどが理由だった。

ローマン・パワー院長あてに取材依頼したが、閉院の準備に忙しく、帰国までに十分な時間がとれないことから、残念ながらインタビューは叶わなかった。代わりにほかの修道院を紹介されたので、これはいわゆる取材拒否というものではないと理解した。高齢の修道士たちが半世紀以上にわたり拠点としてきた修道院を閉じることは、建物や土地の売却や物品の整理といった現実的な作業も含めて多大な負担となっていたのだろう。それ以上は無理強いせず、修道院の機関誌「八ヶ岳の風」のバックナンバーとホームページ[2]を参考に閉院ま

1　ローマン・パワー「日本のキリスト教と三位一体ベネディクト修道院ハイライト」「八ヶ岳の風」2015年第32号（三位一体ベネディクト修道院）。

での道のりをたどってみた。読み進めながら感じたのは、日本宣教のむずかしさである。

そもそもセント・ジョンズ修道院の修道士がGHQの協力を得て国鉄目黒駅前にベネディクト会修道院を設立したのは、一九四七年の秋。設立のために奔走したのは、戦前に来日し、国籍がドイツとスイスであったため日本に留まることができた、ヒルデブランド・ヤイゼルとジョセフ・シュメールバッハという二名の神父だった。

二人は戦争が終わるとすぐにアメリカに渡り、一五のベネディクト修道院をまわって修道士の派遣と修道院の再建、目黒に教会を建てるための資金援助を求めた。彼らもまた日本の復興に何が必要かをよく知る最初の宣教師たちだった。

目黒の敷地には、カトリック東京大司教区の依頼で聖アンセルモ教会が設立され、戦後十数年でカトリックの信徒は急増、敷地内に開園した聖アンセルモ幼稚園を通して、信徒以外の住民への信頼と評価も高まっていった。

一方で困難を極めたのが、アメリカ人修道士たちの日本語習得だった。修道院内の会話は英語が中心で、日本人の志願者を受け入れることがむずかしくなっていく。

一九九〇年代初頭、ティモシー・ケリー院長の時代に東京での活動は閉じられ、ベネディクト修道院は修道生活を活動の中心に置くことに方針転換して、長野県富士見町《ふじみまち》への移転を決定した。

富士見の修道院では時間をかけて少しずつ日本語による典礼が行われるようになり、修道士になることを希望する日本人を受け入れるようになったが、その全員が終生誓願にまで至らず、修道院を去った。

一九四七年の開院以来、目黒と富士見で三三名の修道士が日々の祈りと院内のさまざまな労働、ゲストへの対応、日本人だけでなく、フィリピンやポルトガルの信徒や地域の人々との交流に奉仕を続けてきたが、新たな召命は生まれなかった。

開院から約半世紀で終生誓願をたてた日本人修道士は、わずか二名。日本に多くの人的物的資本を投入してきたキリスト教宣教の、一つの終わりといえるだろう。

閉院にあたって、修道院の不動産は富士見高原病院に売却され、そこで得られた資金をもとに、セント・ジョンズ大学神学部、あるいはアジアの神学校で学ぶ神学生と聖職者の生涯教育のための基金が設立された。アジア人の候補者が優先的に選ばれるという。

修道院のホームページの最後には、こんな別れの言葉が記されていた。

「私たちは美しい日本で活動することができた特権と日本の皆様の恩恵に対して感謝します。世界の平和とお互いの安寧のために引き続きお祈りすることを約束し、日本の岸を離れます。有難うございます。感謝と共に、院長ローマン・パワーと共同体（トマス・ウォール、トニー・ゴルマン、パウロ多田真人、ヨハネ・クリゾストモ、ロン・リーティン）」

「日本がキリスト教の宣教にとって大変むずかしい国だということは聞いていました。まず第一に、言葉です」

鹿児島市唐湊にあるレデンプトール宣教修道女会シスター、カタリナ・ガンドルは語る。

カタリナは一九三四年、ドイツのミュンヘンに近いアンセムの農家に生まれた。子どもの頃から病気がちな母と姉に代わって家の仕事を手伝っていたが、教会の青年会でレデンプトール会ミュンヘン管区が女子修道院を設立するという話を聞き、清貧の暮らしに憧れて正式に入会した。二十四歳のときである。

修道会に入ると、外国宣教についてあらかじめ希望を聞かれた。外国宣教に行きたいか、行きたくないか、

2　https://saintjohnsabbey.org/tbm-home

それとも修道会に任せるか。迷わず修道会に一任すると答えたところ、日本への派遣が決まった。

レデンプトール会からは一九五三年に男子修道会が派遣されていたことから、日本に行くことになるだろうとは思っていた。

先遣隊から伝わっていたのは、日本語のむずかしさと夏の暑さ、日本人の教育レベルの高さ、勉強が足りないのはむしろ自分たちであるということだった。日本人は大きい声でゲラゲラ笑わない、とも聞いていた。

ただミュンヘン管区長の弟がすでに鹿児島県の徳之島で働き、たくさんの信徒が生まれていること、奄美大島は歴史的にもカトリック信仰の篤い島であることから希望はあった。

カタリナがレデンプトール宣教修道女会初のシスターとして、二名のシスターと共に来日したのは、一九六五年五月三日。ミュンヘンを一日に出発してアンカレッジ経由で羽田へ、羽田を発った飛行機の機材トラブルで松山を経由してからの鹿児島入りだった。

「羽田空港に着いたのは夜だったのですが、若者たちがみんな黒い服装だったので、日本の若者はみんな神学生かと驚きました。とんでもない、普通の高校生が制服を着ているだけでした。それぐらい、私たち、何もわかっていなかったんです」

このとき一緒に派遣された六歳下のモニカ・エルハルドも、当時はすべてのものが新しかったと回想する。

「言葉がわからない。通じない。町を歩きながら、わからない、わからない、わかりたい、と思いました。教会の信者さんが買い物の仕方や魚のさばき方を教えてくださって、少しずつ言葉も覚えていきました」

モニカはドイツのレーゲンスブルク出身。教会の事務職として教会税を扱う仕事をしていた。ドイツでは教会に所属していれば教会税を国に納める。納めない人は教会を退会するという制度である。

女性も男性と同じように社会に出て働こうという時代の流れもあり、女子修道会ができたとき、生涯を神様に捧げたいという気持ちで志願した。どんな厳しい状況に置かれても神様がいるから大丈夫だと思っていた。

「日本に行くことになったときはさすがに驚きました。今考えると、冒険心、好奇心もあったと思います。両親はもう神様に捧げた娘だからと反対はしませんでしたね。でもお別れするときは、自分に合わないと思ったらいつでも帰ってらっしゃいと父にいわれました」

鹿児島では、市内中心部にあるザビエル教会の次に大きな鴨池《かもいけ》教会を拠点に活動することになった。ここは戦前、[3]カトリック排斥が激しかった奄美大島から移住した信徒の多い教会だった。

最初の二年間は小学校の教師をしているドイツ人神父に日本語を習った。シスターは唐湊の司教館に三名一緒に住んでいたため、食事中は日本語で話すと決めて、できるだけ日本語に慣れようとした。

ただどうしても自分たちだけでは間違いを指摘する人もいないため、自己流になってしまう。このままではいけないからと、それぞれ別に勉強することを決めた。一名は唐湊に残り、ミッションスクールである鹿児島純心女子学園の授業に参加した。一名は徳之島に住み、教会の人たちと交流する中で覚えようとした。

モニカは大口明光学園というミッションスクールの修道院に住んだ。

「中学生と授業を受けて、週に何回かは大口教会のカテキスタの先生に日本語や日本の習慣を習いました。生活の中でいろんな人と交わるほうがよっぽど勉強になるからです」

レデンプトール宣教修道女会が日本にシスターを派遣した目的はあくまでも司牧であり、当初は、鹿児島市とのあいだで設立計画が進んでいた幼稚園で働くことが決まっていた。

3　叶堂《かなどう》隆三《りゅうぞう》「奄美出身者の選択的移動とコミュニティの形成　鹿児島市鴨池地区における集住と類縁関係の制度化」下関市立大学論集第56巻第1号（二〇一二）。

ところが幼稚園の計画は頓挫する。代わりにカトリック鹿児島教区の司教が修道女会に要請したのは、鹿児島純心女子学園の学生寮を建てて運営することだった。資金はすべて、ドイツのレデンプトール会本部から送られた。

カタリナたちは、学生寮の寮母となった。中学生から高校生、途中からは短大生を受け入れた。寮の運営は大きなチャレンジだったが、次第に困難も感じるようになった。

「中高生はちゃんと夕食までに帰ってくるので一緒にお祈りしていましたけど、短大生になるとバラバラで、一緒に祈ることができなくなっていきました。みんな勉強が忙しいし、そもそもキリスト教に興味がないのです」

修道女会が寮を運営した三十八年間で、寮生活をしながら洗礼を受けたのは五〜六名しかいない。高度成長期からバブルへと社会が変化し、ミッションスクールもキリスト教に興味があるから入るという生徒はごくわずか。それよりは上質の教育を求めて、また将来の就職や結婚に有利であるという理由が大半だった。

モニカは、「私は宗教がなくても大丈夫です」「このままでも生きられます」という生徒たちの声をたびたび聞いた。それは親世代から伝わっている感覚のように思われた。

「豊かな環境に育っていますから、必要性を感じないのでしょう。シスターも何名か育てましたが、途中で退会した人もいました。シスターになるには、心身共に健康であることが大切なので、精神的に弱い方は続けられません。大卒である必要はないのですが、教育もある程度必要です。大事なのは、共同生活ができること、これはしばらく一緒に生活していればわかることですね。

修道院に入るには三十歳までという年齢制限があったのですが、今は結婚も遅くなっていますから、年齢はもっと上でもかまいません。信仰生活ができる人であれば、四十五歳ぐらいでもいいと思っています。結婚していたけれど、ご主人が亡くなって子どもが独立している方、家族への責任がない方であれば可能性はあります。あなたは結婚していますか？」

信徒数の減少は必ずしも少子高齢化だけが原因ではない、教会にも魅力がなかったのではないかとモニカは考えている。

「教会で結婚式をする人たちは多いのですから、その人たちを結婚記念日に呼んでお話ししてお祝いするとか、幼稚園を通してご両親とつながるとか、何かできたはずですが、まだまだ想像力が足りないですね。すばらしいものをもっているのに、伝えるのが下手。だから私たち、まだまだ勉強しなければなりませんね」

鹿児島のレデンプトール宣教修道女会は最年少のシスター[4]が一九五六年生まれ。筆者が黙想会に参加するため滞在したときはベトナム人の若い志願者がいたが、彼女がこのあと日本で活動するとは限らない。

「カトリックは世界中の人をカトリックの信者にしようと考えていたと思いますが、日本宣教は世界的にも最低で、成功とはいえません」

カタリナはいう。清貧の暮らしを尊び、今も無駄遣いを許さない。まもなく九十歳を迎えるカタリナは、辺境で暮らす貧しい人々のためにレデンプトール会を創設した聖アルフォンソの精神を体現する人である。

「何十年も日本に暮らすうちに、私たちの考え方もだんだん変わっていきました。カトリックにならなくてもいい。それぞれの祈りが大切で、それぞれの信仰を認めましょうと。おかしなカルトは別ですけど、仏教であっても神道であっても、祈りさえすればいいと思うようになった。私たちも、日本の事情がだんだんわかってきたのです。

私たちが日本に来たのは、日本人が欧米の真似をして追いつこうとしていた時代でした。ある会社の人とお

4　愛の聖母園施設長、レデンプトール宣教修道女会、小牟田久美子、五〇一ページ。

話したとき、日本人はあなたがたが着ているスーツがどうやってできているのかを調べるために、切ってバラバラにしてから真似をして作ったんです、といわれました。

あれから五十年以上が過ぎて、日本はとんでもない変化を遂げましたね。私は大学や高専でドイツ語の先生もしてきましたけど、日本人はやっぱり仏教を大事にしてきた人たちだと思いました。日本人の精神は仏教ですよ。ええ、それでいいんです」


修道院の前の坂道を上ると、唐湊の丘を這うように広大な霊園が広がっている。その一角に「カトリック教会墓地」があり、歴代の司祭や信徒の墓が並ぶ。

銘碑《めいひ》を見れば、天保年間の生まれの名前がいくつも刻まれている。キリスト教禁制の時代から信仰を守り抜いた人々か、禁制が解かれたのちに洗礼を受けた人々かはわからないが、日本宣教の地である鹿児島には、幾代にも及ぶ信徒一族が今も信仰を守り続けていることがよくわかる。

二千年余りのキリスト教史から見れば、日本宣教はまだその四分の一にも満たない。しかも、そのうち二百六十年間は禁教下にあった。

宣教は失敗だったとみなす人もいれば、結論を出すのはまだ早いという人もいる。教派に限らず、アジア出身の聖職者が日本の教会に増えつつある状況を見て、これから新たな外国人宣教の時代が始まると考える人もいる。

戦後の復興支援を目的とした宣教師の働きは絶大なものだった。だが、日本人への宣教は陪餐を受ける会員数を信徒数とするなら、確かに成功したとはいいがたい。ただカタリナがいう仏教にも、神道にも、今は深刻な後継者不足と寺社閉鎖の波が押し寄せている。

宗教がなくても大丈夫です、という学生の言葉は、確かに経済成長が当たり前だった平和な時代に生きた日本人の一つの心性を示しているかもしれない。現代はどうだろうか。日本人はいったい何を支えとして生きているのだろうか。

もしかして、インターネット？

レデンプトール宣教修道女会はその後、大学が川内市に移転したため使われなくなった学生寮の建物を、特定非営利活動法人ポラーノ・ポラーリに無償で提供することを決定した。ポラーノ・ポラーリは心の病を抱える人たちの就労継続支援を行うB型事業所[5]を運営しており、代表を務める精神科医の森越まやが、修道女会が運営する児童養護施設に協力していたことから実現に至った。

修道院は宮沢賢治の童話にちなんで「ポラーノの広場」と呼ばれ、手芸のワークショップや料理教室、動画作りなどを実施、その成果は「日々の暮らし展」と題するバザーで一般に公開されている。

「修道院カフェ」では、シスター・カタリナ直伝のアップフェル・クーヘンがメニューに加えられた。りんごとバターをたっぷり使用したアップルケーキで、そのやさしい甘さが静かな評判を呼んでいるという。

桜島が見える緑豊かな修道院の屋上から撮影した写真がある。庭にシートを広げて茶話会を楽しむ人々を写した一枚だ。筆者が初めてこの屋上に立った四年前には誰もいなかった場所に集う若者たちの姿を見て、これもまた宣教の一つのかたちではないかと感じた。

もちろんシスターたちは彼らの活動を宣教の機会とはとらえず、注意深く線を引いて見守るだけだ。その控えめな姿に、これまでどれほど希望と落胆の日々を重ねてきたのだろうと想像した。

5　一般企業に雇用されることが困難であって、雇用契約に基づく就労が困難である者に対して、就労の機会の提供および生産活動の機会の提供を行う。厚労省ＨＰ参照。

真理

第十三章
真理を求めて

AとBを混ぜたらCになることが不思議だった。神との出会いというより、真理を求めた。

松村秀樹
一九五八年生
西日本福音ルーテル教会米子福音ルーテル教会
牧師
鳥取県

専門は環境化学でした。大学院で分析系の実験をやっていたので、日本触媒という化学系の会社に就職しました。最初に研究したのは、ねじに埋め込むシーリング材の樹脂や、耐熱性のプラスチックです。車のダッシュボードって熱くなるじゃないですか。そこに使う添加剤の研究です。製品化されたけど、あまり売れなかったみたいです。

キリスト教に入るきっかけは家内[1]です。彼女の存在は大きかった。キリスト教とはまったく関係なく生きてきたので、家内を理解したいと思ったんです。大学院時代に知り合いました。私がテニスのインストラクターをやっていて、そこに彼女も来ていました。

付き合うようにはなったのですが、日曜日になると彼女は教会に行くわけです。心が騒ぐというかね、とりあえず送り迎えはしたろかと。カトリックだったので人数も多いし、ミサぐらいだったらいいかなって行ったりしてね。誰も話しかけてくるなよって思いながらね。

三年ぐらいしてからかな、突然、家内がルーテル教会に変わったんです。姫路福音ルーテル教会といって人数も五〜六〇人ぐらいでアットホームな教会だから、みんながぼくに話しかけてくるんですよ。それでも送り迎えだけで入りはしません。何かあったら教えてやらなあかんって思ってましたよ。上から目線ですけどね。

とにかく妻は神様のことを伝えてくるんです。伝えたかったんだと思います。でも論理的じゃない。矛盾もいっぱいある。土俵が全然違うので、この世の論争になるとぼくが勝ちます。すると家内は、もう、わかってくれないんだからといって黙る。でもあきらめないんです。またチャレンジしてくる。なんでそこまでいうんやって思いました。

こちらも彼女を理解するには聖書も読まんといかん。読んでみたら悪いやつばっかり出てくる。なにが聖書やねん、って思いながらも読んだ。そのうち子どもたちも教会で遊ぶようになって、ある日、牧師の廣野善彰先生に勉強してみないかと話しかけられたんです。

うちは子どもが三人いるんですが、みんな問題を抱えていて、一番上の娘は心房中隔欠損といって心臓に穴が開く病気でした。ものすごいショックで貧血起こしました。そんなことあるかあって叫びました。三か月検診でわかって、一年後には手術しないといけない。家内は祈ってあげてというけど、こっちは、わかったわかったと答えるだけでした。

でも、ある日すごく不安になった。会社の帰りの電車で思わず祈りました。つり革を持って立ってたんですけど、神様助けてくださいって。祈ったとたん、すごくあったかい気分になって涙が出てきて、涙を流すなんて何年ぶりかなと思ったんです。でもそれも、ま、気の迷いだ、神様なんかじゃねえわって封じ込んできました。

その二年後に息子が生まれるのですが、この子にも問題がありました。お尻の穴が二つあるんです。最初は笑ってたんですけど、もしかしたら神経を引っ張って運動機能障害になるかもしれないといわれた。びっくりして別の病院に行ったら、障害になるかならないかはわからない、一つずつクリアしたらセーフでしょうとい

1　松村緑、三六六ページ。

われた。寝返りうったらセーフ、起き上がって歩き出したらセーフってね。それがなかなか寝返りしなくて、結局、何もなかったんですけど不安でした。

年子で三人目ができたのですが、一か月早産でした。腸がなかなか動かなくて、ミルク飲んでも吐いてしまう。神戸の子ども病院に入院したら、開腹して原因を究明しますといわれた。生後一か月の子のお腹を切るんですよ。しかも治すためじゃないし。

病室がバタバタして、どうしたんかと思ったら、お腹が動いたかもしれませーんって看護師さんが叫んでる。その日になんとか動いたんですが、一か月ほど入院しました。

家内は、「子どもたちがこんなことになるなんて、神様があなたを呼んでるんだわ」と話すわけですよ。でもぼくは、そんなことあるか、ですよ。

そうしたら、今度は二人目に小人症の疑いがあって、成長しないかもしれないといわれた。またかーって。たぶん食事しているときだったと思いますけど、食べ終えて立ち上がった瞬間、「早く洗礼受けないと誰か死ぬよ」って家内がぼそっといった。「絶対呼ばれてるから」って。これが決定打でした。そんなときに、廣野先生に声をかけられたんです。

洗礼のときは冷静でした。洗礼盤に頭をもっていくと、水面に牧師の顔が映り込んでいて、あ、映ってるわって思ったし、すごいことが起こってるという自覚もなくて拍子抜けするぐらいでした。

私は科学をやっていたので、真理を探究したい。たとえば、AとBを混ぜたら必ずCになるっていうのが本当に不思議で、この秩序ってすごいなあ、自然ってすごいなあと思っていたんです。だから洗礼を受けようと思ったのは、神様に出会って救われたというのではなくて、真理を求めていたんだと思います。

会社の人には、「何かあったのか」と聞かれました。いや、なんにもないし、世の中が変わったわけでもない。

ただ土台ができた気はしました。少しずつ人生観も変わってきた。ええもんやなあと思うようになりました。

というのも、会社に行くと誰一人、喜んでないというか、みんなストレスを抱えて大変そうやったんです。うちは阪大系の会社でもともと阪大の大学院を出た人が多い。地方とはいえ研究所なので、京大とか東大の人たちもいて、バリバリのエリートの集団だった。

それなのに仕事が終わると飲みに行って、いろいろ愚痴ってる。これってなんなんやって。彼らにこういう世界あるって伝えたいけど、伝えられない。口もないし、知識もないからね。幸せそうじゃない人たちの中にいて、彼らに伝えられないもどかしさもありました。

それなら牧師になればいいじゃないか、牧師なら伝えられると思ったんです。単純、むっちゃ単純ですよ。

その頃は子どもたちの教会学校の手伝いもしていたので、これが仕事になるならいいなあって、廣野先生の姿をそばで見て、いいなあって思ったんです。熱い先生で、人々にまっすぐ伝える姿や信念に惹かれました。

もう一つは、牧師になったら妻と一緒に働けると思ったんです。家内は家庭集会をやっていたので、一緒にできたらすごい幸せやろうなあって思うようになりました。

あとはやはり、創造主ということやと思います。どういうことかって？　この世界を造った神が、私を受け入れて支えているということやと思います。絶対変わらない価値観、土台です。この方がいるから大丈夫なんだという土台。これをみんなも知ったらいいのにと思うようになりました。

そう、ある日突然、転換したんです。AとBを混ぜてCになるのはすごい、自然はすごいと、自然を崇拝していたのが、もし自然を造った方がいるなら、それを神と呼んでもいいんじゃないかと。

化学は過程を研究する分野であって、原因を追究するものではないんです。たとえば水だったら、水素と酸素が結びついて、火花散らしてエネルギーが出ると水ができるという説明をするけど、じゃあそもそもなぜ水があるんですか。最初からあるもん、はだめですよ。なぜ原子と原子がぶつかって高分子ができたか、それがなぜなのかはどうやって調べるの。

私は神が造ったと信じます。あなたは神じゃないと信じています。一緒やないかと。一緒なら、そこから生まれてくる生き方って全然ちゃうでしょ。

科学が進めば進むほど、神の真理はもっとよくわかるようになるやろうなあ、だってそれを動かしてる土台だもんっていう感じでしょうか。

進化論を否定はしません。進化があってもなんら矛盾はない。進化論を否定する創造科学では、化石まで神様が造ったといっていますが、なんでそこまでいうんやと思います。過程がどうなってるかはわからんけど、原因と結果には神の手があると信じていれば生き方が変わる。人との関係も変わります。夫婦関係も変わりましたよ。妻と結婚しているっていう奇跡、というふうにね。


牧師になるとしたら、仕事をやめないといけません。直属の上司と懇談する機会があって、最初は仕事のことを話していたんですが、上司がふっと言葉を止めて、「おまえ、なんかいいたいことあるんちがうか」と聞いてくれたんです。「いやあ、じつは」と打ち明けた。そうしたら上司はちょっと体勢を整えて、「そういう人生もあるかなあ」といってくれた。

教会の人たちもみんなで支えてくれました。廣野先生と長老さんが神学校に進むための推薦状を書いてくださいました。

じつは、一番の障害は親やったんです。おやじには何通も手紙を書きました。でも、おれは認めないの一点張り。おふくろも電話で、「お願い、やめてー」って泣きました。おやじはこれ以上話をしたくないといったので、「ごめん、これがわれわれの人生なんでこれでいきたい」といってしばらく断絶することになりました。

再会したのは、おふくろが大腸がんで手術した病院の待合室でした。両親は最終的には認めてくれて、死ぬ前に病床でぼくが洗礼を授けました。「天国の約束があるからね」というと、うなずいてくれたんです。わあ、わかってくれてるわと思って、泣きながら授けました。

いつ神に出会うかは人それぞれだけど、もし絶望して飛び下り自殺をしたとして、落ちてる途中で「神様、助けてー」っていったら、救われるとぼくは思うんです。極端な例かもしれないけど、イエス様助けて、神様助けてといったらその人は救われる。神様がその方の命を天国に引き上げてくださる。自殺イコール地獄という方程式はないと私は思います。

人はみんな罪人です。人を憎んだ人は裁かれる、と聖書にはあります。憎んだことなんか山のようにありますよね。でも、それをキリストの十字架によって救いを得るというのが聖書の約束で、それを得たいと思った人はそれで十分なんだと私は信じている。ですから、そういう世界にどうですか、来てみませんか、という感じなんです。

米子に来て二十年で二〇〇人ぐらいに洗礼を授けましたが、正直、どうやると洗礼者が生まれるのか、どうやってイエス様を信じるようになるのかは全然わからなかったし、思い描くものもありませんでした。救いを求めて洗礼を受けたけど、いなくなってしまう人もいるし、長い時間かかってようやく洗礼を受けて、ずっと教会を支えてくれている人もいる。

MEBIGという子ども伝道のプログラムを導入したのは、このままでは自分の子どもたちすら教会に来なくなるだろうと思ったからです。高齢化と少子化で教会員がどんどん減って、藁《わら》にもすがる想いでした。一九九〇年代の後半です。

もうお亡くなりになったのですが、MEBIGは札幌の愛隣チャペルキリスト教会の内越言平先生が考案されたお友だち伝道のプログラムで、まず最初に教会の椅子を取っ払うところから始めるんです。椅子を全部なくしたら、子どもたちがわーっと走りまわった。そこから始まったんだとセミナーで説明されました。

教会に帰ったとたん、一緒にセミナーに参加していた長老さんが椅子を取っ払って会堂を何もない状態にしてくれた。牧師になりたての自分が新しいことを始めたら反発があったかもしれないけど、長老さんが賛成するならみなさんやりましょうと。

子どもたちも中高生も大人もみんなで一緒に遊んで、み言葉をゲームにして覚えたり、バンドを入れて讃美歌をうたったりする。静かに祈る礼拝を望む人はいますし、昔ながらの讃美歌を好む人もいますから、去られた方は残念ながらお一人いました。

子どもたちが親を連れてくることが多くなりましたね。それが一番多いかもしれません。MEBIGに通わせているうちに子どもが変化していくので、何をやってるのか謎だったんでしょう。おばあちゃんの信者さんたちも、子どもたちが遊んでいる様子を見てご機嫌で、元気が出たわとおっしゃる。若い青年たちはお年寄りを大切にしますしね。

手探りでやってきましたけれど、私たちの言葉でいえば、神様は選んで送られる。出会いは大切にしないとなあ、と感じています。この人はいける、この人はだめだわ、なんてこちらが決められることではないんです。

2017/7/3

全然、論理的じゃないんですよ。
科学的には説明できません。
どうやって人に伝えて納得して
もらえるかは大きな課題だと
自分でも考えています。
信じるってなんなのかって。

鈴木裕子
一九六二年生
日本正教会東京復活大聖堂
東京都

中学生のときに、筒井《つつい》康隆《やすたか》の『エディプスの恋人』を読みました。人の心を読むことができる超能力者を主人公にした七瀬《ななせ》三部作の一つです。そこに七瀬が「超絶対者」と体を入れ替えて宇宙を一瞬にして見るというシーンがありました。天体の動きも昆虫が産卵する様子も一瞬で把握して、なんのコンフューズ（混乱）もなく七瀬が支配している。

ああ、神様ってこういうものなんだなと意識したことを覚えています。だからといって、それをキリスト教や仏教と結びつけることはなかったですけどね。

私、ずっと理系で有機化学を専攻していたんです。生命のすばらしさや物理の法則は論理的で整然としている。これは何か超越したものに造られているんだろうなとは感じてきました。ただ知れば知るほど、説明不可能で、アンタッチャブルなところがある。ふれてはいけない領域があるというのでしょうか。立花隆《たちばなたかし》の『宇宙からの帰還』に、宇宙に行って帰ってきてから精神的におかしくなった人や神様に走った人が登場するじゃないですか。やっぱりそういうことがあるのかなと思いましたね。

初めて教会に行ったのは、アメリカに短期留学したときです。勤め先の会社に、TOEICで一定の点数以上とれたらサウスカロライナ大学付属の語学学校に一セメスター、三か月行かせてくれるという制度があって、それを利用して留学しました。

それはとても不思議な経験でした。空港まで迎えに来てくれた学校のバスに乗って窓の外を見ていたら、ローズヒル・プレスビテリアン・チャーチという看板があったんです。ローズヒルなんて素敵な名前だなあと思って、アメリカに来てもすることはないし、次の日がたまたま日曜日だったので、そうか、教会に行ってみようと思ったんです。

礼拝が始まる時間もわからないまま、日曜日だから礼拝はあると思ってひたすら歩いて二十分ほどだったでしょうか。教会の庭にスプリンクラーがまわっていたのを覚えています。

まだ誰もいなくて、ベンチに座ってぼーっとしていたら、信者の人が来て扉を開けて中に入れてくれたのです。たどたどしい英語ですが、日本から来て、教会に興味があったから来たと自己紹介したら牧師に紹介してくれて、生まれて初めて礼拝に参加しました。

長老派の教会で、六〇人ぐらいだったでしょうか。グループに分かれて聖書を順番に読んで解説するという勉強会もあって、誘われて参加しました。神を感じることはなかったんですけど、ああ、まじめに真剣に神様に向き合う人たちがいるんだなと知りました。

テレビや映画で見るアメリカの教会って、牧師が熱情的に説教して、みんなでゴスペルをうたって盛り上がるイメージがありますよね。そういうことは全然なくて、淡々と進行している。それからも教会には通いましたが、そのまま何もなければ洗礼を受けようとまで思うこともなかったでしょうね。

たまたま学校で大学生もしくはその関連の人たちからカンバセーションパートナーを見つけなさいといわれ

て、知り合った女子学生がいたんです。彼女の家に行ったら、そのお父さんが海軍時代に沖縄にいたことがあったそうで、「裕子、うちには日本語の聖書がある、使わないからあげる」っていわれたんです。学生だし、いきなり友だちもできなくて暇だったので、それからはずっと聖書を読んでいました。

学校の先生に、ぼくの教会に来てみないかと誘われたこともあったし、感謝祭のイベントもあったりして、神様の話が生活の一部になっている人たちを目の当たりにして、ああ、みんな自然にキリスト教と向き合っているんだなと感じました。


そんなある日、聖書を読んで、ストンと落ちた瞬間がありました。納得できたというか、信じられた。具体的な聖句ではなくて、それまでクリスチャンを迫害していたパウロが、イエス・キリストに出会って、自らの命を顧みずに宣教活動に歩き始めたのは、復活が事実だったからだと思えたのです。

復活したイエス・キリストの体があって、信じなかった人にふれさせた、でもイエスはそこにずっと存在しているわけじゃなくて、消えてまた別のどこかに現れた。聖書に書かれてある通りのことが、きっと起こったんだろうと信じられたんです。

日本に帰る直前、洗礼を受けたいと願い出ました。牧師は、通常ならそんな早く受けさせないけれど、裕子の場合は特別だと。日本はキリスト教が盛んな国ではないので、今の気持ちがなくならないうちに受けたほうがいいと思うといって、受けさせてもらったんです。

ええ、全然、論理的じゃないんですよ。科学的には説明できません。これから大学で宣教学を学ぶつもりなのですが、このことをどうやって人に伝えて納得してもらえるかは大きな課題だと自分でも考えています。信じるってなんなのかって。

タイミングが大事なのかなと思います。求める人には信じる力が与えられるんじゃないか。理屈じゃなく、感覚です。それが私の場合は、三十八歳でした。

神様の存在はあると思っていたし、何かに依り頼みたいというのはあったと思います。離婚も経験して絶望的になったり、経済的に不安だったりしたこともあった。常にぬくぬくとしていたわけではないですから。

結局、人間じゃなくて、神様だったんです、信じたいのは。えらい祖先や仏様ではなくて、神様だから信じられたんだと思います。

不安だったのは帰国後のことでした。この気持ちがなくなっちゃうんじゃないか、クリスチャンとして生きていけるのか。元の生活に戻っちゃうんじゃないかって。

会社で私のアシスタントをしていたアルバイト[1]のロシア人留学生にメールを送りました。モスクワ大学の大学院生で、彼が英語の書類を作ってくれたりしていたんです。正教会の信者であることは知っていたので、帰国する前にメールで相談してみました。

そうしたら、「クリスチャンは山に登るもので、その山もストレートじゃなくて下る道もあるから、あわてないでがんばりましょう」という返事が届いた。わあ、なんていい人なんだろうって思いましたね。

帰国してからは英語を忘れたくないので、カンバセーションパートナーとして彼とごはんを食べたりお酒飲んだりするようになって、そのうちお付き合いするようになりました。クリスチャンパートナーとして、一緒にプロテスタントの教会にも行ってもらいました。

でもなんか、ピンときません。埼玉県の長老派教会にも行ってみましたが、どうも違う。お仲間が集まって和気藹々としてぬるいんです。アメリカで経験したような聖書の勉強会もなくて、なんか違うと思いました。

そうしたら彼が、お茶の水のニコライ堂に来ないかといってくれた。それが正教徒になるきっかけでした。

洗礼は生涯一度きりと決まっているので、プロテスタントの洗礼でも有効なのですが、正教徒になるには一年間勉強して、コンバート、帰正する必要があります。

正教会の礼拝は奉神礼といいますけど、長い時間、ずっと立っていなきゃいけないし、祈禱は文語体なので何をいってるかわからない。だんだん腰が痛くなるし、お腹がすくし、なんてつらいんだろうって思いました。プロテスタントでしたから、イコンにも違和感がありましたし、十字架を切ることもできなかった。理解するまで時間はかかりました。

でもそれもだんだん慣れていって、聖書をしっかり学ぶうちに、初代教会からの教えを守り続けている正教会は正しいと思うようになりました。カトリックは政治的な理由からヒエラルキーができましたし、煉獄《れんごく》や無原罪といった教義もあとで付け加えられたもので無理を感じていましたから、何も付け加えていない正教会は正しいと思ったのです。

二〇〇三年の復活祭の前の週、帰正を受けて正教徒になりました。前年に入籍していたので、正教徒になって初めて結婚式を挙げることができました。

主人はとても子どもが好きな人で欲しがっていたんです。でも、私はもう四十歳になっていましたからなかなかできなくて、じつは不妊治療を始めました。体外受精です。

これがつらくてつらくて……。年に一二回しかチャンスがないのに、一回逃したら、あと一一回しかありません。毎日毎日、体温を測って調べました。一度だけ着床に成功したのですが、それがだめになって搔爬《そうは》したのをきっかけに、不妊治療をやめました。もうつらくてね。四十二歳でした。

その頃、とても頼りにしていた神父様が、「子どもを持つだけが幸せじゃないよ。子どもができてもいじめに遭うかもしれない、非行に走るかもしれない、暴力を振るわれることもある、何かが起こったからイコール

1　日本正教会東京復活大聖堂、ユーリ・トロイツキー、六四〇ページ。

幸せなのではない」と慰めてくださって、私たち夫婦は少し気持ちが楽になりました。

その頃は、本当に精神的に荒んでいました。友だちが妊娠しても、素直におめでとういえない。そこに神様はいません。神様がいても落ち込むし、神様がいても夫婦喧嘩はする。神様が方法を教えてくれるわけじゃないので、なんとか自分で乗り越えようと思って本を読んだりする。

ただ常に頭の中にあったのは、神はいつでも私たちをいい方向に導いてくださるはずだということです。結果が悪いものでも、人生全体で考えたらいい方向に導いてくださっていると信じてきましたし、今も信じています。

そういう意味では逃げ場なのかもしれません、神様がいるということは。聖書に「すべてのわざには時がある」（伝道の書３・１）とありますが、「時に従えて」だからね、とよく友だちに話すんです。今はだめでも、時に従えて与えてもらえると考える。そうすると楽にはなります。正直、今すごくお金がないのですが、そのうちなんとかなるから、今はそういう時期なんだという安心感はあります。


ニコライ堂にはやはり東欧の人が多いです。とくにロシア人のシングルマザーです。日本で水商売をしているうちに日本人と結婚して子どもを産んだけれど、旦那さんが遊んで別れたというパターンがすごく多いです。日本語があまり上手じゃないし、経済的にも苦労しているし、精神的な病に苦しんでいる人もいる。ロシア人コミュニティで助け合ってはいますが、一般社会と同じように、教会でもかなり問題は抱えています。

信者の数も世の中と同じで、自然減で一万人を切っています。聖ニコライがいた頃は三万人以上の信者がいて、日本人の伝教者もたくさんいました。一家全員で正教徒になった人たちもたくさんいました。今はそれがとてもむずかしい。この時代にどうしたらクリスチャンを増やせるのか、これから私が学ばないといけないことです。

夫の家族はみな正教徒で、お墓もニコライ堂に作りましたが、私の家族のほうはむずかしいですね。自分の家族に伝えるのは本当にむずかしいです。ごく平均的な日本人家庭で、家に神棚と仏壇があって、お墓はお寺にある。私は長女なので、お墓は妹に任せました。

父はもう亡くなったのですが、母は私のことをあきらめています。さみしいとは思いますが、そもそもアメリカで洗礼を受けたので、裕子にはもう何をいっても変わらないと思っていると思います。ご先祖様がどうのこうのと、昔からの考え方が染みついているのでなかなか、ハードルは高い。みなさんおっしゃいます。身内に伝えるのが一番むずかしいって。

なぜ宣教学を学ぼうと思ったのか、これは導き以外の何ものでもありません。ちょっとさかのぼりますが、よろしいですか。

おととしの十月、階段から落ちてケガをしたんです。頭を打って、救急車で運ばれて、集中治療室で五日間意識を失いました。診断は頭蓋骨骨折とクモ膜下出血でした。

夫は、奥さんには障害が残るかもしれないと告げられました。記憶障害があるかもしれない、認知症になるかもしれない、感情がコントロールできなくて、狂暴になるかもしれない。元の奥さんに戻ると期待しないでほしいといわれたそうです。

私は何もわからなかったんですけど、教会の人たちはずっと祈ってくれていたそうです。それなのに、今、こうして生活できています。目や足にマヒがあって、歯医者さんで麻酔を打ったときみたいに口からよだれが出ちゃうような状態にもなったんですが、考えてみればそれだけで済んだということです。結果的に開頭手術もしませんでした。

手術に備えて髪の毛を全部剃って、リハビリ中もよくわからないまま帽子をかぶったり、ウィッグをかぶったりしていました。そんな頭ですから、そろそろ社会復帰しようかというときに、それまで行ったことのなかった近所のお店に行ったんです。そうしたら、たまたまそのお店のお客さんを紹介されたんですね。池袋にあるレストランで食事を作っている方で、すごくいいから鈴木さん、ぜひ行ってあげてと。あまり興味がなかったのですが、プロフィールに「食と霊性について関心がある」と書かれてあるのを読んで行ってみました。

それからその方がフェイスブックを通じて神父様のメッセージなどをシェアしてくださるようになって、ある日、上智大学の特別講座を紹介してくださった。宗教改革五百周年記念のイベントで、エキュメニカル、超教派がテーマになっていました。

主人と参加してみたら、原敬子《はらけいこ》先生というシスターが宣教学をレクチャーされていた。へえ、宣教学ってあるんだ、勉強してみたいと思ったんです。正教会の中西裕一[2]神父様の推薦をいただいて、神学部三年の編入試験を受けて、来春から大学に通うことになりました。

この道が、どこからスタートしているのかわかりません。人との出会いや、事故や、美容室や、何か一つ違っていたらここにはつながりませんでした。

伝教者になりたいと思っています。大きなケガをして生き残って、マヒも治って、思考にもどうやら問題はなさそうです。これは本当に心からみなさんが祈ってくれたおかげだと思っているんです。祈りの強さをすごく感じた。できるなら何かお役に立てることをしたい。

まずは、洗礼を受けたけれど教会に来ない人たちに戻ってもらえるようにするという、やさしいところから始めます。教会活動なのか、拝観奉仕なのか、教会でボランティアをしたいと考えています。

去年の五月、教会の友だちとグルジア（ジョージア）に行きました。そうしたら偶然、神父様の一団が十字架とイコンを抱えて町中を練り歩いていた。グルジアは一〇〇パーセント近くの人が正教徒で、私たちも正教徒だといったら、こんなことを聞かれたんです。

「なぜぼくたちがこんなふうに町を練り歩いているのか、きみたちは知ってるか。グルジアは正教徒の国だから、今さら信仰を深めるわけではない。でも時代が変われば生活態度が変わり、生活が変われば人間が変わる。そうしたら信仰心が薄れてしまうかもしれない。自分たちが正教徒だということを再認識してもらうためにやっているんだ。じゃあ、人口の一パーセントしかクリスチャンのいない日本で、きみたちは何をしているのか」と。

確かに、私たちは何しているんだろうと考えさせられました。

ニコライ堂の参禱者は一〇〇人ほどで、日本人は六割です。それも高齢化でどんどん減っている。夏休みにロシアの人が里帰りすると本当に少なくなります。危機感はあります。

正教徒が減るということは教職者のお給料が払えないということですから、負のスパイラルになって、いいことがなくなってしまう。主人はおしゃべりが上手なので宣教師に向いていると思いますが、私は表現力がないし、伝える言葉のタラントもない。でも大学で方法論を学べば何かできるかもしれない。会社もやめましたから、ここからは真剣に学んでいくつもりです。

信者を増やしたいという話をしたときに、中西神父様は、自分にもいい聞かせていることなんだけど、と前置きしてこうおっしゃいました。「それは生き方だよ、あなたの」って。

クリスチャンとしてのあり方、よき人、キリストに近づく人であるということ、毎週毎週その思い返しがあるということは励みになります。

2018/1/20

2　九一ページ。

イエス・キリストの復活についても、理屈では説明しようがありません。人間の五感で感じとろうと思っても無理です。感じとれない人にとっては絵空事でしかないと思います。

山田益男
一九四四年生
日本聖公会渋谷聖ミカエル教会
東京都

聖公会では物心がついた年齢になると、堅信といって、主教に願い出て按手をいただきます。神様からの声、聖霊の導きを豊かに受け入れられるようにという儀式で、クリスチャンにとっては成人式のようなものでしょうか。

洗礼は神様からの一方的な恵み、罪の赦しですが、堅信は神様の僕《しもべ》として働きますという意思表示で、堅信を受けて初めてご聖体といって、パンと葡萄酒をいただけるようになります。それまでは、堅信者の横でうらやましく見ていただけだったので嬉しかったですね。

ただ堅信すると年に二回、告解をしなければなりません。祭服などがあるベストリーという準備室で、牧師に付き添っていただいて十字架の前にひざまずいて罪を告白するんです。

子どもの頃はクリスマスとイースターには必ず告解をしなさいといわれていて、これがつらくて葛藤しました。高校生ぐらいになると異性に対する興味も出てきますから、不心得な考えがちらっとよぎっただけでも、ああ、ぼくはとんでもない浮気者の血が流れてるんではないかと思いましたから。

信仰に対して、深い考えはもっていませんでした。何も疑わずにすべて信じていたかというと、そうではありませんか。話を聞いたり、聖書を読んだりしながら、これは本当だ、これは嘘だ、と思うことはありました。たとえば、聖書に、両親やきょうだいを捨てなければ私についてくることはできないという厳しい言葉があります[1]。ところが、一方では、父母を敬えとある[2]。敬えといっておきながら捨てろって、おかしいじゃないか、とかね。

ぼくは物理が専門なので、今どき復活とか聖人降誕を信じられるはずがないとは思いますよ。現代人にとって、そこは大きなつまずきになると思う。ぼく自身、体のよみがえりについて自分の中で腑に落ちたというか、こういうことだったんじゃないかなと理解できるようになったのは、相当、あとになってからだったと思います。

宗教的事象と現世の現象は、ディメンション（次元）がまったく違う。現世の事象は、物理的に解明されていけば、その法則通り動く。物理で整理はつきます。宗教的な出来事は感性で感じとるものなので、絶対的ではない。聖書に書かれていることに、この世を解明するような手法をあてはめても理解できっこないのは明らかですよね。

私たち自身がみんな例外なく、この世に生を受けたのは自分の意志ではありません。気づいたらこの世に送り出されていた。その上で、個々の出来事を自分なりに、納得しながら生きていく。それでも物理の法則で整理がつかないものもあって、最後まで謎解きは続く。人間は神にそういう生き方を課されていると思うのです。この世のものは、五感でほぼ感じられるから確かです。でも、その確かさを神との関係で求めても見つから

1　マルコ10・29ほか。
2　出エジプト記20・12。

ない。それは、その人が感じとっていく世界です。だから、聖書の出来事も理屈で理解しようとして読んでいるうちはまったく力をもちませんし、いくらでも否定できます。弟子たちが都合のいいように、あとから申し合わせてこういう記述にしたんだとか、いろいろ考えることはできます。

でも、神のメッセージはどうだったのでしょうか。人格的存在、トータルの存在としての人間を考えると、自然科学のように再現性のある現象として解析することはできませんが、心で吟味しながら、自分にとって確からしいものを感じとっていけることはあります。

イエス・キリストの復活についても、理屈では説明しようがありません。人間の五感で感じとろうと思っても無理です。感じとれない人にとっては絵空事でしかないと思います。

でも、イエスを裏切って逃げてしまい、失望のどん底にいた弟子たちが復活のイエスに会ったことで、彼ら自身が変えられたということはひしひしと感じられますよね。現世で人間の感覚で神様を探しても出会えないけれど、神のメッセージは別のところにあると思えるようになってくるんです。

物理をやっていると、天地創造をビッグバンで説明しろとよくいわれますよ。それは、ビッグバンまで人間のアプローチは届いたということです。ビッグバンだって、無から有ができたことは解明できない。そこは永遠の謎です。

ぼくは技術が大好きです。理屈があって再現性があるものはこの世での利用価値も高い。でも、私の心は技術ではなんにもならない。次元が違うと理解しているんです。実験で証明できなければ真実とは見られないとなると、五感だけの世界に入ってしまう。たぶん神様との対話は無理でしょうね。

私はボーンクリスチャンなので仏教を知ったのはずいぶんあとのことですが、学生のときに親鸞《しんらん》を読んで、ここには宗教的真理があると思いました。人の心に根ざして生きていこうというところから出発した宗教には、やはり聖霊が働いている。聖霊という言葉を使うとほかの宗教の方は嫌がるかもしれないので、神の導きといえばいいでしょうか。

うちは父方の祖母から聖公会の信徒で、父のきょうだいも全員クリスチャンです。ぼくは、父が古河電気工業の日光にある精銅所に赴任したときに生まれて、六人きょうだいの三男です。物心つく前に日光真光《しんこう》教会で洗礼を受けたので、みんなボーンクリスチャンです。

日光にいながら東照宮にも中善寺《ちゅうぜんじ》にも行ったことがありませんでした。行きたいといっても、母は、そのうちねといって連れていってくれない。あとで自分で行きましたけどね。

クリスチャンでよかったと思えたのは、父の病に直面したときでした。父が五十歳を過ぎて、会社から子会社を作るよう命じられたんです。

製造技術のライセンスをとるためにアメリカに出張したときのことです。昭和三十年代で、まだ敗戦国という意識があったからでしょう。アメリカ人に負けちゃいけないという想いでかなり気を張って乗り込んだら、張り切りすぎて振り切れてしまった。人格まで変わってしまったんです。あとでわかったことですが、双極性障害の躁《そう》状態でした。

父は洗礼名がテモテなんですが、アメリカにいるときにおかしくなってしまって、「目の前にテモテを先頭にした葬列が歩いていて、これはおまえの葬式だとテモテが自分にいった」というんです。幻覚を見たんですね。そのまま入院させられて、電気ショックをされて十日ほど眠らされた。ひどかったですね。少しずつ正気を取り戻して帰国しましたが、それからも介護は大変でした。

明治生まれで無口で厳しいところのあった人だったのですが、落ち着きがなくなって変な行動もするようになった。その一方で、沈み込むともうだめだといって寝込んでしまう。

一番上の姉やおばにも同じような症状が出たので、うちの家系には遺伝的なものがあるなと思いました。そういう父を持ったことを恥じましたし、自分もいつかああなるんだと思って、世の中に対してうしろ向きになった。この感情は社会人になるまで引きずりました。

それがあるとき、牧師の言葉で一瞬にして変わった。「あなたは自分にとれない責任をとろうとしている、神様に任せるようにしなさい」という一言でした。

人はどうしても自分が培った理性や能力で乗り切ろうとします。それはそれで大事ですが、最終的に間違えているかもしれない。違う道を受け入れるところをもっていないといけないということです。頭の中では、自分にとれない責任をとろうとするのは罪だとわかっていたんですが、自分がこの事象にとらわれていることに気づかされたんですね。


主イエスの宣教メッセージの第一声は、悔い改めて福音を信じなさい、です。悔い改めるというのは、確かなものをもつということ、それがイエスのメッセージ、キリスト教の大きな柱だと思います。

仏教でも、法然と親鸞が南無阿弥陀仏と唱えることでみなの本願が成就するといいますが、近いものはあると思います。確かなものに身を委ねていく、それが南無阿弥陀仏だと、ぼくはよく知っているわけではないですが、そう感じています。

悔い改めて福音を信じなさいと、幼い頃からずっと教会で聞いてきて、それは悪い行いや考えをやめてイエス様のように生きなさいということだと思っていたんですが、そうではない。悔い改めよというメッセージは、自分の中に確かなものを求めるのではない。その傲慢が一番の罪の根源だということです。それがわかったのは、かなり大人になってからです。

ただ、宗教には二種類ある。宗教はアヘンにもなる。悩みたくないから信じちゃえといってすべてを放棄してしまう。悩んでもしかたのないこと、責任をとれないことを背負い込んでもしかたがない。その問題は神に委ねるしかない。その中で、私たちに何ができるのでしょうかと問わないと次がありません。聖書のメッセージを局部的に取り出して自分がいいように解釈することがよくありますが、コンテクストの中できっちり読まないと間違います。

じつは先週、沖縄に行ってきましてね。ハンセン病の患者で伝道師でもあった青木恵哉《けいさい》先生が開設された、愛楽園《あいらくえん》というハンセン病の元患者の方々が暮らす施設で、毎年ボランティアをしているんです。活動を始めたのは当時、明治学院大学の社会福祉学科にいた学生で、青木先生の臨終にも立ち会って大きな影響を受けたんです。彼は立川の聖公会にいて、大学を出てから渋谷聖ミカエル教会に移って、それからうちの青年たちがボランティアで一緒に参加するようになった。

私は当時、特許庁勤めの国家公務員で、復帰前の沖縄に渡航する手続きは複雑だったので、当初は後方支援をして、復帰してから一緒に行くようになりました。

愛楽園での経験は、私の信仰生活の中でも大きなものでした。当初は、いろいろ不自由なことがあるだろうからお助けしようという想いだったんです。ところが、みなさんが望むのはそういうことではなかった。社会の話が聞きたい、世の中のことをもっと知りたいといわれたんです。お会いして、いろんな交わりを通して、いろんなことを教わった。大きく揺さぶられました。

そこにたまたまヘルパーの見習いとして働いていたのが今の妻で、通っていた学校が学園紛争の影響で閉鎖されたので、社会勉強のために愛楽園に来ていたそうです。そこでまあ、美しい誤解が起こったわけですね。彼女は結婚してから洗礼と堅信を受けました。

愛楽園の中にある祈りの家教会には、韓国から来られた司祭が詰めてくださっています。日本の聖公会は司祭が足りなくて、韓国の聖公会にずいぶん助けられています。うちの教会も、二代にわたって韓国聖公会の司祭に助けていただきました。

先進国の教会離れは深刻です。イギリスでも、教会だった場所がスーパーマーケットになったり、スポーツセンターになったりしている。インターネットを使った発信がもっと必要だと思うんですが、なかなか。今の時代にも悩んで、何かを探している人たちはいるはずですからね。

2016/11/2

息子はそのうち、おれはイエス様の生まれ変わりだなんていうんでねえべなあって、おやじは心配していたそうです。

大内信一
一九四一年生
安達太良《あだたら》聖書研究会
福島県

うちは福島県二本松市で十六代続いている農家です。大農でも小農でもない、中農っていうのか、自分で食べるぶんだけはある自作農でした。大地主だったら没落するし、小作はどうにもならない。地主にも小作にもならなかったから、わりあい続いたのかもしれません。

養蚕と米と麦、大豆が主体だったところに、養鶏と野菜を加えてやり始めた頃のことです。養鶏をやりながら野菜も作る愛農養鶏を実践している先輩から、日本最先端の技術を教えている菅倉市《すがくらいち》という先生が二本松の公民館で講演をされるから来ないかと誘われて行ってみた。これが決定的でした。

寄らば大樹の陰といいますね。どうせ頼るなら力のあるもんに頼ったほうが得策だと、どちらかというと日和見な意味で使いますが、菅先生がおっしゃったのはそうではない。

農業でいえば最高の農業技術で、人生でいえば長いあいだ続いてきた生き方だというんですね。聖書の「狭い門から入りなさい」（マタイ7・13）というみ言葉を挙げて、大樹になるような農業技術や人生の生き方を示すのは、広い道ではなく狭い道だ、と教えられました。

それまでは農業の勉強というと、こうすれば鶏は余計に卵を産むとか、こういう技術だと作物がよく育つとか、儲かるか、儲からないか、みたいな話がほとんどでした。

菅先生は違いました。人間の生きる道と共に農業がある。どんなに雨が降っても嵐が来ても、倒れないような大樹を見つけなければならないという教えでした。

そのときに紹介されたのが全国愛農会といって、無教会主義キリスト教の伝道者だった小谷純一《こたにじゅんいち》先生が終戦の年に設立した、農業を愛する人たちの自主独立の運動組織でした。

三重県の本部で研修会があるというので、福島から通いました。二十五日程度の短期大学講座ですが、農業の基礎から応用を勉強しながら、毎朝、日によっては半日、小谷先生から聖書の話も聞きました。農業技術だけじゃなくて、生き方を大きく変えられる出来事でした。

小谷先生がおっしゃっていたのは、日本の農村はキリスト教にとっては強酸性の土壌だということです。土には中性とアルカリ性と酸性がありますが、強酸性になると作物が育たない。

カトリックもプロテスタントも、農村伝道を教会の目標にしてずいぶん活動してきましたが、ほとんど定着しませんでした。そんな中で、小谷先生の農村伝道は日本に広く定着したのではないかと思います。

愛農会で信仰の種を蒔かれて地元に帰っても、一人ではなかなか信仰は続きません。幸いにもバイクで行ける距離にある船引町で、無教会の塚本虎二《つかもととらじ》先生の弟子でお医者さんをされていた佐藤一哉《いっさい》さんが集会をされていました。

誘われて行くようになったら、そこに熱心なクリスチャンで柳沼力さんという銀行員の方がおられた。柳沼さんが二本松に転勤されてからは、柳沼さんのご家族と聖書の勉強をするようになりました。その方がまた転勤でいなくなったので、現在の湯浅鉄郎《ゆあさてつろう》先生の集会に通うようになったのです。

うちは代々曹洞宗で、キリスト教とはまったく接点がありません。農業はまじめにやっていたので、おやじはとくに反対はしませんでした。田植えで忙しいときに、「今日も集会に行くのか」といわれたことはありましたけど、それ一回だけ。あとは黙認でした。

最初は、立派な農業者になりたいというだけのことだったんです。病気をしていたわけでも、人生に特別な何かを抱えて迷っていたわけでもない。やっぱり農業は有機農業が本物だと思ったわけです。人や土や環境を大切にする。小谷先生、佐藤先生、柳沼先生らの人柄にも影響を受けましたし、聖書のみ言葉にも感銘を受けました。

イエス様が弟子たちに説教をした「山上の垂訓」はよく知られていますけど、そこに、「施しをするときは、右の手のすることを左の手に知らせてはならない」（マタイ6・3）という一節があります。人間というのは普通に生きていても、ちょっといいことをすればみんなに自慢したいというか、人に認めてもらいたいという心が起きる。でも、聖書がいっているのは、右の手がしているいいことも、左の手に知らせるな、片方の手が気づかないぐらいこっそりしなさい、それぐらい謙虚でありなさいということです。

心底からそんな人になれるはずもないですが、神様の力を借りてそうなりたい、そんな人になりたいと思いました。

愛農会の婦人部が「お母さんの作業メモ」という冊子を出していて、そこに大内さんの心を書いてくれと頼まれましてね、何年間か書いてきたものがあるんですが、キリスト教の話が多いですよ。右の手、左の手のことは、「自分の愚かさを棚に上げて、人のせい、世のせい、天気のせい、土のせい、にしてしまう、そこに本当の発展はない」と書いていますね。

聖書は小谷先生の研修会で習ったときはわからなかったけど、何回も読むうちにすごく心に響いてきた。だんだん聖書から離れられなくなっていきました。

愛農会の聖書研究会には、内村鑑三先生の孫弟子の高橋三郎先生が何回か来られました。福島にも来てくださいました。思い出は数えきれないぐらいありますが、とにかく聖書の話がわかりやすかった。

忘れられないのは、前座といって、先生が話をする前に証しをしたときのことです。証しというのは、普通は自分が神様から得た恵みについて話をすることですが、うちの集会では聖書の一節を選んで、そこから感じたことについて話をするんですね。

一生懸命準備して話をしたから、先生の評価が気になりました。そうしたら、終わったときに、高橋先生が、「ご苦労さま、いい勉強になっただろう」って声をかけてくれた。話をしたり、文章を書いたりするのは他人のためじゃない、自分のため、自分が一番勉強になるんだよと。

自分が何について証しをしたかはまったく覚えていません。ただ、信仰というのは一方的に教えるだけではないんだということを知りました。一番思い出に残っています。

聖書にふれて日常生活が大きく変わったというわけではありませんが、少しはほかの人たちのことを考えるようになりました。安全な作物を作るという信念は増し加わった気がします。

日本の有機農業は消費者の信頼を得て、提携のかたちで発展しました。少量多品目では市場になかなか相手にしてもらえませんからね。虫がいないキャベツなんかが届くと、無農薬でできるはずがないという消費者がいるんですけど、そんなことはないんです。虫と競争しないようにするには、いつ種を蒔いて、どんな土作りをすればいいかを考える。

あとは輪作といって、無農薬でもやりやすいネギを作ったあとにカブを作るとか、順番を工夫する。肥料のやり方も、肥満児にも痩せすぎにもしない方法があります。

うちは養蚕をやっていましたので、もともと農薬を使いたくないという気持ちがありましたから、おやじも理解してくれましたし、ちょうど妻が妊娠中だったので、消費者のためだけじゃなくて、われわれの健康を守るためでもありました。

初めのうちは東京の生協が取引の中心でしたけど、県内にもだんだんそういう野菜が欲しいという人が増えたもんで、仲間に呼びかけていろんな物を作るようになりました。

日本有機農業研究会が結成されたのは一九七一年です。福島県でも愛農会のメンバーが中心になって研修会をやって、一九七八年には二本松有機農業研究会もできました。

東北ですから、冷害の苦しみは何度も経験しています。だいたい五年ごとにあります。うちが有機農業を始めた頃もそうでしたが、一番ひどかったのは、一九九三年です。お盆なのにこたつが欲しいほどの冷夏で、米は一つもとれないだろうとみんなあきらめていました。

ところが、そんなときにも品種によっては立派に実った。学問的には、穂ができるときに一五度以下になればもう花が咲けなくなって、花がつかないと交配もできないから実らないんですが、ちゃんと実ったんです。ところがよく見ると、一粒一粒違う。一つの穂の中で隣の粒はまったく実っていないのに、立派に実っている粒もある。まばらな穂を見ながら考えました。

こんな天気じゃ、みんなできたんでは全滅するだろう、だからおれは身を引く、おまえは生き残れって、誰かがいい出したんじゃないかって。作物の力を感じました。

天気のいい年は、無農薬でもハウスで覆いなんかしなくても、トマトやスイカが本当によくできる。寒い夏は、まったくできません。ところがジャガイモやカボチャはよく育つ。おいしいわけですよ。

ということは、暑い夏はスイカやトマトをいっぱい食べてビタミンを補給すればいいし、寒い夏は、温めて煮るカボチャやジャガイモを食べて栄養を補給すればいい。きゅうりとインゲンは暑くても寒くてもまあまあ育つ。そんなことも作物から教えられてきました。

このあたりは磐城《いわき》の国といって、岩盤が絶対に強いという想いがありました。だから東日本大震災で揺れたときも、家が倒れるようなことはありませんでした。少しは被害がありましたが、瓦が落ちたぐらいで済みました。

二本松には浪江町から七〇〇〇人ほどの方が公民館や体育館に避難されていたので、ホウレンソウやら卵やら、差し入れをいっぱいして炊き出しの手伝いをしました。みんなおいしいなあって喜んでくれて、笑ったりしていました。

自分が被災者だという意識はまったくないですよ。ところが、家に帰ってテレビを見たら、ホウレンソウと牛乳が出荷停止になったと。なんで牛乳かというと、山間の酪農家が沢の水を飲ませてたからだそうです。四号機の水素爆発が三月十五日で、その翌日だったと思います。

三月のホウレンソウは、冬の雪の重さで葉っぱを広げてっから、降ってきた物をもろに受けたわけですよ。不安な気持ちで畑に行ったら、みんな元気にスクスク育ってる。

直感的に、ホウレンソウが私たちに話しかけていると思いました。私たちはおいしい物を食べてもらうために、葉をいっぱい広げて放射能を受け止めたんだよ、畑を守ったんだよって。そういう声を聞いた。本当にそう思ったんです。

これはホウレンソウの想いに応えないといかんと思って、根っこから引き抜いて軽トラック一〇台分を人が来ないところに廃棄しました。あの頃は一〇〇ベクレルから二〇〇ベクレルぐらいはあったかな。

隣にネギ畑があったのですが、こちらのほうはいくら測っても放射性物質は検出されなかった。ネギっていうのは農薬をいくら噴霧してもツルンと滑り落ちちゃって効かないという話をよく聞くんですけど、放射性物質もそうだったみたいです。生協では非常に厳しい放射能検査がありましたが、土から検出されてもネギからは出ない。ネギは上から降った物を寄せ付けない、根からも吸わない、空気中からも吸わないということがわかってきました。

それでも地域のサンプル調査で一点でも数値が高いと、地域全体が出荷停止になります。放射性セシウムが検出されなくても、消費者は不安だからどんどん離れていきました。

そんなときに助けてくださったのが、チェルノブイリで事故の被害者支援を長く続けてこられた分子生物学者の河《かわ》田《た》昌東《まさはる》先生でした。河田先生には何度も指導していただいて、作物によっては放射性セシウムの吸収率が違うことを知りました。

一番吸いやすいのがナタネとひまわりで、こちらは油にすれば搾出した油へは移行しないから大丈夫。吸わないのが、ナス、きゅうり、トマト、その次がにんじんでした。

その頃、にんじんジュースを実験的に作り始めていたので、ちょうどよかったんです。にんじんで作り始めたら、こちらは検出されません。消費者は最大で六割ぐらい減ってしまいましたが、二本松有機農法研究会のみんなでにんじんジュースを作ることになりました。一般の物よりは割高ですけど、よく飲んでいただいています。

愛農会の「愛農」という機関誌から、福島の現状を報告してくれと頼まれて、「測り縄をしめぬうちに」という文章を書いたことがあります。稲作りの大先輩で、無教会の信者だった松島《まつしま》省三《せいぞう》さんの『測りなわは楽しき地に　農学徒の幸福論』という本について紹介しました。

松島さんのお母さんは中途失明されたのですが、お父さんがすごくお母さんを大切にしていた。自分たちが東京の大学に行ったときも、お母さんの手紙をお父さんが代筆していたそうです。松島さんは子ども心に、なぜ父はこんなに母を大事にできるんだろうとずっと不思議だった。謎が解けたのは、結婚式でお父さんのはなむけの言葉を聞いたときでした。

神様はあらゆる人に平等に、いいことも悪いことも与える。お父さんは目が見えないお母さんを神の測り縄として与えられた、だから大事にするのは当たり前なんだと。

神の測り縄というのは、旧約聖書の詩篇十六章六節にある言葉です。「測り縄は麗しい地を示し　わたしは輝かしい嗣業《しぎょう》を受けました」とあります。測り縄というのは、測量するときに使う縄のことで、氏族制度の時代には、氏族の長が土地を測り縄で測って人々に割り当てました。

松島さんのお父さんは、妻が盲目になったことを運命としてあきらめずに、嗣業、つまり神から与えられた賜物として受け止めて、喜んで勇敢に生きた。神の測り縄は不毛の痩せ地に落ちたけれど、耕しながらお父さんは、いつもイエス様が共に耕してくださっているのを感じて、力を得たのだと、松島さんは気がついたんですね。松島さんのお父さんは、内村鑑三先生の弟子で大変傾倒されていたそうです。

農家をやっていると、みんな不平不満をいろいろいうわけです。うちは土地が悪いとか、日当たりが悪いとかね。震災後に福島を離れる仲間もいました。

でもどこにいても神から与えられた測り縄としての土地だから、がんばってもらいたいし、自分もがんばろうと。この言葉には本当に救われたというか、励みになりました。

雑誌にそんなことを書いたら、二本松のカトリック教会の人がすごく感動されたらしく、それから付き合いが始まって、今は一緒に福島の農産物を買ってもらう活動をしています。日本にはクリスチャンが一パーセントぐらいしかいなくて、カトリックと無教会はとくに両極端だからあまり交流がなかったんですけど、同じキリスト教だから協力しましょうとね。

冷害にも震災にも苦しめられましたけど、それでも、神様がいないなんて気持ちになったことはまったくないです。無教会の仲間がよくいうんです。福島で、あの時期で、よかったんだと。もうちょっと東京に近かったら、大阪に近かったら、日本は大混乱に陥っていた。

もし福井や東海村で同じレベルの事故が起きていたら、もし風が海じゃなくてみんな内陸に向かっていたら、日本は壊滅していたんだと。

福島は確かにひどい被害を被りましたけど、仙台のほうにはあまり向かわなかった。福島でよかったんだとね。被害に遭った自分たちだからいえることですけれど。

測り縄というのは、それぞれの人や国に与えられる大きな災いです。でも地理や風に助けられた恵みもある。今、原子力政策を転換しなかったら、日本はだめになるという警告だ、測り縄は福島の地にと思って、エネルギーのことも支援団体の力を借りてドイツに勉強しに行ったこともあります。

今やろうとしてるのは、営農型発電、英語でソーラーシェアリングです。太陽光や風力やいろんなバイオマスを組み合わせて、自分たちが使う電気は自分たちでお金を出し合って作る。一般家庭一四戸ぶんぐらいの電力はまかなえるようになっています。原子力政策への一つの対抗手段です。

祈りというのは、神様との応答だと思います。神様はすべてを見通しておられますから、自分の本当の願いを神様に祈ります。悩みに悩んだときは、イエス様が現れます。何回かそういう経験をしています。イエス様ご自身が私の目の前に現れたんです。

初めは、家内と結婚するのが決まったときのことでした。愛農会で聖書の話を聞き始めた頃で、小谷先生は信仰をもった者同士の結婚を強調されていました。うちはもう見合いで結婚が決まっていましたし、相手が未信者だったので、そのことで悩みに悩んだんです。一時は、破談にしようとまで考えました。

悩みながら祈っていると、イエス様が目の前に現れたんです。「相手が未信者だといっているが、まずおまえの信仰はどうなんだ」。十字架に掛けられたイエス様がそういって、目の前を過ぎ去っていかれました。

おやじがまだ健在だったときです。ふだんは神様とかイエス様とかいわない人なんですが、息子がちょっと尋常じゃないと思ったんでしょうか。友だちに、「うちの息子はそのうち、おれはイエス様の生まれ変わりだなんていうんでねえべなあ」って、心配していたそうです。そういうことがあったもんで、いまだに家内には頭が上がらないですね。

先日、弟が亡くなったときも、イエス様の声を聞きました。うちは五人きょうだいで、おれが長男ですが、末っ子の弟が病気で亡くなったんです。きょうだいでは、おれとその弟だけが信者でした。

弟が亡くなる前の最後の祈りを彼の奥さんから聞きましてね。兄にもう一度、この世で活躍させてやってほしいという祈りだったと。

その話を聞いた瞬間、「その祈りは聞くが、おまえはこちらに来い」といって、弟は神様のもとに連れていかれたというのをまざまざと感じたんです。そのときもイエス様が現れた。イエス様の声を確かに聞いたと思っています。

2018/6/17

信仰には積み上げはない。ただ、右往左往はあります。

荒井克浩
一九六二年生
無教会駒込キリスト聖書集会伝道者
東京都

私の父は、男心をくすぐるような破廉恥なことをしてお金を儲けた人でした。上野広小路《うえのひろこうじ》で「ボーナス」というキャバレーを経営して、キャバレー団体の会長までやっていた。福富太郎《ふくとみたろう》[1]さんも父のところで働いて独立して、「ハリウッド」を開業したと聞いています。

母は父の二番目の妻で、最初の妻とのあいだに六人、腹違いのきょうだいがいたので、母は非常に苦労したようです。母が亡くなってから知ったことですが、母も父とは再婚で、最初の夫と子どもを結核で亡くしていました。

父の店は上野広小路が本部で、池袋と新宿にもビルを持っていました。私も以前コーヒー店をやっていたのでよくわかりますが、水商売であれだけ儲けるというのはちょっと考えられない。親戚も、あの儲け方はちょっとね、といっていましたね。

そういう商売ですから、ご利益信仰がすごくて、上野の寛永寺《かんえいじ》の檀家総代をやっていましたし、社員旅行は成田《なりた》不動尊。かなり寄付していたと思います。

1 東京新橋にキャバレー「ハリウッド」を開店。フランチャイズ化し、キャバレー王と呼ばれた。タレントとしても活躍し、浮世絵の収集家としても知られる。一九三一―二〇一八。

毎朝起きると火打ち石をカンカンと打って、位牌と仏舎利を拝んでいました。仏壇は幅一メートルほど、高さも人の背丈ほどありましたね。縁側でも、太陽に向かって柏手を三回打つ。神棚は幅三メートルほどあって、真ん中に天照皇大神宮《てんしょうこうたいじんぐう》、左手に大黒天《だいこくてん》、右だったかどっちかに氏神様と、神道の神様がずらりと並んでいた。お稲荷《いなり》さんもどこかにあったかな。全部、偶像崇拝ですね。商売のためなのかわかりませんけど熱心でした。

私は父が五十六歳のときの子どもだったので、とにかくかわいがられて甘やかされて育ったんです。会社にもよく連れていかれました。ヒラヒラした衣装を着た女の人がいっぱいいいましたね。従業員はみんないい人たちで、ずいぶんかわいがってもらいました。

自制心があまりないお調子者で成績もよくなくて、立教学院は当時、試験科目が算数と国語だけだったので入ることができたんだと思います。ミッションスクールですから生徒手帳には讃美歌や主の祈りや使徒信条が載っています。朝礼で祈って讃美歌をうたいました。

信仰心なんてありませんよ。チャプレンが聖書を教えてくれていましたけど、右から左でした。家に帰れば相変わらず神棚と仏壇ですからね。

母方の祖父は浄土真宗の導師で霊感の強い人だったそうですが、叔母がその気質を受け継いで、真言密教の在家坊主として芸能界のいろんな方の相談を受けていました。

その叔母の影響もあって、私も毎朝、般若心経《はんにゃしんぎょう》を唱えて、忘れちゃいましたけど回向文《えこうもん》、懺悔文《ざんげもん》というのも唱えていました。やらないと気が済まないようになるほどでした。過敏な年代ですから、学校では友だちに嫌われたくないために一生懸命入れ込んだりして、自分を作ってまでも人と仲良くしたいという道化みたいなところはあったと思います。

それが大きく変わったきっかけは、父の死でした。私が十四歳のときです。莫大な遺産がありましたから、相続の過程でそれまで仲良さそうに見えたきょうだいがバラバラになっていったんです。この世の中のいったい何が中心なんだろうと幼心に感じていたと思います。

自分をしっかりもたなくちゃいけないという想いが強くなって、合気道の道場に通うようになりました。人数合わせに入ってくれと友だちにいわれたジョギングの同好会で妻と出会いますが、そのときはまだ付き合っていません。毎朝の般若心経はずっと続けていました。仏教のなんたるかをわかっていたかは疑問ですが。

ある方の紹介で韓国系の小さな貿易会社に就職しました。フォークリフトとか工事用の機材を輸出する仕事です。とくにこだわっていたわけではなくて、タイプライターを覚えられると思って入社したようなものです。父が亡くなってから、母は珈琲《コーヒー》館のチェーンに入って東銀座で店を始めましてね。そういうご縁もあって、新聞に載ったドトールの募集広告に興味をもって転職しました。

ちょうどその頃、観光ツアーに参加してアメリカのペンシルベニア州ランカスター郡に行きました。プロテスタントから分かれた再洗礼派と呼ばれるメノナイトの家庭にホームステイしながら、アーミッシュの村の収穫感謝祭に与るという内容でした。単純な観光旅行のつもりでしたが、こんな美しいところがあるのかと驚きました。

村は、アーミッシュの共同体をメノナイトの人たちがぐるりとドーナツ状に囲んでいました。アーミッシュはメノナイトから分派したのですが、メノナイトよりさらに厳しい暮らしをしていて、電気も使いませんし、自動車にも乗らない。自給自足の生活をしています。多感な時期で洞察力もあまりなかったと思いますが、信仰の純粋さに惹かれました。

私の求める本質的なものはキリスト教の世界にあるのかもしれない。そう思って、帰国してすぐに、近くの日本基督教団の教会に通い始めて、翌年には洗礼も受けました。牧師の司式で結婚式もしてもらいました。

仏壇だろうが神棚だろうが、キリスト教だろうが、とにかく心のむなしさを埋めてくれればそれでよかったんだろうと、今は思います。青年会の一員として役員にもなって教会のために働きましたが、教会にいてもキリストの恵みがどこにあるのか、わかりませんでした。

ある日、本を読んでいたら、カトリックの人たちは坐禅をしているとあった。そうか、坐禅をやれば深いものを知ることができるんじゃないか。そう思って、白山《はくさん》にある臨済宗龍雲院《りゅううんいん》に行きました。私は一本気なものですから、始めたらのめり込みます。何も与えてくれないキリスト教は嫌だと思って、だんだん教会に行かなくなりました。

毎朝、坐禅を組みました。龍雲院の道場には十年ぐらい通いましたね。朝、一時間ぐらい坐禅を組んで、それからドトールに行く。

小池心叟《こいけしんそう》という京都にある建仁寺《けんにんじ》の法主だったすごい老師です。朝六時半から座って、七時になると老師がすすっと奥の部屋に行って、チリンチリーンと鳴らす。すると順番に立ち上がって、入室参禅をやります。「狗子《くし》に還って仏性有りや、また無しや。州曰く無（ある弟子が、犬に仏性があるかと趙州《じょうしゅう》和尚に問うた。すると、和尚は無と答えた）」といって、それはどういうことかと自分の見解を述べます。チリンチリーンって鳴ると、戻って座ってこいという意味です。

毎日、同じ問題をやる。これが公案修行です。雲水も在家も一緒にやります。五年、十年、だめだだめだといわれ続けて気が狂う人もいます。十数年かけて悟った人もいます。悟りたい、真実が知りたい、という想いでいっぱいでした。悟ればなんとかなると思っていました。

ところがある日、老師が答えをほのめかしたんです。あんた、こういうふうにいってみてっていわれて答えると、ＯＫが出て次の問題に移った。私に根気がないと思われたのかもしれませんが、あれ、なんか違うなと思ったんです。

次に通ったのは、福井県小浜《おばま》市にある曹洞宗発心寺《ほっしんじ》の原田雪渓《せっけい》住職のところでした。接心《せっしん》といって寝ずに座る修行に夏冬の数日間、参加を許されました。月に一度、文京区の吉祥寺に坐禅指導に来られたときも行きました。三～四年ほど通ったでしょうか。

それでどうしたかというと、つくねんと座っているならこの世の仕事をしろと。只管《しかん》労働といわれましてね。それで坐禅はあきらめて、自家焙煎《ばいせん》のコーヒー店を始めたわけです。


ある日、教会に通っていた頃に買い集めた本の中にあった、高橋三郎の『絶望と希望　若人に語る』を読みました。高橋先生は内村鑑三、矢内原忠雄に続く、無教会の中心的な伝道者です。青年の生き方について聖書を土台にして論じた内容で、ああ、こういう先生がいるんだ、この先生は自分にとってのキーマンになるかもしれないと思いました。言葉ではうまく説明できない、インスピレーションに近いものです。

高橋先生の集会に行きたいですと電話をしたら、一九九四年に交通事故に遭って頸髄《けいずい》挫傷で寝たきりだとおっしゃった。集会も年に二回行くのがやっとだとのことでした。

手紙のやりとりを重ねて、ある日、渋谷の集会に行くというのでそこで初めてお会いしました。ご自宅にもうかがって、もう一人の女性の信者さんと一緒に、先生の手になって口述筆記したり、お手伝いをしたりするようになりました。とにかく先生から吸い取りたいと思った。高橋三郎という伝道者の姿を間近に見て、無教会には何かがあると確信したんです。

無教会以外は考えられませんでした。なぜかといえば、教会には人間的な残滓《ざんし》がありすぎる。信仰というのは本来、根源的でなければならないという想いが私の中にずっとあったんです。禅をやっていましたので、本来無一物、無、という印象が無教会にはあると思いました。

そのうち、働きながらでも通える神学校があると聞いて、店が終わってから日本聖書神学校に通って伝道者を目指すようになりました。

高橋三郎先生から何を一番学んだかというと、先生ご自身が神様と向き合って生きてきたという姿そのものです。無教会には洗礼も聖餐もありませんし、組織的なこともありません。神様とのかかわりの中で出来上がった人格を継承していく、人格的継承だけがある。

内村鑑三のある種、恐ろしい人格は弟子の矢内原忠雄に受け継がれていますし、矢内原の人格は高橋三郎にも伝わっているはずです。その中枢は、神様と伝道者が真正面から向き合ってやりとりしているということです。無教会はそれだけなんです。

マルチン・ルターはカトリックのサクラメント——洗礼・堅信・聖体・赦しの秘蹟（告解）・病者の塗油《とゆ》・叙階・結婚——のうち、洗礼と聖餐だけ残しました。

無教会は、それさえ本当かと問うのです。救われるかどうかは、一方的な神の恵みである。人間からの積み上げは一切あってはならない、人為的に作り上げられるものではないということです。洗礼も聖餐もキリストの周辺にあったものです。それを中心に取り込むというのは、神のものが人間のものになってしまうということです。どんなにつらくてもそれをやっちゃいけないというのが、内村鑑三の発見だったと思います。

ここは母の土地でしたので私が譲り受けて、コーヒー店をたたんで集会所にしました。純粋に神様だけを仰ぎ見るところにしたいので、献金も無理な方は結構ですといっています。

無教会の集会所は、ほかも自宅を開放して集まるところが多いですね。あるいは公民館でしょうか。宗教法人にはならず、経費はできるだけかけず、神様のみであることを堅持する。

教会とは建物ではなく人の群れです。自分がクリスチャンだと思ったらクリスチャンです。洗礼を受けても、受けなくても、神様を信じて、神様に導かれていると思った段階からクリスチャンです。

ここは生粋の無教会という方は少なくて、ほかの教会をやめて来られた方がほとんどです。カトリックだった方もおられるし、プロテスタントの牧師や教会役員をなさっていた方もおられます。その役員の方は、牧師に教会会計について意見を述べたら、みんなからサタンだと攻撃されて傷ついたとおっしゃっていました。

集会のあとでお茶をいただく時間があって、みなさんお話をされますが、証しは決められたものでも強制されたものでもありません。その場その場で与えられたときに自然に発すればいいのであって、今こそ証しの時だ、今こそ告白の時だ、なんて決められたら酷ですよね。

その人がキリスト者か、キリスト者ではないか、その人が導かれているか、導かれていないか、第三者が決めるなんてことは、聖職者であっても絶対にあっちゃいけない。それは神様だけにしか決められないことです。

伝道者になってからは苦しいことばかりです。坐禅ではありませんが、いつ報われるかわからないような罪の意識と闘うといえばいいでしょうか。苦しい苦しい時間が続いていたあるとき、今までは遠く自分の外側にあった十字架がすぱっと自分の中に入ってきた。キリストがつけられたままの磔刑《たっけい》の十字架です。汝の罪赦されたり、と。

一瞬にして入ってこられたもので、私が積み上げたものでも望んだものでもない。それ以来、その十字架は途切れることなく私の中にある。口では説明できないものです。

信徒はそういうイエスに出会ったとき、肉の業ではなく「霊の結ぶ実」(ガラテア5・22)に自分自身が転換されていくという経験をするはずです。人それぞれでしょうが、これが聖霊体験といわれるものなのでしょう。一八〇度変えられる。それは事実です。

信仰には積み上げはない。ただ、右往左往はあります。私自身、小さい頃からあった空虚さを埋めるために、仏教に行き、キリスト教に行き、また仏教に行って、キリスト教に戻ってきた。あっちへ行きこっちへ行き、右往左往してきました。
それに対して神様がどう答えてくれるのかはまた次元の違う話で、もしかしたら答えてくれないかもしれないですけどね。

2018/2/25,5/29

教会から一番遠い場所に
行ってみようと思って、
中野のキャバクラで働き始めました。
ところが、キャバクラってところは、
どちらかといえば
教会に近い世界でした。

宇田慧吾
一九八九年生
日本基督教団丹波新生教会園部会堂牧師
京都府

母方のひいひいおじいさんが、初代のクリスチャンです。熊本洋学校の二期生で、熊本バンドと呼ばれた一期生と同じような経験をして宣教師に出会ってクリスチャンになったために、家族に迫害されて、最終的には瀬戸内海の小豆島《しょうどしま》に行きつきました。

曾祖父の代で小豆島の内海《うちのみ》教会を信徒として設立して、その子どもが私の祖母です。そこに農村伝道でやって来たのが、賀川豊彦[1]とその弟子だった祖父の中川俊三《なかがわしゅんぞう》でした。祖父は京都大学農学部を卒業する頃に賀川に出会って、賀川のもとで農業研究に従事していました。

その娘がぼくの母で、これが子どもの頃に非常につらい経験をしています。祖父はキリスト教に生涯を捧げる気持ちで京都に中川立体農業研究所を設立して、果樹園芸や畜産も採り入れた立体農業を研究するんです。農業指導をしたり、農民福音学校を作ったり、いろんな活動をしていました。

1　一七三ページ参照。

ところがあるとき、キリスト教立の幼稚園を作ろうとしたところ、建設会社に騙されて前金として渡したお金を持ち逃げされてしまった。新聞で報道された事件です。農協関係の会社の立ち上げの保証人にもなっていて、それも結果的に逃げられて多額の借金を背負った。

母にすれば、いつもお金がないと自分の母親が泣いていた。二人の兄の一人はチンピラになって、もう一人はマルクス主義に傾倒して、親子喧嘩が絶えなかった。刃物を持って喧嘩したこともあって、母は軽トラックに逃げて泣いていたそうです。

そんな経験をしてきたものだから、母は実家から、キリスト教から逃げるために静岡の薬科大学に入って、そこで出会ったクリスチャンじゃない父と結婚しました。

ところが父は思うところがあったようで、結婚してすぐ洗礼を受けた。水戸の教会で、当時はメソジスト系の牧師がいたそうです。ぼくはこの水戸で生まれました。

ぼくのアイデンティティを形成したのは、ボーイスカウトだと思います。中学三年のときに新潟県中越地震が起きて、ボーイスカウトの仲間四人で震災奉仕に行ったんです。壊れた家の荷物を移動する手伝いや雪かきをしていると、通りがかりの人にありがとうっていってもらえる。そのとき、自分は人のために働いて感謝されたときが幸せなんだと思って、将来は人の役に立つ仕事、人を助ける仕事をしたいと思いました。

ところが、そこでもう一つ感じたことがありました。倉庫いっぱい不要な支援物資が並んでいるのを見て、送る人は善意だけど、善意の空回りが起きているなあと。

ぼく自身もそうです。中学生ですから車も運転できなかったし、なんの資格もないので、ボランティアのために用意された仕事をしているだけ。自分も善意の空回りの一人だと感じて、果たして自分に人を助ける力があるのかということが問題になりました。

高校三年でボーイスカウトの最高峰の富士章をいただいて、その面接のときにあなたはキャンプを通して何を学びましたかと聞かれました。ぼくの隊のキャンプはひどくて、なんの訓練もしない。鍋を食べたり朝まで飲み食いして、日が昇ると解散するだけ。でも仲間とのそんな時間にすごく幸せを感じた。ああ、自分は人と人のつながりに幸せを感じるんだ。人とのつながりを作る仕事ならやりたいと思うようになるんです。

ところが受験だというのに進路がなかなか決まらない。ボーイスカウトの隊長が経営するソウルバーに入り浸っているうちに、あやしい大人に出会いました。インド仏教の行者に会って七年間修行してきたという人で、その人が、「慧吾君、知ってる？　インド仏教の輪廻転生《りんねてんしょう》は質量保存の法則に基づくんだよ」といったんです。四十億年前に地球ができて、大気ができて、隕石が入ってきたり、ロケットが出ていったりという多少の増減はあるけど、四十億年前から大気中の物質量は一定だという話でした。自分の体になっている物質も四十億年前には海だったかもしれないし、土だったかもしれない。四十億年後には木になっているかもしれないし、空になっているかもしれないと。

そんな話を聞いて、この世界にはそんな壮大な流れがあるんだな、そんな中で自分一人が人を助けたいとか、人のために働きたいとか、なんの意味があるんだと思ったんです。もう学校に行けないというぐらい滅入っちゃいました。十八歳の夏のことです。

父は警察音楽隊でサックスを吹いていて、母は薬剤師でしたから毎日忙しくて、ぼく自身は鍵っ子でした。両親はぼくの気持ちを受け止めてくれる人たちで、生きている意味が見出せないという話をしたら、それからは父が毎週、日曜日の昼にはごはんに連れていってくれるようになりました。母も早く帰ってきて、夕飯は一緒に食べる努力をしてくれました。

母が生い立ちを話してくれたのはそのときでした。自分も中学生ぐらいで生きる意味に悩んだと。一時期、拒食症で入院したこともそのとき初めて知りました。一年間立ち止まったけれど何もわからなかった、わかったことは、立ち止まってもわからないということだった。あんたにはわからないだろうけど、とりあえず進んでみなさいと、そんな話でした。

とにかく、学校には行きました。あとは図書館に行ったり、町をブラブラしたりしていました。水戸の偕楽《かいらく》園の横にある千波湖《せんばこ》で鴨にパンを投げながら、自分は何になれるんだろうと考えたときに浮かんだ職業が二つありました。一つは学校の先生、もう一つが牧師です。

マザー・テレサの本を読みながら、気づいたことがあったんです。来るなといわれても、石を投げつけられても、私はあなたを必要としていますといって路上にいる人に近づいていく。あの力ってなんだろうと考えたとき、ああ、神様とのつながりだと。自分は今まで人とのつながりに幸せを感じてきたけど、マザー・テレサには神という絶対的なつながりがあるから、人に向かっていくことができるんだと。

幼い頃、牧師が話してくれたことも思い出しました。「神様はね、いつもきみと一緒にいて、きみを守ってくれるんだよ」って。人とのつながりはいつか消える。でも神様とのつながりは消えることはない。神様が今、ぼくを救ってくれたように、神様があなたを救ってくれますよと伝える仕事ならできるかもしれない、そうか、牧師になろうと。十八歳のクリスマス、水戸教会で洗礼を受けました。

同志社大学神学部に合格したことを母親が祖父に伝えたとき、祖父は嗚咽したそうです。祖父にはそれまで二回しか会ったことがなくて、それぐらい母は実家とは疎遠でした。ぼくは自分の家系についてよく知らないまま牧師を目指すようになったので、京都の向日町《むこうまち》教会に祖父に会いに行ったときは本当に嬉しかった。

ところが、入学一週間で同志社をやめようと思いました。神学部に入学した六〇人中、クリスチャンは八人ほど。三つの一神教を学べることを売りにしている大学なので、学問としての神学を学ぼうとしていた人がほとんどです。もともとストイックな生活をしたくて全寮制の東京神学大学を志望していたので、やっぱり東神大に行こうと思いました。

そうしたら向日町教会の牧師にいわれたんです。「いや、同志社というのは昔からそういう大学だ、探したらきっと仲間に出会えるよ」と。

もうちょっといるかと思っていたら、同級生がキリスト教学生会の知り合いの先輩から鍵を預かっていて、それを引き継ぐというか、乗っ取るといって、その名義で学生を集めて聖書を読む会を始めたのです。神学部以外から二〇人ほど集まったでしょうか。七割がクリスチャンで、これがその後の三年間、一緒に聖書を読んでごはんを食べる仲間になりました。

牧師の勧めもあって、京都教会の近くに住んで教会に通うようになりましたが、学部二年のとき、教会生活に行き詰まりました。ハードワークをさせられたわけではないし、ごはんもたくさん食べさせてもらえました。信仰的にもいい導きをしてもらえたし、人間的にも支えてもらいました。教会に悪いところはなかった。

ぼくが苦しかったのは、キリスト教学生会で知り合って教会を見たいという友だちを案内しても、「また来るね」といったきり二度と来ないことでした。ノンクリスチャンの神学部生は何かを探している人たちだと思うのですが、そういう子たちが教会に来ても、ここには何もなかったといって帰っていく。それがだんだん悔しくなって、なんで教会は若者たちのために何もしてくれないんだという怒りが湧いてきたんです。

二年目の十二月、教会の忘年会のときのことです。あるおじいさんの信徒が酔っぱらってこういいました。「最近の神学生はなってない、おれらの頃は青年がたくさんいて、聖書を学ぶ会もたくさんやって活発に活動した、最近の青年は何もしてない」って。

ぼくはそれにカチンときて、思わずキレてしまった。「青年会とか何もなかったところから、ぼくがどれだけ青年を集めたか、一〇人ぐらいようやく集まったのに、あんたたちは若者のために何もしてくれないじゃないですか、こんなところにイエスがいるわけないじゃないですか」って。

おじいさんは、「すまなかった、わしはこうして一杯の酒もおまえについでやったことがなかった」といって泣き始めました。自分たちの時代は若者が溢れて楽しかったけど、今はなかなか集まらない。それがもどかしいといって、ほかの神学生の話も聞きたいからと、一人ひとりの話を順番に聞いたんですね。

そのときぼくは、自分は教会で育ったから教会のよいところもわかるし、若者だから今の教会の合わないところもわかる、その両方をわかっている自分が橋渡しをする役割を担えたらいいのかなと思いました。

ちょうどその頃、近江八幡《おうみはちまん》にあるアシュラムセンターに神学生の寮を開くから住まないかという話がありました。アシュラムは超教派の霊性運動で、三浦綾子の『ちいろば先生物語』に出てくる牧師の榎本保郎先生が広めようとしたのですが、若くして亡くなったので息子の榎本恵《めぐみ》牧師が引き継いでおられたんですね。

京都教会のもう一人の学生と一緒に行って、最終的に五人ぐらいで住み始めました。

近くにある近江平安《へいあん》教会で奉仕をしました。牧師の谷本一廣《たにもとかずひろ》先生は脳梗塞の後遺症で苦労されていて、同志社に神学生を派遣してほしいと申請していたのですが、神学部との関係があまりよくなかったようで、なかなか送られてこないと困っておられたんです。京都教会にはそれなりに学生がいましたので、自分たちが行こうと思ったんですね。

谷本牧師は部落解放運動を一生懸命なさってきた方で、ちょっと気性が荒いのでぼくはあまり合わなかったんですが、合わないなりにも応援してくれて、四年の頃には毎月一回、説教をする機会をくださいました。

最初の三回ぐらいは順調でした。ところが四回目から疑問を感じるようになりました。自分より五十年、六十年以上も生きてこられた人たちに、生きることの何もわかってない自分が何を語れるのか、自分に必要なのは生きることの苦労なんじゃないかと。大学の神学の授業にも嫌気がさして、先生たちが話していることに意味があるのかわからなくなっていました。

ぼくは勉強ばかりやって教会生活しか知らない、外のことを何も知らないで親の仕送りで学費を出してもらって生活している、つくづく世間知らずな学生でした。説教に自信を失った上に、もう一つ大きな出来事がありました。当時付き合っていた恋人のことです。

彼女は小学校の児童が十数人ぐらいの環境でのびのび育った、とても素直な人でした。特待生で高校に入ったものの、進路が定まらないまま同志社のパンフレットを開いたら神学部があって、ここだと思って入ったという典型的な、何かを探しているタイプの学生でした。

彼女にとって、ぼくとのかかわりはキリスト教とのかかわりでしたから、彼女が信仰をもってくれたら嬉しいと思っていました。ぼくが説教で一番苦しくなった四年の途中で、彼女はぼくに内緒で熱心に教会に通い始めて、最終的にクリスマスに洗礼を受けるというところまで来ました。やった、と思いました。

ところが、洗礼式に行ったら、彼女は教会に来なかった。一番近い距離で、一番長くかかわった人にすら信仰を伝えられない。そんな自分が牧師になって誰に信仰を伝えられるのか。今はまだ牧師になれないと思いました。彼女はきっと、信仰のためというより、ぼくを支えるために教会に通っていたんでしょう。洗礼を受けたら結婚して、一緒に教会をやっていこうとも話していたので、将来のことも考えて洗礼を受けるところまでいったわけです。

ところが、いざ信仰告白をしなきゃならないとなったとき、自分にはいえることはないと思った、それで来なかったんだと今は思っています。まわりに心配されて、表面的には大丈夫ですなんて顔をしてましたけど、ああ、ぼくはまだ牧師にはなれないと思いました。

大学を卒業してからは、東京でアルバイトでもしながら勉強しようと思って、ルーテル学院大学の科目履修生になって、就職しないやつらとルームシェアして住み始めました。気になる牧師の先生がいて、その人の講義を受けたいと思ったんです。

ところが授業は求めていたものと違った。これじゃ意味ないと思って一か月でやめました。どうせなら教会から一番遠い場所に行ってみようと思って、求人サイトで見つけた中野のキャバクラで働き始めました。ところが、キャバクラってところは、どちらかといえば教会に近い世界でした。

中野は、池袋や新宿の第一級の店でついていけない女の子たちが落ちてくる場所です。接客が二流なので、ウェイターも一緒に接客する。それが中野の文化です。ウェイターも一緒にワイワイやるのが好きなお客様がつくので、ウェイター指名も増えてくる。ぼくのお客さんも増えていきました。

最初に店長にいわれたのは、お客様を楽しませることを考えて働いてくれということでした。直属の先輩がその権化みたいな人で、親が沖縄で風俗店を営業していて、それを継ぐ予定だったけど、マナーの悪い客がいて足を折ってやったら懲役刑になっちゃったと。おじさんがクリスチャンだったので、ぼくが牧師になる勉強のために働いているといったらかわいがってくれました。

先輩のサービスに対する姿勢については本当に勉強になりました。声の出し方からお客さんが立ち上がったときの支え方まで、そこまでやるかというぐらいの徹底ぶりで、それに比べたら教会は何もしていないに等しいと思いました。

店長にもう一ついわれていたのは、うちは客を選ぶ店だということでした。悪いお客さんが来ると女の子がやめてしまうから、言葉通り、感じのいいお客さんばかりでした。

半年で店をやめたのにはいくつか理由がありますが、一番大きかったのは、親しくしていたお客さんが泥酔してしまって、お見送りするときにお金が足りなかったので、一緒にＡＴＭまでついていったときのことです。

よくあることなので、ＡＴＭに付き添うのは仲のいいウェイターの役割の一つだったんですが、エレベーターに乗って、女の子が「また来てねー」って挨拶して扉が閉まった瞬間、しらふになったんですよ。さっきまで楽しそうにしていたのに、急に顔が変わった。

朝日で明るくなり始めた町を一緒に歩いていると、お客さんがいいました。「ま、ここに来て何が変わるってわけじゃないのはわかってるんですけどね」って。

そのままたぶん一人の部屋に帰って、そのときの孤独感ってどれほどのものだろうと思いました。キャバクラの喜ばせ方は快楽によるもので、それはそれですごい仕事ではあるけれど、一方で人を孤独にさせるところもあるんじゃないか。自分の心を満たしてきたものは快楽ではなくて神様だったと思ったとき、一番やりたいのはやっぱり教会の仕事で、神様を伝えることだと思ったんです。

キャバクラをやめて自衛隊の試験を受けました。自衛隊も教会から遠い場所だと思い込んでいたんです。一《いっ》般曹候《ぱんそう》補生の試験に受かって、一緒に住んでいた同級生と中東を旅行して、帰国してから友だちに自衛隊に行こうと思っていると打ち明けました。同志社の神学研究科で学んで近江八幡でも一緒に住んでいた人です。すると、彼にいわれました。「宇田さんは、今も自分に牧師としての召命があるかどうかで悩んでいる。でも、おれの召命ははっきりしている。それは宇田さんを牧師にすることだ。宇田さんはおれと一緒に生活しながら祈って聖書を読んで、牧師になるんだ」と。

彼の言葉をきっかけに自衛隊に行くのをやめて、それからは週に二〜三回、一緒に聖書を読んで、祈り、それ以外の日は一日三時間ぐらいファミリーマートでアルバイトをしました。

こんなところにイエスはいないといって出てしまった京都教会には、謝って戻りました。子どもの教会の手伝いやら、若者のための教会を作る準備を仲間と始めました。最初の頃は順調だったのですが、半年ぐらいで、ああ、やっぱり教会無理だってなっちゃいました。

言語化するのがむずかしいのですが、みんな純粋な気持ちで集まっているけど、そうじゃない力がとても大きい。伝統のある教会ですから、社会の構造がそのまま教会にもあるという感じでした。先生と呼ばれる人がたくさんいる。牧師だけじゃなくて、教授や医者やいろんな先生です。もう無理だー、となってしまった。

反射的にリゾートのアルバイトを探して、今いるところから一番遠い知床の温泉宿のアルバイトに行くことにしました。子どもの教会で話をする順番も決まっていたのに全部ぶった切って、ファミリーマートのアルバイトも無理にやめさせてもらいました。

知床では毎日温泉に入りながら、五木寛之の『親鸞』を読んで、親鸞さん、いいなあって思いました。根っからの女たらし体質なので、じつはその温泉宿でも恋に落ちるんですね。

その宿は横にライダーハウスを持っていて、内地からかわいい女の子をバイトで雇うと客が増えるという経営方針でした。それで大阪から、雑誌の読者モデルをやっているかわいい子が来て働いていたんです。二十代後半か三十歳ぐらいのフリーターみたいな子でした。

仕事がないときは、彼女と海に行ったり観光に出かけたりして、そういう環境で恋に落ちると結婚しよう、となるんですよ。でも相手の親御さんに、リゾートバイトでは示しがつかない。続けられる仕事はなんだと考えて、お、牧師しかないぞって思うんですね。

その瞬間、こんな手まで使ってあなたは私を牧師の道に追い込むのねと思ったんです。そこまでするならもうぼくの責任じゃない。あなたの責任で牧師になろう。要は自分を赦せたということでしょうか。京都教会の牧師に試験を受けたいと電話をしたら、「やった！」といわれました。申込締め切りまで三日しかなかったので速達で応募しました。二〇一三年の十一月だったでしょうか。なんとか、春の試験に間に合いました。

彼女とは、ドイツのクリスマスマーケットを見に行った帰りに険悪になって、関西国際空港で別れてしまいました。
日本基督教団は補教師の試験に合格すると、准允《じゅんいん》式で補教師の資格をとって伝道師になります。二年間は補教師として働いて、次の正教師の試験に合格すると牧師になります。

補教師として最初に赴任したのは、福島県西郷《にしごう》村の川谷《かわたに》教会でした。東日本大震災のときの原発事故の影響で高線量地域から子育て世代がたくさん引っ越してきていて、保育園にも子どもたちが一二〇人ほどいたでしょうか。ぼくが行った頃には、外遊びの制限がかなり解除されていて、線量計で測りながら遊べる場所を探して活動していました。

働いている人たちは、園長である牧師と主任保育士とぼく以外はクリスチャンではなかったので、ぼくにとっては最高のマッチングだったと思います。

福島に赴任できたのは偶然でした。じつは知床から戻ってすぐ、友だちと若者のための開拓伝道を始めようと思っていました。そのためにパン屋で働き始めたんです。なぜパン屋かというと、知床に近い斜里にメーメーベーカリーというパン屋があって、羊を飼いながらパン屋をされている。そこにいろんな地域の人や旅人が集まる。社会とは少し違う空間で、競争も力関係もない。こういう空間が教会らしいな、教会からお金をもらうのではなく、パン屋で働きながら日曜日の教会をやろうと思ったんです。

ところが、食品衛生責任者の講習を受ける前に神学部長のところに行ったら、「宇田君に紹介できる教会はありません」といわれた。伝道師を招聘できる教会は五つしかなくて、「宇田君以外はみんな大学院修了です。だから大学院に行きなさい」といわれたんですね。

パン屋伝道するぞと思っていたので、「嫌です」と断った。そうしたら、「福島に行く予定だった学生がインフルエンザで受験できなくなって欠員が出た、宇田君に紹介してあげてもいいです」と連絡があったんです。

京都教会の牧師からもこれは行ったほうがいいと説得されて、三年だけ我慢して行きますとなりました。いい経験になりました。子どもに話をしても、つまらないと一瞬で聞かなくなります。子どもに伝わる言葉を探すことが、自分の目指していた、今はまだ教会にいない若者のための活動につながっていきました。

学童保育では断られてしまうような、ちょっと元気すぎる子どもたちがうちに来ていたんですが、三年間一緒に過ごして、立派に成長していく姿に感動しました。

園部に来てからも、地域の子どもたちと遊ぶイベントを開いたり、牧師バーをやったり、お寺の方たちとかかわりをもったりしていますが、同じような課題や悩みをもつ人と集まって、共有する時間をもてるようにすることが教会の仕事だと思っているからです。

ぼくが来てから改めて熱心に通い始めた青年がいて、半年かかわって洗礼を受けました。先日はクリスマスツリーの飾りつけをしているときに通りかかった女性がいて、礼拝堂を案内したら、今度行きますといってくれた。彼女も洗礼を受けることになると思います。

日本の教会がこれまでの体制で継続できないことは、もうはっきりしています。最後まで一生懸命支えていくつもりですが、あと十年もしたら支える対象がどんどん減って、新しい体制にならないといけないことは目に見えています。そうしたら、ずいぶん風通しはよくなると思います。

残念ながらぼくらの世代は神学部の教育も前時代的で、今もまだまだ閉塞感がある。でも十年後、二十年後に必要とされたとき、新しい教会のやり方を実現できるように自分たちがしっかり勉強して、仲間を増やして準備しようとは話し合っています。そう、十年後、二十年後に向けてやっていこうと。

2017/12/11

私たち人間はすべて罪を背負って生まれてきた罪深き存在だといいます。原罪といいますが、みなさん、これをキリスト教だと勘違いしていますね。聖書を読むとそんなことは書いていません。

水口優明
一九六二年生
日本正教会盛岡ハリストス正教会司祭
岩手県

人と変わったことをやりたいというのが夢でした。目覚めたのが遅かったので挫折しましたが、音楽の道に進みたかった。中学生の頃からさだまさしが大好きで、今もファンクラブに入っていますが、シンガーは無理だけど、ソングライターになりたかったんです。

実家は長崎県佐世保市の佐々町《さざちょう》というところで、田舎だからここにいてもだめだ、とりあえず東京に行こうと思って、先生に相談して就職先を探してもらった。それが忠実屋というスーパーマーケットでした。忠実屋っておかしな名前でしょ。あとで知ったのですが、聖書の黙示録《もくしろく》にある「死に至るまで忠実であれ」（ヨハネ黙示録2・10）からとったそうです。創業者はクリスチャンだったんですね。うちは普通に浄土真宗だったので、当時はまったくわかりませんでした。

レジャー部門に配属されて、スポーツ用品やペット用品を担当しました。びっくりしたのは、カブトムシを売っていたことです。毎朝霧吹きで濡らしてそれを拭くのが最初の仕事でした。カブトムシなんて山から捕ってくるもんでしょ。カルチャーショックでしたね。

日曜日なんて接客でへとへと。品出しをやっていると声をかけられて、倉庫を見てきますといって走っていく途中でまた声をかけられて、ちょっと待ってくださいといって走るとまた声をかけられる。すっごく嫌な毎日でした。私はこのまま何になるんだろうって。

月曜か水曜日に休みをいただきます。おのぼりさんなので観光に出かけるんです。原宿すごいなあ、新宿すごいなあって歩きまわった一つが、お茶の水でした。高校生のときにさだまさしの「檸檬《れもん》」を聞いて、東京に行ったら絶対に聖橋《ひじりばし》に行くぞ、湯島聖堂に行くぞって思っていたんです。歌詞に出てくるんですよ。行ってみたら本当にあるんだ聖橋が、ってね。

駅前に「ニコライ聖堂」の標識があって行ってみると、ちょうど拝観時間の直前だったので少し待って入ってみました。なんだかわからないですよ。パンフレットをもらってキリスト教だと知って、毎週水曜日に伝道会があることも知った。水曜なら休みだし、行ってみようかなって。

じつは私、聖書を読んでいたんです。太宰治が大好きなんです。高校生のときにかぶれちゃって全部読破した。私は太宰治の生まれ変わりじゃないかと思うほどでした。それで口語訳聖書を本屋さんで買ってみたんです。読み始めてみたら、不思議なことがいっぱい書いてあるし、矛盾だらけじゃないですか。たとえば、父母を大切にしろといっていながら、父母を捨てろと書いてある。どういうことだ、なんでこんなものがベストセラーになるんだって。それでますます知りたくなった。

福音書はおもしろくて何十回と読みました。あなた、旧約聖書は読まないのって伝道会でいわれて、三日で読めるといわれたので、チキショーと思って、創世記からマラキ書まで三か月で読みました。わけわかんないですよ、まったく。ただ読んだだけ。でもそれで自信がついて、旧約が大好きになっていきました。

半年ほど経った頃、高橋保行神父様から、「あんた若いから神学校に入ってみないか」っていわれたんです。

は、私そんなもんできません。田舎出身で勉強もできない人間が、神学なんてできるはずないじゃないですかと一回断った。そもそも信者じゃないし、洗礼も受けてない。でも一生懸命通って、聖書も電車で読むぐらいよく読んで質問をしていたので、こいつは違うぞと思ったのかもしれませんけどね。

それから一年間考えて、一生懸命お祈りしました。私に神学なんてできるのか、どうか神様、私に知恵を与えてくださいという祈りでした。結局、自分自身が発酵した感じでしょうか、神学校に入ることを決めました。ニコライ堂にある、全寮制の東京正教神学院です。

両親の許可が必要なのですが、そもそも正教会を知らないので、何それって感じでした。たぶんいまだに知らないんじゃないかな。暴走族に入るよりいいといわれました。うちは土木関係の仕事をしていたのですが、家を継ぐのは兄なので、まあいいだろうと。会社のみんなはびっくりしていましたけど、悪い道ではないので行ってらっしゃいという感じでした。

召命というと、神に呼ばれる瞬間があるようなイメージで語られますけど、それはなかったです。さだまさしを聴いて、太宰治から聖書を読むようになって、ミュージシャンになれるチャンスをうかがいながらスーパーマーケットで働いて、たまたまそこは忠実屋で、その休みの日にニコライ堂に来て、それが全部つながって私がここにいるんだなと思ったら、神様がおいでおいでと呼んだ結果なんだろうなあって、そんなぼやっとした召命感ですね。

すばらしい教えなのに知名度が低い、働き手がいない、神学生も一人しかいなくて、継ぐ人がいない。私でよろしければ入らせていただきます、というのも一つのきっかけかな。

高校生の頃から、天地創造の神がいるということは知識ではなく、感覚としてあったと思います。この自然や、この宇宙や、この人間を造った大きな存在があって、神の存在が人となって現れたのがイエス・キリストである、と聖書を読むと書いてある。

祈り方も教会のことも何も知りませんでしたが、正教会に出会って、そうか、この道もあるのかと気づいたんですね。これがニコライ堂ではなく、四谷の聖イグナチオ教会に行っていたらカトリックの神父になっていたかもしれない。プロテスタント教会なら牧師になっていたかもしれない。つまり、正教会に入るまで教会についての知識はあまりなくて、教派や教会で迷うことはなかった。出会ったものへの信頼感です。

神学校に入って二か月後、一九八三年六月に洗礼を受けました。信者になる前に神学校に入ったなんて前代未聞だといわれました。ある意味、賭けでしたね。いいか、この道でもいいか、ざぶーん、と飛び込んだわけです。だめだったら岸に上がりゃいいって。卒業しても二十四歳、人生まだまだ大丈夫だってね。

神学校は先輩が一人、同期生は一人、でもその方は半年でおやめになりました。私のあとで二人入って、そのあとも二人で、全盛時代ですね。後輩たちは同志社大学神学部とか、どこかの神学校を出たすごい人ばかりで、私だけがどこの馬の骨かわからない高校出ですからプレッシャーもありました。負けるもんかと一生懸命勉強しました。

新約旧約聖書、教会の歴史、奉神礼、倫理神学、聖師父学、それから、英語とロシア語は勉強させられました。私はギリシャ語とヘブライ語を勉強したかったので、ヘブライ語は銀座にある教文館の講座に通って、辞書をひけるぐらいの知識はそこで養いましたね。ギリシャ語は神父になってからですけど、大井《おおい》一徹《いってつ》先生のところに通って勉強しました。現代ギリシャ語のアルファベットと文法を学んで、あとは独学です。

授業料は奨学金制度があるのでタダで、三年半で卒業したら、教団に七年間は奉職しなさいという決まりです。それ以前にやめると返済しなくちゃいけません。

卒業して伝教師としてしばらくはニコライ堂にいたのですが、大阪の神父さんが突然永眠されたので、おまえ伝教師だけど行けといわれて大阪ハリストス正教会に行きました。

三年後、岩手県の一関に教会が建つというので赴任しました。そこで仙台出身で代々信者の家に育った妻と結婚しました。正教会は司祭になると結婚できなくなる決まりで、みんなだいたい伝教師時代に結婚します。結婚して輔祭になって司祭になるという道筋です。

輔祭は神父の補助をする役割で、典礼の作法を実体験として学びます。神父になったのは、一九九一年夏でした。すぐに東京に呼ばれて、ニコライ堂で七年間働いて、それから再び大阪に、ようやく一国一城の主として赴任しました。

神学校に入ってから洗礼を受けたので、一般信徒の期間がないままいきなり神父になったんですよ。それってどうなのと思うでしょ。でも、おもしろいことに信者さんたちは歓迎するんです。神父というのは自分たちとは違う人種だ、雲の上の存在だと思っていて、お説教を聞いても雲の上からエコーがかかって聞こえてくるようで何いってるかわかんないものだった。

ところが一般から正教会に入って、普通のわかりやすい言葉でしゃべるので目から鱗だったんでしょう。まずは大阪ですごく喜ばれましたね。

この盛岡教会に来たのは二〇一六年で、山田、遠野《とおの》、岩谷堂《いわやどう》、北鹿と、全部で五つの教会を巡回しています。新しく四駆を買って、二年間で三万キロ走りました。

東日本大震災では、日本正教会全体で九人の方が亡くなりました。山田教会が一人、大船渡の盛《さかり》教会が三人、石巻教会が三人、涌谷《わくや》教会が二人、信者さんの親きょうだいを入れると合計で一一人になります。津波で助けられて入院してから亡くなった方、震災関連死は含まれていません。山田教会は焼失しましたし、石巻、金成、佐沼《さぬま》、上下堤《じょうげつつみ》は建物にかなり被害を受けました。

こんな絵があります。紀元五世紀、コンスタンティノープルで大地震があったときに起きた奇跡を描いたものです。説明があって、「少年が天に昇って天使の歌を聴いてきた、それをもとに作った歌だといってうたい始めたので、みんなでお祈りした」と書かれています。

天に昇るなんて、驚くべきことですよね。みんなが見ている前で、少年がふーっと天に昇った。みんながそれを目撃している。神様の力が働いている、それは奇跡です。想像をはるかに絶します。本当に起きたのっていわれたら、私は目撃してないから確信はありません。疑うことはできます。イイスス・ハリストス（イエス・キリスト）の弟子、トマスの話ですね。イエスの復活を自分の目で見るまで信じない（ヨハネ20・24－29）。

神様の力が働くことを奇跡とするなら、すべて奇跡ですね。今日風が吹いているのも、雲が流れているのも。自分がここに存在するのも。

でも、そこに「特別な」とつけるとどうでしょう。少年が天に昇るなんて普通は考えられない。でも特別な神様の力が働くことがあると考えるしかないですね。特別な、を受け入れるか受け入れないか、それはわからない。でも、そうだといわれたらしかたがありません。

『ナルニア国物語』で知られるC・S・ルイスが奇跡について書いた本[1]があって、そうだなと思ったのは、奇跡には古い創造の奇跡と新しい創造の奇跡の二種類あるということです。

古い創造の奇跡は、神様がこの世のすべてを造ったときに使った力が特別に働くこと。たとえば、カナの婚礼の奇跡、水が葡萄酒に変わる奇跡です。ほかにも、わずかなパンと魚を五〇〇〇人に与えたという奇跡もある。驚くべき奇跡だけど、考えてみれば、神様はいつでも水を葡萄酒に変えているじゃないですか。

葡萄酒は葡萄の実からできています。葡萄は葡萄の木が水分を吸収してなるわけですから、元をただせばすべて水です。水が葡萄酒になるんです。魚とパンもいつだって増えている。プロセスがあるから、人間はそれを自然に受け入れているけれども、神様の特別な力はそれを一気に飛び越える。プロセスを省略する。そうするとみんなびっくりして驚きますけど、実際にはいつもやっていることです。

ナスカの地上絵みたいに、そばで見るとたいしたことはないけど、空から見るとすばらしい。そういう奇跡があるということです。いつも行われていることが、省略されることによってすごいと思う。これが古い創造の奇跡です。

では、新しい創造の奇跡とは何かというと、ありえないことが起こるということです。水の上を人間が歩く、これはどうしたってできないことです、人間には。天に昇るなんてことも、物理の法則では無理です。でも神様が新しい法則を造ったらどうでしょう。神様の力が特別に働いていると考えると奇跡は受け入れられるだろう。ただし、仕組みはわかりません。処女マリアがどうやって人間ハリストスを産んだのか。それはわからない。

だからキリスト教は、ＨＯＷには答えられないんですね。ＷＨＹには答えます。なぜと聞かれたら答えられます。でも、仕組みはと聞かれたら答えられません。

この少年の絵はイコンで、元は写本の挿絵です。写本の挿絵のいいところは、写実的には描かないということです。リアリティがないでしょ。正教会のイコンはどれもリアルではない。それがいいところです。リアリズムを排除する。象徴的に描く。事実かどうかはどうでもいい。この絵が伝えている内容を汲み取りなさいということです。

少年が天に昇ったかどうか、私もわかりません。物理的にそこだけ重力が働かないことがあるのかどうか、わかりません。でも、ハリストスは弟子たちの目の前で天に昇った。めったにあることじゃないです。あったらおかしい。ないから奇跡として伝えられるんです。

でもね、奇跡を売りにしてはいけないんです。危険です。病気が治った、歩けない人が歩いた、ありえない

1 『偉大なる奇跡 C.S.ルイス宗教著作集別巻1』本多峰子訳（一九九八・新教出版社）。

ことが起こったと盛り上がる。それは信仰じゃなく、パッションです。情熱です。燃えるような体験をするんですね。

すると、それが信仰だと思って、神様ってすばらしいと盛り上がる。でもそれは何十年も続くものではない。人間は冷めるんです。奇跡を売りにすると、パッションを継続させるために奇跡を道具として無理やり作り出す危険性が出てくる。それがすごく危険です。奇跡は悪用する人たちがいっぱいいる。

少年が天に昇る、これを売りにしてはいけないんです。事実としてあったので、しょうがないから彼らは伝えるためにこれを描いた。

私は、信じなさいとはいわないですよ。こういうことが起きたらしい、それでみんな一生懸命お祈りして、地震から一日も早く逃れたい、神様お願いしますと、みんなで一生懸命祈ったという、そのことを大切にしましょうとお話しします。

山田教会でも津波で流されて助かった人がいたんですよ。三陸鉄道の線路にしがみついて耐えたんだと。盛教会でも、家の中で波にプカプカ浮いちゃって、しょうがないから天井破って九死に一生を得たんだと。でも、そういう話を売りにしちゃだめなんです。彼らが助かったことは奇跡かもしれないけど、ことさら宗教を売る道具にしちゃいけないということです。イコンのマリア様が涙を流したとか、そういう話はしょっちゅうありますよ。

よく聞かれるんです。なぜ昔は頻繁に起きたように見える奇跡が、今は起こらないのかって。いやいや、昔だって頻繁には起こらないです。天に昇るハリストスと、旧約聖書に二人、この天に昇る少年と、エジプトのマリアが水を渡ったというのがありますけど、何千年の歴史でそれぐらいです。病気が治ったというのはしょっちゅうある。普通です。神様が古い創造の奇跡としてくださる恵みだと思ったら珍しくない。

ただ、新しい奇跡のほうはなかなか起こるものではない。近代になってからは聞きません。なぜないのかと聞かれたら、それは信仰の問題です、神様への祈りが足りないって答えます。神様に依り頼もうという意志が足りない。

人は、自分は自分の力で生きていけると思っています。奇跡は神様から与えられるもので、こちらから望むものではない。奇跡を起こしてくださいと願うのはおかしなことです。

この世のすべてを造った愛の神様がいるなら、どうしてあんな悲しい出来事が起こるのかという素朴な問いがあります。神様がいながらどうしてこの世に悪があるのか、どうしてこんな災いが起きるのか。神様が正しいのか正しくないのかを考えることを神義論といいますが、逆ですよね。神様から義とされるかされないかが人間なのに。それでも議論があるということは決着がついていないということです、じつをいうとね。

これは一般論です。目の前で愛する人を亡くした方にそんな話はしません。神様はどうして私たちにこんな悲しいことを与えるのですかと問われたら、正直わからないけれど、神様は悲しみや苦しみや嘆きをなくさないんだと、それが聖書の教える神様だと私は思います。

じゃあどうするのかと問われたら、私たちの悲しみ苦しみ嘆きを分かち合うのが神様なんだと。だからこそ十字架に掛かった。

十字架に掛かったときに、ハリストスはなんといいましたか。「わが神、わが神、なぜわたしをお見捨てになったのですか」（マタイ27・46）ですね。絶望の境地まで陥ったのです。でもハリストスは私たちの目から見れば神様です。神様が神様に見捨てられたってどういうこと？　ものすごい矛盾を孕んでいます。

神様自身が絶望と孤独と苦しみと嘆きを味わったのは、私たちとそれを分かち合うためです。でもそこで終わったらなんにもならないわけです。溺れている人のところに行って一緒に溺れてもどうにもならない。引き揚げなきゃいけない。

それが復活といわれるもので、私たちはその悲しみ苦しみ嘆きを乗り越える力を、神様からもらわなきゃいけない。それが十字架の力であり、復活といわれる力なんだから。

ハリストス様、神様、十字架を信じて、胸にしっかり十字架を書いて、奥様のぶんもご主人のぶんもお子さんのぶんも生きましょうと、私だったらそんなふうにいうと思います。

神様って全知全能なんでしょ、だったら悲しみとか苦しみとか嘆きをなくしてしまえばいいのに、というのは自然な感情ですが、神様はドラえもんじゃないんですよ。困りごとを一瞬にしてなくしてくれるのが神様だと思ったら大間違いだということです。

日本人は一神教じゃないから、こっちの神様では助けないけど、こっちの神様は助けるということがありますね。選択肢がある。でも一神教の人が同じようなことを考えて離れてしまったら、信仰を取り戻すのはものすごく大変です。極端な話、無神論になるでしょうね。

旧約聖書のヨブ記を読むと、ヨブは次から次へと災難に襲われますけれど、神も仏もあるものかとはいわなかった。それがえらいのです。ヨブは神様に文句をいった。どうしてこんなに私が苦しまなきゃいけないのかって。それに相当するような悪を私はやっていないし、罪も犯していない。あまりにも理不尽だ、不条理だと神様にいった。

友だちが来て、いや、おまえは何か悪いことをしたんだ、だからこんな報いを受けたんだと、三人は寄ってたかっていいました。でもヨブは耳を傾けません。四人目の友だちが来て、苦しみには教育的意義があるといった。ヨブはそれでも沈黙しました。

最後の最後に神様が現れていいました。私が天地創造したとき、おまえはそこにいたか。星を造ったとき、おまえはいたか。いたよな、おまえは隣にいたよなって皮肉をいう。

すると、ヨブは神の前にひれ伏していいました。ごめんなさい、無知でございましたって。頭を垂れて顔を上げたら、病も災難もなくなり元に戻った。結局、神様の前では沈黙しろということなのか、人間には到底理解できないのが神様だということです。

カトリックやプロテスタントでは、私たち人間はすべて罪を背負って生まれてきた罪深き存在だといいます。原罪といいますが、みなさん、これをキリスト教だと勘違いしていますね。聖書を読むとそんなことは書いていません。

まず、人は神様から造られた尊い存在だと、神様の似姿だと。それを前面に打ち出すのが正教会です。もちろん欠陥があるのは確かです。それを罪と呼びます。正教会の言葉でいえば、生きて罪を行わざる者なしと。たとえばカトリックでは、生まれたら一日も早く洗礼を授けないと罪が遺伝するといわれてきました。正教会はそんな消極的なことはいいません。せっかく生まれた子どもはみんな神の子ども、じゃあなぜ洗礼を授けるかというと、神の道を用意するため。

人間を見たら罪人だと思えというのがカトリックで、人間を見たら神様を見なさいというのが正教会です。人間は自分では歩けない、ポンコツの漕げない自転車として生まれてきたどうしようもない存在だというのがカトリックで、人間は罪深いとは思うけど、人間として歩いていける、パンクしてもまだ乗れる、人間として歩いていけると積極的に評価するのが正教会です。神様の似姿があなたに映っている、だから人間は尊いんだということです。

ハリストスは最後の審判でいいますね、私を見よと。ハリストスが代わりにスクラップになってくれた、スクラップになるのを免れたことを救われたといっている教派に対して、それは違うといいたいですね。人間はポンコツだと、原罪のことを最初にいい始めたのはアウグスティヌスで、その考え方がヨーロッパで力をもったからその影響が大きいのでしょう。カトリックと東方正教が分かれてから、その違いがはっきりしていきました。

私は正教会にふれてすばらしいと思ったのはそこです。すばらしい人間観だなあと。

クリスチャンは独善的だといわれることがありますよね。クリスチャンじゃない人に対して、あなたが一日も早く救われますようにといったりする。救われるか救われないかは神父や牧師が決めることじゃないですよ。信徒が決めることでもない。信じれば救われるというのも短絡的です。信じても救われませんよ。信じなくても救われる人がいるかもしれない。私にはわからない。神様しか知らないことです。神様しか知らないことを自分の言葉で勝手にいっちゃだめなのです。

ある信者さんが電車に乗っているときに、カトリックのある修道会の司教さんに、あなたは救われましたかと聞かれてびっくりしたといっていた。救われたって過去形でいえるのか。

正しくは、救われつつあるではないか。救われましたって、おこがましい。救われているか、救われていないか、物質か物質ではないか、短絡的に分けて考えるところがヨーロッパのキリスト教にはある。そうじゃないんじゃないかと、原点に戻ったのが正教会なんです。

正教会はこの世の生を否定しない。救われて天国に行くかどうかしかいわない教派とは違います。今が大切なんです。今、神様はあなたを大切にしている、今、復活をもらわないと、今、永遠の命をもらわないとだめだという話をするんですが、なかなかむずかしい。

信者さんも、みんなぽかーんとして、なんの話やという顔をされることが多いです。私、なんも知らないんで、という人が多すぎるんですよ。いつか目から鱗が落ちる瞬間まで口を酸っぱくして何度も同じ話をするんです。でもね、いうたびに、へえ、初めて聞きましたって。違うでしょ、こないだも話しましたよね、っていうんですけどね。

もう何十年も教会に通っているからみんな知っているものだと、神父のほうも思い込んでる。でも下地のないところでしゃべっても、ザルに水を入れてるようなものだから、私はまずそのザルの穴を埋めようとしているんです。最初からね。

伝道会でも、町の人が一〇〇人来てくれたとして、一人ぐらい興味をもって来てくれたらいいなと思っています。そう、このあいだ盛岡で一人、信者さんが生まれたんですよ。ご葬儀に感動したそうです。きっかけはなんでもいい。無神論者だった方のほうが、一度信仰をもつと強いです。

2018/3/13,12/2

復活

第十四章
これが天の援軍か

貧しかったんや、心がな。

藤原忠重
一九四四年生
救世軍京橋小隊
東京都

生まれは愛媛県西宇和郡保内町《ほないちょう》です。おやじは船乗りで、大分県の津久見《つくみ》市から出る船に乗ってたんです。津久見は石灰石が採れる町で、小野田《おのだ》セメントいう会社が大きな山を持っててね。そこから山口県の徳山《とくやま》に石灰石を運んでました。

きょうだいは六人で、おれは長男です。長男ゆうても、ろくな男やなかったよ。中一からたばこ吸うてたし、教科書も見たことない。グループで日向ぼっこしたりして教室にいないから、中三のときなんか、先生がもう出ていけいうたからね。友だちもボロばっかり。ボロちゅうのは、ろくなやつやないちゅうことや。

中学を卒業して集団就職で東京に出ました。金の卵いうやつね。田園調布駅の横に工場がある田園無線音響株式会社いうところで、小型のテープレコーダーとかトランジスタラジオなんかを作ってたんです。

中学んときの五人グループのうち四人が東京に出たんやけど、まともに仕事してたのはおれだけ。二人はヤクザに入ったし、一人は殺された。荒れた生活してましたよ。

二年ぐらいして突然、「チチソウナン　スクカエレ」って電報が届いてね。ああ、おやじ遭難したんやと思って家に帰ってみたら、嘘やった。津久見に引っ越しするから呼ぼうとしたんやな。長男やし、やっぱ、帰ってきてほしかったんやろうな。

津久見は地下足袋履《じかたび》いてたら飯が食えるちゅう労働者の町やった。仕事は石灰石鉱山や修理の仕事ばっかし。石灰石で生きてる町や。津久見に帰っても、おれは仕事しないで起きたらパチンコ。パチンコで飯食べてた。十七歳ぐらいやったかな、たまたま潜水夫してる知り合いに、助手がいなくて困ってる、よかったら手伝ってくれんかなっていわれてね。高度成長期いうんかな、あの頃は全国あちこちで海岸の埋め立てが始まったんですよ。護岸工事の仕事ばっかしやった。

潜水夫いうんは一匹狼でね、みんな一人親方でやってたんですよ。大きな仕事ではあっちこっちから呼ばれるんですね。海は二〜三歳から泳ぎよったから得意で、結局四年間、弟子につきました。最初は本潜りちゅうて兜《かぶと》みたいなやつを被って潜ったんやけど、途中でアクアラングが出てきてね。ニセ潜りやいうて給料も違ったんやけど、仕事の速さが全然違うから、おれもすぐアクアラングにしたよ。

四年間勤めたら年季明けになって、親方が何十万円もする道具を買ってくれるんです。それがね、別府の現場に行ったときに親方の甥っ子と揉めてしまった。ケーソンちゅう海に浮かべるコンクリートの大きな箱があるんやけど、中に入ってる空気を抜くために、深さ五メートルぐらいのところまで潜水夫が潜って、一個一個中に入って栓を抜かないかんのですね。

おれにやれんかっていわれてやってみたんやけど、ぴっちり入ってなかなか栓が取れんのですよ。おれ、「こんなん、せん」ちゅうた。「そんなこといわんで、一基抜いたら五〇〇〇円やる」っちゅうから、「ほなやるわ」って何回も潜っては栓抜いてを繰り返して、結局三基抜いたんよ。一万五〇〇〇円よ。給料四万円の時代やからおっきいよ。

それがその甥が、「知らん」ちゅうたの。「そんなん給料に入っとる」っちゅうたんや。「おまえ約束したやないかー」って、ぶち殴ってしばきあげた。親方の甥っ子よ。本当は一年間、親方と一緒に潜る御礼奉公っちゅうのがあるんやけど、「もう、やめたー」って。

それからは愛媛の八幡浜《やわたはま》に戻って潜水夫するようになるんです。親方からは仕事頼まれたけど、行かんかった。沖縄で仕事あったときも、行ってくれんかと頼まれたんやけどね。そのときは別の会社で重役やった元潜水夫が、「しゃあない、おれ行くわ」っちゅうて行ったら、波除けのテトラポットに挟まれて死んだ。おれ、行かんでよかったって思ったよ。

そうしたらそのあと、おれ、交通事故に遭ったんよ。うしろから追突されてね。検査したら重傷で入院になってしもた。四か月入院して一年ぐらい遊んだ。またパチンコばっかしや。

富山で隧道《すいどう》掘りにも行ったんやけど、そこでもめちゃくちゃしたな。二〇〇人ぐらいの大きな飯場で、二交代で掘り抜くんよ。掘っちゃマイトかけて、石が落ちんように木で枠を入れるんやけど、あるとき、機械も何も全部壊れてね。結局帰ってくれっちゅうことになったけど、銭で揉めて、仲間と恐喝みたいなことして金もらって津久見に戻った。

そこで仲間ととびの会社を作ったんです。五〇人ぐらい雇ったかな。水野ちゅうやつが社長で、おれは取締役。結婚もしたよ。かかは長崎の夜の蝶、おれは夜の蛾《が》。息子が二人できた。

小野田セメントだけでも全国あちこちあるから、みんな連れて出張ばっかし。家には一か月おるっちゅうこともなかったです。出張出たら儲かるからね。

水野んとこから独立して自分で会社作ってからは、多いときで一七人使ってました。千葉の五井《ごい》火力発電所ってあるでしょ。あそこはおれが責任もってやった。東電の下請けの東京電気工務所が一〇社の下請けのうちの一社に選んでくれたんですよ。四年経って事務所はくれたし、倉庫もくれた。

いろんな現場に行きましたよ。連れてったやつが問題起こしたときは尻ぬぐいしたしね。女に引っかかって銭払えんようになったときは肩代わりしたしな。阪神淡路大震災のときは、倒れた高速道路のそばに一年いて、火事で燃えた長田《ながた》の菅原《すがはら》市場のほうにも行ったよ。どっちも仕事くれたんはヤクザの会社やったけどな。

徳島の阿南《あなん》火力も行ったし、成田空港の飛行機がエンジン吹かす試験する大きな建物も作ったし、北海道にある菓子製造工場も行ったな。ここは一か月の突貫工事でね、残業ばっかしで盆休みもなし。だいたい出張ちゅうたら全部会社持ちのはずやのに、おれだけ旅費や食費を差っ引かれてる。下請けやから引かれとったんやな。

そんときは下関の会社から仕事もらってたんやけど、事務所に乗り込みましたよ。合田《ごうだ》一家ちゅうヤクザの会社やったけど、おれはいっこも恐ろしなかったからね。堅気に手え出したらどうなるかは自分らが一番よくわかっとるからね。ほいで頭にきてね、やーめたって。もう、やーめたーって。なんもする気がなくなった。

一人じゃなかったら家に帰っとるけどな。銭は全部自分で使ってしまって家に入れてなかったから、弟と息子のハンコ押した離婚届が送られてきて、ああ、もうみんな承知しとるんやなって。こっちもハンコ押して、出してくれちゅうて離婚した。

かあちゃんとはもう長いこと電話もしたことないから、息子もどうしてるかわからんけどな。上の子は水泳でええところいってるけど、次男はどこにいるかもわからん。

ヤクザ関係の仕事やっとるから離婚しとかんと大変なことになるかもしれんから、家族を守るために別れたんかって？　へへへ。命狙われたことあるかって？　それはいえんな。

最後の現場でもらった四八万円だけ持って東京に出てきたけど、もう仕事する気なくなってた。完全に折れてしもたんや。人生、もう済んだ思うたんや。

金があるあいだはサウナ泊まったり、競艇やパチンコ行ったりして、十五日間遊びました。ほいで金が五〇円しかなくなったところで、東京駅で寝るようになったんです。八重洲《やえす》の地下。あそこはね、夜十二時半まで寝れる。今はだめやけど。

夜の十二時半から四時までは外に寝ないかん。そいで、四時から店が開き始める八時までは寝させてくれよった。冬は寒いからバス停の右側、階段上がったところにちょっと暖かいところがあったんで、そこでおれが一人で寝だした。

一週間ぐらいしたら若いもんが来たよ。「ここ寝ていいかなあ」って。出張で仕事やったらしいんやけどね。なんか食べたかって聞くから、ああ、耳パンならあるぞーって渡そうとしたら、「ちょっと待っとって」っていなくなって、ものの十分もせんうちにお菓子を持ってきた。キヨスクとか新幹線の車内販売の残り物を置く倉庫があって、そこから持ってきたらしいんや。ああ、今晩から食べ物は心配せんでええって安心したな。

ところがそこを仕切っとる親分がおって、そいつはそこの若い衆やったんや。「明日から仕事やからおれおらんけど、あの組についていきゃいいから」っていわれてな、そいでついてったんや。倉庫入ってってたら、「てめえ、どこのもんかー」っていわれたね。ありゃすごかったよ。食べ物の縄張りやからね。いきさつ話したら、「おお、それやったらいいぞ」っていうから毎日行くようになった。親分とも仲良うなって、一緒に東京駅で寝よったよ。


そんときに、救世軍を知ったの。十一月の第二月曜日やったと思う。着替えが全然なくて着の身着のままやったから、並びに行こ、並びに行こ、って誘われて常盤橋で行列に並んだんよ。救世軍が服なんか、山盛り持ってきよったから。鞄やら靴やら、いろんな物があった。すごかったよ。食事も配ってたし、散髪もやってた。背が高い人がマイク持って、「神様の愛、神様の愛」っていうのね。そんないわれても、おれはもう、ただれた愛しか知らんからね。ほんと、こそばかった。

常盤橋に澁澤栄一《しぶさわえいいち》の銅像があるんやけど、そこにボスとおれで小屋建てたわけ。小屋いうのは、段ボールとブルーシートの家のことね。ヤクザのグループがいて盗みばっかりしよったな。おれ、そっちは嫌いやから一緒に行かんかった。そしたら、喧嘩になった。「おれはこれ（盗み）するくらいやったら死んだほうがましじゃ、おまえらとは助け合えん」いうて、そこを畳んで裏の二重橋のほうにまわった。そいつらとは縁を切ったわけ。

それからは引っ越しの仕事しながら、小屋暮らし。握り飯やパンなんかを常盤橋公園にいるみんなに持ってってやりよったの。食い物一つで揉め事は起こるからな。

八重洲のホームレス同士で喧嘩になって、階段落ちて頭打って即死したやつもおるし、弁当持って逃げて若い店員に追いかけられて、店員も放っときゃよかったんやけど、追いついた途端、バスって刺されて即死。ベトナム人をあごで使っとった人間が、彼らに殺されたこともある。四〜五人殺されたからな。寝るときは手の届くところにハンマーと果物ナイフ置いとったよ。

いつ襲われるかわからん。どういう恨みがあるかわからん。なんでも持っていきゃあええって、小屋にラーメンやら置いて、おれがおらんときは食べていいからって出かけたな。

帰ってなくなっとると、ああ、誰か来たなってわかる。親方はだいたい夜に明日仕事があるぞちゅうていってくるんで、現場に行けばこっちは弁当あるからな。ラーメン作るための卵とかキャベツとかは、ちゃんといつも小屋に置いてってやるの。

風呂はあちこち行きよったよ。そいでたまたま風呂から帰るときに歩いとったら、救世軍京橋小隊って書いた建物がある。あら、こんなところに救世軍があったんかあ、今度来てみようかなあって思ったんです。ほて、日曜日に初めて救世軍に来た。そしたら小隊長の奥様がね、トランペット吹く椅子に座っとって、ニコーッて笑ってね。あんなニコーッてやさしそうな、なんというか、なんというかなあ、あんなふうに迎えてもらったんは、おれ、初めてやった。

ホームレスしてた最初の頃から、常盤橋で救世軍が炊き出ししてるときに必ず来る片足のない人がいたんです。ちょっと腰かけるところがあって、そこに座ってみんなとバカ話ばっかりしよった。いろんな話をして親しみを感じてたんやけど、その人もそこにおった。「あれー」って。向こうも、「あれー」って。「よう来た、よう来た」って迎えてくれた。ほんで、それからも続けて救世軍に来るようになったんです。

その人は細見仙太郎さんいうて、亡くなって四年になるけどね。舞鶴の海軍工廠《こうしょう》で幼年工として働いていて、利根《とね》いう巡洋艦で作業してたときに上から落ちてきた物の下敷きになって右足を切断したそうです。炊き出しの日とか、おれが仕事に出てて顔が見えんと、「藤原さんはどうしてるか」って、小屋まで見に来てくれた人なんよ。

それからも引っ越しや、ビルの内装工事やいろんな仕事やっとって、日曜日だけ休みちゅう日が続いてたんやけど、ある日、パタンと体が動かなくなった。こりゃだめやなと思って、ほいで病院行ったらそのまま入院よ。二十日ぐらい入院したかな。心臓が悪かったんや。小隊に電話したら、小隊長夫人がすっ飛んで来てくれた。バイパス六本入れたよ。

小隊長は毎日来よった。マコトさんいう人もずーっと来てくれよった。北海道から九州から、みんなが応援してくれた。手術するときも心強かったよー。誰が電話したんか知らんけど、ひょいと見たら息子も来とる。「おまえ、何しに来た」って聞いたよ。

退院のときに役所の人が来て、「これからどうしますか」ちゅうから、「ああ、だいぶ調子よなったけこれから仕事するよ」ちゅうたら、医者に、「あんた今仕事したら死にますよ」っていわれて、そいで一時的にどこか入っときましょうってことになった。

救世軍に宿泊所があったから入れんかなって小隊長に電話して、そいで新光館ちゅうところに三か月、入れるようになったんよ。生活保護の手続きもそこでしてもらいました。

三か月経って自分で山谷のドヤ探して、そこには七か月いた。今は都営住宅におるけどね。

おれ、救世軍来ると、いつも寝てた。礼拝で寝てた。なんかこう、心が落ち着くいうんか、何いうんかわからんけど、もう、ほとんど寝てた。小隊長のメッセージのときも寝てた。今思えば、休みなさい、いうあれやと思う。私のもとに来なさい、休ませてあげますっちゅう、聖書のあれやったんかなあと思う。

考えてみたら、節目節目に奇跡みたいに、神様が来るような、奇跡みたいなことが起きとるんやね。新大久保の淀橋教会を借りて救世軍の大会があったときも、おれの隣に知らない男性が来て話しかけてきたんよ。「どちらの小隊ですか」いう話から始まって、なんか話をしてたら、ぽろーって涙が出て止まらん。おれ、涙なんか流したことないよ、どんなところでも。でもこのときは涙が止まらんかった。そのときから涙もろくなったなあ。

そしたら、その人が今度は小隊長として京橋小隊に来たんよ。真鍋安雄小隊長やった。なんかそんな連なりがあって、神様が常にやってくれてるんやなって思ったよ。

仏様とか神様とか、そんなのはこれまで全然、頭にも思ったことなかった。潜水夫やってて、伊方《いかた》原発のための埋め立てが始まったときは石垣積む仕事に入ったんやけど、危険やから、かかがやめてくれって泣いたんで、神主さんを呼んでお祓いしてもらったことはあるけど、それぐらい。

でも今は毎朝七時半ぐらいには起きて、今日も一日無事で過ごせますようにってお祈りして、小隊長のフェイスブックの聖書のみ言葉を必ず読んでます。心にすごく響くときがあるんですよ。そういうときは、いいね！だけやなくて、超いいね！入れたりね。

夜は毎日、田舎の家族のことや、救世軍の人たちのことや、友だちや、ほいで、ホームレスの人たちのことを声に出して祈ってます。

好きなみ言葉は、「憐れんでください」ちゅうのかな。詩篇のどこやったかな。二十五章十六〜十七節の「御顔《みかお》を向けて、わたしを憐れんでください。わたしは貧しく、孤独です。悩む心を解き放ち　痛みからわたしを引き出してください」やな。

やっぱ心が貧しいときは、助けてくださいとはいわない。助けてくださいとは絶対いわない。あまりにも貧しかったから、心が。人生捨てるちゅうのは一番貧しい思うな。

ホームレスし始めた年の十月末やったか、ちょうど国会で自衛隊のイラク派遣が決まるかどうかいうときやったな。雨が降りよった。みんな国会前で座り込みしとって、そこに一回、行ったことがあるんです。カッターナイフ持ってな。

ほんというて、死ぬつもりやった。どこで死んだらええか、ただ死ぬのは嫌じゃって思った。だからなんともなしにそこに行ったんね。

そしたらあそこ、坊さんたちが運動してた。坊さんたちがおるから横に座って、カッパかぶって、カッターナイフを首元まで持ってきた。死んだら坊さんたちが後処理してくれる、焼身自殺とおんなじで、抗議の自殺と思ってくれる思うたんよ。

そしたらな、「じいちゃん」いうて、孫が出てきたんよ。幻ちゅうかな、息子の子どもがぽっと出てきた。別れたのが五歳のときやから、そのときの顔しか知らんけどな。「じいちゃん」っていわれて、ほいで、手が止まった。貧しかったんや、心がな。

年末は銀座とかで社会鍋やってるんやけど、いつも一〇〇万円超してるかなあ。ただ銀座も最近は外国人が多くなって、社会鍋を知らん人も多いんよ。

去年は、一〇〇万円は無理かなあ思ったけど、十二月三十一日になって、入れてくれる、入れてくれる。一万円札や五〇〇〇円札は少ないよ。それだけたくさんの人が入れてくれたちゅうことやな。やっぱり神様見とるなあって思ったよ。いただいたお金は年明けからやる炊き出しや、子ども食堂や、困ってる人たちのために使わせてもらいます。

2019/1/5

父は私のことを褒めたことが
ありませんでした。できて当たり前。
なぜなら、最初からプラスだから。
何いってんのこのおやじと
ずーっと思ってました。
でも、西成に来て初めてわかりました。
私、プラスで生まれてるって。

柴林ヴィヴィエン
一九六〇年生
救世軍西成小隊
大阪府

二〇〇三年の冬だったかなあ。西成のことはよくわかんなかったんですけど、初めて街頭給食の手伝いに行ったとき、すごい衝撃を受けたんですよ。なんでかっていったら、もらってた人が配ってるから。もらった人がもらえなかった人におにぎりを配ってる。もらった人が、「ケンちゃんここにいつもおるはずやけど、どないしたんかなあ」ってまわりの人に聞いて探してる。

ケンちゃんが戻ってくると、「おう、遅かったやん、待っとったんやで、どうしたん」「いやあ、あっこでちょっとあってなあ、時間かかって並べんかってん」ってやりとりしてる。

ここには自分が理想とする街頭給食があると思ったんです。みんな、イコール。

生まれは、東京の神宮前です。原宿に救世軍の士官学校があって、そこに両親が住んでたんです。母はスコットランドのアバディーン出身で、三代目救世軍人です。父はイングランドの北のサンダーランド出身で、一代目救世軍人です。

初代救世軍人は、母方のひいひいおじいさんです。できたばかりの救世軍に入って、まだ何もない時代ですから、それぞれ楽器を持ち寄って野戦していたと聞いてます。野戦というのは伝道のことです。その息子にチャールズ・デヴィッドソンという母の伯父がいて、チャールズは戦時中、シンガポールで日本軍の捕虜になって、戦前戦後の二十八年間、救世軍の司令官として日本で働いていました。

だから、ひいおばあちゃんの家には、七宝《しっぽう》焼きの壺とか、日本のお土産がいっぱいあったんです。母のいとこは日本生まれだし、母は子どもの頃から日本をよく知っていました。

父の家族は代々、アバディーンの造船所で働いていました。もともとバプテストだったんですが、戦時中、橋を渡っていて爆破されたら危ないので、渡らずに通える教会を探したら、スラム街にある救世軍しかなかったので通い始めたと聞いています。

父は若いときに、彼の父親を造船所の事故で亡くしたんです。クレーンが落ちてきたそうです。父の兄も、もう戦争は終わっていたのに、乗っていた船が機雷に当たって死んでしまった。

父は、おばあちゃんに、「あんただけは船に殺させへん」ってわんわん泣かれたそうです。しゃあなしに空軍に入ったら、配属された基地が母の住んでるアバディーンの近くでした。

母方のおじいちゃんは、飯をうちで食えとよく若い人を誘っていて、近くにある捕虜収容所のドイツ人が日曜日だけ教会に行けるので、彼らを誘ったり、徴兵で来ている若い子に声をかけたりしていました。

ある日、父が誘われて行ったら、途中のバスにちっこい女の子が乗ってた。そのまま家に行ったら、そこが母の家だった。それが父と母の出会いですね。

救世軍はイギリスで生まれたので、小隊があちこちにたくさんあります。ニューカッスルに住んでいたときは、家から徒歩一時間半以内に五〇ぐらい小隊がありました。映画やテレビのドラマで、日曜日を表すために救世軍が野戦しているシーンがよく使われるんですよ。視聴者はそれを見て、日曜日の話だとわかる。ドラマの「Mr.ビーン」にもありましたね。

士官の異動は基本的には命令制です。戦争地域や海外でも特別な場合だけはチョイスがある。両親は日本に行きたいと志願しました。父は小学三年のときに、大人になったら絶対に日本に行くと決めたんだそうです。地理の授業でオーストラリアについて勉強していたら、オーストラリアは白人優位主義なので日本人は移民したくてもできない、だからブラジルに移民しているという話を聞いた。それでおもしろい国だと思ったそうです。そんな父が、日本のことを子どもの頃からよく知っている母と知り合ったのだから、一緒に日本に行けるのは嬉しかったと思います。

日本に来たのは、一九五七年。東京タワーの建設が始まった頃じゃないかな。まだ二人とも二十代だし、ルンルンだったと思います。

日本語はまだしゃべれないから小隊長にはなれないので、初めのうちは司令官をしている母の伯父のチャールズの秘書をしていました。伯父がしばらく出張して仕事が二か月ほど空いたとき、北海道の遠軽小隊に行ったんですけど、その頃の話はよく聞きましたよ。

遠軽は、救世軍の聖地です。遠軽の人で救世軍を知らない人はいないんじゃないかな。町の歴史の本に、代々の救世軍小隊長の名前が書かれている。冬になっても学校に行けるように、子どもたちを集めて山で木を切って橋を作って、救世橋《きゅうせいばし》という名前になったそうです。

遠軽小隊は新婚の士官夫婦が派遣されるので、士官の子どもは遠軽生まれが多いんです。

両親が行った頃は水道も電気もなくて、月定献金は大豆とか牛乳とか、物品だった。父は結婚する前、シェットランド諸島にいて、生きている羊をもらうこともあったので、驚くことは何もなかったみたい。二人は、遠軽にいた二か月が一番幸せだったと話していました。

私が三歳から高校一年が終わるまでは杉並区の和田《わだ》に住んでいました。和田は救世軍村プラス立正佼成会村です。どちらの施設も多いです。世光寮という女の子の施設もあって、クラスにその子たちもいるし、士官の子どももいる。小学校のときは同じ学年に救世軍の子どもが三〜四人はいたかなあ。クラスの三分の一ぐらいが日曜学校に通っていました。だから、日本はキリスト教の国じゃないという感覚はまったくなかった。

ただ、まわりの目がとにかくうるさかったです。救世軍のじいさんばあさんにずっと監視されてるんです。「ヴィヴィエンは、今日はこんな服を着て出かけた」とか、何も悪いことしてないのに不良みたいにいわれたりとかね。中学の頃は本当にうっとうしかったなあ。

お父さんが財務部門に異動してからは、両親とは一緒に行動しなくなりました。一度だけ、遠軽には連れていってもらいましたけどね。

イギリスに帰国してからもそんな感じで、両親とは別行動です。両親がスコットランドに異動してからは、ロンドンで一人暮らしを始めました。もう十九歳になってましたからね。

観光客向けのお土産屋さんで働いていたんですけど、一年ぐらいで日本のいろんな旅行会社と提携している会社にスカウトされました。日本人観光客を案内したり、通訳したりする仕事です。そのとき、お客さんだった商社勤めの方が、のちの主人の父です。

主人はその頃、イギリスの大学に留学して、日本人が二人しかいない町に住んでいたこともあって日本語が下手になっていたんですよ。だから日本の雑誌が欲しかったらいつでも渡すから連絡して、と伝えていたんです。

日本人って、日本から持ってきた雑誌を空港に捨てていくんです。おかきとか梅干しも、持ってきたけど食べへんかったからといってくれることもある。松茸《まつたけ》の佃煮《つくだに》もあったなあ。彼がロンドンに来たらそんな物を渡してました。そこから、なんか勘違いしたんですね。

付き合ってた頃の話ですけど、両親がいるグラスゴーに彼を連れていったことがあります。今も忘れない、クリスマスのときです。ちょっと話があるからといって、父にふだん行くこともないホテルに連れていかれました。

高いコーヒー飲みながら、「じつは南アフリカに行かないかという話があるけど、どう思う」って聞かれたんです。まだアパルトヘイト[1]があった頃です。ロンドンの南アフリカ大使館前で抗議デモも起きている。そういう状況でした。

どう思うって、私に聞くんですか、私が嫌だといったらやめるんですかって話ですよ。父は、「いや、意見が聞きたいんだ」といいましたけど、もうええ、わかってんねん。両親は私の怒りを理解できないんです。どんなに怒ってるかがわからないんです。

私は高校一年でイギリスに帰ったときは帰国子女だったので、そこから勉強するのが本当に大変だったんです。早く働いたほうがいいと思ったから大学には行かなかったけど、ロンドンでは夜間の授業も受けに行って必死だった。だから今こうして日本語と英語を話せるし、仕事もできるんです。

でも弟は違う。当時十四歳です。弟をどこに連れていくんやって。トランペットがうまくて、エディンバラの音大で選ばれて毎週レッスン受けに行ってたんです。数学が得意で、将来は会計士になりたいといってたんです。そんな弟を南アフリカに連れてってどうするの。もう意味わかんない、この親は。なんで南アフリカに行ったのか、いまだにわからないですよ。

父がみんなに必要とされていたのはわかってます。南アフリカには救世軍の学校もあるし、印刷工場もある。前任者が帳簿をアップデートしていなくて、財政的に大変だから父に来てほしかった。計算能力を見込まれて呼ばれたんです。それはわかりますよ。

自分が役に立つところに行ける。それって、人間のモチベーションじゃないですか。求められているって、すごい麻薬じゃないですか。本人は嬉しくてしょうがない。

母のことはわかってました。母自身が厳しい母親に育てられましたから。救世軍の仕事以外は罪だと思っているおばあちゃんで、母が日本に行ったときも、あなたは神様に捧げたからといった。だから、父が喜ぶならそれでいいといったんです。

子どもには、そんなの関係ないですよ。でも結局、両親は弟を連れて南アフリカに行きました。一九八五年でした。

主人との結婚が決まって、主人も大阪に帰って仕事を始めるというので、その前に、独身最後の三か月ほど両親と一緒に暮らそうと思って南アフリカに行ったことがありました。

まあ、ひどい国でした。アパルトヘイトが当たり前だから、白人は自分たちが黒人を差別しているという気持ちが全然ないんだもん。私は救世軍以外の人とは会っていないので、それ以外がどれだけひどかったのかは知りませんけど、救世軍もひどかった。

バザーのときの話です。たくさんケーキを作って、テーブルにお皿をたくさん準備していたんです。その準備と後片付けをする三時間だけで雇える人がいる。イギリスや日本の五分の一ぐらいの金額で、全部きれいに洗い終わる。わあ、すごいなあと思ったんです。

ところが、それを士官が一つひとつチェックしてまわる。「これ汚いから、五〇円引きね」って値下げする。「や

1　南アフリカ共和国で行われていた白人支配者層による非白人に対する人種差別・隔離政策。法的には一九九一年に廃止された。

つらはちゃんと見張ってないとしっかりやらないから」って。

母は庶務の仕事をしていて、アシスタントに黒人の人を雇っていました。いつもきれいにスーツを着て、郵便局に荷物を出しに行ったり、買い物をしに行ったりしている人です。そうしたらみんなが母に何といったか。「詐欺師みたいな男だから気をつけなさいよ」といわれたんです。母は、「私は別に問題ないですよ」といって、二年間、なんの問題もなく仲良く働いていたんですけどね。

母の誕生日のとき、今日は一緒に来てといわれてついていったことがあるんですけど、掃除をしている人たちにケーキが配られてないんじゃないかという疑惑があるから、それを私に見張ってほしいというんです。いつもケーキを配っている白人のおばさんと一緒にまわったら、案の定、そっちは配らなくていいって。そんな話は数えきれないほどある。

こんなこともありました。クリスマスの前に、「日本で働いてる人と結婚するんだって」とある士官にいわれて、「そうです、日本で働いてます、日本人ですから」って答えたんです。そうしたら、「日本で働いてるのね」ってまた念押しするから、「いや、日本人ですから」っていったら、「もう何年も日本で働いてるのね」ってまたいう。「違います、日本人です」ともう一度否定したら、今度は、「そんな親不孝しちゃだめでしょ」ですよ。父に報告したら、そんなことというわけがないと信じません。性善説の人だから信じなかった。「おまえは救世軍が嫌いだから」とまでいって否定されました。

ところがクリスマスの日、みんなでごはんを食べているときに、おばあさん士官からまた同じ話が出た。そうしたら父が、「I said he is Japanese!」って切れちゃった。「His name is Shibabayashi!」って。そうしたらあとでそのおばあさんが私のところに来て、「あなた親不孝よ、考え直しなさい」って……。

キリスト教の精神からいったら、間違っていますよ。でも差別しているという意識がないからどうにもならない。いくら話をしても平行線なんです。保護してあげるという感覚です。

ごはんを運ぶのは黒人でも大丈夫だけど、同じトイレを使うのは不潔だからと分ける。そもそも教会が別ですもん。住んでるところが違うから、教会も違う。

父は黒人の小隊にも説教に行くので一緒に出かけたら、めっちゃ楽しかったですよ。みんなすごくうたうし。でも彼らが白人の小隊に来ることはない。まず来ません。

救世軍は士官になって二十年経つと少佐になるので、黒人の少佐がいました。八か国語も話せて通訳もできる天才ですけど、その少佐も部下の白人に敬語を使う。アフリカーンス[2]には敬語を使うんです。「Yes, Sir」「No, Sir」の世界です。だから私もどうやって会話すればいいのかわかりませんでした。

庭の手入れをする人もいたんですけど、朝からずっと炎天下で働いている。休んでくださいといっても、休んだら終わらないから休まない。雨がすごく降ってきて、父がこの雨の中を歩かせるわけにはいかないからと、断られても無理に車で送っていったんです。

そうしたら、翌日また来て働いている。母が「今日のぶんをお支払いします」といったら、「これは昨日やり残したぶんだ、やり残したら引かれるから」といって受け取らずに働く。

いろんなことが不思議でした。やさしくしようがないんです。やさしくするんじゃなくて、当たり前のことをするのが大変だった。なんていうのかな、当時は真剣に、この世からあの国がなくなればいいと思ったもん。子どもじみてるんですけどね。

両親は南アフリカに四年いる予定だったんですが、二年で仕事を終わらせたので、一九八七年には香港に異動しました。香港にはすぐ遊びに行きましたね。

2　南アフリカのオランダ系白人。

主人に会うだいぶ前ですけど、二十二歳のときに救世軍をやめたことがあります。

士官になるつもりだったんです。小学生って、大人になったら何になりたいか書かされるじゃないですか。あれに、救世軍を創設したウィリアム・ブースの妻のキャサリン・ブースって書いたこともありました。人に親切にしたい、何も恐れずチャレンジする人になりたいと思ってた。奉仕もしたかった。士官になるための講習会に行ったこともありました。

でも、救世軍の人に囲まれて生きていると、よく聞かされるんです。クリスチャンは清いけど、クリスチャンじゃない人は清くない、神様を信じない人は罪深いとか。そんなこと、私は思ってないですよ。でも、ずっと聞かされて育ってきた。

じゃあ、私が本当に大変なときに誰が助けてくれたかというと、小隊の人じゃない。クリスチャンじゃない仕事場の友だちだったりしたんです。

二十二歳のときにどういう気持ちだったかというと、自分がほんまに士官になりたいのかどうかわからないまま、適当な気持ちで士官になりたいと親にいったんです。母はあまり嬉しい顔をしなかった。父ははしゃいでましたけどね。

当時、イギリス人の子と付き合ってたんですけど、士官になろうと思ったとたん、イギリス人と結婚してイギリスに住むということが重荷に思えてきたんです。通っていた小隊には九人いたんですけど、彼とその家族がロンドンに引っ越していなくなった。学校の先生だった老夫婦も引退してスコットランドに移住して、もう一人のおばあさんも亡くなって、気がついたら私とおじいさん一人しかいなくて、その小隊を閉めることになったんです。

そうしたら、教会のこと全部がすごくうっとうしくなってきた。日本人の彼氏と付き合ってたときは、イギリスにいる母方の叔父が、そんな日本人と付き合わないで、救世軍のいいイギリス人紹介するからといってきたこともあった。なんでそんなこと、あんたにいわれなきゃあかんのって。そもそもイギリス人と付き合いたくないし、初恋の人って誰ですかと聞かれて、「デビルマンです」で通じる人がいいんですよ。

そこから一八〇度、バーンって全部否定にまわってしまった。神様なんか信じへん、こんなひどいことばっかりするからって思ってたんです。だから、主人は救世軍に通う私を全然知りませんでした。二十年近く、教会にも行きませんでしたから。

両親は香港のあと一度イギリスに戻って、いろんな国をまわりながら国際監査の仕事をして引退しました。ところが、そのあとまたアフリカに呼ばれていきました。

その頃、二人目の子が生まれて、それを伝えようと母に電話をしたら、そのことが父に伝わっていなかったのがきっかけで、母が認知症になっていることがわかりました。父はきっと信仰が揺らいだと思います。ヘルパーも頼まずに全部自分でやろうとしましたから。

私が救世軍に戻ったきっかけは、娘です。娘は梅花《ばいか》中学を専願で受けたんですけど、面接のときに志望理由を聞かれて、祖父母が宣教師で、自分はクリスチャンとして育てられてはいないけれど、もっとキリスト教について知りたいと思いましたって話をしたんです。

そうしたら、ミッションスクールですから、月に一回は教会に行かないといけなくなった。「救世軍に行きたい、お母さん連れてって」というんです。

両親がうちに来たときは大阪の天満小隊に行っていたので、そこに連れていって、私は礼拝に出ないで外でお茶しながら待って、終わったら一緒に帰るという状態でした。

そうしたらあるとき、父が心臓発作で死んだと電話がかかってきました。二〇〇二年五月でした。ロンドン郊外のウェンブリーで士官学校の卒業式があって、遅れそうなので駅から走ったら、集会に入る手前の階段で倒れたんだそうです。

母を介護ホームに入れて、ようやく落ち着いたところでした。もう驚いて、どういうこと、わけわかんないと思いました。

家の片付けとか、本当に大変でした。日本でもお別れ会をしたいと連絡があって、九〇人近く集まったかなあ。父は生前、多磨霊園にある救世軍士官の墓地に入りたいといっていたので、遺骨の半分を日本に持ち帰って多磨霊園に入れました。私は神様を否定してるのに、なぜ多磨霊園にこだわるのか自分でもわからなかったんですけどね。おばあさんの士官に、「嬉しいわ、私もパンクスさん（父）と同じお墓に入れるのね」っていわれて、それもうっとうしいわという気持ちだったんですよ、まだ。

そうしたら九月に母が亡くなって、同じことが繰り返されて、また多磨霊園に入れに行きました。それでも礼拝には行かなかった。娘を救世軍に連れては行くけど、入れへんよ、礼拝は、という状況はまだ続いていました。

ところが翌年の五月、救世軍のバンドが加西市《かさい》の教会で演奏会をしたときのことです。前日に神戸小隊で演奏したときに行ってみたら、バンドの五〜六十代の人たちはみんな、父に「来いや」っていわれて救世軍に入った人たちでした。そうしたら演奏しているあいだ、なんか、父が見えるんです。ずっと泣いていました。

翌日、加西市の教会の演奏会ではみんなで「主はそばにいる」という歌をうたいました。もう、ずっと泣いていました。新幹線に間に合うバスの時間が近づいていたんですけど、最後に楽団長がもう一回うたおうとなって、玄関前でまたみんなで「主はそばにいる」を大合唱したんです。ああ、本当に神様はいつもそばにいたなあ、と思いました。

主人はびっくりしていました。だって、私ががんがん泣いてるから。もうどうしたらいいかわかんなかったと思います。

一か月後に大阪の天満小隊でカフェチャーチがあったときに、西成小隊の人が来ていたんです。私は西成の町のことは何も知らなかった。弟がまだ母のお腹にいたときに行った記憶はあったんですけど、どういうところかはよくわかりませんでした。

救世軍に復帰したら、面倒なことはいっぱいあると思っていたし、自分の人生を一八〇度変えて、一〇〇パーセント、コミットできるかという迷いもありました。

クリスマス会のときにまたバンドの演奏会があって、また泣きました。自己紹介するとき、みんなが次々と、〇〇小隊の曹長してます〇〇です、と挨拶して、とうとう自分の番になって、「柴林ヴィヴィエンです、役職はありません、何もしてません、天満にときどき行ってます」っていったとき、ああ、あかんなあ、あかんなあって思ったんです。

そうだ、西成の人が水曜日にバザーやるっていってたなあと思い出して、ケーキ焼いて持って行ってみました。西成小隊の建物を見た瞬間、実家に帰ったみたいな気持ちになりました。

街頭給食にも行ってみました。そうしたら、弁当をもらった人が別の人に弁当配ってる。すごい衝撃を受けて、その日は家に帰ってからもう寝られなくなって、娘に一晩中、街頭給食のことからこれまでの自分の経験やらいろんなことをしゃべり続けました。

それまでは、なんで私、大阪おるん、東京やったらバンドも聴きに行けるのにと思ってたんです。姑との関係が悪くなって家の中が険悪だったから、天満小隊に通っていたのも、逃げ場だったからです。大阪やなかったらあれもできるのに、これもできるのにって思ってたんです。でもそんな想いが、西成小隊に行ってピタリと止まりました。

父は私のことを褒めたことがありませんでした。できて当たり前。なぜなら、最初からプラスだから。生まれた時点でプラスだからって。もう、わかんないですよ、何いってんのこのおやじと思いました。何いってんのって、ずーっと思ってましたよ。もう、ずーっと。

でも、西成に来て初めてわかりました。私、プラスで生まれてるって。お父さんは酔っ払いじゃなかったし、お母さんの食費を盗んでギャンブルせえへんかったし、家族に暴力振るわなかったし、まわりに入れ墨入れてるような人が住んでる地域に生まれてないし。

勉強はあまりできなかったけど、親がフォローしてくれてなんとか生きられたし、お金に困ったことないし、人生に欠けていたものがあったかといったらないし、子どものときはまわりの人にめっちゃ愛されてたし。私、プラスで生まれてるから、それだけ責任がある。西成に来て初めて、父の言葉の意味がわかりました。

救世軍は昔から、飛田新地の近くにある朝光寮という婦人向けシェルターを運営していて、飛田でおつかまりになった方とか、昔は社会不適合者と呼ばれた方たちのお世話をしていました。

でも大阪府と大阪市の福祉政策が進んでそういう施設を整備するようになって、うちの施設が使われなくなった。建物が空いたところに、初めのうちは寄付された物資を置いていたんですが、人が住まないとだんだん建物は傷んでくる。庭の草も草刈りしなきゃいけない。

それで前におられた小隊長が、ホームレスの人に入居してもらったんです。条件は救世軍兵士になること。だから寮を卒業したら、救世軍に来なくなる人もいます。

これが信仰かと疑問をもつ人はいますけど、そうじゃないんです。住むところが欲しくて救われたふりをしたっていいんです。だって、救世軍に来たことによって、その人の人生は変わったんだから。

ある人がいってました。「自分が人が履くスリッパを拭いているこんな姿を、昔の嫁が見たらびっくりするだろうなあ」って。もう亡くなられた方ですけど、ご家族に会えたら、最後は人のためにいいことをした人ですよって伝えたい。でもね、家族にはいまだに会えません。見つからないんです。でもほんと、伝えたいんですよ。

新しく来られた小隊長にいったことがあります。「小隊長ごめんなさい、一つだけ、覚えといてください。小隊長と、元ホームレスのきょうだいたちのどっちの味方をするかといわれたら、私は必ず彼らの味方をします。小隊長の味方はしません」って。

だって、小隊長には奥さんがいるでしょ。でもみんなにはいないから、私は絶対、こっちの人たちの味方につくから、それは覚えといてねって。

私が西成小隊に行き始めたのは、二〇〇四年の暮れでした。その頃から比べるとホームレスの人の数は三分の一ぐらいに減ったんじゃないかな。

大阪府と大阪市の高齢者特別清掃事業の仕事があって、五十五歳以上でホームレスであるとか、いくつか条件があって、一日働いたら五七〇〇円もらえるんです。番号順に仕事がまわってくるので、小隊に来る人たちもやってるんですけど、私が来た頃は三〇〇〇番ぐらいまであった番号が、最近は一〇〇〇人ちょいです。単純計算して三分の一です。

ホームレスの人数が減って、小隊に来る人もだんだん減っていきました。施設も古くなったし、このさきはどうなるかわかりません。でも、西成小隊がある限り、私は行きます。

2019/11/27

そうか、キリスト教は
信仰しなければわからないんだなと
思って、最初は嫌だったけど
信仰しよう、洗礼を受けようって
決めたんです。

大滝光司
一九四四年生
小樽福音キリスト教会
北海道

四十六歳のとき、奥さんを殺しました。聖書に刃物だけでは人を殺さないとあるんですが、私は刃物ではないけど口で殺したと思います。売り言葉に買い言葉で、折り合うということがなかった。もっと違う生活の仕方があっただろうって、今になって思います。彼女は四十二、私は四十六でした。もう三十年になります。[1]

土木屋でした。現場監督だったもんで、みんなが仕事を終えてからも仕事でした。現場の写真を撮ったりデータを集めたりして書類を作る。朝四時に出て家に帰るのは夜十時です。奥さんとしては、いったい何してるんだ、なんか悪いことでもしてるんじゃないかと思うわけですよ。こっちはお腹すかせて帰ってきたのに、酒飲んでるんじゃないかといわれるとカーッとくる。お互い手が出てやり合うこともありました。

結婚するとき、奥さんが自分は精神分裂病だといったんです。そんな病気はないんだ、おれが治してやるといって結婚した。薬をたくさん飲んで、でも飲まなかったりもした。ためしにおれが飲んでみたら、頭がぼーっとするんだ。こんなもんだめといって飲ませなかったこともある。そんなのがよくなかったんでしょうね。[2]

昔からビキニラインにホクロがあったので気づきにくかったんだけど、子どもが大きくなってから、ホクロがみっともないから取りたいといって札幌の病院で手術したんです。そうしたらホクロじゃなくて悪性黒色腫という皮膚がんだった。

そのあと奥さんのおふくろも胃がんになって、宗教を信じたら治るんじゃないかって、三人で新興宗教に入っちゃったんです。富山県の高岡に教祖がいる御手南会《みてな》という浄土真宗系の教団ですけど、だんだん私は嫌になっていくんですね。

子どもは四人いるんですけど、奥さんが仏壇の前で子どもたちも一緒に礼拝させようとするんです。おれはそんな奥さんが心から好きではなくなっていった。奥さんが信じているものも信じられなくなりました。それでも四～五年はいたのかな。カルトみたいに抜けられないってことはなかったんだけど、結局、彼女は死ぬまで信じていました。

会社では役員をやってたんですけど、妻は死ぬわ、おふくろは死ぬわで、仕事のほうもだんだんどうしようもなくなっていった。それまでも会社をコロコロ変わってきたんです。

みんな倒産しました。こんなことじゃだめだ、なんとか儲けることを考えなきゃと思ってインターネットで投資も始めてみたけど、これも失敗です。バブルの経験があったんで、濡れ手で粟《あわ》だなんて思ったんですよ。パソコンは得意だったんでいろいろデータ作って計算してみるんですけど、収入ないところで借金は膨らむばかりです。あー、だめだって、ついにギブアップです。

1　「また、からだを殺しても、魂を殺すことのできない者どもを恐れるな。むしろ、からだも魂も地獄で滅ぼす力のあるかたを恐れなさい」マタイ10・28。

2　統合失調症。二〇〇二年八月の日本精神神経学会で正式に病名が変更された。

そのうち思考力が鈍って、現場に行っても会社に帰れなくなって、行ってもすぐパターンと倒れてしまう。ある日、病院に行ったらうつと診断された。それから三年間は病院通いです。医者はカトリックの信者だったんだけど、治療を始めるときに二つ条件を提示された。

病気は医者が治すんじゃない、薬が治すんじゃない、あなたの中の治癒力が治すんだ、だから自分を信頼してついてくるかということ。

もう一つは、薬は飲むけどやめていくのがむずかしい、それを自分が教えるから、三年間我慢してその通りにやるかということ。約束しましたよ。

うつ病って、腹から頭までカチッとギプスをつけてる感じなんです。むずかしいことをいわれても何も考えられない。もうどうしようもないってなると、ウロウロしながら死ぬことばかり考える。

ふと、自己破産って方法があるじゃないかと気づいて無料法律相談所に行ったら、弁護士に自己破産するにも三〇万円いるっていわれた。その三〇万円がないんですよ。

でもあるとき、昔から積み立てていた全労済の年金があるのを思い出した。これを解約したら五～六〇〇万円あったので、子どもの学費をまず返済して、関係各所の借金を払うことができました。手元にはほとんど残りませんでしたけど、自己破産はせずに済みました。

その頃、長年世話になっていた叔父が亡くなりましてね。遺族はみんな相続しないからってこちらに話がまわってきたんだけど、よく調べたら会社が倒産して借金があって、相続といっても負債があることがわかった。

相続の権利があるのは一三人ぐらいいたけど、誰も何もしようとしないから、しかたない、自分がやるかと話をまとめて相続放棄の手続きをしていたときに、あれ、おれ、うつが治ってきたかもしれない、普通の仕事ができるかもしれないって思った。それが回復のきっかけですね。六十六歳になってました。大変な三年間でした。

キリスト教との出会いは本でした。うつの治療中に、三浦綾子が聖書について書いた本を読んで感動したんです。内村鑑三だったかな。あの頃読んだ本はこの二人しかいないので、どっちかですよ。すごく感動してね。星空を見上げていると、この宇宙を創造した神様がいたんだ、私たちも創造されたんだと思ったんです。仏様を拝むのとは違う信仰があることを知りました。カトリックの医者にそんなことを話したら、本を読んで感動したから信仰するっていうのは違うんじゃないかといわれて、うーん、そうなのかなと思いましたけどね。

それからは聖書もためしに読むようになって、何巻もある浄土真宗の経典よりフリガナつきの聖書のほうが読みやすいと思ったのも、キリスト教に近づくきっかけですかね。

高校時代の同級生が宣教師と結婚していたので、彼と一緒に聖書を勉強し始めました。といっても、二人だけだとお互いよくわからないことがあるんです。やっぱり教会に行ったほうがいいだろうと思って、彼のいる小樽福音キリスト教会に行くようになりました。

そうしたらね、牧師が変なことをいうんです。おれは一目見て、この牧師はうつだと思った。おれもやったからわかるんですよ。どうしてあの人に牧師やらせてるんだ、あのままじゃいけないよって友人に伝えて、おれの医者を紹介しました。クリスチャンでもないおやじからいわれて抵抗を感じたんだろうね、病院には行かなかった。

そうしたらその翌年、自殺してしまいました。友人から、「大変だー」って電話があってね。おれはまだ教会員じゃなかったから、葬儀では駐車場係をしましたけどね。雪がたくさん積もっていて、おれにとっては衝撃的な、教会との出会いになりました。

おれは心が弱いから、いまだに夜に教会に行くのは苦手なんだね。あの日のことが頭に残ってるからね。カウンセリングの先生が教会員向けに痛みの回復のセミナーを何度かやりましたけど、信者の人たちはもっと大変だったと思います。

洗礼を受けたのは六十七歳のときです。八十歳まで生きるとしてあと十三年、このままでは悔いを残すと思って、ちゃんとキリスト教を勉強したいと思ったんです。人生は泥沼で真っ暗闇だったけど、友人と聖書を読んだり、家で一人で聖書を読んだりしていると一瞬だけど灯が見えたような気がした。この泥沼から脱出できる何かがここにはあるっていうのかな。

今までの宗教だと、ご利益があるとか、すばらしい方だから拝まなきゃいけないとかだったけど、キリスト教はそうじゃない。生きることの基盤というか確かさというか、よくわからないけど、聖書を読むとそこに近づいていくように思えたんです。

聖書をいくら読んでもわからないところはある。キリスト教は父と子と聖霊の三位一体の神で、父なる神と子なる神はだんだんわかってきたけど、聖霊なる神はわからなかった。

そうか、キリスト教は信仰しなければわからないんだなと思って、最初は嫌だったけど信仰しよう、洗礼を受けようって決めたんです。クリスチャンになろうとね。

次の日の朝、世界がすべてクリアに見えました。ギプスがはずれて、違う世界に来たみたい。ちょっと身震いするような感じでした。そのあと洗礼を受けるんですが、そのときよりも、信じようと決めたこの日のほうが強い印象に残っています。

そうしたら不思議なことが起こりました。叔父の相続の関係で連絡をとり合っていた遠い親戚から、「アパートを持っているんだけどなかなか売れない。買わないか」といわれたんです。値段を聞いたら二五万円でいいって。それで買ったのが今の住まいですよ。まるきり何もなかったのに住まいを持てたんです。

それだけじゃないです。おれは室蘭《むろらん》工業大学出身なんだけど、卒論を書いていた頃に東大安田講堂で追い出された連中が室蘭にやって来て封鎖を始めたことがあったんです。それで実験材料なんかも入らなくなっちゃった。出入りの業者が嫌がって来てくれなくなったんです。おれは鉱山工学科だったから、ヘルメットとかピッケルを持ってるわけ。よし、しょうがない、自分たちで本部を開放してやろうといって、「少年マガジン」なんかをプロテクターにして乗り込もうとしたんですよ。そうしたら、一緒に行くはずのみんなが逃げちゃった。もう、どうして大学と学生のあいだでこんなことが起こるんだろうと思って、同級生の友だちといろいろ議論していたんです。

おれがクリスチャンになった頃、その友だちがうちに来たんですよ。いろいろ話をして、洗礼を受けたことも伝えたんだけど、郵便局の口座番号を教えろっていうから、まあ悪いことはしないだろうと思ったんで教えたんです。そうしたら、あとで一五〇万円が振り込まれた。びっくりしましたよ。彼は子どももいるし、なんでだと思ったら、母親が亡くなって現金が入った、それをくれたらしいんです。年をとったらいくらでもお金はいるんだからといって贈与してくれたんです。

おれが勉強して牧師になったら一生食えるんじゃないかと思ったんじゃないかな。おれはそう思ったけど、本当のところはよくわからない。

神学校に行ってほしいという気持ちはあったと思う。信仰したら、もっと勉強しなきゃわからないってことがわかってきましたからね。それで、いただいたお金で北海道聖書学院の信徒向けの講座に通い始めました。一年間、朝早く行って勉強しましたよ。寝ないでがむしゃらにレポート書いて終わったって感じ。贈与されたお金をきちんと使えたのは、初めてのことでした。

彼はそれからもまとまったお金を送ってくれたので、備品をいろいろ買わせてもらいました。放送設備とか、ストーブとか、サーキュレーターとかね。あと何に使ったかはわからないけど、教会のために全部使わせてもらいました。

東日本大震災で被災した地域の支援に行かないかといわれたのは、聖書学院の特別講座に行ったときでした。震災直後から海外宣教団体のＯＭＦが支援をしていたけど、緊急支援という二年間限定の活動なので、バトンタッチしてくれるところを探していたんですね。

宗教団体のままでは社会福祉協議会のテーブルに載らないので、それを引き継ぐために日本福音キリスト教会連合（ＪＥＣＡ）が立ち上げたのが、社団法人いっぽいっぽ岩手で、当初は二週間ぐらいのつもりでしたけど、結局、今年の五月末まで五年間も山田町にいました。泥かきや片付けは終わっている段階で、仮設住宅をまわって小さな集まりをもってリードする。向こうの言葉でいえば、「お茶っこ」ですね。

当初は地域の方が四～五〇人いたけど、常時来る人は最終的に一〇人ぐらいになったでしょうか。おれが行ってから、八人ぐらい亡くなりました。みなさん高齢でしたからね。

宗教の話はできないんです。質問されたら答えますけどね。本を読んでくれ、聖書を読んでくれ、ビデオを見てくれというぐらいです。でも、目が見えないとかなんとかいってなかなか見てくれないですよ。来るだけでいいんだよ、ここにいるだけで落ち着くんだよっていわれるんで、ならもうおれは何もしねえぞって。

この人たちのために何かしようって考えたらだめなんです。そうじゃなくて、神様の前で素直に生きている自分の生きざまから神様を見てくれたらいいなって。信仰によって解放されることをわかってほしいんだけど、それはいえないし、いっても理解されない感じで、扉はなかなか開かなかった。

家族や家をなくした人は半分ぐらいで、そうじゃない人も結構います。酒と女が最高の喜びみたいな感じの人も多い。隣のおやじが憎いとか、殺したっていいぐらいだとか、考えるのはこの世のことばかり。そんな人たちの心の中に入っていくのはちょっとむずかしかったですね。漁師町ということもあるからか、お祭りは結構やるんだけど、信仰って感じではないんですね。

技術屋のアルバイトをしながらアパートに住んで、ガソリン代だけ団体に支給してもらって、このまま山田でずっと暮らしていこうかとも思ったんだけど、みんなと趣味が違うというか、本当に心から友だちになれる人を作れなかった。

こちらがワンステップおかないと、まともなコミュニケーションがとれない。おれはクリスチャンといっても、おかしい人なんですよ。そう、おかしい人。クリスチャンと話をしてもまともにしゃべれない。クリスチャンじゃない人と話をするのはもっと大変です。

いっぽいっぽ岩手が解散するタイミングで後片付けをやって、現地リーダーをしていた牧師先生[3]と一緒に北海道に戻ってきました。結局、五年間いたことになりますね。

北海道は母方の里なんですよ。もともと両親は東京にいたんだけど、戦後に仕事がなんにもなくて、おれが小さい頃に離婚しちゃったんですね。おやじのことはあまり話したくないんですよ。いじめられた記憶しかないからね。

だからキリスト教を信仰したとき、父なる神っていうのがなかなかわからなかった。父の慈愛とか、父の威厳ってのがなかなか想像できなかったんです。

父親とは本来こうしなければならないのかとか、自分は子どもたちにこんなことをしなければならなかったってことは、イエスが表す父なる神を通して教えられた気がします。

2019/6/16

3　社団法人いっぽいっぽ岩手、新居浜グレース教会協力牧師、篠原めぐみ、四八三ページ。

あるときふと、景色が変わりまして、
穏やかになっていきました。
そうしたら天使が舞い降りてきて、
わたくしを取り囲んで
祈ってくださっている。
ああ、これが天の援軍かと。

松原葉子
一九七三年生
日本基督教団富山鹿島町《かしまちょう》教会
富山県

洗礼を受けたのは、一九八八年のイースターです。もうすぐ十五歳になるというときでした。北陸は仏教国で、わたくしの祖先も浄土真宗でしたが、両親がキリスト者でしたので、幼い頃から親に連れられて教会学校に行っておりました。教会に通うことはわたくしにとって、ごく自然なことでした。

小学校高学年ぐらいからでしょうか、教会学校で聞く聖書のみ言葉が、わたくし自身に語られているように思うことが増えて、心に留まるようになっていきました。神様はこういっておられるということが自分の中に入っていく。信仰の芽生えだったと思います。

わたくしの歩みに何が影響を与えていたかというと、病気のことがありました。口を閉じることができないのを母がおかしいと気づいて、三歳か四歳の頃に病院に行きました。お医者さんの前では口を閉じていたので、心配しすぎだとか、あなたたち親子に必要なのは精神科に通うことだといわれたりして、母は待ち受ける重い現実を前に打ちのめされる想いだったそうです。

小学生になってからは、授業中に手を挙げて発表したいのに、きちんと挙がらなくなりました。きちんと挙げなさいといわれても、だって挙がらないんだもんって、そんな想いを抱えていました。いちいち親には報告しませんが、徒競走もだんだん遅くなっていきました。

病院巡りをするようになったのは、十歳のときです。運動会でマスゲームをしたときに、輪っかを両手で挙げないといけないのにうまく挙げられないのを見て、先生が、この子はなまくらでそうしているのではないと気づいて、母親に連絡してくださったんです。

あちらこちら病院をまわりました。自分がわけのわからない病気になっていることはわかりました。親とドクターが、むずかしい病気で治療法がないと話しているのを聞いて、たまらなくなって泣き出したこともありました。

同級生は元気に走りまわっています。自分だけ置き去りにされているような気持ちになりました。給食の時間も、大好きな物さえ喉を通らない。給食は食べ終えるまで居残りさせられます。だんだん暗い少女になっていきました。

幼稚園の頃からピアノを習っていて、コンクールに出場するのでとても忙しかったんです。病気のことはいろいろありながらも、コンクールを目標にレッスンは続けていました。

ただ、どのドクターも一様におっしゃったのは、治療法がないので何もしてあげられることはないということ。日常生活を大切に、無理をしないで過ごすようにともいわれました。診断名は筋ジストロフィーの顔面肩《けん》甲《こう》上腕型です。遺伝子診断で確定診断が出たのは、ずっとあとのことです。

ほかの友人たちが伸び盛りの頃に、自分だけ下降線をたどっていく。どうしてわたくしだけがという想いや、このさきどうなっていくのだろうという不安でいっぱいでした。神様どうして、神様どうにかして。ただただそう叫んだように思います。わたくしの魂の叫びでした。

くねくね歩く特徴がありましたので、嘲笑《あざわら》われ、こんにゃくみたいだとか心ない言葉を浴びせられることもありました。そういうときに思い出したのは、「敵を愛せよ」[1]というみ言葉でした。こんなひどいことをいわれても愛さなきゃいけないの、と葛藤しました。

大きな試練となったのは、中三の修学旅行でした。関西に三泊四日で行くことになっていて、わたくしはみんなと一緒に行動するものとなんの疑いもなく思っていました。

ところが学校から、松原さん一人のためにほかの子たちが歩調を合わせるのは気の毒だから、親がついてきてくださいと、わたくし本人ではなく、母親を通していわれたんですね。非常に傷つきました。わたくしを抜きにして、グループの班長やクラスの委員たちが集められて話し合いもしたようでした。どうして本人を交えて話し合ってくれないのか。

結果的に母親が付き添いましたが、ほかの生徒に知られたくなかったので、サングラスをしてうしろからついてくるような感じでした。人格を尊重されない悔しさでしょうか、学校のやり方に疑問を感じましたし、こんな教育でいいのかと子どもながらに感じました。容赦ないわね、神様、とも思いました。

ただ、神様なんかいないとは思いませんでした。訴えられる対象があったことが、決定的にわたくしの慰めになったのでしょうか。嘆きは嘆きのままに、ちゃんと聞いてくださる方がおられるということでしょう。一番慰めになりましたのは、この状況すべてを神様はご存じだということです。神様はきっとなんとかしてくださると思っていました。

神様ひどいとか、神様がおられるなら、どうしてこうなのかと疑問をもったことはもちろんありますが、でも、神様がいなければわたくしは生まれていないよねと。

もちろん科学的なことはあるにしても、その源はどうかと考えたら、やっぱり神の創造の業の中にわたくしが入れられて、神様が目的をもって、神様のご意志のもとにわたくしが造られた。神様の作品としてわたくしがあるというところにどうしても戻らされるのです。

オルガニストになったのは受洗して一年後、高校生になってからです。教会から奏楽者に加わってほしいという依頼があって、お引き受けしました。足踏みは重たいのですが、譜面を見て弾くことはできますので、苦労はないだろうと思っていました。

月に一回は奏楽の奉仕をするようになって、弾くこと自体の苦労はないのですが、だんだん畏れを感じるようになりました。関西や東京で行われる礼拝音楽講習会を受講するようになって、礼拝音楽の歴史から作品のこと、礼拝とは何かとか、礼拝順序のことなども知識として学ぶうちに、ああ、わたくしはこのまま奏楽を続けられないと思ったのです。

重大な務めを担わされていることが畏れ多かった。たんなる伴奏者ではなく、まず忠実な礼拝者でなければならないですから。同時に、もし神様が楽器を演奏するという賜物を与えてくださっているのであるなら、わたくしはそれに応えたいと、本当に心から思いました。

ずいぶん前に音楽の道はあきらめていたのですが、止めることのできない想いも湧き上がってきました。神様に応えていきたいという想いと、いやそういうわけにはいかないでしょうという想いがせめぎ合う中で進学先を調べておりましたら、唯一、フェリス女学院大学の音楽学部に、キリスト教音楽を教育の柱とするという理念が大きく掲げられているのを見つけました。

声楽科であろうと、ピアノ科であろうと、音楽学部全員、讃美歌学やパイプオルガン実技が必修でした。オルガンを専攻したい人は楽理学科で学ぶといいと書いてあるのも見つけまして、ここに行きたいと思ったのです。高校一年のときでした。

1 「敵を愛し、自分を迫害する者のために祈りなさい」マタイ5・44。

大学が主催する音楽講習会に受験生として参加しましたら、これまで触ったこともないパイプオルガンにふれさせていただいて、とっても幸せでした。

一曲だけ自由曲を弾くことになっていたので、大きなホールの建造物のようなパイプオルガンのベンチに座って、用意してきた一曲を、神様、聴いてくださいという想いで奏でました。バッハの「我は信ず、唯一なる神を」というわずか二ページの、手鍵盤だけで弾く曲でした。

自分と神様の関係だけがあって、先生方のことはまったく意識していなかったのですが、弾き終えて、「とてもきれいよ、すばらしいわ」とおっしゃっていただいたことが思いがけなくて……。「今どこまでできているかを見極めるだけではなくて、このさきどういう音楽を奏でていくことができるかということを私たちは知りたいだけなのです」ともおっしゃってくださって、その一言で、ああ、ここで学びたいという想いが与えられたのです。

県外に出ることは経済的にも親に負担をかけることになりますので、絶対だめだと反対されました。でもわたくしは、子どもが行きたいところに行かせるのが親でしょ、みたいないい方をして、もし合格したら三日でもいいから行かせてほしいといいました。

病気を進行させることになるかもしれません。でも病気をどうなさるかは神様しかおわかりにならない、お医者様だってわからないことですから、今をどう生きるかということがやはり大事だと思ったんですね。今、与えられているこの体を神様が喜んでくださるために用いる。そのために勉強したいとしか思わなかった。迷いはありませんでした。

初めて音楽講習会にうかがったとき、待合ロビーにいた小さいお子さんと一緒にピースをしようとしたら、チョキのかたちができなかった。指の筋力が落ちて、これでオルガンを弾くことができるのかと思い知らされたのですが、そんなわたくしでも大学は受け入れてくださいました。扉が開かれたとしか思えませんでした。

オルガン専攻はキリスト教学と切り離せないところがあって、先生方はみなさんクリスチャンでした。入学したものの不安で、パイプオルガンは足も使って演奏しますから、どこまでできるかわかりませんと、ぽろっと申し上げたんですね。

そうしたら、オルガニストの宮本とも子先生が、「神様にすべてお任せしましょうよ」とおっしゃった。足鍵盤を使わない曲はたくさんありますし、足鍵盤をつけて弾くことがパイプオルガンのすべてではない。そういうこともすべて、神様がどうしてくださるかはわからないじゃないとさらっといわれたんです。もうその通りでございます、という感じでした。

CDを出すことができたのも、とても不思議なことでした。大学を卒業してすぐの夏に、全国の奏楽者が集まる研修会で軽井沢に行ったんですね。軽井沢追分《おいわけ》教会にパイプオルガンがあって、参加者が順番に讃美礼拝を捧げることになっていました。

そこで大学の卒業作品として作曲した「天にましますわれらの父よ」というオルガン作品を演奏させていただくことになりました。当初は主催の先生が最後に弾かれる予定だったのですが、急遽、わたくしが最後に、しかも変奏曲のすべてを弾かせていただいたのです。

そこにたまたま、オフィスアルシュという音楽事務所の兼岩好江《かねいわよしえ》さんという方がおられて、礼拝が終わってから感想を聞かせてくださいました。わたくしが自分で申し上げるのはどうかと思いますが、音楽とはどういうものか、その本質的なものを葉子さんからは教えられるということをおっしゃってくださいました。

この出会いをきっかけに、東京の大泉《おおいずみ》教会や霊南坂《れいなんざか》教会で演奏させていただいたり、東京オペラシティの近江《おうみ》楽堂でリードオルガンを弾かせていただいたりしました。それからもお話があればそのたびに、他県にも演奏にうかがいました。

　ＣＤを作らないかというご提案があったときは、びっくりしました。でも、私の中にそういう願いがなかったとはいえません。病床にいらっしゃる方のように、本当に届けたい人たちに音楽を届けられないもどかしさを感じていましたものですから、もし、きちんとした音源があれば、わたくしの音楽を旅立たせることができると思ったんですね。

　それに、葛藤していたことがありました。取材を受けるようなことがありますと、ともすれば難病のオルガニストといわれてしまいます。致し方のないことではありますが、病気だけをフォーカスされたくはない。音楽を純粋に聴いてもらいたい。聴く以前に、そういうファーストインプレッションが植え付けられてしまうことに、少し抵抗があったんです。

　その点、ＣＤですと全身をさらすことなく音楽だけを届けられる。もしそのような機会を与えられるのならば、そのような願いが叶うのであれば、ということでお返事しました。

　兼岩さんは、普段着の葉子さんのままであることが大事だとおっしゃって、スタジオではなく、教会でふだん弾いている曲を教会の礼拝堂で弾いて収録することになりました。

　車の音や、真上を飛ぶ飛行機の音が聞こえる時間帯を避けて、ほかにもいろんな制約があったのですが、それもすべてできるというレコード会社やいろんな助け手が得られて、「In dulci jubilo 甘き喜びのうちに」というＣＤが出来上がりました。

　クリスチャンは、ごめんなさいと神様におわびして罪を悔い改めます。でも、口ではわたくしは罪人ですといいながら、いろんな出来事を通して、神様に全面降伏してない自分がいるという現実を突き付けられます。一つや二つではありません。自分を愛して人を愛せないというか、人のためといいながら、結局は自分のためじゃないかと。自分の言動によって、その人は全身血だらけで立っているんじゃないかと、あとで気づかされることもあります。

神様のご意志に反して、自分は背を向けているということを知らされることがたびたびありました。人に対して赦せないという気持ちが渦巻いて、その人のために祈ろうとすると、それでも赦せない気持ちのほうが大きくマグマのようになって、その人のために祈っているようで、じつは、あの人をなんとかしてくださいといってしまう自分がいる。

絶対に赦せないなら、赦せないままに神様に差し出せばいいのです。そして、ごめんなさいといえばいいのです。でも、できない。自分が正しいと思っているからです。自分が砕かれなきゃいけないのに、それができない。

神様の御心に従って生きていきたいと思っても、自分はとても弱く、神から離れようとしている。そういう自分の姿に気づかされたとき、ああ、だからこそイエス様がわたくしの身代わりとなって十字架に掛かってくださったのだ、一切の罪を背負って、わたくしの身代わりになってくださったのだとようやく知りました。だからわたくしは救われているのだという、救済の意味が迫ってきたんです。

二〇一七年一月、呼吸困難で救急搬送されて、集中治療室で生死の境をさまよっていたとき、そういったことがありました。

意識を取り戻しても呼吸が苦しい状態が続いていたのですが、筆談ができるようになって、看護師さんたちが語りかけてくださったんです。わたくしも一生懸命に書いて、和やかな会話もできるようになった晩のことだったと思います。

肉体的には厳しいまま、夢なのか、一種のせん妄状態なのか、わたくし自身の呼吸困難そのままに、世の中全体の空気が薄くなってきていると思えてしまったのです。

スタッフさんたちがバタバタと倒れて、二歳になる姪も「ママー」っていいながらどこかに吸い込まれていく。わたくしの罪のためにみんなが死んでいく。両親が来てくれたとき、「逃げて、逃げて」と筆談で訴えました。わたくしが悪かった、わたくしが間違ってた、と本気で思いました。命の瀬戸際で、改めて自分の罪を突き付けられた気がしたのです。

どれだけ苦しんだか、どれだけ時間が経ったのかわからないのですが、あるときふと、景色が変わりまして、穏やかになっていきました。そうしたら天使が舞い降りてきて、わたくしを取り囲んで祈ってくださっている。ああ、これが[2]天の援軍かと。臨在といいますか、ありありと見せつけられた。本当に感じられたのです。

あぶない人だと思われるのであまりいわないことにしていたのですが、今日は思わず話してしまいました。でも本当にそういうものを見せられて、涙を流してごめんなさいという想いにさせられました。あなたは赦されているという神様の宣言を確かに聞かせていただいたと思っています。溢れる涙と嘆きだけではなく、感謝がありました。

呼吸は人間が生きる基本です。それまで呼吸器をつけたことはなかったので、一息一息、一呼吸一呼吸、二十四時間必死に生きなきゃいけないという状態は初めてでした。心臓が飛び出しそうにバクバクして、このままでは心臓がもたないだろうと思いました。

肺がんで亡くなった原崎百子《はらさきももこ》さんというクリスチャンの[3]『わが涙よ　わが歌となれ』という本に収められた詩を思い出しました。学生時代に読んだものでした。

「わがうめきよ　わが讃美の歌となれ／わが苦しい息よ　わが信仰の告白となれ／わが涙よ　わが歌となれ／主をほめまつるわが歌となれ／わが病む肉体から発する／すべての息よ／呼吸困難よ／咳よ／主を讃美せよ／わが熱よ　汗よ　わが息よ／最後まで　主をほめたたえてあれ」（わが礼拝）

折にふれ思い出すことはあったのですが、呼吸が苦しい状態にあってこの詩を思い出して、神様、わたくしの息も、嘆きも、うめきも、すべて讃美に変えてくださいと、神様受け取ってくださいと、そう叫ぶしかありませんでした。

肺炎に冒されている部分がどんどん広範囲になって、よくなったと思ったらまた悪くなるの繰り返しだったようで、全然熱も下がらない。

理学療法士の先生にリハビリを始めていただいていたのですが、リハビリどころじゃない。「お命優先です」といわれたりして、ああ、そういう状況なんだと思いつつ同時に叫んでいたのは、もし神様がわたくしを再び元気にしてくださるのであれば、わたくしはこの体をもって、この命を神様に仕える者として用いたいということでした。用いさせてくださいと、涙ながらに訴えていました。

生きよと、今日を、この瞬間を生きよといわれている神様に精一杯この呼吸で応える。このうめきをもってしても、神様はこの瞬間を生かしてくださっている。わたくしを生かしてくださる神様に讃美を捧げたい、最期のときまでそうありたいと思いました。

病院には五か月いましたが、スタッフさんたちには愛をもって支えていただきました。個室を与えてくださって、そこにスタッフさんたちが集まってくださって、わたくしは会話はできないのですが、わたくしもそこに加わっている者として、仲間として話をしてくださって、忙しい業務がある中での憩いの場のようになっ

2 「主の使いはその周りに陣を敷き　主を畏れる人を守り助けてくださった」（詩篇34・8）、「この後、わたしは大地の四隅に四人の天使が立っているのを見た。彼らは、大地の四隅から吹く風をしっかり押さえて、大地にも海にも、どんな木にも吹きつけないようにしていた」（ヨハネの黙示録7・1）など、聖書には天の使いについての記述が多くある。

3 『わが涙よ　わが歌となれ』（一九七九・新教出版社）。著者の原崎百子は国際基督教大学と東京神学大学大学院で神学を修め、日本基督教団桑名《くわな》教会の原崎清《きよし》牧師と結婚。一九三四―一九七八。

ていったのは嬉しいことでした。

一キリスト者として医療現場に置かれて、オルガンも弾けず、しゃべることもできず、ただ苦しいとしかいえないようなものだったのですが、それでもみなさんは私たちだけが支えているんじゃない、私たちも葉子さんに支えられているとおっしゃってくださった。

わたくしは、苦しいということでも涙を流しましたけれど、それよりもたくさん涙を流したのは、愛されているという、ごくシンプルなことでした。

全力でわたくしを支えてくださるスタッフさんたちの働きと、まなざしと言葉かけを通して、ああ、ここにもちゃんと神様が働いてくださっていると知らされたのです。

ドクターには、「わたくしはもうこれ以上がんばれません」と筆談で書いたのですが、でも同時に、「わたくしは幸せです」と、何度も書きました。不思議なことに、そんな状況にありながらも、わたくしは幸せだということを伝えずにはいられなかったのです。


金沢の病院に転院してからは、わたくしが話せるように検討してくださって、何度も失敗はしたのですが、[4]カフエアーを抜くという方法でやってみたら、わたくしが流暢に話し出すもので、みなさんびっくりされました。本当に不思議なことでした。

息だけで声を出す力はないのですが、一刻も早く離脱したいと思っていた呼吸器の風のサポートによって声を出せている。これも神様のスペシャルだと思わざるをえないです。

今も続く入院生活で、それでも神様はわたくしがここでちゃんとキリスト者として立つようにと、使命を与えてくださっていることを感じています。病棟にオルガンを置かせていただくことができましたので、ご依頼があると弾かせていただいています。

もしドクターなり看護師さんなり、スタッフさんたちが、わたくしから何かを感じとってくださっているなら、もしキリストの香りのようなものを放つことができているのであれば、キリストの刻印を押された存在として、わたくしができるできないとは関係なく、そういう存在としてそこに置かれているんだなと感謝しながら受け止めています。

2019/10/30

4　カフとは気管チューブ先端の風船状のもの。人工呼吸中の換気漏れや誤嚥《ごえん》を防ぐ。

神様、どうか嫁の荷物を
軽くしてくださいっち、
祈ってるところなんです。
生きているとどうしても、
恥の上塗りじゃなくて、
罪の上塗りをしよるからね。

内藤安乃
一九三一年生
日本基督教団若松浜ノ町教会
福岡県

私がそもそも聖書に初めて出会いましたのは、終戦後まもなく、福岡県八女《やめ》郡にある県立黒木《くろぎ》高等女学校に通っていたときです。

学校に聖書を持ってきた太田良子さんちゅ人があって、それをみんなが寄ってたかって、ああでもないこうでもないと、お話をしていたんです。太田さんのお父様は町のお医者さんで、牧師の松富勲《まつとみいさお》先生がそのおうちを借りて伝道なさってたんだそうです。

そのときは、それで終わりました。といいますのも、うちは先祖代々浄土宗でね、もうすぐ四月八日の花祭りですけど、お寺の行事があるたびにお鉢袋にお米を入れてお参りしていたんです。

戦時中に親戚が姉二人を連れて満洲に行ったときも、そんな遠くに行くなんてと祖母が心配しましてね。ここに座りなさいといって姉たちを座らせて、「うちはちゃんと仏様もあるし、神棚もあるし、お寺さんもあるし、そういうところで何事もなく幸せに暮らしてきたから、一生のお願いだから、満洲に行っても耶蘇《やそ》教だけには入らないでほしい」っち、それはもう、懇々といい渡してね、姉たちは誓約させられたほどなんです。

田舎にも耶蘇教の禁教令はずっと行き渡っていましたからね。祖母はそういう時代を知っていたんだと思います。

私が教会に行きたいと思うようになったのは、やはり病気がきっかけでしょうね。女学校を卒業しましてから、お友だちのお父様がやっている福岡市の廃品回収の会社で事務をして働いていました。その頃に具合が悪くなって、八女の家に帰ってきたんです。

最初は腰が痛いとか、足が痛いで始まりましてね。歩いていても、途中で裸足になったのもわからないで、家に帰ってきて片方しか下駄を履いていないとか、だんだん下半身の感覚がなくなっていったんです。

なかなか治りませんので、両親も親戚もみんな心配しまして、民間療法から西洋医学までありとあらゆることをやりました。ありがたいお水を汲んできて飲んだり、枇杷の葉や桃の葉とか野草類を採ってきてドラム缶のお風呂で焚いて入ったり、当時できるあらゆることです。家の敷石のたたりじゃないかといわれて、お祓いをしたこともありました。

上半身に問題はありませんから、将来のために手仕事を覚えたらどうかしらって、和裁の稽古に行きました。そうしたら、夜、お風呂に入るためにもんぺを脱ごうとしましたら、これが脱げないんです。どうしてかと思ったら、もんぺの上から足に待ち針が刺さってたの。これが縫い針だったら足の中に入ってしまって大変なことになっていました。

見ていないと触られていることもわからない。下半身の知覚脱失ちゅう状態でした。九州大学病院に行きましたが、それでもわからない。何をやっても治らないものだから、もう本人の好きなようにさせてやろうということで、ようやく教会に行くことを許可されたんです。家にいてもめそめそ泣いてばかりでしたから。

ただ教会といってもどこにあるかわかりません。バスに乗ってたどり着いたのが、松富勲先生が主任牧師でいらっしゃる日本基督教団筑後福島《ちくごふくしま》教会でした。平日だったのですが、牧師夫人がたいそう心配してくださいましてね。いつだっていいから、日曜日じゃなくてもいいからいらっしゃいっていってくださったの。ほいでずっと、礼拝に行くようになりました。

お寺に行っても、お経は何をいってらっしゃるのかわからないですが、松富先生の話はわかりやすくてね。目には見えないけれど、かたちもわからないけれど、神様は生きて働いておられる、そして、私たちのために十字架についてくださったというお話をされました。

それから洗礼を受けるまで、二年ぐらいかかりましたでしょうか。

洗礼にあたって、松富先生がおっしゃったのは、主の十字架を覚えたら、聖書を詳しく覚えなくたっていいんだよっち、それさえ忘れないでしっかり覚えて、何かあったときはイエス様の姿を思い描きなさい。そうしたら、いつだって神様はそばにいて見守ってくださるんだよっちいうことでした。

私どもの罪を贖《あがな》うために、私たちに代わってイエス様が十字架に掛かってくださったから、今があるんだよっち。それ一つ覚えていたら、聖書のみ言葉の筋道だとかはいちいちいわなくていいよっち。

私、ほんとにそう思います。牧師先生は一番大切なことを、短くわかりやすく教えてくださったなあって。

手術をしたのは、二十三歳のときでした。近所の内科の先生に紹介されて、もう一度、九州大学病院に行きました。整形外科の天児民和《あまこたみかず》教授ちゅう、日本で一番の先生でした。

首の後ろの骨のへこんだところから、ミエログラフィー（脊髄腔造影）の注射をすると、造影剤が脊髄を降りてあるところで止まりました。それで、ああ、ここに腫瘍があるから知覚脱失になってるんだとわかったんです。ちょうど、胃の裏のあたりでした。

脊髄嚢《せきずいのう》腫瘍症という病気で、手術したら治る可能性があるといわれて手術を受けることにしました。

じつは手術室に運ばれるときになっても、母親が到着しなかったのです。主治医の先生たちは、これから大手術するというのに家族が来ていないことを心配なさいましてね。

「お母さん来られますか、おうちの方にいてもらわないとねえ」とおっしゃったから、「私は心配してませんち、先生がちゃんと仕事してくださることを信じてますから」と申し上げました。「そんなことという人、初めて会いましたよ」って先生はびっくりされましたね。

何も心配しなくていいんだよっち、あなたが乗り越えられないような苦しみや痛みは、与えてないんだよっち、神様がおっしゃってくださっているような気がしたんです。悲しかったり痛かったり苦しかったりしても、神様が与えてくださった試練だから、ぐずぐずいったらいけないと思ってね。

頭で考えたぐらいで間に合うことじゃないからね。すべては神様がよきようにお計らいください、あとは神様にお委ねしますからちゅうて。それで逃げるというか、逃げ散らかすというかな。

手術は背中から切開して病巣を採りまして、それから十年ほど、家と療養所を往復して、よくなりました。やっぱり神様は生きて働いてくださっていました。

手術なさった先生がね、「あなたは嬉しかろうけど、ぼくのほうが嬉しい」っち、おっしゃいましたね。腫瘍は標本としてカルテと共に永久保存されているそうです。

次の年、福岡県にできたばかりの資格試験を受けて保母になりました。それからはずっと公務員として公立の保育園に勤めて、日曜日は教会へ行くという生活でした。

教会の青年会の方の紹介で夫と結婚しましたのはね、こういう気持ちがあったと思うんです。私は人間として半分しかないち、向こうも学生時代から結核で、私よりもっと使い勝手の悪い体になっておりましたからね。あっちが〇・四、私が〇・五、二人合わせても一人にならないぐらい。病をもってる人でないと、病をもってる人の弱さとか悲しみをわかってもらえないという頭が働いたと思うんです。

九大を退院するとき、「あなたは子どもを望んだらいけませんよ」っちいわれていたんです。それでも娘と息子を産みました。二人とも幼児洗礼を受けさせました。娘はほとんど、牧師館で育ててもらって大きくなりましたね。

もうすぐ長男の三回忌です。大腸がんであっというまに亡くなりました。まだ五十一歳でした。それこそ、神様、どういうことでしょうっち。私が残されるなんて思いませんでしたから。

過労が一番の原因だと思います。建築関係の仕事をしていたのですが、ほかの方に手を貸してくれと頼まれると、「いいよ」っち、自分の仕事があるのにやってあげていたそうです。見かねた仲間からは、「自分の仕事をおいて人の手伝いをするか」「自分たちならそんなことせんち、さっさと帰る、くたびれとんのに」って。

そうしたら息子は、「だって、あの人困っとるじゃろうが。助けてやらないとかわいそうやろが、おれがちょっと手伝ってやればいいことだから」っち、そういう仕事のやり方をしていたそうです。

「笑いもんになっとるもんねえ、ぼくは」っち、本人から聞いたこともあります。人様が喜んでくださるならば、自分の仕事はあとまわしで最後まで残ってやって、朝も早く行っていましたね。「お母さんは立ち入ったことは聞かないで。ぼくはちゃんとやってるよ」っちいうから、「じゃあ、気をつけてね」といってたんですけどね。だから、神様は憐れんでくださって、早く迎えてくださったんじゃないかしらと思います。

嫁がかわいそうでね。孫が今度、高校生になる子と大学生ですからね。今からが本当に父親がいるときですのでね。

私も自分の身の振り方を考えるときが来たと思っています。北九州に来たのは、主人が亡くなって一人になった私を、息子が「一緒に住もうや」と呼んでくれたからなんです。嫁は黙って、忍耐して、私にはなんにもいわないで面倒みてくれてますからねえ。

嫁に負担をかけたくありませんので、今はこうして日曜日は必ず教会に行って、水曜も教会に行って、木曜は別の教会にも行って、好き勝手にさせてもらってるんですけどね。やっぱり年寄りを抱えるのは、若い人には大変な負担だろうと思うんです。目の前にいるというだけでね。

私の思い過ごしかもしれませんが、嫁の考える耶蘇の像を、クリスチャンのイメージを、私が自分でぶち壊しただろうと思うんですね。悲哀と幻滅と苦悩を、嫁は一身に引き受けて一緒に暮らしていると思うとね。生きてきた背景が違いますからね。人生観も宗教も、倫理観も、少しずつずれていきますのでね。それで私もよくよく考えて、誤らないようにしたいと思って、今は老人福祉施設に入るための相談を区役所にしているところなんです。[1]

神様、どうか嫁の荷物を軽くしてください、荷物を軽くしてくださいっち、祈ってるところなんです。生きているとどうしても、恥の上塗りじゃなくて、罪の上塗りをしよるからね。

過去を振り返りますと、牧師先生に受洗する気持ちはありますかと訊ねられたときに、「はい」とお答えしたのは、神様がちゃんと、私が知らないときからとらえてくださっていたからだと思うんですね。

私より若い人たちが召天なさったとお知らせをいただくと、弔電を打つたびに、自分がまだ生かされて教会生活ができているということが、一番大きな証しなのかしらと思うんですね。

そんなの証しになりませんよといわれるかもしれませんが、こうしてただ礼拝を守ることができる状態に自

1　その後、内藤さんから故郷である八女市の介護施設に入居したとの知らせがあった。

分がいるという、たったそれだけのことが幸いというのでしょうか。特別のすばらしい何かがあるというのではなくてね。

私はもう、特別なことは何もできませんので、神様が与えてくださった任務というと大げさですが、自分ができるのは、祈ることですね。

年寄りになって、お金も知恵もないけれど、二度と過ちを犯さないようにと祈ることだけはできますのでね。祈ることで少しでも自分の責任を果たすことができれば、神様ありがとうございますといえると思うんです。それしか、私には、できません。

2016/3/27,2019/3/24

町を行き交う人たちを見ながら、
もうこのまま帰らんとこうとか、
ここで自殺するしかないなとか、
そんなことを考えていました。

名護タケ
一九三九年生
沖縄バプテスト連盟普天間バプテスト教会付属
緑ヶ丘保育園
沖縄県

幼い頃の記憶は、三歳ぐらいからスタートします。父が志願兵として海南島[1]に行ったあと、三人姉妹の真ん中の私だけが、離島の伊平屋島《いへやじま》に送られました。姉は六歳でしたから少しは母のお手伝いができる。妹はまだ一歳なので手を離せません。私をなんとかしないといけないということで、母が生まれた伊平屋村のおばあちゃんの家に預けられたのです。おばあちゃんといっても母の実の親ではなく、母のお父さんのお姉さん、つまり母の伯母です。伯母夫婦には子どもがいなかったので、母が養女になったのです。

おじいさんのことはあまりよくわからないのですが、鹿児島の貿易商だった人で、おうちは瓦屋根の立派な作りで風呂場も豚小屋もありました。鉄砲を飾ってあったので、戦争に使った道具なんだなあと思いました。

一九四四年十月十日の十・十空襲（沖縄大空襲）のあと、那覇にいる母たちが島に疎開してきましたが、一緒に住むことはありませんでした。

1　南シナ海北部の島。中華人民共和国海南省。一九三九（昭和十四）年に大日本帝国海軍が占領、日本が降伏文書に署名する一九四五（昭和二十）年九月まで統治下に置いた。

一九四五年六月三日、この日が私の戦争の記憶の始まりです。アメリカさんが島に上陸したのを見たんです。祖先の行事があって、その日の朝、浜で砂を採ってきなさいといわれて行ってみたら、海が真っ黒です。水陸両用のボートがいっぱい島に入ってきました。

もう飛び上がるほどびっくりして、砂も採らずに、わあわあ泣きながら家に戻りました。

屋敷の庭に壕を作って、そこに大事な家財や食料、たとえば味噌漬けにしたお肉を入れた甕などを置いて、危ないと思ったら家族でそこに隠れていたんです。それとは別に、山に部落の洞穴を掘ってあったので、このときは親戚みんなで洞穴に逃げました。私はまだ小さいので、おばさんにおんぶされて転びながら逃げました。怖かったのは、軍靴のまま家々に入り込まれて、茅葺のおうちがみんな焼かれてしまったことです。私を預かっていた家は頑丈だから残されました。

アメリカさんが銃を持っているのは見ましたけど、銃を向けられた記憶はないです。島に日本兵がほとんどいなかったので、住民が抵抗せずに捕虜になったからでしょう。近くの伊江島《いえじま》には日本軍がいたので、爆撃と銃撃戦でたくさん亡くなられたそうです。

母も姉と妹も、もし那覇に残っていたら生きていなかったでしょうね。南部で逃げまどって悲惨な経験をした人たちに比べると、私たちはそんなに大変ではなかったと思います。

終戦になっても、みんな住むところがありませんから、頑丈な瓦屋根のおうちに集められて仮住まいをしました。アメリカさんがどこかのおうちから接収したお米を炊けといわれて、おにぎりを作って食べた記憶があります。

終戦の年だったか一年後だったか記憶は定かではないのですが、父が帰ってきました。脚絆《きゃはん》をして軍靴のまんま、伊平屋村に帰ってきたのです。リュックサックに水筒一つと毛布一枚を入れて、それが唯一のお土産でした。

父はもともと那覇の自転車屋さんで働いていた人で、農業なんかやったことありません。島では鍛冶屋を始めましたが、とても商売にはなりません。

島にいても生活できないので、両親は那覇に帰ることになりました。そのときは、私も一緒に那覇に帰ると思って浜辺まで行きました。沖のほうに船があって、浜辺から船までは沖縄のサバニという渡し舟で向かいます。家族がみんなサバニに乗り込んだので、私も行こうとするのですが、みんなにつかまえられて乗せてもらえません。

母は、自分たちが困っているときにお世話になったのに、これからというときにこの娘まで連れていけない、おじいちゃんおばあちゃんには子どもがないから助け手が必要で、この娘は置いておかないといけないと決断したみたいです。

そんなの、私は知りませんよ。「私は、私はどうなるの、私も行く、私も連れていって」と泣きながらサバニにしがみつくんだけど、それをみんなが引きはがすのね。サバニはどんどんどんどん大きな船に近づいていって、私だけ、浜辺に取り残されました。

どうして私を迎えに来てくれないのかなと、毎日毎日泣いてばかりでした。昼は畑仕事を手伝ったり、家事の手伝いをしたりしましたが、夜になるとさみしくなる。

伊平屋島はこっちへ行けば山、あっちに行けば海、という小さな細長い島でしたから、月夜の晩は海に行って、月を見上げてさざ波の音を聞きながら、歌をうたって泣きました。

「青い月夜の浜辺には　親を探して鳴く鳥が　波の国から生まれ出る　濡れた翼の銀の色」という歌を聞いた

ことはありますか。いつになったら迎えに来てくれるのかなあ、本当に私のお父さんとお母さんだったのかなあ、本当の子どもじゃないからここに置き去りにされたのかなあと思いながら、この「浜千鳥」[2]をいつもいつも、うたっていたの。

うたい終わって疲れたら帰って寝る。月夜の晩にはよく行きました。帰りたい、迎えに来て。でも、おじいちゃんおばあちゃんにはいえませんでした。

結局、伊平屋島には十四歳までいました。もう私、ここにいたくない、お父さんお母さんのところに行きたいと思って、何度も何度も両親に手紙を書きましたが、私を引き取ることはできないという感じでした。

それが決定的になったのは、小学四～五年のときです。父が大けがをしたのです。鍛冶屋も農業もできない父は、戦後復興の仕事をする國場組《こくばぐみ》という建築会社で働いていました。

大きな船から資材を運ぶ仕事をしていたのですが、お昼休みで休憩していたときに、本当は機械を動かしたらいけない時間だったのに、ある若者がクレーンを動かしてしまった。なぜそこに父がいたのかわかりませんが、クレーンで持ち上げられて、コンクリートの地面に投げ落とされてしまいました。

全身打撲で脊椎損傷でした。夏休み、病院にお見舞いに行かせてもらったのを覚えていますが、全身をギプスで巻かれていました。会話はできましたが、頭はかろうじて動かせるぐらい。四年ほど入院して自宅に戻りましたが、一生、障害者として生きることになりました。

ケガの補償として、今の那覇高等学校の裏手に会社がバラックみたいな家を建ててくれましたけど、母の苦労は相当なものでした。母は伊平屋島にいる頃は、親のない子に学問はさせられないといって、養親の伯母夫婦に学校教育を受けさせてもらえなかったんです。

お金の計算はできるけど、読み書きはできない。できることといえば、庭で作った野菜を那覇の公設市場で小さなテーブルに並べて売るぐらいでした。

家があるだけ助かりましたが、初めのうちは、ルーフィングという防水用のシートで覆っただけの木造の家でしたので、台風が来るたび、母があっち直し、こっち直し、大工のように修繕していました。今、被災地の話や戦争被害から逃げてくる難民の話を聞くと、ああ、自分もそうだったんだと思います。母は病人を抱えて、子どももいて、仕事も忙しくて、貧しい。私はもう捨てられたんじゃないか。そんな想いでいっぱいでした。だから中学三年で那覇に帰れるとなったときは、おじいちゃんおばあちゃん、ありがとうなんていえない。やったーっ、という感じでした。事情を知って気の毒に思ってくださっていた伊平屋中学の先生が、何度も何度もおじいちゃんおばあちゃんや親に話をして、手続きをしてくださったのです。

姉と同じ、那覇市立上山《うえのやま》中学に転校して、高校受験を迎えることになりました。那覇のおうちの向かいには県立那覇高校があったけど、私はどうしても、首里《しゅり》城の近くにある県立首里高校に行きたかったの。担任の先生には、「この成績では無理だ、夜間に行くか、商業高校かを選択してください」と三回ぐらいいわれたかな。なぜそんなに首里高校に行きたかったかというと、父が首里の人だったからです。伊平屋島にいた母とどうやって知り合ったのかはわかりませんが、母のふるさとはもう十分、今度は父のふるさとに行きたいと思ったんです。

その頃には父はもう退院して、家にいました。足腰は悪いけど、やっと起きられるようになって、お友だちがお見舞いに来るとよく一緒にお酒を飲んでいました。もともと好きだから酔っぱらってしまう。夕方ぐらいから、ぐでんぐでんになっていました。

おむつなんかない時代、ふんどしの生活です。おもらしをしたら始末をしますし、トイレに行くときは、私

2 作詞・鹿島鳴秋《かしまめいしゅう》、作曲・弘田龍太郎《ひろたりゅうたろう》、一九一九（大正八）年発表。

たちが土間の奥に流れている下水まで連れていって、そこでおしっこをさせていました。冬になるとおしっこが出なくて苦しむことがありました。自分の体が思うように動かない。もう、飲まずにはいられないという感じだったと思います。

母は葉野菜だけじゃなくて、ごぼうとかパパイヤとか、売れる物を仕入れるために朝は早く出かけます。帰宅するのは夜中です。そのあいだ、父は話し相手もいないし、さみしいし、酔っぱらうしかなかったんだろうと思います。

手は動かせるけど、ようやく物をつかめるぐらい。妹がうんと反抗していたので、酔っぱらうと父によく叩かれていました。父はこんなだし、母は忙しいし、きょうだいはイライラして喧嘩もするしで、家の中は戦争でした。

そんな状況だと勉強はできません。父が寝たなと思ったら、コーヒーを飲んで夜通し勉強して、なんとか首里高校を受けたら合格でした。先生はびっくりしていましたね。

町には米軍のトラックがよく走っていました。道路はどんどんきれいになっていきました。戦争で受けた心の傷跡はあったかもしれませんが、あちこちに古着売りがあったり、農産物を売っていたりして、町が復興していくのが目に見えてわかりました。

キリスト教との出会いは高校にありました。全体朝礼の時間にキリスト教の話を聞く機会があって、小さな赤い聖書が生徒に配られたんです。学校で聖書を配るなんて今ではとても考えられないことですが、沖縄のほとんどの高校で同じことがあったと思います。

それからは週に一回、午後に希望者向けに聖書の時間がありました。ロバート・ボードマンという宣教師の聖書通信学校という講座で、あの頃の沖縄の高校生はみんなボードマン先生やそのスタッフの先生の話を聞いているはずです。

ボードマン先生は沖縄戦で喉を負傷してかすかな声しか出なくて、それでも福音を伝えたいという想いをもって来日された人でした。お話を聞いて、よくわからないながらも、私はこういう生活をしてきたものですから、聖書の言葉がすごく響いてきました。

「神はそのひとり子を賜わったほどに、この世を愛して下さった。それは御子を信じる者がひとりも滅びないで、永遠の命を得るためである」（ヨハネ3・16）です。意味はわかりません。どういうことなのかなあと思いながらも、胸に残りました。

そのうち、聖書通信学校で一緒に話を聞いていたお友だちに誘われて、首里バプテスト教会に通うようになりました。当時の沖縄は海外ですから、海外宣教師として同志社大学出身の調《しらべ》正路《まさじ》先生が派遣されて、三ツ星印刷の二階で伝道されていたんです。

初めて行ったとき、ああ、私が求めていたのはここだと思いました。ここにいたら大丈夫だと感じました。家族のことや貧しさや、いろんな悩みを抱えて、もう嫌だ、もう死んじゃえと思うときがあったのです。母はいつも夜の十一時頃まで市場にいます。ある夜に行ってみたら、商売帰りの人やデート中の若者が歩いています。町を行き交う人たちを見ながら、もうこのまま帰らんとこうとか、ここで自殺するしかないなとか、そんなことを考えていました。

でも、いや、だめだって。私が死んだらもっともっと大変なことになる。おうちがもっと大変なことになる。もうここしかない、と思ってたどり着いたのが教会でした。

調先生には、絶えず祈れ、絶えず祈れといわれました。祈る姿勢を教えられたのは、調先生と一緒に沖縄に来られていた清子夫人のお母様でした。お会いしたときはもう九十歳ぐらいだったでしょうか。このおばあちゃんが座布団に座って、腰が曲がったまま一生懸命祈っておられる姿を見ました。

調先生は元陸軍中尉で、パッパッとものをいう気性の激しい人でした。だから、おばあちゃんがいつも、「調は軍隊上がりだからきついけれど、どうぞ調のために祈ってください、どうぞよろしくお願いします」と、自分の娘のお婿さんのことをそういって祈っていたんです。

すごいなあ、人のために祈るってなんだろう、と思いました。

バプテスマを受けたのは、高校二年のときです、自分が思っていたのとは違う世界がここにはある、進める世界があるというのでしょうか。神様についていけば大丈夫、神様に寄りすがっていれば大丈夫、そこに進もうという決意でした。

両親に説明してもわからないので、クリスチャンになるともいわずに、聖書を夜な夜な、父が寝静まったあとに読んでいました。母は私が何を読んでいるかわからないですからね。

父はお友だちに誘われて、生長の家に行っていたんです。『甘露の法雨』という蛇腹に折りたたんだお経みたいな物が家にあって、神の子一切罪なし、とよく口ずさんでいました。なぜ父はそんなことをいっていたのか、何か負い目があったのかはわかりません。でも、それを聞くたび、そんなのおかしいんじゃないかと思っていました。

バプテスマを受けてクリスチャンになるといったとき、母は反対しましたけど、父は反対しませんでした。父の中にも求めるものがあったのでしょう。姉は生活のサポートで精一杯でしたが、私のあと、妹もクリスチャンになりました。

高校三年のとき、調先生が、保育の学びができる短大があるから行かないかと誘ってくださいました。北九州の小倉にある西南女学院というミッションスクールに保育科ができて、入学希望者を募集しているから行かないかって。

突然のことでよくわかりませんでした。自分には目標もないし、音楽が好きだとか、栄養の勉強が好きだとか、そういうものも何もない。このさきどうなるかもわかりませんでした。

母に話したら、猛反対です。「お父さんはこんなだし、ねえねえもいるし、妹もいるし、そんなことできないよ」って。キリスト教の学校ですから、カトリックのシスターみたいに家族と縁を切って奉仕するみたいなイメージがあったようで、せっかく家族が一緒に暮らせるようになったのに、「あんたが離れたらバラバラになる」といったんです。

でも調先生が母に説明してくださって、なんとかわかってもらえました。

教会は三ツ星印刷の建物からもう少し広い建物に移って、一九五八年には光の子幼稚園が開園することになっていました。将来、そこで私に働いてもらったらいいんじゃないかという想いで勧めてくださったんだと思います。

那覇港には妹たちと親戚のおばちゃんがしぶしぶ来ていて、五色のテープで見送ってくれました。母は忙しくて行かれん、父も行かれん。でも、母はいっぱい泣いたはずです。

那覇港からまず鹿児島に渡って、鹿児島からは夜行で福岡に行きました。小倉の寮に着くまで、鹿児島から一昼夜かかりました。

島から出てきて、沖縄のことしかわかりません。小倉に着いてもお金はありません。寮にいる子たちはたぶんお嬢さんだし、夕方になると、みんな下駄を履いて坂道を下って、果物やお菓子を買って寮で食べています。おいしそうな匂いがするけど、自分には何もない。

民家を借りた寮で、一二畳ほどの部屋に二段ベッドが並んでいました。ベッドのカーテンを引いてしまえば、そこで何をやろうと、何を食べようとわからない。私はいつもカーテンを引いて一人でうずくまっていました。本当に苦しくて、怖くて、さみしくて、私の人生なんなのって思うほどでした。

一〇〇円がなくて泣いたこともありました。みんなが買い物行くよとか、何かを見に行くよといっても行けない。「行ってらっしゃい」というだけです。ああ、お金が欲しい、お金が欲しい、一〇〇円が欲しいと思って泣きました。

学費は無料でした。バプテスト連盟に奨学金があったので、連盟や教会の援助があったんじゃないかと思います。ふだんのお金は、教育学部の男性の教授から、毎月だったかときどきだったか、封筒に入った一万円をそっといただいていました。人から預かったお金だから使ってねといわれました。調先生が送ってくださっていたのでしょう。

寮で一緒だった仲間とはいいお友だちになって今でも文通をしていますが、あの頃、すごく勉強してたねえといわれました。勉強なんかしてませんよ。悲しかっただけのことです。

西南女学院に入って感じたのは、なぜ自分はここに来ることになったんだろうということでした。なぜ私はここまで来られたんだろう。

私の人生からすれば、高尚な世界です。あんな泥臭いところにいたのに、なぜ私はここにいるんだろう。ここまで来られたのはただごとじゃない、神様がいらっしゃらなかったら、ここまでは来られなかったと思いました。

自分がここまでがんばったからとは思わない。高校時代に友だちに誘われて教会に行ったことも、今までのことはすべて神様のご計画だったと、今でも思います。

短大を卒業して沖縄に戻るとすぐに、調先生が準備してくださった首里バプテスト教会附属光の子幼稚園で働くことになりました。一九五九年だったでしょうか。

調先生は沖縄に初めて来られたとき、子どもたちを見て、沖縄は教育が遅れていると気づいたんだと思います。子どもを教育しなきゃいけない、教会で幼児教育を始めようと。

沖縄では学校併設の幼稚園に行かないと小学校に行けないという歴史があって、今もその名残はありますが、教会でもやろうと動かれたんです。首里の次には、沖縄市の比屋根《ひやごん》で開拓伝道をなさって、そこでも保育園をしたいからといって私も呼ばれて行きました。幼稚園も保育園もない時代でした。


首里教会で一緒だった名護良健[1]と結婚したのは、一九六二年です。結婚と同時に、夫は普天間バプテスト教会の牧師になりました。私に保育士の資格があることもあって、教会に保育園を作ることになりました。四か月の長女を抱えていましたが、引き受けるしかないという感じでした。

子どもを預かるというのは、商売じゃない。命を預かることです。子育てをやりながら、牧師夫人もやり、保育園もやるわけですから本当に大変でした。最初に来た子どもは一一人。親御さんはお医者さんだったり、写真屋さんだったり、みなさん働いている人たちです。

教会の一室が牧師館で、戸を開けたら保育園。日中は子どもたちの面倒をみて、終えたら戸を開けて教会に帰る。二十四時間、教会でした。

沖縄には飲んべえが多いですから、酔っぱらった人がフラフラと教会に入ってくることもありましたし、寝ているのにトントンと戸を叩かれて起こされることもありました。

ボロボロ泣き出す人もいるし、お金を貸してという人もいる。夫婦喧嘩でどうにもならなくなって駆け込む人もいる。いつ人が来るかわからないから、パジャマを着て寝ることもできません。今はあちこち相談に行っ

1　六六五ページ参照。

たり、カウンセリングを受けたりできる時代になりましたが、昔は教会しかなかったんだと思います。

今、保育園で四女が一緒に働いていますが、この子が生まれて二か月のときに心臓病が発覚しました。神様、なんで、私が何したの、なんで私がこういう重荷を負わないといけないのって、いっぱい泣きました。信じていたものが、ぺしゃんこになるような感じです。神様を一生懸命信じていたのに、こんな仕打ちがあるのかと思いました。

東京に用事があって行ったとき、五歳になったこの子を連れて、紹介状もないまま東京女子医科大学病院に行きました。そうしたら、先生にいわれました。「東京にもたくさんの心臓病の子どもがいる。沖縄の子どもにかかわっている場合じゃない、沖縄に帰って病院作りなさい」と。もう、ショックでショックで……。そんなの誰が病院作るの、いつできるの、そんなに待っていられないと思って、その足で自分で探して今度は三井記念病院に行きました。午後でカウンターのカーテンも下りていましたが、事情を説明したら、午後は診療はありませんと。紹介状もないとだめですといわれました。もう疲れてしまって、ここでちょっと休んでから行こうねと子どもにいって、ソファで休ませてもらうことにしました。

そうしたら、たまたまある先生が通りかかって、「どれどれ、ちょっと診てみよう」と診察してくださいました。今すぐは無理だけど、ひと月ぐらい待ってもらえるかと聞かれたので、「はい、待ちます」と答えて、いったん沖縄に戻りました。

それが十一月頃だったでしょうか。年が明けて二月になって、空いているからすぐに来なさいと病院から電話があって、すぐに東京に行って手術をしていただきました。下の名前は忘れてしまいましたけど、循環器センターの古田先生という方です。救われました。

ああ、神様は見てくださっていたんだ、これが救いということかなあって本当に感謝しました。見えないところで、計画しないところで、救いの手は準備されていると思いました。

信ずるというのは、委ねることなのかなと思います。じたばたしてもしょうがない。委ねるしかない。お任せするということです。

聖書の言葉を紙切れに書いて、いつも手帳にはさんでいます。

「あなたがたのうちに働きかけて、その願いを起させ、かつ実現に至らせるのは神であって、それは神のよしとされるところだからである。すべてのことを、つぶやかず疑わないでしなさい」（ピリピ2・13－14）

こんな紙もあります。

「あなたのなすべき事を主にゆだねよ、そうすれば、あなたの計るところは必ず成る」（箴言16・3）

こんな小さなみ言葉にいつも励まされます。すぐ解決されるわけじゃない。この保育園だって、このさきどうなるかわからない。でも不平不満をいわず、すべきことを淡々としていけばいい。今やっていることは自分の利益のためではなく、大事だと思うから続けているのであって、だから世の中がもういいよというときが来たら、自然に終わっていくんじゃないかな。

それまでは淡々とやっていく。導かれるままにやっていけばいいかなと思います。自分でもこんなに長く続くとは思いませんでした。そろそろやめようと思っているんですけどね。

2018/7/26

死んだあとにこんな世界があるなら、いつ死んでもいいなと思える。そういう信仰をもつことができるようになっていたということです。

中山弥弘
一九二九年生
菊池恵楓園内日本聖公会菊池黎明教会
熊本県

熊本県玉名《たまな》郡で生まれて、長崎県佐世保市の針尾町《はりおまち》で育ちました。佐世保湾と大村湾のあいだにある、針尾島という長い島です。

幼い頃に麻疹にかかって、この子は助からんかもしれんといわれた時期もあったらしくて、それもあってか、ひ弱でクラスでは二番目のチビでした。ただ、ちっちゃくても負けるもんかって感じで相手にかかっていくほうで、運動をするときはわりと活発でしたね。

針尾島に引っ越したのは、たぶん父の病気のことがあったからでしょう。亡くなる一年ぐらい前から悪くなって、顔なんか、見る影もないほど病気に冒されました。

父が死んだのは、私が九歳のときです。まだ三十歳ぐらいだったと思います。

おそらく、私も五~六歳の頃には発病していたんじゃないでしょうか。父のこともあって、学校に入るときに菌検査をされたので、親や学校は私の病気をわかっていたはずです。肌に白い斑紋があって、つまんでも痛くない。痛くないぞと威張っていたこともありました。

十一歳のときにはもう、足の感覚がなくなっていました。海で泳いで帰ってきたとき、弟に指摘されて足をケガしていることに気づいたんですが、どこで切ったかわからない。牡蠣殻で切ったんだろうと思いますが、感覚がないのでわかりませんでした。

その頃からでしょうか、学校でずいぶん嫌われるようになりました。垂足《すいそく》といって、足の指が曲げられなくてスリッパが履けないので、足袋跣《たびはだし》のまま歩いていました。当時は包帯もガーゼも十分になかったので、傷口からにじみ出た膿が廊下についてシミになるんです。掃除してもなかなか消えません。たわしで強くこすらん限りは落ちないということで、嫌われるようになったんです。

療養所に入らないかという勧誘はちょいちょいあって、十二歳のある日、役場の係員と警察官がうちに来ました。私はよくわからんでいたんですけど、警察が来るなんて何か悪いことをしたんだろうという目で見られるので、母親は大変困っただろうと思います。

早岐《はいき》駅から、鹿児島行きの列車に乗せられました。近隣の村や五島から十数人の病人が集められていたでしょうか。子どもは私のほかに一人いましたが、検査の結果、病気じゃないとわかって連れ帰られていました。

母親は生後半年の弟をおぶって療養所まで一緒についてくるつもりでいましたけど、ちょうど療養所を抜け出して自宅に帰っていた人がいたらしくて、その人が「療養所のことはようわかっとるから心配せんでおれに任せろ、おれがこの子の親代わりをしてやる」と母親を説得してね。それで見送るのをやめたみたいです。

十二月の寒い日でしたから、帰ってもらってよかったと思いました。でも結局、母はそれから一度も療養所に来ることはありませんでした。

早岐から鹿児島へは、一昼夜かかりました。途中、志布志《しぶし》という駅で列車を切り離して、引き込み線みたいなところで二〜三時間ほど待機させられました。そのまま行くと明るいうちに鹿屋《かのや》駅に着いてしまうので、暗くなってから到着するために留め置かれたようです。

小さい女の子が一人いて、お母さんの病気が重かったからでしょう、付き添っていた若いお医者さんに抱っこされて、砂浜を散歩したり、貝殻を拾って遊んでもらったりしていたのを覚えています。

ほかの方の話を聞くと、貨車で収容された人もいるようですが、私たちはちゃんとした客車に乗せてもらいましたし、駅弁も買ってもらえました。鹿屋駅では、お医者さんと看護婦さんが迎えに来てくださっていました。

鹿屋市にある星塚敬愛園《ほしづかけいあい》というハンセン病の国立療養所に入所したのは、一九四一年十二月六日です。建物は畑ばかりのところにぽつんとありました。一二畳半の部屋に五〜六人で、部屋は四つあったので、子どもだけで二〇人ほどいたでしょうか。

同じ部屋に長崎出身の子どもがいて、すぐに親しくなりました。十二月二十四日の夕方に、「今日はクリスマスイブだから行くぞ、いいから来い」というから彼についていったら、療養所の公会堂みたいなところでクリスマス礼拝をやっていました。その子はキリスト教の家で育った、カトリックの信者だったんです。

大人たちはとっても喜んでくれました。信者であろうとなかろうと、お菓子を分けて食べさせてくれました。戦争中にもかかわらず聖画のカードが送られてきていて、少年少女のあいだでそれを集めたり交換したりするのも流行っているようでした。

その日の晩は靴下を吊るせといわれましたが、靴下なんかありません。足袋だって履いている物だけで余分はなかったので、何も吊るさないまま眠りました。

翌朝、起きてびっくり。りんごとみかんと鹿児島特産の兵六餅《ひょうろくもち》とボンタン飴が箱入りで置いてあった。全員の子どもの枕元にあって、やんちゃ坊主のところにはでっかいまたのついた大根がでーんと置いてありました。十六歳ぐらいの兄貴たちがいたずらしたんですね。

療養所にはいわゆる教会の建物はありません。映画や芝居を見たり、仏教やキリスト教の儀式をしたりするときに使う広間で礼拝をしていました。

クリスチャンの集まりは、恵生《けいせい》会といいました。神父も牧師もいなくて、普通の信者たちが信仰の導き手として働いていました。キリスト教の会長として世話をしてくださったのが松田博さんといって、熊本でハンセン病の病院を作ったハンナ・リデル[1]先生のところで信仰をもって星塚敬愛園に入所された方でした。松田さんのほかにも、患者でありながら牧師以上の仕事をしてくださった方たちが療養所におられました。

仏教で世話人をされていたのは山中捨五郎という方で、この方も病室をまわって熱心にお見舞いをされたり、仏教の教えをみなさんにされたりしていましたね。山中さんは真宗の会長をされていて、のちにハンセン病家族訴訟の原告団長をされた林力《はやしちから》さんはその息子さんです。当時はやむをえないことですが、偽名を使っておられたのです。

私は足の傷のために畑仕事も防空壕掘りもできないし、体操もできなかったので、みんなが出かけているあいだは留守番でした。退屈でしかたがないので、療養所にある学校の図書館に行って、よく本を読みました。児童向けの本がたくさん寄贈されていたんです。親鸞の本や聖書と知らずにヨブ記を読んだりもしました。意味はよくわからなかったですけどね。

足の傷はちょいちょい悪くなって、たびたび手術をしました。戦後になってからの話ですが、満洲から引き揚げてきた看護婦さんが婦長として赴任されましてね。背の高い大きな人で、その方にはかわいがってもらい

1　英国国教会宣教師。伝道で熊本入りした際に政府からなんの援助もなく「天刑病」とまでいわれて世間から嫌悪されていた病者の実情を見て、一八九五（明治二十八）年、熊本県にハンセン病の専門病院である回春《かいしゅん》病院を設立。政府に働きかけて、患者救済の立法化に尽力した。一八五五―一九三二。姪のエダ・ハンナ・ライトもリデルの活動を助けるため熊本で働くが、第二次世界大戦下でスパイ容疑をかけられ追放、病院は強制解散させられた。「癩予防法」も二人の願いとは異なる強制的な隔離収容を進めるものとなっていった。ライトは戦後に再来日、患者たちに大きな勇気を与えた。一八七〇―一九五〇。

ました。

入院中は退屈だから、おもしろい本があったら貸してくださいって頼んだら、新約聖書と『病床への福音』という本を持ってきてくださいました。まさに自分は病床で寝ていますから、ちょうどいいと思ってその本を読みました。もともと牧師だったのか、帰還してから牧師になったのかはわからないのですが、佐治良三《さじりようぞう》という人の説教集でした。従軍兵士として騎馬隊にいたとき馬が地雷を踏んで、爆発で片足が吹っ飛んで義足になったそうです。

読んだってチンプンカンプンですよ。何が書いてあるのか、よくわかりませんでした。

聖書のほうは分厚くて、四色か五色で印刷された表紙がついていました。イエス様がロバに乗ってエルサレムに入城される場面が描かれていましたね。きれいな本だなあと思って、真ん中あたりのページを開くと、ローマ人への手紙とあって、読んでいくとなんだかすばらしいことが書いてある。

ところが、「喜ぶ者と共に喜び、泣く者と共に泣け」（12・15）で引っかかっちゃった。なに？　喜ぶ者と共に喜び、泣く者と共に泣けだって？

ベッドに寝ているから、自分は泣いてるっていえば泣いてる状況かなと思うんだけど、こんなことできるもんかと思ったんです。ほう、聖書っていうのはたいしたもんだと思って、初めから読んでみました。

新約聖書の最初はイエス様の系図で、カタカナで名前がずらっと書いてありますよね。こんなもん読めるかと思って一度はやめたけど、退屈でしかたないから、また引っ張り出して系図を読む。やっと本文に入っていくと、引き込まれることが書いてある。

夜は電灯の薄い光しかなかったけど、目は上等でしたから、一生懸命読みました。そうですねえ、三日か四日で読み終えましたね。

全部読んだから「お返しします」と婦長にいったら、「それ、あんたにあげるから何回も読みなさい」っていわれてね。え、こんな立派な本を私にくださるんですかと思いましたね。

それからは、よくわかるところには赤線を引いて、あまりわからん、これはどういうことだと思うところには青線を引いて、退屈まぎれに三度、繰り返し読みました。

一九四九年の秋、十一月に入ってすぐの頃だったと思います。二十歳でした。

その頃、アメリカから鹿児島に来ておられたマーク・G・マクセイ先生という宣教師が星塚敬愛園に来られました。オープンカーについたスピーカーで、讃美歌三百十二番の「いつくしみ深き」を流しながら、辻々に停まっては、「このあとマクセイ先生のお話がありますからお集まりください」とアナウンスして人を集めたんです。

「お、なんか話を聞かせるいいよるぞ、行くぞ」といって同室の青年たちとグラウンドの片隅に行きました。通訳をやっていたのは高校生だったかな。私は松葉杖をついて片足のまま立って聞いていました。一時間半ぐらいだったでしょうか。そのときに話をされたのが、今この部屋の壁に貼ってある、ヨハネによる福音書三章十六節です。

「それ神はそのひとり子をたもうほどに世を愛したまえり。すべて彼を信ずる者の一人だに滅びずしてとこしえの命をえんためなり」

私たち信じる人に永遠の命を与えるために、神様はこの世を愛してくださるということです。世というのは、この世の人間一切を指しています。

同じ番号だから覚えておきなさいといわれたのが、ヨハネの手紙一の三章十六節です。そこには、イエス様が私たちのために命を捨ててくださったことによって愛を知ったのだから、私たちも友だちのために命を捨てるような奉仕をしなさいということが書いてある。

イエス様が与える掟として教えられたのは、「わたしがあなたがたを愛したように、互いに愛し合いなさい」

（ヨハネの手紙一15・12）です。そのあと、「友のために自分の命を捨てること、これ以上に大きな愛はない」（同15・13）と続きます。

マクセイ先生はそんなふうに、イエス様は私たちに命を与えて、私たちを救ってくださるためにこの世に来てくださったんだという話をされたわけです。

そんな話を聞いてから足が少しずつよくなってきましてね。図書館で信仰の本を見つけては読むようになりました。その中にあったのが、内村鑑三の「聖書之研究」でした。これは月刊誌で、図書館に一年分まとめた二〜三センチの厚さの冊子があったんです。

これを引っ張り出してきて読むのですが、候《そうろう》交じりの文章でむずかしい。それでも信仰の真実が書いてあると思いながら、むずかしいけれども読んでいきました。

そうすると、書かれている内容がもうなんちゅうか、だんだん体にしみこむようでね。

松田博さんがリードされていた恵生会の礼拝では、役員の人たちが交代で聖書の講義をされていて、一年ぐらい経った頃には、おまえも話せといわれるようになっていました。無教会やら、日本基督教団やら、いろんなところの先生が毎月来てくださいました。

内科医の松田ナミ先生にはヨブ記について教えを受けましたし、新しく園長として来られた塩沼《しおぬま》英《えい》之《の》助《すけ》先生からも聖書講義を受けました。そんなふうに信仰生活を続けたのです。

足を切断したのは、一九五一年六月二十六日です。悪くなっては手術を受けて、骨を削られていくたびに足が短くなって、靴を履いて歩けないようになっていました。

聖書にも、自分をつまずかせるものは切って捨てろ、両目で地獄に行くよりも、片目で天国に行くのが幸いだ（マタイ18・6－9）と書いてあるもんでね。この足は信仰を続けるためには邪魔になるな、切断して義足をつけてどんどん歩けるようになりたいと思って、お医者さんにも勧められて切断を決めました。

ところが手術した直後にお医者さんは転勤してしまうし、傷はなかなかよくならない。浸出液やら何やらで、ガーゼを交換するときの痛さといったら大変でした。結局、菊池恵楓園に移ったあとで同じ足をまた切り詰めることになりました。

そういう状況にあったときに、看護婦さんから、牧師さんが来月来るから洗礼受けろといわれたんです。無教会の内村鑑三先生は、洗礼なんかせんでいいようなことを書いているからね。「私は内村先生に従っているから受けません」と返事しました。

そうしたら看護婦さんがいうんです。「あんた聖書読んだでしょ、イエス様さえ洗礼受けたでしょ、それなのになんであんたは受けんの」って。これには二の句が継げんかったね。

足を切断した二か月後の八月二日、熊本の大江《おおえ》教会から年に一度来られていた内海季秋《うつみすえあき》先生に洗礼を授けていただきました。のちに、日本福音ルーテル教会の議長をされた先生です。

なぜキリスト教に引き寄せられたのか。自分でそれを感じとったからじゃない。自然と、神様から導かれたと思います。

聖書には、世の中のどん底にいるような病人とか、霊に憑《つ》かれた人たちをイエス様が救っていかれる話が書いてあるでしょ。それこそ、ハンセン病になってどん底を毎日味わって生きている私のような者が救われるには、キリストによって救われる以外に喜びはない、幸せもないと思ったから、信じて従うようになったわけです。

らい予防法[2]が廃止されて、今では「重い皮膚病」と書き換えられていますが、それまでの聖書には「らい病」

2　一九五三（昭和二十八）年に制定された、ハンセン病患者の隔離政策を定めた法律。感染力が弱く、早期発見して適切な治療を行うことで完治できることが国際的に明らかとなってからも患者の隔離を続ける根拠となった。一九九六（平成八）年廃止。

という病名がたびたび登場しました。旧約聖書のレビ記には、「皮膚のらい病」だけではなくて、「衣服のらい病」とか「家のらい病」まで出てくるので、これは私たちが罹っている病気とは違うと思いましたけれど、新約聖書には、イエス様が「らい病」の人を憐れに思って救われる話があって、これこそ本物だと思いながら読んでいました。

らい予防法を廃止する議論の中で、病名もハンセン病に変えようといわれ始めた頃に、聖書の翻訳についてもようやく話題にはなりましたけど、それまではキリスト教の世界で翻訳についてはなんの話も出なかったですよ。聖書に出てくる皮膚病が特定の病を指すわけではないということで、今は「らい病」の表記はなくなりましたが、私なんか、そもそも聖書を絶対だとは思わなかったですからね。

同じ事柄でも、片方では善とされ、片方では悪とされる。いったいどうなっているのか。それはやっぱり、人間が聞き書きでまとめたものなので、矛盾に気づかずに編集したからじゃないかと思うんですね。つまり主観が入っている。これが全部、神の言葉として絶対なものじゃないということは、読んで感じていました。

二十六歳のとき、一時帰省を願って針尾町に帰りました。母親は私の顔を見たとたん、「おまえ何しに帰ってきたんか」といいました。びっくりしました。

そんな言葉を口にして、母自身、びっくりしたんじゃないでしょうか。なぜあんなことをいったのか、すぐに後悔しただろうと思います。それだけハンセン病の家族をもつ人たちは、苦い想いをもち続けてきたということなのでしょう。なぜそんなことをいうんかと訊ねることもしなかったし、訊ねたってしかたがないと思いました。

針尾島に帰ったのは、星塚で夫のいる女性と男女関係になってしまい、にっちもさっちもいかんようになったからです。逃げ出すつもりで出てきました。信仰をもつ人間がこんな問題を引き起こす。こんな罪深い人間が救われるんか。もう、自殺してやれと思ったんです。だけど自殺する前にふるさとをもういっぺん見たい、育ってきたところを見てから死にたいという想いで帰りました。

そうしたらいきなり、母親にそんな言葉を突き付けられた。胸にグサッとドスを突き刺されたようでした。母やきょうだいは、つらい想いをしながら生きてきたんだと思いました。弟には、「おまえのために二度、結納まで済ませたのに断られたぞ」といわれました。

「ああ、そうか、よかったな」と、わざと答えました。なぜかというと、結婚してからいわれたり、子どもができてからいわれたりしたら、もっとつらかっただろうと思ったからです。

弟は二十四歳で、結婚適齢期でした。「結婚するならおれがいるぞ、おれのことを知っている人と結婚しろ」と、そのときいってやりました。弟にはつらい想いをさせるだけだったかもしれんけど、はっきりそういって別れてきたんです。

私はさみしく苦しい生涯を送りましたけど、療養所にいさえすれば平穏で安全でしたし、食事や衣類の心配もいらなかった。ぜいたくな生活を送ることができています。

家族の苦しみは私にはわかりません。でも、家族がどんな想いをして生きてきたのかと想像すると、うわ、これじゃ、死んじゃいけない、死んだらもっと親きょうだいを苦しめることになる、と思って死ぬのをやめたんです。

生涯で一番つらかったときでした。そんなこともあって、星塚敬愛園を出て、この菊池恵楓園に移ったのです。自分から訪ねて、入園しました。

妻の房子とは、盲人会で出会いました。星塚で世話になっていたおじさんが恵楓園に移ってから目が薄くなっておられて、盲人会におられたんです。「みんな点字を覚えていろいろ読んでいるから、おまえも行って点字の世話をせえ」といわれたんですね。

ローマ字と似て、あいうえおを覚えて、そこに行ごとに点をつけ換えるだけですから、わりと早く覚えました。盲人会で出している墨字の本を読んでもらうために、私が文章を読んで、私を含めて六～七人で点字を打つ作業もしました。部数は一五冊ほどだったかな。それを全国にある療養所の盲人会に送りました。

そんな仕事を三年ぐらいやったでしょうか。その点字グループにいたのが、十五歳年上の房子でした。もう二度と間違いはせんように、クリスチャン同士で一緒になるのが一番いいぞと思っていましたから、アタックして結婚したんです。房子の視力が弱くなっていたので、自分が最後まで面倒をみるつもりでした。

房子のお父さんは測量技師でした。戦前、朝鮮で橋を架けたり道路を作ったりする仕事をしていたそうです。技術者なもんで、いい生活をしていたようです。

房子が療養所に入ったのは昭和の初め、十六歳のときです。ご両親は毎年のように面会に来ていたそうです。ただ、ここの女子寮は、三六畳の部屋に十数人が暮らしています。結婚した人のところには、夜になると男性が通ってきて寝泊まりするんです。若い娘も結婚した人もごちゃごちゃいたものですから、それを見たご両親が、これじゃいかんといって、ハンナ・リデル先生の回春病院にお金を払って、そちらに入院させてもらったんですね。

房子はそこで親しくなった活水学院出身の女性から信仰を学んで、洗礼を受けました。とても熱心な信者でした。

結婚したとき、房子は四十九歳です。ずいぶん年上ですから、お母さんに世話してもらうような感じで暮らし始めたんですが、人間って不思議なもので、年は離れていてもまるで似合いの夫婦になっていくんですね。甘えてみたり、母のように思ったりね。

肉体関係なんて最初の一〜二年だけであとは全然なしでしたけれど、それでも仲良く暮らしました。そういう生活を二十一年何か月だったかな、続けました。

戦後に処方されるようになったプロミン[3]という薬で病気はだいたいよくなって、一九六〇年頃からは薬をやめていました。

ところが一九六五年になって、わっと再発して、視力が落ちていきました。結婚二年目の頃です。結婚すると病気が悪くなるといういい伝えがあったので、結婚したから悪くなったんでないかという人がいました。それでも自転車に乗れるぐらいの視力はあったんです。あちこち乗りまわして、熊本市内にもしょっちゅう出かけていました。

両目が見えなくなったのは、一九七八年の八月です。視力の弱い房子の面倒をみるために結婚したのに、房子に面倒をみてもらう羽目になってしまいました。

房子は長いあいだ寝込んでいて、検査をしたところ、クローン病という腸が裂ける病気だとわかりました。ちょいちょい再発するといわれて、最後は胃がんだろうから検査してもらうんだといって入院しました。そうしたら、胃カメラの検査中に吐血して、それからは点滴の針がずっと刺されて四十日間、寝たきりでした。管につながれていたもんで、目が見えない私は房子に触ることもできません。渇いた口を湿してやることもできずに、ただお祈りして、讃美歌をうたって聞かせることしかできませんでした。最後まで世話をするつもりでいたのに、何もしてやれなくなった。つらかったです。

3　一九四三年に開発されたハンセン病治療薬。アメリカのカービル療養所で治療効果が報告され、「カービルの奇跡」と呼ばれた。国立感染症研究所HP参照。

亡くなるとき、「房子、復活の朝は近いぞ、がんばれよ」って声をかけました。「はい」と返事しました。ほかの人にいわれましたよ。「なんてひどいことというか」って。「復活するには死なにゃ復活できんじゃないか、死ぬのが近いぞといったのと一緒じゃないか」ってね。でも、それがいえるような互いの信仰だったわけです。

復活ってなんでしょうね。復活したことはないんで、復活がわかるわけはないんですがね。

イエス様が死んで三日目に復活されたと、その姿は聖書に記されている通りで、黙示録にも死後の世界が記されているわけですね。死んだあとにこんな世界があるなら、いつ死んでもいいなと思える。そういう信仰をもつことができるようになっていたということです。

療養中に二度ほど意識不明に陥ったことがあって、そういう世界をちらっと見せられたことがあるんです。そこには人はいなくて、きれいな草花が咲いている。まるで雲の上を歩くように、ふわふわ、ふわふわと歩いている自分の姿を見ました。夢じゃありません。目は覚めていたから幻っていうんかな。ああ、こんなきれいな世界なら、いつ来てもいいわなあと、そんな想いをもちました。

聖書には、「乳飲み子は毒蛇の穴に戯れ　幼子は蝮《まむし》の巣に手を入れる」（イザヤ11・8）、獣と幼子が共に生きている世界、すべてのものが共に親しみ、相和して、生活できるところ、そういうところに復活すると記されています。これを信じる以外に復活はないんですね。信ずる以外にない。

聖書をなんぼ読んだって、信仰はもてません。たくさんの人がキリスト教の学校を出ていますけど、聖書を毎日学びながら学校を出ても、信者になる人はわずかでしょう。

信仰というのは、神様から与えられなくちゃ、どんなに私たちが努力して求めてもつかみとることはできないものなんです。神様がくださるもの。だからこそ、福音といえるのです。そういうすばらしい復活があるので、死ぬことは恐ろしくない。

そんなことを生活の中で語り合い、信じ合って暮らしてきたゆえに、最後に「復活の朝は近いぞ、がんばれよ」といえた。房子も受け止められたんだと思います。

亡くなったあと、隣の友だちから、房子はこのまま自分が部屋にいたら夫に負担をかけるから入院するんだといっていたと聞かされました。死ぬほど苦しい想いをしているのに、おれのことを心配してたんかいって、房子の気持ちが身に沁みました。

私は、ハンセン病になってよかった。ハンセン病になったからこそ神に出会い、キリスト教徒になった。この病にならなければ出会いませんでした。

私が療養所に入ってすぐに太平洋戦争が始まりました。一九四五年春、同級生から「鹿屋の航空隊に来てるよ、元気か」と葉書が届きました。特攻隊に志願したということです。まだ十六歳でした。彼ともう一人の、とても仲良かった子も戦死しました。

私が元気だったら、思い立つと突っ走る性格だったので、おそらく志願して戦争に行っていたと思います。病気になって療養所に入ったからこそキリスト教に出会って、キリスト教に出会ったからこそキリスト教を信じて、キリスト教を信じたからこそパウロがいうように、私はすべてを失いましたが、それらを塵《ちり》[4]あくたと同じだと思えるようになったのです。

お金を貯める必要もないし、もらってもぱっと使います。立派な物を欲しいなんてことも、ちっとも思いません。らい予防法違憲国家賠償請求訴訟の原告団に加わらなかったのも、そのためです。療養所に入ったからこそこうして生かされてきた。入っていなければ、足の傷が悪化してばい菌が入って、父親と同じように高熱を出して死んだと思います。

4　フィリピ3・8。

あれは、父親が死ぬ間際のことでした。私が学校から帰ると、「寒くてならんから布団ばもう一枚着せろ」といいました。着せてもガタガタ震えて、「おまえ、上に載っとけ」というから、しばらく父の上に載りました。しばらくして震えが止まると、今度はカーッと熱が出ました。喉が渇くもんで、「枇杷が色づいとるはずだから採ってこい」といわれました。

まだ九歳ですから、木登りは上手でした。ところが、登ったはいいが、あと二〇センチぐらい上の枝に手が届かない。枝を折り曲げる力もありません。しかたなく、枝を握ったままポーンと隣の木に飛び移って、自分の重みで枝を引き寄せて、ようやくいくつか実をもぐことができました。

父親に二つか三つ食べさせたら、「ああ、おいしかった、さあ、おまえも食べろ、うまいぞ」というんで食べてみたら、酸っぱくて食えたもんじゃない。高熱のため、酸っぱい物もおいしく感じたんでしょうね。それが最後の会話でした。

あとは何も食べずに昏々《こんこん》と眠って、あくる朝起きたら、息を引き取っていました。

伝染病ということもあって、熊本から駆けつけたおじと一緒に火葬に付しました。火葬場まで片道四キロほどあったでしょうか。おじと母と三人で骨を拾いに行きましたけど、私ももう発症していましたから、帰りがきつくてきつくて、歩きたくないぐらいきつかった。

そういう経験をしましたから、療養所に入ってよかったと思うのです。もし入っていなかったら、熱冷ましの注射も打ってもらえないまま、父親のように死んでいたでしょう。終戦後にはペニシリンも出て、ずいぶん助けられましたからね。

聖書には、生まれつき目が見えない人に対して、これは親か本人が罪を犯したからじゃないかと、弟子たちが訊ねる場面がありますね。するとイエス様は、「神の業がこの人に現れるため」（ヨハネ9・3）と答えます。すばらしい箇所だと思います。その通りだと思います。聖書に出てくる盲人は、イエス様によって癒されます。でも実際には、癒されない盲人がほとんどですよ。じゃあ、癒されない盲人は神の業を現すことはできないのでしょうか。

私はそうは思いません。癒されないままに神の救いが与えられて生涯を終えられたら、そのこと自体が神様の栄光を現すことになるといえるのではないでしょうか。

視力がなくなって初めて見えてくる真理があります。神様の御心、聖書の深い意味もわかるようになりました。目が見えるときはただ、字面を読んでいただけだったと思います。

この年になってもまだ、教会の方から、話をしてほしいとお声がけいただきます。こうしてあなたのような方に信仰の話ができるようにするためにも、視力を取られたのかなと思います。

私の生きざまをお話しすることで、一人でも神様を信じることができる人が与えられるといいなと願いながら、残る生涯を生きていきたいと思っています。

2020/1/23~24

現在

終章
コロナ下の教会、そして戦争

世界が新型コロナウイルスのパンデミックに見舞われた二〇二〇年以降、新しい日常をどのように過ごせばいいのか、手探りの時間が続いている。

緊急事態宣言が出されて不要不急の外出を制限される中、キリスト者たちは問いかけた。

これは神様から私たち人間への警告なのか。

アフリカや中東、南アジアでバッタが大量発生した、中国やドイツで大水害が起きた、そしてさまざまな疫病によって多くの命が失われていく。どれもこれも聖書に描かれた終末の光景ではないかといい、今こそ悔い改めよと声高くメッセージを発信する聖職者もいた。

みなで集まって祈りを捧げようと、マスクをせずに礼拝を行い、讃美歌を合唱し、クラスターを発生させた教会があった。

わからないことが多いために、命を大切にする人々の集まりであるはずの教会で無用な対立や争いが起きた。発端は、パンと葡萄酒をいただく聖餐式であることが多かった。

聖餐に与るとは、キリスト者にとって神の体の一部を食べて生きることを意味する。生贄として人間を捧げて神に食べてもらうのではなく、神が私を食べなさいと人間に告げるのがキリスト教である。

小さなパンとなってキリスト者の体の一部となった神が、人々を生かし、一人ひとりをつなげる。聖餐とは、キリストの体によってキリスト者が一つとなる体験でもある。

日常の食事と同じく、食べ貯めはできず、定期的にいただくことで神に生かされると考える。それを制限されることは、神につながる一つの道筋を閉ざされることに等しく、生きる軸を失うことであり、キリスト者の心身を枯渇させる。

とくに信徒が同じスプーンでいただく教派は、ほかより感染の可能性が高くなる。正教会では、パンと葡萄酒にはイイスス・ハリストス（イエス・キリスト）がいるのだから大丈夫だという厳格派と、感染は感染だという冷静派に分かれた。

海の向こう、ギリシャ正教の聖山アトスでは、ご聖体を疑うことはできないと、ワクチンを打たないどころかマスクもしないために、修道士が次々と感染してアテネやテッサロニキの病院に搬送され、死者も出ていた。対立は信徒だけでなく、聖職者のあいだにもあった。仮にあなたが感染して死んだとしても、信仰を貫いたのだから神の前では裁かれないと説く者もいれば、医療現場の実情を尊重しようと呼びかける者もいた。日本正教会では、高齢者の多い教会でクラスターを発生させるわけにはいかないこともあって、最終的に奉神礼は非公開に落ち着いた。

かつてインフルエンザの流行でクラスターを経験した米子福音ルーテル教会のように、過去の経験に学んでいち早く礼拝中止を決定した教会をはじめ、日本では大半の教会が科学的なエビデンスに基づいて、礼拝を中止するようになった。

カトリックでは、聖餐式への出席を停止したことを、信徒としての「義務を免除する」と表現した。それでも教会の決定を不服とする者はいた。個別に教会を訪ねて聖餐を受けた信徒がいると、礼拝への参加を遠慮していた信徒から、不公平じゃないかと不満があがることもあった。感染が少ない地域の教会へ移動して、聖餐に与ろうとした者もいた。ある離島の教会では、カトリックの信徒がプロテスタントの牧師に頼んで聖餐に与った。

聖餐に与りたいがために、礼拝を中止していない別の教派の教会に通ううちに、そこの信徒となってしまったケースもある。信徒を奪った教会は、「羊どろぼう」と呼ばれた。

キリスト者の世界でも、分断の火種はあちこちで燻《くすぶ》っていた。

イースターの準備を終えた二〇二〇年四月十一日、北九州にある日本基督教団若松浜ノ町教会の[1]田中知牧師に一本の電話がかかってきた。高齢の信徒の家族から、「家族の者が明日も教会に行くといっているが、礼拝に集まるのか」という問い合わせであった。

福岡県に緊急事態宣言が発令されたのが四月七日。急遽、役員会を開催して、イースター礼拝から礼拝時間を短縮、座席を離し、讃美歌もマスク着用のまま一節だけうたうなど細かい約束事を決め、聖餐式も実行しない、それでも不安がある者は欠席してよい、と決めた直後のことだった。

教会員ではない電話の主は、信徒の「自己判断」に任せる姿勢を厳しく批判した。健康弱者である高齢者が純粋な信仰心から教会に向かって、どこかで感染したらどうするのか。一〇〇パーセント安全といいきれるのか、と問いかけた。

翌日の朝には、イギリス在住の信徒からメールが届いた。イギリスでは必要な措置をとらなかったために一気に感染爆発が起きた。日本の状況は二週間前のイギリスのようで心配でならないと案ずる内容だった。

キリスト者にとって、礼拝は不要不急ではない。まさに命がけのものである。だが、本当にそれでよいのか。

田中は翌朝、再び役員たちを招集し、「自己判断」という中途半端なものではなく、教会としては前代未聞といえる礼拝中止を提案した。しばらく重苦しい沈黙が続いたものの、全員が納得し、五月末のペンテコステ、聖霊降臨を祝う日に再開することとし、それまでは礼拝を中止、教会への出入りも禁止することを決定した。

自宅で礼拝するための手引きを作成し、礼拝のテープや讃美歌のCDと共に配布した。毎週日曜日の朝十時には役員が分担して、「はげましあい連絡」を電話やメールで行うようになった。

イースターを迎えたあと、田中は「新型コロナウイルス感染拡大状況で思うこと」と題する手記をしたためた。

〈幼い頃よりどっぷり教会に浸かって生きてきたわたしにとって、日曜日に教会に行かないことはあり得なかった。普段の生活を送ること以上に、「主日の（教会での）礼拝」は決して譲ることができない。ましてや牧師となり、教会に住んでいるにもかかわらず、「教会閉鎖」と張り紙をして、人々をしめ出してよいのか。我ながら今回は（も？）かなり思い切ったことをやってしまった感がある〉

「も？」とは、この四年前の救急搬送入院を指す。田中には神経系の持病があり、誰もいない居室で倒れていたところを、なかなか礼拝堂に田中が現れないのを心配して様子を見に来た信徒に発見された。

その後も体調はすぐれず、二年前は神経衰弱により再入院。牧師としての務めが十分に果たせなくなる中で教会を離れる者、礼拝に参加できなくなる者が増えていった。

今回の教会閉鎖は三度目の入院に等しかった。だが、それは教会の新生を祈るための休止だと考えた。

田中はある言葉を思い起こした。カネミ油症事件の被害者であり、キリスト者である紙野柳蔵[2]が行った講演[3]「カネミに毒されて」を書き起こした文章の一節である。

そこには、「油症になってよかった」「元の体や元の家族に問題があったので、他人の苦しみや痛みを感じ得ない元の体や元の家庭を返してもらっても、又同じことをするだけや」とあった。

元の体ではなく、新しい体に生まれ変わらなければ意味はない。「いつでも簡単に、どんな人も壊れてしまう」経験を通し、やさしさをもって他者と接していく、そんな新しい自分に生まれ変わらなければならないのだと思った。

1　五二五ページ。
2　紙野はじめ一家五名が犠牲となり、被害者の会を結成。全国組織カネミライスオイル被害者の会初代会長となり、カネミ倉庫などに対して損害賠償請求訴訟を提訴。カネミ倉庫前で座り込みを続けた。
3　一九七〇（昭和四十五）年八月三十日開催、筑豊伝道奉仕協議会主催。

自らの復活と、教会の復活、世界の復活、それこそが神のみ旨である。田中は一人、誰もいない礼拝堂で毎朝、祈りの時をもち続けた。

だが、パンデミックはペンテコステでは収まらなかった。ウイルスの変異株が現れては感染拡大を引き起こし、その後もたびたび緊急事態宣言が発令された。

「教会に来ないでほしいと聖職がいわなければならない事態とは、共同体にとって打撃でしかありません」

日本聖公会東京教区司祭の[4]笹森田鶴牧師はそう語った。

週に一度は身なりを整えて電車やバスに乗って通っていた場所に行けなくなるということは、とくに高齢の信徒にとっては身体的な衰えを誘発することにもなった。時間の感覚が薄れ、今日はいったい何曜日だったかしらと問うことが増えていく。

いつまでも聖餐式が再開されないために、精神的な不調をきたす者も増えていった。

笹森によれば、二年目になってもパンデミックが収まらなかったこと、とくに二〇二一年春のイースターができなかったことの衝撃が大きかったという。

「今年もまただめだったと落ち込んでいた方が多かった。若い人の中には、東京オリンピックで活躍している選手たちを見るのがつらい、自分は何もできない、自分の存在が価値のないものであるかのような気持ちになった人がいました。年齢に関係なく、ダメージはあったと思います。

もう元には戻れないのでしょう。コロナ前と同じようにはならないと私は思います。心の奥底で渇望はするのですが、ご家族に教会に行くことを止められたりするうちに、だんだんそこに期待しないようになる。そうすると、一人ひとりが孤立してしまって、教会の共同体としての絆がもろくなっていく。自粛が長引くにつれて、もしかしたら教会がなくても大丈夫かもしれないと思えてくる。霊的には枯渇しているはずですが、本当に渇ききらないと枯渇していることに気がつかないんですね」

周囲の助けを得て、新しい日常に適応した高齢者はいた。まもなく九十歳になるある女性の信徒は、コロナ下で初めてスマートフォンを買い、ライブ配信される礼拝に参加するようになった。繰り返すが、キリスト者にとって礼拝は不要不急ではない。生きるために必要だから、新しい電子機器の操作を覚えることに抵抗はなかった。

とはいえ動画では聖餐式はできない。パンと葡萄酒はヴァーチャルではいただけない。神を食べるというリアルな信仰体験から離れて、人々はだんだん観念的になっていったと笹森は感じていた。

「東日本大震災のときもそうでしたが、不測の事態が起きると、神がなんらかのメッセージを送ろうとしているんじゃないか、罰を与えようとしているんじゃないかと考える。神義論といいますが、そういう考え方はキリスト教の中に根強くあります。

でも、私はそこに立たないということがすごく大事だと思っています。なぜかというと、それは神に答えを出せといっていることだからです。しかも、それが自分のイメージと合わないとすっきりしない。パンデミックを神のメッセージかもしれないと思って答えを探そうとしても、そこに答えはないと私は思っています。そこに注目するのではなく、むしろ、神はこの世界にどうやって働こうとされているかを見ていく、その視点のほうが大事かなと。

コロナ下で、今まであった課題が顕在化しています。貧富の差がいっそう激しくなるとか、若い人たちの生活基盤はこんなに脆弱《ぜいじゃく》だったんだとか、ワクチンは全員接種だというけれど、住民票がないホームレスの人たちはどうするんだとかね。家庭内暴力の問題や、子どもたちがネット社会にからめとられて非常に危ないと

4　五八六ページ。

ころを綱渡りしているとか、今まであったことが顕《あらわ》になった。
教会はもっとそういうことにコミットしなくてはいけなかったのに、なんとなく自分たちは別枠のようなところで過ごしていた。ここだけ聖域みたいに、ほっとしていた。でもそういうことは教会の中でも起きている。そのことに教会も目を向けてそこに居続ける、逃げないことのほうが大事かなと思います」

神はこの世界でどう働こうとされているのかを問い、教会の外へ飛び出したキリスト者たちがいた。日本イエス・キリスト教団黒磯教会の坂本新[5]は、人身取引の被害者支援を行うNPOを退職し、アウトリーチに特化した新しいNPO法人レスキュー・ハブを立ち上げた。

繁華街で客引きをする女性たちに声をかけ、困りごとを聞く。必要なことがあれば、本人の同意のもとで医療機関や警察、自立支援団体など、次の支援につなげる。

たんにこういう窓口があるよ、と紹介するだけならそのまま連絡をとらずに終わってしまうことが多いため、次の支援の場まで同行して相手の顔を見てしっかりと引き継ぐ、まさにハブである。

主な活動の場は、人種のるつぼといわれる新宿の歌舞伎町である。平日は建設会社で働きながら、毎週末、夜九時頃から深夜、ときには早朝にかけて町を歩く。

路上でこちらから客をとるのは売春防止法によって違法とされるが、声をかけられるのを待つのはナンパと同じとみなされるため、それだけで逮捕されるわけではない。

坂本は公園沿いのガードレールにもたれて男性から声をかけられるのを待つ女性たちに近づいて声をかけ、連絡先カードを添えたマスクや消毒液を配る。夏には化粧落とし、冬には使い捨てカイロを渡すこともある。

その日の宿もない者や、出産が迫る妊婦、地方での仕事を失って上京した若い女性もいた。池袋や渋谷の風俗店で働いていたものの、コロナで客が減ったため家賃が払えなくなり、やむなく歌舞伎町で路上に立つようになった女性や、恋人によるＤＶや親の虐待から逃げてきた十代の女性たちもいた。
彼女たちの手首には、リストカットを繰り返した傷跡が刻まれていることもあった。

「神がその気になれば、コロナであれなんであれ、脅威でもなんでもなくなると思うんです。でもそれをされないということは、なんらかの意味があるのだろう。何か大きな計画があるのだろう。牧師も含めて、普通のクリスチャンはみんなそんなふうに考えるのではないでしょうか。

ただ、ぼく自身はあまりそうは考えません。起きてしまっていることをいったん自分で受け止めながら、じゃあ、今このときに困っている人、さらに困窮していく人に対して自分に何ができるのかを考える。なぜそれが発生したかと問うのではなくて、起きてしまったのだから、それを前提として自分が何をすべきなのか、聖書と向き合いつつ、そこで示されたことを淡々と行うことが必要なのかなと思うんです」

恋人の暴力から逃げてきた地方出身の女性と新生児のために新居を探し、支援者を募って家具家電を手配して新生活のスタートを支えたこともある。昼の仕事につきたいという希望を受けて、昼職への転職支援を専門とする会社につなげたこともあった。

手弁当で始めた活動であるが、二年目に入って寄付や協力を申し出る支援者も増えつつある。警察庁や区役所の理解者も少しずつ増え、勉強会の講師に呼ばれるようにもなった。

坂本は自分がクリスチャンであることを表に出すことはない。聞かれれば否定はしないが、信仰はあくまでも内面の話である。インタビューで語った「信仰というものは九〇パーセントの疑いと一〇パーセントの希望だ」という想いは、今も変わらない。

「九〇パーセントの疑いは、今もあります。疑いというのは、自分自身に対する疑いでしょうけどね。以前の

5　四六四ページ。

団体を退職してからしばらく仕事が全然決まらなくて、期待していた教会関係の就職先が途中でだめになって、四十代にして、あ、おれ、失業してるんだなって不安になりました。まさかこんなタイミングで仕事がなくなるって、ここから自分はやっていけるんだろうか、自分のやりたいことができるんだろうかとか、ひょっとしてそもそもおれはどこかで道を間違ったんだろうかとかね」

幸いにして、人づてに紹介された刑務所退所者の社会復帰支援を行う建設会社に就職が決まり、平日四日はそちらで正社員として働き、一定の収入は確保できるようになった。ただ、そう単純に仕事が切り分けられるわけではなく、週末まで仕事を持ち越すことも多く、多忙を極める。

たった一人でもいいから、次へつなげたい。ただ、そのたった一人を抱えることに大きな不安はある。自分はどこまで抱え切れるのか、繰り返し自分が問われる。

坂本のやり方に対して批判がないわけではない。一人に対してそこまで時間をかけて対応していたら業務に支障が出る。今の若い人はSNSのほうが連絡をとりやすいのだから、アウトリーチの効果は限定的ではないか。いずれ破綻するだろうという声もあった。

「自分で自分をメンヘラだといって、食費とネットカフェ以外のお金はホストにつぎ込んでいるような女の子もいます。そんな子をどこまで自分が受け止められるのかとは思います。でもここで踏み込まなかったら、向こうもこちらを頼りにはしてこない。考えに考えてそこに至ったわけではありませんが、最後は神様がなんとかしてくれるんだろうという想いはあります。

不完全な自分を、それでいいんだと受け止めてもらいたいという気持ちはあるんです。口ではどうせおれなんてといったり、枕詞《まくらことば》みたいに、ぼくはこの世でもっとも価値のない男ですからといってみたり。それでもそういう自分を受け止めてくれる人がいたら、たぶんすごく嬉しいんだろうなと思うし、すごく安心できるんだと思うし、自分は生きていてもいいんだと思えるんだろうな。

だからというわけじゃないんですけど、どんな仕事であっても、自分からそういう世界に踏み込んじゃったにせよそうでなかったにせよ、置かれている状況によって判断するんじゃなくて、どういう状況に置かれていても、やっぱりあなたは大切な一人の存在なんですよと、態度で受け止めていく。抱えている闇について話をしたけど、この人はそれでも認めてくれた、受け止めてくれた、という安心感があって初めて、そこからさきをようやく考えることができるのかなと思うのです」

カトリック上野教会と浅草教会を兼務する晴佐久昌英神父は[6]、育児に困難を抱える母親やホームレスの人々、心に病を抱える若者、ベトナム人の技能実習生などに声をかけて食事をする「一緒ごはん」の活動を続けてきた。

信仰の有無は問わず、ただ、ごはんを食べて語り合う。晴佐久が「福音家族」と呼ぶそれらの集まりは、パンデミック前には聖堂がいっぱいになるほどの広がりとなっていた。

教会でのミサが中止となり、集まって食事をすることができなくなってからは、教会のホームページやオンラインイベントを通して、なぜイエス・キリストは人々と共に食事をしたのか、なぜ人々の体にふれて病を癒したのかと問いかけた。

心に病を抱える三十五歳までの青年を対象とした、「ここヤシの集い」という毎月最終日曜の夕方に行われるミサも、しばらく休止を余儀なくされた。

この間、うつ病がぶり返した青年もおり、毎月のミサと「一緒ごはん」が彼らにとって、いかに新しい一か月を生きる支えとなっていたかが改めて浮きぼりになった。

6　五五六ページ。

上野教会のマリア百合も[7]、長年わずらっているうつ病が悪化して、しばらく起き上がれなかった。ただ同時に、ミサのない日々は、「ざるを振って振って細かくしているように、自分の中の大切なものが見えた時間だった」と語った。

二〇二一年四月二十五日に発出された三回目の緊急事態宣言は、区域の変更を繰り返しながら延長され、九月三十日の第四回緊急事態宣言の終了をもって終わった。感染状況に応じて、まん延防止等重点措置が継続する地域を残しつつであったが、少しずつ日常を取り戻す試みが行われた。

教会でもリモートによる参加と対面を同時に行う、ハイブリッド礼拝が始まった。

十月三十一日夕方五時、上野教会の地下ホールで「ここヤシの集い」が開催された。

「久しぶり、どうしてた？」

「元気にしてた？」

マスクをして、互いに適切な距離を守りながら、スタッフと若者たちのあいだで挨拶が交わされた。

会場の片隅には簡易ベッドとノートパソコンが置かれていた。ベッドでは、柔道整復師としてホームレスの人々への奉仕を続けている西村草輝[8]が、仲間たちの傷んだ心と体を気遣い、マッサージをしていた。

パソコン画面の向こうには、ここヤシを長らく支えてきた精神科医でキリスト者の濱田《はまだ》秀伯《ひでみち》が控えており、リモートでメンバーの相談に応じていた。

茶を飲みながら静かなおしゃべりをしたあと、聖堂に移動してミサが行われた。カトリックの典礼に則り、小声で聖歌をうたい、小声で祈りが捧げられた。

晴佐久神父は車座になった一〇名余りの若者の顔を見渡して、開口一番、「ぼくはここが一番好きだなあ」といった。

「なぜなら、弱いから。弱い人たちが支え合っている家族だから。ここにイエス様がいるから。このまま年をとってもずっと一緒に生きていきましょうよ」

すると、晴佐久の真正面に座っていた、みんなから「ゆうちゃん」と呼ばれる恰幅《かっぷく》のいい青年がつぶやいた。

「ずっとって、そんなの、神父様は死んじゃってるじゃん」

「そんなこと、いわないの」

すかさず晴佐久が返すと、大聖堂の天井高く、静かな笑いがこだました。

二〇二二年二月二十四日、北京五輪閉会式の四日後、ロシアがウクライナに侵攻した。

旧ソ連から独立したウクライナの、NATO（北大西洋条約機構）への加盟を阻止することが目的とされ、ロシアへの編入を求める親ロ派によって一方的に独立が宣言されたドネツク人民共和国とルガンスク人民共和国の独立をロシアが承認し、ロシア系住民を「ナチズム」から守るためという名目で武器と兵士を送り込んだ。西側諸国がプーチン大統領を非難し、ロシアへの経済制裁を強める中、世界中で平和を願うデモやSNSでのメッセージ発信が相次いだ。

案の定、一部の教会では聖職者が聖書のエゼキエル書の一節を取り上げ、この戦争は聖書に預言されていたというメッセージを動画配信した。パンデミックに続く戦争と、終末を盛り上げるのにこれ以上の出来事はない。聖書を一字一句、神の言葉と考える聖書無謬《むびゅう》説をとる教派にとって、今こそ信者獲得のチャンスともいえた。

7　一五六ページ。
8　八〇ページ。

一方、現実的な対応に追われたのが、各国の正教会である。ロシアとウクライナはいずれも正教の国であり、とくにプーチン大統領がロシア正教会の信徒として礼拝に臨む姿は繰り返し世界に向けて発信され、そのトップであるモスクワ総主教庁のキリル総主教とは盟友であることがさまざまなメディアで報じられてきた。日本正教会のダニイル府主教が奉職する首座聖堂、東京のお茶の水のニコライ堂には、侵攻が報じられた直後より信徒から抗議のメールや電話が殺到した。この暴挙を非難もせず、受け入れているのか。なぜ何も行動を起こさないのか。なぜ教会は黙っているのかという内容が大半だった。

在日ロシア大使館がSNSを通じて、日本正教会は同胞と発信してからは一般からの抗議も相次いだ。教会内には、ロシアが日本正教会をプロパガンダに利用しようとしているという不安の声が高まった。日本正教会には日本人だけではなく、日本在住のロシア人、ウクライナ人を含む、在日外国人の正教徒がいる。ウクライナのために祈ろうとすれば、ロシアのために祈りたいという者もいる。教会はしばらく態度を決めかねていた。

正教会がカトリック教会と違うのは、上意下達の位階制を敷いていないことである。カトリックがローマ教皇をトップとするのに対し、正教会には世界の中心となる教会や聖職者はいない。

歴史的にはコンスタンティノープル総主教庁、現在はバルトロメオ一世総主教が世界総主教ではあるが、そもそもその取り決めをした古代ローマ時代の「世界」とは「地中海世界」の意味であり、日本や中国などアジアや他の地域が含まれるとはいいがたい。

実際には、ロシアのモスクワ総主教庁と、トルコのコンスタンティノープル総主教庁の二つの流れがあり、そのどちらかの系列に完全独立の独立教会と、独立教会の下にありながら民族国家の単位で自主的に信仰システムを築くことができる自治教会がある。

ロシア人司祭ニコライに起源をもつ日本正教会は、その一点においてモスクワ総主教庁と関係が深く、府主教の就任にモスクワ総主教の承認を必要とする自治教会となっていた。
宗教を弾圧したソ連時代に距離が置かれるようになり、アメリカ正教会の影響を受けながら独自の道を歩んでいたが、アメリカ正教会が独立教会となった一九七〇年以降は、日本人による日本人のための教会となっている。

日本正教会の幹部が身動きとれずにいる中、いち早く声を上げたのは、大阪や九州、北海道など地方にある正教会の神父たちだった。

釧路ハリストス正教会の内田圭一[9]神父は、侵攻から三日目の主日、二月二十七日の聖体礼儀からウクライナの犠牲者を悼み、戦争の終結を願う祈禱を始めた。

翌日には、信徒たちで構成される執事会に諮《はか》った上で教会のホームページに戦争反対のメッセージを掲載、SNSに「НЕТ《ニエット》 ВОЙНЕ《ヴァイニエ》（戦争反対）」とロシア語で書いたボードを掲げた自らの写真を掲載した。

「人として出すべきだと思いました。組織は関係ありませんでした」

内田の呼びかけに反対する声は一切なかった。

三月十日にようやく、「愛と平和の希求」と題する日本正教会の声明が発表されたが、これを見て「ぬるい」と感じた内田は、これはおそらくそれぞれの神父の裁量に委ねるという意味だと受け取り、三月十五日、準備していた原稿をキリスト教専門紙「クリスチャントゥデイ」オンライン版の三月十五日号に寄稿した。一般信徒のみならず、正教会を知らない人に対して、日本正教会がロシアによるウクライナ侵攻に沈黙してきた理由を説明する内容だった。

9　一〇八ページ。

日本正教会はなぜいち早くメッセージを出さなかったのか。冷戦時代に、ニコライ堂はじめ正教会の信徒がソ連のスパイと疑われたエピソードなどを紹介した上で、政治的な態度を発信するのに消極的であったこと、しかし、人道的な問題が発生している今は、モスクワ総主教庁と近いからこそできることがあるはずで、それは、「キリル総主教にノー」を突き付けることであるという主張だった。

しかし、キリル総主教がロシアによるウクライナ侵攻に祝福を与え、この戦争を「同性愛の受容を中心に退廃的であると同師が見なす西側諸国への対抗手段」（ロイター、三月二十日）とする発言をしたことで、ロシア国内のみならず、世界中の正教会にいっそうの分断が生じていた。

いち早くモスクワ総主教庁を離れることを決定したのが、オランダ・アムステルダムの聖ニコラス教会だった。コンスタンティノープル総主教庁に移ることを決定し、キリル総主教を祝福する言葉を祈禱文に入れないことも発表した。

「神様にその人のことを祈ることをしないと決めるということは一番強力な抗議です。大変な決裂です」と、ニコライ堂の中西裕一[10]神父は語る。

「ウクライナの人々の総意は、西側を選んでいます。そのために二〇一九年一月にモスクワ総主教庁のもとにあったウクライナ正教会が分裂して、コンスタンティノープル総主教庁についた西側のウクライナ正教会ができてしまった。これは非常に大きな出来事で、キリル総主教はバルトロメオ一世総主教を記憶しないと宣言して喧嘩になってしまいました。私どもは、キリル総主教のために祈ることをやめてはいないため、そう簡単にコンスタンティノープル側の教会に行くことすらできなくなってしまったのです」

コンスタンティノープル総主教庁はイスラム教国のトルコにあって、正教徒はマイノリティである。実際に総主教庁を支えるのは世界中に離散しているギリシャ人信徒、主にアメリカの貿易系ギリシャ人だ。海運王の[11]アリストテレス・オナシスといえば、イメージがつかめるだろうか。

今回の戦争をきっかけに、日本正教会がモスクワ総主教庁から独立する可能性を中西は否定はしないが、必ずしもそれを望むものではない。そもそも、ロシア国内の正教会がすべてキリル総主教に賛意を示しているわけではなく、身の危険を顧みず、批判を強める司祭もいる。

日本正教会の動きの緩慢さを嘆く内田も、独立は望まないと語る。

「コンスタンティノープル総主教庁も、正義感からウクライナ正教会を承認したわけじゃないと思います。ロシア革命後にアメリカに逃げたウクライナ人が戻ってきて運営している教会なので、かなりアメリカの影響を受けている。今のロシア正教会の執行部は腐っているとは思いますが、だからといってロシア正教会自体を否定する気はない。コンスタンティノープルに正義があるとは思っていないからです」

平日は会社員として日本企業で働き、週末はニコライ堂の副輔祭として教会の奉仕に従事している在日ロシア人のユーリ・トロイツキー[12]は、開戦直後のメールで、「とてもつらい時期です。なんともいえない気持ちです。同じ文化と伝統、同じ宗教をもつ人々が争うことはとても残念です。二十一世紀になっても人類の進化をまったく感じさせないことが頻繁に起きています」と苦しい胸の内を明かした。

妻の鈴木裕子[13]も、夫の母国が戦争を始めるという異常事態に心を引き裂かれていた。ユーリの亡父の遺骨はニコライ堂に納めており、モスクワで一人暮らしをしている母親は体調を崩している。西側諸国による経済制

10 九一ページ。
11 トルコ生まれのギリシャ人。大型タンカーを導入、ニューヨークに海運会社を設立して一大海運王国を築いた。ケネディ大統領の未亡人ジャクリーンとの結婚も話題になった。一九〇六―一九七五。
12 六四〇ページ。
13 九一五ページ。

裁が始まってからは、母親への仕送りができなくなっていた。

モスクワの実家ではケーブルテレビを契約してアメリカのCNN放送とイギリスのBBC放送を視聴できるようにしてはいるが、欧米とのネットワークが遮断されたため、母親が情報を入手できるのはロシア国営放送のみである。ユーリは毎日のように母親に電話して、連絡だけは絶やさないようにしていた。

在外ロシア人が集うSNSでは、陸続きで脅威の迫るヨーロッパ在住者とそれ以外では温度差が生じていた。日本に暮らすユーリが直接的な誹謗中傷にさらされることはなく、会社の同僚からも、何かあれば相談してほしいと気遣われているのに対し、ヨーロッパ在住のロシア人の中には会社から解雇をいい渡された者もおり、ロシア人であることが恥ずかしいといった声や、ロシア国籍を捨てたい、どこの国籍が安く買えるだろうかといったやりとりが、真剣に交わされていた。

ウクライナのゼレンスキー大統領がどれだけ「きょうだい」という言葉を嫌悪しようが、プーチン大統領がどれだけ自国民への情報を遮断しようが、ロシア人とウクライナ人の家族や親族をたどれば、双方にルーツをもつ者は多く、その多くが正教徒で、双方には断ちがたいネットワークが張り巡らされている。

この間、ロシア発の情報を検証してきたユーリによれば、侵攻の背景にあるのは、「ルスキー・ミール（ロシア世界）」の考え方だという。現在のロシア、ベラルーシ、ウクライナを含む東スラブ語圏を意味する十一世紀の言葉で、現代においては、ロシア帝国時代の領土を含む旧ソ連の地域への領土拡張と精神的な連帯を呼びかけるプーチン大統領とキリル総主教を結びつける思想でもある。

同性愛の受容をはじめ西側諸国の文化を彼らが退廃的とみなすのも、自分たちが文化の中心で、伝統を守るのはロシア人だという強い自覚があるからではないか、とユーリは考えていた。

「戦争は今に始まったわけではありません。二〇一四年のクリミア侵攻からずっと戦争をしています。眠れない夜は続きます」

態度を決めかねていた日本正教会が、モスクワ総主教庁のキリル総主教あてに送付した書簡を公式ホームページに公表したのは、三月二十九日のことである。

誰に向けて発信されたのか曖昧だった三月十日の声明「愛と平和の希求」とは違い、日本正教会府主教ダニイル主代郁夫《ぬしろいくお》以下すべての神父と教役者《きょうえきしゃ》、信徒、在日ロシア人信徒、在日ウクライナ人信徒が「兄弟間の武力衝突と凄惨な流血」に心を痛めていること、「一日も早い兄弟間の和解と紛争解決」にキリル総主教が尽力してほしいという内容だった。

「われわれはロシアの傘下にありますが、従属しているわけではない。ただ今回の戦争に関しては、キリル総主教にしっかりクレムリンに述べてくださいということです」

中西神父は書簡が出された背景について語る。

「オランダのように、総主教を記憶しないとまではいわない。府主教はよく、恩義という言葉を使います。日本に正教を伝えてくれたニコライへの恩義です。日露戦争のときも、ニコライはロシアと訣別したかたちで日本についてくれた。そこがルーツであることは捨てていない。それが最後のつながりです。そこが切れたらなくなってしまうでしょう」

中西はギリシャ正教の聖山アトスで聖体礼儀を行うことができる、日本人初の司祭である。その教えについて解説した中西の著書『ギリシャ正教と聖山アトス』には、聖書の教えを実践的に生きるためにアトスの長老たちが今なお重んじる、『砂漠の師父の言葉』という警句集が紹介されている。「悪魔の存在とは何か」という問いに対して、次のような回答が引用されている。

〈悪魔どもがあなたを攻撃すると言うのか。我々が自分の意志で行うのであるから、彼等が我々を攻撃するのではない。我々の意志が悪霊になるのである。意志を実現するために我々を攻めるのは、我々の意志なのである（『砂漠の師父の言葉』ポイメン67）〉。

「信仰が外から悪魔を呼び寄せるのではなく、人間の意志が悪になびくということです。悪魔は決して外から攻めてくるのではなく、われわれの心の中が変化して悪魔化していく。悪魔の本体は、悪霊になった私たちの自由意志そのものです。そこに転んでいくことについて、ケアをしていくのが生きるということです。悪霊になって神に背くことができるのも人間なら、誠心誠意、神に倣うことができるのも人間ですから。

ただ、悪魔の概念というのは、信仰をある程度進めた人でないと気づきません。そんな話をしても神秘主義だろうといわれて誤解されてしまいます。現代社会の評価基準はそこにありますから。でも、悪魔と闘っているのが信仰であり、宗教です。そこにわれわれの働く現場があるということでしょう」

四月三日、東京都のまん延防止等重点措置が解除されて初めての日曜日、小雨降る中、ニコライ堂では久しぶりに聖体礼儀が信徒に向けて公開された。

この日は、永眠者を悼むパニヒダという追悼式が行われ、連禱の中ではウクライナでの戦死者の聖名を入れた祈禱文が唱えられた。

「蓋《けだ》し、ハリストス我等の神や、爾《なんじ》は眠りし神の諸僕婢《ぼくひ》（聖名……）及びウクライナにおける戦禍に斃《たお》れし、神の諸僕婢（聖名……）、並びに悉《ことごと》くの死せし者の霊の復活と安息なり、我等光栄を爾と爾の無原の父と、至聖至善にして生命を施す爾の神とに献ず、今も何時《いつ》も世世《よよ》に」

二〇二二年十月現在、キリル総主教からの返事はまだない。

あとがき

全国に新型コロナウイルスの第六波・オミクロン株が蔓延《まんえん》していた二〇二二年二月九日、日本聖公会東京教区司祭の笹森田鶴[1]は、四月から始まる新しい仕事に向けて準備を進めていた。笹森は前年十一月、日本聖公会北海道教区の第九代主教に選出された。女性司祭が主教となるのは、聖公会では東アジア初のことであった。日本聖公会の法規では、教区全体を監督する主教は教区の聖職者全員と聖職候補生、各教会の信徒代表による選挙で選ばれる。候補者は完全推薦制で、世界中にいる三十歳以上の司祭なら誰でも推薦される可能性があり、名前が出そろった段階で選挙が始まる。聖職者票と、聖職候補生を含む信徒代議員票、それぞれ三分の二以上を集めた時点で当選となる。

カトリックのローマ教皇を選ぶコンクラーベと同様、一名に決まるまで投票を繰り返す方式で、笹森の場合は三名の候補者の中から一〇回の投票の結果、選ばれた。

北海道教区主教を二十五年間、そのうち日本聖公会全体を監督する首座主教を十三年間務めた植松《うえまつ》誠《まこと》主教の後任となる。

1 五八六ページ。

女性が司祭になれる日が来るまでいつまでも待つつもりで聖職を志し、日本聖公会で二人目、東京教区初の女性司祭に按手されたのが一九九九年のこと。

気がつけば二十二年という、日本でもっとも長い牧会経験をもつ女性司祭となり、アジアの女性聖職者や聖職候補生に希望を与える存在となったのは喜ばしいことのはずであった。

ところが、笹森の表情は冴えない。

「胃が痛くて、本当はこんなことをいっちゃいけないんですけど、投げ出したい。それぐらい嫌なんです」

選挙結果を聞かされたのが二〇二一年の十一月三日。そこから一か月以内に受諾するかどうかを返事しなければならなかった。

「主教と司祭と執事では役職が違います。主教はギリシャ語でエピスコポスといって、監督という意味があります。教え導く教導の役割と、この世に対しての預言者的役割、そして、教区が一つであるという和解と一致の役割を担っていかなければなりません。

私は現場で牧師をするという召命があったから司祭志願をしたので、主教になるのは違うんじゃないかと思ったんです。[2]札幌のビッグボスと同じで、いい選手がいい監督になるとは限らない。それなりのトレーニングと才能と視点がないと、教区全体の一致の存在としての役割は到底無理じゃないかと思っているんです。この一か月間、泣くわ、わめくわ、で本当に苦しかった」

北海道教区に移るのは、異動ではない。企業を転職するのと同様、退職金を受け取って東京教区を退職し、住居もすべて引き払って、新たに北海道教区に就職することである。

断れば今まで通り、東京教区の司祭として働けるわけではない。断るなら、辞表を提出するほどの覚悟で辞退することになる。それでも引き受けると返事をしたのは、北海道教区の人々が祈って選んでくれたことの重さだった。

「要するに、降参したんです。神様に降参しました。植松主教に教わったんです。北海道教区の方たちをもっと信頼しても大丈夫だよって。みんなきっと、田鶴さんが抱えている悩みや不安や恐れを、一緒に担おうとしてくれているはずだからと。そのお言葉をいただいて、これはもう神様に降参するしかないと思ったんです。これまでもそうでしたが、新しいところに転勤するのはいつも怖いです。まったく知らない人たちと信仰生活を送るというのは、勇気がいることです。いつもそうだった、いつも不安で、大海原に放り出されたような気持ちになりました。でもいろんな出会いの中で、同じ信仰者として支えていただいたり支えたりして過ごすことが可能になったわけで、それは今度も同じかもしれない。そう考えていいのかもしれないと思わされたのです」

笹森の息子はすでに成人し、プロのミュージシャンとして活動している。東京の実家はなくなるが、「それは母さんの道だから、母さんが考えたらいい」と受け止めてくれた。

建築家の夫は、東京の首座聖堂、聖アンデレ教会の信徒でもある。「ぼくのことを考えたらいろんなことを考えないといけなくなるだろうから、今は自分の仕事だけで結論を出して。どっちでも応援するから、ぼくはあなたが決めたあとで考える」といった。

夫の結論が出たのは、つい十日ほど前のこと。東京の仕事場をたたんで笹森と一緒に札幌に行くことになった。「田鶴といると、こんなチャレンジができるというのもおもしろいな」と励まされたという。

主教按手式は二〇二二年四月二十三日、日本聖公会札幌キリスト教会で行われた。コロナ下のため参加人数は制限され、祝賀会も行わない異例の式典となったが、その様子は動画サイト、ユーチューブで英語訳をつけ

2　二〇二二年に北海道日本ハムファイターズ監督に就任した新庄《しんじょう》剛志《つよし》の役職、登録名。

て世界に向けて同時配信された。

笹森は全身を地面に伏し、両手を広げて十字架のかたちとなった。それは仏教の五体投地《ごたいとうち》に似て、神をもっとも深く敬う祈りであり、自我を滅し、自らに死に、世に死に、キリストの命に自らを捧げることへの誓いだった。

筆者は画面の向こうで平伏して祈る笹森の姿を見て、小笠原聖ジョージ教会の管理司祭だった笹森に同行して、二度、父島を訪ねたことを思い出した。父島に行くには週に一往復するおがさわら丸に乗るしか手段がない。東京の竹芝桟橋から乗船して二十四時間の船旅。一万一〇三五トン、全長一五〇メートルの巨大客船、横揺れを制御する装備はあるものの、外洋では大きく揺れ、客室の窓を叩きつけるほどの高い波に恐怖を覚えることがある。

日が落ちれば外は真っ暗闇、底が抜ければ死が待つ旅路。この長い航路をたった一人で笹森は何度も往復していた。父島の信徒たちが待っているという、ただそれだけで。

闇も揺れも恐れない、その勇気はどこから来るのだろう。

神とは何かと問うたとき、笹森は「言葉で説明できないほど大きいから神なのです」と、まるで禅問答のような答えをくれたことがある。人智を超えたものがいつも共にいてくださるという確信は、それほどに力を与えるものなのか。

主教となった笹森は、就任直後の挨拶の冒頭、次のように述べた。

「ウクライナで起こっている争いのゆえに殺害され、傷つけられた方々、家族やご友人を亡くされた方々、家を失った方々、避難民として他国で生活している方々、また今なお生活の場が戦場と化しているすべての方々を覚え、世界中の戦争や紛争が一日も早く神の和解の道へと進み、神の癒しの御手が延べられますことを切に祈りたいと思います」

なぜあなたは神を信じるのか。神とは何か。二〇一六年三月、北九州の教会から始まった取材で、キリスト者にそんな問いを投げかけてから六年が過ぎた。

この間、変わりなく信仰を深めた人がほとんどであるが、大きな転機を迎えた人もいた。教会を去った人、教会とは距離をおいて地域の福祉活動に舵《かじ》を切った人、他の教派へ移った人もいる。教派は変わらないものの、パンデミックやロシアによるウクライナ侵攻を経て、自身の信仰理解に大きな変化が訪れた人もいる。

二〇二二年四月十七日、イエス・キリストの復活を祝うイースターの日、筆者は文京区の駒込キリスト聖書集会にいた。この数年のあいだに無教会では一つの動きがあった。東京目黒区にあった今井館がこの地へ移転したのである。

今井館は一九〇七（明治四十）年、大阪の香料商、今井《いまい》樟《しょう》太郎《たろう》の遺志によって、妻の信子《のぶこ》から内村鑑三に寄贈された資金によって建てられ、福音伝道の拠点、あるいは寄贈図書の書庫として受け継がれてきた。無教会はその基本精神から宗教法人ではなく、今井館はＮＰＯ法人今井館教友会によって運営されている。全国わずか五〇〇名の会費と篤志家による寄付で運営されてきたが、借地権の期限が切れる二〇三二年以降の存続が近年の課題となっており、図書を大学に寄付して、今井館を閉じることも検討されていた。

そこで、前任者から事務局長を引き継いだ伝道者の荒井克浩[3]が、父親から譲り受けた本駒込の土地を寄贈することを提案したところ、事態が一気に移転へと動いたのである。荒井の特異な生い立ちと信仰の歩みを取材していた筆者は、この大きな決断に感銘を受けた。

「内村鑑三が残した無教会の精神は、福音の精神です。イザヤ書六十六章一節の『天はわが王座、地はわが足

3　九四一ページ。

台』という聖書を貫く真理です。律法でも神殿でもなく、それらを乗り越えたところに無教会の精神はあるんですね。

『天はわが王座、地はわが足台』を証しする、そのためにわれわれには資料を管理する業もある。それは、私がどうのこうのという話などはるかに吹き飛ぶことでありましてね。前にお話ししたように、ここは父から譲ってもらった土地で、私が自分で得たものではないですから、神様からいただいたというわけではないですけれど、ここを寄贈しますと申し出ましたら、理事会が動き始めたのです」

移転と新築にあたり、荒井と妻の直美は住まいをほかに移し、駒込の集会はしばらく近くの貸会議室でリモート配信を併用して行った。三月二十一日に東京都のまん延防止等重点措置が解除されて以降、駒込キリスト聖書集会は新しくなった文京区本駒込の今井館集会室で再開された。

筆者が参加したイースターの日、荒井は「復活者の傷あと」と題する説教を行った。それは荒井自身がたどり着いた信仰の転換、贖罪信仰との訣別ともいうべき宣言だった。

本書に登場するキリスト者の多くが語るように、贖罪信仰とはキリスト教、とくにカトリックと一部のプロテスタントでは要《かなめ》ともいえる教理である。

主イエスは私たちの罪を贖うために十字架に掛けられ、殺された。私たちはイエス・キリストの死によって自らの罪が赦された、つまり、イエスの死は贖罪の死であると、そう教えられてきた。

子どもたちが集う日曜学校でも、イエスの死によって、私の罪が赦されたと教えられる。イエス様、悪いことをしました、ごめんなさい。子ども心にそうお詫びして、イエス様に感謝することが、クリスチャンの骨格であるように理解されてきた。

根拠とみなされる聖書の箇所はいくつかあるが、この日、荒井がとり上げたのは、キリスト教の迫害者であったものの、突然の回心を経てキリスト教の伝道者となったパウロが、ローマ帝国支配下のコリントの共同体へ送った手紙の一節である。

「罪と何のかかわりもない方を、神はわたしたちのために罪となさいました。わたしたちはその方によって神の義を得ることができたのです」（コリント二5・21）

罪と何のかかわりもない方とは、イエス・キリストのことである。無教会主義の創始者である内村鑑三もまた、これをもってイエスの死を贖罪の死と見ていた。

コロナ下で繰り返し自身の信仰を問い質《ただ》した荒井は、識者の書物に問い、聖書に立ち戻った末に一つの地点にたどり着いていた。それが伝道集会の冊子「十字架の祈り」に掲載された、「贖罪信仰との訣別」と題する宣言だった。

荒井曰く、十字架の死はイエスが人々を救うために計らった贖いの死ではない。パウロも贖いとは書いていない。イエスが神のみ旨を歩んだ結果、殺害された死である。そこに栄光はない。[4]「神御自身が罪人として十字架につけられた」、すなわち、「神が罪となった」というだけである。

イエスは十字架の上で、「エロイ、エロイ、レマ、サバクタニ（わが神、わが神、なぜわたしをお見捨てになったのですか）」と叫び、絶命した。それは、神を信じられなくなった者の叫びである。つまり、イエスは不信仰者となって死んだのだ、と。

そして、荒井は次のように書いた。

[5]〈イエスは弱かったのである。敗者である。しかし神はその弱さに立たれたのである。イエスの十字架の死は

4 「十字架の祈り　100」二〇二二年三月号　主筆　荒井克浩（二〇二二・十字架の祈り社）。
5 「十字架の祈り　99」二〇二二年二月号　主筆　荒井克浩（二〇二二・十字架の祈り社）。

どうしようもなく弱いことの証明であったが、その愛なる生き方ゆえに、その弱さに「然り」を与えたのである。パウロにとっての復活のイエスはそのような弱い「十字架にかけられたままのキリスト」であった。無力な弱者キリストであったのである。

復活者キリストは、立派な贖罪の死の後の輝く復活者では全くない。

私はパウロの信じる無力で弱いキリストを信じる。同時に本当は弱さそのものであったイエスを、強者に仕上げた贖罪信仰を憎しみに近い形で放棄するのである。

ウクライナの戦禍で死に行く無力で小さき人々に、キリストの贖いがいかなる力を与えようか。彼らは罪ゆえに死ぬのであろうか?

神がウクライナの死に行く人々と共に死なれる、それこそが慰めなのである。

私は贖罪信仰を放棄した。

願わくは強者の無教会に多少なりとも弱者の風が吹くことを祈る〉

贖罪信仰との訣別宣言は、無教会に集う人々に戸惑いを与えたのではないか。教派による違いはあるものの、イエスの死は贖罪の死である、という教えは本書に登場するキリスト者をはじめ、多くのキリスト者の胸に深く刻まれている。

荒井にそう問うと、いつもと変わりなく誠実に、言葉を選びながらこう答えた。

「私の『神が罪となる』というとらえ方は、私の実存に喰い込んでいるものであり、これは贖罪ではないものです。神はひたすら人間と同じ罪人となる、そこにおいて神が罪人である人間を受け入れる、というものです。そこにおいてしか、人間の存在の根本からの救いはないと信じています。

神は天上に鎮座している方ではなく、じつは初めから人と共に地におられる存在でした。それを天上のものとしてしまったのは、贖罪信仰をはじめとする人間が作り上げた信仰です。人間は処女受胎を作り、イエスを神格化し、三日後の輝く復活を作り、神の支配を作り、栄光の神を作り上げました。作り上げた神を偶像として信じるに至ったのです。それがおそらくは現在のキリスト教の概容でしょう。神をすべての権威、栄光、上座から引きずり降ろさねば、私たちの信仰は死んだものとなります」

高みで裁くのではなく、十字架につけられ苦しみうめき、地上の苦しみと共に苦しむ神。この世の苦難を背負い苦しみうめく、弱い姿。しかし、それでよいのだと、弱いままで生きてよいのだという「万人救済を望む神の愛」の福音を宣《の》べ伝えることこそが十字架の信仰であり、無教会は今日からこの信仰に立つ。荒井はそう宣言するのであった。

荒井には賛意を示す声が届いているものの、「イエスの死が贖罪の死であると信じている方々の想いは尊重しなければ」という意見や、「では私の罪はどう処理されるのか」と戸惑う声も寄せられた。

荒井は彼らへの応答として、「十字架の祈り」二〇二二年三月号と駒込キリスト聖書集会の五月十六日付ホームページにおいて、「贖罪から信仰義認へ」と題するメッセージを公開した。「義認」とはキリスト教において、神が人間の罪を赦し、正しい人と認めることを意味する言葉である。

先述したパウロのコリントの信徒への手紙二、五章二十一節を引用したうえで、荒井はこう書いた。

〈イエスの最期は不信仰者であった。神は不信仰者になり、この世の不信仰者を受け入れたのである。その不信仰者の一人に、この私がいることを知る。今もなお、神は「十字架につけられたままのキリスト」（コリント一1・23、2・2、ガラテヤ3・1）の姿で、罪人なる私を受け入れてくださり続け、受け入れた者を義として信を与えているのである。

これは信仰義認論であり、贖罪論ではない。

犠牲を伴う贖罪論は律法主義の枠内においてこそ成立するのであり、私たちはもはや律法主義の影響力からは完全に離れねばならない。贖罪信仰にある限りは、その者のどこかに律法主義的がんばりが生じるのである。

つまり行為義認の傾向をはらむのである。

この信仰義認論に基づく罪の赦しの福音を、無教会の新たなる立脚点として、私は語り始める。

神は不信仰の者となり、無力な者、苦しむ者、悲しむ者、貧しき者、の姿になり、その者の前に現れ、その者を受け入れ、義とするのである。その時、無力な者は無力のままで、苦しむ者は苦しむままで、悲しむ者は悲しむままで、貧しき者は貧しいままで、ありのままの自分で、そのままで救われるのである。そのままでよい、との神の然りを心の耳に聞くのである。

そのような慰めの神を私は信じる。パウロと共に〉

天上に鎮座するのではなく、十字架につけられたまま、なぜ私を見捨てたのかと神に問い、疑い、嘆き、うめくイエス・キリスト、私たちと共にいて苦しむイエス・キリスト、そこにこそ復活のキリストがいる。

三日後に輝く姿で復活するのではなく、傷つき、悩み、苦しむ、十字架のキリストこそが、すなわち復活の神である。

光り輝く復活ではついていけない。癒されないまま苦しむイエスだからこそ、ついていける。癒されない神が共にいてくださることで、神に受け入れられていると知る。それこそが義であり、復活者との出会いである。

荒井の語る復活に異論はあるだろう。三日目の復活を祝い、生命の宿りを意味する色鮮やかなイースターエッグが各地の教会で配られたこの日、癒されないまま、苦しむままのイエスこそが復活だとは即座に納得できない人が大半だろう。

だが筆者は、荒井の変化と信仰の新たな旅立ちに共感を覚える。この六年間、日本のキリスト者の声を聞いてきた経験から違和感なく受け止められたものである。

新約聖書学者の田川建三[6]によれば、福音書の中でもっとも早く書かれたマルコ福音書の現存最古で最重要とされる紀元四世紀の写本には、復活したイエスが自ら顕現したという記述はなく、それが現れるのは五世紀以降の写本であるという。

そのことをもって、復活は嘘だ、創作だ、ファンタジーだとみなすのは簡単である。そうではなく、ではなぜ、後世のキリスト者は三日目の復活を加筆したのかと問うてみたい。そして、復活を信じるキリスト教が、なぜ世界を席巻したのかということも。

日本のキリスト者たちの声は、この問いを考えるための手がかりを与えてくれるだろう。

キリスト教とは、[7]「自分を救えない神」を信仰する宗教である。自分で自分を救えない神が、人々に掟を与えたのである。

「互いに愛し合いなさい。わたしがあなたがたを愛したように、あなたがたも互いに愛し合いなさい」(ヨハネ13・34)と――。

最後になりましたが、インタビューに応じてくださった方はもちろんのこと、道中さまざまなかたちで支えてくださった方々を入れれば、おそらく数百名のキリスト者のお力添えで本書は完成した。ここに改めて御礼を申し上げたい。

6　新約聖書学者。ストラスブール大学宗教学博士。ザイール国立大学教授、ストラスブール大学客員教授などを経て大阪女子大学名誉教授。『原始キリスト教の一断面』『書物としての新約聖書』『イエスという男』など著書多数。『新約聖書　訳と註（全七巻）』全八冊で毎日出版文化賞。写本については『新約聖書　本文の訳』四五ページ参照。一九三五―。

7　長谷川正昭『笑いと癒しの神学』(二〇一九・YOBEL,Inc.)。

完成を待たず召天された方々もおられる。言付かった証しは、確かに活字にさせていただいた。心からの感謝と共に、祈りを捧げます。

なお、収録した証言は、それぞれの文末に記載したインタビュー時点でのものであり、所属や肩書も当時のもので、現在は変わっているものもあることをご容赦いただきたい。

以下に、取材においてとくにお世話になった方々をご紹介する。


未知の来訪者に対して一番最初に教会の扉を開けてくださった、日本基督教団若松浜ノ町教会の田中知牧師と信徒のみなさま。最初にカトリックの道案内をしてくださったレデンプトール宣教修道女会シスター安藤克子氏と、修道院の暮らしを体験させてくださったシスターのみなさま、精神科医の森越まや氏。最初に正教会として取材に応じてくださり、北海道二〇〇キロの巡回に同行させてくださった釧路ハリストス正教会の内田圭一司祭。竹芝桟橋から一〇〇〇キロ離れた父島への船旅に同行させてくださった日本聖公会北海道教区の笹森田鶴主教と、渋谷聖ミカエル教会のみなさま。心に病を抱える若者が集う「ここヤシ」の加計呂麻島キャンプに同行させてくださったカトリック上野教会の晴佐久昌英司祭、聖ヨハネ会小金井修道院のシスター星村文子氏。熊本県菊池恵楓園の取材に道筋をつけてくださったK氏、中村節子氏、蒲池近江氏、そして、犬養光博牧師。新求道期間の道を紹介してくださったカトリック聖アルフォンソ初台教会の北澤久美子氏と大瀧純子氏。五島の教会を案内してくださった伊藤正義氏と新上五島町役場観光商工課の林根昊《イムグンホ》氏、木下秀鷹氏。聖霊派の教会を最初に案内してくださった、拙著『ナグネ　中国朝鮮族の友と日本』の主人公、具恩恵《クウネ》（仮名）と萩原雅子氏。お世話になった方は数えきれない。

また、現代キリスト教史の研究者であり、水場コミュニティチャーチ牧師の鈴木正和氏には、自由学園明《みよう》日《にち》館の「現代キリスト教史」講座を通じてたびたび近年のキリスト者の動向についてご教授いただいた。世界分布図によれば、南半球、とくにアフリカ諸国のインディペンデント教会が一九五〇年代以降、急増している。[8]中国の政府非公認の地下教会も同様である。クリスチャンが多いのは欧米という思い込みは、即刻修正されねばならないだろう。

日本聖公会月島聖公会の上田亜樹子司祭には、上田司祭が一時期、店主を務めていたカフェ・エクレシア銀座の「聖書とごはんの会」でお目にかかってから、たびたぶしつけな質問にお答えいただいた。自粛期間中のリモート礼拝に加えていただいた上田司祭と月島聖公会のみなさまの温かさを忘れない。

筆者の聖書理解は心もとなく、発展途上である。教派を超えて京阪神の聖職者らが集う京滋神学講座（呼びかけ人・千葉宣義氏、事務担当・谷口ひとみ氏）や、兵庫県宝塚市で開催されるマルコ・マタイの会において、聖書学者の田川建三氏に直接、聖書の読み方を学べたことは筆者にとってかけがえのない宝物となった。聖書を原典に照らし合わせて丁寧に読むことによって見えてくる、人間の営みの豊かさに深い感銘を覚えている。

筆者が初めてキリスト教に出会ったのは、幼稚園のときである。神戸市灘区にある日本基督教団主恩教会付属子羊幼稚園で祈り方を学び、クリスマスにはイエス・キリストの生誕劇を演じた。[9]おやつの時間に声をそろえてうたった讃美歌は、今もそらんじることができる。

8　白人によって始まったのではなく、現地人による現地人の教会。全世界のクリスチャンのうち、アフリカのクリスチャンの占める割合は一九七〇年の一一・六パーセントから、二〇二〇年の二一・八パーセントと倍増、世界でもっともクリスチャンの多い大陸となった (Status of Global Christianity,2020,in the Context of 1900-2050:Todd M.Johnson and Gina A. Zurlo,eds.World Christian Database.)。

9　二二五ページ、六五七ページ。

うるわしきあさも
しずかなるよるも
たべものきものも
くださるかみさま

阪神淡路大震災のとき、主恩教会では信徒一名とその家族が犠牲となった。小羊幼稚園はもうない。

最相葉月

二〇二二年十月

参考文献

参考・引用した文献は原則として、本文中に注記した。ここには全体を通して参考にしたもの、取材執筆にあたって折にふれ参考にしたものを明記する。

『キリスト教史』藤代泰三（二〇一七・講談社学術文庫）
『日本キリスト教史　年表で読む』鈴木範久（二〇一七・教文館）
『内村鑑三の人と思想』鈴木範久（二〇一二・岩波書店）
『ぼくはいかにしてキリスト教徒になったか』内村鑑三（二〇一五・光文社古典新訳文庫）
『日本プロテスタント史研究』小澤三郎（一九六四・東海大学出版会）
『北海道キリスト教史』福島恒雄（一九八二・日本基督教団出版局）
『えぞキリシタン』永田富智（一九七二・講談社）
『知里幸恵遺稿　銀のしずく』知里幸恵（一九八四・草風館）
『五島キリシタン史』浦川和三郎（二〇一九・国書刊行会）
『五島に暮らす　戦中戦後・汗の記録』五島文化協会創立五十周年記念誌（二〇一一・五島文化協会）
『福岡とキリスト教　ザビエルから現代までの変遷を追って』坂井信生（二〇一二・海鳥社）
『生き抜け、その日のために　長崎の被差別部落とキリシタン』髙山文彦（二〇一六・解放出版社）
『強制連行強制労働　筑豊朝鮮人坑夫の記録』林えいだい（一九八一・発行／現代史出版会、発売／徳間書店）

『朝鮮人強制連行』外村大（二〇一二・岩波新書）
『汝復讐するなかれ』吉田敬太郎（一九七一・若松バプテスト教会）
『韓国の宗教とキリスト教』柳東植・金忠一訳（一九七五・洋々社）
『聖堂の日の丸　奄美カトリック迫害と天皇教』宮下正昭（一九九九・南方新社）
『南島におけるキリスト教の受容』安齋伸（一九八四・第一書房）
『南島キリスト教史入門』一色哲（二〇一八・新教出版社）
『ある昭和の受難「悲しみのマリア」の島』小坂井澄（一九八四・集英社）
『奄美の債務奴隷ヤンチュ』名越護（二〇〇六・南方新社）
『なぜユタを信じるか　その実証的研究』友寄隆静（一九八一・月刊沖縄社）
『小笠原協会創立50年史』公益財団法人小笠原協会（二〇一六・公益財団法人小笠原協会）
「CRATER ISLAND CHI CHI JIMA」Doris Dosset（THE FOREIGN MISSION SOCIETY of GENERAL BAPTISTS 1954）
『キリストに従う』ボンヘッファー、森平太訳（一九六六・新教出版社）
『新約聖書の倫理』E・ローゼ、山内一郎・辻学・近藤直美訳（一九九五・教文館）
『キリスト教思想への招待』田川建三（二〇〇四・勁草書房）
『書物としての新約聖書』田川建三（一九九七・勁草書房）
『イエスという男　第二版増補改訂版』田川建三（二〇〇四・作品社）
『ニコライの日記　ロシア人宣教師が生きた明治日本　上・中・下』中村健之介編訳（二〇一一・岩波文庫）
『日本とイエスの顔　井上洋治著作選集１』井上洋治（二〇一五・日本キリスト教団出版局）
『オーソドックスとカトリック　どのように違うのか　歴史と多様性を知る』及川信（二〇一一・サンパウロ）
『ギリシャ正教と聖山アトス』パウエル中西裕一（二〇二一・幻冬舎新書）
『信じない人のための〈宗教〉講義』中村圭志（二〇〇七・みすず書房）
『人はいかにして神と出会うか　宗教多元主義から脳科学への応答』ジョン・ヒック、間瀬啓允・稲田実訳（二

〇一一・法藏館）
『精神障害と教会　教会が教会であるために』向谷地生良（二〇一五・いのちのことば社）
『虹は私たちの間に　性と生の正義に向けて』山口里子（二〇〇八・新教出版社）
『LGBTとキリスト教　20人のストーリー』平良愛香監修（二〇二二・日本キリスト教団出版局）
『ドメスティック・バイオレンス　そのとき教会は』アル・マイルズ、関谷直人訳（二〇〇五・日本キリスト教団出版局）
『日本の教会成長』山森鉄直、有賀喜一訳（一九八五・いのちのことば社）
『教会がカルト化するとき　改訂新版』ウィリアム・ウッド（二〇〇七・いのちのことば社）
『はじめての聖書』橋爪大三郎（二〇一四・河出書房新社）
『神学の履歴書　初学者のための神学書ガイド』佐藤優（二〇一四・新教出版社）
『神学の思考』佐藤優（二〇一五・平凡社）
『パウロ　十字架の使徒』青野太潮（二〇一六・岩波新書）
『異端の時代　正統のかたちを求めて』森本あんり（二〇一八・岩波新書）
『進化論を拒む人々　現代カリフォルニアの創造論運動』鵜浦裕（一九九八・勁草書房）
『エマニュエル・ムーニエ、生涯と思想　人格主義的・共同体的社会に向かって』高多彬臣（二〇〇五・青弓社）
『霧の彼方　須賀敦子』若松英輔（二〇二〇・集英社）
『アーミッシュの赦し　なぜ彼らはすぐに犯人とその家族を赦したのか』ドナルド・B・クレイビル、スティーブン・M・ノルト、デヴィッド・L・ウィーバー‐ザーカー、青木玲訳（二〇〇八・亜紀書房）
『旧約聖書物語　増訂版』犬養道子（一九七七・新潮社）
『聖書の天地』犬養道子（一九八一・新潮社）
『人の子イエス』カリール・ジブラーン、小森健太朗訳（二〇一一・みすず書房）
『イエスの生涯　メシアと受難の秘密』シュヴァイツェル、波木居齋二訳（一九五七・岩波文庫）
『イエス伝　マルコ伝による』矢内原忠雄（一九九九・角川ソフィア文庫）

『イエスの生涯』遠藤周作（一九八二・新潮文庫）
『イエス伝』若松英輔（二〇一五・中央公論新社）

『オックスフォード　キリスト教辞典』E・A・リヴィングストン編、木寺廉太訳（二〇一七・教文館）
『日本大百科全書』（一九九四・小学館）
『改訂新版　世界大百科事典』（二〇一四・平凡社）
『デジタル大辞泉　第二版』（二〇一二・小学館）
『岩波世界人名大辞典』（二〇一三・岩波書店）
『日本人名大辞典』（二〇〇一・講談社）
『国史大辞典』（一九七九―一九九七・吉川弘文館）
『日本国語大辞典　第二版』（二〇〇〇―二〇〇二・小学館）
『日本近代文学大事典　増補改訂デジタル版』日本近代文学館編（二〇二二・講談社）
『日本人物文献目録』（一九七四・平凡社）
Wikipedia

『聖書　新共同訳　旧約聖書続編つき』（一九八七・日本聖書協会）
『口語訳聖書』（二〇〇二・日本聖書協会）
『新約聖書　本文の訳』田川建三（二〇一八・作品社）
『HOLY BIBLE』聖書アプリ You Version（Life Church）

最相葉月（さいしょう・はづき）

1963年、東京生まれの神戸育ち。関西学院大学法学部卒。科学技術と人間の関係性、スポーツ、近年は精神医療、カウンセリングをテーマに取材。97年『絶対音感』で小学館ノンフィクション大賞。2007年『星新一 一〇〇一話をつくった人』で大佛次郎賞、講談社ノンフィクション賞、日本SF大賞、08年同書で日本推理作家協会賞、星雲賞。ほかの著作に『青いバラ』『いのち 生命科学に言葉はあるか』『東京大学応援部物語』『ビヨンド・エジソン』『セラピスト』『ナグネ 中国朝鮮族の友と日本』『れるられる』『東工大講義 生涯を賭けるテーマをいかに選ぶか』、エッセイ集に『なんといふ空』『最相葉月のさいとび』『最相葉月 仕事の手帳』『辛口サイショーの人生案内』『辛口サイショーの人生案内DX』、児童書に『調べてみよう、書いてみよう』、共著に『未来への周遊券』『心のケア 阪神・淡路大震災から東北へ』『胎児のはなし』など。

証《あか》し
日本《にほん》のキリスト者《しゃ》

2022年12月31日　初版発行

著　者　最相葉月《さいしょうはづき》
発行者　山下直久
発　行　株式会社KADOKAWA
〒102-8177　東京都千代田区富士見2-13-3
電話0570-002-301（ナビダイヤル）
印刷所　図書印刷株式会社
ＤＴＰ　有限会社エヴリ・シンク

ISBN 978-4-04-601900-4 C0036
JASRAC 出 2209612-201